밥 어휘

•• 교재 개발에 도움을 주신 선생님들께 깊이 감사드립니다.

가유림(경기 안산) 강수진(전남 목포) 강아람(경기 김포) 강영애(경기 일산) 강지수(부산 해운대) 강혜진(부산)
고경은(고양 일산) 곽나래(인천) 곽정숙(경북 포항) 구민경(대구) 국찬영(광주광역시) 길민균(서울 마포)
김경애(서울 성북) 김남수(구리, 남양주) 김미란(경남) 김민석(창원) 김민정(경기 수원) 김성태(경기 이천)
김수경(서울 광진) 김수연(경기 김포) 김수진(서울 중계) 김옥경(세종) 김용호(울산) 김유정(운정)
김유형(전남 화순) 김윤정(경기 남양주) 김은옥(서울 강남) 김은지(서울 강북) 김정욱(용인 수지) 김정준(서울)
김종덕(광주광역시) 김 진(대치) 김형준(서울) 김혜리(경기 안산) 김 흙(분당) 노현선(인천, 김포)
류미숙(청주 오창) 마 미(경기 화성) 명가은(서울 강서) 문동열(강릉) 문소영(경남 김해) 문아람(서울 서초)
박가연(부산) 박세진(서울) 박소영(인천 송도) 박수영(서울 은평) 박윤선(광주광역시) 박은정(서울)
박종승(경남 진주) 박하섬(경남 양산) 박 현(전북 전주) 박혜선(경북 안동) 박호현(대구) 배진희(경기 분당)
백승재(경남 김해) 변수진(울산) 서가영(분당, 대치) 석민지(화성) 설고은(경북) 성태진(강원 태백)
송수원(부산 동래, 북구) 신동훈(경남) 신주현(울산) 신혜영(부산 동구) 신혜원(경기 군포) 안려인(경기 안산)
안보람(서울 강남) 안소연(용인 죽전) 안소연(서울 양천) 안재현(인천) 안정광(순천, 광양) 안혜지(부산)
오승현(서울 목동) 오은정(서울) 오지윤(부산 동래) 오해경(대구 수성) 옥성훈(부천) 우승완(강북)
유기화(경기 안성) 유지훈(평택) 유진아(대구 달서) 유희복(서울) 윤기한(광주, 나주) 윤성은(서울)
윤장원(충북 청주) 이강국(경기 평택) 이경원(충북 청주) 이기록(부산) 이기연(강원 원주) 이기윤(부산)
이대원(의정부) 이미경(부산) 이상훈(울산) 이석호(산본) 이성훈(경기 마석) 이순형(경기 평택)
이애리(경남 거제) 이영지(경기 안양) 이윤지(의정부) 이재욱(용인 처인) 이주연(경기) 이지은(부산 동래)
이지혜(오산) 이지희(대구) 이지희(서울) 이충기(경기 화성) 이태환(일산) 이흥중(부산 사하)
임승언(전북 전주) 임지혜(거제) 임지혜(부산) 장기윤(경북 구미) 장연희(대구) 장정미(서울 서초)
장지연(강원 원주) 전정훈(울산) 정미정(경기 고양) 정민경(충남 아산) 정서은(부산 동래) 정세영(베트남 호찌민)
정세형(광주) 정지윤(전북 전주) 정지환(서울) 정한미(세종) 정해연(전남 순천) 정혜채(서울 노원)
정희숙(서울) 조미연(노원) 조승연(대전) 조아라(부산) 조유리(충남) 조은예(전남)
조효준(천안) 지상훈(대구) 차연수(대구) 천은경(부산) 천정은(세종) 최수연(인천)
최윤미(부천) 최홍민(평택) 표윤경(서울) 하 랑(서울 송파) 하영아(김해, 창원) 한광희(세종)
한남수(경남 진주) 한봉교(서울 성북) 허찬미(서울) 홍경원(서울 성북) 홍석영(서울) 홍선희(부평 산곡)
홍재진(광주광역시) 황동현(대전 서구) 황서현(서울) 황성원(경기 부천)

밥 어휘

심화

문해력 향상을 위한 어휘 공부!

꼭 '밥 어휘'로 학습해야 하는 5가지 이유

1 총 2,819개(기본편 + 심화편)의 방대한 어휘 수록

✦ 어휘력은 학습 능력과 직결되는 아주 중요하고 기초적인 능력입니다. 어휘를 많이 알면 알수록 어휘력은 물론 문해력까지 향상됩니다.

✦ 이 책은 내신과 수능에 대비할 수 있는 다양한 유형의 어휘를 총망라하였으며, 기본편과 심화편 두 권의 책에 2,819개의 방대한 어휘를 수록함으로써 최대한 많은 어휘를 배울 수 있도록 하였습니다.

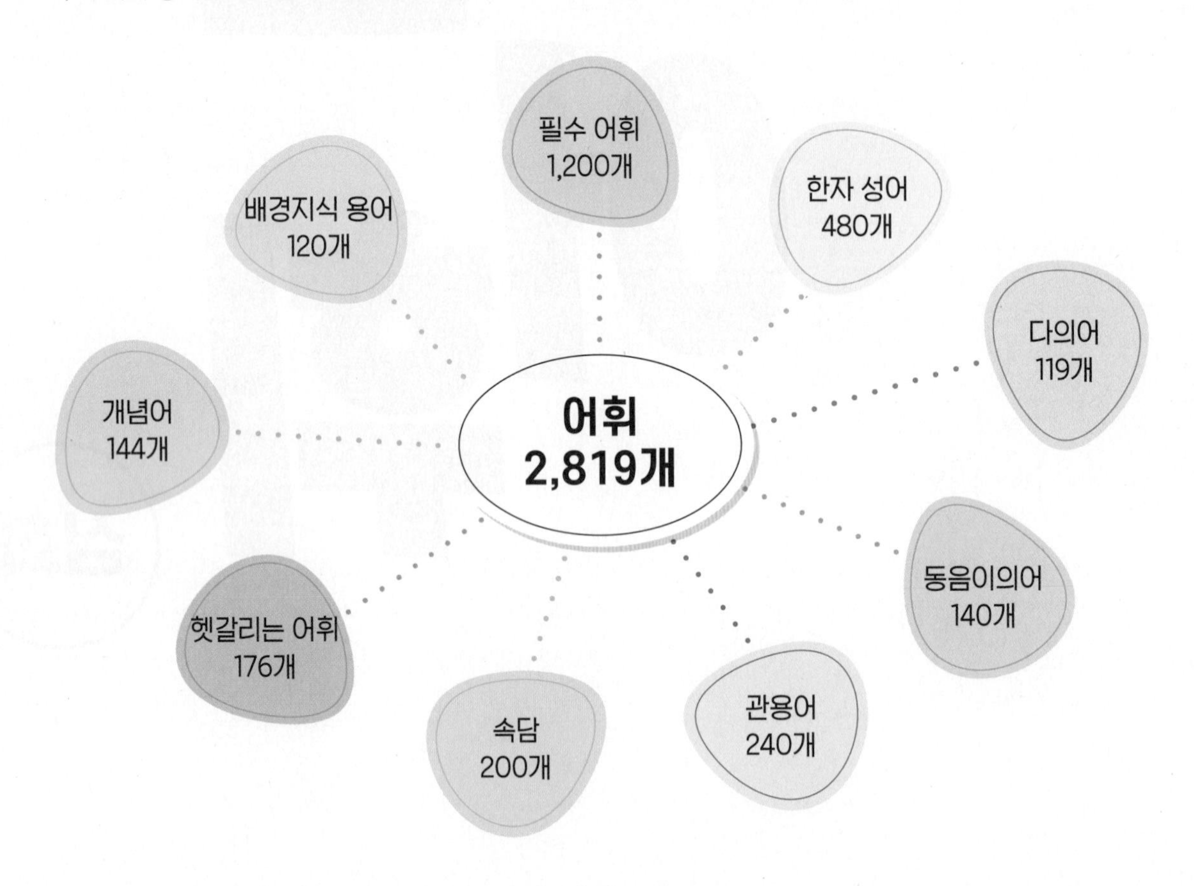

2 수준별 각 5주 완성 플랜

✦ 이 책은 수준별 2권 체재로 구성되어 있습니다. 기본편의 필수 어휘를 통해 어휘 기본기를 탄탄하게 다질 수 있고, 심화편의 확장 어휘를 통해 문해력은 물론 국어 문제 해결 능력을 확실하게 기를 수 있습니다.

✦ 각 권은 5주 완성 플랜으로 짜여져 있으며, 개념 학습과 다양한 활동을 통해 방대한 어휘를 효과적으로 마스터할 수 있습니다.

기본편 [필수 빈출 어휘 + 꼭 알아야 할 기초 어휘]

어휘 1,411개	1주	2주	3주	4주	5주
	283개	289개	274개	279개	286개

심화편 [수준 높은 심화 어휘+상위권을 위한 확장 어휘]

어휘 1,408개	1주	2주	3주	4주	5주
	282개	289개	272개	279개	286개

3 3단계의 효율적인 학습 시스템

✦ 3단계 학습법에 따라 어휘의 뜻풀이를 익히고, 적용하고, 점검하며 어휘력을 확실하게 향상시킬 수 있습니다.

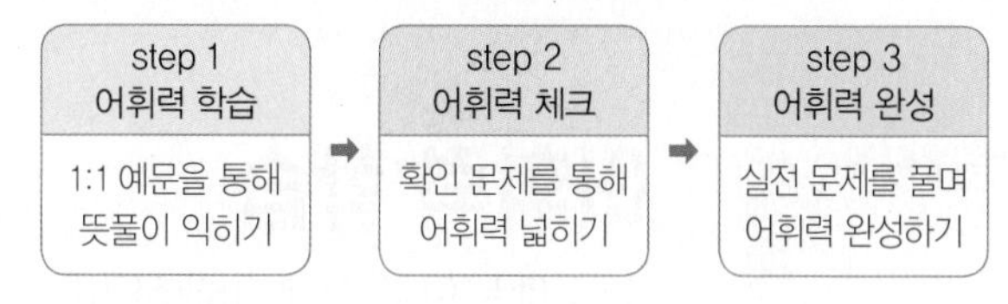

모든 어휘 1 : 1 기출 예문으로 완벽 학습

✦ 수능 · 모의평가 · 학력평가 등 기출 시험의 지문과 문제를 분석하여 적절한 예시 문장을 추출하였습니다. 어휘 하나하나마다 어휘 학습에 최적화된 예시 문장을 1 : 1로 제시하여 쉽고 재미있게 어휘를 학습할 수 있도록 하였습니다.

✦ 딱딱하고 어려운 예문이 아닌 생생한 기출 예문과 함께 어휘를 공부함으로써 전반적인 문해력 수준 향상은 물론 기출문제의 문장 구성을 익혀 실전 감각을 익힐 수 있도록 하였습니다.

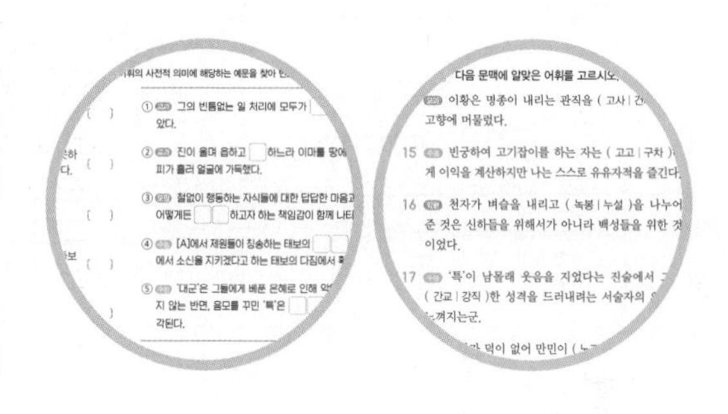

5 다양한 문제를 많이 풀며 어휘력 훈련

✦ 어휘는 단순히 뜻풀이를 외우는 데서 그치는 것이 아니라 실제 문맥에서의 쓰임이나 의미 관계도 잘 파악해야 하므로, 문제를 많이 풀며 훈련해야 합니다.

✦ 어휘력 학습에서는 해당 예문을 읽고 어휘의 뜻풀이를 찾는 문제, 또는 뜻풀이를 읽고 어휘의 예문을 찾는 문제를 통해 어휘를 재미있게 익힐 수 있습니다.

✦ 이와 함께 어휘력 체크, 어휘력 완성, 실전 대비 기출 모의고사 등에서 다양한 유형의 문제를 풀며 어휘력 훈련을 할 수 있습니다.

구성과 특징

어휘력과 문해력을 향상시키는 3단계 학습 시스템!

STEP 1 어휘력 학습

1 : 1 예문으로 쉽게 이해하기!

1 : 1 예문으로 이해하기

모든 어휘 하나하나에 예문을 제시하여 지루하지 않게 학습할 수 있도록 했습니다. 수능 · 모의평가 · 학력평가에 나온 지문, 문제의 발문, 〈보기〉 글, 선택지에서 해당 어휘를 가장 잘 이해할 수 있는 예문을 엄선하였기 때문에 예문과 함께 어휘를 쉽게 이해할 수 있습니다.

뜻풀이 또는 해당 예문을 직접 찾으며 익히기

뜻풀이를 읽고 해당 예문을 찾거나 또는 해당 예문을 통해 뜻풀이를 찾아봅니다. 단순히 암기식 학습이 아니라 뜻을 통해 예문을, 또는 예문을 통해 뜻을 연결해 보며 쉽고 재미있게 어휘력과 문해력을 동시에 높일 수 있습니다.

STEP 2 어휘력 체크

다양한 문제로 이해도 확인하기!

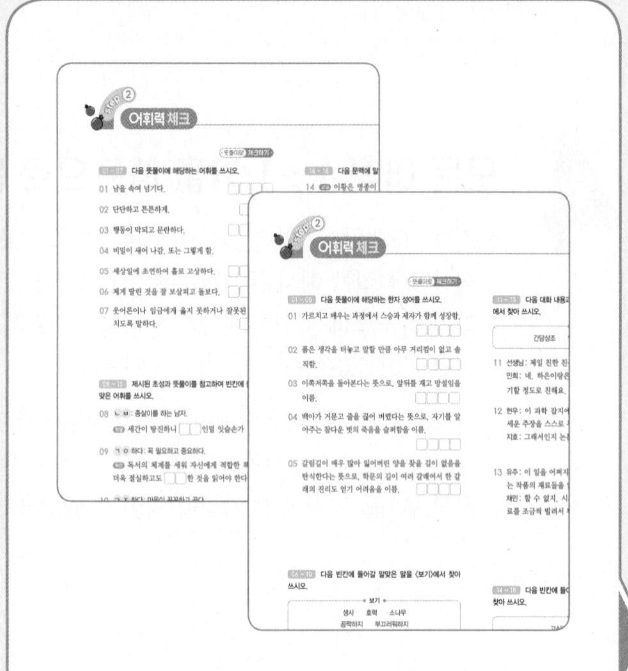

확인 문제를 통해 어휘력 체크하기

뜻풀이에 해당하는 어휘 쓰기, 어휘의 뜻풀이 완성하기, 문맥에 알맞은 어휘 찾기 등 단답형, 선택형, 문장 완성형, OX형 등 여러 가지 유형의 확인 문제를 통해 '어휘력 학습'에서 공부한 어휘들을 완벽하게 익혔는지 체크합니다.

기출 예문을 접하며 어휘력 끌어올리기

수능 · 모의평가 · 학력평가에서 선별한 예문들로 문제를 구성하여 기출문제의 문장 구성을 익히는 동시에 어휘 실력을 한 단계 끌어올릴 수 있습니다.

STEP 3

어휘력 완성

실전 문제 풀며 실력 다지기!

실전 대비 기출 모의고사

총 5주 플랜 실력 마무리!

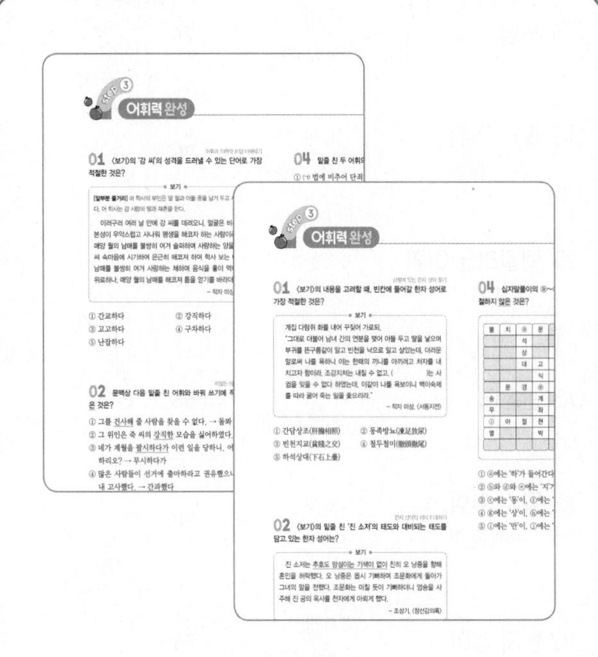

실전 문제를 풀며 어휘력 완성하기

어휘의 사전적 · 문맥적 의미 파악하기, 어휘의 의미와 쓰임 이해하기, 적절한 어휘로 바꿔 쓰기 등 기출 유형을 반영한 다양한 문제를 풀며 자신의 어휘 실력을 점검하고 학습을 완성합니다.

꼼꼼하게 확인하며 어휘력 넓히기

완전히 익히지 못한 어휘가 있다면 1단계의 '어휘력 학습'으로 돌아가 복습합니다. 틀린 문제는 정답과 해설에서 이유를 확인하며 다시 틀리지 않도록 공부합니다.

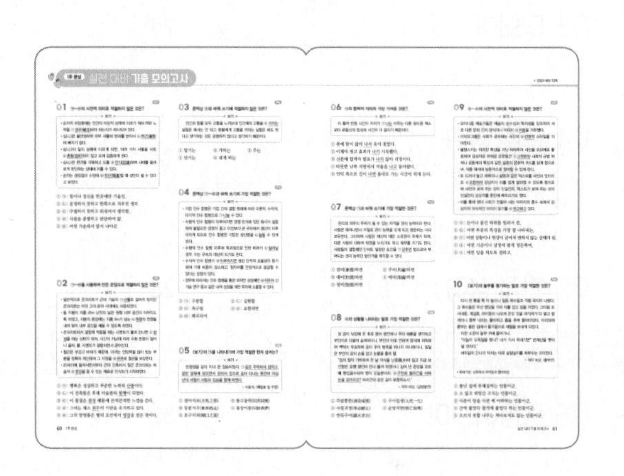

한 주가 끝날 때마다 기출문제로 마무리하기

내신 기출문제에서 선별한 우수 문항과 수능 · 모의평가 · 학력평가 기출문제에서 꼭 풀어 보아야 할 어휘 문항으로 구성하였습니다. 기출문제의 유형을 익히며 내신과 수능을 동시에 대비할 수 있습니다.

어휘력 향상은 물론 수능 1등급을 위한 기출문제 풀기

어휘력이 향상되면 어휘 관련 문제뿐만 아니라 국어 영역 전체 문제에 대한 이해도가 높아집니다. 실제 수능 국어 영역에서 출제된 다양한 유형의 어휘 문제와 그 변형 문제를 풀어 봄으로써 내신 및 수능 1등급을 향해 뛰어가시기 바랍니다.

차례와 학습 계획

1주 완성

2주 완성

3주 완성

4주 완성

5주 완성

알아 두기

| 교재에 수록된 어휘 유형 |

- **필수 어휘** 교과서 및 수능·모의평가·학력평가에서 빈번하게 등장해 반드시 학습해야 할 어휘
- **한자 성어** 관용적인 뜻으로 굳어 쓰이는 한자로 된 말. 주로 유래가 있거나 교훈을 담고 있음.
- **다의어** 두 가지 이상의 뜻을 가진 단어. 의미들 사이에 관련성이 있음.
- **동음이의어** 소리는 같지만 뜻이 다른 단어. 단어들 사이에 의미적 연관성이 없음.
- **속담** 예로부터 민간에 전하여 오는 말로, 오랜 생활 체험에서 얻은 생각과 교훈을 간결하게 나타낸 어구나 문장
- **관용어** 둘 이상의 단어가 결합해 원래의 의미와는 다른 의미로 사용되는 말
- **헷갈리는 어휘** 발음이 비슷해서 의미 구분이 어려운 어휘, 또는 맞춤법상 잘못 쓰기 쉬운 어휘
- **개념어** 운문 문학, 산문 문학, 문법 영역의 원활한 학습을 위해 꼭 알아야 할 용어
- **배경지식 용어** 인문·예술, 과학·기술, 사회·경제 영역의 지문 독해에 도움이 되는 용어

| 교재에 사용된 아이콘의 의미 |

수능 대학수학능력시험
모평 평가원 모의평가
학평 교육청 학력평가
교과 교과 내용에서 추출
내신 학교 중간·기말 고사

| 밥 어휘 어휘력 테스트 활용법 |

- 각 단원의 시작 페이지에는 '밥 어휘 어휘력 테스트'에 접속할 수 있는 QR 코드가 제시되어 있습니다.
- 각 단원의 학습을 마친 뒤, 휴대폰으로 QR 코드를 인식하여 '밥 어휘 어휘력 테스트'로 자신의 어휘력을 점검해 보세요.

밥 어휘 학습 플랜 제안

어휘 유형별

학습일	〈학습 내용〉	➡ 본문 쪽수	〈학습 내용〉	➡ 본문 쪽수
1일차 [월 일]	〈필수 어휘〉 1주 01	➡ 12쪽	〈필수 어휘〉 1주 04	➡ 24쪽
2일차 [월 일]	〈필수 어휘〉 1주 07	➡ 36쪽	〈필수 어휘〉 1주 10	➡ 48쪽
3일차 [월 일]	〈필수 어휘〉 2주 01	➡ 66쪽	〈필수 어휘〉 2주 04	➡ 78쪽
4일차 [월 일]	〈필수 어휘〉 2주 07	➡ 90쪽	〈필수 어휘〉 2주 10	➡ 102쪽
5일차 [월 일]	〈필수 어휘〉 3주 01	➡ 120쪽	〈필수 어휘〉 3주 04	➡ 132쪽
6일차 [월 일]	〈필수 어휘〉 3주 07	➡ 144쪽	〈필수 어휘〉 3주 10	➡ 156쪽
7일차 [월 일]	〈필수 어휘〉 4주 01	➡ 174쪽	〈필수 어휘〉 4주 04	➡ 186쪽
8일차 [월 일]	〈필수 어휘〉 4주 07	➡ 198쪽	〈필수 어휘〉 4주 10	➡ 210쪽
9일차 [월 일]	〈필수 어휘〉 5주 01	➡ 228쪽	〈필수 어휘〉 5주 04	➡ 240쪽
10일차 [월 일]	〈필수 어휘〉 5주 07	➡ 252쪽	〈필수 어휘〉 5주 10	➡ 264쪽
11일차 [월 일]	〈한자 성어〉 1주 02	➡ 16쪽	〈한자 성어〉 1주 05	➡ 28쪽
12일차 [월 일]	〈한자 성어〉 1주 11	➡ 52쪽	〈한자 성어〉 2주 02	➡ 70쪽
13일차 [월 일]	〈한자 성어〉 2주 08	➡ 94쪽	〈한자 성어〉 2주 11	➡ 106쪽
14일차 [월 일]	〈한자 성어〉 3주 05	➡ 136쪽	〈한자 성어〉 3주 08	➡ 148쪽
15일차 [월 일]	〈한자 성어〉 4주 02	➡ 178쪽	〈한자 성어〉 4주 05	➡ 190쪽
16일차 [월 일]	〈한자 성어〉 4주 11	➡ 214쪽	〈한자 성어〉 5주 08	➡ 256쪽
17일차 [월 일]	〈속담〉 1주 09	➡ 44쪽	〈속담〉 2주 03	➡ 74쪽
18일차 [월 일]	〈속담〉 2주 09	➡ 98쪽	〈속담〉 4주 06	➡ 194쪽
19일차 [월 일]	〈속담〉 5주 05	➡ 244쪽	〈관용어〉 1주 08	➡ 40쪽
20일차 [월 일]	〈관용어〉 2주 06	➡ 86쪽	〈관용어〉 3주 06	➡ 140쪽
21일차 [월 일]	〈관용어〉 4주 08	➡ 202쪽	〈관용어〉 5주 02	➡ 232쪽
22일차 [월 일]	〈다의어〉 1주 03	➡ 20쪽	〈다의어〉 3주 02	➡ 124쪽
23일차 [월 일]	〈다의어〉 3주 11	➡ 160쪽	〈다의어〉 4주 09	➡ 206쪽
24일차 [월 일]	〈다의어〉 5주 03	➡ 236쪽	〈동음이의어〉 1주 06	➡ 32쪽
25일차 [월 일]	〈동음이의어〉 3주 03	➡ 128쪽	〈동음이의어〉 5주 06	➡ 248쪽
26일차 [월 일]	〈헷갈리는 어휘〉 2주 05	➡ 82쪽	〈헷갈리는 어휘〉 3주 09	➡ 152쪽
27일차 [월 일]	〈헷갈리는 어휘〉 4주 03	➡ 182쪽	〈헷갈리는 어휘〉 5주 09	➡ 260쪽
28일차 [월 일]	〈개념어〉 1주 12	➡ 56쪽	〈개념어〉 2주 12	➡ 110쪽
29일차 [월 일]	〈개념어〉 5주 11	➡ 268쪽	〈배경지식 용어〉 3주 12	➡ 164쪽
30일차 [월 일]	〈배경지식 용어〉 4주 12	➡ 218쪽	〈배경지식 용어〉 5주 12	➡ 272쪽

수준별(중위권)

학습일	〈학습 내용〉	➡ 본문 쪽수	〈학습 내용〉	➡ 본문 쪽수	〈학습 내용〉	➡ 본문 쪽수
1일차 [월 일]	〈필수 어휘〉 1주 01	➡ 12쪽	〈필수 어휘〉 1주 04	➡ 24쪽	〈필수 어휘〉 1주 07	➡ 36쪽
2일차 [월 일]	〈필수 어휘〉 1주 10	➡ 48쪽	〈필수 어휘〉 2주 01	➡ 66쪽	〈필수 어휘〉 2주 04	➡ 78쪽
3일차 [월 일]	〈필수 어휘〉 2주 07	➡ 90쪽	〈필수 어휘〉 2주 10	➡ 102쪽	〈필수 어휘〉 3주 01	➡ 120쪽
4일차 [월 일]	〈필수 어휘〉 3주 04	➡ 132쪽	〈필수 어휘〉 3주 07	➡ 144쪽	〈필수 어휘〉 3주 10	➡ 156쪽
5일차 [월 일]	〈필수 어휘〉 4주 01	➡ 174쪽	〈필수 어휘〉 4주 04	➡ 186쪽	〈필수 어휘〉 4주 07	➡ 198쪽
6일차 [월 일]	〈필수 어휘〉 4주 10	➡ 210쪽	〈필수 어휘〉 5주 01	➡ 228쪽	〈필수 어휘〉 5주 04	➡ 240쪽
7일차 [월 일]	〈필수 어휘〉 5주 07	➡ 252쪽	〈필수 어휘〉 5주 10	➡ 264쪽		
8일차 [월 일]	〈한자 성어〉 1주 02	➡ 16쪽	〈한자 성어〉 1주 05	➡ 28쪽		
9일차 [월 일]	〈한자 성어〉 1주 11	➡ 52쪽	〈한자 성어〉 2주 02	➡ 70쪽		
10일차 [월 일]	〈한자 성어〉 2주 08	➡ 94쪽	〈한자 성어〉 2주 11	➡ 106쪽		
11일차 [월 일]	〈한자 성어〉 3주 05	➡ 136쪽	〈한자 성어〉 3주 08	➡ 148쪽		
12일차 [월 일]	〈한자 성어〉 4주 02	➡ 178쪽	〈한자 성어〉 4주 05	➡ 190쪽		
13일차 [월 일]	〈한자 성어〉 4주 11	➡ 214쪽	〈한자 성어〉 5주 08	➡ 256쪽		
14일차 [월 일]	〈속담〉 1주 09	➡ 44쪽	〈속담〉 2주 03	➡ 74쪽	〈속담〉 2주 09	➡ 98쪽
15일차 [월 일]	〈속담〉 4주 06	➡ 194쪽	〈속담〉 5주 05	➡ 244쪽		
16일차 [월 일]	〈관용어〉 1주 08	➡ 40쪽	〈관용어〉 2주 06	➡ 86쪽	〈관용어〉 3주 06	➡ 140쪽
17일차 [월 일]	〈관용어〉 4주 08	➡ 202쪽	〈관용어〉 5주 02	➡ 232쪽		
18일차 [월 일]	〈다의어〉 1주 03	➡ 20쪽	〈다의어〉 3주 02	➡ 124쪽	〈다의어〉 3주 11	➡ 160쪽
19일차 [월 일]	〈다의어〉 4주 09	➡ 206쪽	〈다의어〉 5주 03	➡ 236쪽		
20일차 [월 일]	〈동음이의어〉 1주 06	➡ 32쪽	〈동음이의어〉 3주 03	➡ 128쪽	〈동음이의어〉 5주 06	➡ 248쪽
21일차 [월 일]	〈헷갈리는 어휘〉 2주 05	➡ 82쪽	〈헷갈리는 어휘〉 3주 09	➡ 152쪽		
22일차 [월 일]	〈헷갈리는 어휘〉 4주 03	➡ 182쪽	〈헷갈리는 어휘〉 5주 09	➡ 260쪽		
23일차 [월 일]	〈개념어〉 1주 12	➡ 56쪽	〈개념어〉 2주 12	➡ 110쪽	〈개념어〉 5주 11	➡ 268쪽
24일차 [월 일]	〈배경지식 용어〉 3주 12	➡ 164쪽	〈배경지식 용어〉 4주 12	➡ 218쪽	〈배경지식 용어〉 5주 12	➡ 272쪽

수준별(상위권)

학습일	〈학습 내용〉	➡ 본문 쪽수	〈학습 내용〉	➡ 본문 쪽수	〈학습 내용〉	➡ 본문 쪽수
1일차 [월 일]	〈필수 어휘〉 1주 01	➡ 12쪽	〈필수 어휘〉 1주 04	➡ 24쪽	〈필수 어휘〉 1주 07	➡ 36쪽
2일차 [월 일]	〈필수 어휘〉 1주 10	➡ 48쪽	〈필수 어휘〉 2주 01	➡ 66쪽	〈필수 어휘〉 2주 04	➡ 78쪽
3일차 [월 일]	〈필수 어휘〉 2주 07	➡ 90쪽	〈필수 어휘〉 2주 10	➡ 102쪽	〈필수 어휘〉 3주 01	➡ 120쪽
4일차 [월 일]	〈필수 어휘〉 3주 04	➡ 132쪽	〈필수 어휘〉 3주 07	➡ 144쪽	〈필수 어휘〉 3주 10	➡ 156쪽
5일차 [월 일]	〈필수 어휘〉 4주 01	➡ 174쪽	〈필수 어휘〉 4주 04	➡ 186쪽	〈필수 어휘〉 4주 07	➡ 198쪽
6일차 [월 일]	〈필수 어휘〉 4주 10	➡ 210쪽	〈필수 어휘〉 5주 01	➡ 228쪽	〈필수 어휘〉 5주 04	➡ 240쪽
7일차 [월 일]	〈필수 어휘〉 5주 07	➡ 252쪽	〈필수 어휘〉 5주 10	➡ 264쪽		
8일차 [월 일]	〈한자 성어〉 1주 02	➡ 16쪽	〈한자 성어〉 1주 05	➡ 28쪽	〈한자 성어〉 1주 11	➡ 52쪽
9일차 [월 일]	〈한자 성어〉 2주 02	➡ 70쪽	〈한자 성어〉 2주 08	➡ 94쪽	〈한자 성어〉 2주 11	➡ 106쪽
10일차 [월 일]	〈한자 성어〉 3주 05	➡ 136쪽	〈한자 성어〉 3주 08	➡ 148쪽	〈한자 성어〉 4주 02	➡ 178쪽
11일차 [월 일]	〈한자 성어〉 4주 05	➡ 190쪽	〈한자 성어〉 4주 11	➡ 214쪽	〈한자 성어〉 5주 08	➡ 256쪽
12일차 [월 일]	〈속담〉 1주 09	➡ 44쪽	〈속담〉 2주 03	➡ 74쪽	〈속담〉 2주 09	➡ 98쪽
13일차 [월 일]	〈속담〉 4주 06 〈속담〉 5주 05	➡ 194쪽 ➡ 244쪽	〈관용어〉 1주 08	➡ 40쪽	〈관용어〉 2주 06	➡ 86쪽
14일차 [월 일]	〈관용어〉 3주 06 〈관용어〉 4주 08	➡ 140쪽 ➡ 202쪽	〈관용어〉 5주 02	➡ 232쪽	〈다의어〉 1주 03	➡ 20쪽
15일차 [월 일]	〈다의어〉 3주 02 〈다의어〉 3주 11	➡ 124쪽 ➡ 160쪽	〈다의어〉 4주 09	➡ 206쪽	〈다의어〉 5주 03	➡ 236쪽
16일차 [월 일]	〈동음이의어〉 1주 06	➡ 32쪽	〈동음이의어〉 3주 03	➡ 128쪽	〈동음이의어〉 5주 06	➡ 248쪽
17일차 [월 일]	〈헷갈리는 어휘〉 2주 05 〈헷갈리는 어휘〉 3주 09	➡ 82쪽 ➡ 152쪽	〈헷갈리는 어휘〉 4주 03	➡ 182쪽	〈헷갈리는 어휘〉 5주 09	➡ 260쪽
18일차 [월 일]	〈개념어〉 1주 12 〈개념어〉 2주 12	➡ 56쪽 ➡ 110쪽	〈개념어〉 5주 11 〈배경지식 용어〉 3주 12	➡ 268쪽 ➡ 164쪽	〈배경지식 용어〉 4주 12 〈배경지식 용어〉 5주 12	➡ 218쪽 ➡ 272쪽

밥 어휘
어휘력 테스트

1주 완성 학습이 끝난 뒤에
QR 코드를 인식해 주세요!

01 필수 어휘_고전 문학

1주 완성

※ 어휘의 사전적 의미에 해당하는 예문을 찾아 번호를 쓰고 빈칸을 채워 보세요.

01 **간교하다** 간사할 奸 | 교묘할 巧 --	형 간사하고 교활하다.	( )
02 **간하다** 간할 諫 --	동 웃어른이나 임금에게 옳지 못하거나 잘못된 일을 고치도록 말하다.	( )
03 **강직하다** 굳셀 剛 | 곧을 直 --	형 마음이 꼿꼿하고 곧다.	( )
04 **건사하다**	동 제게 딸린 것을 잘 보살피고 돌보다.	( )
05 **경탄하다** 놀랄 驚 | 탄식할 歎 --	동 몹시 놀라며 감탄하다.	( )

① 교과 그의 빈틈없는 일 처리에 모두가 □□해 마지않았다.

② 교과 진이 울며 읍하고 □하느라 이마를 땅에 부딪치니 피가 흘러 얼굴에 가득했다.

③ 모평 철없이 행동하는 자식들에 대한 답답한 마음과 그들을 어떻게든 □□하고자 하는 책임감이 함께 나타난다.

④ 수능 [A]에서 제원들이 칭송하는 태보의 □□함은, [B]에서 소신을 지키겠다고 하는 태보의 다짐에서 확인된다.

⑤ 수능 '대군'은 그들에게 베푼 은혜로 인해 악인으로 단정되지 않는 반면, 음모를 꾸민 '특'은 □□한 인물로만 부각된다.

06 **계교** 꾀할 計 | 교묘할 巧	명 요리조리 헤아려 보고 생각해 낸 꾀.	( )
07 **고고하다** 외로울 孤 | 높을 高 --	형 세상일에 초연하여 홀로 고상하다.	( )
08 **고사하다** 굳을 固 | 말씀 辭 --	동 제의나 권유 따위를 굳이 사양하다.	( )
09 **곡절** 굽을 曲 | 꺾을 折	명 순조롭지 아니하게 얽힌 이런저런 복잡한 사정이나 까닭.	( )
10 **공고히** 굳을 鞏 | 굳을 固 -	부 단단하고 튼튼하게.	( )

① 교과 그는 임금의 권유에도 불구하고 높은 벼슬을 끝끝내 □□하였다.

② 학평 그대 어찌하여 먼저 왔으며 슬픈 기색이 있느뇨. 아마도 □□이 있도다.

③ 학평 변 씨는 어떻게든 해룡을 죽여 없앨 생각으로 이리저리 궁리하다가, 한 가지 □□를 생각해 냈다.

④ 모평 왕을 정점으로 하는 과거의 통치 구조에서는 왕권을 □□□ 하고 풍속을 교화하는 수단이 필요했다.

⑤ 학평 이 작품에서 작가는, 당시 정치 상황에 굴복하고 자신의 뜻을 바꾸는 속된 선비들과는 달리 시류에 영합하지 않겠다는 □□한 정신을 드러냈다.

11 **공양하다** 이바지할 供 | 기를 養 --	동 부처 앞에 음식물이나 재물 등을 바치다.	( )
12 **괄시하다** 근심 없을 恝 | 볼 視 --	동 업신여겨 하찮게 대하다.	( )
13 **구차하다** 진실로 苟 | 또 且 --	형 말이나 행동이 떳떳하거나 버젓하지 못하다.	( )
14 **기꺼워하다**	동 마음속으로 은근히 기쁘게 여기다.	( )
15 **기망하다** 속일 欺 | 그물 罔 --	동 남을 속여 넘기다.	( )

① 학평 불리한 상황을 만회하기 위해 상대에게 □□한 변명을 하고 있다.

② 교과 할머니는 손녀딸이 결혼할 남자를 집에 데려온 것을 □□□하셨다.

③ 학평 부처님의 은덕으로 최 씨를 만난다면 금은보화를 아끼지 않고 절을 중수하여 부처님에게 □□하겠습니다.

④ 모평 나는 너를 친구라고 찾아왔는데 어찌 이같이 나를 □□한단 말이냐? 오랜 친구도 쓸데없고 결의형제도 쓸데없구나.

⑤ 학평 소녀 과연 여자로소이다. 일찍 부모를 이별하옵고 일신을 감출 길 없사와 남복을 입고 □□하였사오니 죄를 범하였나이다.

16 기박하다 기이할 奇 | 엷을 薄 --	형 팔자, 운수 따위가 사납고 복이 없다.	( )
17 기지 틀 機 | 지혜 智	명 경우에 따라 재치 있게 대응하는 지혜.	( )
18 긴요하다 팽팽할 緊 | 중요할 要 --	형 꼭 필요하고 중요하다.	( )
19 난잡하다 어지러울 亂 | 섞일 雜 --	형 행동이 막되고 문란하다.	( )
20 낭자하다 이리 狼 | 깔개 藉 --	형 여기저기 흩어져 어지럽다.	( )

① 교과 생긴 것과 다르게 그는 방탕하고 ☐☐한 생활을 즐기기로 유명하다.

② 학평 내가 단지 ☐☐하게 묻고자 하는 일이 있으니 혼은 사양하지 말라.

③ 학평 백옥 같은 저 다리에 유혈이 ☐☐하니 웬일이며, 실낱같이 가는 목에 큰 칼이 웬일이오?

④ 수능 파경노가 노모를 핑계 삼아 말미를 얻는 장면은 최치원이 원하는 바를 얻기 위해 ☐☐를 발휘하는 인물임을 보여 주는군.

⑤ 학평 하물며 친부모와 시어머니를 잃었사오니 신첩이 팔자 ☐☐하와 이러하오니 이제는 여자의 도리를 차려 부모 영위를 지키고자 하옵나이다.

21 노고 수고로울 勞 | 괴로울 苦	명 힘들여 수고하고 애씀.	( )
22 노복 종 奴 | 종 僕	명 종살이를 하는 남자.	( )
23 녹봉 복 祿 | 녹 俸	명 벼슬아치에게 일 년 또는 계절 단위로 나누어 주던 금품을 통틀어 이르는 말.	( )
24 누설 샐 漏 | 샐 泄	명 비밀이 새어 나감. 또는 그렇게 함.	( )
25 단죄하다 끊을 斷 | 허물 罪 --	동 죄를 처단하다.	( )

① 교과 전우치는 의롭지 못한 자를 ☐☐하기 위해 도술을 부렸다.

② 학평 이미 거울이 깨졌으니 발은 굴러 무엇하겠습니까? 이 몸이 ☐☐이 되어 거울 깨뜨린 보상을 하겠습니다.

③ 수능 이 물건을 장물로 삼아 관가에 고발하여 나머지 물건들도 찾고 싶었으나, 일이 ☐☐될까 두려워 고발하지 못했습니다.

④ 모평 ☐☐이 많고 벼슬이 높아 위세를 부리는 자야 얻고자 하는 것은 무엇이든지 얻을 수 있지만, 나같이 곤궁한 사람은 백에 하나도 가능한 것이 없습니다.

⑤ 학평 육지로 종군하면서 들인 ☐☐와 세운 공이 적지 아니한데, 어찌 조정에서는 조그마한 보상조차 주는 일은 없고 도리어 이렇게 살과 뼈를 깎는단 말이냐?

26 도탄 진흙 塗 | 숯 炭	명 진구렁에 빠지고 숯불에 탄다는 뜻으로, 몹시 곤궁하여 고통스러운 지경을 이르는 말.	( )
27 둔갑하다 달아날 遁 | 갑옷 甲 --	동 술법으로 자기 몸이 감추어지거나 다른 것으로 바뀌다.	( )
28 막심하다 없을 莫 | 심할 甚 --	형 더할 나위 없이 심하다.	( )
29 만무하다 일만 萬 | 없을 無 --	형 절대로 없다.	( )
30 묘연하다 어두울 杳 | 그럴 然 --	형 소식이나 행방 따위를 알 길이 없다.	( )

① 교과 지난 여름 지독한 태풍으로 인해 농민들이 ☐☐한 피해를 입었다.

② 교과 웅이는 다시 반나절 스승을 기다렸으나 스승의 종적이 ☐☐해 만날 수 없었다.

③ 학평 어미는 어찌 저런 말을 하나뇨? 시랑이 나를 버렸거든 다시 오기 ☐☐하니라.

④ 학평 백성을 좀먹는 무리들을 내버려 두었다가는 백성들이 ☐☐에 빠지고 나라가 위태롭게 된다.

⑤ 수능 내 들으니, 여우란 놈은 천 년을 묵으면 ☐☐하여 사람 시늉을 할 수 있다 하니, 저건 틀림없이 여우란 놈이 북곽 선생으로 ☐☐한 것일 게다.

·뜻풀이로 체크하기·

01 ~ 07 다음 뜻풀이에 해당하는 어휘를 쓰시오.

01 남을 속여 넘기다. □□□□

02 단단하고 튼튼하게. □□□

03 행동이 막되고 문란하다. □□□□

04 비밀이 새어 나감. 또는 그렇게 함. □□

05 세상일에 초연하여 홀로 고상하다. □□□□

06 제게 딸린 것을 잘 보살피고 돌보다. □□□□

07 웃어른이나 임금에게 옳지 못하거나 잘못된 일을 고치도록 말하다. □□□

08 ~ 13 제시된 초성과 뜻풀이를 참고하여 빈칸에 들어갈 알맞은 어휘를 쓰시오.

08 ㄴㅂ: 종살이를 하는 남자.

학평 세간이 탕진하니 □□인덜 잇슬손가

09 ㄱㅇ하다: 꼭 필요하고 중요하다.

학평 독서의 체계를 세워 자신에게 적합한 책 중에서 더욱 절실하고도 □□한 것을 읽어야 한다.

10 ㄱㅈ하다: 마음이 꼿꼿하고 곧다.

교과 임경업의 충절과 □□함에 감동한 호왕은 임경업의 소원대로 세자와 대군을 놓아주었다.

11 ㄱㄱ: 요리조리 헤아려 보고 생각해 낸 꾀.

모평 미양을 붙들고 물으니 미양이 당초부터 여 씨가 □□를 꾸몄던 일들을 낱낱이 말하더라.

12 ㄱㄲㅇ하다: 마음속으로 은근히 기쁘게 여기다.

수능 인부들은 그의 집을 허무는 일에 대해 □□□하지 않았다.

13 ㄱㅈ: 순조롭지 아니하게 얽힌 이런저런 복잡한 사정이나 까닭.

교과 이제 무슨 연고로 식음을 전폐하고 죽기를 자처하느냐? 그 □□을 듣고자 하노라.

·문장으로 체크하기·

14 ~ 18 다음 문맥에 알맞은 어휘를 고르시오.

14 교과 이황은 명종이 내리는 관직을 (고사 | 건사)하고 고향에 머물렀다.

15 수능 빈궁하여 고기잡이를 하는 자는 (고고 | 구차)하게 이익을 계산하지만 나는 스스로 유유자적을 즐긴다.

16 학평 천자가 벼슬을 내리고 (녹봉 | 누설)을 나누어 준 것은 신하들을 위해서가 아니라 백성들을 위한 것이었다.

17 수능 '특'이 남몰래 웃음을 지었다는 진술에서 그의 (간교 | 강직)한 성격을 드러내려는 서술자의 의도가 느껴지는군.

18 모평 천자가 덕이 없어 만민이 (노고 | 도탄)에 빠지매 우리가 천명(天命)을 받아 의병을 이루어 어리석은 임금을 없애고 만민을 구하려 한다.

19 ~ 24 다음 빈칸에 들어갈 알맞은 어휘를 〈보기〉에서 찾아 쓰시오.

보기

기박 기지 괄시
낭자 노고 둔갑

19 모평 여 씨가 여의개용단을 먹고 화 씨로 (   )해 나타났다.

20 교과 계월을 여자라는 이유로 (   )하는 보국의 태도에서 가부장적 사고를 엿볼 수 있다.

21 학평 시장님의 (   )에 감사하다는 인사를 추가해서 예의와 격식을 갖추는 것이 좋을 것 같아.

22 교과 소녀의 혼사로 이렇게 부모님께 걱정을 시켜 드리게 된 것은 소녀의 팔자가 (   )한 탓입니다.

23 모평 옥단춘은 (   )을/를 발휘하여 위기에 빠진 인물을 구해 내는 적극적인 조력자로 그려진다.

24 학평 돌아가신 부모님의 해골이 들판에 (   )하게 흩어져 있었을 때, 만일 낭자가 아니었더라면 누가 매장할 수 있었겠소?

▶ 정답과 해설 2쪽

어휘의 의미와 쓰임 이해하기

01 〈보기〉의 '강 씨'의 성격을 드러낼 수 있는 단어로 가장 적절한 것은?

보기

[앞부분 줄거리] 어 학사의 부인은 딸 월과 아들 용을 남겨 두고 세상을 떠난다. 어 학사는 강 시랑의 딸과 재혼을 한다.

이러구러 여러 날 만에 강 씨를 데려오니, 얼굴은 비록 고우나 본성이 우악스럽고 사나워 평생을 해코자 하는 사람이라. 학사가 매양 월의 남매를 불쌍히 여겨 슬퍼하며 사랑하는 양을 보고, 강 씨 속마음에 시기하여 은근히 해코져 하여 학사 보는 데는 월의 남매를 불쌍히 여겨 사랑하는 체하며 음식을 좋이 먹이며 각별 위로하나, 매양 월의 남매를 해코져 틈을 얻기를 바라더라.

– 작자 미상, 〈어룡전〉

① 간교하다 ② 강직하다
③ 고고하다 ④ 구차하다
⑤ 난잡하다

적절한 어휘로 바꿔 쓰기

02 문맥상 다음 밑줄 친 어휘와 바꿔 쓰기에 적절하지 않은 것은?

① 그를 건사해 줄 사람을 찾을 수 없다. → 돌봐
② 그 위인은 죽 씨의 강직한 모습을 싫어하였다. → 곧은
③ 네가 계월을 괄시하다가 이런 일을 당하니, 어찌 그르다 하리오? → 무시하다가
④ 많은 사람들이 선거에 출마하라고 권유했으나 그는 끝내 고사했다. → 간과했다
⑤ 원수가 여자를 청하여 여차여차하게 계교를 갖추고 기다리라고 하였다. → 묘책

문맥에 알맞은 어휘 찾기

03 문맥상 알맞은 어휘에 ○표 한 것으로 적절하지 않은 것은?

① 피난 갔던 ((노복) | 녹봉)들도 다시 찾아들었다.
② 부디 천명을 (곡절 | (누설))하지 말라 당부하시더라.
③ 마님께서 이같이 하문하시니 어찌 ((기망) | 긴요)하오리까?
④ 뇌물과 청탁이 (낭자 | (만무))하고 버젓이 행해지니 그를 면직하고 징계하옵소서.
⑤ 외삼촌 내외는 매우 ((기꺼워) | 기박해)하며 좋은 음식을 갖춰 차려 주며 공쥐를 위로하였다.

어휘의 쓰임 이해하기

04 밑줄 친 두 어휘의 의미가 일치하지 않는 것은?

① (ㄱ) 법에 비추어 단죄하신 것이 진실로 마땅하십니다.
(ㄴ) 어사는 일단 실컷 먹은 후에 변 사또를 단죄하기로 마음먹었다.
② (ㄱ) 먼 길 오가느라 노고가 정말 많았다.
(ㄴ) 나의 노고가 이와 같이 큰데도 먹여 주는 것은 변변치 못하니 화가 치민다.
③ (ㄱ) 선군이 급히 그 곡절을 물으니 백공이 오열하며 말하였다.
(ㄴ) 관장들도 어리둥절하여 어찌된 곡절인지를 몰라 난감해했다.
④ (ㄱ) 과거 시험의 날짜를 공고하자 수백여 명의 유생들이 몰려들었다.
(ㄴ) 이 일은 인물 간의 정서적 유대감을 공고히 하는 계기가 되었다.
⑤ (ㄱ) 어르신께 아무리 간하여도 전혀 듣지 아니하시더라.
(ㄴ) 여러 대신이 상소를 올려 간하니 천자의 노여움이 누그러지더라.

어휘의 쓰임 이해하기

05 〈보기〉의 ⓐ~ⓔ에 들어갈 단어로 적절하지 않은 것은?

보기

• 태자가 죽지 않고 중국에 있단 말을 듣고 (ⓐ)치 않는 자가 없으며, 기뻐하는 소리가 우레 같더라. – 서유영, 〈육미당기〉
• 선덕 여왕은 절에 이르러 부처님께 (ⓑ)을 드렸다. 그러는 동안 지귀는 절 앞에 있는 탑 아래에 앉아서 여왕이 나오기를 기다렸다. – 작자 미상, 〈지귀 설화〉
• 병든 몸이 엄중한 형벌을 당하면 목숨을 보전하지 못할 것입니다. 만일 죽는다면 부모에게 불효가 (ⓒ)할 것이니 엎드려 바라건대 하해와 같은 은덕을 베푸시어 살려 주시옵소서. – 작자 미상, 〈홍계월전〉
• 막동이란 젊은 종이 십안일을 수간하여 호수의 일을 하다시피 했다. 어느 날 이 막동이도 이슥한 밤에 도망해 버려서 온 집안이 혀를 차고 한숨을 내쉬었지만 종적을 찾을 길이 (ⓓ)하였다. – 작자 미상, 〈구복막동〉
• 인간 세계에 차사를 보내어 잡아들여 올 제 열나흘 길이오니 그 사이 7일장을 하였을지 9일장을 하였을지 석 달 관을 그대로 둘 리 (ⓔ)하오매 벌써 장례를 치러 시신이 없을 것입니다. – 작자 미상, 〈삼사횡입황천기〉

① ⓐ: 경탄 ② ⓑ: 도탄
③ ⓒ: 막심 ④ ⓓ: 묘연
⑤ ⓔ: 만무

한자 성어

※ 한자 성어가 사용된 예문을 읽고 해당 뜻풀이를 찾아 번호를 쓰세요.

★ 우정, 신의

01 간담상조
간 肝 | 쓸개 膽 | 서로 相 | 비출 照
교과 두 나라의 정상은 양국의 관계를 간담상조하는 좋은 동반자이자 기쁨과 슬픔을 함께하는 운명 공동체라고 규정했다. ( )

02 문경지교
목벨 刎 | 목 頸 | 갈 之 | 사귈 交
교과 과거에 두 사람은 서로 목숨을 주어도 아깝지 않게 생각하는 문경지교의 우정을 나누었다고 전해진다. ( )

03 백아절현
맏 伯 | 어금니 牙 | 끊을 絕 | 악기 줄 絃
교과 나는 가장 친한 친구가 세상을 떠났다는 소식을 듣고는 백아절현의 심정을 느꼈다. ( )

04 빈천지교
가난할 貧 | 천할 賤 | 갈 之 | 사귈 交
교과 사회적으로 성공했다고 평가받는 그와 나는, 사실 가난했던 학창 시절을 함께 견딘 빈천지교이다. ( )

05 송무백열
소나무 松 | 우거질 茂 | 나무 이름 柏 | 기쁠 悅
교과 동료의 승진 소식을 듣고 진심으로 기뻐하는 그의 모습을 보니, 그는 송무백열의 마음가짐을 지닌 사람이다. ( )

06 지란지교
지초 芝 | 난초 蘭 | 갈 之 | 사귈 交
교과 서로를 위해 진심 어린 충고를 아끼지 않는 두 사람의 지란지교가 정말 아름답다. ( )

① 서로 속마음을 털어놓고 친하게 사귐.
② 가난하고 천할 때 사귄 사이. 또는 그런 벗.
③ 지초와 난초의 교제라는 뜻으로, 벗 사이의 맑고도 고귀한 사귐을 이름.
④ 소나무가 무성하면 잣나무가 기뻐한다는 뜻으로, 벗이 잘되는 것을 기뻐함을 이름.
⑤ 백아가 거문고 줄을 끊어 버렸다는 뜻으로, 자기를 알아주는 참다운 벗의 죽음을 슬퍼함을 이름.
⑥ 서로를 위해서라면 목이 잘린다 해도 후회하지 않을 정도의 사이라는 뜻으로, 생사를 같이할 수 있는 아주 가까운 사이, 또는 그런 친구를 이름.

★ 학문

07 교학상장
가르칠 敎 | 배울 學 | 서로 相 | 길 長
교과 선생님은 학생들을 가르치면서 학생들로부터 배운 것이 많다며 교학상장을 몸소 경험했다고 이야기했다. ( )

08 망양지탄
망할 亡 | 양 羊 | 갈 之 | 탄식할 歎
교과 김 박사는 오랜 세월 동안 연구한 내용의 오류를 새롭게 깨닫고 망양지탄을 느꼈다. ( )

09 박이부정
넓을 博 | 말이을 而 | 아닌가 不 | 정할 精
교과 여러 분야에 대해 아는 척했던 그는 어느 한 분야도 깊이 있게 알지 못하는 박이부정의 문제를 드러냈다. ( )

10 불치하문
아닐 不 | 부끄러워할 恥 | 아래 下 | 물을 問
교과 박 교수가 학문적 업적을 쌓을 수 있었던 것은 모르는 것이 있을 때마다 불치하문하였기 때문이다. ( )

① 널리 알지만 정밀하지는 못함.
② 가르치고 배우는 과정에서 스승과 제자가 함께 성장함.
③ 손아랫사람이나 지위나 학식이 자기만 못한 사람에게 모르는 것을 묻는 일을 부끄러워하지 아니함.
④ 갈림길이 매우 많아 잃어버린 양을 찾을 길이 없음을 탄식한다는 뜻으로, 학문의 길이 여러 갈래여서 한 갈래의 진리도 얻기 어려움을 이름.

★ 임시의 방법

11 고식지계
시어미 姑 | 숨쉴 息 | 갈 之 | 꾀할 計

교과 당장 눈앞의 일에만 급급하여 고식지계를 낼 것이 아니라, 먼 앞날까지 내다본 계획을 세워야 한다. ( )

12 동족방뇨
얼 凍 | 발 足 | 놓을 放 | 오줌 尿

교과 공공 부문의 지출과 고용을 확대하는 정책은 동족방뇨 격으로 일시적인 효과만 있을 뿐이다. ( )

13 임시변통
임할 臨 | 때 時 | 변할 變 | 통할 通

교과 갑작스럽게 어떤 일이 생겼을 때, 근본적인 대책 없이 임시변통으로 처리하면 겉으로는 괜찮아 보여도 문제가 해결되지 않는다. ( )

14 하석상대
아래 下 | 돌 石 | 위 上 | 돈대 臺

교과 빚을 갚겠다고 다른 데서 돈을 빌리고, 그 돈을 갚겠다고 또 다른 데서 돈을 빌리다니, 하석상대가 따로 없다. ( )

① 갑자기 터진 일을 우선 간단하게 둘러맞추어 처리함.

② 언 발에 오줌 누기라는 뜻으로, 잠시 동안만 효력이 있을 뿐 곧 사라짐을 이름.

③ 아랫돌 빼서 윗돌 괴고 윗돌 빼서 아랫돌 괸다는 뜻으로, 임시변통으로 이리저리 둘러맞춤을 이름.

④ 우선 당장 편한 것만을 택하는 꾀나 방법. 한때의 안정을 얻기 위하여 임시로 둘러맞추어 처리하거나 이리저리 주선하여 꾸며 내는 계책을 이름.

★ 태도

15 요지부동
흔들릴 搖 | 갈 之 | 아닌가 不 | 움직일 動

교과 현재 시행 중인 제도의 문제점이 속속 드러나고 있는데도 정작 관할 당국은 요지부동이다. ( )

16 우유부단
넉넉할 優 | 부드러울 柔 | 아닌가 不 | 끊을 斷

학평 내가 미리 기미를 알아차려 벼슬을 그만둘 것을, 우유부단하게 지체한 탓에 이 같은 몹쓸 일을 당했으니 누구를 원망하겠소. ( )

17 자가당착
스스로 自 | 집 家 | 칠 撞 | 붙을 着

교과 오늘부터 다이어트를 한다면서 저녁 먹으러 고기 뷔페에 가겠다니, 정말 자가당착이구나. ( )

18 좌고우면
왼쪽 左 | 돌아볼 顧 | 오른쪽 右 | 곁눈질할 眄

모평 황보박은 배연령과 천자 사이에서 좌고우면하고 있다. ( )

19 철두철미
통할 徹 | 머리 頭 | 통할 徹 | 꼬리 尾

교과 우리는 작은 문제 하나도 발생하지 않도록 행사를 철두철미하게 준비했다. ( )

20 허심탄회
빌 虛 | 마음 心 | 평평할 坦 | 품을 懷

교과 이왕 이렇게 된 마당에 알고 있는 것을 모조리 허심탄회하게 말씀해 주시오. ( )

① 처음부터 끝까지 철저하게.

② 흔들어도 꼼짝하지 아니함.

③ 어물어물 망설이기만 하고 결단성이 없음.

④ 품은 생각을 터놓고 말할 만큼 아무 거리낌이 없고 솔직함.

⑤ 이쪽저쪽을 돌아본다는 뜻으로, 앞뒤를 재고 망설임을 이름.

⑥ 같은 사람의 말이나 행동이 앞뒤가 서로 맞지 아니하고 모순됨.

· 뜻풀이로 체크하기 ·

01 ~ 05 다음 뜻풀이에 해당하는 한자 성어를 쓰시오.

01 가르치고 배우는 과정에서 스승과 제자가 함께 성장함. □□□□

02 품은 생각을 터놓고 말할 만큼 아무 거리낌이 없고 솔직함. □□□□

03 이쪽저쪽을 돌아본다는 뜻으로, 앞뒤를 재고 망설임을 이름. □□□□

04 백아가 거문고 줄을 끊어 버렸다는 뜻으로, 자기를 알아주는 참다운 벗의 죽음을 슬퍼함을 이름. □□□□

05 갈림길이 매우 많아 잃어버린 양을 찾을 길이 없음을 탄식한다는 뜻으로, 학문의 길이 여러 갈래여서 한 갈래의 진리도 얻기 어려움을 이름. □□□□

06 ~ 10 다음 빈칸에 들어갈 알맞은 말을 〈보기〉에서 찾아 쓰시오.

보기
생사 효력 소나무
꼼짝하지 부끄러워하지

06 요지부동: 흔들어도 ( ) 아니함.

07 동족방뇨: 언 발에 오줌 누기라는 뜻으로, 잠시 동안만 ( )이/가 있을 뿐 곧 사라짐을 이름.

08 송무백열: ( )이/가 무성하면 잣나무가 기뻐한다는 뜻으로, 벗이 잘되는 것을 기뻐함을 이름.

09 불치하문: 손아랫사람이나 지위나 학식이 자기만 못한 사람에게 모르는 것을 묻는 일을 ( ) 아니함.

10 문경지교: 서로를 위해서라면 목이 잘린다 해도 후회하지 않을 정도의 사이라는 뜻으로, ( )을/를 같이할 수 있는 아주 가까운 사이, 또는 그런 친구를 이름.

· 문장으로 체크하기 ·

11 ~ 13 다음 대화 내용과 의미가 통하는 한자 성어를 〈보기〉에서 찾아 쓰시오.

보기
간담상조 임시변통 자가당착

11 선생님: 제일 친한 친구가 하은이라며?
민희: 네. 하은이랑은 비밀도 없고 속마음도 다 이야기할 정도로 친해요. □□□□

12 현우: 이 과학 잡지에 실린 논문의 저자는 처음에 내세운 주장을 스스로 부인하는 오류를 범하고 있어.
지호: 그래서인지 논문의 신뢰성에 논란이 일고 있네. □□□□

13 유주: 이 일을 어쩌지? 이번 미술 시간에 만들어야 하는 작품의 재료들을 잃어버렸어.
채민: 할 수 없지. 시간이 없으니 일단 친구들에게 재료를 조금씩 빌려서 뭐라도 만들어 보자. □□□□

14 ~ 18 다음 빈칸에 들어갈 알맞은 한자 성어를 〈보기〉에서 찾아 쓰시오.

보기
고식지계 우유부단
좌고우면 지란지교 철두철미

14 학평 치성은 결단력이 부족한 현철의 □□□□한 태도를 문제 삼고 있다.

15 교과 특별 검사는 여기저기 눈치를 보며 □□□□하지 않고 원칙에 따라 수사하겠다고 다짐했다.

16 교과 우리 두 사람은 서로를 소중하게 대하면서 □□□□을/를 오래도록 이어 가기를 바라고 있다.

17 교과 선생님께서는 자신의 일에 대해서는 작은 실수도 허용하지 않을 만큼 □□□□하게 일하셨다.

18 교과 경유 자동차를 제한하는 □□□□의 조치만으로는 미세 먼지 문제를 해결하는 것이 불가능하다.

▶ 정답과 해설 2쪽

상황에 맞는 한자 성어 찾기

01 〈보기〉의 내용을 고려할 때, 빈칸에 들어갈 한자 성어로 가장 적절한 것은?

보기

계집 다람쥐 화를 내어 꾸짖어 가로되,
"그대로 더불어 남녀 간의 연분을 맺어 아들 두고 딸을 낳으며 부귀를 뜬구름같이 알고 빈천을 낙으로 알고 살았는데, 더러운 말로써 나를 욕하니 이는 한때의 끼니를 아끼려고 처자를 내치고자 함이라. 조강지처는 내칠 수 없고, (   )는 사귐을 잊을 수 없다 하였는데, 이같이 나를 욕보이니 백이숙제를 따라 굶어 죽는 일을 좇으리라."

– 작자 미상, 〈서동지전〉

① 간담상조(肝膽相照)　② 동족방뇨(凍足放尿)
③ 빈천지교(貧賤之交)　④ 철두철미(徹頭徹尾)
⑤ 하석상대(下石上臺)

한자 성어의 의미 이해하기

02 〈보기〉의 밑줄 친 '진 소저'의 태도와 대비되는 태도를 담고 있는 한자 성어는?

보기

진 소저는 추호도 망설이는 기색이 없이 친히 오 낭중을 향해 혼인을 허락했다. 오 낭중은 몹시 기뻐하며 조문화에게 돌아가 그녀의 말을 전했다. 조문화는 미칠 듯이 기뻐하더니 엄숭을 사주해 진 공의 옥사를 천자에게 아뢰게 했다.

– 조성기, 〈창선감의록〉

① 교언영색(巧言令色)　② 배은망덕(背恩忘德)
③ 우유부단(優柔不斷)　④ 천하태평(天下泰平)
⑤ 허심탄회(虛心坦懷)

한자 성어에 맞는 속담 찾기

03 다음 중 한자 성어와 의미가 통하는 속담을 연결한 것으로 적절한 것은?

① 동족방뇨(凍足放尿) – 언 발에 오줌 누기
② 요지부동(搖之不動) – 엎드려 절받기
③ 임시변통(臨時變通) – 단김에 소뿔 빼기
④ 자가당착(自家撞着) – 아랫돌 빼서 윗돌 괴기
⑤ 좌고우면(左顧右眄) – 우물 안 개구리

한자 성어 연결하기

04 십자말풀이의 ⓐ~ⓙ에 들어갈 말에 대한 설명으로 적절하지 않은 것은?

보기

불	치	ⓐ	문			요	ⓑ	부	ⓒ
		석					란		족
		상		빈	망	양	ⓓ	탄	방
		대	고	천			교		뇨
			식	지				간	
	문	경	ⓔ	ⓕ				담	
송			계			교	학	ⓖ	장
무			좌	고	ⓗ	면		조	
ⓘ	아	절	현		유				
열			박	이	ⓙ	정			
					단				

① ⓐ에는 '하'가 들어간다.
② ⓑ와 ⓓ와 ⓔ에는 '지'가 들어간다.
③ ⓒ에는 '동'이, ⓕ에는 '교'가 들어간다.
④ ⓖ에는 '상'이, ⓗ에는 '우'가 들어간다.
⑤ ⓘ에는 '만'이, ⓙ에는 '부'가 들어간다.

유래에 맞는 한자 성어 찾기

05 〈보기〉와 같은 유래를 가진 한자 성어는?

보기

후한 때의 학자인 마융은 〈마융전〉에서 전대의 학자였던 가규(賈逵)와 정중(鄭衆)에 대해 평가하며 "가 선생은 정밀하나 두루 알지를 못하고 정 선생은 두루 알기는 하나 정밀하지를 못하니 정밀하면서 박식한 것으로는 누가 나보다 낫겠는가."라고 하였다고 전한다.

① 박이부정(博而不精)　② 불치하문(不恥下問)
③ 임시변통(臨時變通)　④ 자가당착(自家撞着)
⑤ 철두철미(徹頭徹尾)

다의어

※ 다의어의 각 예문을 읽고 해당 뜻풀이를 찾아 번호를 쓰세요.

01 가볍다

(1) 교과 이번에 산 핸드폰은 아주 가벼워서 들고 다니기가 편하다.	( )
(2) 모평 절개는 중하고 목숨은 가벼워 해골은 들판에 던져졌으나, 혼백을 의탁할 곳이 없었습니다.	( )
(3) 교과 그녀는 내가 풀지 못했던 수학 문제를 삼 분 만에 가볍게 풀었다.	( )
(4) 모평 마음이 가벼워지는 것이 마치 학을 타고 하늘 위로 오르는 듯하여, 나는 새라도 내 위로는 솟구치지 못할 것 같았다.	( )

① 형 마음이 홀가분하고 경쾌하다.
② 형 다루기에 힘이 들지 않고 수월하다.
③ 형 비중이나 가치, 책임 따위가 낮거나 적다.
④ 형 무게가 일반적이거나 기준이 되는 대상의 것보다 적다.

02 겹다

(1) 교과 사업을 시작한 얼마간은 새로운 일과 낯선 환경에 적응하느라 힘에 겨웠다.	( )
(2) 교과 부모는 집 앞 산기슭에 아기장수와 곡식을 함께 묻고는 슬픔에 겨워 천지가 떠나가도록 엉엉 울었다.	( )

① 형 감정이나 정서가 거세게 일어나 누를 수 없다.
② 형 정도나 양이 지나쳐 참거나 견뎌 내기 어렵다.

03 고동치다

(1) 교과 약속에 늦어 집에서부터 급히 뛰어왔더니 심장이 미친 듯이 고동쳤다.	( )
(2) 교과 그녀와 다시 만나게 될 날을 떠올리니 울적했던 마음이 즐거움으로 고동쳤다.	( )

① 동 심장이 심하게 뛰다.
② 동 희망이나 이상이 가득 차 마음이 약동하다.

04 고리타분하다

(1) 교과 골목길에서 담배 냄새, 음식 냄새, 하수구 냄새가 섞인 고리타분한 냄새가 났다.	( )
(2) 교과 사람들은 고전 문학을 고리타분한 것으로 치부하지만, 고전 문학을 통해서 우리는 조상들의 지혜와 삶을 배울 수 있다.	( )

① 형 하는 짓이나 성미, 분위기 따위가 새롭지 못하고 답답하다.
② 형 냄새가 신선하지 못하고 역겹게 고리다.

05 고즈넉하다

(1) 교과 이 시의 화자는 한밤에 홀로 마당에 나와 고즈넉한 달밤의 정취를 즐기고 있다.	( )
(2) 교과 벼슬을 버리고 자연으로 내려온 선비는 고즈넉한 표정으로 강가를 바라보며 낚시를 즐겼다.	( )

① 형 고요하고 아늑하다.
② 형 말없이 다소곳하거나 잠잠하다.

06 곤궁하다
곤할 困 | 다할 窮 --

(1) 학평 그는 호장 부부에 의해 쫓겨나고 인근 동리 사람들에게조차 외면을 당하여 움집에서 곤궁하게 살아간다. ( )

(2) 교과 절친한 친구 둘이 싸우는 바람에 내 입장이 곤궁하게 되었다. ( )

① 형 가난하여 살림이 구차하다.

② 형 처지가 이러지도 저러지도 못하게 난처하고 딱하다.

07 궁글다

(1) 교과 꽃무늬 벽지로 도배했지만 벽지가 궁글어 보기 싫었다. ( )

(2) 교과 궁글 대로 궁근 부엌 살림살이를 보니 어디서부터 손을 대야 할지 막막했다. ( )

① 형 내용이 부실하고 변변치 아니하다.

② 형 착 달라붙어 있어야 할 물건이 들떠서 속이 비다.

08 긁다

(1) 학평 덕순이는 이렇게 얼떨떨한 낯으로 다시 한 번 뒤통수를 긁지 않을 수 없었다. ( )

(2) 교과 우리는 식사를 마치면 솥 바닥에 눌어붙은 누룽지를 주걱으로 벅벅 긁어 먹었다. ( )

(3) 교과 막냇동생은 기분이 좋지 않은 형의 속을 자꾸 긁어 부모님의 꾸중을 들었다. ( )

① 동 남의 감정, 기분 따위를 상하게 하거나 자극하다.

② 동 손톱이나 뾰족한 기구 따위로 바닥이나 거죽을 문지르다.

③ 동 뾰족하거나 날카롭고 넓은 끝으로 무엇에 붙은 것을 떼어 내거나 벗겨 없애다.

09 나가다

(1) 학평 우리 주변에 숨어 있는 보물을 캐내러 교실 밖으로 나가 볼까요? ( )

(2) 학평 만도는 전쟁에 나간 아들 진수가 돌아온다는 통지를 받고 마음이 들떠 기차역 정거장으로 나갔다. ( )

(3) 교과 의견을 말할 때 지나치게 강경한 태도로 나가면 오히려 역효과가 생긴다. ( )

① 동 어떤 행동이나 태도를 취하다.

② 동 모임에 참여하거나, 운동 경기에 출전하거나, 선거 따위에 입후보하다.

③ 동 일정한 지역이나 공간의 범위와 관련하여 그 안에서 밖으로 이동하다.

10 나다

(1) 교과 수염이 난 남자가 종업원을 불러 물 한 잔만 더 달라고 부탁했다. ( )

(2) 교과 야심한 시각에 소란을 일으켰다가는 큰 난리가 날지도 모르네. ( )

(3) 모평 이 일이 들통이 나는 날에는 큰 벌을 받게 될 것이다. ( )

① 동 이름이나 소문 따위가 알려지다.

② 동 어떤 현상이나 사건이 일어나다.

③ 동 신체 표면이나 땅 위에 솟아나다.

11 내달다

(1) 교과 차 앞쪽에 깃발을 내달았더니 차가 달릴 때마다 깃발이 펄럭였다. ( )

(2) 교과 호텔 방을 여러 개 더 내달아 지어 여러 사람이 묵을 수 있도록 하였다. ( )

① 동 밖이나 앞쪽에 달다.

② 동 같은 방향으로 더 잇다.

100 어휘 61개 달성!

·뜻풀이로 체크하기·

01 ~ 05 다음 밑줄 친 어휘의 뜻풀이에 들어갈 알맞은 말을 〈보기〉에서 찾아 쓰시오.

보기
구차 답답 참여 거세게 들떠서

01 교과 연이은 흉년으로 백성들의 삶이 곤궁했다.
→ 곤궁하다: 가난하여 살림이 (   )하다.

02 학평 어적(漁笛)도 흥에 겨워 달을 따라 부는구나.
→ 겹다: 감정이나 정서가 (   ) 일어나 누를 수 없다.

03 교과 장판이 궁글어 바닥이 보기 싫게 울퉁불퉁했다.
→ 궁글다: 착 달라붙어 있어야 할 물건이 (   ) 속이 비다.

04 학평 청소년들의 62.3%가 전통문화는 낡고 고리타분하다는 생각을 갖고 있다고 합니다.
→ 고리타분하다: 하는 짓이나 성미, 분위기 따위가 새롭지 못하고 (   )하다.

05 학평 한몰 영감 내외는 6·25 때 의용군으로 나간 아들이 북쪽에 살아 있다고 믿으며 살아간다.
→ 나가다: 모임에 (   )하거나, 운동 경기에 출전하거나, 선거 따위에 입후보하다.

06 ~ 09 다음 밑줄 친 어휘의 뜻풀이로 알맞은 것을 고르시오.

06 교과 한 남자가 간판을 문밖에 내달고 있었다.
① 밖이나 앞쪽에 달다.
② 같은 방향으로 더 잇다.

07 교과 고즈넉한 카페에 앉아 차를 마시며 글을 썼다.
① 고요하고 아늑하다.
② 말없이 다소곳하거나 잠잠하다.

08 교과 시험이 끝났다고 생각하니 가벼운 기분이 들었다.
① 마음이 홀가분하고 경쾌하다.
② 다루기에 힘이 들지 않고 수월하다.

09 교과 광복을 맞은 사람들의 마음은 감격으로 고동쳤다.
① 심장이 심하게 뛰다.
② 희망이나 이상이 가득 차 마음이 약동하다.

·문장으로 체크하기·

10 ~ 13 다음 밑줄 친 어휘가 제시된 의미로 사용된 문장을 고르시오.

10 나다: 신체 표면이나 땅 위에 솟아나다.
① 학평 광억은 이미 늙었는데도 나라 안에 소문이 났다.
② 모평 그렇다고 제 몸을 없애 버리겠습니까? 종기가 났다고 말이지요.

11 가볍다: 비중이나 가치, 책임 따위가 낮거나 적다.
① 교과 나무젓가락 열 개를 가볍게 부러뜨렸다.
② 교과 네가 맡은 일은 결코 가벼운 일이 아니야.

12 겹다: 정도나 양이 지나쳐 참거나 견뎌 내기 어렵다.
① 교과 학생이 졸음에 겨운지 연신 팔뚝을 꼬집었다.
② 수능 나그네는 돌아가고픈 심정이 간절해지네 / 긴긴 밤 근심에 겨워 오래 앉았노라니

13 긁다: 남의 감정, 기분 따위를 상하게 하거나 자극하다.
① 교과 탄 냄비 바닥을 숟가락으로 벅벅 긁었다.
② 교과 지호는 그녀가 입고 온 옷을 지적하며 그녀의 자존심을 긁어 놓았다.

14 ~ 16 다음 밑줄 친 어휘가 제시된 문장의 밑줄 친 어휘와 유사한 의미로 사용된 문장을 고르시오.

14 교과 아버지의 사업이 큰 성공을 거둬서 우리 집에는 경사가 났다.
① 교과 축대가 무너져 온 동네에 난리가 났다.
② 교과 면접이 끝나고 며칠 뒤 신문에 합격자 발표가 났다.

15 교과 우리는 고즈넉한 호숫가 근처의 카페에서 차를 마셨다.
① 교과 고즈넉한 산사에는 들꽃이 소담히 피어 있다.
② 교과 나는 고즈넉하게 일어서서 그의 어깨에 가만히 손을 얹었다.

16 교과 팀 프로젝트에서 마치 일을 혼자서 다 처리할 수 있는 것처럼 나가면 일을 그르칠 수 있다.
① 교과 학생들은 수업이 끝나자 모두 운동장으로 나가 농구를 하며 놀았다.
② 교과 목표를 달성하는 데 있어 너무 소극적인 태도로 나가면 목표를 이루기 어렵다.

▶ 정답과 해설 3쪽

문맥적 의미 파악하기

01 다음 중 ⓐ~ⓔ의 밑줄 친 어휘와 문맥적 의미가 같게 쓰인 것은?

보기
ⓐ 지금 저녁 먹으러 가자.
ⓑ 문제점을 고치려는 노력이 무엇보다 중요하다.
ⓒ 그는 융통성이 전혀 없는 고리타분한 위인이다.
ⓓ 길동은 큰 바위를 가볍게 들며 용맹을 자랑했다.
ⓔ 여보게, 밖에 나가기 전에 나 좀 잠시 보고 가게나.

① ⓐ: 가을이 가고 겨울이 왔다.
② ⓑ: 형이 동생의 망가진 장난감을 고쳤다.
③ ⓒ: 방 안에서 고리타분한 냄새가 나서 청소했다.
④ ⓓ: 농구 경기에서 우리 반이 옆 반을 가볍게 이겼다.
⑤ ⓔ: 슈퍼 호박은 무게가 무려 500kg이나 나갔다.

적절한 어휘로 바꿔 쓰기

02 문맥상 다음 밑줄 친 어휘와 바꿔 쓰기에 적절하지 않은 것은?

① 이 지방에서는 인삼이 많이 난다. → 생산된다
② 김 부장이 회사를 나간 지 한 달이 넘었다. → 떠난
③ 내 집안 곤궁함은 장부(丈夫)의 허물이라. → 가난함
④ 벨트와 새로 산 바지 사이가 자꾸 궁글어 불편했다. → 뒹굴어
⑤ 의사가 조치를 취하자 멎은 줄 알았던 심장이 힘차게 고동치기 시작했다. → 뛰기

문맥적 의미 파악하기

03 〈보기〉의 밑줄 친 어휘와 같은 의미로 쓰인 것은?

보기
가마솥의 누룽지를 박박 긁었다.

① 아침부터 형이 내 속을 긁었다.
② 동생이 오빠의 자존심을 긁어 놓았다.
③ 호박 속은 숟가락으로 긁는 것이 편하다.
④ 그는 가려운 곳만 잘 찾아 긁는 재주가 있다.
⑤ 마당의 낙엽을 긁어 태우면 좋은 냄새가 난다.

문맥적 의미 파악하기

04 밑줄 친 두 어휘의 의미가 일치하는 것은?

① (ㄱ) 같은 말을 계속 되풀이하니 성이 나고 말았다.
(ㄴ) 흙투성이 밥을 씹노라면 으적으적 소리만 난다.
② (ㄱ) 이번 휴가에는 고즈넉한 시골에서 좀 쉬다 오자.
(ㄴ) 인적도 없는 고즈넉한 밤길을 씩씩하게 걸어갔다.
③ (ㄱ) 무릇 직책에는 가볍고 무거운 것이 있습니다.
(ㄴ) 그는 여윈 몸이라 장정 등에는 오히려 가벼웠다.
④ (ㄱ) 국경일에는 문 앞에 태극기를 내달아야 한다.
(ㄴ) 실옹가의 마누라가 내달으며 허옹가의 손을 잡았다.
⑤ (ㄱ) 그는 취흥에 겨워서 노래를 읊조렸다.
(ㄴ) 늙은 농부는 힘에 겨운지 하던 일을 멈추고 그늘 밑에 앉아 쉬었다.

문맥적 의미 파악하기

05 밑줄 친 어휘가 〈보기〉의 (a)~(e)의 의미로 쓰인 문장이 아닌 것은?

보기
나가다 동
(a) 일정한 지역이나 공간의 범위와 관련하여 그 안에서 밖으로 이동하다.
(b) 앞쪽으로 움직이다.
(c) 일정한 직장이나 일터에 다니다.
(d) 모임에 참여하거나, 운동 경기에 출전하거나, 선거 따위에 입후보하다.
(e) 어떤 행동이나 태도를 취하다.

① (a): 어느 날 연오가 바다에 나가 해조를 따고 있었다.
② (b): 신호가 바뀌자 버스가 앞으로 나가기 시작했다.
③ (c): 오늘 일을 나가지 않는 사람들이 모두 몇이냐?
④ (d): 좌승상이 전쟁에 나가 이겨 공을 세운 경위를 아뢰었다.
⑤ (e): 머리와 몸이 따로 떨어져 나가는 횡액을 면치 못하리라.

04 필수 어휘_고전 문학

1주 완성

※ 어휘의 사전적 의미에 해당하는 예문을 찾아 번호를 쓰고 빈칸을 채워 보세요.

어휘	뜻	번호
01 **박대하다** 엷을 薄 | 기다릴 待 --	동 인정 없이 모질게 대하다.	( )
02 **방도** 모 方 | 길 道	명 어떤 일을 하거나 문제를 풀어 가기 위한 방법과 도리.	( )
03 **방자하다** 놓을 放 | 방자할 恣 --	형 어려워하거나 조심스러워하는 태도가 없이 무례하고 건방지다.	( )
04 **범상하다** 무릇 凡 | 항상 常 --	형 중요하게 여길 만하지 아니하고 예사롭다.	( )
05 **봉양하다** 받을 奉 | 기를 養 --	동 부모나 조부모와 같은 웃어른을 받들어 모시다.	( )

① [교과] 유우춘은 어머니를 성심껏 □□하는 효심 깊은 인물이다.

② [수능] 사 씨가 기절한 사이 유모는 황릉묘에 가서 사 씨를 깨울 □□를 찾아 왔다.

③ [학평] 승상의 부인은 파경노의 외모와 행동을 근거로 그가 □□한 인물이 아님을 알아보았다.

④ [교과] 박씨 부인의 외모가 미인으로 바뀌자 이시백은 그동안 □□했던 것을 사과하고 박 씨와 화목하게 지낸다.

⑤ [교과] 성의 세 아들이 제 아비가 폐하께 총애받는 것을 믿고, 제멋대로 하며 □□하게 굴어서 모든 사람들이 다 괴로워하고 있습니다.

어휘	뜻	번호
06 **분분하다** 어지러울 紛 | 어지러울 紛 --	(1) 형 떠들썩하고 뒤숭숭하다.	( )
	(2) 형 소문, 의견 따위가 많아 갈피를 잡을 수 없다.	( )
07 **분연히** 성낼 憤 | 그럴 然 -	부 성을 벌컥 내며 분해하는 기색으로.	( )
08 **사경** 넉 四 | 고칠 更	명 하룻밤을 오경(五更)으로 나눈 넷째 부분. 새벽 1시에서 3시 사이이다.	( )
09 **사뢰다**	동 웃어른에게 말씀을 올리다.	( )
10 **삼엄하다** 나무 빽빽할 森 | 엄할 嚴 --	형 무서우리만큼 질서가 바로 서고 엄숙하다.	( )

① [학평] 복중에 무엇이 있다는 말씀은 더구나 소자는 모르는 일이라, 어찌하여 거짓을 □□리까?

② [교과] 나라 안팎이 흉년과 전쟁으로 □□하니 우리가 한마음으로 뭉쳐 나라를 구해야 합니다.

③ [수능] "근본도 모르는 집안과 경솔히 혼약을 하시나이까?" / 하고 의논이 □□하자 공이 말했다.

④ [수능] 삼경에 못 든 잠을 □□ 말에 비로소 들어 / 상사(相思)하던 우리 님을 꿈 가운데 해후하니

⑤ [모평] 두홍은 최척의 말을 듣더니, 얼굴에 의기를 띠고 주먹으로 노를 치면서 □□□ 일어나며 말했다.

⑥ [학평] 이놈, 이 서방아! 내가 여기에 왔느니라. 연분이 이미 맺어졌고 나라의 법이 □□한데 혼인이 무엇이냐?

어휘	뜻	번호
11 **삽시간** 가랑비 霎 | 때 時 | 사이 間	명 매우 짧은 시간.	( )
12 **상서롭다** 상서로울 祥 | 상서 瑞 --	형 복되고 길한 일이 일어날 조짐이 있다.	( )
13 **성기다**	(1) 형 물건의 사이가 뜨다.	( )
	(2) 형 관계가 깊지 않고 서먹하다.	( )
14 **소일하다** 사라질 消 | 날 日 --	동 어떠한 것에 재미를 붙여 심심하지 아니하게 세월을 보내다.	( )
15 **소회** 바 所 | 품을 懷	명 마음에 품고 있는 회포.	( )

① [교과] 서로 □□고 어색하던 두 사람 사이가 최근 들어 아주 긴밀해졌다.

② [학평] 옹헤야 소리 내며 발맞추어 두드리니 / □□□에 보리 낟알 온 마당에 가득하네.

③ [학평] □□ 가지가 군데군데 뻗고 그 위에 띄엄띄엄 몇 개씩 꽃이 피는 데 품위가 있다 합니다.

④ [수능] 소정(小艇)에 그물 실어 흘리띄워 던져두고 / 이 몸이 □□하옴도 역군은(亦君恩)이샷다

⑤ [수능] 과오가 있는 사람이라도 잘못을 깨닫고 착한 데로 나아가는 과정에서 재앙이 □□로움으로 바뀐다.

⑥ [학평] 화자는 이언적이 명명한 것으로 전해지는 이들 공간을 둘러보면서 그 명칭의 의미와 관련지어 자신의 □□를 드러낸다.

16	속절없이	부 단념할 수밖에 달리 어찌할 도리가 없이.	( )
17	송구하다 두려워할 悚 | 두려워할 懼 --	형 두려워서 마음이 거북스럽다.	( )
18	수려하다 빼어날 秀 | 고울 麗 --	형 빼어나게 아름답다.	( )
19	수모 받을 受 | 업신여길 侮	명 모욕을 받음.	( )
20	수심 근심 愁 | 마음 心	명 매우 근심함. 또는 그런 마음.	( )

① 학평 그의 용모는 매우 우아하고 □□했으며 미목(眉目)도 그린 듯이 고왔다.

② 모평 당신과 그날 깊은 산골짜기에서 헤어진 뒤 □□□□ 짝 잃은 새가 되었던 것입니다.

③ 학평 얼마 뒤 하생은 소복을 입은 여인과 사내종 두 명에게 온갖 □□를 당하고 시중의 집으로 끌려간다.

④ 학평 예전의 모습과 조금도 다름이 없었지만, 단지 근심 걱정에 쌓여 □□ 어린 기색이 얼굴에 가득했다.

⑤ 학평 최 씨가 진사의 안색이 좋지 않으심을 보고 무슨 곡절인지 알지 못하여 대경 □□하여 들어와 한쪽으로 섰다.

21	수작 술 권할 酬 | 따를 酌	(1) 명 서로 말을 주고받음.	( )
		(2) 명 남의 말이나 행동, 계획을 낮잡아 이르는 말.	( )
22	숭엄하다 높을 崇 | 엄할 嚴 --	형 높고 고상하며 범할 수 없을 정도로 엄숙하다.	( )
23	스러지다	동 형체나 현상 따위가 차차 희미해지면서 없어지다.	( )
24	신이하다 귀신 神 | 다를 異 --	형 신기하고 이상하다.	( )
25	실의 잃을 失 | 뜻 意	명 뜻이나 의욕을 잃음.	( )

① 교과 한라산에 오를 때마다 대자연의 웅장하고 □□한 모습에 감탄하지 않을 수 없다.

② 교과 방자는 배 비장에게 □□을 부려 돈을 더 타 내고 애랑에게 편지를 전해 주겠다고 약속했다.

③ 모평 주인공은 사회적으로 소외된 존재이거나 짝을 얻지 못한 상태에서 □□에 빠져 있는 존재이다.

④ 교과 취선이와 함께 □□한 바는 있었으나, 사사로운 정으로 주고받은 말은 본래 큰 죄가 될 수 없습니다.

⑤ 학평 오소리는 본디 마음이 순박한지라, 서대주의 대접이 심히 관후함을 보고 처음에 발발하던 마음이 춘산에 눈 녹듯이 □□□는지라.

⑥ 수능 남녀 주인공들은 속세에서 다시 꿈을 꾸어 천상계를 경험하는데, 이때 □□한 존재에 의해 자신의 정체를 깨달으며 꿈에서 깨어나게 된다.

26	애걸하다 슬플 哀 | 빌 乞 --	동 소원을 들어 달라고 애처롭게 빌다.	( )
27	애통하다 슬플 哀 | 아플 痛 --	동 슬퍼하고 가슴 아파하다.	( )
28	언변 말씀 言 | 말 잘할 辯	명 말을 잘하는 재주나 솜씨.	( )
29	여한 남을 餘 | 한할 恨	명 풀지 못하고 남은 원한.	( )
30	연신	부 잇따라 자꾸.	( )

① 교과 장군이 출정해 있을 때 아버님이 돌아가셨으니 얼마나 □□하실까.

② 학평 그러다가 품고 있는 계획을 듣고 나서는 놀랍고 감탄스러워 □□ 채경의 등을 쓰다듬으며 말했다.

③ 교과 소진과 장의는 전국 시대에 활약했던 인물로, 그들의 뛰어난 □□에 넘어가지 않은 사람이 없었다.

④ 수능 없는 간을 있다 하여 기어이 죽이려 함은 무슨 일이며, 위태한 때에 이르러 □□하는 것은 나를 조롱함이냐?

⑤ 모평 당상의 늙은 모친, 규중의 어린 처자 다시 보게 하옵소서. 원견지 하온 후 지하에 돌아가도 □□이 없을까 하나이다.

· 뜻풀이로 체크하기 ·

01 ~ 04 **다음 뜻풀이에 해당하는 어휘를 제시된 초성을 참고하여 쓰시오.**

01 말을 잘하는 재주나 솜씨.
ㅇ ㅂ ________

02 성을 벌컥 내며 분해하는 기색으로.
ㅂ ㅇ ㅎ ________

03 무서우리만큼 질서가 바로 서고 엄숙하다.
ㅅ ㅇ ㅎ ㄷ ________

04 (1) 물건의 사이가 뜨다. (2) 관계가 깊지 않고 서먹하다.
ㅅ ㄱ ㄷ ________

05 ~ 06 **다음 말상자를 완성하시오.**

05 가로: 빼어나게 아름답다.

06 세로: (1) 서로 말을 주고받음. (2) 남의 말이나 행동, 계획을 낮잡아 이르는 말.

07 ~ 13 **다음 빈칸에 들어갈 알맞은 말을 쓰시오.**

07 수모: □□을 받음.

08 실의: 뜻이나 □□을 잃음.

09 소회: 마음에 품고 있는 □□.

10 사뢰다: □□□에게 말씀을 올리다.

11 속절없이: □□할 수밖에 달리 어찌할 도리가 없이.

12 숭엄하다: 높고 □□하며 범할 수 없을 정도로 엄숙하다.

13 스러지다: 형체나 현상 따위가 차차 □□해지면서 없어지다.

· 문장으로 체크하기 ·

14 ~ 18 **다음 빈칸에 들어갈 알맞은 어휘에 ✓표 하시오.**

14 교과 장모 호 씨의 무시와 □□를 받던 풍운은 처남 경운을 데리고 집을 떠났다. □박대 □실의

15 학평 이 아이는 □□한 아이가 아니로다. 어찌 백학이 와서 호위할 줄 알았으리오. □범상 □숭엄

16 수능 사람마다 짐 동이느라 각 방은 □□하고 / 흥정 외상 셈하려 주주리는 지저귄다. □방자 □분분

17 학평 답장을 보내고자 하나 전할 방도가 없는지라 홀로 □□에 잠겨 탄식할 뿐이었지요. □수심 □수작

18 교과 상공의 은혜를 받아 부귀영화가 극에 이르렀습니다. 지금 죽는다 하더라도 □□이 없습니다. □소일 □여한

19 ~ 24 **다음 빈칸에 들어갈 알맞은 어휘를 〈보기〉의 글자를 조합하여 쓰시오.**

보기

걸	경	구	도	방	봉
사	송	신	애	양	이

19 교과 해결할 □□은/는 찾지 않고 밤낮 울기만 하니?

20 교과 이런 말씀을 드리기가 어르신께 □□하기 그지없습니다.

21 수능 이윽고 뜰에는 술자리가 베풀어졌는데, 밤은 이미 □□에 가까웠다.

22 교과 왜병이 남윤을 생포하고 죽이고자 하거늘, 남윤이 슬피 울며 □□했다.

23 모평 그대 모친을 □□하다가 그대 모친이 돌아가신 후에 나와 영주산에 들어가 선도(仙道)를 닦음이 어떠하뇨?

24 학평 최치원의 영웅적 면모는 □□한 공간인 수궁계나 천상계에 속한 인물에게 도움을 주거나 도움을 받는 사건을 통해 드러난다.

▶ 정답과 해설 4쪽

적절한 어휘로 바꿔 쓰기

01 문맥상 다음 밑줄 친 어휘와 바꿔 쓰기에 적절하지 않은 것은?

① 그저 노래로 소일할 따름이라네. → 심심파적할
② 선비는 초랭이의 행동에 연신 못마땅한 표정을 짓는다. → 가끔
③ 제방이 무너지자 삽시간에 마을은 물바다가 되고 말았다. → 한순간
④ 양유 이 말을 듣고 주야로 애통하여 눈물로 세월을 보내더라. → 슬퍼하여
⑤ 자식들이 여럿 갔으니 얼마나 요란할까 하여 송구하옵니다. → 죄송스럽습니다

어휘의 의미와 쓰임 이해하기

02 〈보기〉의 빈칸에 들어갈 단어로 가장 적절한 것은?

보기

여름은 덥고 겨울이 추운 것은 자연의 정상적인 이치이니, 만일 이와 반대가 된다면 곧 괴이한 것이다. 옛적 성인이 겨울에는 털옷을 입고 여름에는 베옷을 입도록 마련하였으니, 그만한 준비가 있으면 족할 것인데, 다시 토실을 만들어서 추위를 더위로 바꿔 놓는다면 이는 하늘의 명령을 거역하는 것이다. 사람은 뱀이나 두꺼비가 아닌데, 겨울에 굴속에 엎드려 있는 것은 너무 (　　　　) 못한 일이다. – 이규보, 〈괴토실설〉

① 분분하지 ② 삼엄하지 ③ 상서롭지
④ 속절없지 ⑤ 신이하지

속담의 뜻풀이에 맞는 어휘 찾기

03 다음 속담의 뜻풀이에서, ㉠과 ㉡에 들어갈 말이 바르게 연결된 것은?

보기

- 하늘을 쓰고 도리질한다: 세력을 믿고 기세등등하여 아무것도 거리낌 없이 제 세상인 듯 교만하고 (㉠) 거들먹거림을 비꼬는 말.
- 바위 속에도 용수가 있다: 굳은 바위 속에서도 비집고 돌아설 수 있는 틈이 있다는 뜻으로, 아무런 (㉡)가 없는 것같이 보이는 경우라도 거기에는 반드시 어떤 해결책이 있기 마련임을 이르는 말.

	㉠	㉡		㉠	㉡
①	방자하게	방도	②	범상하게	방도
③	삼엄하게	소회	④	송구하게	소회
⑤	수려하게	실의			

문맥에 알맞은 어휘 찾기

04 문맥상 알맞은 어휘에 ○표 한 것으로 적절하지 않은 것은?

① 꿈에도 그리던 고향에 돌아왔으니 이제 ((소회) | 여한) 이/가 없다.
② 용골대가 머리를 조아려 (숭엄 | (애걸))하며 부인께 빌고 또 빌었다.
③ 채봉이가 추향을 데리고 필성과 ((수작하는) | 스러지는) 말이 귀에 역력히 들린다.
④ 입에 맞지 않는 음식으로 고생하셨던 것을 (범상 | (송구)) 하게 생각하여 새로 음식을 준비했습니다.
⑤ 양반만 보면 코를 땅에 대고 무릎으로 기는 등 우리는 노상 이런 ((수모) | 실의)를 받는단 말이다.

어휘의 의미와 쓰임 이해하기

05 〈보기〉의 ⓐ~ⓔ와 바꿔 쓸 수 있는 단어를 찾아 만든 문장으로 적절하지 않은 것은?

보기

- 인색하고 심술궂은 옹고집은 노모를 ⓐ박대하였다.
- 여인의 말에 화가 난 그는 ⓑ분연히 몸을 일으켰다.
- 온달은 밥을 빌어다 어머니를 ⓒ봉양하면서 거리를 돌아다녔다.
- 백성들이 사방에서 모여드니 성중이 ⓓ분분하여 우는 소리가 많았다.
- 얼굴이 까무잡잡하고 ⓔ성긴 수염이 난 늙은 사람이 병령을 기다리고 있다.

① ⓐ: 간악한 콩쥐의 계모는 착한 콩쥐를 구박하였다.
② ⓑ: 눈송이가 기왓장 위에 사뿐히 내려앉는다.
③ ⓒ: 할머니가 돌아가시는 날까지만이라도 모시게 해 주십시오.
④ ⓓ: 여왕이 행차를 하자 사람들이 웅성거리기 시작해 온 마을이 떠들썩했다.
⑤ ⓔ: 듬성듬성한 머리카락이 내 나이를 보여 주는 것만 같다.

한자 성어

※ 한자 성어가 사용된 예문을 읽고 해당 뜻풀이를 찾아 번호를 쓰세요.

★ 상과 벌

01 논공행상
논의할 論 | 공 功 | 다닐 行 | 상줄 賞

교과 올해 신제품을 발표해 크게 성공한 그 기업은 신제품 개발에 참여한 사원을 대상으로 논공행상을 행했다. ( )

02 신상필벌
믿을 信 | 상줄 賞 | 반드시 必 | 벌줄 罰

교과 지위의 높고 낮음을 막론하고 각자의 업무에 대한 신상필벌을 명확히 해야 공정하고 책임감 있는 사회를 만들 수 있다. ( )

03 일벌백계
하나 一 | 벌줄 罰 | 일백 百 | 경계할 戒

교과 그 방송인은 최근 도를 넘은 악플러들에 대해 경찰에 수사를 의뢰했는데, 일벌백계 차원에서 강력하게 처벌해 달라고 말했다. ( )

① 공적의 크고 작음 따위를 논의하여 그에 알맞은 상을 줌.

② 한 사람을 벌주어 백 사람을 경계한다는 뜻으로, 다른 사람들에게 경각심을 불러일으키기 위하여 본보기로 한 사람에게 엄한 처벌을 하는 일을 이름.

③ 공이 있는 자에게는 반드시 상을 주고, 죄가 있는 사람에게는 반드시 벌을 준다는 뜻으로, 상과 벌을 공정하고 엄중하게 하는 일을 이름.

★ 가난

04 남부여대
사내 男 | 짐질 負 | 여자 女 | 일 戴

학평 남부여대하고 타처로 유리*하는 사람만 늘고 동리는 점점 쇠진해 갔다. ( )

* 유리(流離): 일정한 집과 직업이 없이 이곳저곳으로 떠돌아다님.

05 단사표음
소쿠리 簞 | 먹이 食 | 바가지 瓢 | 마실 飮

교과 조선 시대 선비들 가운데는 벼슬을 내려놓고 고향으로 돌아가 단사표음으로 조용히 살아가는 이들도 있었다. ( )

06 단표누항
소쿠리 簞 | 바가지 瓢 | 더러울 陋 | 거리 巷

학평 단표누항에 헛된 생각 아니하네. / 아모타 백년행락*이 이만하면 어떠하리. ( )

* 백년행락(百年行樂): 한평생 즐겁게 지냄.

07 빈이무원
가난할 貧 | 말이을 而 | 없을 無 | 원망할 怨

교과 우리 마을 사람들은 가난 속에서도 아무도 탓하지 않고 서로를 위하며 빈이무원의 마음으로 살고 있다. ( )

08 삼순구식
석 三 | 열흘 旬 | 아홉 九 | 먹을 食

교과 흥부는 삼순구식을 하는 삶을 견디다 못해 쌀을 얻으러 형인 놀부를 찾아갔다. ( )

09 폐포파립
해질 敝 | 도포 袍 | 깨뜨릴 破 | 삿갓 笠

교과 사업에 실패해 잠적했던 그는 얼마 후 폐포파립의 누추한 모습으로 우리 앞에 나타났다. ( )

10 호구지책
풀칠할 糊 | 입 口 | 갈 之 | 꾀 策

교과 서민들의 호구지책을 위해 일부 노점상을 장려할 필요가 있다는 주장이 제기되었다. ( )

① 가난하지만 남을 원망하지 않음.

② 가난한 살림에서 그저 겨우 먹고살아 가는 방책.

③ 해어진 옷과 부서진 갓이란 뜻으로, 초라한 차림새를 이름.

④ 삼십 일 동안 아홉 끼니밖에 먹지 못한다는 뜻으로, 몹시 가난함을 이름.

⑤ 누항(좁고 지저분하며 더러운 거리)에서 먹는 한 그릇의 밥과 한 바가지의 물이라는 뜻으로, 선비의 청빈한 생활을 이름.

⑥ 남자는 지고 여자는 인다는 뜻으로, 가난한 사람들이 살 곳을 찾아 이리저리 떠돌아다님을 이름.

⑦ 대나무로 만든 밥그릇에 담은 밥과 표주박에 든 물이라는 뜻으로, 청빈하고 소박한 생활을 이름.

★ 심리

11 반신반의
반 半 | 믿을 信 | 반 半 | 의심할 疑

모평 선군은 숙영 낭자가 꿈에 나타난 뒤로 반신반의하여 마음을 신성치 못하던 차에 부신의 이런 말을 듣고 생각해 보았다. ( )

12 애이불비
슬플 哀 | 말이을 而 | 아닐 不 | 슬플 悲

교과 연인과 이별한 후 슬프지 않은 척 담담하게 구는 민준이의 애이불비의 태도에, 그를 지켜보는 내가 더 슬퍼졌다. ( )

13 언감생심
어찌 焉 | 감히 敢 | 날 生 | 마음 心

교과 택시 업계에서는 요즘 승객이 줄어 가뜩이나 손님이 귀한 마당에 승차 거부는 언감생심이라고 딱 잘라 말했다. ( )

14 전전긍긍
싸울 戰 | 싸울 戰 | 떨릴 兢 | 떨릴 兢

모평 노둔하고 야윈 말을 얻었을 경우에는 일이 아무리 급해도 감히 채찍을 대지 못한 채 금방이라도 쓰러지고 넘어질 것처럼 전전긍긍하기 일쑤요. ( )

① 몹시 두려워서 벌벌 떨며 조심함.

② 얼마쯤 믿으면서도 한편으로는 의심함.

③ 슬프지만 겉으로는 슬픔을 나타내지 아니함.

④ 어찌 감히 그런 마음을 품을 수 있겠냐는 뜻으로, 전혀 그런 마음이 없었음을 이름.

★ 꿈

15 남가일몽
남녘 南 | 가지 柯 | 하나 一 | 꿈 夢

수능 가만 보니 학발의관(鶴髮衣冠)을 갖춘 어린 제자 오륙 인이 분명하거늘 부인이 놀라 깨달으니 남가일몽이라. ( )

16 동상이몽
같을 同 | 평상 牀 | 다를 異 | 꿈 夢

교과 노사 간의 협상 과정에서 경영자와 노동자가 동상이몽을 하며 각자의 입장에서 벗어나지 못하고 있다. ( )

17 비몽사몽
아닐 非 | 꿈 夢 | 같을 似 | 꿈 夢

모평 이때 춘향이 비몽사몽간에 서방님이 오셨는데, 머리에는 금관(金冠)이요 몸에는 홍삼(紅衫)이라. ( )

18 일장춘몽
하나 一 | 마당 場 | 봄 春 | 꿈 夢

수능 가만 보니 학발의관(鶴髮衣冠)을 갖춘 그 위에 상서로운 기운이 어렸거늘 나아가 보니 청룡이 조대에 누웠다가 승상을 보고 고개를 들어 소리를 지르고 반공에 솟거늘, 깨달으니 일장춘몽이라. ( )

19 한단지몽
조나라 도읍 邯 | 조나라 도읍 鄲 | 갈 之 | 꿈 夢

교과 어렵게 일군 기업이 순식간에 망하고 나자, 그는 인생이 한단지몽처럼 허무하게 느껴졌다. ( )

20 호접지몽
오랑캐 胡 | 나비 蝶 | 갈 之 | 꿈 夢

교과 나이가 들어 삶을 되돌아보니, 그는 자신의 파란만장했던 삶이 호접지몽처럼 한바탕의 꿈과 같이 느껴졌다. ( )

① 나비에 관한 꿈. 인생의 덧없음을 이름.

② 한단에서 꾼 꿈. 인생과 영화의 덧없음을 이름.

③ 한바탕의 봄꿈. 헛된 영화나 덧없는 일을 이름.

④ 완전히 잠이 들지도 잠에서 깨어나지도 않은 어렴풋한 상태.

⑤ 남쪽 가지에서의 꿈. 꿈과 같이 헛된 한때의 부귀영화를 이름.

⑥ 같은 자리에 자면서 다른 꿈을 꾼다는 뜻으로, 겉으로는 같이 행동하면서도 속으로는 각각 딴생각을 하고 있음을 이름.

·뜻풀이로 체크하기·

01 ~ 04 다음 뜻풀이에 해당하는 한자 성어를 말상자에서 찾아 표시하시오.

애	언	감	생	심	착
부	담	일	시	유	철
신	당	천	장	변	고
상	아	학	석	춘	회
필	경	양	두	불	몽
벌	허	빈	이	무	원

01 가난하지만 남을 원망하지 않음.

02 한바탕의 봄꿈. 헛된 영화나 덧없는 일을 이름.

03 어찌 감히 그런 마음을 품을 수 있겠냐는 뜻으로, 전혀 그런 마음이 없었음을 이름.

04 공이 있는 자에게는 반드시 상을 주고, 죄가 있는 사람에게는 반드시 벌을 준다는 뜻으로, 상과 벌을 공정하고 엄중하게 하는 일을 이름.

05 ~ 09 다음 빈칸에 들어갈 알맞은 말을 〈보기〉에서 찾아 쓰시오.

보기
상 나비 가난한 경각심 해어진

05 호접지몽: (　　　　)에 관한 꿈. 인생의 덧없음을 이름.

06 호구지책: (　　　　) 살림에서 그저 겨우 먹고살아 가는 방책.

07 폐포파립: (　　　　) 옷과 부서진 갓이란 뜻으로, 초라한 차림새를 이름.

08 논공행상: 공적의 크고 작음 따위를 논의하여 그에 알맞은 (　　　　)을/를 줌.

09 일벌백계: 한 사람을 벌주어 백 사람을 경계한다는 뜻으로, 다른 사람들에게 (　　　　)을/를 불러일으키기 위하여 본보기로 한 사람에게 엄한 처벌을 하는 일을 이름.

·문장으로 체크하기·

10 ~ 14 다음 문맥에 알맞은 한자 성어를 고르시오.

10 교과 할머니는 어린 자식들과 (논공행상 | 삼순구식)을 하던 때를 떠올리며 눈물지으셨다.

11 교과 아까는 (비몽사몽 | 한단지몽) 중에 전화를 받아서 내가 무슨 말을 했는지도 모르겠다.

12 교과 이별을 원치 않지만 사랑하는 사람을 웃으며 떠나보내다니, 이것이야말로 (반신반의 | 애이불비)이다.

13 교과 우리는 전쟁 당시 (남부여대 | 단사표음)하며 피란길에 나섰을 민중들의 수난을 떠올리며 세월의 간격을 실감했다.

14 교과 자금난으로 사업이 실패하면서, 회사를 대기업으로 키우려던 그의 목표는 (남가일몽 | 빈이무원)으로 끝나고 말았다.

15 ~ 18 다음 빈칸에 들어갈 알맞은 한자 성어를 〈보기〉에서 찾아 쓰시오.

보기
단표누항 동상이몽 반신반의 전전긍긍

15 은주: 삼촌! 도시 생활을 접고 산속의 작은 집에서 사니까 어떠세요?
삼촌: 좋아. 직접 기른 채소를 먹으며 소박하게 살아가는 □□□□의 삶에 만족하고 있어.

16 상우: 은지야, 왜 그렇게 남의 시선을 신경 쓰면서 □□□□하니? 네가 떳떳하다면 자신감을 가지고 당당하게 행동하렴.
은지: 그렇게 행동하고 싶은데 쉽지가 않구나.

17 정현: 소풍을 경복궁으로 간다는 네 말이 맞는 것 같기는 한데, 소풍을 안 간다는 소문도 들은 것 같아.
혜민: 그렇지? 나도 어디서 들었는지 기억이 나지 않아서 □□□□하고 있어.

18 현우: 우리 팀 대표 선수가 다른 팀으로 이적할 계획이래.
석준: 팀에서는 재계약을 준비 중이었는데, 그동안 □□□□하고 있었군.

▶ 정답과 해설 5쪽

시적 상황에 맞는 한자 성어 찾기

01 〈보기〉에 나타난 시적 화자의 삶의 태도와 어울리지 않는 한자 성어는?

보기

짚방석 내지 마라, 낙엽엔들 못 안즈랴.
솔불 혀지 마라, 어제 진 달 도다 온다.
아해야, 박주산채*일망정 업다 말고 내여라.

– 한호

* 박주산채(薄酒山菜): 맛이 변변하지 못한 술과 산나물.

① 단사표음(簞食瓢飮) ② 단표누항(簞瓢陋巷)
③ 빈이무원(貧而無怨) ④ 삼순구식(三旬九食)
⑤ 안빈낙도(安貧樂道)

한자 성어의 의미 이해하기

02 두 한자 성어에 공통적으로 내포된 의미를 바르게 연결하지 못한 것은?

① 남부여대(男負女戴)와 폐포파립(弊袍破笠) – 가난함
② 단사표음(簞食瓢飮)과 단표누항(簞瓢陋巷) – 청빈함
③ 신상필벌(信賞必罰)과 일벌백계(一罰百戒) – 벌을 줌
④ 애이불비(哀而不悲)와 전전긍긍(戰戰兢兢) – 슬픔의 표출
⑤ 일장춘몽(一場春夢)과 한단지몽(邯鄲之夢) – 인생과 영화의 덧없음

상황에 맞는 한자 성어 찾기

03 〈보기〉의 빈칸에 들어갈 한자 성어로 적절한 것은?

보기

이번 대회에서 네가 반드시 1등을 할 거라고? 연습은 안 하고 매일 놀기만 하면서 그런 생각을 하다니 (   ) 꿈도 못 꿀 일이다.

① 논공행상(論功行賞) ② 반신반의(半信半疑)
③ 비몽사몽(非夢似夢) ④ 언감생심(焉敢生心)
⑤ 호구지책(糊口之策)

시적 상황에 맞는 한자 성어 찾기

04 〈보기〉를 감상한 후의 반응으로 적절하지 않은 것은?

보기

말 업슨 청산(靑山)이오, 태(態) 업슨 유수(流水)로다.
갑 업슨 청풍(淸風)이오, 임자 업슨 명월(明月)이라.
이 중(中)에 병(病) 업슨 이 몸이 분별(分別) 업시 늙으리라.

– 성혼

① 청산과 유수를 벗 삼는 모습에서 청빈하고 소박하게 살겠다는 단사표음(簞食瓢飮)의 태도를 엿볼 수 있군.
② 청풍과 명월을 보며 즐기는 모습에서 속세를 떠나 아무 속박 없이 유유자적(悠悠自適)하고 있다는 것을 알 수 있군.
③ 분별 없이 늙겠다는 것은 가난한 살림에서 겨우 먹고살아 가는 방책인 호구지책(糊口之策)에 연연하지 않겠다는 것이군.
④ 값도 없고 임자도 없는 자연과 더불어 살겠다는 태도에서 편안한 마음으로 제 분수에 만족할 줄 아는 안분지족(安分知足)의 자세가 드러나는군.
⑤ 청풍의 값과 명월의 주인을 따지는 모습에서 공적의 크고 작음을 논하여 그에 알맞은 상을 주어야 한다는 논공행상(論功行賞)의 태도가 보이는군.

상황에 맞는 한자 성어 찾기

05 〈보기〉에서 '성진'이 '꿈'을 통해 깨달음을 얻는다는 점을 고려할 때, ㉠에 어울리는 한자 성어가 아닌 것은?

보기

스스로 제 몸을 보니 완연히 어린 승려의 몸이요 대승상의 위엄 있는 차림새는 아니니, 정신이 황홀하여 오랜 후에 비로소 제 몸이 연화 도량의 성진 행자인 줄 알고 생각하니, 처음에 스승에게 꾸지람을 들어 지옥으로 가고 인간 세상에 환생하여 양가의 아들이 되어 장원 급제 한림학사 하고 출장입상(出將入相)하여 공명신퇴(功名身退)하고 두 공주와 여섯 낭자로 더불어 즐기던 것이 ㉠다 하룻밤 꿈이라.

– 김만중, 〈구운몽〉

① 남가일몽(南柯一夢) ② 동상이몽(同牀異夢)
③ 일장춘몽(一場春夢) ④ 한단지몽(邯鄲之夢)
⑤ 호접지몽(胡蝶之夢)

※ 동음이의어의 각 예문을 읽고 해당 뜻풀이를 찾아 번호를 쓰세요.

★ 가리다

01 가리다[1]	[수능] 협찬받은 의상의 상표를 보이지 않게 가리는 것은 그 때문이다.	( )
02 가리다[2]	(1) [교과] 좋은 날을 가려서 화촉을 밝힐 날짜만 정해 주시면 좋겠습니다.	( )
	(2) [학평] (나)의 '원님'을 통해 시비를 올바로 가리지 못하는 무능한 판관을 풍자하고 있다.	( )

① [동] 여럿 가운데서 하나를 구별하여 고르다.
② [동] 보이거나 통하지 못하도록 막다.
③ [동] 잘잘못이나 좋은 것과 나쁜 것 따위를 따져서 분간하다.

★ 걸다

03 걸다[1]	[교과] 토지가 기름지고 걸어서 농사짓기에 좋겠구나.	( )
04 걸다[2]	[모평] 이때 천자가 옥새를 목에 걸고 항서를 손에 든 채 진문 밖으로 나왔다.	( )

① [형] 흙이나 거름 따위가 기름지고 양분이 많다.
② [동] 벽이나 못 따위에 어떤 물체를 떨어지지 않도록 매달아 올려놓다.

★ 굴

05 굴[1]	[교과] 방금 딴 싱싱한 굴을 초장에 찍어 먹었는데 맛이 아주 좋았다.	( )
06 굴[2]	(1) [교과] 원시 시대 사람들은 굴에서 주로 생활했다.	( )
	(2) [교과] 굴속에서 운전할 때 속도를 내면 위험하다.	( )

① [명] 산이나 땅 밑을 뚫어 만든 길.
② [명] 자연적으로 땅이나 바위가 안으로 깊숙이 패어 들어간 곳.
③ [명] 굴과의 연체동물을 통틀어 이르는 말. 갓굴, 가시굴, 토굴 따위가 있다.

★ 긋다

07 긋다[1]	(1) [교과] 선생님은 틀린 문제에 작대기를 그었다.	( )
	(2) [교과] 이번 일에 책임을 분명히 그어야지 가볍게 넘겨서는 안 된다.	( )
08 긋다[2]	[교과] 정류장에 앉아 비가 긋기만을 기다렸다.	( )

① [동] 비가 잠시 그치다.
② [동] 일의 경계나 한계 따위를 분명하게 짓다.
③ [동] 어떤 일정한 부분을 강조하거나 나타내기 위하여 금이나 줄을 그리다.

★ 내

09 내[1]	[수능] 샘이 깊은 물은 가뭄에 아니 그칠새 내가 일어 바다에 가나니	( )
10 내[2]	[교과] 수북한 낙엽을 태우자 매캐한 내 때문에 눈을 제대로 뜰 수 없었다.	( )
11 내[3]	[교과] 깨를 볶자 고소한 내가 주방에 가득했다.	( )
12 내[4]	[학평] 일 년 내 문을 꼭꼭 닫고 교실에서 생활하기 때문에 실내 공기의 질이 안 좋습니다.	( )

① [부] 처음부터 끝까지 계속해서.
② [명] 코로 맡을 수 있는 온갖 기운.
③ [명] 시내보다는 크지만 강보다는 작은 물줄기.
④ [명] 물건이 탈 때에 일어나는 부옇고 매운 기운.

★ 갈다

	예문	
13 갈다[1]	학평 나머지 한 칸은 비를 한 번 맞고 샜던 것이라 서둘러 기와를 갈았던 것이다.	[ ]
14 갈다[2]	교과 생선을 자르기 전에 숫돌에 칼을 갈았다.	[ ]
15 갈다[3]	모평 강호에 봄이 드니 이 몸이 일이 많다 / 나는 그물 깁고 아이는 밭을 가니 / 뒷 뫼에 엄기는 약을 언제 캐려 하나니	[ ]

① 동 이미 있는 사물을 다른 것으로 바꾸다.

② 동 쟁기나 트랙터 따위의 농기구나 농기계로 땅을 파서 뒤집다.

③ 동 날카롭게 날을 세우거나 표면을 매끄럽게 하기 위하여 다른 물건에 대고 문지르다.

★ 깨다

	예문	
16 깨다[1]	(1) 학평 나 같은 이는 어떠한가. 취해서 바라보면 즐겁고, 술이 깨어 바라보면 서럽다.	[ ]
	(2) 학평 카페인은 우리가 깊은 수면에 빠지는 시간을 지연시키고, 자다가 깨는 빈도를 높여 수면의 질도 낮춥니다.	[ ]
17 깨다[2]	(1) 교과 쥐고 있던 거울을 고의로 떨어뜨려 깼다.	[ ]
	(2) 교과 오랜 침묵을 깨고 그가 나에게 말을 건넸다.	[ ]

① 동 단단한 물체를 쳐서 조각이 나게 하다.

② 동 일이나 상태 따위를 중간에서 어그러뜨리다.

③ 동 잠, 꿈 따위에서 벗어나다. 또는 벗어나게 하다.

④ 동 술기운 따위가 사라지고 온전한 정신 상태로 돌아오다.

★ 놀다

	예문	
18 놀다[1]	수능 글을 모르는 어린아이가 바닥에 떨어진 중요한 서류가 실수로 버려진 것인 줄 모르고 찢으며 놀았다.	[ ]
19 놀다[2]	수능 돈이 놀아서 약을 못 쓰는 이 판이니 진시 벼라도 털어야 할 것이다.	[ ]

① 형 드물어서 구하기 어렵다.

② 동 놀이나 재미있는 일을 하며 즐겁게 지내다.

★ 달다

	예문	
20 달다[1]	(1) 교과 뜨겁게 단 다리미로 옷을 다렸다.	[ ]
	(2) 교과 기말고사가 얼마 남지 않아 마음이 달았다.	[ ]
21 달다[2]	수능 행사에 참가한 학생들은 평소 마라톤을 즐겼던 K 군을 생각하며 응원 메시지를 가슴에 달고 뛰었다.	[ ]
22 달다[3]	학평 하인즈는 약사에게 약을 싸게 팔거나 외상으로라도 달라고 간청했지만 거절당했다.	[ ]
23 달다[4]	(1) 수능 물을 한 그릇 떠 오라고 해서 마시니 맛이 달고 상쾌한 것이 마치 단 이슬을 먹은 것 같았다.	[ ]
	(2) 교과 제 잘못이니 처벌을 달게 받겠습니다.	[ ]

① 형 마땅하여 기껍다.

② 형 꿀이나 설탕의 맛과 같다.

③ 동 물건을 일정한 곳에 붙이다.

④ 동 타지 않는 단단한 물체가 열로 몹시 뜨거워지다.

⑤ 동 안타깝거나 조마조마하여 마음이 몹시 조급해지다.

⑥ 동 말하는 이가 듣는 이에게 어떤 것을 주도록 요구하다.

200

100

·뜻풀이로 체크하기·

01 ~ 05 다음 밑줄 친 어휘의 뜻풀이에 들어갈 알맞은 말을 〈보기〉에서 찾아 쓰시오.

보기

길　분간　요구　술기운　날카롭게

01 학평 아저씨는 숫돌에 낫을 갈고 있었다.
→ 갈다: (　　　　　) 날을 세우거나 표면을 매끄럽게 하기 위하여 다른 물건에 대고 문지르다.

02 교과 마취만 깨면 곧 정신을 차릴 겁니다.
→ 깨다: (　　　　　) 따위가 사라지고 온전한 정신 상태로 돌아오다.

03 모평 왕 부인은 시시비비를 가리고 있군.
→ 가리다: 잘잘못이나 좋은 것과 나쁜 것 따위를 따져서 (　　　　　)하다.

04 교과 요란한 소리와 함께 기차가 굴에서 나왔다.
→ 굴: 산이나 땅 밑을 뚫어 만든 (　　　　　).

05 학평 그의 친척 중 한 명이 수시로 횡포를 부리더니, 어느 날은 재산의 절반을 달라고 위협한다.
→ 달다: 말하는 이가 듣는 이에게 어떤 것을 주도록 (　　　　　)하다.

06 ~ 09 다음 밑줄 친 어휘의 뜻풀이로 알맞은 것을 고르시오.

06 교과 비가 긋는 듯하더니 다시 쏟아지기 시작했다.
① 비가 잠시 그치다.
② 어떤 일정한 부분을 강조하거나 나타내기 위하여 금이나 줄을 그리다.

07 교과 벽에 액자를 걸기 위해 사다리를 가져왔다.
① 흙이나 거름 따위가 기름지고 양분이 많다.
② 벽이나 못 따위에 어떤 물체를 떨어지지 않도록 매달아 올려놓다.

08 모평 공이 밤낮을 가리지 않고 홀로 애통해했다.
① 보이거나 통하지 못하도록 막다.
② 여럿 가운데서 하나를 구별하여 고르다.

09 교과 방학 내 아르바이트만 해서 등록금을 마련했다.
① 처음부터 끝까지 계속해서.
② 물건이 탈 때에 일어나는 부옇고 매운 기운.

·문장으로 체크하기·

10 ~ 13 다음 밑줄 친 어휘가 제시된 의미로 사용된 문장을 고르시오.

10 갈다: 이미 있는 사물을 다른 것으로 바꾸다.
① 모평 화전밭을 혼자 갈고 있지 않았느냐.
② 교과 화병의 물을 갈기 위해 꽃을 꺼내 들었다.

11 긋다: 일의 경계나 한계 따위를 분명하게 짓다.
① 교과 좋아하는 구절에 여러 번 밑줄을 그었다.
② 교과 일을 떠넘기려는 선배에게 단호하게 선을 그었다.

12 걸다: 흙이나 거름 따위가 기름지고 양분이 많다.
① 교과 밭이 걸어서 작물이 아주 잘 자란다.
② 학평 그림 아래에 족자를 걸고 보니 필법이 정묘하였다.

13 굴: 자연적으로 땅이나 바위가 안으로 깊숙이 패어 들어간 곳.
① 교과 굴은 바다의 우유라고 불릴 만큼 영양이 풍부하다.
② 교과 캄캄한 굴로 들어가니 박쥐가 천장에 매달려 있었다.

14 ~ 16 다음 밑줄 친 어휘가 제시된 문장의 밑줄 친 어휘와 유사한 의미로 사용된 문장을 고르시오.

14 학평 동냥은 못 줘도 쪽박은 깨지 마라.
① 학평 겨울에 옷을 벗고 얼음을 깨려 하니 잉어가 뛰어나왔다.
② 학평 승상이 빨리 시를 지으라고 재촉하는 소리에 놀라 깨어 보니 꿈이더라.

15 모평 살 집은 물론 정자와 정원까지 조성해 놓고 날마다 거닐며 놀았다고 한다.
① 학평 아이가 공부에는 마음이 없고 노는 데만 정신이 팔렸다.
② 교과 그녀는 돈이 놀아 아이를 학교에 보내지 못하는 자신의 처지를 비관했다.

16 교과 선생님이 해 주신 진심 어린 충고를 달게 받으려고 노력했다.
① 교과 그는 어떤 비난이든 달게 받겠다고 말했다.
② 교과 응원하는 팀이 결승에서 질까 봐 속이 달았다.

▶ 정답과 해설 6쪽

적절한 어휘로 바꿔 쓰기

01 문맥상 다음 밑줄 친 어휘와 바꿔 쓰기에 적절하지 않은 것은?

① 알약을 갈아 물에 타서 환자에게 먹였다. → 분쇄하여
② 폐하께서는 은혜를 내리셔서 선악을 가려 주옵소서. → 분간하여
③ 김 대리는 과장의 재촉 문자를 받고 마음이 달았다. → 조급해졌다
④ 학생들은 중요한 내용에 밑줄을 그으며 수업을 들었다. → 첨삭하며
⑤ 백성이 방종하여 제멋대로 노니 덕이 있는 분을 찾아서 임금으로 삼아야만 한다. → 행동하니

동음이의 관계 파악하기

02 다음 중 문맥적 의미가 나머지 넷과 동음이의 관계에 있는 것은?

① 그 자연인은 굴에서 살고 있다.
② 두더지는 땅 밑으로 굴을 판다.
③ 굴에 들어가야 호랑이를 잡을 수 있다.
④ 산을 관통하는 굴을 뚫어 길을 만들었다.
⑤ 서해의 갯벌에 지천으로 깔린 것이 굴이다.

문맥적 의미 파악하기

03 〈보기〉의 ⓐ와 문맥적 의미가 같게 쓰인 것은?

보기
이 필름으로 창문을 ⓐ 가리면 자외선이 차단된다.

① 정원수가 달빛을 가릴 만큼 무성하다.
② 때와 장소를 가려서 행동할 줄 알아야 한다.
③ 이 풀은 건조지든 습지든 가리지 않고 잘 자란다.
④ 그들은 종교적인 이유로 특정 음식을 가려 먹는다.
⑤ 볏가리는 볏단을 차곡차곡 가려서 쌓은 더미를 말한다.

문맥적 의미 파악하기

04 밑줄 친 두 어휘의 의미가 일치하지 않는 것은?

① ㈀ 너무 짜거나 달게 먹으면 빨리 늙는다.
㈁ 둘 중 어느 것이 더 고소하고 단 것이냐?
② ㈀ 옷고름이 뜯어진 것을 다시 달아 달라고 말했다.
㈁ 선생님은 교복에 명찰을 달지 않은 아이를 혼냈다.
③ ㈀ 화가 난 이유를 솔직하게 말해 달라는 말이야.
㈁ 저희도 모든 공간을 개방해 달라는 것은 아닙니다.
④ ㈀ 연신 거울을 깨던 우치의 눈이 한 거울에 멈춘다.
㈁ 사라진 탄환은 최 일병의 알리바이를 깨는 증거였다.
⑤ ㈀ 모두가 모여 살면서 우물을 파서 마시고 밭을 갈아 농사를 지었다.
㈁ 갈아 먹지도 못하는 쓸모없는 땅을 주어 그의 장례를 치르게 했다.

예문의 적절성 판단하기

05 밑줄 친 어휘의 의미를 〈보기〉에서 찾아 연결한 것으로 적절하지 않은 것은?

보기
내 01 명
시내보다는 크지만 강보다는 작은 물줄기.
내 02 명
물건이 탈 때에 일어나는 부옇고 매운 기운.
내 03 명
코로 맡을 수 있는 온갖 기운.
내 04 부
처음부터 끝까지 계속해서.

① 일주일 내에 건물을 비워 주세요. – 내 04
② 짙은 안개가 내를 건너 흘러갔다. – 내 01
③ 집 안 곳곳에서 퀴퀴한 내가 진동했다. – 내 03
④ 이 가게는 일 년 내 문을 닫는 날이 없다. – 내 04
⑤ 장작을 태웠더니 희뿌연 내가 눈앞을 가렸다. – 내 02

필수 어휘_고전 문학

※ 어휘의 사전적 의미에 해당하는 예문을 찾아 번호를 쓰고 빈칸을 채워 보세요.

01 **염치** 청렴할 廉 | 부끄러워할 恥	명 체면을 차릴 줄 알며 부끄러움을 아는 마음.	( )
02 **영접하다** 맞이할 迎 | 접할 接 --	동 손님을 맞아서 대접하다.	( )
03 **외람되다** 뒤섞일 猥 | 넘칠 濫 --	형 하는 짓이 분수에 지나치다.	( )
04 **요원하다** 멀 遙 | 멀 遠 --	형 아득히 멀다.	( )
05 **우매하다** 어리석을 愚 | 어두울 昧 --	형 어리석고 사리에 어둡다.	( )

① 모평 소저의 유모가 소공자 희랑을 품에 안고 나아가 지현을 □□했다.

② 수능 너희 놈이 본디 간사하여 □□된 죄를 지었으나 이번에는 아는 일이 있어 살려 보낸다.

③ 교과 □□하게 느껴졌던 졸업이 코앞으로 다가오자 친구들과의 추억이 생각나며 아쉬움이 들었다.

④ 모평 신첩이 비록 □□하오나 힘을 다하여 폐하의 성은을 만분의 일이나 갚을까 하오니 근심하지 마옵소서.

⑤ 수능 우리 주인은 본래 □□가 없어서 내가 물건을 얻었다는 소문을 듣고 몸소 내 집에 와서 그 물건들을 찾았소.

06 **유린** 밟을 蹂 | 짓밟을 躪	명 남의 권리나 인격을 짓밟음.	( )
07 **응당** 응할 應 | 마땅할 當	부 그렇게 하거나 되는 것이 이치로 보아 옳게.	( )
08 **의뭉스럽다**	형 보기에 겉으로는 어리석어 보이나 속으로는 엉큼한 데가 있다.	( )
09 **의연하다** 굳셀 毅 | 그럴 然 --	형 의지가 굳세어서 끄떡없다.	( )
10 **의탁하다** 의지할 依 | 부탁할 託 --	동 어떤 것에 몸이나 마음을 의지하여 맡기다.	( )

① 교과 절박한 상황에서도 □□하고 지조 있게 대처하는 춘향의 모습을 형상화한 것이다.

② 모평 최랑은 혼백을 □□할 곳이 없어서 기이한 방식으로 이생과 인연을 이어 가려 한다.

③ 모평 사명당의 복수를 통해, 국토가 □□되는 과정에서 받은 민중들의 고통을 보상하고 있군.

④ 교과 변 씨는 싹싹하고 예의 바른 사람처럼 보였지만 어딘가 모르게 □□스러워 보이기도 했다.

⑤ 모평 너 같은 몹쓸 놈은 □□ 죽일 것이로되 정상(情狀)이 불쌍하고 너의 처자 가여운 고로 놓아주니 돌아가 개과천선하라.

11 **이지러지다**	(1) 동 달 따위가 한쪽이 차지 않다.	( )
	(2) 동 불쾌한 감정 따위로 얼굴이 일그러지다.	( )
12 **자애롭다** 사랑할 慈 | 사랑 愛 --	형 자애를 베푸는 사랑과 정이 깊다.	( )
13 **적서** 정실 嫡 | 여러 庶	명 적자와 서자, 또는 적파와 서파를 아울러 이르는 말.	( )
14 **전언** 전할 傳 | 말씀 言	명 말을 전함. 또는 그 말.	( )
15 **절절하다** 끊을 切 | 끊을 切 --	형 매우 간절하다.	( )

① 교과 아내는 깨진 그릇을 보자 표정이 □□□졌다.

② 교과 달이 차고 □□□지며, 초목이 자라고 쇠하는 것이 하늘과 땅에도 끝이 없다.

③ 학평 이때 임금을 이별한 임으로 설정하여 임금에 대한 □□한 그리움을 표현하였다.

④ 모평 [A]는 원혼이 산 자에게 보내는 □□이고, [B]는 산 자가 원혼에게 보내는 응답이다.

⑤ 교과 작가는 〈홍길동전〉을 통해 □□ 차별이라는 사회 제도의 모순을 개혁할 것을 주장하고 있다.

⑥ 모평 '초가 처마'에 비친 해는 임금의 □□로운 은혜가 신하가 머물고 있는 곳까지 미치고 있음을 암시한 것이다.

16 정진하다 정할 精 | 나아갈 進 --	동 힘써 나아가다.	( )	① 수능 대화의 내용을 통해 이전에 일어난 사건의 ☐☐을 나타내고 있다.
17 정황 뜻 情 | 상황 況	명 일의 사정과 상황.	( )	② 수능 눈에서는 눈물이 다하자 피가 흘러내려 서로를 볼 수도 없을 ☐☐이었다.
18 조소 비웃을 嘲 | 웃을 笑	명 흉을 보듯이 빈정거리거나 업신여기는 일. 또는 그렇게 웃는 웃음.	( )	③ 교과 그는 내가 부른 노래를 듣더니 ☐☐ 섞인 말투로 연습은 한 것이냐고 물었어.
19 주렴 구슬 珠 | 발 簾	명 구슬 따위를 꿰어 만든 발.	( )	④ 교과 화자는 자연의 변함없는 모습을 본받아 꾸준히 학문에 ☐☐할 것을 다짐한다.
20 지경 땅 地 | 지경 境	의·명 '경우'나 '형편', '정도'의 뜻을 나타내는 말.	( )	⑤ 수능 드디어 하직을 하고 여동의 인도를 받아 내려오는데, 걷었던 ☐☐을 내리는 소리가 요란하였다.

21 지당하다 이를 至 | 마땅할 當 --	형 이치에 맞고 지극히 당연하다.	( )	① 교과 그는 고개를 들어 ☐☐하게 드높은 하늘을 우러러보았다.
22 지엄하다 이를 至 | 엄할 嚴 --	형 매우 엄하다.	( )	② 수능 악인의 횡포를 ☐☐함으로써 권선징악의 세계관을 드러내고 있다.
23 진흥하다 떨칠 振 | 일어날 興 --	동 떨치어 일어나다. 또는 떨치어 일으키다.	( )	③ 학평 빨리 잡아오라 분부 ☐☐하니 빨리 행함이 옳거늘 어찌 조금이나 지체하리오.
24 징벌 혼날 懲 | 벌줄 罰	명 옳지 아니한 일을 하거나 죄를 지은 데 대하여 벌을 줌. 또는 그 벌.	( )	④ 교과 어르신은 앞길이 ☐☐한 젊은 청년들에게 도움이 될 만한 지혜와 깨달음을 전하셨다.
25 창창하다 푸를 蒼 | 푸를 蒼 --	(1) 형 바다, 하늘, 호수 따위가 매우 푸르다.	( )	⑤ 모평 아버님 말씀은 ☐☐하시나, 제 마음이 아직 급하지 아니합니다. 나중에 성혼하여도 늦지 아니합니다.
	(2) 형 앞길이 멀어서 아득하다.	( )	⑥ 수능 백성을 다스릴 사람들인데 그 고루함이 이와 같으니 오늘날 우리나라 풍속이 ☐☐하지 못하는 것이 당연하다.

26 책망하다 꾸짖을 責 | 바랄 望 --	동 잘못을 꾸짖거나 나무라며 못마땅하게 여기다.	( )	① 교과 반가운 소식을 빨리 전하기 위해 그녀는 ☐☐을 이용해 집으로 향했다.
27 천거 드릴 薦 | 들 擧	명 어떤 일을 맡아 할 수 있는 사람을 그 자리에 쓰도록 소개하거나 추천함.	( )	② 모평 문득 ☐☐한 소리 들리거늘 귀를 기울여 들으며 헤아리되, '이는 분명한 대 소리로다.'
28 첩경 빠를 捷 | 지름길 徑	명 멀리 돌지 않고 가깝게 질러 통하는 길.	( )	③ 학평 불도를 업신여겨 중을 보면 원수같이 군다 하니, 네 그 놈을 찾아가서 ☐☐하고 돌아오라.
29 청빈하다 맑을 淸 | 가난할 貧 --	형 성품이 깨끗하고 재물에 대한 욕심이 없어 가난하다.	( )	④ 학평 '보리밥 풋나물'은 자연 속에서 검소하면서도 ☐☐한 삶을 추구했음을 짐작하게 하는 소재이군.
30 청아하다 맑을 淸 | 아담할 雅 --	형 속된 티가 없이 맑고 아름답다.	( )	⑤ 모평 권호문은 42세 이후 줄곧 조정에 ☐☐되어 정치 현실로 나올 것을 권유받았으나 매번 이를 거절했다.

·뜻풀이로 체크하기·

01 ~ 06 다음 뜻풀이에 해당하는 어휘를 말상자에서 찾아 표시하시오.

징	수	중	판	감	치
가	벌	의	연	하	다
응	롭	명	두	품	별
당	개	세	적	서	르
빈	청	첩	기	조	말
음	파	경	용	다	소

01 의지가 굳세어서 끄떡없다.

02 멀리 돌지 않고 가깝게 질러 통하는 길.

03 그렇게 하거나 되는 것이 이치로 보아 옳게.

04 적자와 서자, 또는 적파와 서파를 아울러 이르는 말.

05 흉을 보듯이 빈정거리거나 업신여기는 일. 또는 그렇게 웃는 웃음.

06 옳지 아니한 일을 하거나 죄를 지은 데 대하여 벌을 줌. 또는 그 벌.

07 ~ 12 다음 빈칸에 들어갈 알맞은 말을 쓰시오.

07 주렴: ☐☐ 따위를 꿰어 만든 발.

08 유린: 남의 권리나 ☐☐을 짓밟음.

09 우매하다: 어리석고 ☐☐에 어둡다.

10 책망하다: ☐☐을 꾸짖거나 나무라며 못마땅하게 여기다.

11 청빈하다: 성품이 깨끗하고 재물에 대한 ☐☐이 없어 가난하다.

12 천거: 어떤 일을 맡아 할 수 있는 사람을 그 자리에 쓰도록 소개하거나 ☐☐함.

·문장으로 체크하기·

13 ~ 18 다음 문맥에 알맞은 어휘를 고르시오.

13 교과 작품 집필에만 (의연 | 정진)하여 대작을 완성하는 것이 내 소원이다.

14 교과 대성은 청룡사에 몸을 (영접 | 의탁)하고 노승에게 병법과 무술을 배운다.

15 모평 시구를 듣고는 그 (요원 | 청아)함을 사랑하고 품은 뜻에 감복하여 크게 감탄하더라.

16 모평 여기에는 먼저 세상을 떠난 남편에 대한 (절절 | 창창)한 애도의 마음이 담겨 있었다.

17 학평 이 시는 친구의 이야기와 강물의 흐름이라는 두 개의 (정황 | 첩경)이 진술의 축을 이루고 있다.

18 교과 갈고리달은 초승달이나 그믐달 따위와 같이 갈고리 모양으로 몹시 (이지러진 | 의뭉스러운) 달이다.

19 ~ 24 다음 빈칸에 들어갈 알맞은 어휘를 <보기>에서 찾아 쓰시오.

보기

염치 영접 외람
자애 지경 지엄

19 학평 저는 빈천한 유생으로서 ( )되이 나리의 은총을 받았습니다.

20 학평 부모의 명이 ( )하시니 뉘로 하여금 공부하며 뉘로 하여금 노잔 말가.

21 교과 ( )롭고 마음이 넓어 항상 학생들을 먼저 돌보는 저희 담임 선생님을 존경합니다.

22 교과 어른이 어딜 갔다가 집이라고서 들어오면 우루루루루 쫓아 나와서 ( )하는 게 도리에 옳지.

23 학평 산허리는 온통 메밀밭이어서 피기 시작한 꽃이 소금을 뿌린 듯이 흐뭇한 달빛에 숨이 막힐 ( )이다.

24 교과 친구가 새벽부터 우리 집에 찾아오더니 배가 고프다며 ( )도 없이 내가 사 둔 음식을 다 먹어 버렸다.

▶ 정답과 해설 7쪽

적절한 어휘로 바꿔 쓰기

01 문맥상 다음 밑줄 친 어휘와 바꿔 쓰기에 적절하지 않은 것은?

① 사또의 명령이 지엄하니 어찌할 도리가 없었다. → 엄중하니
② 말뚝이를 물고(物故) 올리라는 샌님의 분부 지당하여이다. → 마땅하여이다
③ 이 시조는 서민들의 삶을 유린하는 지배층의 횡포를 비판하고 있다. → 짓밟는
④ 계월이 잘못해 궁비를 죽인다 해도 누가 계월을 그르다고 책망할 수 있겠느냐? → 질책할
⑤ 물고기에게 자애로운 것은 한 마리의 용이고, 물고기를 못살게 하는 것은 수많은 큰 물고기들이다. → 이지러진

속담의 뜻풀이에 맞는 어휘 찾기

02 다음 속담의 뜻풀이에서, ㉠과 ㉡에 들어갈 말이 바르게 연결된 것은?

보기

- 주인보다 객이 많다: (㉠) 적어야 할 것이 도리어 많다는 말.
- 헌 누더기 속에 쌍동자 섰다: 겉보기에는 초라하고 허술하나 속은 엉큼하고 (㉡)는 말.

	㉠	㉡		㉠	㉡
①	응당	의뭉스럽다	②	의연히	의탁하다
③	응당	지당하다	④	의연히	영접하다
⑤	염치	외람되다			

어휘의 쓰임 이해하기

03 문맥상 밑줄 친 어휘의 쓰임이 적절하지 않은 것은?

① 자네는 아직 전도가 창창한 젊은이가 아닌가 말이네.
② 임금은 불교를 진흥하여 부처님의 가르침을 널리 알리려 하였다.
③ 대학 졸업도 못한 어린 내게 결혼과 경제적 독립은 의연한 일이다.
④ 임 장군의 전언을 듣고 세자와 대군은 기뻐하며 궁 밖으로 나와 경업을 기다렸다.
⑤ 냉진은 원래 무뢰배인데 동청의 사주를 받고 첩경을 택해 산동 지방으로 달려갔다.

어휘의 의미와 쓰임 이해하기

04 〈보기〉의 (a)~(e)의 뜻을 지닌 어휘를 활용하여 만든 문장으로 적절하지 않은 것은?

보기

(a) 매우 엄하다.
(b) 힘써 나아가다.
(c) 일의 사정과 상황.
(d) 구슬 따위를 꿰어 만든 발.
(e) 이치에 맞고 지극히 당연하다.

① (a): 역도의 무리를 색출하라는 지엄한 왕명이 내려졌다.
② (b): 정약용은 귀양지에서도 학문에 정진하여 많은 저서를 남겼다.
③ (c): 산성일기는 남한산성으로 피난 가서 보고 들은 지경을 기록한 글이다.
④ (d): 누각에는 주렴이 반쯤 내려져 있고 비단 휘장은 낮게 드리워져 있다.
⑤ (e): 그의 충고가 지당하다고 생각하면서도 한편으로는 서운함을 감출 수 없었다.

속담의 뜻풀이에 맞는 어휘 찾기

05 다음 속담의 뜻풀이에서, ⓐ와 ⓑ에 들어갈 말이 바르게 연결된 것은?

보기

- 돈이 자가사리 끓듯 한다: 돈이 많음을 빙자하여 함부로 (ⓐ) 짓을 하며 못되게 구는 사람을 욕으로 이르는 말.
- 그물에 든 새요 쏘아 놓은 범이라: 이미 잡혀 옴짝달싹 못 하고 죽을 (ⓑ)에 빠졌음을 비유적으로 이르는 말.

	ⓐ	ⓑ		ⓐ	ⓑ
①	외람된	지경	②	우매한	첩경
③	영접한	지경	④	청빈한	첩경
⑤	청아한	정황			

관용어

※ 관용어가 사용된 예문을 읽고 해당 뜻풀이를 찾아 번호를 쓰세요.

★ 눈 ①

01 눈 밖에 나다

학평 전전긍긍 조심 마음 시각을 노흘손가 / 행여 혹시 눈 밖에 날가 조심도 무궁하다 ( )

02 눈에 쌍심지가 오르다

교과 미정이가 다른 친구에게 내 험담을 하는 모습을 본 순간 눈에 쌍심지가 오를 만큼 화가 났다. ( )

03 눈에 흙이 들어가다

교과 그가 마음에 들지 않았던 할아버지는 눈에 흙이 들어가기 전에는 결혼을 허락할 수 없다고 말씀하셨다. ( )

04 눈을 속이다

교과 가수가 되는 것을 반대하시는 부모님의 눈을 속여 가며 노래 연습을 했다. ( )

05 눈이 뒤집히다

교과 어머니는 집 나간 동생을 찾아다니기에 눈이 뒤집혀 며칠째 집에 들어오지 않으셨다. ( )

① 죽어 땅에 묻히다.

② 신임을 잃고 미움을 받게 되다.

③ 몹시 화가 나서 눈을 부릅뜨다.

④ 잠시 수단을 써서 보는 사람이 속아 넘어가게 하다.

⑤ 충격적인 일을 당하거나 어떤 일에 집착하여 이성을 잃다.

★ 눈 ②

06 눈독을 들이다

교과 언니는 내가 끼고 있는 금반지에 눈독을 들였다. ( )

07 눈물을 머금다

교과 동수는 서로의 더 나은 미래를 위해 눈물을 머금고 연인과 헤어졌다. ( )

08 눈물이 앞을 가리다

학평 산중(山中)만 바라보며 목메인다 / 눈물이 앞을 가리운다고 ( )

09 눈썹도 까딱하지 않다

교과 그는 호랑이 앞에서 눈썹도 까딱하지 않을 정도로 겁이 없고 대범하다. ( )

10 눈앞이 캄캄하다

교과 곧 추운 겨울이 다가오는데 당장 먹을 쌀이 없으니 눈앞이 캄캄하다. ( )

① 아주 태연하다.

② 욕심을 내어 눈여겨보다.

③ 어찌할 바를 몰라 아득하다.

④ 눈물이 자꾸 나옴을 비유적으로 이르는 말.

⑤ 슬픔이나 고통 따위를 억지로 참으려 애를 쓰다.

★ 심장

11 심장이 강하다

교과 형님은 위기 상황에서도 농담을 던질 정도로 심장이 강한 사람이었다. ( )

12 심장이 뛰다

교과 발표할 차례가 다가오자 너무 긴장되어서 심장이 뛰기 시작했다. ( )

① 비위가 좋고 뱃심이 세다.

② 가슴이 조마조마하거나 흥분되다.

★ 귀

13 귀가 번쩍 뜨이다

모평 "얘, 그만 일어나 일 좀 해라. 그래야 올갈에 벼 잘 되면 너 상가들지 않니." / 그래 귀가 번쩍 띄어서 그날로 일어나서 남이 이틀 품 들일 논을 혼자 삶아 놓으니까 장인님도 눈깔이 커다랗게 놀랐다. (　　)

14 귀가 아프다

교과 방을 깨끗이 청소하라는 엄마의 잔소리에 귀가 아파 자리를 떴다. (　　)

15 귀가 열리다

교과 시골에서 농사만 짓던 사람이 도시에 와서 산전수전을 다 겪더니 귀가 열렸다. (　　)

16 귀에 들어가다

교과 혜정이가 곧 결혼한다는 소문이 돌고 돌아 정남이의 귀에 들어갔다. (　　)

17 귀에 못이 박히다

교과 군대 이야기는 귀에 못이 박히도록 들었으니 새로운 이야기를 들려줘. (　　)

18 귓전에 맴돌다

교과 그녀의 낭랑한 목소리가 자꾸만 귓전에 맴돌아 수업에 집중할 수 없었다. (　　)

① 누구에게 알려지다.

② 세상 물정을 알게 되다.

③ 같은 말을 여러 번 듣다.

④ 들리는 말에 선뜻 마음이 끌리다.

⑤ 너무 여러 번 들어서 듣기가 싫다.

⑥ 들었던 말이 기억나거나 떠오르다.

★ 꼬리

19 꼬리가 길다

(1) 교과 꼬리가 길면 잡힌다더니 남몰래 뒷돈을 챙기던 문호는 결국 사람들에게 걸리고 말았다. (　　)

(2) 교과 누가 이렇게 꼬리가 긴지 항상 문이 열려 있네. (　　)

20 꼬리를 내리다

교과 자신의 약점이 밝혀지자 늘 당당하던 그가 꼬리를 내렸다. (　　)

21 꼬리를 물다

모평 천천히 걷다 보니 어떤 진로를 택할지, 과제를 함께하던 친구가 왜 화를 냈는지, 이런저런 생각들이 꼬리를 물고 이어졌다. (　　)

22 꼬리를 밟히다

교과 범인은 주변 CCTV를 추적한 경찰에게 꼬리를 밟혔다. (　　)

23 꼬리를 잡다

교과 검찰이 뇌물을 주고받은 사람들의 꼬리를 잡아 언론에 공개했다. (　　)

24 꼬리표가 붙다

교과 배신자라는 꼬리표가 붙자 그 후로는 사람들이 그와 말을 섞지 않았다. (　　)

① 행적을 들키다.

② 계속 이어지다.

③ 방문을 닫지 않고 드나들다.

④ 감추고 있는 것을 알아내다.

⑤ 못된 짓을 오래 두고 계속하다.

⑥ 어떤 사람에게 나쁜 평가나 평판이 내려지다.

⑦ 상대편에게 기세가 꺾여 물러서거나 움츠러들다.

·뜻풀이로 체크하기·

01 ~ 07 다음 뜻풀이에 해당하는 관용어를 쓰시오.

01 죽어 땅에 묻히다. ______________

02 누구에게 알려지다. ______________

03 같은 말을 여러 번 듣다. ______________

04 감추고 있는 것을 알아내다. ______________

05 몹시 화가 나서 눈을 부릅뜨다. ______________

06 들었던 말이 기억나거나 떠오르다. ______________

07 눈물이 자꾸 나옴을 비유적으로 이르는 말. ______________

08 ~ 13 다음 빈칸에 들어갈 알맞은 말을 〈보기〉에서 찾아 쓰시오.

보기

기세 물정 비위
이성 욕심 평가

08 귀가 열리다: 세상 (   )을/를 알게 되다.

09 눈독을 들이다: (   )을/를 내어 눈여겨보다.

10 심장이 강하다: (   )이/가 좋고 뱃심이 세다.

11 꼬리표가 붙다: 어떤 사람에게 나쁜 (   )(이)나 평판이 내려지다.

12 꼬리를 내리다: 상대편에게 (   )이/가 꺾여 물러서거나 움츠러들다.

13 눈이 뒤집히다: 충격적인 일을 당하거나 어떤 일에 집착하여 (   )을/를 잃다.

·문장으로 체크하기·

14 ~ 18 다음 빈칸에 들어갈 알맞은 관용어를 〈보기〉에서 찾아 기호를 쓰시오.

보기

㉠ 꼬리를 물고 ㉡ 눈을 속였다
㉢ 눈물을 머금은 ㉣ 귀가 번쩍 뜨였다
㉤ 눈썹도 까딱하지 않을

14 교과 웬만한 공포 영화에 (   ) 정도로 지수는 담력이 세다.

15 교과 지구 온난화가 심각해지면서 태풍과 같은 자연재해가 (   ) 일어났다.

16 교과 그는 회사 기밀 정보를 빼돌렸다는 억울한 누명을 써서 (   ) 채 직장을 떠나야 했다.

17 교과 자금난에 시달리고 있던 박 사장은 큰돈을 벌 수 있는 방법을 알고 있다는 승민이의 말에 (   ).

18 교과 그녀는 속으로 무서운 계략을 품고 있으면서도 겉으로는 우둔한 행동을 하면서 사람들의 (   ).

19 ~ 24 다음 문맥에 알맞은 관용어를 고르시오.

19 교과 여행 생각을 하니 심장이 (강해서 | 뛰어서) 잠이 오지 않았다.

20 교과 동생은 (꼬리가 길어 | 꼬리를 잡아) 항상 방문을 열고 다닌다.

21 교과 테러범은 경찰 탐지견들이 투입된 후 꼬리를 (물어 | 밟혀) 검거되었다.

22 교과 그는 매번 약속을 지키지 않아 동료들의 (눈독을 들여 | 눈 밖에 나서) 혼자가 되었다.

23 교과 지친 지 오래인데 한라산 정상까지 아직 갈 길이 멀다니 (눈을 속였다 | 눈앞이 캄캄했다).

24 교과 결혼은 언제 하냐는 친척들의 물음에 귀가 (아파 | 열려) 집에서 나와 조용하고 한적한 카페로 향했다.

▶ 정답과 해설 8쪽

관용어의 사례 파악하기

01 〈보기〉의 밑줄 친 부분과 같은 의미로 쓰인 것은?

보기

그 잔소리는 귀가 아프게 들었다.

① 종일 마스크를 착용했더니 귀가 아프다.
② 운동을 무리하게 했더니 다쳤던 귀가 아프다.
③ 귀에 물이 들어가서 면봉으로 귀가 아프게 후볐다.
④ 여러 사람이 왁자지껄 떠들어서 귀가 아플 지경이다.
⑤ 엄마는 나에게 공부하라는 말을 귀가 아프게 반복했다.

관용어의 의미 파악하기

02 밑줄 친 관용어의 뜻풀이가 적절하지 않은 것은?

① 고생했던 지난날을 떠올리니 눈물이 앞을 가린다. : 걸핏하면 잘 우는 편이다.
② 내 눈에 흙이 들어가기 전에는 전답을 절대로 팔지 않겠다. : 죽어 땅에 묻히다.
③ 애써 농사지은 벼를 도둑맞았으니 눈이 뒤집힐 일이 아닌가? : 이성을 잃을 지경이 되다.
④ 자꾸 놀림을 받자 그는 눈에 쌍심지가 올라 씩씩거렸다. : 몹시 화가 나서 눈을 부릅뜨다.
⑤ 그는 일을 대충 적당히 하고 눈을 속여 넘기기를 밥 먹듯이 한다. : 수단을 써서 남이 속아 넘어가게 하다.

관용어의 쓰임 이해하기

03 밑줄 친 관용어의 쓰임이 적절하지 않은 것은?

① 민서는 동생이 새로 산 신발에 눈독을 들였다.
② 그는 하도 제멋대로 굴어서 사람들의 눈 밖에 났다.
③ 길을 가로막은 산짐승을 보고서도 나그네는 눈썹도 까딱하지 않았다.
④ 서먹하고 불편한 사람과 한 달 동안 같이 지낼 생각을 하니 눈앞이 캄캄하다.
⑤ 떠나는 여자 친구에게 슬퍼하는 모습을 보이고 싶지 않아 눈이 뒤집힌 채 작별 인사를 건넸다.

관용어의 의미와 쓰임 이해하기

04 〈보기〉와 같이 관용어가 쓰인 부분을 바꾸어 표현한 것으로 적절하지 않은 것은?

보기

그녀의 속삭임이 아직도 내 귓가에 아른거린다. → 들리는 듯하다

① 그렇게 협박한다고 해서 꼬리를 내릴 내가 아니다. → 움츠러들
② 사소한 거짓말도 꼬리가 길면 들키는 법이다. → 오래 두고 계속하면
③ 경찰은 집요한 수사를 통해 전국적인 범죄 조직망의 꼬리를 잡았다. → 뒤를 밟았다
④ 규칙을 어기기 일쑤인 그 선수에게 반칙왕이라는 꼬리표가 붙었다. → 평판이 내려졌다
⑤ 김 씨네 밭작물이 밤사이 망가진 이후로 마을에서 비슷한 일들이 꼬리를 물었다. → 계속 이어졌다

문맥에 맞는 관용어 파악하기

05 관용어를 사용하여 (ㄱ)~(ㄷ)의 문장을 완성할 때, 빈칸에 들어갈 말로 적절한 것은?

보기

(ㄱ) 떠도는 소문이 김 부장의 귀에 (　　　) 때 어떤 일이 벌어질지 궁금하다.
(ㄴ) 조 선달은 허 생원의 친구가 된 이래 귀에 못이 (　　　) 그 이야기를 들어 왔다.
(ㄷ) 북녘땅을 바라보며 고향에 가 보고 싶다고 말씀하시던 아버지의 음성이 귓전에 (　　　).

	(ㄱ)	(ㄴ)	(ㄷ)
①	박힐	아른거리도록	열렸다
②	열릴	들어가도록	아른거렸다
③	들어갔을	박히도록	맴돌았다
④	아른거릴	뚫리도록	박혔다
⑤	의심했을	익도록	따가웠다

속담

※ 속담이 사용된 예문을 읽고 해당 뜻풀이를 찾아 번호를 쓰세요.

★ 가난, 돈

01 버는 자랑 말고 쓰는 자랑 하랬다

버는 자랑 말고 쓰는 자랑 하랬다고 돈을 벌기 시작하면서 내 집 마련을 위해 적금을 들었다. ( )

02 사람 나고 돈 났지 돈 나고 사람 났나

가진 재산이 없다고 사람을 이렇게 무시하다니, 사람 나고 돈 났지 돈 나고 사람 났나? ( )

03 사흘 굶어 담 아니 넘을 놈 없다

모범 시민상을 받은 사람이 생활고로 도둑질을 했다는 안타까운 뉴스를 보며 사흘 굶어 담 아니 넘을 놈 없다는 말이 떠올랐다. ( )

04 삼대 거지 없고 삼대 부자 없다

부모님에게 물려받은 것이 없다고 너무 실망하지 말고 꾸준히 노력해 봐. 삼대 거지 없고 삼대 부자 없다잖아. ( )

05 서 발 막대 거칠 것 없다

가세가 기울어 세간을 정리하고 나니 서 발 막대 거칠 것 없는 꼴이었다. ( )

06 쌈짓돈이 주머닛돈

쌈짓돈이 주머닛돈이라고, 나는 월급을 받으면 비상금도 남기지 않고 모두 어머니에게 맡긴다. ( )

① 돈을 모으려면 저축을 잘해야 됨을 이르는 말.

② 아무리 착한 사람이라도 몹시 궁하게 되면 못하는 짓이 없게 됨을 이르는 말.

③ 아무리 돈이 귀중하다 하여도 사람보다 더 귀중할 수는 없다는 뜻으로, 돈밖에 모르는 사람을 비난하여 이르는 말.

④ 삼대에 걸쳐서 계속 거지 노릇만 하는 집안도 없고 계속 부자인 집안도 없다는 뜻으로, 많은 재산이 오랫동안 유지될 수 없으며 가난한 형편 또한 오래가지 않는다는 것을 이르는 말.

⑤ (1) 쌈지에 든 돈이나 주머니에 든 돈이나 다 한가지라는 뜻으로, 그 돈이 그 돈이어서 구별할 필요가 없음을 이르는 말. (2) 한 가족의 것은 내 것 네 것 가릴 것 없이 그 가족 전체의 것임을 이르는 말.

⑥ (1) 서 발이나 되는 긴 막대를 휘둘러도 아무것도 거치거나 걸릴 것이 없다는 뜻으로, 가난한 집안이라 세간이 아무것도 없음을 이르는 말. (2) 주위에 조심스러운 사람도 없고 아무것도 거리낄 것이 없음을 이르는 말.

★ 불

07 내 손에 장을 지지겠다

형은 만약 이 답이 틀리면 자기 손에 장을 지지겠다며 호언장담했다. ( )

08 불난 집에 부채질한다

배탈이 나서 죽도 겨우 먹는데 옆에서 피자를 먹으며 약 올리다니, 정말 불난 집에 부채질하는구나. ( )

09 섶을 지고 불로 들어가려 한다

지금과 같은 불경기에 사업을 시작한다는 것은 섶을 지고 불로 들어가려 하는 것과 마찬가지야. ( )

10 양반은 얼어 죽어도 곁불은 안 쬔다

양반은 얼어 죽어도 곁불은 안 쬔다며 기차 시간이 임박했는데도 뛰지 않는 친구가 답답했다. ( )

① 아무리 궁하거나 다급한 경우라도 체면을 깎는 짓은 하지 아니한다는 말.

② 남의 재앙을 점점 더 커지도록 만들거나 성난 사람을 더욱 성나게 함을 이르는 말.

③ 당장에 불이 붙을 섶을 지고 이글거리는 불 속으로 뛰어든다는 뜻으로, 앞뒤 가리지 못하고 미련하게 행동함을 놀림조로 이르는 말.

④ 손톱에 불을 달아 장을 지지게 되면 그 고통이라는 것은 이루 말할 수 없는 것인데 그런 모진 일을 담보로 하여 자기가 옳다는 것을 장담할 때 하는 말.

★ 가축

11 개똥도 약에 쓰려면 없다

교과 개똥도 약에 쓰려면 없다고 책상 위에 항상 있던 가위가 쓰려고 하니 보이지 않았다. ( )

12 개똥밭에 굴러도 이승이 좋다

교과 개똥밭에 굴러도 이승이 좋다잖아. 아무리 사는 게 힘들어도 포기하지 말고 희망을 가져. ( )

13 궁지에 빠진 쥐가 고양이를 문다

교과 궁지에 빠진 쥐가 고양이를 문다더니, 박 과장은 자신이 억울하게 모든 책임을 떠맡게 되자 이 부당함을 언론에 알리겠다고 나섰다. ( )

14 느릿느릿 걸어도 황소걸음

교과 나는 느릿느릿 걸어도 황소걸음이라는 말처럼 맡은 일을 하나하나 성실하게 처리하려고 노력한다. ( )

15 소도 언덕이 있어야 비빈다

교과 소도 언덕이 있어야 비빈다는데 아무 밑천도 없이 어떻게 사업을 시작하겠니? ( )

16 쇠뿔도 단김에 빼라

학평 쇠뿔도 단김에 빼라고 하듯 문제점을 인식한 이 시점이 학생회장 선거 시기를 바꿀 적절한 기회입니다. ( )

17 오뉴월 감기는 개도 아니 걸린다

교과 오뉴월 감기는 개도 아니 걸린다지만 여름에는 냉방병 때문에 병원을 찾는 사람들이 많다. ( )

① 속도는 느리나 오히려 믿음직스럽고 알차다는 말.

② 평소에 흔하던 것도 막상 긴하게 쓰려고 구하면 없다는 말.

③ 여름에 감기 앓는 사람을 변변치 못한 사람이라고 놀림조로 이르는 말.

④ 막다른 지경에 이르게 되면 약한 자도 마지막 힘을 다하여 반항함을 이르는 말.

⑤ 아무리 천하고 고생스럽게 살더라도 죽는 것보다는 사는 것이 나음을 이르는 말.

⑥ 언덕이 있어야 소도 가려운 곳을 비비거나 언덕을 디뎌 볼 수 있다는 뜻으로, 누구나 의지할 곳이 있어야 무슨 일이든 시작하거나 이룰 수가 있음을 이르는 말.

⑦ 든든히 박힌 소의 뿔을 뽑으려면 불로 달구어 놓은 김에 해치워야 한다는 뜻으로, 어떤 일이든지 하려고 생각했으면 한창 열이 올랐을 때 망설이지 말고 곧 행동으로 옮겨야 함을 이르는 말.

★ 싸움

18 고래 싸움에 새우 등 터진다

교과 고래 싸움에 새우 등 터진다더니, 두 대기업의 갈등으로 애꿎은 중소기업들만 피해를 보고 있다. ( )

19 싸움은 말리고 흥정은 붙이랬다

교과 싸움은 말리고 흥정은 붙이랬는데 요즘 우리 사회에는 불의를 외면하고 방관하는 태도가 만연해 있다. ( )

20 아이 싸움이 어른 싸움 된다

교과 싸우는 아이들을 말리다가 아이 싸움이 어른 싸움 되어 도리어 부모들 사이가 안 좋아졌다. ( )

① 대수롭지 않은 일이 점차 큰일로 번짐을 이르는 말.

② 나쁜 일은 말리고 좋은 일은 권해야 함을 이르는 말.

③ 강한 자들끼리 싸우는 통에 아무 상관도 없는 약한 자가 중간에 끼어 피해를 입게 됨을 이르는 말.

300

200

· 뜻풀이로 체크하기 ·

01 ~ 05 다음 빈칸에 알맞은 말을 넣어 뜻풀이에 해당하는 속담을 완성하시오.

01 느릿느릿 걸어도 (   ): 속도는 느리나 오히려 믿음직스럽고 알차다는 말.

02 (   )은 말리고 (   )은 붙이랬다: 나쁜 일은 말리고 좋은 일은 권해야 함을 이르는 말.

03 양반은 (   ) 겻불은 안 쬔다: 아무리 궁하거나 다급한 경우라도 체면을 깎는 짓은 하지 아니한다는 말.

04 쌈짓돈이 (   ): 쌈지에 든 돈이나 주머니에 든 돈이나 다 한가지라는 뜻으로, 그 돈이 그 돈이어서 구별할 필요가 없음을 이르는 말.

05 내 손에 장을 (   ): 손톱에 불을 달아 장을 지지게 되면 그 고통이라는 것은 이루 말할 수 없는 것인데 그런 모진 일을 담보로 하여 자기가 옳다는 것을 장담할 때 하는 말.

06 ~ 10 다음 빈칸에 들어갈 알맞은 말을 〈보기〉에서 찾아 쓰시오.

보기

감기 비난 유지 큰일 사는 죽는

06 아이 싸움이 어른 싸움 된다: 대수롭지 않은 일이 점차 (   )(으)로 번짐을 이르는 말.

07 오뉴월 감기는 개도 아니 걸린다: 여름에 (   ) 앓는 사람을 변변치 못한 사람이라고 놀림조로 이르는 말.

08 개똥밭에 굴러도 이승이 좋다: 아무리 천하고 고생스럽게 살더라도 (   ) 것보다는 (   ) 것이 나음을 이르는 말.

09 삼대 거지 없고 삼대 부자 없다: 많은 재산이 오랫동안 (   )될 수 없으며 가난한 형편 또한 오래가지 않는다는 것을 이르는 말.

10 사람 나고 돈 났지 돈 나고 사람 났나: 아무리 돈이 귀중하다 하여도 사람보다 더 귀중할 수는 없다는 뜻으로, 돈밖에 모르는 사람을 (   )하여 이르는 말.

· 문장으로 체크하기 ·

11 ~ 15 다음 빈칸에 들어갈 알맞은 속담을 〈보기〉에서 찾아 기호를 쓰시오.

보기

㉠ 불난 집에 부채질한다
㉡ 소도 언덕이 있어야 비빈다
㉢ 궁지에 빠진 쥐가 고양이를 문다
㉣ 사흘 굶어 담 아니 넘을 놈 없다
㉤ 버는 자랑 말고 쓰는 자랑 하랬다

11 교과 (   )는데, 일할 여건이 잘 갖추어져 있지 않으면 성과를 내기가 어렵다.

12 교과 (   )고, 연봉이 높은 것을 과시하지 말고 알뜰하게 모아서 훗날에 대비하렴.

13 교과 컴퓨터 오류로 파일이 날아간 것을 보고도 오빠는 숙제를 아직도 못 했냐며 (   ).

14 교과 (   )고, 그가 빵을 훔친 건 잘못이지만 배고픈 자식들을 위해서는 어쩔 수 없었을 거야.

15 교과 (   )는 말이 있듯이, 상대를 마구 몰아세우다가는 오히려 공격을 당할 수 있으니 조심해야 한다.

16 ~ 20 다음 문맥에 알맞은 속담을 고르시오.

16 교과 (쇠뿔도 단김에 빼라 | 오뉴월 감기는 개도 아니 걸린다)고, 기왕 말이 나왔으니 당장 계약서를 작성합시다.

17 교과 지금은 제법 큰 회사를 경영하는 그는 (삼대 거지 없고 삼대 부자 없는 | 서 발 막대 거칠 것 없는) 가난한 집에서 자랐다.

18 교과 (개똥도 약에 쓰려면 없다 | 개똥밭에 굴러도 이승이 좋다)더니, 매일같이 찾아오던 건우가 오늘처럼 바쁜 날은 왜 보이지 않지?

19 교과 전력이 약한 상황에서 우리가 무작정 적진에 쳐들어가는 것은 (불난 집에 부채질하는 | 섶을 지고 불로 들어가려 하는) 것과 같다.

20 교과 강대국들이 일으킨 무역 전쟁으로 애꿎은 주변 국가들이 크게 피해를 보는 상황은 (고래 싸움에 새우 등 터진다 | 아이 싸움이 어른 싸움 된다)는 말을 떠올리게 한다.

▶ 정답과 해설 8쪽

문맥에 맞는 속담 찾기

01 〈보기〉의 빈칸에 들어갈 속담으로 가장 적절한 것은?

보기

대기업 간의 가격 인하 경쟁으로 중소기업들이 어려움을 호소하고 있다. (　　　　　　　　), 대기업과 유사한 제품을 보유한 중소기업의 제품 소비자 가격이 상대적으로 시장에 비싸게 비쳐져 중소기업의 제품이 소비자들의 외면을 받고 있는 것이다.

① 불난 집에 부채질한다고
② 고래 싸움에 새우 등 터진다고
③ 아이 싸움이 어른 싸움 된다고
④ 섶을 쥐고 불로 들어가려 한다고
⑤ 싸움은 말리고 흥정은 붙이랬다고

속담의 유사성 파악하기

02 다음 중 의미가 유사한 속담끼리 묶이지 않은 것은?

① 내 손에 장을 지지겠다 – 내 손톱에 뜸을 떠라
② 불난 집에 부채질한다 – 불난 집에 키 들고 간다
③ 소도 언덕이 있어야 비빈다 – 도깨비도 수풀이 있어야 모인다
④ 개똥도 약에 쓰려면 없다 – 까마귀 똥도 약이라니까 물에 깔긴다
⑤ 사흘 굶어 담 아니 넘을 놈 없다 – 사흘 굶으면 양식 지고 오는 놈 있다

속담의 쓰임 이해하기

03 다음 중 속담의 쓰임이 적절하지 않은 것은?

① '쇠뿔도 단김에 빼라'고 아무리 다급한 경우라도 절차를 어겨서는 안 돼.
② '오뉴월 감기는 개도 아니 걸린다'는데 얼마나 허약한 체질이면 삼복더위에 감기를 앓니?
③ '싸움은 말리고 흥정은 붙이랬다'고 원수로 지내는 두 집안의 화해를 도모해 보면 어떻겠니?
④ '느릿느릿 걸어도 황소걸음'이라고 더디지만 꾸준히 공부하다 보면 원하는 점수를 받게 될 거야.
⑤ '아이 싸움이 어른 싸움 된다'고 아이들이 조금 다투었다고 해서 어른들이 끼어드는 것은 좋지 않다.

속담에 어울리는 상황 파악하기

04 제시된 인물의 상황이 〈보기〉의 속담과 어울리지 않는 것은?

보기

ⓐ 쌈짓돈이 주머닛돈
ⓑ 서 발 막대 거칠 것 없다
ⓒ 삼대 거지 없고 삼대 부자 없다
ⓓ 버는 자랑 말고 쓰는 자랑 하랬다
ⓔ 사람 나고 돈 났지 돈 나고 사람 났나

① ⓐ: 푼돈을 아껴 모아 매년 해외여행을 즐기는 누나
② ⓑ: 가난하여 살림살이를 아무것도 장만하지 못한 부부
③ ⓒ: 어려운 집안 살림을 일으키기 위해 밤낮없이 일을 하는 아버지
④ ⓓ: 꾸준히 저축하여 작은 가게를 차릴 수 있을 만큼 목돈을 만든 삼촌
⑤ ⓔ: 넉넉하지 못한 형편에도 더 어려운 이웃을 위해 성금을 쾌척하는 어머니

적절한 속담 활용하기

05 〈보기〉의 ㉠에 대한 평가로 가장 적절한 것은?

보기

상쇠의 가락에 맞춰 모두가 어울려 춤을 추며 마당은 곧 흥에 넘친다. 그러나 ㉠양반과 선비는 부네를 사이에 두고 서로 차지하려고 하여 춤은 두 사람이 부네와 같이 춤추려는 내용으로 이어져 간다. 부네는 요염한 춤을 추며 양반과 선비 사이를 왔다 갔다 하며 두 사람의 심경을 고조한다.

– 작자 미상, 〈하회 별신굿 탈놀이〉

① '소도 언덕이 있어야 비빈다'고, 서로 의지하며 한마음으로 단결하고 있군.
② '개똥밭에 굴러도 이승이 좋다'고 생각하며 삶의 고통을 참고 견디고 있군.
③ '궁지에 빠진 쥐가 고양이를 문다'고, 사그라드는 흥을 북돋기 위해 애쓰고 있군.
④ '양반은 얼어 죽어도 겻불은 안 쬔다'고 하는데, 양반 체면 깎이는 짓을 아무렇지도 않게 하는군.
⑤ '느릿느릿 걸어도 황소걸음'이라고, 하는 행동은 느리지만 어느 틈에 자신들의 목적을 이루고 있군.

필수 어휘_ 고전 문학

※ 어휘의 사전적 의미에 해당하는 예문을 찾아 번호를 쓰고 빈칸을 채워 보세요.

01 **추레하다**	형 겉모양이 깨끗하지 못하고 생기가 없다.	( )
02 **추상같다** 가을 秋 | 서리 霜 --	형 호령 따위가 위엄이 있고 서슬이 푸르다.	( )
03 **추호** 가을 秋 | 가는 털 毫	명 매우 적거나 조금인 것을 비유적으로 이르는 말.	( )
04 **축원하다** 빌 祝 | 바랄 願 --	동 희망하는 대로 이루어지기를 마음속으로 원하다.	( )
05 **칭송하다** 일컬을 稱 | 기릴 頌 --	동 칭찬하여 일컫다.	( )

① 모평 어질고 넓은 상대방의 인품을 ☐☐하고 있다.

② 모평 부인은 ☐☐도 염려치 마소서. 공자의 거처는 소승이 알고 있나이다.

③ 교과 길동이 여러 장수를 호령하여 결박하라 하는 소리 ☐☐같은지라.

④ 학평 세월이 물같이 흘러 삼년지상(三年之喪)이 다 지나매 암까치 더욱 애통하며 지아비 원수 갚기를 주야 ☐☐했다.

⑤ 수능 의상이 남루하고 머리털이 흩어져 귀밑을 덮었으며 검은 때 줄줄이 흘러 두 뺨에 가득하니 그 ☐☐함을 측량치 못하나 그 중에도 은은한 기품이 때 속에 비쳤다.

06 **탄로** 터질 綻 | 이슬 露	명 숨긴 일을 드러냄.	( )
07 **탄복하다** 탄식할 歎 | 입을 服 --	동 매우 감탄하여 마음으로 따르다.	( )
08 **통감하다** 아플 痛 | 느낄 感 --	동 마음에 사무치게 느끼다.	( )
09 **통달하다** 통할 通 | 통할 達 --	(1) 동 말이나 문서로써 기별하여 알리다.	( )
	(2) 동 사물의 이치나 지식, 기술 따위를 훤히 알거나 아주 능란하게 하다.	( )
10 **퇴락하다** 무너질 頹 | 떨어질 落 --	동 낡아서 무너지고 떨어지다.	( )

① 학평 황제가 ☐☐하면서 말하기를, / "이는 천하의 기재로다."

② 모평 우치는 태어난 지 한 달 만에 걷고, 오십 일 만에는 언어를 ☐☐하였다.

③ 교과 임 장군님께서 우리들에게 이번 전쟁에 쓸 공격 전술에 대해 ☐☐하셨습니다.

④ 교과 나라가 위기에 빠졌음을 ☐☐한 임금은 대책을 마련하기 위해 급하게 신하들을 불러 모았다.

⑤ 학평 행랑채가 ☐☐하여 지탱할 수 없게끔 된 것이 세 칸이었다. 나는 마지못하여 이를 모두 수리하였다.

⑥ 모평 어의가 나의 맥을 보았으니 필시 본색이 ☐☐ 날지라 이제는 할 일 없이 되었으니, 여복을 갈아입고 규중에 몸을 숨어 세월을 보냄이 옳다.

11 **평정하다** 평평할 平 | 정할 定 --	동 반란이나 소요를 누르고 평온하게 진정하다.	( )
12 **표하다** 겉 表 --	동 태도나 의견 따위를 나타내다.	( )
13 **풍광** 바람 風 | 빛 光	명 산이나 들, 강, 바다 따위의 자연이나 지역의 모습.	( )
14 **풍상** 바람 風 | 서리 霜	명 많이 겪은 세상의 어려움과 고생을 비유적으로 이르는 말.	( )
15 **필연** 반드시 必 | 그럴 然	부 틀림없이 꼭.	( )

① 모평 참옹고집은 사환들에게 거절의 의사를 ☐하고 있다.

② 수능 자연의 경이로운 ☐☐에 대한 감상을 장황하게 서술하고 있다.

③ 교과 그는 벼슬을 얻어 도둑의 반란을 ☐☐했으나 역적으로 몰려 옥에 갇혔다.

④ 교과 허옇게 센 머리와 깊은 주름살은 그가 얼마나 모진 ☐☐을 겪으며 살아왔는지 보여 준다.

⑤ 모평 꿈에 원수를 모시고 귀신 병졸과 더불어 싸워 이기고 장수를 생포하였나이다. 이 ☐☐ 오랑캐를 멸할 징조로소이다.

16	**핍박하다** 닥칠 逼 | 닥칠 迫 --	동 바싹 죄어서 몹시 괴롭게 굴다.	( )
17	**하릴없다**	형 달리 어떻게 할 도리가 없다.	( )
18	**허다하다** 허락할 許 | 많을 多 --	형 수효가 매우 많다.	( )
19	**험준하다** 험할 險 | 높을 峻 --	형 지세가 험하며 높고 가파르다.	( )
20	**호젓하다**	형 후미져서 무서움을 느낄 만큼 고요하다.	( )

① 학평 번화한 세상은 꿈에도 가지 않으니 / 한가한 맛은 ☐☐한 집에 있다네.

② 수능 봉우리가 높고 ☐☐하거늘 강남홍이 가운데 봉우리에 이르니 한 보살이 눈썹이 푸르며 얼굴이 백옥 같다.

③ 학평 흉노야! 네가 중원을 침범하기도 죽음을 면치 못하거든 감히 천자를 ☐☐하니 하늘이 두렵지 아니하랴?

④ 학평 매를 한 대 때리기도 전에 군사가 자초지종을 낱낱이 고백하니 강문추가 또한 ☐☐없어 죄를 자복하였다.

⑤ 모평 광한전 맡은 일이 직분이 ☐☐하여 오래 비우기 어렵기로 도리어 이별하니 애통하고 딱하나 내 맘대로 못 하니 한탄한들 어이할쏘냐.

21	**홍진** 붉을 紅 | 티끌 塵	명 번거롭고 속된 세상을 비유적으로 이르는 말.	( )
22	**황공하다** 두려워할 惶 | 두려울 恐 --	형 위엄이나 지위 따위에 눌리어 두렵다.	( )
23	**황망하다** 어렴풋할 慌 | 바쁠 忙 --	형 마음이 몹시 급하여 당황하고 허둥지둥하는 면이 있다.	( )
24	**회포** 품을 懷 | 안을 抱	명 마음속에 품은 생각이나 정.	( )
25	**회한** 뉘우칠 悔 | 한할 恨	명 뉘우치고 한탄함.	( )

① 모평 ☐☐에 뭇친 분네 이 내 생애 엇더ᄒᆞ고 / 녯 사ᄅᆞᆷ 풍류ᄅᆞᆯ 미ᄎᆞᆯ가 뭇 미ᄎᆞᆯ가.

② 학평 대구와 설의를 활용하여 덧없이 흘려보낸 시간에 대한 ☐☐을 드러내고 있다.

③ 모평 옥영은 자기를 찾는 사람의 목소리를 듣고는 ☐☐하게 뛰어나와 최척을 보았다.

④ 모평 오래간만에 만난 가족들은 그동안의 ☐☐를 서로 다 이야기하여 풀고 다시 원만한 가정을 이루게 되었다.

⑤ 수능 "너희는 이제 내 나라의 신하라. 내 영을 어찌 어기리오." / 자점이 ☐☐하여 왈, / "분부대로 거행하오리다."

26	**횡행하다** 가로 橫 | 다닐 行 --	동 아무 거리낌 없이 제멋대로 행동하다.	( )
27	**효시** 부르짖을 嚆 | 화살 矢	명 어떤 사물이나 현상이 시작되어 나온 맨 처음을 비유적으로 이르는 말.	( )
28	**후환** 뒤 後 | 근심 患	명 어떤 일로 말미암아 뒷날 생기는 걱정과 근심.	( )
29	**흠모** 공경할 欽 | 사모할 慕	명 기쁜 마음으로 공경하며 사모함.	( )
30	**힐난하다** 꾸짖을 詰 | 어려울 難 --	동 트집을 잡아 거북할 만큼 따지고 들다.	( )

① 학평 대상에게 ☐☐의 정을 느끼는 화자가 부재하는 대상을 그리워하는 태도를 보이고 있다.

② 교과 조웅의 부친을 죽게 한 두병은 ☐☐이 두려워 천자의 사랑을 받고 있는 조웅을 죽이려고 한다.

③ 학평 도적이 금산성으로 쳐들어와 군사를 다 죽이고 중군장을 찾아 ☐☐하니, 원수께서는 급히 와 구원하소서.

④ 모평 <만분가>는 유배를 간 작가가 천상의 옥황에게 호소하는 형식으로 연군(戀君)의 마음을 표현한 유배 가사의 ☐☐이다.

⑤ 모평 날 살려 두고는 못 가시리다 / 이리 한참 ☐☐하다 할 수 없이 도련님이 떠나실 때 / 방자 놈 분부하여 나귀 안장 고이 지으니

·뜻풀이로 체크하기·

01 ~ 06 **다음 빈칸에 들어갈 알맞은 말을 쓰시오.**

01 하릴없다: 달리 어떻게 할 ☐☐가 없다.

02 힐난하다: ☐☐을 잡아 거북할 만큼 따지고 들다.

03 호젓하다: 후미져서 무서움을 느낄 만큼 ☐☐하다.

04 추레하다: ☐☐☐이 깨끗하지 못하고 생기가 없다.

05 홍진: 번거롭고 속된 ☐☐을 비유적으로 이르는 말.

06 황망하다: 마음이 몹시 급하여 ☐☐하고 허둥지둥 하는 면이 있다.

07 ~ 12 **다음 밑줄 친 어휘의 뜻풀이로 알맞은 것을 〈보기〉에서 찾아 기호를 쓰시오.**

보기
㉠ 수효가 매우 많다.
㉡ 마음에 사무치게 느끼다.
㉢ 마음속에 품은 생각이나 정.
㉣ 바싹 죄어서 몹시 괴롭게 굶.
㉤ 태도나 의견 따위를 나타내다.
㉥ 기쁜 마음으로 공경하며 사모함.

07 교과 옛날에는 관리들의 부정부패로 백성들이 굶어 죽는 일이 허다했다. ( )

08 모평 폐하께서 정한담에게 핍박을 당하리라곤 꿈에도 생각지 못했습니다. ( )

09 모평 그때 '내가 실력이 없구나' 하고 통감하면서 인문 고전 독서에 더욱 목숨을 걸고 몰입하였다. ( )

10 학평 가지 마시오. 못 가오. 기약 없이 못 가나니, 만정의 회포 풀지 못하고 간다는 말이 웬 말이오? ( )

11 교과 그는 옛사람의 기이한 절개나 위대한 자취를 흠모하여, 강개(慷慨)한 마음으로 흥분하곤 하였다. ( )

12 모평 시선은 관심을 표하는 것이기도 하지만, 가치 평가의 의미를 띨 경우 상대방에게 부담감을 줄 수도 있다. ( )

·문장으로 체크하기·

13 ~ 18 **다음 빈칸에 들어갈 알맞은 어휘에 ✓표 하시오.**

13 교과 하시는 일이 모두 잘되시기를 진심으로 ☐☐합니다. □축원 □통감

14 학평 모로코 여행 직후에 그려진 이 그림은 모로코의 ☐☐을 사실적으로 그려 냈다. □풍광 □풍상

15 교과 주몽은 사람이 낳은 자식이 아니니 일찍이 없애지 않으면 ☐☐이 있을 것입니다. □횡행 □후환

16 수능 우리 수궁이 ☐☐하여 새로 다시 지은 후에 천여 개 기와를 내 손으로 이어 갔다. □통달 □퇴락

17 교과 이혈룡은 죽은 김진희의 가족을 위로하고 인정을 베풀어 백성들의 ☐☐을 받는다. □칭송 □핍박

18 모평 나는 태어나면서부터 간신의 박해를 받아 고생했고, 그 간신이 일으킨 반란을 ☐☐해서 영웅이 되었지. □평정 □흠모

19 ~ 24 **다음 빈칸에 들어갈 알맞은 어휘를 〈보기〉의 글자를 조합하여 쓰시오.**

보기

공	달	복	상	준	추
탄	통	한	험	황	회

19 학평 호령이 ☐☐같거늘 군졸의 대답 소리 장안이 끓는지라.

20 학평 경상 감사가 왕명을 받고는 ☐☐하고 죄송하여 어쩔 줄을 몰랐다.

21 교과 산천은 ☐☐하고 수목은 빽빽한데, 골짜기 눈 쌓이고 봉우리에 바람 분다.

22 교과 〈백발가〉는 방탕하게 보낸 젊은 시절에 대한 ☐☐와/과 늙음에 대한 탄식을 노래한 가사이다.

23 교과 그가 해마다 어려운 이웃을 돕기 위해 기부금을 낸다는 이야기를 듣고 우리는 모두 ☐☐하였다.

24 학평 세종은 즉위 초부터 수시력에 대한 이해를 높이려고 애썼고 마침내 수시력에 ☐☐했다고 자부했다.

▶ 정답과 해설 9쪽

어휘의 쓰임 이해하기

01 문맥상 밑줄 친 어휘의 쓰임이 적절하지 않은 것은?

① 〈설공찬전〉은 진정한 한글 소설의 효시로 평가되고 있다.
② 달 밝은 밤에 홀로 호젓한 창가에 누우니 외로움이 더하네.
③ 당시엔 뇌물 때문에 일을 그릇되게 처리하는 사례가 험준하였다.
④ 계월이 황공하고 감사해 비답을 받아 보니 내용은 다음과 같았다.
⑤ 대감은 아침에 광억에게 들러 경의를 표하되 마치 아들이 어버이를 섬기는 것과 같이 했다.

한자 성어의 뜻풀이에 맞는 어휘 찾기

02 다음 한자 성어의 뜻풀이에서, ⓐ와 ⓑ에 공통으로 들어갈 어휘로 적절한 것은?

보기

- 모천화일(摹天畫日): 하늘과 해를 묘사한다는 뜻으로, 임금의 공덕을 (ⓐ)하는 말.
- 총명예지(聰明叡智): 총명하고 지혜가 뛰어나다는 뜻으로, 주로 임금의 슬기로움을 (ⓑ)하여 이르는 말.

① 축원(祝願) ② 칭송(稱頌)
③ 탄복(歎服) ④ 통감(痛感)
⑤ 흠모(欽慕)

적절한 어휘로 바꿔 쓰기

03 문맥상 다음 밑줄 친 어휘와 바꿔 쓰기에 적절하지 않은 것은?

① 화욱이 죽자 심 씨는 화춘과 함께 빙선을 핍박한다. → 괴롭힌다
② 장군의 추상같은 목소리에 모두 숨을 죽이며 고개를 숙였다. → 싸늘한
③ 진 소저는 추호도 망설이는 기색이 없이 오 낭중을 향해 혼인을 허락했다. → 조금
④ 김 낭청은 명산에 올라 지성으로 축원하더니 십 삭만에 옥동자를 낳았다. → 빌더니
⑤ 춘향 문전 당도하니, 예 보던 벽오동은 바람을 못 이기어 추레하게 서 있었다. → 초라하게

어휘의 의미와 쓰임 이해하기

04 〈보기〉의 (a)~(e)의 뜻을 지닌 어휘를 활용하여 만든 문장으로 적절하지 않은 것은?

보기

(a) 틀림없이 꼭.
(b) 숨긴 일을 드러냄.
(c) 말이나 문서로써 기별하여 알리다.
(d) 트집을 잡아 거북할 만큼 따지고 들다.
(e) 아무 거리낌 없이 제멋대로 행동하다.

① (a): 상제께서도 삼인이 승천하리라 하셨으니, 이것도 필연 임 낭자와의 인연입니다.
② (b): 죄가 탄로 날 것을 두려워한 세징은 소선을 죽이려 한다.
③ (c): 육군 본부는 각 부대에 훈련 시 질병 예방 수칙을 철저히 지키라고 통달했다.
④ (d): 숙부는 거의 감정적일 만큼 숙모를 힐난하고 들었다.
⑤ (e): 대봉이 중앙의 장수를 베고 좌충우돌 황망하니 군사들 서로 밟혀 죽는 자가 태반이다.

한자 성어와 속담의 뜻풀이에 맞는 어휘 찾기

05 다음 한자 성어와 속담의 뜻풀이에서, ㉠~㉤에 들어갈 말로 적절하지 않은 것은?

보기

- 만단정회(萬端情懷): 온갖 정과 (㉠).
- 양호유환(養虎遺患): 범을 길러서 화근을 남긴다는 뜻으로, 화근이 될 것을 길러서 (㉡)을 당하게 됨을 이르는 말.
- 식혜 먹은 고양이 속: 죄를 짓고 그것이 (㉢) 날까 봐 근심하는 마음을 이르는 말.
- 불난 강변에 덴 소 날뛰듯: 불이 난 강변에 불에 덴 소가 이리 뛰고 저리 뛰며 날뛰듯 한다는 뜻으로, 위급한 경우를 당하여 (㉣) 날뛰는 사람이나 모양을 이르는 말.
- 북엇값 받으려고 왔나: 함경도에서 북어를 싣고 와서 상인에게 넘겨준 사람이 그 대금을 다 받을 때까지 남의 집에서 (㉤) 낮잠만 잤다는 데서, 남의 집에서 낮잠이나 자고 있는 행동을 비꼬는 말.

① ㉠: 회포
② ㉡: 후환
③ ㉢: 회한
④ ㉣: 황망하게
⑤ ㉤: 하릴없이

한자 성어

※ 한자 성어가 사용된 예문을 읽고 해당 뜻풀이를 찾아 번호를 쓰세요.

★ 말

01 **거두절미**
갈 去 | 머리 頭 | 끊을 截 | 꼬리 尾
교과 거두절미하고 내가 찾아온 용건만 간단히 말씀 드리겠습니다. ( )

02 **미사여구**
아름다울 美 | 말씀 辭 | 고울 麗 | 구절 句
교과 자기소개서를 작성할 때에는 본인을 미사여구로 포장하기보다는 진정성을 보여 주는 것이 중요하다. ( )

03 **언어도단**
말씀 言 | 말씀 語 | 길 道 | 끊을 斷
교과 그렇게 게으른 사람이 시험에 합격했다니 언어도단이 아닐 수 없다. ( )

04 **이실직고**
써 以 | 열매 實 | 곧을 直 | 아뢸 告
교과 네가 지은 죄를 이실직고하면 너그럽게 용서해 줄 수도 있다. ( )

05 **중구난방**
무리 衆 | 입 口 | 어려울 難 | 막을 防
교과 마을 어귀에 모인 구경꾼들은 중구난방으로 저마다 이야기를 지껄여 댔다. ( )

06 **촌철살인**
마디 寸 | 쇠 鐵 | 죽일 殺 | 사람 人
교과 그의 만화는 촌철살인의 풍자로 인기를 끌고 있다. ( )

07 **침소봉대**
바늘 針 | 작을 小 | 몽둥이 棒 | 큰 大
교과 별일도 아닌 것을 이렇게 침소봉대로 이야기하다니 과장이 심하군.( )

08 **함구무언**
봉할 緘 | 입 口 | 없을 無 | 말씀 言
모평 이후로 임금은 곤드레만드레 취하여 정사를 폐하게 되었으나, 순은 함구무언한 채 그 앞에서 간언할 줄 몰랐다. ( )

① 사실 그대로 고함.

② 작은 일을 크게 불리어 떠벌림.

③ 입을 다물고 아무 말도 하지 아니함.

④ 아름다운 말로 듣기 좋게 꾸민 글귀.

⑤ 머리와 꼬리를 잘라 버린다는 뜻으로, 어떤 일의 요점만 간단히 말함을 이름.

⑥ 말할 길이 끊어졌다는 뜻으로, 어이가 없어서 말하려 해도 말할 수 없음을 이름.

⑦ 뭇사람의 말을 막기가 어렵다는 뜻으로, 막기 어려울 정도로 여럿이 마구 지껄임을 이름.

⑧ 한 치의 쇠붙이로도 사람을 죽일 수 있다는 뜻으로, 간단한 말로도 남을 감동하게 하거나 남의 약점을 찌를 수 있음을 이름.

★ 혼란한 세태

09 **난신적자**
어지러울 亂 | 신하 臣 | 도둑 賊 | 아들 子
교과 임금의 주변에 난신적자가 많아 백성들이 극심한 고통에 시달리고 있다. ( )

10 **혹세무민**
미혹할 惑 | 세대 世 | 속일 誣 | 백성 民
교과 경찰은 사이비 종교의 교주를 혹세무민의 죄명으로 잡아들였다. ( )

① 나라를 어지럽히는 불충한 무리.

② 세상을 어지럽히고 백성을 미혹하게 하여 속임.

★ 일관성이 있거나 없음

11 일구이언
하나 一 | 입 口 | 두 二 | 말씀 言

교과 그는 일구이언을 밥 먹듯 하여 아무도 그를 믿지 않게 되었다. ( )

12 조변석개
아침 朝 | 변할 變 | 저녁 夕 | 고칠 改

교과 전날 결정한 일을 다음 날 뒤집기 일쑤인 직장 상사의 조변석개 때문에 부하 직원들이 고생하였다. ( )

13 시종일관
비로소 始 | 마칠 終 | 하나 一 | 꿸 貫

학평 지난 2월 그의 작업실에서 진행된 인터뷰는 시종일관 화기애애했다. ( )

14 초지일관
처음 初 | 뜻 志 | 하나 一 | 꿸 貫

교과 그녀는 초지일관의 자세로 자신의 신념을 지키기 위해 노력하였다. ( )

① 처음에 세운 뜻을 끝까지 밀고 나감.

② 일 따위를 처음부터 끝까지 한결같이 함.

③ 한 입으로 두말을 한다는 뜻으로, 한 가지 일에 대하여 말을 이랬다저랬다 함을 이름.

④ 아침저녁으로 뜯어고친다는 뜻으로, 계획이나 결정 따위를 일관성이 없이 자주 고침을 이름.

★ 관계, 입장

15 순망치한
입술 脣 | 망할 亡 | 이 齒 | 찰 寒

교과 우리와 순망치한의 관계인 옆 가게가 망해서 우리도 걱정이 크다. ( )

16 본말전도
근본 本 | 끝 末 | 엎드러질 顚 | 넘어질 倒

교과 생태 도시를 만들겠다면서 온갖 공사로 환경 파괴를 일삼는 것은 본말전도의 처사이다. ( )

17 주객전도
주인 主 | 손님 客 | 엎드러질 顚 | 넘어질 倒

교과 건강을 위해 살을 빼기 시작했는데 이제 건강을 해치면서까지 다이어트를 하는 주객전도가 일어났다. ( )

① 사물이나 일의 순서나 위치 또는 이치가 거꾸로 됨.

② 주인과 손의 위치가 서로 뒤바뀐다는 뜻으로, 사물의 경중·선후·완급 따위가 서로 뒤바뀜을 이름.

③ 입술이 없으면 이가 시리다는 뜻으로, 서로 이해관계가 밀접한 사이에 어느 한쪽이 망하면 다른 한쪽도 그 영향을 받아 온전하기 어려움을 이름.

★ 뛰어난 능력, 인재

18 낭중지추
주머니 囊 | 가운데 中 | 갈 之 | 송곳 錐

교과 낭중지추라고, 그 배우는 단역으로 출연했는데도 연기력이 돋보여 눈에 띈다. ( )

19 신언서판
몸 身 | 말씀 言 | 글 書 | 판가름할 判

교과 주변 사람들은 그가 신언서판을 두루 갖춘 훌륭한 인물이라고 입을 모았다. ( )

20 철중쟁쟁
쇠 鐵 | 가운데 中 | 쇳소리 錚 | 쇳소리 錚

교과 그 연주자는 실력이 뛰어나 악단 내에서도 철중쟁쟁이라 할 만한 사람이다. ( )

① 주머니 속의 송곳이라는 뜻으로, 재능이 뛰어난 사람은 숨어 있어도 저절로 사람들에게 알려짐을 이름.

② 여러 쇠붙이 가운데서도 유난히 맑게 쟁그랑거리는 소리가 난다는 뜻으로, 같은 무리 가운데서도 가장 뛰어남. 또는 그런 사람을 이름.

③ 예전에, 인물을 선택하는 데 표준으로 삼던 조건. 곧 신수, 말씨, 문필, 판단력의 네 가지를 이름.

· 뜻풀이로 체크하기 ·

01 ~ 05 다음 뜻풀이에 해당하는 한자 성어를 쓰시오.

01 입을 다물고 아무 말도 하지 아니함. □□□□

02 처음에 세운 뜻을 끝까지 밀고 나감. □□□□

03 사물이나 일의 순서나 위치 또는 이치가 거꾸로 됨. □□□□

04 한 입으로 두말을 한다는 뜻으로, 한 가지 일에 대하여 말을 이랬다저랬다 함을 이름. □□□□

05 여러 쇠붙이 가운데서도 유난히 맑게 쟁그랑거리는 소리가 난다는 뜻으로, 같은 무리 가운데서도 가장 뛰어남. 또는 그런 사람을 이름. □□□□

06 ~ 10 다음 빈칸에 들어갈 알맞은 말을 〈보기〉에서 찾아 쓰시오.

보기

글귀 불충 온전
요점 시리다 어렵다

06 난신적자: 나라를 어지럽히는 (   )한 무리.

07 미사여구: 아름다운 말로 듣기 좋게 꾸민 (   ).

08 거두절미: 머리와 꼬리를 잘라 버린다는 뜻으로, 어떤 일의 (   )만 간단히 말함을 이름.

09 중구난방: 뭇사람의 말을 막기가 (   )는 뜻으로, 막기 어려울 정도로 여럿이 마구 지껄임을 이름.

10 순망치한: 입술이 없으면 이가 (   )는 뜻으로, 서로 이해관계가 밀접한 사이에 어느 한쪽이 망하면 다른 한쪽도 그 영향을 받아 (   )하기 어려움을 이름.

· 문장으로 체크하기 ·

11 ~ 13 다음 대화 내용과 의미가 통하는 한자 성어를 〈보기〉에서 찾아 쓰시오.

보기

언어도단 조변석개 촌철살인

11 하준: 이 신문에 실린 칼럼 봤어?
유림: 그래. 짧은 글 속에서 정부의 경제 정책을 날카롭게 비판했더군. □□□□

12 소라: 이번 시험은 서술형 비중이 70%라며?
은주: 지난 시험에서는 40%였는데, 도대체 시험 기준이 왜 이렇게 자주 바뀌는 거야? □□□□

13 수호: 대학생인 형은 아르바이트를 해서 용돈을 많이 번다며? 부럽다.
우진: 그러면 뭐해? 어디다 돈을 쓰는지 같이 간식 사 먹을 때 돈 없다고 나더러 사 달래. 어이가 없어서 말이 안 나와. □□□□

14 ~ 18 다음 빈칸에 들어갈 알맞은 한자 성어를 〈보기〉에서 찾아 쓰시오.

보기

낭중지추 이실직고
주객전도 침소봉대 혹세무민

14 교과 그동안 어디 가서 무엇을 했는지 나에게 자세하게 □□□□해라.

15 교과 □□□□하는 반란군을 토벌하기 위해 정부에서는 군대를 파견하였다.

16 교과 밤늦게까지 공부하느라 학교 수업 시간에 졸다니, □□□□(이)라는 말이 딱 어울린다.

17 교과 그는 자신이 겪은 사소한 일을 마치 대단한 모험처럼 □□□□하여 사람들에게 전했다.

18 교과 짧은 출전 시간에도 팀의 승리에 결정적인 역할을 한 그의 기량은 □□□□(이)라 할 만하다.

▶ 정답과 해설 10쪽

한자 성어의 의미 이해하기

01 〈보기〉의 빈칸에 들어갈 한자 성어로 적절한 것은?

보기

'말'과 관련된 한자 성어는 형태는 유사하지만 남고 있는 의미는 사뭇 다르다. '일구이언(一口二言)'은 한 입으로 두말을 한다는 뜻이고, '유구무언(有口無言)'은 입은 있어도 말은 없다는 뜻이다. 또 '(　　　　　)'은 입을 다물고 아무 말도 하지 않는다는 뜻이다.

① 감언이설(甘言利說) ② 어불성설(語不成說)
③ 언어도단(言語道斷) ④ 언중유골(言中有骨)
⑤ 함구무언(緘口無言)

한자 성어의 의미 이해하기

02 다음 중 한자 성어의 의미가 적절하지 않은 것은?

① 침소봉대(針小棒大) : 작은 일을 크게 과장하여 말함.
② 난신적자(亂臣賊子) : 나라를 어지럽히는 불충한 무리.
③ 중구난방(衆口難防) : 여럿이 재치 있는 의견을 제시함.
④ 초지일관(初志一貫) : 처음에 세운 뜻을 끝까지 밀고 나감.
⑤ 미사여구(美辭麗句) : 한껏 장식하여 꾸며 낸 그럴듯한 말이나 글.

문맥에 맞는 한자 성어 찾기

03 문맥상 알맞은 한자 성어에 ○표 한 것으로 적절하지 않은 것은?

① 그는 틈만 나면 [자화자찬(自畵自讚) | 언어도단(言語道斷)]을 늘어놓는다.
② 시간 없으니 [거두절미(去頭截尾) | 언행일치(言行一致)] 하고 용건만 얘기합시다.
③ 민수는 이번 시험에 꼭 합격하겠다고 [호언장담(豪言壯談) | 이실직고(以實直告)]하였다.
④ 지혜는 엉뚱한 말로 [동문서답(東問西答) | 촌철살인(寸鐵殺人)]하면서 계속 딴청을 피웠다.
⑤ 그녀는 그가 일을 마치고 돌아갈 때까지 [시종일관(始終一貫) | 중구난방(衆口難防)] 행동을 같이하였다.

유래에 맞는 한자 성어 찾기

04 〈보기〉의 이야기에서 유래된 한자 성어는?

보기

신나라 헌공이 우나라에 사신을 보내, 괵나라를 치려고 하니 길을 빌려 달라고 했다. 우나라 군주가 응하려 하자 궁지기라는 신하가 다음과 같이 말하며 반대를 하였다.

"옛말에 '입술이 없어지면 이가 시리다'고 하였는데 이는 괵나라와 우리나라를 가리키는 말입니다. 괵나라가 없어지고 나면 다음 화살은 우리를 향하게 될 것입니다."

① 순망치한(脣亡齒寒) ② 일구이언(一口二言)
③ 조변석개(朝變夕改) ④ 주객전도(主客顚倒)
⑤ 철중쟁쟁(鐵中錚錚)

한자 성어의 의미 이해하기

05 〈보기〉의 빈칸에 들어갈 한자 성어로 적절한 것은?

보기

중국 명나라 말기에 유약우(劉若愚)가 쓴 〈작중지(酌中志)〉라는 책에는 명나라가 불교를 배척하는 이유가 소개되어 있다. 당대의 불교 승려들이 경전을 제대로 공부하지도 않으면서 현혹하는 말로 백성과 세상을 어지럽힌다는 것이다. 여기서 유래하여 '(　　　　　)'은/는 세상을 어지럽히고 백성을 미혹하게 하여 속인다는 의미로 쓰인다.

① 낭중지추(囊中之錐) ② 본말전도(本末顚倒)
③ 신언서판(身言書判) ④ 조변석개(朝變夕改)
⑤ 혹세무민(惑世誣民)

한자 성어의 의미 이해하기

06 다음 중 내포적 의미가 '인재(人才)'와 거리가 먼 것은?

① 군계일학(群鷄一鶴) ② 낭중지추(囊中之錐)
③ 동량지재(棟梁之材) ④ 백면서생(白面書生)
⑤ 철중쟁쟁(鐵中錚錚)

개념어_운문 문학

※ 개념어가 사용된 예문을 읽고 해당 의미를 찾아 번호를 쓰세요.

★ 표현 – 비유, 상징

개념어	예문	번호
01 원관념과 보조 관념	학평 '셀로판지'는 물질문명과 관련된 소재로, 구름을 표현하는 보조 관념으로 쓰여 비유의 아름다움을 실현하고 있군.	( )
02 직유법	학평 [A]와 달리 [B]는 직유법을 사용하여 대상의 속성을 드러내고 있다.	( )
03 은유법	교과 은유적 표현을 통해 나라의 구성원들이 각자 본분을 다하면 나라가 편안해진다는 교훈적 내용을 효과적으로 전달하고 있다.	( )
04 의인법	수능 (가)의 '매화'와 (나)의 '혜란'은 모두 화자와 동일시되는 자연물을 의인화하여 나타낸 것이다.	( )
05 대유법	교과 이 시에는 '한라에서 백두'라는 일부 공간을 통해 우리 국토 전체를 나타내는 대유적 표현이 사용되었다.	( )
06 의성법과 의태법	모평 의성어와 의태어를 사용하여 생동감을 높이고 있다.	( )
07 상징	모평 (가)의 '창'은 화자와 '하늘'을 잇는 매개체로서 이상 세계의 완전함을, (나)의 '영창'은 화자의 내면과 외부 세계를 잇는 매개체로서 화자의 만족감을 상징하는군.	( )

① 사람이 아닌 대상에 인격을 부여하여 사람처럼 표현하는 방법.

② '~처럼', '~같이', '~듯이', '~인 듯', '~인 양'과 같은 연결어로 원관념을 보조 관념에 직접 연결하여 비유하는 방법.

③ 연결어 없이 원관념을 보조 관념에 은근히 빗대어 표현하는 방법. 주로 'A(원관념)는 B(보조 관념)이다'의 형태로 표현됨.

④ 사람이나 사물의 소리를 흉내 낸 의성어로 표현하는 방법과 사람이나 사물의 모양이나 동작을 흉내 낸 의태어로 표현하는 방법.

⑤ 표현하고자 하는 실제 대상과 그 대상의 뜻이나 분위기가 잘 드러나도록 도와주는 대상. 둘 사이에 유사성이 있어야 비유가 성립함.

⑥ 어떤 사물의 부분으로 전체를 나타내거나, 사물의 속성이나 특징으로 그 사물 자체를 나타내는 표현 방법. 전자를 제유법, 후자를 환유법이라고 함.

⑦ 추상적 관념이나 의미를 구체적 사물로 나타내는 방법. 원관념을 드러내지 않고 보조 관념만으로 의미를 표현하며, 원관념이 드러나지 않아 의미가 여러 가지로 해석될 수 있음.

★ 표현 – 변화 주기

개념어	예문	번호
08 도치법	모평 (가)와 (나)는 도치된 표현을 활용하여 화자가 처한 부정적 현실에 대한 극복 의지를 강조하고 있다.	( )
09 설의법	수능 전원생활의 여유를 즐기면서도 생업의 현장에서 느끼는 고단함을 '생리라 괴로오랴'와 같은 설의적인 표현으로 드러냈군.	( )
10 대구법	학평 (나)는 (가)와 달리 대구적 표현을 사용하여 시적 운율감을 형성하고 있다.	( )
11 반어법	모평 반어적 표현을 활용하여 대상의 이중성을 부각하고 있다.	( )
12 역설법	학평 역설적 표현을 통해 이상향에 대한 의지를 드러내고 있다.	( )

① 같거나 비슷한 구조의 문장을 나란히 배열하는 방법.

② 말하고자 하는 의도나 감정을 반대로 표현하는 방법.

③ 문장 속 말의 차례를 바꾸어 변화를 주는 표현 방법.

④ 논리적으로 이치에 맞지 않는 모순된 말 속에 진리를 담아 표현하는 방법.

⑤ 누구나 알고 있거나 결론이 분명한 내용을 의문문 형식으로 표현하는 방법. 궁금해서 묻는 것이 아니라 독자 스스로 생각해 보거나 판단하게 하여 의미를 강조하려는 것임.

★ 표현 – 강조하기

13 **반복법**	수능 유사한 시구를 반복함으로써 화자의 의지를 강조하고 있다.	( )	① 같거나 비슷한 단어, 구절, 문장 등을 반복하는 표현 방법.
14 **열거법**	수능 인물의 행동을 시간의 흐름에 따라 열거하여 상황을 구체적으로 보여 주고 있다.	( )	② 문장의 뜻을 점점 강하게, 크게, 정도가 높아지게 표현하는 방법.
15 **비교법**	모평 자신의 삶을 옛사람과 비교하며 스스로를 풍월 주인이라 여기는 데에서 화자의 자부심이 드러나는군.	( )	③ 의미나 기능이 비슷한 계열의 단어나 구절을 나열하는 표현 방법.
16 **과장법**	학평 과장된 상황을 설정하여 화자의 절실한 감정을 드러내고 있다.	( )	④ 감탄사나 감탄형 어미 등을 사용하여 고조된 감정을 표현하는 방법.
17 **점층법**	모평 점층적인 표현으로 대상과의 거리감을 강조하고 있다.	( )	⑤ 대상을 실제보다 매우 크거나 작게, 혹은 많거나 적게 표현하는 방법.
18 **영탄법**	학평 영탄적 표현을 활용하여 화자의 간절한 소망을 드러내고 있다.	( )	⑥ 앞 구절의 끝 부분을 다음 구절의 시작에서 되풀이하여 의미를 강조하는 표현 방법.
19 **연쇄법**	모평 '무쇠로 성을 쌓고 성 안에 담 쌓고' 등에서 구절들이 연쇄적으로 이어진 것을 알 수 있다.	( )	⑦ 공통점이 있는 둘 이상의 사물이나 내용을 견주어 어느 한쪽을 강조하는 표현 방법.

★ 고전 시가

20 **고대 가요**	교과 고대 가요는 집단적이고 서사적인 원시 종합 예술에서 출발하여 개인적이고 서정적인 내용의 시가로 변모하였다.	( )
21 **향가**	교과 향가는 국문학사상 최초의 정형화된 서정시로 분류된다는 점에서 중요한 의의를 갖는다.	( )
22 **고려 가요**	교과 이 작품은 우리 민족의 전통적 정서인 이별의 정한을 드러내고 있는 고려 가요이다.	( )
23 **시조**	교과 조선 시대 사대부들의 시조에는 자연이 자주 등장하는데, 작품 속 자연에 대한 인식이 같지는 않다.	( )
24 **가사**	학평 가사 문학은 조선 전기 사대부들이 지녔던 삶의 양식이나 그들의 사유 체계를 잘 담고 있다.	( )

① 고려의 평민층이 즐겨 부르던 민요적 시가. 3음보의 율격이 많고 독특한 후렴구가 발달함.

② 향가가 나타나기 전까지의 시가. 배경 설화와 함께 구전되다가, 후대에 한문으로 번역됨.

③ 한자의 음과 뜻을 빌려 우리말 어순대로 적는 향찰로 표기한 신라의 노래. 4구체, 8구체, 10구체의 형식이 있음.

④ 고려 말에 발생하여 조선 후기까지 창작된, 운문과 산문의 중간 형태의 노래. 주로 4음보의 율격이 나타나며, 행수에 제한이 없는 3(4)·4조의 연속체 형식임.

⑤ 고려 중기에 발생하여 현재까지 창작되고 있는 우리 고유의 정형시. 3장 6구 45자 내외로 구성된 평시조가 기본형이며, 3·4조 또는 4·4조의 음수율과 4음보 율격이 드러남. 조선 후기에는 평시조보다 두 구절 이상 길어진 사설시조가 등장함.

·개념으로 체크하기·

01 ~ 04 다음 빈칸에 들어갈 알맞은 말을 쓰시오.

01 비유가 성립하기 위해서는 원관념과 보조 관념 사이에 (　　　　　　)이 있어야 한다.

02 (　　　　　　)는 배경 설화 속에 삽입되어 구전되다가, 후대에 한문으로 번역되었다.

03 의인법은 사람이 아닌 대상에 (　　　　　　)을 부여하여 사람처럼 나타내는 표현 방법이다.

04 '삼백예순 날 하냥 섭섭해 우옵내다.'에는 대상을 실제보다 매우 크게 표현하는 (　　　　　　)이 쓰였다.

05 ~ 08 다음 시구의 밑줄 친 부분에 쓰인 표현 방법을 〈보기〉에서 찾아 쓰시오.

> 보기
> 대유법　　은유법　　의성법　　직유법

05 교과 어미를 여읜 송아지는 움매- 움매- 울었다. (　　　)

06 교과 님이여, 당신은 백 번이나 단련한 금결입니다. (　　　)

07 교과 쥐죽은 듯한 깊은 밤은 사나이의 통곡장이외다. (　　　)

08 교과 아아 왼갖 윤리, 도덕, 법률은 칼과 황금을 제사 지내는 연기인 줄을 알었습니다. (　　　)

09 ~ 12 다음 시구에 쓰인 표현 방법을 〈보기〉에서 찾아 쓰시오.

> 보기
> 설의법　　역설법　　열거법　　영탄법

09 학평 고기도 낯이 익어 놀랄 줄 모르니 / 차마 어찌 낚겠는가. (　　　)

10 모평 고운 폐혈관이 찢어진 채로 / 아아, 늬는 산새처럼 날아갔구나! (　　　)

11 학평 별 하나에 쓸쓸함과 / 별 하나에 동경과 / 별 하나에 시와 / 별 하나에 어머니, 어머니. (　　　)

12 학평 이 작은 주머니는 짓기 싫어서 짓지 못하는 것이 아니라 짓고 싶어서 다 짓지 않는 것입니다. (　　　)

·작품으로 체크하기·

13 ~ 20 (가)~(다)에 대한 설명으로 적절하면 ○에, 적절하지 않으면 ×에 표시하시오.

[가] 모평 가시리 가시리잇고 나는
버리고 가시리잇고 나는
위 증즐가 대평성대(大平盛代)

날러는 어찌 살라 하고
버리고 가시리잇고 나는
위 증즐가 대평성대(大平盛代)

– 작자 미상, 〈가시리〉

[나] 모평 고인도 날 못 보고 나도 고인을 보지 못하네
고인을 보지 못해도 가던 길 앞에 있네
가던 길 앞에 있거든 아니 가고 어찌할까

– 이황, 〈도산십이곡〉 제9수

[다] 학평 귀또리 저 귀또리 어엿부다 저 귀또리
어인 귀또리 지는 달 새는 밤에 긴 소리 짧은 소리 절절(節節)이 슬픈 소리 제 혼자 울어 예어 사창(紗窓) 여윈 잠을 살뜰히도 깨우는고야
두어라 제 비록 미물(微物)이나 무인 동방(無人洞房)의 내 뜻 알 이는 너뿐인가 하노라

– 작자 미상

13 (가)는 주로 승려나 화랑이 지어 부른 신라 시대의 노래이다. (○, ×)

14 (가)에는 4음보 율격이 드러나고, (나)에는 3음보 율격이 드러난다. (○, ×)

15 (가)는 주제와 내용상 관련 없는 후렴구를 넣어 음악적 효과를 높이고 있다. (○, ×)

16 (나)의 초장에는 대구법이 사용되었다. (○, ×)

17 (나)는 연쇄법을 사용하여 의미를 강조하고 있다. (○, ×)

18 (다)는 고려 말부터 조선 후기까지 창작된, 운문과 산문의 중간 형태의 노래이다. (○, ×)

19 (다)에서 형식적 제약이 가장 엄격한 부분은 종장의 첫 음보인 '두어라'이다. (○, ×)

20 (다)에서 화자는 계속 울어 깊은 잠에 들지 못하게 하는 원망스러운 존재인 '귀또리'가, 얕은 잠을 '살뜰히도' 깨운다고 반어적으로 표현하고 있다. (○, ×)

▶ 정답과 해설 11쪽

01 ~ 03 다음 글을 읽고 물음에 답하시오.

[가] 어와 성은(聖恩)이야 망극(罔極)할사 성은(聖恩)이다.
강호(江湖) 안로(安老)도 분(分) 밧긔 일이어든
하물며 두 아들 정성을 다해 봉양함은 또 어인가 하노라.
〈제2수〉

– 나위소, 〈강호구가(江湖九歌)〉

[나] 구름 빛이 좋다 하나 검기를 자로 한다.
바람 소리 맑다 하나 그칠 적이 하노매라.
좋고도 그칠 뉘 없기는 물뿐인가 하노라. 〈제2수〉

꽃은 무슨 일로 피면서 쉬이 지고
풀은 어이하여 푸르는 듯 누르나니
아마도 변치 아닐손 바위뿐인가 하노라. 〈제3수〉

– 윤선도, 〈오우가(五友歌)〉

시상 전개와 표현 이해하기

01 (가)에 대한 설명으로 가장 적절한 것은?

① 과거와 미래를 대비하여 주제를 부각한다.
② 풍유법을 사용하여 시적 의미를 강조한다.
③ 반어적 표현을 통해 시적 긴장감을 조성한다.
④ 영탄적 어조를 활용해 화자의 정서를 표현한다.
⑤ 근경에서 원경으로 시선을 이동하며 시상을 전개한다.

시의 표현상 특징 파악하기

02 (나)의 표현상 특징으로 가장 적절한 것은?

① 청각적 심상을 통해 계절감을 드러내고 있다.
② 점층적 표현을 통해 시적 의미를 강조하고 있다.
③ 색채어를 사용해 대상을 감각적으로 드러내고 있다.
④ 역설적 표현을 통해 심리 변화의 양상을 나타내고 있다.
⑤ 대상을 실제보다 부풀려 나타내어 장점을 부각하고 있다.

시상 전개 방식 이해하기

03 (나)의 〈제3수〉의 시상 전개에 대한 설명으로 가장 적절한 것은?

① 화자의 시선이 내면에서 외부로 이동하고 있다.
② 언어유희를 통해 긴장된 분위기를 해소하고 있다.
③ 인위적인 존재와 자연적인 존재를 비교하고 있다.
④ 대조의 방식을 활용하여 중심 소재를 예찬하고 있다.
⑤ 명령적 어조로 대상에 대해 점차 고조되는 감정을 표출하고 있다.

04 ~ 05 다음 글을 읽고 물음에 답하시오.

소 한 번 주마 하고 엉성하게 하는 말씀
친절하다 여긴 집에
㉠달 없는 황혼에 허위허위 달려가서
굳게 닫은 문 밖에 우두커니 혼자 서서
큰 기침 에헴이를 오래토록 하온 후에
어와 그 뉘신고 염치 없는 내옵노라 〈중략〉
누추한 집에 들어간들 잠이 와서 누웠으랴
북창에 기대 앉아 새벽을 기다리니
무정한 오디새는 이 내 한을 돕는구나
㉡아침이 끝나도록 슬퍼하며 먼 들을 바라보니
즐거운 농가(農歌)도 흥 없이 들리는구나
세상 인정 모른 한숨은 그칠 줄을 모르는구나
㉢아까운 저 쟁기*는 볏보님도 좋을시고* 〈중략〉
저 물가를 바라보니 푸른 대나무가 많기도 많구나
㉣교양 있는 선비들아 낚싯대 하나 빌려다오
갈대꽃 깊은 곳에 명월청풍(明月淸風) 벗이 되어
임자 없는 ㉤풍월강산(風月江山)에 절로절로 늙으리라

– 박인로, 〈누항사(陋巷詞)〉

* 쟁기: 말이나 소에 끌려 논밭을 가는 농기구.
* 볏보님도 좋을시고: 쟁기 날이 잘 관리된 상태라는 의미로 추정됨.

화자의 정서와 태도 이해하기

04 이 글에 대한 설명으로 가장 적절한 것은?

① 특정한 경험을 바탕으로 자신의 삶을 반성하고 있다.
② 문답의 방식을 통해 구체적인 시대상을 드러내고 있다.
③ 감정의 절제를 통해 사건을 객관적으로 전달하고 있다.
④ 공간 이동을 통해 대상에 대한 그리움을 표현하고 있다.
⑤ 가난 속에서도 이상적 삶을 추구하려는 자세를 드러내고 있다.

시어 및 시구의 의미 이해하기

05 ㉠~㉤에 대한 설명으로 적절하지 않은 것은?

① ㉠: 소를 빌리려는 화자의 다급한 마음이 드러난다.
② ㉡: 처량한 모습에서 화자의 암담한 심정이 드러난다.
③ ㉢: 현실의 시름을 잊으려는 심리가 대상에 투영되어 드러난다.
④ ㉣: 자연과 함께 한가롭게 살고자 하는 의도가 드러난다.
⑤ ㉤: 화자가 안빈일념(安貧一念)의 소망을 다짐하는 공간이다.

학평

01 ㉠~㉤의 사전적 의미로 적절하지 않은 것은?

보기

- 순자의 수양론에는 인간이 이상적 상태에 이르기 위해 어떤 노력을 ㉠경주(傾注)해야 하는지가 제시되어 있다.
- 심(心)은 불안정하여 외부 사물에 방해를 받아서 ㉡편견(偏見)에 빠지기 쉽다.
- 심(心)이 일의 상태에 이르게 되면, 여러 가지 사물을 서로 ㉢혼동(混同)하지 않고 도에 집중하게 된다.
- 심(心)은 편견을 극복하고 도를 ㉣인식(認識)하여 사태를 올바르게 판단하는 상태에 이를 수 있다.
- 순자는 끊임없이 수양에 ㉤정진(精進)할 때 성인이 될 수 있다고 보았다.

① ㉠: 힘이나 정신을 한곳에만 기울임.
② ㉡: 공정하지 못하고 한쪽으로 치우친 생각.
③ ㉢: 구별하지 못하고 뒤섞어서 생각함.
④ ㉣: 사물을 분별하고 판단하여 앎.
⑤ ㉤: 여럿 가운데서 앞서 나아감.

모평

02 ㉠~㉤을 사용하여 만든 문장으로 적절하지 않은 것은?

보기

- 일반적으로 콘크리트가 근대 기술의 ㉠산물로 알려져 있지만 콘크리트는 이미 고대 로마 시대에도 사용되었다.
- 돔 지붕이 지름 45m 남짓의 넓은 원형 내부 공간과 이어지도록 하였고, 지붕의 중앙에는 지름 9m가 넘는 ㉡원형의 천창을 내어 빛이 내부 공간을 채울 수 있도록 하였다.
- 콘크리트에서 결합재 역할을 하는 시멘트가 물과 만나면 ㉢점성을 띠는 상태가 되며, 시간이 지남에 따라 수화 반응이 일어나 골재, 물, 시멘트가 결합하면서 굳어진다.
- 철근은 무겁고 비싸기 때문에, 대개는 인장력을 많이 받는 부분을 정확히 계산하여 그 지점을 ㉣위주로 철근을 보강한다.
- 20세기에 들어서면서부터 근대 건축에서 철근 콘크리트는 예술적 ㉤영감을 줄 수 있는 재료로 인식되기 시작하였다.

① ㉠: 행복은 성실하고 꾸준한 노력의 산물이다.
② ㉡: 이 건축물은 후대 미술관의 원형이 되었다.
③ ㉢: 이 물질은 점성 때문에 끈적끈적한 느낌을 준다.
④ ㉣: 그녀는 채소 위주의 식단을 유지하고 있다.
⑤ ㉤: 그의 발명품은 형의 조언에서 영감을 얻은 것이다.

모평

03 문맥상 ⓐ와 바꿔 쓰기에 적절하지 않은 것은?

보기

인간과 동물 모두 고통을 느끼는데 인간에게 고통을 ⓐ끼치는 실험은 해서는 안 되고 동물에게 고통을 끼치는 실험은 해도 된다고 생각하는 것은 공평하지 않다고 생각하기 때문이다.

① 맡기는 ② 가하는 ③ 주는
④ 안기는 ⑤ 겪게 하는

학평

04 문맥상 ㉠~㉤과 바꿔 쓰기에 가장 적절한 것은?

보기

- 기업 인수 합병은 기업 간의 결합 형태에 따라 수평적, 수직적, 다각적 인수 합병으로 ㉠나눌 수 있다.
- 수평적 인수 합병이 이루어지면 경쟁 관계에 있던 회사가 결합하여 불필요한 경쟁이 줄고 이전보다 큰 규모에서 생산이 이루어지게 되므로 인수 합병한 기업은 생산량을 ㉡늘릴 수 있게 된다.
- 수평적 인수 합병 이후에 독과점으로 인한 폐해가 ㉢일어날 경우, 이는 규제의 대상이 되기도 한다.
- 수직적 인수 합병이 ㉣이루어지면 생산 단계의 효율성이 증가하여 거래 비용이 감소하고, 원자재를 안정적으로 공급할 수 있다는 장점이 있다.
- 경우에 따라서는 인수 합병을 통한 외적인 성장에만 ㉤치우쳐 신기술 연구 등과 같은 내적 성장을 위한 투자에 소홀할 수 있다.

① ㉠: 구분할 ② ㉡: 실현할
③ ㉢: 촉구될 ④ ㉣: 포함되면
⑤ ㉤: 왜곡되어

내신

05 〈보기〉의 ㉠을 나타내기에 가장 적절한 한자 성어는?

보기

반평생을 같이 지내 온 짐승이었다. ㉠같은 주막에서 잠자고, 같은 달빛에 젖으면서 장에서 장으로 걸어 다니는 동안에 이십 년의 세월이 사람과 짐승을 함께 하였다.

– 이효석, 〈메밀꽃 필 무렵〉

① 견마지로(犬馬之勞) ② 동고동락(同苦同樂)
③ 동분서주(東奔西走) ④ 동상이몽(同牀異夢)
⑤ 호구지책(糊口之策)

학평

06 ㉠의 문맥적 의미와 가장 가까운 것은?

보기

이 둘의 반응 시간이 차이가 ㉠나는 이유는 다른 광수용 색소보다 로돕신의 합성에 시간이 더 걸리기 때문이다.

① 몸에 땀이 많이 나서 옷이 젖었다.
② 이제야 광고 효과가 나기 시작했다.
③ 신문에 합격자 발표가 나지 않아 걱정이다.
④ 따뜻한 남쪽 지방에서 겨울을 나고 돌아왔다.
⑤ 언덕 쪽으로 길이 나면 읍내로 가는 시간이 적게 든다.

모평

07 문맥상 ㉠과 바꿔 쓰기에 가장 적절한 것은?

보기

권리와 의무의 주체가 될 수 있는 자격을 권리 능력이라 한다. 사람은 태어나면서 저절로 권리 능력을 갖게 되고 생존하는 내내 보유한다. 그리하여 사람은 재산에 대한 소유권의 주체가 되며, 다른 사람에 대하여 채권을 누리기도 하고 채무를 지기도 한다. 사람들의 결합체인 단체도 일정한 요건을 ㉠갖추면 법으로써 부여되는 권리 능력인 법인격을 취득할 수 있다.

① 겸비(兼備)하면
② 구비(具備)하면
③ 대비(對備)하면
④ 예비(豫備)하면
⑤ 정비(整備)하면

수능

08 ⓐ의 상황을 나타내는 말로 가장 적절한 것은?

보기

장 공이 뇌양에 온 후로 몸이 평안하나 주야 해룡을 생각하고 부인으로 더불어 슬퍼하더니, 부인이 이로 인하여 침석에 위독하여 백약이 무효하매 공이 주야 병측을 떠나지 아니하더니, 일일은 부인이 공의 손을 잡고 눈물을 흘려 왈,

"첩의 팔자 기박하여 한 낱 자식을 난중(亂中)에 잃고 지금 보전함은 요행 생전에 만나 볼까 하였더니 십여 년 존망을 모르매 병입골수하여 명이 오늘뿐이라. ⓐ구천에 돌아간들 어찌 눈을 감으리오? 바라건대 공은 길이 보중하소서."

– 작자 미상, 〈금방울전〉

① 각골통한(刻骨痛恨)
② 구사일생(九死一生)
③ 사필귀정(事必歸正)
④ 순망치한(脣亡齒寒)
⑤ 연목구어(緣木求魚)

학평

09 ⓐ~ⓔ의 사전적 의미로 적절하지 않은 것은?

보기

• 모더니즘 예술가들은 예술의 순수성과 독자성을 강조하여 서로 다른 문화 간의 양식이나 이미지 ⓐ차용을 거부했다.
• 이데오그램은 사회가 공유하는 사진의 ⓑ전형적 스타일을 의미한다.
• 볼탕스키는 이러한 특징을 지닌 아마추어 사진을 오브제로 활용하여 감상자로 하여금 오랫동안 ⓒ고착화된 사회적 규범 체제나 공동체의 특징과 같은 일종의 문화적 코드를 읽게 함으로써, 작품 해석에 능동적으로 참여할 수 있게 한다.
• 또 드러내 놓고 제목이나 설명과 같은 텍스트를 사진과 엉터리로 ⓓ조합하여 감상자가 이를 쉽게 알아챌 수 있도록 함으로써 사진이 보여 주는 것이 진실인지, 텍스트가 보여 주는 것이 진실인지 감상자를 혼란에 빠뜨리기도 했다.
• 이를 통해 현대 사회가 만들어 내는 이미지의 홍수 속에서 감상자의 의식적인 이미지 읽기를 ⓔ권고하고 있다.

① ⓐ: 돈이나 물건 따위를 빌려서 씀.
② ⓑ: 어떤 부류의 특징을 가장 잘 나타내는.
③ ⓒ: 어떤 상황이나 현상이 굳어져 변하지 않는 상태가 된.
④ ⓓ: 어떤 기준이나 실정에 맞게 정돈하여.
⑤ ⓔ: 어떤 일을 하도록 권하고.

학평

10 〈보기〉의 놀부를 평가하는 말로 가장 적절한 것은?

보기

다시 한 통을 툭 타 놓으니 일등 목수들과 각종 곡식이 나왔다. 그 목수들은 우선 명당을 가려 터를 잡고 집을 지었다. 그다음 또 사내종, 계집종, 아이종이 나오며 온갖 것을 여기저기 다 쌓고 법석이니 흥부 내외는 좋아하고 춤을 추며 돌아다녔다. 이리하여 흥부는 좋은 집에서 즐거움으로 세월을 보내게 되었다.

이런 소문이 놀부 귀에 들어가니,

"이놈이 도둑질을 했나? 내가 가서 욱대기면* 반재산을 빼어 낼 것이다."

벼락같이 건너가 닥치는 대로 살림살이를 쳐부수는 것이었다.

– 작자 미상, 〈흥부전〉

* 욱대기면: 난폭하게 으박질러 협박하면.

① 불난 집에 부채질하는 인물이군.
② 소 잃고 외양간 고치는 인물이군.
③ 사촌이 땅을 사면 배 아파하는 인물이군.
④ 간에 붙었다 쓸개에 붙었다 하는 인물이군.
⑤ 오르지 못할 나무는 쳐다보지도 않는 인물이군.

모평

11 문맥상 ⓐ~ⓔ의 단어와 가장 가까운 의미로 쓰인 것은?

보기

- 이 작업의 관건은 그 사건 외에는 결과에 차이가 ⓐ날 이유가 없는 두 집단을 구성하는 일이다.
- 같은 수원을 사용하던 두 회사 중 한 회사만 수원을 ⓑ바꿨는데 주민들은 자신의 수원을 몰랐다.
- 스노는 수원이 바뀐 주민들과 바뀌지 않은 주민들의 수원 교체 전후 콜레라로 인한 사망률의 변화들을 비교함으로써 콜레라가 공기가 아닌 물을 통해 전염된다는 결론을 ⓒ내렸다.
- 그렇다고 해서 집단 간 표본의 통계적 유사성을 ⓓ높이려고 사건 이전 시기의 시행 집단을 비교 집단으로 설정하는 것이 평행추세 가정의 충족을 보장하는 것은 아니다.
- 시행 집단과 여러 특성에서 표본의 통계적 유사성이 높은 비교 집단을 구성하면 평행추세 가정이 위협받을 가능성을 ⓔ줄일 수 있다.

① ⓐ: 그 사건의 전말이 모두 오늘 신문에 났다.
② ⓑ: 산에 가려다가 생각을 바꿔 바다로 갔다.
③ ⓒ: 기상청에서 전국에 건조 주의보를 내렸다.
④ ⓓ: 회원들이 회칙 개정을 요구하는 목소리를 높였다.
⑤ ⓔ: 하고 싶은 말은 많지만 오늘은 이만 줄입니다.

모평

12 문맥상 ㉠~㉤을 바꿔 쓰기에 적절하지 않은 것은?

보기

- 먼저 '정합적이다'를 모순 없음으로 정의하는 경우, 추가되는 명제가 이미 참이라고 ㉠인정한 명제와 모순이 없으면 정합적이고, 모순이 있으면 정합적이지 않다.
- '정합적이다'를 모순 없음으로 이해하면, 앞의 예에서처럼 전혀 관계가 없는 명제들도 모순이 ㉡발생하지 않는다는 이유 하나만으로 모두 정합적이고 참이 될 수 있다는 문제가 생긴다.
- 이 문제를 ㉢해결하기 위해서 '정합적이다'를 함축으로 정의하기도 한다.
- '정합적이다'를 함축으로 정의할 경우에는 참이 될 수 있는 명제가 ㉣과도하게 제한된다.
- 설명적 연관으로 '정합적이다'를 정의하게 되면 함축 관계를 이루는 명제들까지도 ㉤포괄할 수 있는 장점이 있다.

① ㉠: 받아들인
② ㉡: 일어나지
③ ㉢: 밝혀내기
④ ㉣: 지나치게
⑤ ㉤: 아우를

학평

13 〈보기〉는 '사전 활용하기 학습 자료'의 일부이다. 이에 대해 탐구한 내용으로 적절하지 않은 것은?

보기

갈다¹ 동 갈아[가라] 가니[가니]
【…을, …을 …으로】 이미 있는 사물을 다른 것으로 바꾸다.
¶ 컴퓨터의 부속품을 좋은 것으로 갈았다.

갈다² 동 갈아[가라] 가니[가니]
1 【…을】 날카롭게 날을 세우거나 표면을 매끄럽게 하기 위하여 다른 물건에 대고 문지르다.
¶ 옥돌을 갈아 구슬을 만든다.
2 【…을】 잘게 부수기 위하여 단단한 물건에 대고 문지르거나 단단한 물건 사이에 넣어 으깨다.
¶ 무를 강판에 갈아 즙을 낸다.

갈다³ 동 갈아[가라] 가니[가니]
1 【…을】 쟁기나 트랙터 따위의 농기구나 농기계로 땅을 파서 뒤집다.
¶ 논을 갈다.
2 【…을】 주로 밭작물의 씨앗을 심어 가꾸다.
¶ 밭에 보리를 갈다.

① '갈다¹', '갈다²', '갈다³'은 동음이의어이군.
② '갈다³'은 여러 가지 뜻을 가지므로 다의어이군.
③ '갈다²-2'의 용례로 '무딘 칼을 날카롭게 갈다.'를 추가할 수 있겠군.
④ '갈다¹'은 '갈다²', '갈다³'과 달리 부사어를 요구할 수도 있는 동사로군.
⑤ '갈다¹', '갈다²', '갈다³'은 '갈-'에 '-니'가 결합할 때 표기와 발음이 같군.

학평

14 ㉠과 같은 상황을 나타낼 수 있는 말로 가장 적절한 것은?

보기

그러나 그해 겨울, 여유문이 병들어 죽었다. 또다시 ㉠의탁할 곳이 막막하게 된 최척은 강호(江湖)를 떠돌며 두루 명승지를 유람하였다.

– 조위한, 〈최척전〉

① 다기망양(多岐亡羊)
② 사고무친(四顧無親)
③ 전화위복(轉禍爲福)
④ 좌고우면(左顧右眄)
⑤ 호사다마(好事多魔)

모평

15 ⓐ와 가장 가까운 뜻으로 쓰인 것은?

보기

어떤 학생이 ⓐ가볍게 걷다가 빠르게 뛴다고 하자. 여기에는 어떤 운동 생리학적 원리가 작용하고 있을까?

① 어머니는 할머니를 위해 가벼운 이불을 준비했다.
② 나는 용돈을 탄 지 오래 되어서 주머니가 가볍다.
③ 철수는 입이 가벼워서 내 비밀을 말해 줄 수가 없다.
④ 아직 병중이니 가벼운 활동부터 시작하는 것이 좋겠다.
⑤ 사태를 가볍게 보았다가 해결할 수 없는 지경에 이르렀다.

학평

16 〈보기〉는 ⓐ에 대해 '사라수 대왕'이 보일 반응을 상상한 것이다. ( )에 들어갈 한자 성어로 적절한 것은?

[앞부분 줄거리] 사라수 대왕과 원앙 부인이 석가세존으로부터 소임을 맡아 서역국으로 가던 중, 만삭의 부인은 더 이상 동행할 수 없게 된다. 대신 스스로 장자의 종이 되기로 하고 받은 돈을 석가세존에게 바칠 것을 대왕에게 부탁한다. 이후 부인은 안락국을 낳고, 성장한 안락국은 장자의 핍박을 견디지 못하여, 하늘에서 온 동자의 도움을 받아 부친을 찾아서 서역국으로 향한다. 이에 장자는 부동에게 안락국을 잡아 오라고 명하지만 실패한다.

"소자는 안락국이로소이다."
하고 아뢰오니, 사라수 대왕이 이 말을 들으시고 어찌하실 줄을 모르시고 안락국의 손을 잡으시고 눈물을 흘리시며 가라사대,
"너의 어머님이 어찌 지내시더냐?"
하시니, ⓐ안락국이 장자에게 당하시던 전후 사연을 낱낱이 다 아뢰니, 대왕이 더욱 슬픔을 이기지 못하시며 안락국을 데리고 숙소에 들어가서 수삼 일 후 꽃 세 송이를 주시며,
"장자가 네 어머님을 죽였을 것이니, 죽인 곳을 찾아가서 뼈를 모아 놓고 백련화로 씻으면 뼈가 제좌(諸座)에 이를 것이요, 그제야 적련화로 씻으면 살이 될 것이요, 그제야 홍련화로 씻으면 숨을 내칠 것이고 완인(完人)이 될 것이니 모시고 와라."

– 작자 미상, 〈안락국전〉

보기

사라수 대왕: 안락국아, 너와 네 어미의 ( )을/를 생각하니 눈물을 금할 수 없구나.

① 간난신고(艱難辛苦)
② 고진감래(苦盡甘來)
③ 괄목상대(刮目相對)
④ 방약무인(傍若無人)
⑤ 좌고우면(左顧右眄)

모평

17 문맥상 ㉠~㉤과 바꾸어 쓰기에 적절하지 않은 것은?

보기

- 한계 비용 곡선과 수요 곡선이 만나는 점에서 가격이 정해지면 재화의 생산 과정에 ㉠들어가는 자원이 낭비 없이 효율적으로 배분되며, 이때 사회 전체의 만족도가 가장 커진다.
- 이는 사회 전체의 관점에서 볼 때 자원이 효율적으로 배분되지 못하는 상황이므로 사회 전체의 만족도가 떨어지는 결과를 ㉡낳는다.
- 일반 재화와 마찬가지로 수도, 전기, 철도와 같은 공익 서비스도 자원 배분의 효율성을 ㉢생각하면 한계 비용 수준으로 가격(= 공공요금)을 결정하는 것이 바람직하다.
- 하나는 정부가 공익 서비스 제공 기업에 손실분만큼 보조금을 ㉣주는 것이고, 다른 하나는 공공요금을 평균 비용 수준으로 정하는 것이다.
- 전자의 경우 보조금을 세금으로 충당한다면 다른 부문에 들어갈 재원이 ㉤줄어드는 문제가 있다.

① ㉠: 투입(投入)되는
② ㉡: 초래(招來)한다
③ ㉢: 추정(推定)하면
④ ㉣: 지급(支給)하는
⑤ ㉤: 감소(減少)하는

모평

18 ㉠~㉤의 사전적 뜻풀이로 옳지 않은 것은?

보기

- 과학적 판단이 '참' 또는 '거짓'을 ㉠판정할 수 있는 명제를 나타내고 이때 참으로 판정된 명제를 과학적 진리라고 부르는 것처럼, 도덕적 판단도 참 또는 거짓으로 판정할 수 있는 명제를 나타내고 참으로 판정된 명제가 곧 도덕적 진리라고 ㉡규정하는 것이다.
- 윤리적인 문제에 대해 서로 ㉢합의하지 못하는 의견 차이에 대해서도 굳이 어느 한쪽 의견이 틀렸다고 말할 수 없다.
- 하지만 옳음과 옳지 않음을 감정과 동일시하는 정서주의에도 몇 가지 문제점이 ㉣제기될 수 있다.
- '도덕적으로 옳음'과 '도덕적으로 옳지 않음'이 없다는 것은 보편적 인식과 ㉤배치된다.

① ㉠: 판별하여 결정함.
② ㉡: 규칙에 의해 일정한 한도를 정함.
③ ㉢: 서로 의견이 일치함.
④ ㉣: 의견이나 문제를 내어놓음.
⑤ ㉤: 서로 반대되어 어긋남.

학평

19 ㉠~㉤의 사전적 의미로 적절하지 않은 것은?

보기

- 로크는 경험하기 전에 정신에 내재하는 타고난 관념을 인정하지 않았는데, 우리는 경험을 통해서만 지식을 ㉠획득한다고 보았기 때문이다.
- 로크는 물질의 실재(實在)를 ㉡인정하고 여기에서 비롯되는 감각, 관념 등의 사고 과정과 그 과정을 주관하는 정신의 실재도 인정하였다.
- 예컨대 우리가 먹는 밥은 우선 시각, 후각, 촉각, 다음에는 미각, 다음에는 체내의 ㉢포만감일 뿐이다.
- 흄은 버클리가 외부의 물질을 부정한 방식을 그대로 우리 내부의 정신에 적용하여 사고 과정을 ㉣주관하는 정신도 부정하였다.
- 과학적 지식은 관찰과 실험을 통해 얻은 개별적 사실로부터 인과 관계나 법칙을 찾아내어 ㉤체계화한 결과이다.

① ㉠: 얻어 내거나 얻어 가짐.
② ㉡: 확실히 그렇다고 여김.
③ ㉢: 넘치도록 가득 차 있는 느낌.
④ ㉣: 어떤 일을 책임을 지고 맡아 관리함.
⑤ ㉤: 자기의 의견이나 주의를 굳게 내세움.

20 ~ 21 다음 글을 읽고 물음에 답하시오.

[가] 옥설이 차갑게 대나무를 누르고
얼음같이 둥근 달 휘영청 밝도다
여기서 알겠노라 굳건한 그 절개를
더욱이 깨닫노라 깨끗한 그 빈 마음

– 이황, 〈설월죽(雪月竹)〉

[나] 모첨(茅簷)*의 달이 진 제 첫 잠을 얼핏 깨여
반벽 잔등(半壁殘燈)을 의지 삼아 누었으니
일야(一夜) 매화가 발하니 님이신가 하노라 〈제1수〉

아마도 이 벗님이 풍운(風韻)*이 그지없다
옥골 빙혼(玉骨氷魂)*이 냉담도 하는구나
풍편(風便)*의 그윽한 향기는 세한 불개(歲寒不改)* 하구나 〈제2수〉

천기(天機)도 묘할시고 네 먼저 춘휘(春暉)*로다
한 가지 꺾어 내어 이 소식 전(傳)차 하니
님께서 너를 보시고 반기실까 하노라 〈제3수〉

님이 너를 보고 반기실까 아니실까
기년(幾年)* 화류(花柳)의 취한 잠 못 깨었는가
두어라 다 각각 정이니 나와 늙자 하노라 〈제4수〉

– 권섭, 〈매화(梅花)〉

* 모첨 : 초가지붕의 처마.
* 풍운 : 풍류와 운치를 아울러 이르는 말.
* 옥골 빙혼: 매화의 별칭. '옥골'은 고결한 풍채를, '빙혼'은 얼음과 같이 맑고 깨끗한 넋을 의미함.
* 풍편 : 바람결.
* 세한 불개 : 매우 심한 한겨울의 추위에도 바뀌지 않음.
* 춘휘 : 봄의 따뜻한 햇빛.
* 기년 : 몇 해.

학평

20 (가)와 (나)의 공통점으로 가장 적절한 것은?

① 구체적 사물을 통해 내면적 가치를 발견하고 있다.
② 설의적 표현으로 대상이 지닌 속성을 강조하고 있다.
③ 명암의 대비를 통해 작품의 주제를 형상화하고 있다.
④ 직유법을 활용하여 대상의 외양을 구체적으로 묘사하고 있다.
⑤ 풍자적 기법으로 사회 현실에 대한 비판 의식을 보여 주고 있다.

학평

21 〈보기〉를 참고하여 (가)와 (나)를 감상한 내용으로 적절하지 않은 것은?

보기

(가)와 (나)는 추운 계절을 이겨 내는 강인한 속성이 있어 예로부터 예찬의 대상이었던 대나무와 매화를 각각 시적 대상으로 삼고 있다. (가)의 화자는 사철 푸르고 속이 빈 대나무를 고매한 인품에 빗대고 있고, (나)의 화자는 이른 봄 피어난 매화를 통해 임을 떠올리고 매화에 대한 긍정적 인식과 임에 대한 정서를 함께 드러내고 있다.

① (가)의 화자는 '옥설'에 눌려도 푸름을 유지하는 대나무를 통해 '굳건한' 지조를 떠올리고 있군.
② (가)의 화자는 대나무의 속이 빈 속성을 긍정적으로 인식하여 대나무를 내면이 '깨끗한' 인품에 비유하고 있군.
③ (나)의 화자는 '옥골 빙혼(玉骨氷魂)'의 자태를 가진 매화를 '님'으로 착각한 것을 깨닫고 서러워하고 있군.
④ (나)의 화자는 추운 계절에도 굴하지 않고 '그윽한 향기'를 풍기는 매화의 강인함을 예찬하고 있군.
⑤ (나)의 화자는 '춘휘(春暉)'를 먼저 느끼게 해 준 매화의 소식을 '님'에게 전달하고 싶은 소망을 드러내고 있군.

2주 완성

01 필수 어휘_현대 문학

2주 완성

※ 어휘의 사전적 의미에 해당하는 예문을 찾아 번호를 쓰고 빈칸을 채워 보세요.

01 **가당찮다** 옳을 可 | 마땅할 當 --	형 도무지 사리에 맞지 않다.	( )
02 **각박하다** 새길 刻 | 엷을 薄 --	형 인정이 없고 삭막하다.	( )
03 **감응하다** 느낄 感 | 응할 應 --	동 어떤 느낌을 받아 마음이 따라 움직이다.	( )
04 **건실하다** 굳셀 健 | 열매 實 --	형 생각, 태도 따위가 건전하고 착실하다.	( )
05 **격앙** 과격할 激 | 밝을 昂	명 기운이나 감정 따위가 격렬히 일어나 높아짐.	( )

① 교과 눈을 감고 노래를 들으니 마음속 깊은 곳에 □□하는 울림이 느껴졌다.

② 교과 70%의 지분을 달라는 그들의 요구는 너무 □□□아서 합의하기가 어렵다.

③ 학평 이 작품에서 '나'는 삶의 현장에서 돈이 우선인 세상과 사람들의 □□한 인심을 경험한다.

④ 교과 올바르지 않은 방식으로 돈을 버는 박 씨와 달리 최 씨는 부지런히 노동하며 □□하게 살아간다.

⑤ 수능 인물의 감정이 □□되어 있음을 보여 주는 행동과 생동감 있는 구어체의 말투를 통해 갈등 상황을 실감 나게 제시하고 있군.

06 **결연하다** 결정할 決 | 그럴 然 --	형 마음가짐이나 행동에 있어 태도가 움직일 수 없을 만큼 확고하다.	( )
07 **경이롭다** 놀랄 驚 | 다를 異 --	형 놀랍고 신기한 데가 있다.	( )
08 **고무** 북 鼓 | 춤출 舞	명 힘을 내도록 격려하여 용기를 북돋움.	( )
09 **공교롭다** 장인 工 | 교묘할 巧 --	형 생각지 않았거나 뜻하지 않았던 사실이나 사건과 우연히 마주치게 된 것이 기이하다.	( )
10 **관조하다** 볼 觀 | 비출 照 --	동 고요한 마음으로 사물이나 현상을 관찰하거나 비추어 보다.	( )

① 교과 감독의 격려에 □□된 선수들이 필승을 다짐했다.

② 모평 화자는 부정적 현실에 대해 거리를 두어 □□하는 태도를 취하고 있다.

③ 교과 민 의원은 □□하고 단호한 태도로 기자들의 질문에 답변하기 시작했다.

④ 교과 친구들과 오랜만에 영화관에 갔는데 □□□게도 그날은 정기 휴일이었다.

⑤ 학평 다큐멘터리를 보는 내내 황제펭귄의 모습이 □□□게 느껴졌다. 황제펭귄은 어쩌면 우리 인간보다 지혜로운 동물이 아닐까 하는 생각이 들기도 했다.

11 **관할하다** 주관할 管 | 다스릴 轄 --	동 일정한 권한을 가지고 통제하거나 지배하다.	( )
12 **괘념하다** 걸 掛 | 생각할 念 --	동 마음에 두고 걱정하거나 잊지 아니하다.	( )
13 **궁색하다** 다할 窮 | 막힐 塞 --	(1) 형 아주 가난하다.	( )
	(2) 형 말이나 태도, 행동의 이유나 근거 따위가 부족하다.	( )
14 **기민하다** 틀 機 | 민첩할 敏 --	형 눈치가 빠르고 동작이 날쌔다.	( )
15 **나락** 어찌 那 | 떨어질 落	명 벗어나기 어려운 절망적인 상황을 비유적으로 이르는 말.	( )

① 교과 그 문제에 □□하지 말고 공부에만 집중해라.

② 교과 불법 주정차를 단속하는 일은 구청이 □□하니 그쪽으로 전화해 보세요.

③ 교과 그 회사에 취직만 되면 이 지긋지긋한 □□한 생활에서 벗어날 수 있을 거야.

④ 모평 이 과정에서 등장인물들은 절망의 □□에 빠지지 않는 저항적 주체의 모습으로 형상화된다.

⑤ 교과 지연이가 약속에 늦은 이유를 설명하는데 그 변명이 □□하기 짝이 없어 더욱 화가 치밀었다.

⑥ 교과 그는 작품의 '악사'에 해당하는 인물로, 두뇌 회전이 빠르고 현실에 □□하게 대처하는 현실주의자이다.

16 남우세스럽다 형 남에게 놀림과 비웃음을 받을 듯하다. ( )

17 너끈하다 형 무엇을 하는 데에 모자람이 없이 넉넉하다. ( )

18 노곤하다 수고로울 勞 | 괴로울 困 -- 형 나른하고 피로하다. ( )

19 뇌다 동 지나간 일이나 한 번 한 말을 여러 번 거듭 말하다. ( )

20 다잡다 동 들뜨거나 어지러운 마음을 가라앉혀 바로잡다. ( )

① 교과 쌀 두 포대면 한 달 식량으로 먹기에 ☐☐하다.

② 교과 민지는 이웃을 돕고 살라는 할아버지의 말씀을 입버릇처럼 ☐었다.

③ 학평 글을 읽다가 저도 모르게 몸이 ☐☐하여 책상에 기대어 졸다가 깜빡 잠이 들었다.

④ 교과 자신보다 한참 어린 식당 직원에게 소리를 지르며 삿대질을 하는 그의 모습이 ☐☐☐스러워 보였다.

⑤ 모평 어려워도 자신을 ☐☐고 따스한 봄날과 무성한 숲의 힘을 잊지 않으면 / 어느 세찬 바람과 눈보라인들 내 따뜻한 털옷 되지 않으리

21 달포 명 한 달이 조금 넘는 기간. ( )

22 도회지 도읍 都 | 모일 會 | 땅 地 명 사람이 많이 살고 상공업이 발달한 번잡한 지역. ( )

23 될성부르다 형 잘될 가망이 있어 보이다. ( )

24 두메 명 도회에서 멀리 떨어져 사람이 많이 살지 않는 변두리나 깊은 곳. ( )

25 마뜩잖다 형 마음에 들 만하지 아니하다. ( )

① 교과 친구와 소식이 끊긴 지 ☐☐가 지나자 걱정이 되기 시작했다.

② 교과 도시 생활에 지친 사람들이 외진 ☐☐로 이사를 와 자연의 고요함을 즐겼다.

③ 교과 자식들이 모두 ☐☐☐로 떠난 뒤 노부부는 시골에 남아 농사를 지으며 살았다.

④ 교과 이웃들에게 꼬박꼬박 인사하고 궂은일이면 앞장서서 도우니, ☐☐☐른 아이가 틀림없어.

⑤ 교과 옹오의 짓이 어리석고 울화가 터져 응칠이는 가만히 바라보다 ☐☐☐게 코를 휑 풀며 입맛을 다시었다.

26 무엄하다 없을 無 | 엄할 嚴 -- 형 삼가거나 어려워함이 없이 아주 무례하다. ( )

27 반색하다 동 매우 반가워하다. ( )

28 반추하다 돌이킬 反 | 꼴 芻 -- 동 어떤 일을 되풀이하여 음미하거나 생각하다. ( )

29 번민 괴로워할 煩 | 번민할 悶 명 마음이 번거롭고 답답하여 괴로워함. ( )

30 변통하다 변할 變 | 통할 通 -- 동 돈이나 물건 따위를 융통하다. ( )

① 수능 영수는 무너지는 집을 바라보며 지나간 기억을 ☐☐하고 있다.

② 교과 할머니는 오래간만에 집에 놀러 온 손녀를 보며 무척 ☐☐했다.

③ 교과 그는 병원비를 마련하기 위해 여기저기 돌아다녔으나 돈을 ☐☐할 재간이 없었다.

④ 수능 ㉢은 이별의 고통으로 인하여 삶의 목표를 상실하고 ☐☐에 가득 차 있는 화자의 상황을 표현하고 있다.

⑤ 학평 ☐☐하구나, 닥쳐라! 내 두 귀로 직접 듣고, 또 내 두 눈으로 똑똑히 보았거늘, 네가 끝내 속이려 들다니, 너는 죄를 더욱 무겁게 만들려고 하느냐?

·뜻풀이로 체크하기·

01 ~ 07 다음 뜻풀이에 해당하는 어휘를 쓰시오.

01 돈이나 물건 따위를 융통하다. □□□□

02 생각, 태도 따위가 건전하고 착실하다. □□□□

03 어떤 느낌을 받아 마음이 따라 움직이다. □□□□

04 삼가거나 어려워함이 없이 아주 무례하다. □□□□

05 일정한 권한을 가지고 통제하거나 지배하다. □□□□

06 지나간 일이나 한 번 한 말을 여러 번 거듭 말하다. □□

07 생각지 않았거나 뜻하지 않았던 사실이나 사건과 우연히 마주치게 된 것이 기이하다. □□□□

08 ~ 12 제시된 초성과 뜻풀이를 참고하여 빈칸에 들어갈 알맞은 어휘를 쓰시오.

08 ㅁ ㄸ 잖다: 마음에 들 만하지 아니하다.

교과 아버지는 □□잖은 듯이 그 사람을 노려보았다.

09 ㄱ ㅁ 하다: 눈치가 빠르고 동작이 날쌔다.

교과 호랑이가 □□한 움직임으로 먹이를 낚아챘다.

10 ㄱ ㅁ: 힘을 내도록 격려하여 용기를 북돋움.

교과 관객의 열띤 호응에 배우는 한껏 □□되었다.

11 ㄱ ㅇ: 기운이나 감정 따위가 격렬히 일어나 높아짐.

학평 [A]에서는 □□된 '춘향 어미'를 진정시키는 모습을 통해 '향단'의 침착한 태도를 확인할 수 있다.

12 ㄱ ㅈ 하다: 고요한 마음으로 사물이나 현상을 관찰하거나 비추어 보다.

학평 화자는 현실을 □□하며 스스로를 성찰하고 있다.

·문장으로 체크하기·

13 ~ 18 다음 문맥에 알맞은 어휘를 고르시오.

13 수능 (가)의 화자는 세상이 변해도 (각박 | 건실)한 인심이 여전함에 좌절하고 있다.

14 수능 (가)에 반복된 '울 엄매'는 화자가 유년기 체험을 (관할 | 반추)하고 있음을 보여 준다.

15 학평 화자는 이로써 지난날의 (번민 | 변통)에서 벗어나 묵묵히 자신의 삶을 지탱해 나가고자 한다.

16 모평 화자는 새봄을 맞이하여 이별의 슬픔을 극복하기 위해 마음을 (다잡으려 | 무엄하려) 노력하고 있다.

17 모평 원수가 여러 날 만에 연주에 도달하여 군마를 다 쉬게 하고 원수도 (결연 | 노곤)하여 사관에서 쉬고 있었다.

18 교과 광릉요강꽃은 부리가 요강을 닮았고, 뿌리에서 지린내가 난다고 해서 약간은 (남우세스러운 | 될성부른) 이름이 붙었다.

19 ~ 24 다음 빈칸에 들어갈 알맞은 어휘를 〈보기〉에서 찾아 쓰시오.

보기

가당 결연 괘념
궁색 너끈 반색

19 교과 사내의 제안을 들은 노인은 ( )찮다는 듯 버럭 소리를 질렀다.

20 교과 철없는 큰아씨가 하는 말은 조금도 ( ) 하지 말고 그냥 잊으세요.

21 교과 머지않아 학교를 그만둘 거라는 말에, 선생님은 도리어 ( )하는 눈치였다.

22 교과 노비들은 도망가 흩어지고, 친척들의 도움도 적어 생활이 어렵고 살림도 ( )하다오.

23 교과 이번 설날에 어른들께 한 달 용돈은 ( ) 할 만큼의 세뱃돈을 받아 기분이 무척 좋았어.

24 교과 새벽까지 공부하는 그녀의 모습에서 이번에는 꼭 1등을 하겠다는 ( )한 의지가 엿보였다.

▶ 정답과 해설 15쪽

문맥적 의미 파악하기

01 밑줄 친 어휘의 문맥적 의미가 〈보기〉의 ㈀~㈃과 같지 않은 것은?

보기

- 이 집이면 우리 네 식구 살기에 ㈀너끈하다.
- 선수들은 관중의 뜨거운 응원에 ㈁고무되었다.
- 도시 사람들이 죄다 ㈂각박하다는 생각은 편견이다.
- 생활 태도가 ㈃건실하지 못하면 면역력도 떨어지게 된다.
- 그는 둔해 보이는 겉모습과 달리 움직임이 매우 ㈄기민했다.

① ㈀: 이만한 돈이면 한 달 살기에 너끈하다.
② ㈁: 그는 선생님의 격려에 고무되어 열심히 공부했다.
③ ㈂: 주인은 엄동설한에 각박하게도 그들을 쫓아냈다.
④ ㈃: 그 회사는 경영이 투명한 건실한 기업으로 평가받고 있다.
⑤ ㈄: 준서는 유연하면서도 기민한 동작으로 상대를 공격했다.

적절한 어휘로 바꿔 쓰기

02 문맥상 다음 밑줄 친 어휘와 바꿔 쓰기에 적절하지 않은 것은?

① 그는 열심히 일하는데도 처지가 늘 궁색했다. → 서러웠다
② 현주는 처음 출전한 대회에서 경이로운 기록을 세웠다. → 놀라운
③ 동생은 약속을 어겨 놓고 가당찮은 변명만 늘어놓았다. → 얼토당토않은
④ 그녀는 너무 화가 난 나머지 격앙된 상태에서 벗어나지 못했다. → 흥분된
⑤ 헛소문은 곧 사라질 테니 더 이상 괘념하지 말라고 친구를 위로했다. → 걱정하지

어휘의 쓰임 이해하기

03 문맥상 〈보기〉의 ㉠, ㉡에 들어갈 적절한 어휘끼리 짝지어진 것은?

보기

- 김 감독은 우승에 대한 (㉠) 의지를 밝혔다.
- 그 사람의 지극한 효심에 하늘이 (㉡) 것 같다.

	㉠	㉡		㉠	㉡
①	관조한	다잡은	②	결연한	감응한
③	마뜩잖은	너끈한	④	무엄한	노곤한
⑤	반추한	반색한			

어휘의 의미와 쓰임 이해하기

04 〈보기〉의 ⒜~⒠의 뜻을 지닌 어휘를 활용하여 만든 문장으로 적절하지 않은 것은?

보기

⒜ 한 달이 조금 넘는 기간.
⒝ 잘될 가망이 있어 보이다.
⒞ 남에게 놀림과 비웃음을 받을 듯하다.
⒟ 사람이 많이 살고 상공업이 발달한 번잡한 지역.
⒠ 벗어나기 어려운 절망적인 상황을 비유적으로 이르는 말.

① ⒜: 지리산은 십여 개 고을을 달포는 돌아다녀야 대강 살필 수 있다.
② ⒝: 될성부른 사람은 무언가 행동이 남다르긴 하다.
③ ⒞: 내 자랑만 늘어놓으니 남우세스럽기는 합니다.
④ ⒟: 그 애는 내년 봄에 벽촌을 떠나 도회지 학교로 전학을 간다.
⑤ ⒠: 논에 허수아비를 설치하여 새가 나락 먹는 것을 막았다.

속담과 한자 성어의 뜻풀이에 맞는 어휘 찾기

05 다음 속담과 한자 성어의 뜻풀이에서, 빈칸에 공통으로 들어갈 어휘로 적절한 것은?

보기

- 눈 위에 서리 친다: 어려운 일이 (   ) 계속됨을 이르는 말.
- 삼 년 가뭄에 하루 쓸 날 없다: 계속 날이 개어 있다가 무슨 일을 하려고 하는 날 (   )도 날씨가 궂어 일을 그르치는 경우를 이르는 말.
- 오비이락(烏飛梨落): 까마귀 날자 배 떨어진다는 뜻으로, 아무 관계도 없이 한 일이 (   )도 때가 같아 억울하게 의심을 받거나 난처한 위치에 서게 됨을 이르는 말.

① 공교롭게
② 관할하게
③ 무엄하게
④ 번민하게
⑤ 변통하게

02 한자 성어

2주 완성

※ 한자 성어가 사용된 예문을 읽고 해당 뜻풀이를 찾아 번호를 쓰세요.

★ 충성

01 견마지로
개 犬 | 말 馬 | 갈 之 | 수고로울 勞

교과 저를 뽑아 주시면 국민을 위해 견마지로를 다하겠습니다. ( )

02 사군이충
일 事 | 임금 君 | 써 以 | 충성 忠

교과 사군이충이라는 말이 있는데, 민주 사회에서 '군'은 '국민'을 의미한다고 볼 수 있다. ( )

03 진충보국
다할 盡 | 충성 忠 | 갚을 報 | 나라 國

교과 총리는 진충보국의 정신으로 나라 발전을 위해 더욱 노력하겠다고 말했다. ( )

① 충성을 다하여서 나라의 은혜를 갚음.

② 신라 화랑의 세속 오계 가운데 하나로, 충성으로써 임금을 섬긴다는 말.

③ 개나 말 정도의 하찮은 힘이라는 뜻으로, 윗사람에게 충성을 다하는 자신의 노력을 낮추어 이름.

★ 효도

04 망운지정
바랄 望 | 구름 雲 | 갈 之 | 뜻 情

교과 가정의 달인 5월에 곁에서 부모님을 모시지 못함이 죄스러워 유독 망운지정이 깊어졌다. ( )

05 반포지효
돌이킬 反 | 먹일 哺 | 갈 之 | 효도 孝

교과 진석이는 학교를 졸업하고 돈을 벌기 시작하면서 부모님을 반포지효로 모시고 동생들까지 뒷바라지했다고 한다. ( )

06 풍수지탄
바람 風 | 나무 樹 | 갈 之 | 탄식할 歎

교과 그는 부모님이 살아 계실 때 더 잘해 드리지 못한 것을 후회하며 종종 풍수지탄을 느끼곤 한다. ( )

07 혼정신성
어두울 昏 | 정할 定 | 새벽 晨 | 살필 省

교과 지영이는 어려운 환경에도 자신을 정성껏 키워 주신 부모님을 혼정신성으로 모셨다. ( )

① 효도를 다하지 못한 채 어버이를 여읜 자식의 슬픔을 이름.

② 자식이 객지에서 고향에 계신 어버이를 생각하는 마음.

③ 까마귀 새끼가 자라서 늙은 어미에게 먹이를 물어다 주는 효(孝). 자식이 자란 후에 어버이의 은혜를 갚는 효성을 이름.

④ 밤에는 부모의 잠자리를 보아 드리고 이른 아침에는 부모의 밤새 안부를 묻는다는 뜻으로, 부모를 잘 섬기고 효성을 다함을 이름.

★ 가혹한 정치

08 가렴주구
가혹할 苛 | 거둘 斂 | 벨 誅 | 구할 求

교과 조선 말 권력자들은 도탄에 빠진 백성들의 궁핍한 생활은 아랑곳없이 가렴주구에만 골몰했으니 나라 사정이 말이 아님은 당연지사였다. ( )

09 가정맹어호
가혹할 苛 | 정사 政 | 사나울 猛 | 어조사 於 | 범 虎

교과 나라를 다스리는 지도자라면 가정맹어호라는 말을 명심하여 올바른 정치를 하려고 노력해야 한다. ( )

10 분서갱유
불사를 焚 | 글 書 | 구덩이 坑 | 선비 儒

모평 전국 시대의 혼란을 종식한 진(秦)은 분서갱유를 단행하며 사상 통제를 기도했다. ( )

① 가혹한 정치는 호랑이보다 무섭다는 뜻으로, 혹독한 정치의 폐가 큼을 이름.

② 세금을 가혹하게 거두어들이고, 무리하게 재물을 빼앗음.

③ 중국 진나라의 시황제가 학자들의 정치적 비판을 막기 위하여 의약, 복서(점), 농업에 관한 것을 제외한 민간의 모든 서적을 불태우고 수많은 유생을 구덩이에 묻어 죽인 일.

★ 변화, 발전

11 격세지감
막을 隔 | 세대 世 | 갈 之 | 느낄 感

교과 3년 만에 다시 와 본 이 도시는 그야말로 격세지감을 느낄 만큼 발전하였다. ( )

12 상전벽해
뽕나무 桑 | 밭 田 | 푸를 碧 | 바다 海

교과 정부의 지방 경제 활성화 정책에 따라 개발된 신도시 지역은 이전 모습을 찾아볼 수 없을 정도로 상전벽해를 이루었다. ( )

13 심기일전
마음 心 | 틀 機 | 하나 一 | 구를 轉

교과 그는 이번 일의 실패를 심기일전의 기회로 삼았다. ( )

14 환골탈태
바꿀 換 | 뼈 骨 | 빼앗을 奪 | 아이 밸 胎

모평 설 태수가 경모를 보고 놀란 것은 경모가 환골탈태했기 때문이야. ( )

① 사람이 보다 나은 방향으로 변하여 전혀 딴 사람처럼 됨.

② 어떤 동기가 있어 이제까지 가졌던 마음가짐을 버리고 완전히 달라짐.

③ 오래지 않은 동안에 몰라보게 변하여 아주 다른 세상이 된 것 같은 느낌.

④ 뽕나무밭이 변해 푸른 바다가 된다는 뜻으로, 세상일의 변천이 심함을 이름.

★ 융통성이 없음, 어리석음

15 각주구검
새길 刻 | 배 舟 | 구할 求 | 칼 劍

교과 모든 것이 빠르게 변하는 세상에서, 오래전 만들어진 규정을 무조건 따르려고 하는 것은 각주구검의 태도라고 할 수 있다. ( )

16 수주대토
지킬 守 | 그루 株 | 기다릴 待 | 토끼 兎

교과 어쩌다 좋은 성적을 받았다고 별다른 노력 없이 계속 좋은 결과를 바라다니, 정말 수주대토가 따로 없구나. ( )

17 숙맥불변
콩 菽 | 보리 麥 | 아닐 不 | 분별할 辨

교과 형이 투자금의 10배를 되돌려 준다며 접근한 사기꾼에게 넘어갈 뻔하자, 아버지는 숙맥불변이라며 화를 내셨다. ( )

18 우부우부
어리석을 愚 | 남편 夫 | 어리석을 愚 | 아내 婦

교과 각종 매체에는 우부우부를 현혹하는 과장된 허위 광고가 넘쳐나고 있다. ( )

19 우이독경
소 牛 | 귀 耳 | 읽을 讀 | 경서 經

교과 사장님은 제품의 원리를 자세히 설명해 주어도 알아듣지 못하는 김 대리를 보면서, 우이독경이라며 답답해했다. ( )

20 이란격석
써 以 | 알 卵 | 부딪칠 擊 | 돌 石

교과 수많은 적군에게 포위된 상태에서 얼마 안 남은 군사로 계속해 싸우는 것은 이란격석일 뿐이다. ( )

① 어리석은 남자와 어리석은 여자를 아울러 이르는 말.

② 쇠귀에 경 읽기. 아무리 가르치고 일러 주어도 알아듣지 못함을 이름.

③ 달걀로 돌을 침. 아주 약한 것으로 강한 것에 대항하려는 어리석음을 이름.

④ 콩인지 보리인지를 구별하지 못한다는 뜻으로, 사리 분별을 못 하고 세상 물정을 잘 모름을 이름.

⑤ 그루터기를 지켜 토끼를 기다린다는 뜻으로, 한 가지 일에만 얽매여 발전을 모르는 어리석은 사람을 이름.

⑥ 물에 빠진 칼의 위치를 뱃전에 표시했다가 나중에 그 칼을 찾으려 한 것에서 유래한 말로, 융통성 없이 현실에 맞지 않는 낡은 생각을 고집하는 어리석음을 이름.

·뜻풀이로 체크하기·

01 ~ 04 **다음 뜻풀이에 해당하는 한자 성어를 말상자에서 찾아 표시하시오.**

두	거	우	이	독	경
미	분	서	갱	유	무
환	언	도	철	세	심
여	골	봉	신	조	기
말	중	탈	시	망	일
직	대	한	태	절	전

01 사람이 보다 나은 방향으로 변하여 전혀 딴사람처럼 됨.

02 쇠귀에 경 읽기. 아무리 가르치고 일러 주어도 알아듣지 못함을 이름.

03 어떤 동기가 있어 이제까지 가졌던 마음가짐을 버리고 완전히 달라짐.

04 중국 진나라의 시황제가 학자들의 정치적 비판을 막기 위하여 의약, 복서(점), 농업에 관한 것을 제외한 민간의 모든 서적을 불태우고 수많은 유생을 구덩이에 묻어 죽인 일.

05 ~ 09 **다음 빈칸에 들어갈 알맞은 말을 〈보기〉에서 찾아 쓰시오.**

보기
콩 객지 보리 안부 호랑이 어리석음

05 망운지정: 자식이 (   )에서 고향에 계신 어버이를 생각하는 마음.

06 각주구검: 융통성 없이 현실에 맞지 않는 낡은 생각을 고집하는 (   )을/를 이름.

07 가정맹어호: 가혹한 정치는 (   )보다 무섭다는 뜻으로, 혹독한 정치의 폐가 큼을 이름.

08 숙맥불변: (   )인지 (   ) 인지를 구별하지 못한다는 뜻으로, 사리 분별을 못 하고 세상 물정을 잘 모름을 이름.

09 혼정신성: 밤에는 부모의 잠자리를 보아 드리고 이른 아침에는 부모의 밤새 (   )을/를 묻는다는 뜻으로, 부모를 잘 섬기고 효성을 다함을 이름.

·문장으로 체크하기·

10 ~ 14 **다음 문맥에 알맞은 한자 성어를 고르시오.**

10 교과 혼자서 여러 명을 상대하며 싸운다는 것은 (사군이충 | 이란격석)일 뿐이다.

11 교과 오랜만에 찾은 고향의 모습이 낯설어서 그녀는 (격세지감 | 심기일전)을 느꼈다.

12 교과 탐관오리의 (가렴주구 | 환골탈태)가 나날이 심해져서 농민들은 쌀 한 톨마저도 빼앗겼다.

13 교과 사람들은 몸이 불편한 어머니를 정성껏 모시는 그의 (반포지효 | 풍수지탄)을/를 칭찬했다.

14 교과 그는 고국으로 돌아가면 나라의 발전을 위해서 (견마지로 | 숙맥불변)을/를 다하겠다고 말했다.

15 ~ 18 **다음 대화 내용과 의미가 통하는 한자 성어를 〈보기〉에서 찾아 쓰시오.**

보기
상전벽해 수주대토 진충보국 풍수지탄

15 예은: 할머니 댁에는 잘 다녀왔어?
유나: 응. 오랜만에 가 보니 큰 도로와 공원이 생겨서 완전히 다른 동네가 됐더라.

16 현우: 어머님 부고 소식 들었어. 많이 힘들지?
서진: 제대로 효도도 못 했는데 갑자기 어머니를 떠나보내게 돼서 너무 죄송하고 슬퍼.

17 이서: 우리 삼촌은 군인인데, 군인이라면 늘 충성을 다해 나라를 지키겠다는 마음을 지녀야 한다고 말씀하셔.
혜원: 그런 분이 나라를 지켜 주신다니, 든든해.

18 도윤: 언니가 경품에 응모해 큰 상품에 당첨된 뒤로 일은 안 하고 계속 경품만 응모하고 있어. 그 방법으로 용돈을 버는 게 더 쉽다는 거야.
건우: 우연히 당첨되었을 뿐인데 거기에 매달리다니, 현명하지 못한 것 같아.

▶ 정답과 해설 15쪽

유래에 맞는 한자 성어 찾기

01 〈보기〉의 이야기에서 유래된 한자 성어를 바르게 나열한 것은?

보기

(ㄱ) 송나라 농부가 밭을 가는데, 풀숲에서 갑자기 토끼가 뛰어나와 밭 가운데에 있는 그루터기에 부딪쳐 죽었다. 힘 하나 안 들이고 토끼를 잡아 횡재한 농부는 다음 날부터 농사를 팽개치고 그루터기 옆에 앉아 토끼가 뛰어나오기를 기다리며 세월을 보냈다. 그 사이 밭은 황무지가 되었고, 농부는 온 나라의 웃음거리가 되었다.

(ㄴ) 진나라 왕이 덕망이 있고 학식이 깊은 이밀이라는 선비에게 벼슬을 내렸는데, 이밀은 이를 공손히 거절하였다. 왕이 그 이유를 물으니 "제게는 늙고 병든 할머니가 한 분 계십니다. 나라의 일도 중요하지만 부디 까마귀가 어미의 은혜에 보답하듯 제게 할머니가 돌아가시는 날까지만이라도 봉양하게 해 주십시오."라고 답하였다.

	(ㄱ)	(ㄴ)
①	격세지감(隔世之感)	견마지로(犬馬之勞)
②	우이독경(牛耳讀經)	풍수지탄(風樹之歎)
③	수주대토(守株待兔)	반포지효(反哺之孝)
④	상전벽해(桑田碧海)	혼정신성(昏定晨省)
⑤	망운지정(望雲之情)	진충보국(盡忠報國)

한자 성어의 의미 이해하기

02 내포적 의미가 비슷한 한자 성어끼리 묶이지 않은 것은?

① 가렴주구(苛斂誅求) – 가정맹어호(苛政猛於虎)
② 각주구검(刻舟求劍) – 수주대토(守株待兔)
③ 격세지감(隔世之感) – 상전벽해(桑田碧海)
④ 사군이충(事君以忠) – 진충보국(盡忠報國)
⑤ 이란격석(以卵擊石) – 환골탈태(換骨奪胎)

한자 성어의 쓰임 이해하기

03 문맥상 한자 성어의 쓰인이 적절하지 않은 것은?

① 이제라도 혼정신성(昏定晨省)하여 일의 실패를 만회할 방도를 찾아보자.
② 풍수지탄(風樹之歎)은 부모님이 살아 계실 때 효도를 다하라는 뜻을 담고 있다.
③ 당 대표가 된 이 의원은 정권 창출을 위해 견마지로(犬馬之勞)를 다하겠다는 의지를 밝혔다.
④ 얼마 전까지 방출 대상자였던 그가 득점왕 후보가 되다니, 환골탈태(換骨奪胎)라 아니할 수 없다.
⑤ 우리 모두에게 진충보국(盡忠報國)의 용맹과 기상이 있었다면 망국의 치욕은 겪지 않았을 것이다.

한자 성어에 맞는 속담 찾기

04 다음 중 한자 성어와 내포적 의미가 유사한 속담의 연결이 바르지 않은 것은?

① 우이독경(牛耳讀經) – 쇠귀에 경 읽기
② 이란격석(以卵擊石) – 달걀로 바위 치기
③ 상전벽해(桑田碧海) – 태산이 평지 된다
④ 우부우부(愚夫愚婦) – 어리석은 자가 농사일을 한다
⑤ 숙맥불변(菽麥不辨) – 콩과 보리도 분간하지 못한다

유래에 맞는 한자 성어 찾기

05 〈보기〉의 이야기에서 유래된 한자 성어는?

보기

초나라의 한 젊은이가 배를 타고 양쯔강을 건너다가 실수로 소중히 여기는 보검(寶劍)을 강물에 빠뜨렸다. 놀란 젊은이는 얼른 주머니에서 작은 칼을 꺼내어 보검을 빠뜨린 자리의 배 난간에 표시를 했다. 그리고 배가 포구에 닿자마자 칼을 찾기 위해 표시가 있는 난간 아래의 물속으로 뛰어들었다. 이를 본 사람들은 젊은이의 행동에 혀를 내둘렀다.

① 각주구검(刻舟求劍)
② 분서갱유(焚書坑儒)
③ 숙맥불변(菽麥不辨)
④ 우부우부(愚夫愚婦)
⑤ 우이독경(牛耳讀經)

상황에 맞는 한자 성어 찾기

06 〈보기〉의 내용을 고려할 때, 빈칸에 들어갈 한자 성어로 적절한 것은?

보기

한 벼슬아치가 일찍이 진양(晉陽) 고을의 수령이 되었다. 그는 (   )이/가 심하여 산골의 과일과 채소까지도 그대로 남겨 두지를 않았다. 그리하여 절간의 중들도 그의 폐해를 입었다. 하루는 중 하나가 수령을 찾아가 뵈었더니 수령이 말하기를, "너의 절의 폭포가 좋다더구나."라고 하였다. 폭포가 무슨 물건인지 모르는 중은 그것도 또 세금으로 거두려고 하는가 두려워하여 대답하기를, "저의 절의 폭포는 금년 여름에 돼지가 다 먹어 버렸습니다."라고 하였다.

– 서거정, 〈태평한화골계전〉

① 가렴주구(苛斂誅求)
② 분서갱유(焚書坑儒)
③ 사군이충(事君以忠)
④ 심기일전(心機一轉)
⑤ 풍수지탄(風樹之歎)

속담

※ 속담이 사용된 예문을 읽고 해당 뜻풀이를 찾아 번호를 쓰세요.

★ 자연(나무, 돌)

01 감나무 밑에 누워서 홍시 떨어지기를 바란다

교과 감나무 밑에 누워서 홍시 떨어지기를 바란다더니, 독서는 하지 않으면서 어휘력이 늘지 않는다고 투덜대면 어떻게 하니? ( )

02 굴러온 돌이 박힌 돌 뺀다

교과 굴러온 돌이 박힌 돌 뺀다더니, 신입 사원이 들어오자 기존 직원 몇 명이 해고되었다. ( )

03 나무를 보고 숲을 보지 못한다

교과 지엽적인 일에 매달리면 나무를 보고 숲을 보지 못하는 잘못을 범할 수 있다. ( )

04 대추나무에 연 걸리듯

교과 사업이 어려워진 삼촌은 대추나무에 연 걸리듯 여러 지인들에게 빚을 지고 있다. ( )

05 모난 돌이 정 맞는다

교과 모난 돌이 정 맞는다고, 민지는 전학을 오자마자 전교 일 등을 차지하여 아이들의 시샘을 받았다. ( )

06 아랫돌 빼서 윗돌 괴고 윗돌 빼서 아랫돌 괴기

교과 새로 빚을 내어 예전의 빚을 갚는다면 아랫돌 빼서 윗돌 괴고 윗돌 빼서 아랫돌 괴는 꼴이야. 보다 근본적인 대책을 생각해 보자. ( )

① 여기저기에 빚을 많이 진 것을 이르는 말.

② 부분만 보고 전체는 보지 못하는 근시안적인 행동을 이르는 말.

③ 일이 몹시 급하여 임시변통으로 이리저리 둘러맞추어 일함을 이르는 말.

④ 아무런 노력도 아니 하면서 좋은 결과가 이루어지기만 바람을 이르는 말.

⑤ 외부에서 들어온 지 얼마 안 되는 사람이 오래전부터 있던 사람을 내쫓거나 해치려 함을 이르는 말.

⑥ (1) 두각을 나타내는 사람이 남에게 미움을 받게 된다는 말. (2) 강직한 사람은 남의 공박을 받는다는 말.

★ 고생, 노력

07 궁하면 통한다

교과 궁하면 통한다더니, 직장에서 해고되어 걱정했는데 때마침 좋은 일자리가 생겼다. ( )

08 낙숫물이 댓돌을 뚫는다

교과 낙숫물이 댓돌을 뚫는다더니, 평소 꾸준히 달리기 연습을 하던 민수가 마라톤에 참가하여 코스를 완주하였다. ( )

09 소년고생은 사서 하랬다

학평 소년고생은 사서 하랬다는 말처럼 어려서부터 자립심을 키우면 돈의 가치를 깨닫게 되어 검소한 삶의 태도를 내면화할 수 있다. ( )

10 흐르는 물은 썩지 않는다

교과 흐르는 물은 썩지 않는다더니, 그 디자이너는 끊임없이 연구하고 노력하여 유행을 이끄는 옷을 계속 만들어 냈다. ( )

① 젊었을 때 겪은 고생은 장래를 위하여 좋다는 말.

② 매우 궁박한 처지에 이르게 되면 도리어 펴 나갈 길이 생긴다는 말.

③ 작은 힘이라도 꾸준히 계속하면 큰일을 이룰 수 있음을 이르는 말.

④ 고인 물이 썩지 흐르는 물은 썩지 아니한다는 뜻으로, 사람은 언제나 일하고 공부하며 단련하여야 시대에 뒤떨어지지 아니하고 또 변질되지 아니함을 이르는 말.

★ 모름

11 대문 밖이 저승이라

교과 아무리 대문 밖이 저승이라 해도 나는 하루하루 행복을 느끼며 살고 싶다. ( )

12 무당이 제 굿 못하고 소경이 저 죽을 날 모른다

교과 무당이 제 굿 못하고 소경이 저 죽을 날 모른다더니, 내가 쓴 글에 대해 날카롭게 비평하던 지혜는 정작 자신의 글에서는 일관된 논리를 펼치지 못했다. ( )

13 신선놀음에 도낏자루 썩는 줄 모른다

교과 계속 게임만 했더니 신선놀음에 도낏자루 썩는 줄 모른다고 하루가 어떻게 지나갔는지 모르겠다. ( )

① 남의 일은 잘 처리하여도 자기 일은 자기가 처리하기 어렵다는 말.

② (1) 사람은 언제 죽을지 모른다는 뜻으로, 사람의 목숨이 덧없음을 이르는 말. (2) 머지않아 곧 죽게 될 것임을 이르는 말.

③ 어떤 나무꾼이 신선들이 바둑 두는 것을 정신없이 보다가 제정신이 들어 보니 세월이 흘러 도낏자루가 다 썩었다는 데서, 아주 재미있는 일에 정신이 팔려서 시간 가는 줄 모르는 경우를 이르는 말.

★ 오래 못 감

14 긴병에 효자 없다

교과 긴병에 효자 없다고 사업 계획이 장기화되자 처음에는 열의를 갖고 일하던 사람들도 점차 의욕을 잃고 있다. ( )

15 꼬리가 길면 밟힌다

교과 항아리에 있는 김치가 계속 없어진다 했더니, 꼬리가 길면 밟힌다고 새벽에 옆집 사람이 몰래 가져가는 것을 봤어. ( )

16 쉬 더운 방이 쉬 식는다

교과 쉬 더운 방이 쉬 식는다고 벼락치기로 교과서를 외웠더니 시험을 볼 때 내용이 제대로 기억나지 않았다. ( )

17 언 발에 오줌 누기

학평 위기만 넘기려는 정부의 어설픈 대책은 언 발에 오줌 누기라며, 국민들은 더 확실한 대책이 마련되기를 원했다. ( )

18 열흘 붉은 꽃이 없다

교과 열흘 붉은 꽃이 없다더니, 급격하게 성장했던 그 기업이 최근 어려움을 겪고 있다. ( )

① 부귀영화란 일시적인 것이어서 그 한때가 지나면 그만임을 이르는 말.

② 무슨 일이거나 너무 오래 끌면 그 일에 대한 성의가 없어서 소홀해짐을 이르는 말.

③ 힘이나 노력을 적게 들이고 빨리 해 버린 일은 그만큼 결과가 오래가지 못함을 이르는 말.

④ 나쁜 일을 아무리 남모르게 한다고 해도 오래 두고 여러 번 계속하면 결국에는 들키고 만다는 것을 이르는 말.

⑤ 언 발을 녹이려고 오줌을 누어 봤자 효력이 별로 없다는 뜻으로, 임시변통은 될지 모르나 그 효력이 오래가지 못할 뿐만 아니라 결국에는 사태가 더 나빠짐을 이르는 말.

400
어휘 352개 달성!
300

★ 분수를 모름

19 송충이가 갈잎을 먹으면 죽는다

교과 송충이가 갈잎을 먹으면 죽는다는데, 네 월급에 맞게 소비하는 게 좋지 않을까? ( )

20 숭어가 뛰니까 망둥이도 뛴다

모평 속어에 이르기를 숭어가 뛰니까 망둥이도 뛴다는 셈으로 나는 나대로 제법 강상(江上)의 어객인 양하고 나선 판이다. ( )

① (1) 남이 한다고 하니까 분별없이 덩달아 나섬을 이르는 말. (2) 제 분수나 처지는 생각하지 않고 잘난 사람을 덮어놓고 따름을 이르는 말.

② 솔잎만 먹고 사는 송충이가 갈잎을 먹게 되면 땅에 떨어져 죽게 된다는 뜻으로, 자기 분수에 맞지 않는 짓을 하다가는 낭패를 봄을 이르는 말.

·뜻풀이로 체크하기·

01 ~ 05 **다음 빈칸에 알맞은 말을 넣어 뜻풀이에 해당하는 속담을 완성하시오.**

01 (   )에 연 걸리듯: 여기저기에 빚을 많이 진 것을 이르는 말.

02 (   )이 댓돌을 뚫는다: 작은 힘이라도 꾸준히 계속하면 큰일을 이룰 수 있음을 이르는 말.

03 신선놀음에 (   ) 썩는 줄 모른다: 아주 재미있는 일에 정신이 팔려서 시간 가는 줄 모르는 경우를 이르는 말.

04 (   ) 방이 쉬 식는다: 힘이나 노력을 적게 들이고 빨리 해 버린 일은 그만큼 결과가 오래가지 못함을 이르는 말.

05 대문 밖이 (   )이라: (1) 사람은 언제 죽을지 모른다는 뜻으로, 사람의 목숨이 덧없음을 이르는 말. (2) 머지않아 곧 죽게 될 것임을 이르는 말.

06 ~ 10 **다음 빈칸에 들어갈 알맞은 말을 〈보기〉에서 찾아 쓰시오.**

보기
남　나섬　부분　자기
전체　소홀해짐　임시변통

06 숭어가 뛰니까 망둥이도 뛴다: 남이 한다고 하니까 분별없이 덩달아 (   )을/를 이르는 말.

07 긴병에 효자 없다: 무슨 일이거나 너무 오래 끌면 그 일에 대한 성의가 없어서 (   )을/를 이르는 말.

08 나무를 보고 숲을 보지 못한다: (   )만 보고 (   )은/는 보지 못하는 근시안적인 행동을 이르는 말.

09 아랫돌 빼서 윗돌 괴고 윗돌 빼서 아랫돌 괴기: 일이 몹시 급하여 (   )(으)로 이리저리 둘러맞추어 일함을 이르는 말.

10 무당이 제 굿 못하고 소경이 저 죽을 날 모른다: (   )의 일은 잘 처리하여도 (   ) 일은 자기가 처리하기 어렵다는 말.

·문장으로 체크하기·

11 ~ 15 **다음 빈칸에 들어갈 알맞은 속담을 〈보기〉에서 찾아 기호를 쓰시오.**

보기
㉠ 궁하면 통한다
㉡ 언 발에 오줌 누기
㉢ 꼬리가 길면 밟힌다
㉣ 소년고생은 사서 하랬다
㉤ 감나무 밑에 누워서 홍시 떨어지기를 바란다

11 교과 (   )(라)고 몇 년 동안 동네에서 물건을 훔치던 좀도둑이 붙잡혔다.

12 교과 금방 들킬 거짓말로 순간의 위기를 넘겨 봤자 (   )에 불과할 뿐이다.

13 교과 (   )(라)고 했으니 포기하지 말고 이 상황을 이겨 낼 방법을 함께 찾아보자.

14 교과 어린 네가 감당하기 힘들지 몰라도 (   )(라)고 지금의 경험이 미래에 도움이 될 거야.

15 교과 (   )(라)더니 그는 간판도 안 걸고 가게 홍보도 안 하면서 손님들이 찾아와 주기만을 바라고 있다.

16 ~ 20 **다음 문맥에 알맞은 속담을 고르시오.**

16 교과 (숭어가 뛰니까 망둥이도 뛴다 | 흐르는 물은 썩지 않는다)고 시대에 뒤떨어지지 않으려면 꾸준히 공부해야만 한다.

17 교과 (송충이가 갈잎을 먹으면 죽는다 | 쉬 더운 방이 쉬 식는다)고 지금 네 형편에 비싼 외제 차를 사면 분명히 후회할 거야.

18 교과 (신선놀음에 도낏자루 썩는 줄 모른다 | 열흘 붉은 꽃이 없다)더니 한때는 수많은 학생들로 북적이던 분식집이 문을 닫았다.

19 교과 (낙숫물이 댓돌을 뚫는다 | 굴러온 돌이 박힌 돌 뺀다)더니 막 회장이 된 나 대신 서울에서 전학 온 친구에게 모든 관심이 쏠렸다.

20 교과 (모난 돌이 정 맞는다 | 무당이 제 굿 못하고 소경이 저 죽을 날 모른다)고 융통성이 없고 원칙만을 고집하던 그가 모임에서 퇴출당했다.

▶ 정답과 해설 16쪽

문맥에 맞는 속담 찾기

01 〈보기〉의 빈칸에 들어갈 속담으로 가장 적절한 것은?

보기

'미봉책(彌縫策)'은 눈가림만 하는 일시적인 계책을 의미한다. 비슷한 의미의 한자 성어로 '고식지계(姑息之計)'와 '하석상대(下石上臺)'가 있다. 우선 당장 편한 것만을 택하여 임시변통으로 둘러맞추어 일을 처리하는 경우를 이르는 말이다. 이러한 말과 같이 (　　　　　　) 식의 경영을 하는 기업들과 세계 최초의 원천 기술을 확보하려고 공격적인 투자를 지속하는 우리 회사의 차이는 분명하다.

① 쉬 더운 방이 쉬 식는
② 굴러온 돌이 박힌 돌 빼는
③ 신선놀음에 도낏자루 썩는 줄 모르는
④ 아랫돌 빼서 윗돌 괴고 윗돌 빼서 아랫돌 괴는
⑤ 무당이 제 굿 못하고 소경이 저 죽을 날 모른다는

속담의 쓰임 이해하기

02 제시된 상황에서 쓰이기에 적절한 속담이 아닌 것은?

① 여기저기 빚을 많이 짐. → 대추나무에 연 걸리듯
② 일을 너무 오래 끌면 소홀해짐. → 긴병에 효자 없다
③ 꾸준히 노력하여 큰일을 이룸. → 낙숫물이 댓돌을 뚫는다
④ 나쁜 일을 오래 지속하면 결국 들키게 됨. → 언 발에 오줌 누기
⑤ 일이 몹시 급하여 이리저리 둘러맞춤. → 아랫돌 빼서 윗돌 괴고 윗돌 빼서 아랫돌 괴기

상황에 어울리는 속담 찾기

03 〈보기〉의 ㉠을 나타낸 속담으로 가장 적절한 것은?

보기

한 나무꾼이 깊은 산중으로 나무를 하러 갔다가 ㉠백발노인 둘이 바둑 두는 것을 구경하느라 시간 가는 줄 몰랐다. 저녁때쯤 되어 문득 집 생각이 나서 정신없이 마을로 내려오자 마을에 아는 사람이 전혀 없었다. 지나가는 사람을 붙잡고 자기 이름을 대며 집을 찾으니 이름을 들은 사람은 깜짝 놀라면서 그분은 내 증조부인데 웬일로 찾느냐고 되물었다.

① 대문 밖이 저승이라
② 열흘 붉은 꽃이 없다
③ 쉬 더운 방이 쉬 식는다
④ 굴러온 돌이 박힌 돌 뺀다
⑤ 신선놀음에 도낏자루 썩는 줄 모른다

적절한 속담 활용하기

04 〈보기〉의 상황에 대한 반응으로 가장 적절한 것은?

보기

이 승상 부부의 부귀영화가 극진하니, 만조와 일국이 추앙하는 바라. 흥진비래(興盡悲來)는 예로부터 흔한 일이라, 부부가 잇따라 우연히 병을 얻어 백약이 무효한지라. 자손을 불러 후사를 당부하고 숨을 거뒀다.

– 작자 미상, 〈박씨전〉

① '긴병에 효자 없다'고, 백약이 무효하니 자식들에게 버림받는구나.
② '꼬리가 길면 밟힌다'고, 악행을 많이 저지르니 결국 벌을 받는구나.
③ '쉬 더운 방이 쉬 식는다'고, 쉽게 얻은 부귀영화는 쉽게 사라지는구나.
④ '열흘 붉은 꽃이 없다'고, 극진한 부귀영화도 한때가 지나니 그만이구나.
⑤ '흐르는 물은 썩지 않는다'고 꾸준히 노력하지 않으면 어떤 부귀영화도 누릴 수가 없구나.

문맥에 맞는 속담 찾기

05 〈보기〉의 빈칸에 들어갈 속담으로 가장 적절한 것은?

보기

장기적인 차원에서 수출 기업들이 품질 개선이나 원가 절감 등의 노력을 하지 않고 환율 상승에만 의존하는 방향으로 기업 활동을 한다면, 이는 (　　　　　　) 격이므로 대외 경쟁력을 잃어 결국 기업 활동이 침체될 것이다.

① 궁하면 통하는
② 모난 돌이 정 맞는
③ 낙숫물이 댓돌을 뚫는
④ 숭어가 뛰니까 망둥이도 뛰는
⑤ 감나무 밑에 누워서 홍시 떨어지기를 바라는

제시된 정보로 속담 유추하기

06 〈보기〉의 내용을 모두 포괄하는 속담으로 적절한 것은?

보기

• 너무 뛰어난 사람은 남에게 미움을 받기 쉬움.
• 꼬치꼬치 시시비비를 가리려 들다 핀잔을 들음.
• 성격이 너그럽지 못하면 대인 관계가 원만할 수 없음.

① 꼬리가 길면 밟힌다
② 모난 돌이 정 맞는다
③ 소년고생은 사서 하랬다
④ 나무를 보고 숲을 보지 못한다
⑤ 송충이가 갈잎을 먹으면 죽는다

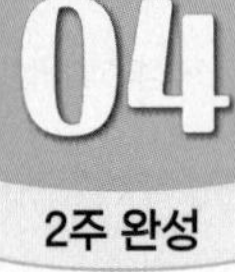

04 필수 어휘_현대 문학

2주 완성

※ 어휘의 사전적 의미에 해당하는 예문을 찾아 번호를 쓰고 빈칸을 채워 보세요.

01 **본연** 근본 本 | 그럴 然	명 본디 생긴 그대로의 타고난 상태.	( )
02 **북새통**	명 많은 사람이 야단스럽게 부산을 떨며 법석이는 상황.	( )
03 **분투하다** 떨칠 奮 | 싸움 鬪 --	동 있는 힘을 다하여 싸우거나 노력하다.	( )
04 **빈축** 찡그릴 嚬 | 쭈그릴 蹙	명 남을 비난하거나 미워함.	( )
05 **빌미**	명 재앙이나 탈 따위가 생기는 원인.	( )

① 교과 고향에 내려가는 사람들로 기차역이 ☐☐☐을 이루었다.

② 교과 우리 팀은 이번 경기에 강적을 만났지만 승리를 위해 모든 선수들이 ☐☐했다.

③ 교과 우리 시의 시장은 공인으로서 적절하지 못한 발언과 행동을 일삼아 사람들의 ☐☐을 샀다.

④ 교과 아버지는 큰형에게 유산을 더 물려주고자 했는데 그것이 ☐☐가 되어 우리 형제 사이가 나빠졌어.

⑤ 학평 작가는 이 작품에서 죽음을 두려워하지 않고 어머니를 간병하던 강남옥의 모습을 통해 인간 ☐☐의 모습에 대한 지향과 믿음을 보여 주었다.

06 **빙자하다** 기댈 憑 | 깔개 藉 --	동 말막음을 위하여 핑계로 내세우다.	( )
07 **사려** 생각 思 | 생각할 慮	명 여러 가지 일에 대하여 깊게 생각함. 또는 그런 생각.	( )
08 **살뜰하다**	형 일이나 살림을 매우 정성스럽고 규모 있게 하여 빈틈이 없다.	( )
09 **상기** 위 上 | 기운 氣	명 흥분이나 부끄러움으로 얼굴이 붉어짐.	( )
10 **샐쭉거리다**	동 마음에 차지 아니하여서 약간 고까워하는 태도가 자꾸 나타나다.	( )

① 모평 다른 사람의 이익을 우선시하는 인물의 ☐☐ 깊은 자세를 보여 준다.

② 교과 지희는 엄마가 사 준 핸드폰이 마음에 들지 않았는지 자꾸 ☐☐거렸다.

③ 교과 발표를 앞둔 정수는 긴장이 되는지 ☐☐된 표정으로 연신 손톱을 물어뜯었다.

④ 교과 진주와 유림이는 친목 모임을 ☐☐해 학교에서 은밀히 비밀 이야기를 나누었다.

⑤ 교과 필요 없는 소비를 줄이고 계획을 세워 ☐☐하게 돈을 모았더니 통장이 벌써 다섯 개나 된다.

11 **생경하다** 날 生 | 굳을 硬 --	(1) 형 글의 표현이 세련되지 못하고 어설프다.	( )
	(2) 형 익숙하지 않아 어색하다.	( )
12 **석연하다** 풀 釋 | 그럴 然 --	형 의혹이나 꺼림칙한 마음이 없이 환하다.	( )
13 **성토하다** 소리 聲 | 칠 討 --	동 여러 사람이 모여 국가나 사회에 끼친 잘못을 소리 높여 규탄하다.	( )
14 **세간**	명 집안 살림에 쓰는 온갖 물건.	( )
15 **소작하다** 작을 小 | 지을 作 --	동 농토를 갖지 못한 농민이 일정한 소작료를 지급하며 다른 사람의 농지를 빌려 농사를 짓다.	( )

① 교과 이 글에는 현란하고 ☐☐한 표현이 너무 많다.

② 모평 어머니가 ☐☐한 이질감이 느껴지는 음성으로 그의 이름을 불렀다.

③ 교과 그의 발언에 몇 가지 ☐☐하지 않은 점이 있어 그를 추가로 조사하기로 했다.

④ 모평 물건 하나 없이 죄다 빼앗기고, 집과 ☐☐은 조각도 못 쓰게 산산 다 부쉈다.

⑤ 교과 주민들이 마을 회관에 모여 관청이 제때 행정력을 발휘하지 못했음을 ☐☐하였다.

⑥ 학평 마을의 지주 김 주사는 춘이네가 ☐☐하던 논을 하루아침에 일본인 고리대금업자에게 넘긴다.

	뜻	
16 소탈하다 트일 疏 | 벗을 脫 --	형 예절이나 형식에 얽매이지 아니하고 수수하고 털털하다.	( )
17 숙달 익을 熟 | 통할 達	명 익숙하게 통달함.	( )
18 숙연하다 엄숙할 肅 | 그럴 然 --	형 고요하고 엄숙하다.	( )
19 스산하다	형 몹시 어수선하고 쓸쓸하다.	( )
20 시답잖다 열매 實 ---	형 볼품이 없어 만족스럽지 못하다.	( )

① 교과 국립묘지에서 ☐☐한 마음으로 묵념했다.

② 교과 어려운 일도 꾸준히 하면 ☐☐되는 법이니 포기하지 말고 계속 해 봐.

③ 교과 바람이 쌀쌀히 불고 낙엽이 어지럽게 구르는 거리에는 ☐☐한 분위기가 감돌았다.

④ 교과 세계적인 기업을 이끄는 유 회장은 부하 직원들을 ☐☐한 태도로 대해 사람들의 존경을 받았다.

⑤ 교과 하루 종일 회의를 진행했는데 ☐☐잖은 의견만 나올 뿐 참신하고 유용한 의견은 나오지 않았다.

	뜻	
21 식겁하다 먹을 食 | 겁낼 怯 --	동 뜻밖에 놀라 겁을 먹다.	( )
22 실토하다 열매 實 | 토할 吐 --	동 거짓 없이 사실대로 다 말하다.	( )
23 심약하다 마음 心 | 약할 弱 --	형 마음이 여리고 약하다.	( )
24 심취하다 마음 心 | 취할 醉 --	동 어떤 일이나 사람에 깊이 빠져 마음을 빼앗기다.	( )
25 안온하다 편안할 安 | 평온할 穩 --	형 조용하고 편안하다.	( )

① 교과 선생님께 잘못을 ☐☐하고 용서를 구했더니 한결 마음이 편안했다.

② 교과 그는 한때 음악에 ☐☐하여 모든 가수의 앨범을 사서 듣고 다녔다.

③ 교과 친구 집에 놀러 간 아들이 밤늦게까지 돌아오지 않아 얼마나 ☐☐했는지 모른다.

④ 교과 사소한 말에도 크게 상처받을 정도로 ☐☐한 그녀가 사회생활을 잘할지 걱정이다.

⑤ 수능 '새장에 갇힌 새'는 일상의 ☐☐함에 길들어 자유를 억압하는 일상을 벗어나지 못하는 현대인을 의미한다.

	뜻	
26 야멸차다	형 자기만 생각하고 남의 사정을 돌볼 마음이 거의 없다.	( )
27 언질 말씀 言 | 바탕 質	명 나중에 꼬투리나 증거가 될 말. 또는 앞으로 어찌할 것이라는 말.	( )
28 에두르다	(1) 동 에워서 둘러막다.	( )
	(2) 동 바로 말하지 않고 짐작하여 알아듣도록 둘러대다.	( )
29 여간 같을 如 | 방패 干	부 그 상태가 보통으로 보아 넘길 만한 것임을 나타내는 말.	( )
30 여념 남을 餘 | 생각할 念	명 어떤 일에 대하여 생각하고 있는 것 이외의 다른 생각.	( )

① 학평 뜰에 핀 꽃이 ☐☐ 탐스럽지 않았다.

② 교과 우리 집을 ☐☐☐고 있는 담장은 높고 튼튼했다.

③ 교과 기분 나빠하지 않을 테니 할 말이 있으면 ☐☐☐지 말고 바로 말해라.

④ 교과 짱알거리는 아이를 돌보느라 ☐☐이 없는 아내를 대신하여 저녁 식사를 준비했다.

⑤ 교과 부장님이 이번 달에 좋은 일이 있을 거라며 승진에 대해 의미심장한 ☐☐을 주었다.

⑥ 교과 생계가 어려워진 그는 집주인에게 방세를 깎아 달라고 부탁했으나, 집주인은 ☐☐☐게 거절했다.

· 뜻풀이로 체크하기 ·

01 ~ 04 다음 뜻풀이에 해당하는 어휘를 제시된 초성을 참고하여 쓰시오.

01 집안 살림에 쓰는 온갖 물건.
ㅅ ㄱ ________

02 자기만 생각하고 남의 사정을 돌볼 마음이 거의 없다.
ㅇ ㅁ ㅊ ㄷ ________

03 마음에 차지 아니하여서 약간 고까워하는 태도가 자꾸 나타나다.
ㅅ ㅉ ㄱ ㄹ ㄷ ________

04 (1) 에워서 둘러막다. (2) 바로 말하지 않고 짐작하여 알아듣도록 둘러대다.
ㅇ ㄷ ㄹ ㄷ ________

05 ~ 06 다음 말상자를 완성하시오.

05 가로: 고요하고 엄숙하다.

06 세로: 의혹이나 꺼림칙한 마음이 없이 환하다.

07 ~ 13 다음 빈칸에 들어갈 알맞은 말을 쓰시오.

07 숙달: 익숙하게 □□함.

08 빈축: 남을 □□하거나 미워함.

09 스산하다: 몹시 어수선하고 □□하다.

10 시답잖다: □□이 없어 만족스럽지 못하다.

11 소탈하다: 예절이나 □□에 얽매이지 아니하고 수수하고 털털하다.

12 언질: 나중에 □□□나 증거가 될 말. 또는 앞으로 어찌할 것이라는 말.

13 성토하다: 여러 사람이 모여 국가나 사회에 끼친 잘못을 소리 높여 □□하다.

· 문장으로 체크하기 ·

14 ~ 18 다음 빈칸에 들어갈 알맞은 어휘에 ✓표 하시오.

14 수능 인간의 창의적 행동은 역경을 당해 이를 이겨 내려는 □□ 과정에서 발생한다. □분투 □소작

15 학평 그 사건은 강 노인의 부인이 아들의 빚 문제를 구체적으로 □□하는 계기가 된다. □실토 □안온

16 학평 서민들의 삶에 대한 따뜻한 시선을 바탕으로 성에꽃의 아름다움에 □□하고 있다. □숙달 □심취

17 수능 이로써 사고의 위험에 따른 경제적 손실에 대비하고자 하는 보험 □□의 목적이 달성될 수 있다. □본연 □여념

18 모평 백 주사의 만행을 서술함으로써 백 주사가 습격의 □□를 제공한 것처럼 독자가 느끼게 하고 있군. □빌미 □빙자

19 ~ 24 다음 빈칸에 들어갈 알맞은 어휘를 〈보기〉의 글자를 조합하여 쓰시오.

보기

경	기	념	뜰	려	빙
사	살	상	생	여	자

19 교과 최근 친분을 □□한 사기 행각들이 벌어졌다.

20 교과 월급을 아껴 쓰며 □□하게 살림을 챙기는 아내에게 늘 고맙다.

21 교과 어머니는 가족을 위해 저녁 식사를 준비하느라고 □□이/가 없으셨다.

22 교과 그는 들뜬 분위기를 깨고 싶지 않아 화를 참았지만 그의 얼굴은 붉게 □□되어 있었다.

23 교과 미국에 처음 갔을 때 음식이며 언어며 모든 것이 □□했지만 시간이 지나자 곧 익숙해졌다.

24 모평 아름답고 어진 생질녀를 두고 반드시 이런 폐인을 사위로 삼고자 하니 어찌 □□ 깊지 못한 것이 아니리오?

▶ 정답과 해설 17쪽

사전적 의미 파악하기

01 〈보기〉의 밑줄 친 어휘의 사전적 의미로 적절하지 않은 것은?

보기

ⓐ 집주인은 사려 깊고 신중한 성격의 소유자이다.
ⓑ 선물을 받지 못한 동생은 샐쭉거리며 방으로 들어갔다.
ⓒ 당신과 같이 산 세간이니 똑같이 나눠 가지고 헤어집시다.
ⓓ 주민들은 교통 대란에 대한 당국의 늑장 대응을 성토했다.
ⓔ 눈이 쌓인 마을의 풍경은 이질적이고 생경한 느낌으로 내게 다가왔다.

① ⓐ: 여러 가지 일에 대하여 깊게 생각함. 또는 그런 생각.
② ⓑ: 태도가 차고 야무지다.
③ ⓒ: 집안 살림에 쓰는 온갖 물건.
④ ⓓ: 여러 사람이 모여 국가나 사회에 끼친 잘못을 소리 높여 규탄하다.
⑤ ⓔ: 익숙하지 않아 어색하다.

어휘의 의미 관계 파악하기

02 문맥상 〈보기〉의 밑줄 친 어휘와 반의 관계인 것은?

보기

마름이 소작농(小作農)들에게 나누어 준 땅을 되빼앗았다.

① 부농(富農)
② 빈농(貧農)
③ 영세농(零細農)
④ 자작농(自作農)
⑤ 화전농(火田農)

문맥에 알맞은 어휘 찾기

03 문맥상 알맞은 어휘에 ○표 한 것으로 적절하지 않은 것은?

① 현 총장은 성품이 (소탈 | 스산)하여 학생들도 편히 대면하곤 했다.
② 포근한 첫인상과 달리 그는 알아 갈수록 (안온한 | 야멸찬) 사람이었다.
③ 형사는 용의자가 자초지종을 (실토 | 심취)할 때까지 끈질기게 추궁하였다.
④ 장인은 점순이가 자라는 대로 성례를 시켜 주겠다는 (여념 | 언질)을 비쳤다.
⑤ 점순이는 바쁘게 일하는 사람을 찾아와서 (살뜰한 | 시답잖은) 말마디를 늘어놓기 일쑤였다.

뜻풀이에 맞는 어휘 찾기

04 다음 한자 성어, 관용어, 속담의 뜻풀이에서, ㉠~㉢에 들어갈 말이 바르게 나열된 것은?

보기

• 천부자연(天賦自然): 하늘로부터 받아서 사람의 힘으로는 어떻게 할 수 없는 (㉠)의 성질.
• 물을 끼얹은 듯: 많은 사람이 갑자기 조용해지거나 (㉡) 해지는 모양을 비유적으로 이르는 말.
• 덕석이 멍석이라고 우긴다: 약간 비슷함을 (㉢)하여 그 실물인 것처럼 자처함을 비유적으로 이르는 말.

	㉠	㉡	㉢
①	본연	숙연	빙자
②	사려	생경	실토
③	세간	스산	심취
④	언질	석연	빌미
⑤	여간	안온	여념

적절한 어휘로 바꿔 쓰기

05 문맥상 다음 밑줄 친 어휘와 바꿔 쓰기에 적절하지 않은 것은?

① 그는 살뜰하게 살림을 꾸려 나갔다. → 알뜰하게
② 국민들은 대표 팀의 분투에 박수를 보냈다. → 분전
③ 고백을 들은 그녀의 얼굴이 상기되었다. → 붉어졌다
④ 철수의 대답은 어딘지 모르게 석연하지 않은 점이 많다. → 명확하지
⑤ 수미는 말도 안 되는 변명을 일삼다가 사람들의 빈축을 샀다. → 빌미

어휘의 쓰임 이해하기

06 문맥상 밑줄 친 어휘의 쓰임이 적절하지 않은 것은?

① 시장은 장을 보려는 사람들로 북새통을 이루고 있었다.
② 며칠 내에 부쩍 자란 듯싶은 점순이가 여간 반가운 것이 아니다.
③ 밤중에 갑자기 이상한 소리가 들려서 얼마나 식겁했는지 모른다.
④ 소작하는 사람들을 관리하는 장인은 지주를 대신하여 소작인들을 상대하고 있다.
⑤ 동궁의 성질이 매우 안온하기 때문에 대수롭지 않은 일에도 크게 걱정하고 근심한다.

05 헷갈리는 어휘_고유어

2주 완성

※ 헷갈리는 어휘의 각 예문을 읽고 해당 의미를 찾아 번호를 쓰세요.

★ 가르다 vs 가리다

Tip 대상을 구분 지을 때는 '가르다', 여러 대상들 가운데 하나를 골라낼 때는 '가리다'

어휘	예문	답
01 가르다	교과 선생님은 학생들을 청군과 백군으로 갈라 운동회를 진행했다.	( )
02 가리다	학평 우리 중에 용맹이 있는 장수 육십 명을 가려 뽑아 가만히 궐내에 들어가 황제를 결박합시다.	( )

① 동 쪼개거나 나누어 따로따로 되게 하다.

② 동 여럿 가운데서 하나를 구별하여 고르다.

★ 걷잡다 vs 겉잡다

Tip '걷잡다'는 '거두어 잡다'로, '겉잡다'는 '겉으로 보고 어림잡다'로 풀어서 생각해 보자.

어휘	예문	답
03 걷잡다	교과 걷잡을 수 없이 오르는 물가 때문에 외식 한 번 하기도 어려웠다.	( )
04 겉잡다	교과 겉잡아 만 명 정도의 관중들이 공연을 관람했다.	( )

① 동 겉으로 보고 대강 짐작하여 헤아리다.

② 동 한 방향으로 치우쳐 흘러가는 형세 따위를 붙들어 잡다.

★ 곪다 vs 곯다

Tip 상처에 고름이 생겼을 때는 '곪다', 음식이 상했을 때는 '곯다'

어휘	예문	답
05 곪다	교과 발바닥의 상처가 더 이상 곪지 않게끔 약을 발라 주었다.	( )
06 곯다	교과 홍시가 심하게 곯아서 먹을 수 없었다.	( )

① 동 속이 물크러져 상하다.

② 동 상처에 염증이 생겨 고름이 들게 되다.

★ 꼽다 vs 꽂다

Tip 수를 세거나 무엇을 지목할 때는 '꼽다', 사물을 어디에 끼울 때는 '꽂다'

어휘	예문	답
07 꼽다	(1) 교과 어린 동생은 작고 통통한 손가락을 꼽으며 자기 나이를 세었다.	( )
	(2) 학평 P 자동차의 고객들은 연비를 첫 번째 구매 요인으로 꼽았다.	( )
08 꽂다	학평 실험용 쥐의 해마에 전극을 꽂고 신경 세포가 내는 전기 신호를 기록하였다.	( )

① 동 골라서 지목하다.

② 동 수나 날짜를 세려고 손가락을 하나씩 헤아리다.

③ 동 쓰러지거나 빠지지 아니하게 박아 세우거나 끼우다.

★ 늘리다 vs 늘이다

Tip '크기, 수량, 무게'와 관련해서는 '늘리다', '길이'와 관련해서는 '늘이다'

어휘	예문	답
09 늘리다	(1) 수능 백성들은 개간(開墾)을 통해 경작지를 늘려 생산을 증대하였다.	( )
	(2) 학평 우리의 활동이 빠짐없이 기록될 수 있도록 학교 신문 편집 인원을 더 늘려 주십시오.	( )
10 늘이다	수능 이제는 아무것도 없사오니 목을 늘여 사면을 살펴보옵소서.	( )

① 동 본디보다 더 길어지게 하다.

② 동 물체의 넓이, 부피 따위를 본디보다 커지게 하다.

③ 동 수나 분량 따위를 본디보다 많아지게 하거나 무게를 더 나가게 하다.

★ 달리다 vs 딸리다

Tip 능력이 부족하다고 말할 때는 '달리다', 어딘가에 속하거나 붙어 있는 대상을 설명할 때는 '딸리다'

11 달리다	교과 농촌은 일손이 달리는데 청년들은 모두 도시로 떠나니 걱정이다.	( )	① 동 어떤 것에 매이거나 붙어 있다.
12 딸리다	교과 난향이 공철을 인도하여 안방에 딸린 작은 방에 앉히고 말했다.	( )	② 동 재물이나 기술, 힘 따위가 모자라다.

★ 당기다 vs 댕기다 vs 땅기다

Tip '당기다'는 다양한 단어와 함께 쓰이지만 '댕기다'는 '불'과, '땅기다'는 '신체 부위'와 주로 쓰임.

13 당기다	(1) 교과 수업에 집중하라는 선생님 말씀에 정신이 번쩍 들어 의자를 바싹 당겨 앉았다.	( )	① 동 몹시 단단하고 팽팽하게 되다.
	(2) 교과 갑자기 회의가 잡혀 출발 예정 시간을 한 시간 당겼다.	( )	② 동 불이 옮아 붙다. 또는 그렇게 하다.
14 댕기다	교과 바싹 마른 나무에는 불이 잘 댕기니 산불을 막으려면 비가 와야 해.	( )	③ 동 정한 시간이나 기일을 앞으로 옮기거나 줄이다.
15 땅기다	교과 교통비를 아끼려고 하루 종일 걸었더니 종아리가 땅기고 허벅지가 뻐근했다.	( )	④ 동 물건 따위를 힘을 주어 자기 쪽이나 일정한 방향으로 가까이 오게 하다.

★ 으레 vs 지레

Tip '으레'는 '당연히, 꼭'과 의미가 유사하고, '지레'는 '미리'와 의미가 유사함.

16 으레	수능 방학 때면 으레 귀국하여 동포들이 모여 사는 간도 등지를 돌며 유이민(流移民)의 비극적인 삶을 살펴보기도 했다.	( )	① 부 두말할 것 없이 당연히. 또는 틀림없이 언제나.
17 지레	학평 온순했던 청년들은 지레 겁을 집어먹었다.	( )	② 부 어떤 일이 일어나기 전 또는 어떤 기회나 때가 무르익기 전에 미리.

★ 뒤처지다 vs 뒤쳐지다

Tip 주위와 비교해 따라가지 못함을 설명할 때는 '뒤처지다', 물건이 뒤집힌 상태를 표현할 때는 '뒤쳐지다'

18 뒤처지다	학평 다른 사람과 자신을 비교하면서 혹시 자신이 뒤처지고 있는 것은 아닌지 불안해한다.	( )	① 동 물건이 뒤집혀서 젖혀지다.
19 뒤쳐지다	교과 바람에 뒤쳐진 현수막을 제대로 걸고 올래?	( )	② 동 어떤 수준이나 대열에 들지 못하고 뒤로 처지거나 남게 되다.

★ 매기다 vs 메기다

Tip 가격을 부여하거나 등급을 정할 때는 '매기다', 짝을 이뤄 노래를 주고받을 때는 '메기다'

20 매기다	학평 독점 시장에서는 일반적으로 판매자가 사회적으로 바람직한 수준보다 생산량을 적게 하고 높은 가격을 매긴다.	( )	① 동 두 편이 노래를 주고받고 할 때 한편이 먼저 부르다.
21 메기다	교과 목소리가 큰 사람이 앞소리를 메기면 다른 사람들이 후렴을 따라 불렀다.	( )	② 동 일정한 기준에 따라 사물의 값이나 등수 따위를 정하다.

step 2 어휘력 체크

·뜻풀이로 체크하기·

01 ~ 06 다음 빈칸에 들어갈 알맞은 말을 〈보기〉에서 찾아 쓰시오.

보기

구별　날짜　노래　미리
지목　짐작　팽팽

01 땅기다: 몹시 단단하고 (　　　　)하게 되다.

02 겉잡다: 겉으로 보고 대강 (　　　　)하여 헤아리다.

03 가리다: 여럿 가운데서 하나를 (　　　　)하여 고르다.

04 메기다: 두 편이 (　　　　)을/를 주고받고 할 때 한 편이 먼저 부르다.

05 지레: 어떤 일이 일어나기 전 또는 어떤 기회나 때가 무르익기 전에 (　　　　).

06 꼽다: (1) 수나 (　　　　)을/를 세려고 손가락을 하나씩 헤아리다. (2) 골라서 (　　　　)하다.

07 ~ 12 다음 뜻풀이에 해당하는 어휘를 고르시오.

07 본디보다 더 길어지게 하다. (늘리다 | 늘이다)

08 물건이 뒤집혀서 젖혀지다. (뒤처지다 | 뒤쳐지다)

09 상처에 염증이 생겨 고름이 들게 되다. (곪다 | 곯다)

10 재물이나 기술, 힘 따위가 모자라다. (달리다 | 딸리다)

11 불이 옮아 붙다. 또는 그렇게 하다. (당기다 | 댕기다)

12 쓰러지거나 빠지지 아니하게 박아 세우거나 끼우다. (꼽다 | 꽂다)

·문장으로 체크하기·

13 ~ 17 다음 문맥에 알맞은 어휘를 고르시오.

13 학평 그 결과 사회는 (걷잡을 | 겉잡을) 수 없는 무질서 상태로 전락하게 될 것이다.

14 교과 그는 (달린 | 딸린) 식구를 돌봐야 해서 힘들어도 일을 섣불리 그만둘 수 없다고 말했다.

15 모평 놀부 놈이 주야로 제비 집 앞에 대령하여 가끔가끔 만져 보니 알이 다 (곪고 | 곯고) 다만 하나 깨었는지라.

16 학평 출신에 따라 편을 (가르고 | 가리고) 차별하는 지역감정을 떠올리면 같은 민족끼리 왜 이러나 하는 생각을 하게 된다.

17 모평 일반적으로 콘크리트는 누르는 힘인 압축력에는 쉽게 부서지지 않지만 (당기는 | 땅기는) 힘인 인장력에는 쉽게 부서진다.

18 ~ 22 다음 밑줄 친 어휘의 쓰임이 적절하면 ○에, 적절하지 않으면 ×에 표시하시오.

18 학평 공공의 안전이라는 가치를 위해 CCTV 수를 <u>늘여야</u> 한다고 주장한다. (○, ×)

19 모평 화단에서 금잔화 한 포기를 따 가슴에 <u>꼽고</u> 병실 안으로 사라진다. (○, ×)

20 학평 입장료를 지나치게 높은 수준으로 <u>매기면</u> 다수의 소비자들이 이용을 포기할 것이다. (○, ×)

21 교과 이 양반은 어질고 글 읽기를 좋아하여 군수가 새로 부임하면 <u>으레</u> 몸소 그 집을 찾아와서 인사를 드렸다. (○, ×)

22 학평 당시 산업화에 <u>뒤쳐진</u> 이탈리아는 산업화에 대한 열망과 민족적 자존감을 고양시킬 수 있는 새로운 예술을 필요로 하였다. (○, ×)

▶ 정답과 해설 18쪽

올바른 어휘로 고치기

01 〈보기〉의 ㈀~㈃이 올바른 문장이 되도록 고친 내용으로 적절하지 않은 것은?

보기

㈀ 과녁을 겨누자마자 방아쇠를 댕겼다.
㈁ 참외가 죄다 곪아서 만지면 물컹거린다.
㈂ 가게 문 앞에 있는 우산대에 우산을 꼽으세요.
㈃ 산비탈을 타고 물이 겉잡을 수 없이 흘러내렸다.
㈄ 염색체 길이를 이용하여 인간의 수명을 늘이는 연구가 진행되고 있다.

① ㈀: '댕겼다'를 '땅겼다'로 고친다.
② ㈁: '곪아서'를 '곯아서'로 고친다.
③ ㈂: '꼽으세요'를 '꽂으세요'로 고친다.
④ ㈃: '겉잡을'을 '걷잡을'로 고친다.
⑤ ㈄: '늘이는'을 '늘리는'으로 고친다.

어휘의 쓰임과 표기 이해하기

02 밑줄 친 어휘의 쓰임과 표기가 적절하지 않은 것은?

① 아기가 어려 대소변을 아직 못 가른다.
② 작은 선택 하나가 그들의 운명을 갈랐다.
③ 그는 물고기를 손질하기 위해 우선 배를 갈랐다.
④ 우리는 장사를 마친 후 매일 서로의 몫을 갈랐다.
⑤ 미국 서부 지역에서는 목숨을 건 총싸움으로 시비를 가리던 때가 있었다.

문맥에 알맞은 어휘 찾기

03 문맥상 알맞은 어휘에 ○표 한 것으로 적절하지 않은 것은?

① 가을철에는 워낙 일손이 ((달린다) | 딸린다).
② 그 운동선수는 수영장까지 (달린 | (딸린)) 저택에 산다.
③ 그녀는 머리에 (꼽은 | (꽂은)) 비녀를 뽑아 은하를 따라 금을 그었다.
④ 키가 크는 바람에 입던 바지가 모두 짧아져 바짓단을 (늘려야 | (늘여야)) 했다.
⑤ ((걷잡아도) | 겉잡아도) 일주일은 걸릴 일을 사흘 만에 끝내라고 하니 화가 치밀었다.

헷갈리는 어휘의 쓰임 이해하기

04 밑줄 친 어휘의 쓰임이 적절하지 않은 것은?

① 그는 호기심이 당겨 아궁이에 불을 댕겨 보았다.
② 사나운 개가 으레 달려 나오던 곳이라서 그는 지레 겁을 먹고 있었다.
③ 민요 경창 대회의 심사 위원들은 메기고 받기를 잘하는 팀에 높은 점수를 매긴다.
④ 큰집에 일손이 달리자 작은집에선 장정들에 집에서 부리던 머슴까지 딸려 보냈다.
⑤ 도시 학교보다 교육 시설이 뒤처진 시골 학교의 학생들은 성적까지 뒤쳐지자 무척 실망하였다.

어휘의 의미와 쓰임 이해하기

05 〈보기〉의 (a)~(e)의 뜻을 지닌 어휘를 활용하여 만든 문장으로 적절하지 않은 것은?

보기

(a) 틀림없이 언제나.
(b) 골라서 지목하다.
(c) 속이 물크러져 상하다.
(d) 어떤 수준이나 대열에 들지 못하고 뒤로 처지거나 남게 되다.
(e) 어떤 일이 일어나기 전 또는 어떤 기회나 때가 무르익기 전에 미리.

① (a): 시험을 앞두고는 으레 밤샘하기 마련이다.
② (b): 선생님은 이 교재를 여러 어휘 교재들 중 제일로 꼽았다.
③ (c): 곪아서 물컹거리는 사과를 골라내 버리고 상자에 싱싱한 것만 남겼다.
④ (d): 한쪽 다리를 다쳐 대열에서 뒤처진 영수는 이마에 땀을 뻘뻘 흘리고 있었다.
⑤ (e): 도둑들은 지레 겁을 먹어 뒤도 돌아보지 않고 달아났다.

관용어

※ 관용어가 사용된 예문을 읽고 해당 뜻풀이를 찾아 번호를 쓰세요.

★ 손

01 손을 거치다

예문 중간 상인의 손을 거치지 않는 직거래 장터에서는 물건이 저렴한 가격으로 판매된다. ( )

02 손을 맞잡다

예문 서울시와 환경 단체가 손을 맞잡고 대기 오염 문제 해결에 나섰다. ( )

03 손을 뻗다

예문 수재는 순진한 영식에게 콩밭에 금이 묻혔으니 금을 캐자며 유혹의 손을 뻗었다. ( )

04 손을 씻다

예문 범죄 조직에 속해 있던 그는 손을 씻고 새 삶을 시작했다. ( )

05 손이 맵다

예문 어찌나 손이 매운지 그녀에게 맞은 등이 한참 동안 얼얼했다. ( )

06 손바닥 뒤집듯

예문 손바닥 뒤집듯 말을 바꾸니 더 이상 너에게 의견을 묻지 않을게. ( )

07 손사래를 치다

예문 지희는 억울한 듯 손사래를 치며 자기 잘못이 아니라고 말했다. ( )

08 손톱도 안 들어가다

예문 그 사람은 손톱도 안 들어갈 정도로 빈틈이 없어 보인다. ( )

① 어떤 사람을 경유하다.

② 손으로 슬쩍 때려도 몹시 아프다.

③ 사람됨이 몹시 야무지고 인색하다.

④ 서로 뜻을 같이 하여 긴밀하게 협력하다.

⑤ 의도적으로 남에게 어떤 영향을 미치게 하다.

⑥ 거절이나 부인을 하며 손을 펴서 마구 휘젓다.

⑦ 태도를 갑자기 또는 노골적으로 바꾸기를 아주 쉽게.

⑧ 부정적인 일이나 찜찜한 일에 대하여 관계를 청산하다.

★ 가슴

09 가슴에 멍이 들다

예문 동현이는 믿었던 친구에게 배신을 당해 가슴에 멍이 들었다. ( )

10 가슴을 저미다

예문 생계로 인해 어쩔 수 없이 고향을 떠났다던 그녀의 사연이 나의 가슴을 저며 왔다. ( )

11 가슴이 뜨끔하다

예문 형사의 예리한 질문에 가슴이 뜨끔했지만 아무렇지 않은 척했다. ( )

12 가슴이 타다

예문 사랑하는 그녀가 돌아오지 않자 가슴이 타는 듯 초조했다. ( )

① 마음속으로 고민하여 가슴이 뜨거워지는 것 같다.

② 자극을 받아 마음이 깜짝 놀라거나 양심의 가책을 받다.

③ 마음속에 쓰라린 고통과 모진 슬픔이 지울 수 없이 맺히다.

④ 생각이나 느낌이 매우 심각하고 간절하여 가슴을 칼로 베는 듯한 아픔을 느끼게 하다.

★ 머리

13 머리가 굵다

교과 중학생이 된 딸이 이제 제법 머리가 굵었다고 말도 잘 안 듣는다. ( )

14 머리를 굴리다

교과 머리를 굴려 컴퓨터를 고칠 수 있는 방법을 생각해 봐라. ( )

15 머리를 긁다

교과 그는 부끄러웠는지 머리를 긁으며 멋쩍게 웃었다. ( )

16 머리를 쥐어짜다

교과 머리를 쥐어짜서 겨우 자기소개서를 다 작성했다. ( )

17 머리에 쥐가 나다

교과 수학을 싫어하는 지혜는 숫자만 봐도 머리에 쥐가 난다고 했다. ( )

18 머리칼이 곤두서다

교과 혼자 공포 영화를 보는 상상만 해도 머리칼이 곤두선다. ( )

① 몹시 애를 써서 궁리하다.

② 어른처럼 생각하거나 판단하게 되다.

③ 머리를 써서 해결 방안을 생각해 내다.

④ 무섭거나 놀라서 날카롭게 신경이 긴장되다.

⑤ 싫고 두려운 상황에서 의욕이나 생각이 없어지다.

⑥ 수줍거나 무안해서 어쩔 줄 모를 때 그 어색함을 무마하려고 머리를 긁적이다.

★ 발

19 발 디딜 틈이 없다

교과 고깃집에는 발 디딜 틈이 없을 정도로 손님들로 북적였다. ( )

20 발 뻗고 자다

교과 과제를 다 끝냈으니 오늘은 발 뻗고 잘 수 있을 것 같아. ( )

21 발이 떨어지지 않다

교과 집에 혼자 있을 어린 동생이 걱정되어 발이 떨어지지 않았어. ( )

22 발이 묶이다

교과 폭우로 여객선이 결항하자 육지로 나가려는 사람들이 발이 묶였다. ( )

23 발목을 잡히다

교과 밀린 업무에 발목을 잡혀 휴일에 쉬지도 못했다. ( )

24 발바닥에 불이 나다

교과 결혼 준비로 발바닥에 불이 날 정도로 여기저기 바쁘게 다녔다. ( )

① 마음 놓고 편히 자다.

② 복작거리어 혼잡스럽다.

③ 부리나케 여기저기 돌아다니다.

④ 어떤 일에 꽉 잡혀서 벗어나지 못하다.

⑤ 몸을 움직일 수 없거나 활동할 수 없는 형편이 되다.

⑥ 애착, 미련, 근심, 걱정 따위로 마음이 놓이지 아니하여 선뜻 떠날 수가 없다.

500

400

· 뜻풀이로 체크하기 ·

01 ~ 06 다음 뜻풀이에 해당하는 관용어를 쓰시오.

01 부리나케 여기저기 돌아다니다.

______

02 손으로 슬쩍 때려도 몹시 아프다.

______

03 어떤 일에 꽉 잡혀서 벗어나지 못하다.

______

04 마음속으로 고민하여 가슴이 뜨거워지는 것 같다.

______

05 애착, 미련, 근심, 걱정 따위로 마음이 놓이지 아니하여 선뜻 떠날 수가 없다. ______

06 생각이나 느낌이 매우 심각하고 간절하여 가슴을 칼로 베는 듯한 아픔을 느끼게 하다.

______

07 ~ 12 다음 빈칸에 들어갈 알맞은 말을 〈보기〉에서 찾아 쓰시오.

보기

궁리	긴장	어른
영향	인색	청산

07 머리를 쥐어짜다: 몹시 애를 써서 (   )하다.

08 머리가 굵다: (   )처럼 생각하거나 판단하게 되다.

09 손톱도 안 들어가다: 사람됨이 몹시 야무지고 (   ) 하다.

10 손을 뻗다: 의도적으로 남에게 어떤 (   )을/를 미치게 하다.

11 머리칼이 곤두서다: 무섭거나 놀라서 날카롭게 신경이 (   )되다.

12 손을 씻다: 부정적인 일이나 찜찜한 일에 대하여 관계를 (   )하다.

· 문장으로 체크하기 ·

13 ~ 18 다음 빈칸에 들어갈 알맞은 관용어를 〈보기〉에서 찾아 기호를 쓰시오.

보기

㉠ 가슴에 멍이 들었다　　㉡ 머리를 긁었다
㉢ 머리에 쥐가 났다　　㉣ 발 디딜 틈이 없었다
㉤ 발 뻗고 잘 수 있었다　　㉥ 손을 맞잡았다

13 교과 자식의 모진 말에 어머니의 (   ).

14 교과 공원에는 나들이를 나온 사람들로 (   ).

15 교과 이번 중대 사건의 배후자를 찾기 위해 경찰과 검찰이 (   ).

16 교과 10시간 동안 내리 영어 공부만 했더니 알파벳만 봐도 (   ).

17 교과 더 이상 갚아야 하는 빚이 없다는 소식을 듣고 나서야 친구는 (   ).

18 교과 수업 시간에 친구와 장난을 치다 선생님께 혼이 난 준혁이는 머쓱한지 (   ).

19 ~ 24 다음 문맥에 알맞은 관용어를 고르시오.

19 교과 신입 부원이 작성한 기사는 편집부장의 (손을 뻗어 | 손을 거쳐) 수정되었다.

20 교과 소나기가 내퍼붓는 바람에 (발이 묶여서 | 발바닥에 불이 나서) 외출할 수가 없었다.

21 교과 할머님께 명절 선물로 상품권을 건넸지만 (손을 씻으며 | 손사래를 치며) 받지 않으셨다.

22 교과 이사 가는 집에 가구와 소품들을 어떻게 배치하면 좋을지 (머리를 굴렸다 | 머리를 긁었다).

23 교과 중요한 결정을 내릴 때마다 (손바닥 뒤집듯 | 손을 맞잡듯) 마음을 바꾸는 그녀의 변덕에 지쳤다.

24 교과 상점 주인과 눈이 마주친 영수는 (가슴이 뜨끔했지만 | 가슴을 저몄지만) 곧장 아무렇지 않게 물건을 소매에 넣었다.

▶ 정답과 해설 19쪽

관용어의 의미 파악하기

01 밑줄 친 관용어의 뜻풀이가 적절하지 않은 것은?

① 이제 머리가 굵었나고 부모 말을 듣지 않는구나.: 어른처럼 생각하게 되다.
② 열심히 머리를 굴렸지만 뾰족한 수가 떠오르지 않았다.: 해결 방안을 생각해 보다.
③ 혜수는 경쟁자에게 발목을 잡힐 소리만 줄줄이 내뱉고 말았다.: 남에게 약점이 잡히다.
④ 그는 종교에 귀의한 뒤로는 나쁜 일에서 손을 씻었다.: 부정적인 일에 대하여 관계를 청산하다.
⑤ 그녀가 나의 어두운 과거를 두 눈으로 본 것처럼 조잘대는 통에 나는 가슴이 뜨끔하였다.: 감정이 격해지다.

제시된 정보로 관용어 유추하기

02 제시된 뜻풀이를 참고할 때, ㉠과 ㉡에 들어갈 관용어로 적절한 것은?

보기

- [뜻풀이] 싫고 두려운 상황에서 의욕이나 생각이 없어지다.
  [예 문] 학과 공부에 자신이 없는 그는 내년에 복학할 생각만 하면 (㉠).
- [뜻풀이] 사람됨이 몹시 야무지고 인색하다.
  [예 문] (㉡) 듯한 태도로 부탁을 거절하는 친구에게 섭섭함을 느끼지 않을 수 없었다.

	㉠	㉡
①	머리를 긁다	손을 씻다
②	머리를 굴리다	손을 맞잡다
③	머리를 쥐어짜다	손사래를 치다
④	머리에 쥐가 나다	손톱도 안 들어가다
⑤	머리칼이 곤두서다	손을 뻗다

관용어의 쓰임 이해하기

03 밑줄 친 관용어의 쓰임이 적절하지 않은 것은?

① 사내는 실수를 범하자 무안해하며 머리를 긁어 댔다.
② 그와 나는 가슴을 저미고 이야기하는 돈독한 사이이다.
③ 그들은 손바닥 뒤집듯이 약속을 어겨서 믿을 수가 없다.
④ 서자인 길동은 세상의 천대와 멸시로 가슴에 멍이 들었다.
⑤ 아기가 잠에서 깨기 전에 무슨 일이 있어도 돌아가야만 하는 엄마는 가슴이 탔다.

관용어의 사례 파악하기

04 〈보기〉의 설명을 참고할 때, 밑줄 친 부분이 관용어가 아닌 것은?

보기

관용어는 사람들이 관습적으로 널리 쓰는 말로 어떤 구(句)의 의미가 그 구를 구성하는 각 형태소의 의미의 조합으로는 설명될 수 없는 모든 언어 형태를 말한다. 관용어는 비문법적이고 비슷한 느낌이 강하며, 수사법상으로는 은유적이고 과장적인 성격이 나타난다.

① 수비수는 날렵하게 손을 뻗어 날아오는 공을 막았다.
② 그 책이 내게 돌아오기까지 여러 사람의 손을 거쳤다.
③ 지방 정부와 시민 단체가 사회적 문제 해결을 위해 손을 맞잡았다.
④ 빰을 맞는 장면을 연기한 그는 상대 배우의 손이 매워 아직도 빰이 얼얼하다며 얼굴을 쓰다듬었다.
⑤ 자녀에게 운동선수의 길을 권할 것이냐는 질문에 김 선수는 손사래를 치며 시키지 않을 것이라고 답했다.

관용어의 의미와 쓰임 이해하기

05 〈보기〉와 같이 관용어가 쓰인 부분을 바꾸어 표현한 것으로 적절하지 않은 것은?

보기

- 비 내리는 늦은 밤에 공동묘지 옆을 지나자니 머리칼이 곤두섰다. → 무서워 날카롭게 신경이 긴장되었다.

① 갑작스러운 폭설로 등산객들이 발이 묶였다. → 우왕좌왕했다
② 모델 하우스는 방문객으로 발 디딜 틈이 없었다. → 복작거려 혼잡스러웠다
③ 형사는 죄지은 사람이 발 뻗고 자는 꼴을 볼 수 없다고 말했다. → 마음 편히 자는
④ 김 첨지는 병든 아내를 두고 일을 나서자니 발이 떨어지지 않았다. → 선뜻 떠날 수가 없었다
⑤ 밀려드는 주문에 부족한 음식 재료를 구하느라 발바닥에 불이 났다. → 부리나케 돌아다녔다

07 필수 어휘_현대 문학

2주 완성

※ 어휘의 사전적 의미에 해당하는 예문을 찾아 번호를 쓰고 빈칸을 채워 보세요.

어휘	뜻	번호
01 **여명** 검을 黎 | 밝을 明	명 희미하게 날이 밝아 오는 빛. 또는 그런 무렵.	( )
02 **연루** 잇닿을 連 | 묶을 累	명 남이 저지른 범죄에 연관됨.	( )
03 **연연하다** 사모할 戀 | 사모할 戀 --	동 집착하여 미련을 가지다.	( )
04 **열없다**	형 좀 겸연쩍고 부끄럽다.	( )
05 **영달** 꽃 榮 | 통할 達	명 지위가 높고 귀하게 됨.	( )

① 학평 상대방의 반응에 ☐☐하지 않겠다는 인물의 심리를 알 수 있다.

② 학평 적막한 새벽녘에 창호지 문살 사이로 ☐☐이 밝아 오는 장면을 묘사한다.

③ 교과 가만히 앉아 있기가 ☐☐어서 주변에 놓여 있는 신문과 잡지를 괜히 들척였다.

④ 학평 가문의 ☐☐을 위해 자신의 딸 갑분이를 김 판서댁 아들 미언에게 시집보내려 했다.

⑤ 학평 큰아들 병국은 서울의 일류 대학을 다니다가 시국 사건에 ☐☐되어 퇴학을 당해 낙향했다.

어휘	뜻	번호
06 **영악하다** 신령 靈 | 악할 惡 --	형 이해가 밝으며 약다.	( )
07 **옴팡지다**	(1) 형 보기에 가운데가 좀 오목하게 쏙 들어가 있다.	( )
	(2) 형 아주 심하거나 지독한 데가 있다.	( )
08 **옹색하다** 막을 壅 | 막힐 塞 --	형 형편이 넉넉하지 못하여 생활에 필요한 것이 없거나 부족하다.	( )
09 **완고하다** 완고할 頑 | 굳을 固 --	형 융통성이 없이 올곧고 고집이 세다.	( )
10 **우두망찰하다**	동 정신이 얼떨떨하여 어찌할 바를 모르다.	( )

① 교과 ☐☐한 형편에 가족과 외식 한 번 할 수 없었다.

② 교과 친구들이 자리를 비우는 바람에 술값을 ☐☐지게 뒤집어썼다.

③ 교과 그녀는 ☐☐하고 이해타산이 빨라 결코 손해 보는 일이 없었다.

④ 수능 너무나 어이가 없었음인지 시선을 치걷으며 그 자리에 ☐☐☐☐한다.

⑤ 교과 남의 의견은 무조건 반대하고 자기 생각만 ☐☐하게 주장하는 진수를 이해하기 힘들다.

⑥ 교과 그 밭은 후미지고 ☐☐진 데다가 담으로 가리어 있기 때문에 사람들의 눈에 잘 띄지 않았다.

어휘	뜻	번호
11 **우롱하다** 어리석을 愚 | 희롱할 弄 --	동 사람을 어리석게 보고 함부로 대하거나 웃음거리로 만들다.	( )
12 **울화** 답답할 鬱 | 불 火	명 마음속이 답답하여 일어나는 화.	( )
13 **유구하다** 멀 悠 | 오랠 久 --	형 아득하게 오래다.	( )
14 **유랑하다** 흐를 流 | 물결 浪 --	동 일정한 거처가 없이 떠돌아다니다.	( )
15 **윽박지르다**	동 심하게 짓눌러 기를 꺾다.	( )

① 수능 '길'은 장돌뱅이로 ☐☐해 온 허 생원의 삶의 여정을 드러내는 공간이다.

② 모평 피문오는 지욱이 생각하는 자서전의 가치를 폄하하여 지욱을 ☐☐하고 있다.

③ 학평 아내를 ☐☐지르는 다람쥐를 통해 가부장적인 가치관의 문제점을 드러내고 있군.

④ 모평 '풍설에 깎이어 날선 봉우리'를 통해, 자연의 ☐☐함에서 풍기는 분위기를 표상하고 있다.

⑤ 모평 그러나 내 속은 정말 안야 때문이 아니라 점심을 이고 온 점순이의 키를 보고 ☐☐가 났던 것이다.

16 **은둔하다** 숨을 隱 | 달아날 遁 - -	동 세상일을 피하여 숨다.	( )
17 **을씨년스럽다**	형 보기에 날씨나 분위기 따위가 몹시 스산하고 쓸쓸한 데가 있다.	( )
18 **이죽거리다**	동 자꾸 밉살스럽게 지껄이며 짓궂게 빈정거리다. '이기죽거리다'의 준말.	( )
19 **일침** 하나 一 | 바늘 鍼	명 침 한 대라는 뜻으로, 따끔한 충고나 경고를 이르는 말.	( )
20 **자자하다** 깔개 藉 | 깔개 藉 - -	형 여러 사람의 입에 오르내려 떠들썩하다.	( )

① 교과 우리 마을은 공기가 깨끗하기로 소문이 □□하다.

② 교과 택시 운전사는 행색이 초라한 그를 비웃으며 노골적으로 □□거렸다.

③ 모평 비를 부르는 개구리 소리 어쩐지 □□□스러워 구슬픈 마음이 가슴에 밴다.

④ 교과 한때 방황했지만 선생님의 따끔한 □□에 마음을 잡고 학교를 열심히 다녔다.

⑤ 수능 그의 이런 태도는 자연과 하나가 되려는 것이지만, 현실에서 벗어나 자연에 □□하려는 것이기도 하다.

21 **자중하다** 스스로 自 | 무거울 重 - -	동 말이나 행동, 몸가짐 따위를 신중하게 하다.	( )
22 **작고하다** 지을 作 | 옛 故 - -	동 (높이는 뜻으로) 사람이 죽다. 고인이 되었다는 뜻에서 나온 말이다.	( )
23 **작위적** 지을 作 | 할 爲 | 과녁 的	관명 꾸며서 하는 것이 두드러지게 눈에 띄는. 또는 그런 것.	( )
24 **장구하다** 길 長 | 오랠 久 - -	형 매우 길고 오래다.	( )
25 **전횡** 오로지 專 | 가로 橫	명 권세를 혼자 쥐고 제 마음대로 함.	( )

① 교과 다친 무릎이 다 나을 때까지 □□하는 것이 좋겠어.

② 모평 상황에 맞지 않는 대사와 □□□인 이름으로 극적 긴장감을 이완시키고 있다.

③ 학평 무슨 행세로 적어도 일 년이란 □□한 세월을 먹고 입어 가며 거친 땅을 풀 수가 있으랴.

④ 교과 박 사장은 충직한 간부들을 해고하고 자신의 인척들을 간부 자리에 앉히는 □□을 휘둘렀다.

⑤ 학평 남파 간첩으로 체포되어 21년을 복역하고 □□한 작은할아버지의 생애를 석사 논문의 주제로 삼은 손자는 할아버지에게 과거사를 묻는다.

26 **종용하다** 권할 慫 | 권할 慂 - -	동 잘 설득하고 달래어 권하다.	( )
27 **즐비하다** 빗 櫛 | 견줄 比 - -	형 빗살처럼 줄지어 빽빽하게 늘어서 있다.	( )
28 **진저리**	명 몹시 싫증이 나거나 귀찮아 떨쳐지는 몸짓.	( )
29 **착잡하다** 섞일 錯 | 섞일 雜 - -	형 갈피를 잡을 수 없이 뒤섞여 어수선하다.	( )
30 **천연덕스럽다** 하늘 天 | 그럴 然 - - - -	형 시치미를 뚝 떼어 겉으로는 아무렇지 않은 체하는 태도가 있다.	( )

① 교과 개발 구역이 된 지역에 고층 아파트들이 □□하게 들어섰다.

② 학평 예전과 많이 달라진 자신의 처지에 대한 맹 순사의 □□한 마음을 알 수 있다.

③ 교과 같은 말을 또 하고 또 하는데 이제 그 사람 얼굴만 봐도 □□□가 나더라니까.

④ 학평 연호는 동굴 바로 앞에서 현의 할아버지를 인질로 잡고서 현이 투항할 것을 □□한다.

⑤ 교과 그가 눈 하나 깜짝하지 않고 □□□스럽게 거짓말을 하는데 그 모습이 얼마나 뻔뻔하던지.

·뜻풀이로 체크하기·

01 ~ 06 다음 뜻풀이에 해당하는 어휘를 말상자에서 찾아 표시하시오.

매	여	안	상	일	주
편	명	시	을	침	강
전	횡	작	훈	걸	게
서	물	고	열	없	다
우	롱	하	다	빈	를
달	권	다	휘	전	둔

01 좀 겸연쩍고 부끄럽다.

02 권세를 혼자 쥐고 제 마음대로 함.

03 희미하게 날이 밝아 오는 빛. 또는 그런 무렵.

04 침 한 대라는 뜻으로, 따끔한 충고나 경고를 이르는 말.

05 사람을 어리석게 보고 함부로 대하거나 웃음거리로 만들다.

06 (높이는 뜻으로) 사람이 죽다. 고인이 되었다는 뜻에서 나온 말이다.

07 ~ 12 다음 빈칸에 들어갈 알맞은 말을 쓰시오.

07 유구하다: 아득하게 □□다.

08 연연하다: □□하여 미련을 가지다.

09 종용하다: 잘 □□하고 달래어 권하다.

10 울화: 마음속이 □□하여 일어나는 화.

11 유랑하다: 일정한 □□가 없이 떠돌아다니다.

12 즐비하다: 빗살처럼 줄지어 □□하게 늘어서 있다.

·문장으로 체크하기·

13 ~ 18 다음 문맥에 알맞은 어휘를 고르시오.

13 교과 인적이 드물어 (우두망찰한 | 을씨년스러운) 골목길을 혼자 걸어갔다.

14 교과 어린 시절 (옹색 | 유구)하게 살며 고생했던 기억 때문에 누구보다도 돈을 많이 벌고 싶었다.

15 수능 (영달 | 일침)에 얽매여 벼슬하는 자는 구차하게 영화에 매달리지만 나는 만나는 대로 편안하다.

16 교과 이웃집 할아버지는 아내에 대한 사랑이 지극한 사람이라고 온 동네에 칭찬이 (옴팡지다 | 자자하다).

17 모평 성씨와 본관에 기반을 둔 (완고 | 즐비)한 혈연 의식이 우리 사회 곳곳에서 강하게 작용하고 있다.

18 학평 이 밤은 모든 물건보다 가장 늦게 나는 것이며, 그것을 재배하기도 매우 어렵고 (영악 | 장구)한 시일이 걸린다.

19 ~ 24 다음 빈칸에 들어갈 알맞은 어휘를 〈보기〉에서 찾아 쓰시오.

보기

연루 은둔 자중
착잡 작위적 진저리

19 교과 김 사장은 모든 명예와 부귀를 버리고 시골로 내려가 (   ) 생활을 했다.

20 학평 신흠은 선조 사후 '계축옥사'에 (   )되어 관직을 박탈당하고 김포로 내쫓겼다.

21 학평 내 한 번 속은 것도 생각하면 (   )이/가 나거든 하물며 두 번까지 속을쏘냐.

22 교과 남자 친구와 헤어진 인아는 (   )한 마음을 애써 누르며 억지로 미소를 지었다.

23 교과 임금께서 머무시는 궁궐에서 어찌 이리 소란을 피운단 말이오? 모두 (   )하여 주시오.

24 수능 간접 광고 제도가 도입된 이후에는 프로그램 내용이 전개될 때 (   )(으)로 상품을 노출시키는 장면이 많아졌겠군.

▶ 정답과 해설 20쪽

어휘의 의미와 쓰임 이해하기

01 〈보기〉의 ⓐ~ⓔ의 뜻을 지닌 어휘를 활용하여 만든 문장으로 적절하지 않은 것은?

보기
ⓐ 심하게 짓눌러 기를 꺾다.
ⓑ 아주 심하거나 지독한 데가 있다.
ⓒ 정신이 얼떨떨하여 어찌할 바를 모르다.
ⓓ 자꾸 밉살스럽게 지껄이며 짓궂게 빈정거리다.
ⓔ 시치미를 뚝 떼어 겉으로는 아무렇지 않은 체하는 태도가 있다.

① ⓐ: 강도를 당하던 사람이 반대로 신경질을 내며 강도를 윽박지르는 상황이 눈앞에 펼쳐지고 있다.
② ⓑ: 불안정한 주식 시장에서 자칫 잘못 판단했다가는 옴팡지게 손해를 볼 가능성도 있다.
③ ⓒ: 응칠은 논의 벼 도둑이 동생임을 알게 되자 너무나 어이가 없어 그 자리에 우두망찰한다.
④ ⓓ: 영감은 못마땅한 표정을 지은 채 그를 위아래로 훑어보며 이죽거렸다.
⑤ ⓔ: "얼른 시집가야지?"라고 물으면 염려 말라며 털털하고 을씨년스럽게 말을 받는 점순이었다.

적절한 어휘로 바꿔 쓰기

02 문맥상 다음 밑줄 친 어휘와 바꿔 쓰기에 적절하지 않은 것은?

① 방금 한 실수가 열없어서 얼굴이 붉어졌다. → 부끄러워
② 이번 뇌물 사건에 연루된 사람들이 차례로 경찰 조사를 받았다. → 연관된
③ 박연은 신분에 연연하지 않고 피리를 잘 부는 광대에게 배움을 청했다. → 집착하지
④ 최 노인은 완고하고 보수적이며 가문의 명예를 중시하는 고집 센 인물이다. → 유구하고
⑤ 나는 마음 가는 대로 노닐고 싶지 구석진 땅에 머물며 옹색히게 살고 싶지는 않다. → 가난하게

어휘의 의미 관계 파악하기

03 〈보기〉의 밑줄 친 어휘와 유의 관계인 것은?

보기
'찹찹하다'와 '착잡하다'는 모두 기분을 나타낼 때 쓸 수 있지만 의미는 매우 다르다. '찹찹하다'는 마음이 들뜨지 않고 차분한 상태임을 나타내고, '착잡하다'는 갈피를 잡을 수 없이 마음이 어수선한 상태임을 나타낸다.

① 고요하다 ② 막막하다 ③ 복잡하다
④ 자자하다 ⑤ 침울하다

어휘의 의미와 쓰임 이해하기

04 문맥상 밑줄 친 두 어휘의 쓰임 중 하나라도 적절하지 않은 것은?

① (ㄱ) 진열장에는 온갖 상품이 즐비하게 진열되어 있다.
(ㄴ) 이장은 사이가 틀어진 두 사람을 한자리에 불러 화해를 종용했다.
② (ㄱ) 우리 민족은 반만년의 장구한 역사를 지니고 있다.
(ㄴ) 왕에게 아첨하여 권력을 장악하고 여명을 일삼던 간신들의 마지막은 비참했다.
③ (ㄱ) 그 사내는 승려가 되어 전국을 유랑하며 살고 있다.
(ㄴ) 소비자를 우롱하는 허위, 과장 광고에 대한 규제가 필요하다.
④ (ㄱ) 왕이 하늘로 올라가니 왕후께서도 왕을 따라 작고하셨다.
(ㄴ) 그는 다니던 직장을 그만두고 한적한 곳에서 은둔 생활을 하고 있다.
⑤ (ㄱ) 만사를 쉽게 생각하고 섣불리 행동하기보다는 자중하는 것이 좋다.
(ㄴ) 늘그막까지 장돌뱅이로 떠도는 건 생각만 해도 진저리가 날 노릇 아니겠나?

어휘의 쓰임 이해하기

05 〈보기〉의 ⓐ, ⓑ를 사용하여 만든 문장으로 적절하지 않은 것은?

보기
한자 '신령 영(靈)'이 쓰인 ⓐ '영악(靈惡)하다'는 '이해가 밝으며 약다.'라는 뜻의 어휘이고, 한자 '모질 영(獰)'이 쓰인 ⓑ '영악(獰惡)하다'는 '매우 모질고 사납다.'라는 뜻의 어휘이다. 문맥적 의미에 따라 앞의 어휘는 '똑똑하다, 약다, 영리하다, 깜찍하다' 등의 어휘와 바꿔 쓸 수 있고, 뒤의 어휘는 '모질다, 사납다, 포악하다' 등의 어휘와 바꿔 쓸 수 있다. 따라서 가끔 "영악하다는 말이 욕이야 칭찬이야?"라는 말을 하는 경우가 생긴다.

① ⓐ: 각박한 도시는 시골 소년을 요령 부리기에 능한 영악한 아이로 만들었다.
② ⓐ: 욕설을 퍼붓고 폭력을 휘두르는 그는 영악한 인물로 정평이 나서 사람들의 미움을 받는다.
③ ⓐ: 소작인의 아들인 나에게 적극적으로 마음을 표현하는 점순이는 어리석지 않고 영악한 인물이다.
④ ⓑ: 그는 험악한 생김새와 다르게 영악하지 않았고, 정답고 정성스럽게 나를 대했다.
⑤ ⓑ: 성문의 문지기는 침입자들을 물어뜯을 것 같은 영악한 자세로 창을 들고 성문을 막고 서 있다.

08 한자 성어

2주 완성

※ 한자 성어가 사용된 예문을 읽고 해당 뜻풀이를 찾아 번호를 쓰세요.

★ 독서

한자 성어	예문	답
01 **독서삼매** 읽을 讀 | 글 書 | 석 三 | 어두울 昧	교과 영수는 독서삼매에 빠져 한밤중이 된 것도 몰랐다.	( )
02 **수불석권** 손 手 | 아닐 不 | 풀 釋 | 책 卷	교과 60세에 대학에 입학한 임○○ 할아버지는 생계를 이어 나가는 와중에도 수불석권하며 공부를 게을리하지 않았다고 밝혔다.	( )
03 **위편삼절** 가죽 韋 | 엮을 編 | 석 三 | 끊을 絕	교과 겨울 방학 동안 위편삼절을 했더니 책의 겉표지가 너덜너덜하게 해어졌다.	( )
04 **한우충동** 땀 汗 | 소 牛 | 가득할 充 | 마룻대 棟	교과 책이 겹겹이 쌓인 교수님의 서재에 들어가니 한우충동이라는 말이 떠오른다.	( )

① 손에서 책을 놓지 아니하고 늘 글을 읽음.

② 다른 생각은 전혀 아니 하고 오직 책 읽기에만 골몰하는 경지.

③ 짐으로 실으면 소가 땀을 흘리고, 쌓으면 들보에까지 찬다는 뜻으로, 가지고 있는 책이 매우 많음을 이름.

④ 공자가 주역을 즐겨 읽어 책의 가죽끈이 세 번이나 끊어졌다는 뜻으로, 책을 열심히 읽음을 이름.

★ 다툼

한자 성어	예문	답
05 **골육상잔** 뼈 骨 | 고기 肉 | 서로 相 | 해칠 殘	교과 여러 사업체를 운영했던 자산가가 세상을 떠나자, 그가 남긴 유산을 놓고 자식들이 서로 헐뜯고 고소하는 골육상잔의 비극이 벌어졌다.	( )
06 **시시비비** 옳을 是 | 옳을 是 | 아닐 非 | 아닐 非	교과 엄마는 나와 동생이 다투게 된 이야기를 듣고 시시비비를 가려 주셨다.	( )
07 **이전투구** 진흙 泥 | 밭 田 | 싸움 鬪 | 개 狗	교과 규칙을 지키며 진행되던 두 후보의 경쟁이 점차 서로의 약점을 공격하는 이전투구의 싸움으로 변질되고 있다.	( )
08 **자중지란** 스스로 自 | 가운데 中 | 갈 之 | 어지러울 亂	교과 선수 선발 방식에 대해 내부에서 각기 다른 입장이 나오면서 대표 팀은 자중지란의 모습을 보이고 있다.	( )

① 같은 편끼리 하는 싸움.

② 가까운 혈족끼리 서로 해치고 죽임.

③ 여러 가지의 잘잘못. 또는 옳고 그름을 따지며 다툼.

④ 진흙탕에서 싸우는 개라는 뜻으로, 자기의 이익을 위하여 비열하게 다툼을 이름.

★ 헛된 생각이나 논의

한자 성어	예문	답
09 **과대망상** 자랑할 誇 | 큰 大 | 허망할 妄 | 생각 想	모평 돈키호테는 과대망상에 사로잡혀 눈앞에 보이는 현실을 인정하지 않고, 자신이 추구하는 가치만을 고집하는 인물로 그려진다.	( )
10 **탁상공론** 높을 卓 | 위 上 | 빌 空 | 논의할 論	교과 탁상공론만 하지 말고 현실적인 방안을 모색해 봅시다.	( )

① 현실성이 없는 허황한 이론이나 논의.

② 사실보다 과장하여 터무니없는 헛된 생각을 하는 증상.

★ 뚜렷한 방향 · 방도가 없음

11 속수무책 묶을 束 | 손 手 | 없을 無 | 꾀 策	학평 인체의 면역 체계는 새롭게 만들어진 바이러스를 위험 인자로 인식하지 못하기 때문에 바이러스의 감염과 증식에 대해 속수무책인 상태가 된다.	( )	① 이러지도 저러지도 못하는 어려운 처지.
12 오리무중 다섯 五 | 마을 里 | 안개 霧 | 가운데 中	교과 작년 말에 집을 나간 그의 행적은 아직까지 오리무중이다.	( )	② 손을 묶은 것처럼 어찌할 도리가 없어 꼼짝 못 함.
13 용두사미 용 龍 | 머리 頭 | 뱀 蛇 | 꼬리 尾	교과 드라마가 처음에는 흥미진진하더니 끝으로 갈수록 용두사미가 되어 버렸다.	( )	③ 이리저리 왔다 갔다 하며 일이나 나아가는 방향을 종잡지 못함.
14 우왕좌왕 오른쪽 右 | 갈 往 | 왼쪽 左 | 갈 往	모평 세상 사람들은 세력을 좇다 우왕좌왕하여 그때마다 시비의 소리가 분분하지만, 지금 당신은 물러나 앉았으니 당신에 대한 시비의 소리가 전혀 없지 않습니까?	( )	④ 용의 머리와 뱀의 꼬리라는 뜻으로, 처음은 왕성하나 끝이 부진한 현상을 이름.
15 진퇴양난 나아갈 進 | 물러날 退 | 두 兩 | 어려울 難	교과 출근 시간이 다 되어 가는데 버스는 안 오고 택시도 잡히지 않으니 정말 진퇴양난이다.	( )	⑤ 오 리나 되는 짙은 안개 속에 있다는 뜻으로, 무슨 일에 대하여 방향이나 갈피를 잡을 수 없음을 이름.

★ 자연

16 강호연파 강 江 | 호수 湖 | 연기 煙 | 물결 波	교과 도시 생활에 지친 나는 고향에 있는 호수에서 강호연파의 경치를 보며 마음의 평온을 되찾았다.	( )	① (1) 임자 없는 빈산. (2) 인가도 인기척도 전혀 없는 쓸쓸한 곳.
17 무주공산 없을 無 | 주인 主 | 빌 空 | 뫼 山	모평 무엇이든지 내 소원대로 나오는 그런 보물을 저기 저 무주공산에다가 던져 두고 죽게 되니 그 아니 딱한 일이오.	( )	② 산은 자줏빛이고 물은 맑다는 뜻으로, 경치가 아름다움을 이름.
18 산자수명 뫼 山 | 자줏빛 紫 | 물 水 | 밝을 明	교과 산이 많고 물이 맑은 우리 강산의 아름다움은 산자수명이라는 말로 표현할 수 있다.	( )	③ 안개와 노을과 빛나는 햇살이라는 뜻으로, 아름다운 자연 경치를 이름.
19 연하일휘 연기 煙 | 노을 霞 | 날 日 | 빛날 輝	교과 산 정상에 오르자 눈앞에 펼쳐진 연하일휘에 황홀한 느낌마저 들었다.	( )	④ 흰 저고리와 검은 치마라는 뜻으로, 두루미의 깨끗하고 아름다운 모습을 이름.
20 호의현상 명주 縞 | 옷 衣 | 검을 玄 | 치마 裳	모평 호의현상이 반공(半空)에 솟아 뜨니 / 서호 옛 주인을 반겨서 넘노는 듯	( )	⑤ 강이나 호수 위에 안개처럼 보얗게 이는 기운이나 그 수면의 잔물결. 또는 대자연의 풍경.

·뜻풀이로 체크하기·

01 ~ 05 다음 뜻풀이에 해당하는 한자 성어를 쓰시오.

01 같은 편끼리 하는 싸움.

□□□□

02 이리저리 왔다 갔다 하며 일이나 나아가는 방향을 종잡지 못함.

□□□□

03 산은 자줏빛이고 물은 맑다는 뜻으로, 경치가 아름다움을 이름.

□□□□

04 진흙탕에서 싸우는 개라는 뜻으로, 자기의 이익을 위하여 비열하게 다툼을 이름.

□□□□

05 공자가 주역을 즐겨 읽어 책의 가죽끈이 세 번이나 끊어졌다는 뜻으로, 책을 열심히 읽음을 이름.

□□□□

06 ~ 10 다음 빈칸에 들어갈 알맞은 말을 〈보기〉에서 찾아 쓰시오.

> 보기
> 과장 부진 왕성 치마
> 혈족 저고리 현실성

06 골육상잔: 가까운 (   )끼리 서로 해치고 죽임.

07 탁상공론: (   )이/가 없는 허황한 이론이나 논의.

08 과대망상: 사실보다 (   )하여 터무니없는 헛된 생각을 하는 증상.

09 용두사미: 용의 머리와 뱀의 꼬리라는 뜻으로, 처음은 (   )하나 끝이 (   )한 현상을 이름.

10 호의현상: 흰 (   )와/과 검은 (   )(이)라는 뜻으로, 두루미의 깨끗하고 아름다운 모습을 이름.

·문장으로 체크하기·

11 ~ 13 다음 대화 내용과 의미가 통하는 한자 성어를 〈보기〉에서 찾아 쓰시오.

> 보기
> 무주공산 수불석권 진퇴양난

11 아빠: 선우야, 밥 먹을 때는 책은 그만 봐야지.
엄마: 얘가 잘 때 빼고는 아예 책을 손에서 놓지 않으니…….

□□□□

12 부하: 장군님, 앞으로는 강이 가로막고 뒤로는 적들이 바짝 쫓아왔습니다.
장군: 맞서 싸울 수도 없고 후퇴할 수도 없으니 이 일을 어찌하면 좋단 말인가!

□□□□

13 민현: 도대체 어떤 분야에서 일해야 할지 잘 모르겠어. 뭔가 새로운 분야에 도전해 보고 싶은데…….
정수: ○○ 분야를 개척해 보면 어떨까? 아직 뚜렷한 성과가 나온 적이 없는 분야라 경쟁자가 별로 없어.

□□□□

14 ~ 18 다음 빈칸에 들어갈 알맞은 한자 성어를 〈보기〉에서 찾아 쓰시오.

> 보기
> 독서삼매 속수무책
> 시시비비 오리무중 연하일휘

14 교과 산에 오르니 □□□□이/가 마치 수놓은 비단을 펼쳐 놓은 듯하다.

15 교과 갑작스럽게 내리는 폭우에 □□□□(으)로 비를 맞을 수밖에 없었다.

16 교과 경찰은 용의자를 특정하지 못한 채, □□□□ 상태로 사건 현장을 수사하고 있다.

17 교과 선생님은 학생들이 다툰 이유를 차분하게 듣고 나서는 □□□□을/를 가려 주셨다.

18 교과 무박 2일 동안 학교 도서관에서 책을 읽는 독서 마라톤 행사가 개최되어 많은 학생들이 □□□□에 빠졌다.

▶ 정답과 해설 21쪽

상황에 맞는 한자 성어 찾기

01 〈보기〉의 빈칸에 들어가기에 적절하지 않은 것은?

보기

'각축(角逐)'은 서로 이기려고 다투며 덤벼드는 것을 뜻한다. 또 '방휼지쟁(蚌鷸之爭)'은 도요새가 조개와 다투다가 다 같이 어부에게 잡히고 말았다는 뜻으로, 대립하는 두 세력이 다투다가 결국은 구경하는 다른 사람에게 득을 주었음을 뜻한다. 이처럼 '다툼'과 관련한 한자 성어에는 (　　　　　) 등이 있다.

① 견토지쟁(犬免之爭)
② 시시비비(是是非非)
③ 이전투구(泥田鬪狗)
④ 자중지란(自中之亂)
⑤ 진퇴양난(進退兩難)

관용 표현에 알맞은 한자 성어 찾기

02 한자 성어와 의미상 부합하는 관용 표현을 연결한 것으로 적절하지 않은 것은?

① 진퇴양난(進退兩難) : 이러지도 저러지도 못하는 처지이므로 '독 안에 든 쥐'와 의미가 통한다.
② 속수무책(束手無策) : 어찌할 도리가 없이 꼼짝 못하게 된 처지이므로 '막대 잃은 장님'과 의미가 통한다.
③ 오리무중(五里霧中) : 어떤 일에 대하여 갈피를 잡을 수 없는 경우이므로 '끝이 가도 없다'와 의미가 통한다.
④ 용두사미(龍頭蛇尾) : 처음과 끝이 다른 경우이므로 '호랑이를 그리려다가 고양이를 그린다'와 의미가 통한다.
⑤ 자중지란(自中之亂) : 겉으로 드러나지 아니한 속뜻이 말에 있는 경우이므로 '말 뒤에 말이 있다'와 의미가 통한다.

상황에 맞는 한자 성어 찾기

03 〈보기〉의 밑줄 친 부분을 나타내기에 적절하지 않은 것은?

보기

<u>강산(江山) 좋은 경(景)</u>을 힘센 이 다툴 양이면
내 힘과 내 분(分)으로 어떻게 얻을 수 있겠는가?
진실로 금(禁)할 이 없으니 나도 두고 즐기노라.

– 김천택

① 강호연파(江湖煙波)
② 산자수명(山紫水明)
③ 연하일휘(煙霞日輝)
④ 오리무중(五里霧中)
⑤ 청풍명월(淸風明月)

상황에 맞는 한자 성어 찾기

04 〈보기〉의 빈칸에 들어가기에 적절한 한자 성어로만 묶인 것은?

보기

반딧불·눈과 함께 하는 노력이라는 뜻의 '형설지공(螢雪之功)'은 고생을 하면서 부지런하고 꾸준하게 공부하는 자세를 이르는 말이다. 이처럼 '끊임없이 노력함, 학문에 전념함.'을 나타낼 수 있는 한자 성어에는 (　　　　　) 등이 있다.

① 독서삼매(讀書三昧), 위편삼절(韋編三絕)
② 수불석권(手不釋卷), 탁상공론(卓上空論)
③ 시시비비(是是非非), 위편삼절(韋編三絕)
④ 탁상공론(卓上空論), 한우충동(汗牛充棟)
⑤ 한우충동(汗牛充棟), 호의현상(縞衣玄裳)

문맥에 어울리는 한자 성어 찾기

05 〈보기〉의 ㉠, ㉡에 어울리는 한자 성어를 바르게 제시한 것은?

보기

자라 그 곁에 앉으며 토끼에게 말하기를,
"그대는 몇 살이나 되었으며 청산 벽계(靑山碧溪)로 다니니 재미가 어떠한가?"
토끼 웃으며 대답하기를,
"나는 삼백 년을 대대로 두루 돌아다니며 푸른 물은 잔잔한데 향기 무성한 곳으로 시름없이 다니면서 온갖 풀의 이슬을 싫도록 받아먹고 산림 화초 간(山林花草間)의 향기를 마음대로 내 몸에 쏘이며 ㉠<u>인가도 인기척도 없는 쓸쓸한 산</u>에 ㉡<u>옳고 그름을 따지는 말다툼</u> 없이 왕래하여 산에서 나는 과실을 마음대로 먹으며 분별없이 만학천봉(萬壑千峰)에 때때로 기어올라 온 세상을 굽어보면 가슴속이 시원하니 그 재미는 입으로 말하기 어렵다네."

– 작자 미상, 〈토끼전〉

	㉠	㉡
①	강호연파(江湖煙波)	과대망상(誇大妄想)
②	무주공산(無主空山)	시시비비(是是非非)
③	산자수명(山紫水明)	우왕좌왕(右往左往)
④	연하일휘(煙霞日輝)	골육상잔(骨肉相殘)
⑤	호의현상(縞衣玄裳)	이전투구(泥田鬪狗)

속담

※ 속담이 사용된 예문을 읽고 해당 뜻풀이를 찾아 번호를 쓰세요.

★ 음식

01 남의 손의 떡은 커 보인다

예문 남의 손의 떡은 커 보인다더니, 내가 고른 피자 조각보다 언니의 것이 더 맛있어 보인다. [ ]

02 내 배 부르면 종의 밥 짓지 말라 한다

예문 내 배 부르면 종의 밥 짓지 말라 한다고, 형은 자기 숙제가 끝났다고 아직 숙제를 하고 있는 나에게 놀러 나가자고 했다. [ ]

03 무른 감도 쉬어 가면서 먹어라

예문 무른 감도 쉬어 가면서 먹으라잖아. 시험 문제가 쉽게 출제되었다고 해도 다 풀고 나면 꼭 다시 검토해 봐야 해. [ ]

04 시장이 반찬

예문 시장이 반찬이라고, 아침을 굶었더니 평소에는 안 먹던 나물도 맛있다. [ ]

05 염불에는 맘이 없고 잿밥에만 맘이 있다

예문 염불에는 맘이 없고 잿밥에만 맘이 있다고, 동수는 봉사 활동에는 성의가 없더니 참여자에게 주는 기념품 챙기기에는 누구보다 열심이었다. [ ]

06 우선 먹기는 곶감이 달다

예문 우선 먹기는 곶감이 달다고, 쉬운 일만 먼저 처리하고 어려운 일을 계속 뒤로 미루다가는 낭패를 당할 수 있다. [ ]

① 배가 고프면 반찬이 없어도 밥이 맛있음을 이르는 말.

② 자기만 만족하면 남의 곤란함을 모르고 돌보아 주지 아니함을 이르는 말.

③ 앞일은 생각해 보지도 아니하고 당장 좋은 것만 취하는 경우를 이르는 말.

④ 아무리 쉬운 일이라도 한 번 더 확인한 다음에 하는 것이 안전함을 이르는 말.

⑤ 맡은 일에는 정성을 들이지 아니하면서 잇속에만 마음을 두는 경우를 이르는 말.

⑥ 물건은 남의 것이 제 것보다 더 좋아 보이고 일은 남의 일이 제 일보다 더 쉬워 보임을 이르는 말.

★ 말

07 말은 해야 맛이고 고기는 씹어야 맛이다

예문 말은 해야 맛이고 고기는 씹어야 맛이라고 하잖아. 네가 가지고 있는 불만을 모두 시원하게 얘기해 봐. [ ]

08 세 치 혀가 사람 잡는다

예문 세 치 혀가 사람 잡는다고, 재판에서 증인은 사실만을 말해야 한다. [ ]

09 입은 비뚤어져도 말은 바로 해라

예문 입은 비뚤어져도 말은 바로 해야지, 내가 언제 너를 험담했다고 그러니? [ ]

10 한 귀로 듣고 한 귀로 흘린다

예문 숙제를 제대로 하지 않은 것을 보니, 너는 선생님이 당부한 말씀을 한 귀로 듣고 한 귀로 흘렸구나. [ ]

① 마땅히 할 말은 해야 한다는 말.

② 남의 말을 귀담아듣지 아니한다는 말.

③ 상황이 어떻든지 말은 언제나 바르게 하여야 함을 이르는 말.

④ 세 치밖에 안 되는 짧은 혀라도 잘못 놀리면 사람이 죽게 되는 수가 있다는 뜻으로, 말을 함부로 하여서는 안 됨을 이르는 말.

★ 세월, 시간

11 십 년이면 강산도 변한다

교과 십 년이면 강산도 변한다고, 오랜만에 고향에 가 보니 높은 건물들이 많이 생겨 낯설게 느껴졌다. ( )

12 앞길이 구만리 같다

교과 사회 초년생인 너는 앞길이 구만리 같으니 지금 이 일이 실패하더라도 크게 실망할 필요가 없다. ( )

13 업은 아이 삼 년 찾는다

교과 업은 아이 삼 년 찾는다더니, 휴대 전화를 호주머니에 넣어 둔 사실을 깜박하고 여기저기 찾아다녔다. ( )

14 오뉴월 하룻볕도 무섭다

교과 오뉴월 하룻볕도 무섭다더니, 방학 동안 잠깐 못 본 사이에 친구들의 키가 부쩍 자라 있었다. ( )

① 아직 나이가 젊어서 앞으로 어떤 큰일이라도 해낼 수 있는 세월이 충분히 있다는 말.

② 세월이 흐르게 되면 모든 것이 다 변하게 됨을 이르는 말.

③ 음력 오뉴월에는 하룻볕이라도 쬐면 동식물이 부쩍부쩍 자라게 된다는 뜻으로, 짧은 동안에 자라는 정도가 아주 뚜렷함을 이르는 말.

④ 무엇을 몸에 지니거나 가까이 두고도 까맣게 잊어버리고 엉뚱한 데에 가서 오래도록 찾아 헤매는 경우를 이르는 말.

★ 물, 비

15 개천에서 용 난다

교과 개천에서 용 난다고, 그는 가난한 집안에서 태어나 성공한 사업가가 되었다. ( )

16 고기도 저 놀던 물이 좋다

교과 고기도 저 놀던 물이 좋다고, 그는 정년퇴직 후 고향에서 지낼 일상에 설레었다. ( )

17 마른논에 물 대기

교과 집안일은 해도 해도 끝이 없고, 정말 마른논에 물 대기라니까. ( )

18 물에 물 탄 듯 술에 술 탄 듯

교과 동아리의 발전 방향에 대해 논의하는 자리에서, 민수는 이 의견도 좋고 저 의견도 좋다며 물에 물 탄 듯 술에 술 탄 듯 넘어갔다. ( )

19 비 맞은 중놈 중얼거리듯

교과 선생님한테 꾸중을 듣고 나온 진수는 비 맞은 중놈 중얼거리듯 혼잣말로 불평을 늘어놓았다. ( )

20 사람은 겪어 보아야 알고 물은 건너 보아야 안다

교과 사람은 겪어 보아야 알고 물은 건너 보아야 안다잖아. 만난 지 두 달 만에 결혼하는 것은 너무 성급한 것 같아. ( )

① 평소에 낯익은 제 고향이나 익숙한 환경이 좋다는 말.

② 주견이나 주책이 없이 말이나 행동이 분명하지 않음을 이르는 말.

③ 일이 매우 힘들거나 힘들여 해 놓아도 성과가 없는 경우를 이르는 말.

④ 남이 알아듣지 못할 정도로 낮은 소리로 불평 섞인 말을 중얼거림을 이르는 말.

⑤ 미천한 집안이나 변변하지 못한 부모에게서 훌륭한 인물이 나는 경우를 이르는 말.

⑥ 사람의 마음이란 겉으로 언뜻 보아서는 알 수 없으며 함께 오랫동안 지내보아야 알 수 있음을 이르는 말.

500
어휘 497개 달성!
400

· 뜻풀이로 체크하기 ·

01 ~ 05 다음 빈칸에 알맞은 말을 넣어 뜻풀이에 해당하는 속담을 완성하시오.

01 (   )이 반찬: 배가 고프면 반찬이 없어도 밥이 맛있음을 이르는 말.

02 입은 (   ) 말은 바로 해라: 상황이 어떻든지 말은 언제나 바르게 하여야 함을 이르는 말.

03 물에 (   ) 술에 술 탄 듯: 주견이나 주책이 없이 말이나 행동이 분명하지 않음을 이르는 말.

04 (   )가 사람 잡는다: 세 치밖에 안 되는 짧은 혀라도 잘못 놀리면 사람이 죽게 되는 수가 있다는 뜻으로, 말을 함부로 하여서는 안 됨을 이르는 말.

05 오뉴월 (   )도 무섭다: 음력 오뉴월에는 하룻볕이라도 쬐면 동식물이 부쩍부쩍 자라게 된다는 뜻으로, 짧은 동안에 자라는 정도가 아주 뚜렷함을 이르는 말.

06 ~ 10 다음 빈칸에 들어갈 알맞은 말을 〈보기〉에서 찾아 쓰시오.

보기

곤란 낮은 만족 불평
성과 쉬운 헤매는

06 마른논에 물 대기: 일이 매우 힘들거나 힘들여 해 놓아도 (   )이/가 없는 경우를 이르는 말.

07 무른 감도 쉬어 가면서 먹어라: 아무리 (   ) 일이라도 한 번 더 확인한 다음에 하는 것이 안전함을 이르는 말.

08 비 맞은 중놈 중얼거리듯: 남이 알아듣지 못할 정도로 (   ) 소리로 (   ) 섞인 말을 중얼거림을 이르는 말.

09 내 배 부르면 종의 밥 짓지 말라 한다: 자기만 (   ) 하면 남의 (   )함을 모르고 돌보아 주지 아니함을 이르는 말.

10 업은 아이 삼 년 찾는다: 무엇을 몸에 지니거나 가까이 두고도 까맣게 잊어버리고 엉뚱한 데에 가서 오래도록 찾아 (   ) 경우를 이르는 말.

· 문장으로 체크하기 ·

11 ~ 15 다음 빈칸에 들어갈 알맞은 속담을 〈보기〉에서 찾아 기호를 쓰시오.

보기

㉠ 고기도 저 놀던 물이 좋다
㉡ 남의 손의 떡은 커 보인다
㉢ 말은 해야 맛이고 고기는 씹어야 맛이라
㉣ 염불에는 맘이 없고 잿밥에만 맘이 있다
㉤ 사람은 겪어 보아야 알고 물은 건너 보아야 안다

11 교과 (   )더니 주원이가 맡은 일이 내 일보다 더 쉬워 보인다.

12 교과 (   )고 끙끙 앓던 고민을 모두 털어놓으니 정말 속이 시원하네.

13 교과 (   )더니 착하고 성실해 보이던 그가 나에게 사기를 칠 줄은 몰랐다.

14 교과 (   )더니 출장을 가서 일할 생각은 하지 않고 음식점만 찾아보고 있다.

15 교과 (   )고 고향을 떠나온 지 얼마 되지도 않았는데 벌써 정든 사람들과 마을 풍경이 그립다.

16 ~ 20 다음 문맥에 알맞은 속담을 고르시오.

16 교과 (앞길이 구만리 같은데 | 업은 아이 삼 년 찾는다는데) 작은 실패를 두려워할 필요는 없다.

17 교과 (십 년이면 강산도 변한다 | 오뉴월 하룻볕도 무섭다) 더니, 예전에 살던 동네가 몰라보게 바뀌었다.

18 교과 (개천에서 용 난다 | 세 치 혀가 사람 잡는다)더니, 그녀는 홀어머니 밑에서 어렵게 공부해서 판사가 되었다고 해.

19 교과 도균이는 고집이 세서 남의 충고에 늘 (내 배 부르면 종의 밥 짓지 말라 하는 | 한 귀로 듣고 한 귀로 흘리는) 식의 반응을 보였다.

20 교과 (무른 감도 쉬어 가면서 먹으라 | 우선 먹기는 곶감이 달다)고, 그 친구는 월급을 타면 저축은 하지 않고 유흥비로 모두 써 버린다.

문맥에 맞는 속담 찾기

01 〈보기〉의 빈칸에 들어갈 속담으로 가장 적절한 것은?

보기

남의 말을 지나치게 곧이곧대로 잘 믿을 때에 '팥으로 메주를 쑨대도 곧이듣는다'라는 속담을 쓸 수 있다. 이와 반대로 남의 말을 주의 깊게 듣지 아니할 때에는 '(   )'라는 속담을 쓸 수 있다.

① 앞길이 구만리 같다
② 세 치 혀가 사람 잡는다
③ 고기도 저 놀던 물이 좋다
④ 한 귀로 듣고 한 귀로 흘린다
⑤ 염불에는 맘이 없고 잿밥에만 맘이 있다

속담의 쓰임 이해하기

02 제시된 상황에서 쓰이기에 적절한 속담이 아닌 것은?

① 세월이 흘러 모든 것이 달라진 상황은 '십 년이면 강산도 변한다'로 나타낼 수 있다.
② 남이 맡은 일이 내 일보다 더 쉬워 보일 때는 '남의 손의 떡은 커 보인다'를 쓸 수 있다.
③ 말을 해도 아무 소용이 없는 상황은 '말은 해야 맛이고 고기는 씹어야 맛이다'로 나타낼 수 있다.
④ 상황이 안 좋다 해도 진실은 바로 밝혀야 할 때는 '입은 비뚤어져도 말은 바로 해라'를 쓸 수 있다.
⑤ 일은 대충 하면서 잇속만 챙기려는 상황은 '염불에는 맘이 없고 잿밥에만 맘이 있다'로 나타낼 수 있다.

속담의 유사성 파악하기

03 의미가 유사한 속담끼리 묶이지 않은 것은?

① '시장이 반찬' – 배가 고프면 반찬이 없어도 밥이 맛있음을 의미하는 '기갈이 감식(甘食)'
② '세 치 혀가 사람 잡는다' – 말을 함부로 해서는 안 됨을 의미하는 '관 속에 들어가도 막말은 말라'
③ '오뉴월 하룻볕도 무섭다' – 짧은 동안 자라는 정도가 뚜렷함을 의미하는 '오뉴월 병아리 하룻볕 쬐기가 무섭다'
④ '내 배 부르면 종의 밥 짓지 말라 한다' – 자기 배가 불러 부러울 것이 없음을 의미하는 '내 배 부르니 평안 감사가 조카 같다'
⑤ '무른 감도 쉬어 가면서 먹어라' – 아무리 쉬워도 한 번 더 확인한 다음에 하는 것이 좋음을 의미하는 '식은 죽도 불어 가며 먹어라'

한자 성어에 맞는 속담 찾기

04 〈보기〉의 한자 성어와 의미가 통하는 속담을 연결한 것으로 적절하지 않은 것은?

보기

㉠ 여수투수(如水投水): 태도가 분명하지 않음.
㉡ 고관대작(高官大爵): 높은 지위에 있는 사람.
㉢ 마이동풍(馬耳東風): 남의 말을 귀담아듣지 않음.
㉣ 만리전정(萬里前程): 젊은이의 앞길에 희망이 가득함.
㉤ 등하불명(燈下不明): 가까이에 있는 물건을 찾지 못함.

① ㉠: 물에 물 탄 듯 술에 술 탄 듯
② ㉡: 개천에서 용 난다
③ ㉢: 한 귀로 듣고 한 귀로 흘린다
④ ㉣: 앞길이 구만리 같다
⑤ ㉤: 업은 아이 삼 년 찾는다

문맥에 맞는 속담 찾기

05 〈보기〉의 빈칸에 들어갈 속담으로 가장 적절한 것은?

보기

기업 경영에서 부채는 필수 불가결한 요소이다. 그러나 개인의 경우는 기업과 다르다. 빚이 있으면 그만큼 살림이 쪼들린다. '(   )'(이라)는 말이 있다. 조금 형편이 어렵다고 해서 마구 빚을 내서 쓰다 보면 빚의 구렁텅이에서 헤어나지 못하게 된다. 빚은 언젠가는 갚아야 하는 것이기 때문이다. 따라서 어쩔 수 없이 빚을 내야 할 때라도 신중에 신중을 기해야 한다.

① 마른논에 물 대기
② 비 맞은 중놈 중얼거리듯
③ 우선 먹기는 곶감이 달다
④ 고기도 저 놀던 물이 좋다
⑤ 사람은 겪어 보아야 알고 물은 건너 보아야 안다

10 필수 어휘_현대 문학

2주 완성

※ 어휘의 사전적 의미에 해당하는 예문을 찾아 번호를 쓰고 빈칸을 채워 보세요.

어휘	뜻	번호
01 **청탁** 청할 請 | 부탁할 託	명 청하여 남에게 부탁함.	( )
02 **추스르다**	(1) 동 몸을 가누어 움직이다.	( )
	(2) 동 일이나 생각 따위를 수습하여 처리하다.	( )
03 **축내다** 오그라들 縮 --	동 일정한 수나 양에서 모자람이 생기게 하다.	( )
04 **충만하다** 가득할 充 | 찰 滿 --	형 한껏 차서 가득하다.	( )
05 **치졸하다** 어릴 稚 | 졸할 拙 --	형 유치하고 졸렬하다.	( )

① 모평 갑돌이는 성품이 곧고 자신감이 □□하다.

② 교과 감기 몸살이 심해 몸을 □□를 수도 없었다.

③ 교과 밥만 □□지 말고 일자리를 알아보라는 엄마의 잔소리가 계속 신경 쓰였다.

④ 교과 그가 오래 전의 일을 가지고 사사건건 트집을 잡으며 □□하게 구는데 화가 나더라.

⑤ 학평 광순은 기형을 다시 찾아와 잡지 출간을 위한 투자자를 알아봐 달라는 □□을 하고 간다.

⑥ 학평 울컥울컥 쏟아지는 감정들을 담담히 □□르는 과정에서 인간의 참된 모습을 드러내는 것이구나.

어휘	뜻	번호
06 **침잠** 잠길 沈 | 자맥질할 潛	명 마음을 가라앉혀서 깊이 생각하거나 몰입함.	( )
07 **켕기다**	동 마음속으로 겁이 나고 탈이 날까 불안해하다.	( )
08 **탈속하다** 벗을 脫 | 풍속 俗 --	동 부나 명예와 같은 현실적인 이익을 추구하는 마음으로부터 벗어나다.	( )
09 **탐탁하다**	형 모양이나 태도, 또는 어떤 일 따위가 마음에 들어 만족하다.	( )
10 **탕진하다** 털어 없앨 蕩 | 다할 盡 --	동 재물 따위를 다 써서 없애다.	( )

① 교과 마음을 다스리기 위해 책을 읽으며 □□의 시간을 가졌다.

② 학평 어머니는 성칠이 바다에 나가는 것을 □□지 않게 생각한다.

③ 교과 녀석이 자꾸 말을 더듬는 것이 뭔가 □□는 것이 있는 것 같아.

④ 학평 '나'는 형이 재산을 □□해 집을 팔았다는 소식을 듣고 고향에 온다.

⑤ 교과 후줄근한 옷을 아무렇게나 걸친 그녀에게서 □□한 사람의 분위기가 느껴졌다.

어휘	뜻	번호
11 **토로하다** 토할 吐 | 이슬 露 --	동 마음에 있는 것을 죄다 드러내어서 말하다.	( )
12 **투박하다**	형 생김새가 볼품없이 둔하고 튼튼하기만 하다.	( )
13 **투항하다** 던질 投 | 항복할 降 --	동 적에게 항복하다.	( )
14 **파문** 물결 波 | 무늬 紋	명 어떤 일이 다른 데에 미치는 영향.	( )
15 **편승하다** 편할 便 | 탈 乘 --	동 세태나 남의 세력을 이용하여 자신의 이익을 거두다.	( )

① 교과 회장님의 갑작스러운 은퇴는 회사에 큰 □□을 일으켰다.

② 교과 지금 당장 무기를 내려놓고 □□하면 목숨만은 살려 주겠다.

③ 학평 ㉡에는 시대의 흐름에 □□하는 K의 세속적 면모가 드러나 있다.

④ 교과 세월이 담긴 할아버지의 손은 오래된 나무의 껍질처럼 거칠고 □□했다.

⑤ 수능 이리저리 떠돌며 고향에 가지 못하는 장꾼들의 설움을 독백조로 □□하고 있다.

16 포부 안을 抱 | 짐질 負	명 마음속에 지니고 있는, 미래에 대한 계획이나 희망.	( )
17 포용하다 쌀 包 | 얼굴 容 --	동 남을 너그럽게 감싸 주거나 받아들이다.	( )
18 푸념	명 마음속에 품은 불평을 늘어놓음. 또는 그런 말.	( )
19 풍조 바람 風 | 조수 潮	명 시대에 따라 변하는 세태.	( )
20 피력하다 헤칠 披 | 스밀 瀝 --	동 생각하는 것을 털어놓고 말하다.	( )

① 교과 그녀는 회의에서 자신의 견해를 □□했다.

② 모평 부정적 현실을 □□하려는 여유로운 태도를 보여 주고 있다.

③ 학평 저수지 근처로 이사를 가자는 아버지의 제안을 못마땅해하는 어머니의 □□이 담겨 있다.

④ 학평 물질 만능주의 □□ 속에 자신의 이익만을 추구하는 세태에 대한 비판적 시각을 담고 있다.

⑤ 수능 정치적 □□를 펼칠 만큼 높은 지위에 이르지 못한 데 대한 불만을 우회적으로 드러내고 있다.

21 피폐하다 피곤할 疲 | 폐단 弊 --	동 지치고 쇠약하여지다.	( )
22 해쓱하다	형 얼굴에 핏기나 생기가 없어 파리하다.	( )
23 허물없다	형 서로 매우 친하여, 체면을 돌보거나 조심할 필요가 없다.	( )
24 헛헛하다	(1) 형 배 속이 빈 듯한 느낌이 있다.	( )
	(2) 형 채워지지 아니한 허전한 느낌이 있다.	( )
25 현학적 팔 衒 | 배울 學 | 과녁 的	관명 학식이 있음을 자랑하는. 또는 그런 것.	( )

① 교과 점심을 먹었는데도 이상하게 속이 □□하다.

② 교과 며칠 아팠다더니 아직도 얼굴이 □□하구나.

③ 교과 졸업식이 끝나자 □□한 마음에 눈물이 났다.

④ 모평 □□□인 표현을 사용하여 비판적인 지성인의 모습을 형상화하고 있다.

⑤ 교과 수민이와 같이 살게 된 후로 서로 속마음도 터놓고 이야기할 정도로 □□□는 사이가 되었다.

⑥ 학평 <고향>이 1920년대 식민지 조선의 □□함을 사실적으로 잘 드러낼 수 있었던 것은 작가 현진건이 동아일보 기자였다는 것과 관련이 있다.

26 협잡 낄 挾 | 섞일 雜	명 옳지 아니한 방법으로 남을 속임.	( )
27 호도하다 풀칠할 糊 | 진흙 塗 --	동 명확하게 결말을 내지 않고 일시적으로 감추거나 흐지부지 덮어 버리다. 풀을 바른다는 뜻에서 나옴.	( )
28 호사 호걸 豪 | 사치할 奢	명 호화롭게 사치함. 또는 그런 사치.	( )
29 홀대 소홀히 할 忽 | 기다릴 待	명 소홀히 대접함.	( )
30 흉측하다 흉할 凶 | 잴 測 --	형 몹시 흉악하다.	( )

① 교과 그 여자는 복권 1등에 당첨된 남편 덕에 □□를 누리며 살았어.

② 교과 그 좋은 머리를 가지고 □□이나 부리며 돈을 벌다니 참 안타깝다.

③ 교과 빈손으로 집들이에 가서 그런지 우리는 친구 부부에게 □□를 받았다.

④ 모평 얼마 후 두칠은 부상을 입어 □□한 모습으로 돌아오지만, 용팔과 천달에게서는 아직 소식이 없다.

⑤ 모평 사회적 모순과 문제점을 비판하고 고발하는 것조차 이념의 이름으로 은폐하거나 □□하는 사태가 발생하였다.

·뜻풀이로 체크하기·

01 ~ 06 다음 빈칸에 들어갈 알맞은 말을 쓰시오.

01 홀대: 소홀히 □□함.

02 치졸하다: □□하고 졸렬하다.

03 침잠: 마음을 가라앉혀서 깊이 생각하거나 □□함.

04 축내다: 일정한 수나 양에서 □□□이 생기게 하다.

05 푸념: 마음속에 품은 □□을 늘어놓음. 또는 그런 말.

06 탈속하다: 부나 명예와 같은 현실적인 □□을 추구하는 마음으로부터 벗어나다.

07 ~ 12 다음 밑줄 친 어휘의 뜻풀이로 알맞은 것을 〈보기〉에서 찾아 기호를 쓰시오.

보기

㉠ 적에게 항복하다.
㉡ 한껏 차서 가득하다.
㉢ 지치고 쇠약하여지다.
㉣ 학식이 있음을 자랑하는 것.
㉤ 일이나 생각 따위를 수습하여 처리하다.
㉥ 모양이나 태도, 또는 어떤 일 따위가 마음에 들어 만족하다.

07 모평 형의 말을 들은 삼촌의 얼굴이 그리 탐탁해 보이지 않는다. ( )

08 수능 현학적인 표현을 주로 사용하여 이상적인 삶의 모습을 형상화한다. ( )

09 교과 이곳은 생명체들이 조화로운 성장을 하는 곳이자 생명력이 충만한 공간이다. ( )

10 학평 역사의 수탈 현장에서 도도히 흐르는 물결을 바라보며 무거운 마음을 추슬렀다. ( )

11 학평 최치원은 맞서 싸우지 않고 적진에 격문 한 장을 보냈을 뿐이었는데 반란군이 모두 투항했다. ( )

12 수능 성리학자들과 달리, 실학자들은 피폐한 사회 현실을 개혁하고자 하는 학문적 문제의식을 가지고 있었다. ( )

·문장으로 체크하기·

13 ~ 18 다음 빈칸에 들어갈 알맞은 어휘에 ✓표 하시오.

13 교과 현대인은 인간의 생명을 경시하는 □□에 젖어 있다. □파문 □풍조

14 모평 석 시랑은 권력자의 위세를 두려워하며 그에 □□하고 있다. □치졸 □편승

15 교과 기자들은 그 사건의 진실을 은폐하고 □□하려는 세력과 맞섰다. □피력 □호도

16 교과 서로 다른 모습을 배제하기보다 □□하는 태도가 삶을 더 풍요롭게 만든다. □포용 □푸념

17 수능 '오동나무'는 가난한 마을이지만 사람들로 하여금 □□을/를 누릴 수 있게 하는 경제적 기반이다. □탈속 □호사

18 교과 사날 밤이나 눈을 안 붙이고 성화를 하는 바람에 농사에 고리삭은 그의 얼굴은 더욱 □□하였다. □해쓱 □헛헛

19 ~ 24 다음 빈칸에 들어갈 알맞은 어휘를 〈보기〉의 글자를 조합하여 쓰시오.

보기

로 물 부 진 청 측
탁 탕 토 포 허 흉

19 학평 여동생의 남편이 만수에게 불만을 □□한다.

20 교과 그는 부모님께 자기가 가진 □□을/를 자랑스럽게 밝혔다.

21 모평 재물을 얻으려 하다가 많은 가산을 □□하고 거지가 되었구나.

22 학평 □□없이 친한 부부간이라도 무례하거나 신의가 없어서는 안 될 것이 분명합니다.

23 교과 네놈은 □□한 인간으로서, 음흉한 뜻을 두고 남의 집안 살림을 빼앗으려 하는구나.

24 교과 그녀의 그림이 방송에 소개된 뒤 그녀에게 그림을 그려 달라고 □□하는 사람들이 늘었다.

▶ 정답과 해설 22쪽

어휘의 의미와 쓰임 이해하기

01 〈보기〉의 (a)~(e)의 뜻을 지닌 어휘를 활용하여 만든 문장으로 적절하지 않은 것은?

보기

(a) 소홀히 대접함.
(b) 한껏 차서 가득하다.
(c) 청하여 남에게 부탁함.
(d) 재물 따위를 다 써서 없애다.
(e) 옳지 아니한 방법으로 남을 속임.

① (a): 홀대를 받고 있는 우리 전통문화를 돌아보자.
② (b): 가정에 기쁨과 행복이 충만하기를 바랍니다.
③ (c): 황새는 청탁을 받고 따오기 소리가 상성이라 판결한다.
④ (d): 서기였던 정 주사는 노름을 하여 가산을 토로한다.
⑤ (e): 그는 결코 중간에서 이간질을 하거나 협잡을 부릴 사람이 아니다.

적절한 어휘로 바꿔 쓰기

02 문맥상 다음 밑줄 친 어휘와 바꿔 쓰기에 적절하지 않은 것은?

① 그는 며칠째 몸도 못 추스르고 누워만 있다. → 가다듬고
② 허 생원은 동이의 탐탁한 등어리가 뼈에 사무쳐 따뜻했다. → 믿음직한
③ 박제가는 식견이 높은 자와 마음을 나누고 심오한 것에 침잠하여 사유한다. → 몰입하여
④ 나의 어설픈 사과는 곽 씨의 자존심을 상하게 하는 옹졸하고 치졸한 배려에 불과했다. → 졸렬한
⑤ 김상헌은 청나라가 곧 투항할 것이라며 전투를 전제할 때 화친도 의미가 있다고 강조한다. → 항복할

어휘의 쓰임 이해하기

03 문맥상 밑줄 친 어휘의 쓰임이 적절하지 않은 것은?

① 시류에 편승하여 졸속으로 제작된 영화는 그 생명이 짧기 마련이다.
② 명확하게 결말을 내지 않고 흐지부지 덮어 버리는 것을 호도라고 한다.
③ 세상 살아가는 일이 괜히 호사하여 공허함에 밤잠을 이루지 못할 때도 있다.
④ 상대가 좋다 하면 내가 탐탁지 않고 내가 좋다 하면 상대가 싫다 하니 괴롭구나.
⑤ 덕보는 자신과 의견이 다른 사람들도 기꺼이 포용하는 넓은 아량을 보여 주었다.

문맥적 의미 파악하기

04 밑줄 친 두 어휘의 의미가 일치하지 않는 것은?

① (ㄱ) 친구에게 거짓말을 한 것이 켕겨서 잠이 오지 않았다.
　(ㄴ) 장인님이 지게막대기로 내 허리를 쿡쿡 찍을 때마다 배가 꼿꼿한 것이 여간 켕기지 않았다.
② (ㄱ) 김 선수는 인터뷰에서 우승에 대한 자신감을 피력했다.
　(ㄴ) 국성은 고향으로 돌아가 여생을 보내고 싶다는 소망을 임금께 피력했다.
③ (ㄱ) 외할아버지의 말 한마디가 집안에 엄청난 파문을 일으켰다.
　(ㄴ) 내부 비리에 대한 그의 폭로는 회사에 큰 파문을 몰고 왔다.
④ (ㄱ) 영특한 인재가 하급 구실아치 속에 파묻혀서 끝내 포부를 펴지 못했다.
　(ㄴ) 옥연이가 앞으로 공부에 힘써 나라를 위해 큰일을 하는 사람이 되겠다는 포부를 드러냈다.
⑤ (ㄱ) 얼굴이 맑고 깨끗한 어머니와 달리 아이의 얼굴은 까무잡잡하고 투박했다.
　(ㄴ) 점순이는 뭐 그리 썩 이쁜 계집애는 못 되고 그저 투박하게 생긴 얼굴이다.

속담의 뜻풀이에 맞는 어휘 찾기

05 다음 속담의 뜻풀이에서, ㉠~㉤에 들어갈 말로 적절하지 않은 것은?

보기

• 창애에 치인 쥐 눈: 툭 불거져 보기에 (㉠) 생긴 눈을 이르는 말.
• 허물 모르는 게 내외: 부부 시이에는 숨기는 것이 없이 피치에 (㉡)는 말.
• 먹다 남은 죽은 오래 못 간다: (㉢) 않은 물건은 남아도 쓸 만한 것이 못 된다는 말.
• 감꼬치 빼 먹듯: 벌지는 못하고 있던 재물을 하나씩 하나씩 (㉣) 가기만 하는 모양을 이르는 말.
• 독 안에서 (㉤): 남이 들을까 봐 몰래 (㉤)한다는 뜻으로, 마음이 옹졸하여 하는 짓이 답답함을 이르는 말.

① ㉠: 흉측하게　② ㉡: 해쓱하다
③ ㉢: 탐탁하지　④ ㉣: 축내어
⑤ ㉤: 푸념

한자 성어

※ 한자 성어가 사용된 예문을 읽고 해당 뜻풀이를 찾아 번호를 쓰세요.

★ 실속 없음

01 양두구육
양 羊 | 머리 頭 | 개 狗 | 고기 肉

교과 광고와 달리 실속이 전혀 없는 이 제품을 보니 양두구육이란 말이 생각난다. ( )

02 유명무실
있을 有 | 이름 名 | 없을 無 | 열매 實

학평 이러한 이유로 신문고는 결국 중종 이후 그 기능이 상실되어 유명무실해졌다. ( )

03 허례허식
빌 虛 | 예도 禮 | 빌 虛 | 꾸밀 飾

교과 최근 예비부부들 사이에 허례허식을 없애고 의미는 살리는 작은 결혼식에 대한 관심이 높아지고 있다. ( )

04 허장성세
빌 虛 | 베풀 張 | 소리 聲 | 기세 勢

교과 부실한 결과물을 보니 이 분야의 최고 전문가라던 그의 말은 허장성세였던 듯하다. ( )

① 이름만 그럴듯하고 실속은 없음.

② 실속은 없으면서 큰소리치거나 허세를 부림.

③ 형편에 맞지 않게 겉만 번드르르하게 꾸밈. 또는 그런 예절이나 법식.

④ 양의 머리를 걸어 놓고 개고기를 판다는 뜻으로, 겉보기만 그럴듯하게 보이고 속은 변변하지 아니함을 이름.

★ 행동의 양상

05 무위도식
없을 無 | 할 爲 | 무리 徒 | 먹을 食

교과 박지원의 소설 <양반전>에서는 일을 하지 않고 무위도식하면서 겉치레만 중시하는 양반의 모습을 풍자하고 있다. ( )

06 복지부동
엎드릴 伏 | 땅 地 | 아닌가 不 | 움직일 動

교과 잘못을 수정하려는 사람은 극소수이고 대부분 복지부동의 태도를 보이고 있다. ( )

07 오불관언
나 吾 | 아닐 不 | 관계할 關 | 어찌 焉

교과 모임 안에서 회원들이 갈등을 일으켰지만, 회장은 계속 오불관언의 태도를 보였다. ( )

08 전전반측
돌아누울 輾 | 구를 轉 | 돌이킬 反 | 곁 側

교과 통신비를 대폭 인하하는 정책이 추진된다는 소문이 돌자 이동 통신 업계가 이익 감소를 우려하며 전전반측하고 있다. ( )

09 칠종칠금
일곱 七 | 늘어질 縱 | 일곱 七 | 사로잡을 擒

모평 맹획을 칠종칠금하던 제갈량의 재주 아니어든 한번 놓아 보낸 토끼를 어찌 다시 구하리까. ( )

10 포복절도
안을 抱 | 배 腹 | 끊을 絶 | 넘어질 倒

교과 우스꽝스러운 표정을 짓는 다은이를 보며 반 아이들은 포복절도했다. ( )

① 하는 일 없이 놀고먹음.

② 나는 그 일에 상관하지 아니함.

③ 배를 그러안고 넘어질 정도로 몹시 웃음.

④ 누워서 몸을 이리저리 뒤척이며 잠을 이루지 못함.

⑤ 땅에 엎드려 움직이지 아니한다는 뜻으로, 주어진 일이나 업무를 처리하는 데 몸을 사림을 이름.

⑥ 중국 촉나라의 제갈량이 맹획을 일곱 번이나 사로잡았다가 일곱 번 놓아주었다는 데서 유래한 말로, 마음대로 잡았다 놓아주었다 함을 이름.

▶ 정답과 해설 23쪽

★ 문답

11 동문서답
동녘 東 | 물을 問 | 서녘 西 | 대답할 答

교과 국회 의원 A 씨는 인사 청문회에서 엉뚱한 대답을 하는 후보자에게 동문서답을 하지 말라며 비난했다. ( )

12 우문현답
어리석을 愚 | 물을 問 | 어질 賢 | 대답할 答

교과 새로 오신 선생님은 진수의 짓궂은 질문에 재치 있게 우문현답을 내놓으셨다. ( )

13 자문자답
스스로 自 | 물을 問 | 스스로 自 | 대답할 答

수능 화자는 자문자답의 방식으로 임에 대한 그리움을 드러내고 있다. ( )

① 스스로 묻고 스스로 대답함.

② 어리석은 질문에 대한 현명한 대답.

③ 물음과는 전혀 상관없는 엉뚱한 대답.

★ 철저한 준비

14 거안사위
살 居 | 편안 安 | 생각 思 | 위태할 危

교과 현재의 편안함에 안주하지 말고 거안사위의 태도로 미래를 준비해야 한다. ( )

15 백년대계
일백 百 | 해 年 | 큰 大 | 꾀할 計

교과 정부의 정책은 국가의 먼 훗날까지 고려하는 백년대계이어야 한다. ( )

16 유비무환
있을 有 | 갖출 備 | 없을 無 | 근심 患

교과 모든 일은 다 유비무환이니, 만약을 위해서 돈을 다 쓰지 말고 조금 남겨 두자. ( )

① 미리 준비가 되어 있으면 걱정할 것이 없음.

② 먼 앞날까지 미리 내다보고 세우는 크고 중요한 계획.

③ 평안할 때에도 위험이 닥칠 것을 생각하며 잊지 말고 미리 대비해야 함.

★ 신중하지 못한 행동

17 경거망동
가벼울 輕 | 들 擧 | 허망할 妄 | 움직일 動

교과 출처나 사실 여부가 불분명한 이야기를 함부로 퍼트리다가는 허위 사실 유포로 법적 처분을 받을 수 있으니 경거망동하지 말아야 한다. ( )

18 당랑거철
사마귀 螳 | 사마귀 螂 | 막을 拒 | 바퀴자국 轍

교과 지금의 내 실력으로 챔피언에게 도전한다면 당랑거철이라고 사람들에게 비웃음을 살 것이다. ( )

19 불문곡직
아닐 不 | 물을 問 | 굽을 曲 | 곧을 直

교과 죄 없는 그들을 불문곡직 잡아다가 어쩌겠다는 거요? ( )

20 천방지축
하늘 天 | 모 方 | 땅 地 | 굴대 軸

교과 울퉁불퉁한 골목길을 천방지축으로 달려가던 소년은 돌부리에 걸려 넘어지고 말았다. ( )

① 옳고 그름을 따지지 아니함.

② 경솔하여 생각 없이 망령되게 행동함. 또는 그런 행동.

③ 제 역량을 생각하지 않고, 강한 상대나 되지 않을 일에 덤벼드는 무모한 행동거지를 이르는 말.

④ (1) 못난 사람이 종작없이 덤벙이는 일. 또는 그런 모양. (2) 너무 급하여 허둥지둥 함부로 날뜀. 또는 그런 모양.

·뜻풀이로 체크하기·

01 ~ 04 다음 뜻풀이에 해당하는 한자 성어를 말상자에서 찾아 표시하시오.

독	오	불	관	언	자
위	상	칠	종	칠	금
시	전	공	복	불	퇴
중	대	지	왕	문	연
충	부	주	무	곡	의
동	산	비	유	직	수

01 옳고 그름을 따지지 아니함.

02 나는 그 일에 상관하지 아니함.

03 땅에 엎드려 움직이지 아니한다는 뜻으로, 주어진 일이나 업무를 처리하는 데 몸을 사림을 이름.

04 중국 촉나라의 제갈량이 맹획을 일곱 번이나 사로잡았다가 일곱 번 놓아주었다는 데서 유래한 말로, 마음대로 잡았다 놓아주었다 함을 이름.

05 ~ 09 다음 빈칸에 들어갈 알맞은 말을 〈보기〉에서 찾아 쓰시오.

보기
경솔 계획 웃음
현명한 놀고먹음 어리석은

05 무위도식: 하는 일 없이 (   ).

06 우문현답: (   ) 질문에 대한 (   ) 대답.

07 포복절도: 배를 그러안고 넘어질 정도로 몹시 (   ).

08 백년대계: 먼 앞날까지 미리 내다보고 세우는 크고 중요한 (   ).

09 경거망동: (   )하여 생각 없이 망령되게 행동함. 또는 그런 행동.

·문장으로 체크하기·

10 ~ 14 다음 문맥에 알맞은 한자 성어를 고르시오.

10 교과 엄마는 혼자 유학을 떠난 언니가 걱정되어 매일같이 (오불관언 | 전전반측)이었다.

11 교과 고민이 많을 때에는 (동문서답 | 자문자답)을 하며 해결 방법을 찾으려 노력해야 한다.

12 교과 그 집은 외관이 으리으리하지만 내부 장식은 조잡하여 (양두구육 | 칠종칠금)에 불과했다.

13 교과 평화로운 시기일수록 (거안사위 | 무위도식)하면서 혹시 모를 재난과 재해에 대비해야 한다.

14 학평 이 작품은 거만하게 위세를 뽐내다가 강자 앞에서 비굴해지는 탐관오리의 (백년대계 | 허장성세)를 담고 있다.

15 ~ 18 다음 대화 내용과 의미가 통하는 한자 성어를 〈보기〉에서 찾아 쓰시오.

보기
당랑거철 동문서답 유명무실 유비무환

15 선생님: 지혜야, 세종 대왕의 업적을 말해 볼까?
지혜: 저는 우리나라가 반도체 분야에서 세계 최고라고 생각합니다. □□□□

16 수연: 파에톤 이야기 알아? 인간이면서 태양신의 마차를 몰겠다고 고집을 부렸잖아.
지훈: 참 분수를 모르는 행동이었네. □□□□

17 은주: 우리 동네에 조성된 '차 없는 거리'에 가 봤니? 이름과 다르게 차들이 많이 다녀서 불편하더라.
지원: 맞아. 처음에는 차가 안 다녀서 걷기에 좋더니, 금방 실속이 없어졌어. □□□□

18 동현: 가벼운 등산인데 가방에 무슨 짐을 이렇게 많이 싸 온 거야? 우산, 우비, 랜턴, 장갑까지?
수찬: 혹시 비가 많이 올 수도 있고, 해가 지면 금방 어두워질 수 있으니 미리 준비했어. □□□□

▶ 정답과 해설 23쪽

상황에 맞는 한자 성어 찾기

01 아내의 죽음을 직감한 〈보기〉의 '김 첨지'의 태도와 관련지을 때, ㉠에 들어갈 한자 성어로 적절한 것은?

보기

김 첨지도 이 불길한 침묵을 짐작했는지도 모른다. 그렇지 않으면 대문에 들어서자마자 전에 없이,
"이 난장 맞을 년, 남편이 들어오는데 나와 보지도 않아. 이 오라질 년."
이라고 고함친 게 수상하다. 이 고함이야말로 제 몸을 엄습해 오는 무시무시한 증을 쫓아 버리려는 (㉠)인 까닭이다.
– 현진건, 〈운수 좋은 날〉

① 경거망동(輕擧妄動) ② 불문곡직(不問曲直)
③ 유비무환(有備無患) ④ 포복절도(抱腹絕倒)
⑤ 허장성세(虛張聲勢)

유래에 맞는 한자 성어 찾기

02 〈보기〉의 이야기에서 유래된 한자 성어는?

보기

제갈량은 위나라를 치기 전 마속과 함께 50만 대군을 이끌고 맹획이 우두머리로 있는 남만을 공략한다. 자기 용맹만 믿던 맹획은 제갈량의 꾀에 걸려 쉽게 사로잡힌다. 맹획이 진심으로 더 이상 맞서 싸울 마음을 품지 않게 만들고 싶었던 제갈량은 맹획을 풀어 주었다 잡기를 일곱 차례나 하였고, 결국 맹획은 제갈량에게 진심으로 굴복한다.

① 동문서답(東問西答) ② 백년대계(百年大計)
③ 자문자답(自問自答) ④ 칠종칠금(七縱七擒)
⑤ 포복절도(抱腹絕倒)

상황에 맞는 한자 성어 찾기

03 〈보기〉의 내용에 가장 잘 어울리는 한자 성어는?

보기

《서경》에 말하기를 "편할 때 위태로움을 생각하라."라고 했는데, 이는 생각하면 대비할 수 있고, 대비가 있으면 걱정할 것이 없게 된다는 뜻이다.

① 거안사위(居安思危) ② 무위도식(無爲徒食)
③ 복지부동(伏地不動) ④ 우문현답(愚問賢答)
⑤ 전전반측(輾轉反側)

속담에 맞는 한자 성어 찾기

04 짝을 이룬 한자 성어와 속담의 의미가 서로 부합하지 <u>않는</u> 것은?

① 허세를 부림 : 허장성세(虛張聲勢) – 빈 수레가 요란하다
② 실속이 없음 : 유명무실(有名無實) – 이름이 좋아 불로초라
③ 겉보기만 그럴듯함 : 양두구육(羊頭狗肉) – 빛 좋은 개살구
④ 함부로 날뜀 : 천방지축(天方地軸) – 도둑의 집에도 되는 있다
⑤ 겉만 꾸밈 : 허례허식(虛禮虛飾) – 머리 없는 놈 댕기 치레한다

유래에 맞는 한자 성어 찾기

05 〈보기〉의 빈칸에 들어갈 한자 성어로 적절한 것은?

보기

왕족인 장공이 수레를 타고 사냥터에 가는데, 벌레 한 마리가 앞발을 치켜들고 수레바퀴 앞에 덤벼들었다. 장공이 마부에게 벌레의 이름을 묻자, "앞으로 나아갈 줄만 알고, 제힘도 모르고 마구 덤벼드는 사마귀라는 놈입니다."라고 말했다. 장공은 벌레지만 용기가 기특하니 피해 가라고 하였다.

바로 이 이야기에서, 제 역량을 생각하지 않고 무모하게 덤비는 것을 이르는 '( )'이/가 유래하였다.

① 간담상조(肝膽相照) ② 관포지교(管鮑之交)
③ 당랑거철(螳螂拒轍) ④ 불문곡직(不問曲直)
⑤ 이전투구(泥田鬪狗)

시적 상황에 맞는 한자 성어 찾기

06 〈보기〉의 상황과 주제 의식에 어울리는 한자 성어는?

보기

이화(梨花)에 월백(月白)하고 은한(銀漢)*이 삼경인 제
일지춘심(一枝春心)*을 자규(子規)*야 알랴마는
다정도 병(病)인 양하여 잠 못 들어 하노라
– 이조년

* 은한: 은하수. * 일지춘심: 지나가는 봄을 느끼는 감회.
* 자규: 두견새.

① 무위도식(無爲徒食) ② 복지부동(伏地不動)
③ 수수방관(袖手傍觀) ④ 오불관언(吾不關焉)
⑤ 전전반측(輾轉反側)

개념어_ 산문 문학

※개념어가 사용된 예문을 읽고 해당 의미를 찾아 번호를 쓰세요.

★ 소설의 구성

01 순행적 구성 — 학평 순행적 구성을 통해 인물들의 갈등 양상을 효과적으로 드러내고 있다. ( )

02 역순행적 구성 — 학평 역순행적 구성을 통해 사건을 입체적으로 구성하고 있다. ( )

03 액자식 구성 — 모평 다른 사람의 체험을 듣고 독자에게 전해 주는 액자식 구성을 취하고 있다. ( )

04 옴니버스 구성 — 교과 〈봉산 탈춤〉은 각 과장이 독립적인 이야기로 이루어진 옴니버스 구성을 취하고 있다. ( )

05 삽화식 구성 — 모평 〈전우치전〉은 전우치가 사건 해결을 주도하는 '전우치 설화'를 토대로 다양한 삽화가 결합된 소설이다. ( )

06 환몽 구성 — 수능 〈옥루몽〉의 환몽 구조는 독특하다. 천상계에서 꿈을 통해 속세로 진입한 남녀 주인공들은 속세에서 다시 꿈을 꾸어 천상계를 경험하는데, 이때 신이한 존재에 의해 자신의 정체를 깨달으며 꿈에서 깨어나게 된다. ( )

07 일대기적 구성 — 학평 〈신유복전〉은 하늘에서 내려온 적강(謫降)의 인물인 유복의 일대기를 다룬 영웅담이다. ( )

08 여로 구조 — 모평 임철우의 소설 〈눈이 오면〉은 고향을 찾아가는 '여로 구조'를 채택하고 있는데, 이 구조는 사건의 전개 과정이나 작중 인물의 성격 창조에 커다란 영향을 미치고 있다. ( )

① 서로 관련이 없어 보이는 짤막한 이야기를 서술자의 의도에 따라 배치한 구성.

② 인물의 여행 과정에 따라 사건이 전개되는 구성. 일반적으로 공간의 이동이 나타남.

③ 다른 인물이 등장하는 독립된 짧은 이야기들을 하나의 연관성을 가지고 연결해 놓은 구성.

④ 사건을 '과거 – 현재 – 미래'의 시간이 흐르는 순서에 따라 전개하는 구성. 평면적 구성이라고도 함.

⑤ 사건을 시간 순서대로 제시하지 않고 작가의 의도에 따라 뒤바꾸어 배열하는 구성. 입체적 구성이라고도 함.

⑥ '현실 – 꿈 – 현실'로 이루어진 구성. 대체로 '꿈'은 현실에서 얻지 못한 것을 얻거나, 채우지 못한 욕망을 채우는 공간으로 설정됨.

⑦ 인물이 태어나서 죽기까지 일생 동안 겪는 일로 내용을 전개하는 구성. 영웅적인 인물이 주인공으로 등장하는 고전 소설에 주로 나타남.

⑧ 이야기 안에 또 다른 이야기가 들어 있는 구성. 보통 '외부 이야기(서술자 중심) → 내부 이야기(서술자가 관찰하는 인물 및 사건 중심) → 외부 이야기(서술자 중심)'로 구성됨.

★ 고전 소설

09 판소리계 소설 — 학평 〈배비장전〉은 판소리계 소설로, 판소리 창자의 말투가 고스란히 드러나 있다. ( )

10 편집자적 논평 — 수능 편집자적 논평을 통해 인물의 행위에 대한 서술자의 시각을 보여 주고 있다. ( )

11 재자가인형 인물 — 교과 〈만복사저포기〉에서 '양생'의 배필이 되는 '하씨'는 재자가인형 인물이다. ( )

12 전기성 — 학평 이 작품은 비현실적인 상황을 설정하여 전기성이 드러난다. ( )

① 다양한 근원 설화를 바탕으로 구전되던 이야기가 판소리 사설을 거쳐 소설로 정착된 것.

② 비현실적인 사건, 기이하고 신비로운 요소가 나타나는 것으로, 고전 소설의 주요 특징임.

③ 뛰어난 능력과 빼어난 외모를 지닌 인물. 고전 소설의 중심인물은 대개 재자가인(才子佳人)형 인물임.

④ 서술자가 직접 개입하여 소설 속 인물과 사건에 대한 자신의 견해를 밝히고 논평하는 것으로, 고전 소설에 자주 나타남.

★ 극

13 희곡	모평 일반적으로 희곡은 무대화를 전제로 창작된다.	( )	① 희곡에서, 막이 오르기 전후의 무대 장치, 인물, 배경 등을 설명하는 부분.
14 해설	교과 희곡에서 '해설'은 시간적·공간적 배경과 등장인물을 소개하고 무대 장치를 설명하는 역할을 한다.	( )	② 희곡의 구성 요소 중 인물들의 말에 해당하는 부분. 대화, 독백, 방백이 있음.
15 대사	모평 희곡에서 대사는 작품의 주제를 제시하고, 등장인물의 성격을 드러내며, 무대 밖에서 일어나고 있는 사건에 대한 정보를 전달해 준다.	( )	③ 희곡에서 무대 장치, 분위기, 효과음, 시·공간을 지시하거나 인물의 행동, 표정, 말투 등을 지시하는 부분.
16 지시문	모평 행위나 표정 등에 집중하게 하기 위하여 대사에 비해 지시문의 비중을 높이고 있다.	( )	④ 무대 상연을 전제로 한 연극의 대본. 무대라는 한정된 공간에서 상연하기 때문에 시간과 공간, 등장인물 수의 제약이 있음.
17 시나리오	수능 시나리오에서 두 개 이상의 이야기가 동시에 진행될 때, 중심이 되는 이야기를 '주 플롯'이라 하고 부수적인 이야기를 '부 플롯'이라 한다.	( )	⑤ 영화 상영을 목적으로 쓴 대본. 시간과 공간, 등장인물 수의 제약을 거의 받지 않으며, 카메라 촬영을 고려한 특수 용어가 사용됨.

★ 수필

18 수필	모평 '당신'에게 쓰는 편지 형식의 이 수필에서 글쓴이는 개인적 경험과 공동체적 경험으로 대비되는 두 가지 이야기를 들려준다.	( )	① 여행을 하는 동안 보고, 듣고, 느낀 것을 주로 시간의 흐름이나 공간의 이동에 따라 적은 글. 기행문의 3요소로 여정, 견문, 감상이 있음.
19 기행문	교과 이 글은 유럽 여행을 다녀온 뒤 쓴 기행문이다.	( )	② 글쓴이의 생각과 느낌을 형식이나 내용의 제한 없이 자유롭고 솔직하게 표현한 글.
20 설(說)	학평 '설'은 사물의 이치를 풀이하고 자신의 의견을 덧붙여 서술하는 한문 문체이다.	( )	③ 이치에 따라 사건과 사물을 해석하고 이에 대한 옳고 그름을 밝히면서 자신의 의견을 서술하는 한문 수필의 한 양식. 일반적으로 '사실 + 의견'의 2단 구성임.

600 어휘 571개 달성! 500

★ 작품 감상의 관점

21 절대론적 관점	교과 이 작품을 절대론적 관점에서 감상한 내용으로 가장 적절한 것은?	( )	① 작가의 의도나 삶 등을 고려하여 작품을 감상하는 방법.
22 표현론적 관점	교과 이 작품에 대한 감상 중, 표현론적 관점에 해당하는 것은?	( )	② 작품과 독자의 관계, 작품이 독자에게 미치는 영향을 중심으로 감상하는 방법.
23 반영론적 관점	교과 이 작품을 반영론적 관점에서 감상할 때, ㉠이 암시하는 상황을 드러내는 소재로 적절한 것은?	( )	③ 작품과 현실 세계의 관련성, 작품 속에 반영된 현실 상황에 주목하여 감상하는 방법.
24 효용론적 관점	학평 사대부들의 시조는 문학을 도(道)를 싣는 수단으로 보는 효용론적 문학관에 바탕을 두고 있다.	( )	④ 작품을 작가·독자·현실 등과 분리된 독자적인 존재로 보고, 작품을 구성하는 내적 요소들을 중심으로 감상하는 방법.

어휘력 체크

·개념으로 체크하기·

01 ~ 05 다음 설명에 알맞은 소설의 구성 유형을 〈보기〉에서 찾아 기호를 쓰시오.

보기

㉠ 삽화식 구성 ㉡ 순행적 구성 ㉢ 액자식 구성
㉣ 환몽 구성 ㉤ 일대기적 구성

01 '현실 – 꿈 – 현실'의 구조로 이루어진 구성. ( )

02 외부 이야기 속에 또 다른 내부 이야기가 담겨 있는 구성. ( )

03 인물이 태어나서 죽기까지 일생 동안 겪는 일로 내용을 전개하는 구성. ( )

04 사건을 '과거 – 현재 – 미래'의 시간이 흐르는 순서에 따라 전개하는 구성. ( )

05 서로 관련이 없어 보이는 짤막한 이야기를 서술자의 의도에 따라 배치한 구성. ( )

06 ~ 09 다음 빈칸에 들어갈 알맞은 말을 쓰시오.

06 작가의 의도나 삶 등을 고려하여 작품을 감상하는 방법은 ( )적 관점에 해당한다.

07 대사는 희곡의 구성 요소 중 인물들의 말에 해당하는 부분으로 대화, ( ), 방백이 있다.

08 한문 수필의 한 양식인 '설(說)'은 보통 '( ) + ( )'의 2단 구성을 취하고 있다.

09 고전 소설에 자주 나타나는 편집자적 논평은 서술자가 직접 ( )하여 소설 속 인물과 사건에 대한 자신의 견해를 밝히고 논평하는 것이다.

10 〈보기〉에 적용된 작품 감상의 관점으로 적절한 것은?

보기

1970년대는 군사 독재 시대로 북한과의 대립이 극심했는데, 〈파수꾼〉의 '촌장'은 이런 대립 상황을 이용해 자신의 권력을 유지한 '독재 정권'에 해당한다고 볼 수 있다.

① 반영론적 관점 ② 절대론적 관점
③ 표현론적 관점 ④ 효용론적 관점

·작품으로 체크하기·

11 ~ 16 (가)~(다)에 대한 설명으로 적절하면 ○에, 적절하지 않으면 ×에 표시하시오.

[가] 학평 송도에 이생이라는 사람이 낙타교 옆에 살았다. 나이는 열여덟, 풍모가 맑고도 말쑥하였으며, 타고난 재주가 대단히 뛰어났다. 〈중략〉
밤중이 거의 되자 희미한 달빛이 들보를 비춰 주는데 복도에서 발자국 소리가 들려왔다. 그 소리는 먼 데서 차차 가까이 다가왔다. 살펴보니 사랑하는 최 여인이 거기 있었다. 이생은 그녀가 이미 이승에 없는 사람임을 알고 있었으나 너무나 사랑하는 마음에 반가움이 앞서 의심도 하지 않고 말했다.

– 김시습, 〈이생규장전〉

[나] 모평 **초부**: ㉠(지게를 지고 일어서며) 지금 그 종 네가 쳤니?
도념: 그럼은요. 언젠 내가 안 치구 다른 이가 쳤나요?
초부: 밤낮 나무해 가지구 비탈 내려가면서 듣는 소리지만 오늘은 왜 그런지 유난히 슬프구나. (일어서다가 도념의 옷차림을 발견하고) 아니, 너 갑자기 바랑은 왜 걸머지구 나오니?

– 함세덕, 〈동승〉

[다] 교과 나는 최 서방의 조카를 깨워 가지고 장기를 한 판 벌이기로 한다. 최 서방의 조카와 열 번 두면 열 번 내가 이긴다. 최 서방의 조카로서는 그러니까 나와 장기 둔다는 것 그것부터가 권태(倦怠)다. 밤낮 두어야 마찬가질 바에는 안 두는 것이 차라리 나았지—. 그러나 안 두면 또 무엇을 하나? 둘밖에 없다.

– 이상, 〈권태〉

11 (가)에는 재자가인형 인물이 등장하고, 전기적(傳奇的) 요소가 드러난다. (○, ×)

12 (가)는 현재를 중심으로 하여 과거를 넘나드는 역순행적 구성을 취하고 있다. (○, ×)

13 (나)와 같은 갈래는 사건을 현재형으로 나타낸다. (○, ×)

14 (나)의 ㉠은 등장인물의 행동을 지시하는 '지시문'에 해당한다. (○, ×)

15 (다)에는 글쓴이의 여정과 감상이 드러나 있다. (○, ×)

16 (다)에는 권태를 느끼는 '나'의 감정이 솔직하게 드러나 있다. (○, ×)

▶ 정답과 해설 24쪽

01 ~ 04 **다음 글을 읽고 물음에 답하시오.**

[가] 경업이 호병들을 크게 꾸짖으며 말했다.

"내 몇 년 전 가달 왕에게 항복받고 너희 나라를 지켜 주었을 때, 너희는 은덕을 잊지 않겠다며 만세불망비도 세우지 않았더냐? 그걸 벌써 잊고 도리어 천조를 배반하고 우리나라를 침범코자 하니, 너희 같은 무리는 마땅히 죽여 분을 씻을 것이로다. 다만 너희를 불쌍히 여겨 용서하여 돌려보내니, 빨리 돌아가 너희 땅을 지키고 다시 분수에 넘치는 짓은 생각도 하지 말라." 〈중략〉

왕대비와 세자, 대군을 포로로 잡은 용골대는 송파 들판에 진을 치고 큰 소리로,

"어서 빨리 항복하지 아니하면 왕대비와 세자, 대군을 가만두지 않겠다."

라며 으름장을 부렸다.

이때 임금은 모든 대신과 병사를 거느리고 ㉠남한산성에서 외로이 성을 지키면서 눈물만 비 오듯 흘릴 뿐이었다. 도원수 김자점은 달리 방법도 없이 성문 밖에 진을 치고 방어만 하고 있었는데, 호병들의 북소리에 놀라 진이 무너지며 군사들이 무수히 죽었다. 어쩔 수 없이 소수의 군사만 산성 밖에 남기고 산성 안으로 들어와 지켰지만, 군량미도 바닥나서 어찌할 방법이 없었다. 이때 용골대가 큰 소리로 외쳤다.

"너희가 끝내 항복하지 아니하면 우리는 여기서 겨울을 나고 여름 보리를 지어 먹고 있을 테다. 너희는 무엇을 먹고 살려 하느냐? 어서 빨리 나와 항복하여라."

용골대가 산봉우리에 올라 산성을 굽어보며 외치는 소리가 산을 울리니, 임금이 듣고는 하늘을 보고 통곡하며 말했다.

"안에는 훌륭한 장수가 없고 밖에는 강적이 있으니 외로운 산성을 어찌 보전하며, 또한 양식이 다 떨어졌으니 이는 하늘이 나를 망하게 하려 하심이라."

– 작자 미상, 〈임경업전〉

[나] ⓐS# 63. 동네 정류장 (해 질 녘)

ⓑ상우, 정류장까지 또 와 버렸다. 버스 한 대가 금방 도착하고 내리는 사람 없이 떠난다. 그런데 저 멀리 버스가 온 방향에서 할머니가 걸어오고 있는 게 아닌가. 그 보따리를 힘들게 들고서. 의아해하는 상우. ⓒ'왜 버스를 안 타고 걸어올까?' 무척 피곤해 보이는 할머니의 땀에 전 얼굴을 보고 상우는 짐작이 간다. 울고 싶어진다…….

ⓓ할머니 : ⓔ(수화로) '왜 나와 있어? 집에 있지.'

– 이정향 극본, 〈집으로〉

[다] 물은 하나의 국가요, 용은 그 나라의 군주다. 물고기 가운데 큰 것으로 고래, 곤어, 바닷장어 같은 것은 군주를 안팎에서 모시는 여러 신하이다. 그다음으로 메기, 잉어, 다랑어, 자가사리 같은 것은 서리나 아전의 무리다. 이밖에 크기가 한 자 못 되는 것들은 물나라의 만백성이라 할 수 있다. 상하가 서로 차례가 있고 큰 놈이 작은 놈을 통솔하니, 그것이 어찌 사람과 다르겠는가?

그러므로 용은 물나라를 다스리면서, 날이 가물어 마르면 반드시 비를 내려 주고, 사람이 물고기를 다 잡아 버릴까 염려하여서는 큰 물결을 겹쳐 일어나게 하여 덮어 준다. 그러한 것이 물고기에 대해서 은혜를 끼침이 아닌 것은 아니다.

하지만 물고기에게 인자하게 베푸는 것은 한 마리 용뿐이요, 물고기를 학대하는 것은 수많은 큰 물고기들이다.

– 이옥, 〈어부(魚賦)〉

소설의 구성과 전개 이해하기

01 (가)에 대한 설명으로 가장 적절한 것은?

① 서사의 진행 과정에 비현실적 요소가 개입되고 있다.
② 인물의 심리가 대화를 통해 구체적으로 드러나고 있다.
③ 꿈과 현실을 교차하여 사건을 입체적으로 구성하고 있다.
④ 초월적 존재와의 대화를 통해 인물의 고뇌가 드러나고 있다.
⑤ '국내 – 국외'의 잦은 공간 이동으로 긴장감이 드러나고 있다.

공간의 특성 파악하기

02 ㉠의 공간적 특성으로 적절한 것은?

① 민족적 자부심을 드러내는 공간
② 임경업의 명성이 드러나는 공간
③ 김자점의 권세가 과시되는 공간
④ 지배층의 무능력함이 드러나는 공간
⑤ 지배층에 대한 민중의 분노가 표출되는 공간

극의 갈래상 특징 이해하기

03 ⓐ~ⓔ 중, (나)가 영화 상영을 목적으로 쓴 글임을 알 수 있게 하는 것은?

① ⓐ ② ⓑ ③ ⓒ ④ ⓓ ⑤ ⓔ

작가의 태도와 서술상 특징 이해하기

04 (다)에 대한 설명으로 가장 적절한 것은?

① 대상의 부재로 외로워하는 모습이 드러난다.
② 현실의 어려움을 극복하려는 의지가 나타난다.
③ 이상과 현실 사이에서 갈등하는 모습이 드러난다.
④ 과거의 경험을 현재화하여 삶의 교훈을 제시한다.
⑤ 인간 세계를 자연의 모습에 빗대어 주제를 드러낸다.

학평

01 ⓐ~ⓔ의 사전적 의미로 적절하지 않은 것은?

보기

- 관중은 자신이 살던 현실의 문제에 실리적으로 ⓐ대처하고 정치적인 분열을 적극적으로 막아 나라의 부강과 백성의 평안을 이루고자 하였다.
- 군주가 마음대로 법을 만들면 백성의 삶이 ⓑ피폐해질 수 있으므로 군주는 이익을 추구하는 백성의 본성을 고려해 백성의 삶이 윤택해질 수 있는 법을 만들어야 한다고 보았다.
- 또한 관중은 군주가 자신에 대해서는 존귀하게 여기지 않는 것을 '패(覇)'라고 ⓒ규정하였는데, 이를 바탕으로 군주도 법의 적용에서 예외가 되지 않아야 한다고 주장하였다.
- 치세를 만드는 군주는 재능과 지식이 출중해 신하를 능력에 맞게 발탁하여 일을 분배할 줄 알거나, 재능과 지식은 ⓓ부족하지만 현명한 신하를 분별하여 그에게 나라의 일을 맡길 줄 안다.
- 이는 군주의 존재 근거가 백성이라고 보는 민본관에 의한 것으로, 조세 부담을 줄이는 등 백성의 경제적 기반을 유지할 수 있는 정책을 펼쳐야 함을 ⓔ역설한 것이다.

① ⓐ: 어떤 정세나 사건에 대하여 알맞은 조치를 취함.
② ⓑ: 지치고 쇠약해짐.
③ ⓒ: 바로잡아 고침.
④ ⓓ: 필요한 양이나 기준에 미치지 못해 충분하지 아니함.
⑤ ⓔ: 자신의 뜻을 힘주어 말함.

학평

02 문맥상 〈보기〉의 ㉠~㉤과 바꿔 쓰기에 가장 적절한 것은?

보기

- 헌법 개정은 헌법 제정 권력까지도 배제하는 헌법의 파기와는 ㉠다르다.
- 헌법 개정의 정도에 대해서는 대체로 개정 무한계설과 개정 한계설로 ㉡나뉜다.
- 개정 무한계설에서는 현재의 헌법 규범이나 가치에 의해 장래의 세대를 구속하는 것은 부당하다는 점을 ㉢밝힌다.
- 개정 한계설은 헌법에 규정된 개정 절차를 ㉣따를지라도 특정한 조항이나 사항은 개정할 수 없다는 입장이다.
- 또 헌법 위에 존재하는 자연법의 원리에 ㉤어긋나는 헌법 개정은 허용되지 않는다고 본다.

① ㉠: 상등하다
② ㉡: 분포된다
③ ㉢: 피력한다
④ ㉣: 승계할지라도
⑤ ㉤: 소급되는

내신

03 〈보기〉를 참고할 때, 밑줄 친 단어의 의미 관계가 나머지와 다른 것은?

보기

- 다의 관계: 하나의 단어가 둘 이상의 의미를 가지는 관계. 두 단어의 의미 사이에 연관성이 있음.
- 동음이의 관계: 두 단어가 소리는 같으나 다른 의미를 가지는 관계. 두 단어의 의미 사이에 연관성이 없음.

① (ㄱ) 고장 난 컴퓨터의 부품을 갈았다.
(ㄴ) 생선 장수가 숫돌에다 칼을 갈았다.
② (ㄱ) 그분은 올해로 연세가 일흔이 넘었다.
(ㄴ) 우리는 강릉에 가기 위해 대관령을 넘었다.
③ (ㄱ) 출항을 위해 배에 돛을 달았다.
(ㄴ) 불에 달궈진 쇠가 벌겋게 달았다.
④ (ㄱ) 밤이 너무 깊어서 근처 여관으로 들었다.
(ㄴ) 아름다운 신부가 꽃을 손에 들었다.
⑤ (ㄱ) 영희가 커피에 설탕을 탔다.
(ㄴ) 철수는 경연 대회에서 상을 탔다.

모평

04 ㉠의 상황을 표현한 말로 가장 적절한 것은?

승상이 자세히 살펴보니 과연 허물이 방 안에 놓여 있고 천서(天書) 세 권이 분명히 놓였거늘, 마음에 크게 놀라고 기뻐하여 소년의 손을 잡고 마음 가득 기뻐하여 말하기를,

"네가 십 년 동안을 보자기 속에 들어 있었으니 무슨 알 만한 일이 있을 것이니, 자세히 일러서 우리의 의혹을 덜게 하라."

원이 고개를 숙여 재배하고 말하기를,

"소자가 보자기 속에서 십 년 동안 고행하였사오나 아무런 줄을 몰랐사오니 황송함을 이길 수 없사옵니다."

승상 부부가 그제야 원을 안고 등을 어루만지며 가로되,

㉠"네가 어이하여 십 년 고생을 이다지도 하였느냐?" 하고 못내 기뻐하였다. 내외 상하(內外上下)며 이웃과 친척 가운데 뉘 아니 기뻐하리오.

– 작자 미상, 〈김원전〉

① 고진감래(苦盡甘來)
② 괄목상대(刮目相對)
③ 권불십년(權不十年)
④ 동상이몽(同床異夢)
⑤ 오리무중(五里霧中)

학평

05 문맥상 ⓐ~ⓔ를 바꿔 쓸 수 있는 것으로 적절하지 않은 것은?

보기

- 실증주의적 관점에 따르면 공간은 단순히 물리적으로 위치하고 있는 것으로, 인간이 머릿속에서 기하학적으로 ⓐ측량하고 재단할 수 있는 것이다.
- 그러나 인본주의적 관점에 따르면 각각의 공간들은 다른 공간들과 구별되는 자연적 · 인문적인 특징을 가지고 있고, 이러한 특징으로 ⓑ구성된 곳을 장소라고 한다.
- 인간은 일상생활 속의 공간에서 발생하는 다양한 현상들을 경험하고, 이를 해석하며, 의미를 ⓒ부여한다.
- 인간에게 장소는 그곳의 실제적인 쓰임새보다 훨씬 더 깊은 의미를 갖는다. 이는 자신들의 장소를 파괴하려는 외부의 힘에 ⓓ대항하는 개인이나 집단의 행동에서 명백하게 드러난다.
- 인간답다는 것은 의미 있는 장소로 ⓔ충만한 세상에서 산다는 것이며, 인간이 세계를 경험하는 심오하고도 복잡한 곳이 바로 장소라는 것이다.

① ⓐ: 헤아리고　　② ⓑ: 이루어진
③ ⓒ: 붙인다　　④ ⓓ: 맞서는
⑤ ⓔ: 가득 찬

학평

06 〈보기〉는 국어사전 편찬을 위하여 언어 자료를 정리한 내용의 일부이다. 〈보기〉의 예를 바탕으로 〈국어사전〉의 빈칸에 추가할 뜻풀이로 적절한 것은?

보기

- 그는 관객들에게 최면을 걸고 모두 잠들게 했다.
- 정보 산업에 미래를 걸고 있었다.
- 왜 지나가는 사람에게 시비를 걸고 그래.

국어사전

걸다[걸ː다](걸어, 거니, 거오) 동
㉠ 어떤 상태에 빠지도록 하다.
㉡ 앞으로의 일에 대한 희망을 품다.
㉢ ____________________

① 의논이나 토의의 대상으로 삼다.
② 상대편을 넘어뜨리려는 동작을 하다.
③ 다른 사람이 관련이 있음을 주장하다.
④ 명예나 목숨을 위해 희생할 각오를 하다.
⑤ 다른 사람을 향해 먼저 어떤 행동을 하다.

학평

07 ㉠과 바꿔 쓰기에 적절한 것은?

보기

생산자는 놀이공원을 이용할 수 있는 권리인 입장료를 적절한 수준으로 결정해야 자신의 이익을 극대화할 수 있다. 입장료를 지나치게 높은 수준으로 ㉠매기면 다수의 소비자들이 이용을 포기할 것이고, 너무 낮은 수준으로 매기면 수입이 줄어들기 때문이다.

① 감정하면　　② 배정하면　　③ 시정하면
④ 책정하면　　⑤ 제정하면

모평

08 ⓐ~ⓔ의 사전적 의미로 적절하지 않은 것은?

보기

- 그가 복잡한 도심에서 주차할 곳을 우연히, 그리고 매우 쉽게 찾는 장면에 대해서도 ⓐ이의를 제기하지 않는다.
- 이처럼 우리는 이야기의 비본질적인 부분을 ⓑ배제하는 영화상의 생략을 기꺼이 수용한다.
- 우리는 영화가 현실의 복잡성을 똑같이 ⓒ모방하기를 원하지 않으며, 영화 역시 굳이 그러기 위해 애쓰지 않는다.
- 이들은 불필요한 사건을 개입시켜 극의 전개를 느슨하게 만들거나, 단서나 예고 없이 시간적 순서를 뒤섞어 사건의 인과 관계를 ⓓ교란하기도 했다.
- 상업 영화에서도 부분적인 관습 비틀기가 ⓔ수시로 일어난다.

① ⓐ: 어떤 대상에 대하여 가지는 생각.
② ⓑ: 받아들이지 아니하고 물리쳐 제외함.
③ ⓒ: 다른 것을 본뜨거나 본받음.
④ ⓓ: 마음이나 상황 따위를 뒤흔들어서 어지럽고 혼란하게 함.
⑤ ⓔ: 일정하게 정하여 놓은 때 없이 그때그때 상황에 따름.

학평

09 ㉠의 상황을 나타낸 말로 가장 적절한 것은?

보기

뜻밖에 불이 일어나더니 배가 모두 불탔다. ㉠배를 한 곳에 잡아매었으니 따로 떨어질 수도 없었고, 모진 바람이 급하게 부니 불꽃을 잡을 길이 없었다. 이렇게 뜻하지 못한 화를 만나자 장수와 장졸이 각각 도망하다가 서로 밟혀 죽는 것이 부지기수로 만여 명이 되었다.　– 작자 미상, 〈진성운전〉

① 진퇴양난(進退兩難)　　② 자가당착(自家撞着)
③ 이심전심(以心傳心)　　④ 다다익선(多多益善)
⑤ 기사회생(起死回生)

모평

10 〈보기〉의 ⓐ~ⓔ를 한자어로 바꾼 것으로 적절하지 않은 것은?

보기

- 군주는 군주다운 덕성을 갖추고 그에 ⓐ맞는 예를 실천해야 하며, 군주뿐만 아니라 신하, 부모 자식도 그러해야 한다.
- 만일 군주가 예에 의하지 않고 법과 형벌에 ⓑ기대어 정치를 한다면, 백성들은 형벌을 면하기 위해 법을 지킬 뿐, 무엇이 옳고 그른지 스스로 판단하려 하지 않는 문제가 생길 것이라고 공자는 보았다.
- 원래 군자는 정치적 지배 계층을 ⓒ가리키는 말로 일반 서민을 가리키는 소인과 대비되는 개념이었다.
- 사리사욕에 ⓓ사로잡혀 자신의 이익과 욕심을 채우는 데만 몰두하는 소인과 도덕적 수양을 최우선으로 삼는 군자를 도덕적으로 차별화한 것이다.
- 공자는 군자가 되기 위해서는 항상 마음이 참되고 미더운 상태가 되도록 자신의 내면을 잘 ⓔ살피라고 하였다.

① ⓐ: 합당(合當)한　② ⓑ: 의거(依據)하여
③ ⓒ: 지칭(指稱)하는　④ ⓓ: 매수(買收)되어
⑤ ⓔ: 성찰(省察)하라고

학평

11 〈보기〉의 밑줄 친 부분에 해당하는 예로 적절한 것은?

보기

하나의 단어가 관련된 여러 가지 의미를 함께 지니고 있는 것을 '다의어'라고 한다. 다의어의 의미는 '중심적 의미'와 '주변적 의미'로 나뉜다. 중심적 의미끼리는 반의 관계가 성립하지만, 중심적 의미와 주변적 의미, 주변적 의미와 주변적 의미 사이에는 반의 관계가 성립하지 않는다.

(학교가) 넓다 ↔ (도로가) 좁다	중심 ↔ 중심
(학교가) 넓다 ↮ (시야가) 좁다	중심 ↮ 주변
(마음이) 넓다 ↮ (시야가) 좁다	주변 ↮ 주변

* ↔: 반의 관계가 성립함.
* ↮: 반의 관계가 성립하지 않음.

① 결심이 서다 — 요직에 앉다
② 차렷 자세로 서다 — 잠자리가 장대에 앉다
③ 칼날이 서다 — 책상에 먼지가 앉다
④ 전봇대가 서다 — 의자에 앉다
⑤ 두 다리로 서다 — 방석을 깔고 앉다

모평

12 문맥상 〈보기〉의 ㉠~㉤과 바꿔 쓰기에 적절하지 않은 것은?

보기

- 경쟁 정책이 소비자 권익에 ㉠기여하는 모습은 생산적 효율과 배분적 효율의 두 측면에서 살펴볼 수 있다.
- 시장이 경쟁적이면 개별 기업은 생존을 위해 비용 절감과 같은 생산적 효율을 추구하게 되고, 거기서 창출된 여력은 소비자의 선택을 받고자 품질을 향상시키거나 가격을 ㉡인하하는 데 활용될 것이다.
- 전체 소비자를 기준으로 볼 때 경쟁 정책이 소비자 이익을 ㉢증진하더라도, 일부 소비자에게는 불이익이 되는 경우도 있다.
- 예를 들어, 경쟁 때문에 시장에서 ㉣퇴출된 기업의 제품은 사후 관리가 되지 않아 일부 소비자가 피해를 보는 일이 있다.
- 그렇다고 해서 경쟁 정책 자체를 포기하면 전체 소비자에게 불리한 결과가 되므로, 국가는 경쟁 정책을 ㉤유지할 수밖에 없는 것이다.

① ㉠: 이바지하는　② ㉡: 내리는
③ ㉢: 늘리더라도　④ ㉣: 밀려난
⑤ ㉤: 세울

모평

13 '오늘의 속담' 게시판에 자신이 아는 속담을 소개하는 글을 쓰려고 한다. 〈보기〉의 조건이 모두 충족된 것은?

보기

- 속담을 통해 얻은 삶의 가치를 드러낼 것
- 역설적 의미를 살려 표현할 것

① 가난한 집 제사 돌아오듯 한다 → 고생 끝에 행복이 오듯이, 끝없이 이어질 것 같은 고난도 언젠가는 끝이 나지.
② 낙숫물이 댓돌을 뚫는다 → 작은 노력이라도 꾸준히 계속하면 큰일을 이룰 수 있어. 작은 것이 결국 큰 것인 셈이지.
③ 까마귀 날자 배 떨어진다 → 최선을 다했는데 시기가 잘 맞지 않아 일이 잘 안될 때가 있어. 이럴 때는 버리는 게 얻을 수 있는 방법이지.
④ 공든 탑이 무너지랴 → 모래로 쌓은 탑은 한 줄기 바람에도 쓰러져 버리지만, 정성을 다해 공을 들인 일은 쉽게 실패하지 않는 법이지.
⑤ 모난 돌이 정 맞는다 → 비바람과 세찬 파도에 울퉁불퉁한 돌들이 다듬어지듯, 세월이 흐름에 따라 사람도 변해. 시간은 흘러가 버리지만 그 시간이 우리에게 남기는 것도 있지.

모평

14 ⓐ~ⓔ의 사전적 의미로 적절하지 않은 것은?

보기

- 전국 시대의 사상계가 양주와 묵적의 사상에 ⓐ경도되어 유학의 영향력이 약화되고 있다고 판단한 맹자는 유학의 수호자를 자임하면서 공자의 사상을 계승하는 한편, 다른 학파의 사상적 도전에 맞서 유학 사상의 이론화 작업을 전개하였다.
- 그는 공자의 춘추 시대에 비해 사회 혼란이 ⓑ가중되는 시대적 환경 속에서 사회 안정을 위해 특히 '의(義)'의 중요성을 강조하였다.
- 그는 사회 안정을 위해 사적인 욕망과 ⓒ결부된 이익의 추구는 '의'에서 ⓓ배제되어야 한다고 주장하였다.
- 맹자는 '의'의 실천을 위한 근거와 능력이 인간에게 갖추어져 있음을 제시한 바탕 위에서, 이 도덕적 마음을 현실에서 실천하는 노력이 필요하다고 ⓔ역설하였다.

① ⓐ: 잘못 보거나 잘못 생각함.
② ⓑ: 책임이나 부담 등을 더 무겁게 함.
③ ⓒ: 일정한 사물이나 현상을 서로 연관시킴.
④ ⓓ: 받아들이지 아니하고 물리쳐 제외함.
⑤ ⓔ: 자기의 뜻을 힘주어 말함.

학평

15 〈보기〉의 빈칸에 들어갈 말로 가장 적절한 것은?

이때 애황은 잉태한 지 일곱 달이었다. 각자 말을 타고 남북으로 떠나면서 대봉이 애황의 손을 잡고 말하였다.

"원수가 잉태한 지 일곱 달이니, 복중에 품은 혈육 보전하기를 어찌 바랄 수 있으리오? ㉠부디 몸을 안보하소서. 무사히 돌아와 서로 다시 보기를 천만 바라노라."

– 작자 미상, 〈이대봉전〉

보기

㉠을 보니, 무사히 돌아오라고 대봉은 애황에게 (　　　　　) 하고 있군.

① 경거망동(輕擧妄動)　② 신신당부(申申當付)
③ 애걸복걸(哀乞伏乞)　④ 이실직고(以實直告)
⑤ 횡설수설(橫說竪說)

모평

16 문맥상 ㉠~㉤과 바꿔 쓰기에 적절하지 않은 것은?

보기

- 범주화하는 능력이 ㉠없다면 새로운 존재를 접할 때마다 모든 정보를 새롭게 파악하고 기억해야 한다는 점에서 인지적인 부담이 매우 클 수밖에 없을 것이다.
- 고전적 범주화 이론은 아리스토텔레스에서 비롯된 것으로, 범주는 해당 범주를 정의하는 필요충분 속성의 집합으로 결정된다고 ㉡본다.
- 예컨대 '나, 동생, 아버지'로 ㉢이루어진 가족이 있다고 하자.
- 기존 범주에 속하지 않는 새로운 대상이 ㉣나타날 경우, 그 대상의 속성으로부터 새로운 범주의 원형이 만들어지며, 범주의 구성원들이 계속 추가되면 원형이 ㉤바뀌기도 한다.

① ㉠: 결여(缺如)된다면　② ㉡: 간주(看做)한다
③ ㉢: 형성(形成)된　④ ㉣: 출현(出現)할
⑤ ㉤: 변화(變化)하기도

모평

17 밑줄 친 관용 표현의 의미로 적절하지 않은 것은?

① 우리는 그 폭포의 장대한 물줄기에 입이 벌어졌다.
→ 매우 놀라다
② 이 가게에는 누나의 눈에 차는 물건이 없는 것 같다.
→ 마음에 들다
③ 사람들은 산불을 진화하지 못해 동동 발을 굴렀다.
→ 안타까워하다
④ 그녀는 손이 재기로 유명해서 잔치마다 불려 다닌다.
→ 일 처리가 빠르다
⑤ 나는 동생이 혼자 그 많은 일을 다 해서 혀를 내둘렀다.
→ 안쓰러워하다

학평

18 ㉠에 드러난 '유 소저'의 심리를 나타낸 말로 가장 적절한 것은?

보기

유 소저 백옥 같은 몸에 누명을 얻으니 원정을 누구에게 말하리오. 분을 이기지 못하여 칼을 빼어 죽으려 하다가 다시 생각하니 ㉠'이렇듯 죽으면 내 일신이 옥 같음을 누가 알리오.' 하고 이에 적삼을 벗어 손가락을 깨물어 피를 내어 혈서를 쓰니 눈물이 변하여 피가 되더라.

– 작자 미상, 〈정을선전〉

① 각골통한(刻骨痛恨)　② 동병상련(同病相憐)
③ 수구초심(首丘初心)　④ 풍수지탄(風樹之歎)
⑤ 일희일비(一喜一悲)

19 ~ 20 다음 글을 읽고 물음에 답하시오.

[앞부분 줄거리] 명나라 효종 때, 김생이라는 선비는 상사동 길가에서 영영을 보고 사랑에 빠진다. 영영을 만날 궁리를 하던 김생은 막동의 도움으로 영영의 이모인 노파에게 접근한다.

"도련님은 그 애를 만나는 것조차 어려울 것입니다."
"그건 무슨 말이요?"
"그 애는 회산군(檜山君)의 시녀입니다. **궁중에서 나고 자라 문밖을 나서지 못합니다.**"
"그렇다면 전에 내가 본 날은 어인 나들이었소?"
"그때는 마침 그 애 부모의 제삿날이라 제가 회산군 부인께 청하고 겨우 데려왔었지요." / "……."
"영영은 자태가 곱고 음률이나 글에도 능통해 회산군께서 첩을 삼으려 하신답니다. 다만 그 **부인의 투기가 두려워 뜻대로 못할 뿐이랍니다.**"
김생은 크게 한숨을 내쉬며 탄식하였다.
"결국 하늘이 나를 죽게 하는구나!"
노파는 김생의 병이 깊은 것을 보고 안타까워했다. 노파는 그렇게 김생을 바라보고 있다가 한참 만에 입을 열었다.
"방법이 없는 것은 아닙니다."
"그래요? 그, 그것이 무엇이오? 빨리 말해 보시오."
"단오가 한 달이 남았으니 그때 다시 작은 제사상을 벌이고 부인에게 **영아를 보내 주십사고 청하면 그리 될 수도 있습니다.**"
김생은 그 말을 듣고 뛸 듯이 기뻐했다.
"할머니 말대로 된다면 인간의 오월 오일은 곧 천상의 칠석이오."
김생과 노파는 그렇게 서로 이야기를 하면서 **영영을 불러낼 계획을 세웠다.** 〈중략〉
영영을 그리는 마음은 예전보다 두 배나 더 간절하였다. 그러나 청조가 오지 않으니 소식을 전하기 어렵고, 흰기러기는 오래도록 끊기어 편지를 전할 길도 없었다. 끊어진 거문고 줄은 다시 맬 수가 없고 깨어진 거울은 다시 합칠 수가 없으니, 가슴을 졸이며 근심을 하고 이리저리 뒤척이며 잠 못 이룬들 무슨 소용이 있겠는가? 김생은 마침내 몸이 비쩍 마르고 병이 들어 자리에 누워 있었다. 그렇게 두어 달이 지나니 김생은 죽은 몸이나 다름없었다. 마침 김생의 친구 중에 이정자(李正字)라고 하는 이가 문병을 왔다. 정자는 김생이 갑자기 병이 난 것을 이상해했다. 병들고 지친 김생은 그의 손을 잡고 모든 이야기를 털어놓았다. 정자는 모든 이야기를 듣고 놀라며 말했다.
"자네의 병은 곧 나을 걸세. 회산군 부인은 내겐 고모가 되는 분이라네. 그분은 의리가 있고 인정이 많으시네. 또 부인이 소천(所天)*을 잃은 후로부터, 가산과 보화를 아끼지 아니하고 희사(喜捨)와 보시(布施)를 잘 하시니, 내 자네를 위하여 애써 보겠네." 〈중략〉
부인은 듣고 나서,
"내 어찌 영영을 아껴 사람이 죽도록 하겠느냐?"
하였다. 부인은 곧바로 영영을 김생의 집으로 가게 하였다. 그리하여 꿈에도 그리던 두 사람이 서로 만나게 되니 그 기쁨이야 말할 수 없을 정도였다. 김생은 기운을 차려 다시 깨어나고, 수일 후에는 일어나게 되었다. 이로부터 김생은 공명(功名)을 사양하고, **영영과 더불어 평생을 해로하였다.**

– 작자 미상, 〈영영전〉

* 소천(所天): 아내가 남편을 일컫는 말.

19 이 글에 대한 설명으로 가장 적절한 것은? 학평

① 전기적 요소를 활용해 긴박한 분위기를 조성하고 있다.
② 비유적 표현을 활용해 인물 간의 갈등을 심화하고 있다.
③ 인물의 외양 묘사를 통해 영웅적 면모를 보여 주고 있다.
④ 역순행적 구성을 통해 사건을 입체적으로 구성하고 있다.
⑤ 서술자의 주관적 논평을 통해 인물의 심리를 드러내고 있다.

20 〈보기〉를 참고하여 이 글을 감상한 내용으로 적절하지 <u>않은</u> 것은? 학평

보기

〈영영전〉은 궁녀인 영영과 선비인 김생의 신분을 초월한 사랑을 그린 작품이다. 주인공 영영을 통해 조선 시대 궁녀들의 폐쇄적인 생활상을 엿볼 수 있으며, 영영의 신분은 김생과의 사랑을 가로막는 장애물로 작용한다. 김생은 영영을 만나기 위해 노력하며, 이 과정에서 김생이 영영을 만나도록 도와주는 인물들이 등장한다. 결국, 조력자들의 도움으로 영영과 김생은 사랑의 장애물을 극복하고 사랑을 성취하여 행복한 결말을 맞이하게 된다.

① '궁중에서 나고 자라 문밖을 나서지 못합니다.'에서 조선 시대 궁녀들의 폐쇄적인 생활상을 확인할 수 있군.
② '부인의 투기가 두려워 뜻대로 못할 뿐이랍니다.'에서 회산군 부인의 투기가 김생과 영영의 사랑을 가로막는 장애물임을 확인할 수 있군.
③ '영아를 보내 주십사고 청하면 그리 될 수도 있습니다.'에서 노파도 김생이 영영을 만나도록 도와주는 조력자임을 확인할 수 있군.
④ '영영을 불러낼 계획을 세웠다.'에서 김생이 영영을 만나기 위해 노력하고 있음을 확인할 수 있군.
⑤ '영영과 더불어 평생을 해로하였다.'에서 영영과 김생이 사랑을 성취하여 행복한 결말을 맞이했음을 확인할 수 있군.

3주 완성

필수 어휘_인문

※ 어휘의 사전적 의미에 해당하는 예문을 찾아 번호를 쓰고 빈칸을 채워 보세요.

01 **강건하다** 굳셀 剛 | 굳셀 健 --	형 의지나 기상이 굳세고 건전하다.	( )
02 **강변하다** 강할 強 | 말 잘할 辯 --	동 이치에 닿지 아니한 것을 끝까지 굽히지 않고 주장하거나 변명하다.	( )
03 **개간하다** 열 開 | 개간할 墾 --	동 거친 땅이나 버려 둔 땅을 일구어 논밭이나 쓸모 있는 땅으로 만들다.	( )
04 **개탄하다** 분개할 慨 | 탄식할 歎 --	동 분하거나 못마땅하게 여겨 한탄하다.	( )
05 **걸출하다** 뛰어날 傑 | 날 出 --	형 남보다 훨씬 뛰어나다.	( )

① 모평 그의 견해는 웅대하고 ☐☐하여 사람들을 놀라게 하였다.

② 교과 백성들은 거칠고 메마른 땅을 ☐☐하여 농경지로 이용했다.

③ 교과 우리에게 필요한 것은 소신을 가지고 불의에 맞서 싸우는 ☐☐한 정신이다.

④ 교과 그 학자는 말도 안 되는 주장을 계속 ☐☐해 듣는 사람들에게 실망감을 주었다.

⑤ 모평 우리나라의 일에 이르러서는 도리어 아득하여 그 전말을 알지 못하니, 매우 ☐☐할 노릇이다.

06 **견지하다** 굳을 堅 | 가질 持 --	동 어떤 견해나 입장 따위를 굳게 지니거나 지키다.	( )
07 **고취하다** 북 鼓 | 불 吹 --	동 의견이나 사상 따위를 열렬히 주장하여 불어넣다.	( )
08 **골똘하다**	형 한 가지 일에 온 정신을 쏟아 딴 생각이 없다.	( )
09 **골자** 뼈 骨 | 아들 子	명 말이나 일의 내용에서 중심이 되는 줄기를 이루는 것.	( )
10 **관록** 꿸 貫 | 복 祿	명 어떤 일에 대한 상당한 경력으로 생긴 위엄이나 권위.	( )

① 교과 김 박사는 연구실에 앉아 논문 주제를 ☐☐하게 생각했다.

② 교과 이번 연구는 문화재 보존 방법을 주요 ☐☐로 하고 있습니다.

③ 교과 그가 10년 동안 정치판에서 쌓은 ☐☐이 이번 협상에서 큰 도움이 되었다.

④ 수능 박제가와 이덕무는 모두 중화 관념 자체에 대해서는 긍정적인 태도를 ☐☐하였다.

⑤ 학평 제국주의의 침탈과 분단을 겪은 20세기에 단일 민족 의식은 민족의 단결을 ☐☐하고, 신분 의식 타파에 기여하는 등 긍정적인 역할을 수행했다.

11 **관장하다** 주관할 管 | 손바닥 掌 --	동 일을 맡아서 주관하다.	( )
12 **궁구하다** 다할 窮 | 궁구할 究 --	동 속속들이 파고들어 깊게 연구하다.	( )
13 **궤멸하다** 무너질 潰 | 멸망할 滅 --	동 무너지거나 흩어져 없어지다. 또는 그렇게 만들다.	( )
14 **귀감** 거북 龜 | 거울 鑑	명 거울로 삼아 본받을 만한 모범.	( )
15 **귀결하다** 돌아올 歸 | 맺을 結 --	동 어떤 결말이나 결과에 이르다.	( )

① 모평 고려 말에 이르기까지는 국가에서 도자의 생산과 유통을 ☐☐하였다.

② 교과 오랜 검토 끝에 그는 자신의 판단에 오류가 있었다는 결론으로 ☐☐했다.

③ 교과 경찰은 시민들을 불안에 몰아넣은 거대 범죄 조직을 ☐☐하기 위해 치밀한 작전을 세웠다.

④ 학평 자연의 본성을 ☐☐하는 것은 이를 통해 자연에서 발견한 천리를 인간의 현실에서도 실현하기 위한 노력이었다.

⑤ 학평 90여 년 전 선배들의 정신을 계승할 수 있다는 것은 우리의 모습도 수십 년 후의 후배들에게 ☐☐이 될 수 있다는 것이군.

16 극구 지극할 極 | 입 口	부 온갖 말을 다하여.	( )
17 기강 벼리 紀 | 벼리 綱	명 규율과 법도를 아울러 이르는 말.	( )
18 기저 터 基 | 밑 底	명 사물의 뿌리나 밑바탕이 되는 기초.	( )
19 깜냥	명 스스로 일을 헤아림. 또는 헤아릴 수 있는 능력.	( )
20 난독 어려울 難 | 읽을 讀	명 읽기 어려움.	( )

① 교과 [ ][ ]의 어려움을 이기고 고전을 모두 읽었다.

② 교과 내 [ ][ ]으로 할 수 있는 만큼 최선을 다했는데 결과는 어떨지 모르겠다.

③ 교과 정조의 문체 반정은 문체를 단속해 [ ][ ]을 바로 잡으려 했던 문화 정책이다.

④ 교과 박 의원은 폭력 사건 연루 혐의를 [ ][ ] 부인했지만 검찰은 혐의와 관련된 증거가 발견되었다고 밝혔다.

⑤ 교과 미국 정책 수립의 [ ][ ]에 깔린 것은 이념이 아니라 전후 세계를 자신들이 주도해 나가고자 하는 경제적 동기였다.

21 난삽하다 어려울 難 | 깔깔할 澁 --	형 글이나 말이 매끄럽지 못하면서 어렵고 까다롭다.	( )
22 남루하다 헌누더기 襤 | 헌누더기 褸 --	형 옷 따위가 낡아 해지고 차림새가 너저분하다.	( )
23 논평 논의할 論 | 품평 評	명 어떤 글이나 말 또는 사건 따위의 내용에 대하여 논하여 비평함. 또는 그런 비평.	( )
24 단언하다 끊을 斷 | 말씀 言 --	동 주저하지 아니하고 딱 잘라 말하다.	( )
25 단초 바를 端 | 처음 初	명 일이나 사건을 풀어 나갈 수 있는 첫머리.	( )

① 교과 정부의 정책을 비판하는 [ ][ ]을 신문에 실었다.

② 학평 생각과 달리 막상 방 앞으로 끌려온 범인은 [ ][ ]하고 가냘픈 노인이었다.

③ 교과 한 문장 안에 동사가 여러 개이거나 수식어가 필요 이상으로 많으면 [ ][ ]한 글이 됩니다.

④ 수능 A와 B가 특정한 병에 걸렸다 하더라도 집단 수준에서는 그 병의 원인을 스트레스로 [ ][ ]할 수 없다는 것이다.

⑤ 모평 근대 도시와 영화의 체험에 대한 벤야민의 견해는 생산학파와 소비학파를 포괄할 수 있는 이론적 [ ][ ]를 제공한다.

26 단행하다 끊을 斷 | 다닐 行 --	동 결단하여 실행하다.	( )
27 달변 통할 達 | 말 잘할 辯	명 능숙하여 막힘이 없는 말.	( )
28 답지하다 뒤섞일 遝 | 이를 至 --	동 한군데로 몰려들거나 몰려오다.	( )
29 도취 질그릇 陶 | 취할 醉	명 어떠한 것에 마음이 쏠려 취하다시피 됨.	( )
30 되잖다	형 올바르지 않거나 이치에 닿지 않다.	( )

① 교과 옹의 거칠 것 없는 [ ][ ]에 설득되지 않는 사람이 없었다.

② 교과 그 학자는 성공에 [ ][ ]되어 자만심에 빠지는 것을 늘 경계했다.

③ 교과 [ ][ ]은 방법이라도 돈만 벌 수 있으면 상관없다는 사고방식은 매우 위험하다.

④ 교과 반대 의견이 많더라도 발전을 위해 과감하게 개혁을 [ ][ ]하는 것이 필요하다.

⑤ 교과 수재민 돕기 행사에 성금이 [ ][ ]하는 것을 보면 아직 세상은 따뜻한 곳임을 느낀다.

·뜻풀이로 체크하기·

01 ~ 07 다음 뜻풀이에 해당하는 어휘를 쓰시오.

01 읽기 어려움. □□

02 능숙하여 막힘이 없는 말. □□

03 어떤 결말이나 결과에 이르다. □□□□

04 한군데로 몰려들거나 몰려오다. □□□□

05 거울로 삼아 본받을 만한 모범. □□

06 의지나 기상이 굳세고 건전하다. □□□□

07 말이나 일의 내용에서 중심이 되는 줄기를 이루는 것. □□

08 ~ 12 제시된 초성과 뜻풀이를 참고하여 빈칸에 들어갈 알맞은 어휘를 쓰시오.

08 ㄱㅊ 하다: 남보다 훨씬 뛰어나다.

수능 그동안 우리 지역에서는 □□한 인물들이 많이 나왔다.

09 ㄴㄹ 하다: 옷 따위가 낡아 해지고 차림새가 너저분하다.

교과 이리 저리 구경을 다한 어사또는 □□한 의관과는 달리 의기는 양양하였다.

10 ㄱㅌ 하다: 분하거나 못마땅하게 여겨 한탄하다.

교과 진정한 예술가도 없고, 그것을 이해할 수 있는 깊이 있는 감상자도 없는 현실을 □□하고 있다.

11 ㄱㅂ 하다: 이치에 닿지 아니한 것을 끝까지 굽히지 않고 주장하거나 변명하다.

교과 그녀가 말도 안 되는 논리로 끝까지 자신은 잘못하지 않았다고 □□하는데 어처구니가 없더라.

12 ㄷㅊ: 일이나 사건을 풀어 나갈 수 있는 첫머리.

학평 플로티노스의 미 이론은 가시적인 외부 세계의 재현을 부정하고 현실 세계에서 벗어난 예술을 이해할 수 있는 □□를 제공하였다.

·문장으로 체크하기·

13 ~ 18 다음 문맥에 알맞은 어휘를 고르시오.

13 수능 주인 없는 땅을 (개간 | 단행)하면 내 재산이 될 수 있겠군.

14 수능 연설에서는 한 가지 논지가 일관되게 (견지 | 궤멸) 되어야 설득력이 있다.

15 교과 글쓴이가 구체적으로 주장하는 바를 알아보고 그 (기저 | 단초)에 깔린 사상을 파악해 보자.

16 교과 〈최고운전〉은 민족적 우월성과 문화적 자부심을 (고취 | 난독)하는 영웅 소설로 평가되고 있다.

17 학평 사르트르는 "실재 세계와 상상 세계는 본질적으로 서로 공존할 수 없다."라고 (개탄 | 단언)했다.

18 모평 독서를 할 때는 의문이 생기지 않음을 걱정하지 말고, 의문이 생기거든 되풀이하여 (궁구 | 논평)하도록 한다.

19 ~ 24 다음 빈칸에 들어갈 알맞은 어휘를 〈보기〉에서 찾아 쓰시오.

보기

관록 관장 기강
논평 단행 도취

19 교과 언어 중추는 언어의 생성과 이해를 (　　　) 하는 뇌의 중추이다.

20 학평 서술자가 사건에 개입하여 인물이 처한 상황에 대해 (　　　)하고 있다.

21 교과 관리들의 (　　　)와/과 잘못된 제도를 바로 잡아야 제대로 된 정치를 할 수 있다.

22 교과 아이들은 아름다운 경치에 (　　　)되어 버스로 돌아가자는 선생님의 말씀을 듣지 못했다.

23 교과 학생들을 대할 때 나오는 말투와 행동 하나하나에 교육 이십 년의 (　　　)이/가 묻어났다.

24 교과 재상을 맡은 자산은 불안정한 국가 상황을 극복하기 위해 법체계를 확립하는 개혁 조치를 (　　　) 하였다.

▶ 정답과 해설 28쪽

어휘의 의미와 쓰임 이해하기

01 〈보기〉의 ⓐ~ⓔ를 사용하여 만든 문장으로 적절하지 않은 것은?

보기
ⓐ 달변: 능숙하여 막힘이 없는 말.
ⓑ 답지하다: 한군데로 몰려들거나 몰려오다.
ⓒ 되잖다: 올바르지 않거나 이치에 닿지 않다.
ⓓ 도취: 어떠한 것에 마음이 쏠려 취하다시피 됨.
ⓔ 난삽하다: 글이나 말이 매끄럽지 못하면서 어렵고 까다롭다.

① 그는 특유의 ⓐ달변으로 사람들의 관심을 모았다.
② 나는 남편과 인생에 대해 ⓑ답지하는 시간을 가졌다.
③ 아이는 ⓒ되잖게 생떼를 쓰며 고집을 부렸다.
④ 그녀는 성공에 ⓓ도취되어 남의 비판에 귀를 기울이지 않았다.
⑤ 글이 너무 ⓔ난삽하여 다듬는 데 시간이 많이 걸렸다.

적절한 어휘로 바꿔 쓰기

02 문맥상 다음 밑줄 친 어휘와 바꿔 쓰기에 적절하지 않은 것은?

① 어떠한 어려움이 닥치더라도 희망을 갖고 강건하게 이겨 내자. → 강변하게
② 스스로 진리를 궁구한 후에야 스승님의 말씀에 담긴 참뜻을 깨달을 수 있었다. → 연구한
③ 광문은 욕심 없고 순수함을 지닌 인물로 계층과 상관없이 귀감이 되는 인물이다. → 본보기
④ 이 소설을 제대로 이해하려면 기저에 깔려 있는 작가 의식을 먼저 파악해야 한다. → 밑바탕
⑤ 서술자는 소인이나 군자 할 것 없이 뇌물을 주고받는 당시 세태를 개탄하고 있다. → 탄식하고

어휘의 쓰임 이해하기

03 문맥상 밑줄 친 어휘의 쓰임이 적절하지 않은 것은?

① 연지는 은행에서 대출 업무를 관장하고 있다.
② 그 학자의 논문에서 문제 해결의 단행을 찾았다.
③ 그가 그런 실수를 할 사람이 아니라고 단언하기 어렵다.
④ 19세기에 들어서 세도 정치로 인해 정치 기강이 문란해졌다.
⑤ 조선 후기에 유입된 서양 의학 서적을 읽고 논평을 남긴 유학자는 극히 일부였다.

문맥적 의미 파악하기

04 밑줄 친 두 어휘의 의미가 일치하지 않는 것은?

① (ㄱ) 우리 군은 막강한 전투력으로 적을 궤멸했다.
(ㄴ) 집행부가 궤멸하자 시위대는 오합지졸로 변했다.
② (ㄱ) 김 교수는 자신의 제자만을 극구 칭찬했다.
(ㄴ) 잃어버린 물건을 찾아 준 사람에게 사례하려고 했으나 그 사람은 극구 사양했다.
③ (ㄱ) 편집부는 독자들의 의견대로 책을 개간하기로 했다.
(ㄴ) 윤 영감은 가족과 함께 고향을 떠나 만주에서 황무지를 개간하는 조선 이주민 집단에 합류한다.
④ (ㄱ) 그는 자신의 깜냥으로는 이 일을 해낼 수 없다며 거절했다.
(ㄴ) 보통 사람의 깜냥으로는 이번 문제를 해결하기 어려울 듯하다.
⑤ (ㄱ) 그녀는 정치에 몸담은 지 30년이 넘은 관록 있는 정치인이다.
(ㄴ) 우리 학교 야구부는 전국 대회 우승의 관록을 자랑하는 강팀이다.

속담과 한자 성어의 뜻풀이에 맞는 어휘 찾기

05 다음 속담과 한자 성어의 뜻풀이에서, ㉠과 ㉡에 들어갈 어휘가 바르게 연결된 것은?

보기
• 목마른 송아지 우물 들여다보듯: 소금을 먹은 소가 목이 말라 깊은 굴우물을 들여다보며 안타까워한다는 뜻으로, 무엇을 (㉠) 궁리하거나 해결 방도를 찾지 못하여 애쓰는 모양을 비유적으로 이르는 말.
• 미복잠행(微服潛行): 지위가 높은 사람이 무엇을 몰래 살피기 위하여 (㉡) 옷차림을 하고 남 모르게 다님.

	㉠	㉡		㉠	㉡
①	강건하게	걸출한	②	개탄하게	남루한
③	골똘하게	남루한	④	단언하게	걸출한
⑤	답지하게	되잖은			

문맥적 의미 파악하기

06 문맥적 의미가 ⓐ와 가장 가까운 것은?

보기
올해 입단한 선수들 중에는 ⓐ걸출한 인물들이 많다.

① 건재한 ② 고상한 ③ 착실한
④ 찬란한 ⑤ 출중한

다의어

※ 다의어의 각 예문을 읽고 해당 뜻풀이를 찾아 번호를 쓰세요.

01 냉랭하다
찰 冷 | 찰 冷 --

(1) 교과 냉랭한 날씨에 몸이 움츠러들었다.	( )
(2) 교과 화가 난 그녀의 목소리가 냉랭하기 그지없었다.	( )

① 형 태도가 정답지 않고 매우 차다.
② 형 온도가 몹시 낮아서 차다.

02 넘기다

(1) 모평 피곤한 나귀 탓으로 시간을 넘겨 버렸기에 행여 못 만날까 염려하였습니다.	( )
(2) 학평 지난번에는 궤변으로 죽을 고비를 넘겼으나 이번에는 죽음을 면할 수 없을 거야.	( )
(3) 수능 신라 왕은 이를 해결하지 못하고 나업에게 과업을 넘긴다.	( )
(4) 교과 그의 부탁을 대수롭지 않게 넘겼다.	( )

① 동 지나쳐 보내다.
② 동 물건, 권리, 책임, 일 따위를 맡기다.
③ 동 어려움이나 고비 따위를 겪어 지나게 하다.
④ 동 일정한 시간, 시기, 범위 따위를 벗어나 지나게 하다.

03 놓다

(1) 교과 우리, 잡고 있던 손을 놓지 말고 걷자.	( )
(2) 모평 무서운 화재 걱정도 이제 그만! 마음 놓고 사용하는 ○○ 전기난로를 팝니다!	( )
(3) 교과 청소 당번을 정하는 문제를 놓고 아이들이 열띤 논쟁을 벌이고 있다.	( )

① 동 논의의 대상으로 삼다.
② 동 걱정이나 근심, 긴장 따위를 잊거나 풀어 없애다.
③ 동 손을 펴거나 힘을 빼서 잡고 있던 물건이 손 밖으로 빠져나가게 하다.

04 다듬다

(1) 교과 영철이는 면접을 보기 전에 머리를 깔끔하게 다듬었다.	( )
(2) 수능 옥천교는 다듬은 돌만을 재료로 사용하고 난간에 조각 장식을 더하였다.	( )
(3) 학평 문장을 다듬을 수 있는 글쓰기 실력도 갖추어야 한다.	( )

① 동 글 따위를 매끄럽고 짜임새 있게 고치다.
② 동 맵시를 내거나 고르게 손질하여 매만지다.
③ 동 필요 없는 부분을 떼고 깎아 쓸모 있게 만들다.

05 다루다

(1) 학평 집단의 규모가 커질수록 뇌가 다루어야 하는 정보의 양도 증가할 수밖에 없다.	( )
(2) 교과 남편은 새로 산 자동차를 거의 자식처럼 애지중지 다루었다.	( )
(3) 교과 다음 수업에서는 우리 민족의 수난과 저항의 역사를 주제로 다룰 예정이다.	( )

① 동 일거리를 처리하다.
② 동 어떤 것을 소재나 대상으로 삼다.
③ 동 어떤 물건이나 일거리 따위를 어떤 성격을 가진 대상 혹은 어떤 방법으로 취급하다.

06 단출하다

(1) 교과 살림이 단출하여 집에 가구가 별로 없다.	( )
(2) 교과 이번 여행은 옷 두 벌과 세면도구만 들고 단출하게 떠나기로 했다.	( )

① 형 일이나 차림차림이 간편하다.
② 형 식구나 구성원이 많지 않아서 홀가분하다.

07 담백하다
묽을 淡 | 흰 白 --

(1) 교과 스승님은 우리에게 항상 담백하고 정직하게 살라는 가르침을 전하셨다. ( )

(2) 교과 채소를 기름에 볶지 않아 느끼하지 않고 담백하다. ( )

① 형 욕심이 없고 마음이 깨끗하다.

② 형 음식이 느끼하지 않고 산뜻하다.

08 대다

(1) 교과 약속 시간에 대도록 서두르자. ( )

(2) 수능 선생님, 무슨 일로 이 꼭두새벽에 들판에 대고 절을 하시옵니까? ( )

(3) 학평 노파의 귀에다 입을 대고 여차여차하여 달라고 부탁하였다. ( )

(4) 교과 둘 중 어느 것이 더 큰지 크기를 대어 보자. ( )

① 동 서로 견주어 비교하다.

② 동 무엇을 어디에 닿게 하다.

③ 동 정해진 시간에 닿거나 맞추다.

④ 동 어떤 것을 목표로 삼거나 향하다.

09 덧없다

(1) 교과 눈가에 주름이 지는 것을 보니 세월이 참 덧없구나. ( )

(2) 모평 과거를 회상하며 현실의 덧없음을 환기하고 있다. ( )

① 형 보람이나 쓸모가 없어 헛되고 허전하다.

② 형 알지 못하는 가운데 지나가는 시간이 매우 빠르다.

10 동떨어지다

(1) 교과 우리 집은 지하철역과 동떨어진 곳에 있어 한적하고 조용하다. ( )

(2) 학평 임 교사는 중섭과 달리 현실에서 동떨어진 예술을 비판하고 있다. ( )

① 형 거리가 멀리 떨어지다.

② 형 둘 사이에 관련성이 거의 없다.

11 두르다

(1) 교과 머리에 흰 수건을 두른 사내가 복도를 청소하고 있었다. ( )

(2) 학평 수많은 긴 대나무 시내 따라 둘러 있고 / 만 권의 서책은 네 벽에 쌓였으니 ( )

(3) 교과 장황히 둘러 말하지 말고 솔직하게 말해라. ( )

① 동 둘레를 돌다.

② 동 간접적으로 표현하다.

③ 동 띠나 수건, 치마 따위를 몸에 휘감다.

12 뒤

(1) 모평 ㉠과 ㉡은 앞과 뒤에 배치된 시상의 진행을 의도적으로 지연시킨다. ( )

(2) 수능 화자는 '나의 친구'가 방문한 뒤에야 비로소 자신의 삶이 '그릇됨'을 자각하고 있다. ( )

(3) 교과 형사가 사건 뒤에 숨겨진 비밀을 밝혀냈다. ( )

(4) 교과 그 영화는 뒤로 갈수록 재미있으니 꼭 끝까지 보기를 바란다. ( )

① 명 일의 끝이나 마지막이 되는 부분.

② 명 시간이나 순서상으로 다음이나 나중.

③ 명 향하고 있는 방향과 반대되는 쪽이나 곳.

④ 명 보이지 않는 배후나 겉으로 드러나지 않는 부분.

·뜻풀이로 체크하기·

01 ~ 05 다음 밑줄 친 어휘의 뜻풀이에 들어갈 알맞은 말을 〈보기〉에서 찾아 쓰시오.

보기				
간편	대상	허전	관련성	어려움

01 교과 위험한 상황은 겨우 넘겼지만 방심하면 안 된다.
→ 넘기다 : ( )이나 고비 따위를 겪어 지나게 하다.

02 교과 도서관에 가기 위해 단출한 차림으로 집을 나섰다.
→ 단출하다 : 일이나 차림차림이 ( )하다.

03 교과 여자 친구와 다툴 때마다 사랑의 덧없음을 느낀다.
→ 덧없다 : 보람이나 쓸모가 없어 헛되고 ( )하다.

04 학평 토론의 입론에서 꼭 다루어야 할 쟁점을 '필수 쟁점'이라고 한다.
→ 다루다 : 어떤 것을 소재나 ( )으로 삼다.

05 학평 사대부들이 지향했던 자연은 세속적 이익과 동떨어진 검소하고 청빈한 삶의 공간이다.
→ 동떨어지다 : 둘 사이에 ( )이 거의 없다.

06 ~ 09 다음 밑줄 친 어휘의 뜻풀이로 알맞은 것을 고르시오.

06 교과 담을 두른 철조망 덕분에 도둑이 들지 않았다.
① 둘레를 돌다.
② 띠나 수건, 치마 따위를 몸에 휘감다.

07 교과 급한 일이 생겨 친구와의 약속을 뒤로 미뤘다.
① 시간이나 순서상으로 다음이나 나중.
② 보이지 않는 배후나 겉으로 드러나지 않는 부분.

08 교과 아이는 엄마의 무릎에 얼굴을 대고 누워 있었다.
① 무엇을 어디에 닿게 하다.
② 어떤 것을 목표로 삼거나 향하다.

09 학평 마을의 지주 김 주사는 춘이네가 소작하던 논을 하루아침에 일본인 고리대금업자에게 넘긴다.
① 물건, 권리, 책임, 일 따위를 맡기다.
② 어려움이나 고비 따위를 겪어 지나게 하다.

·문장으로 체크하기·

10 ~ 13 다음 밑줄 친 어휘가 제시된 의미로 사용된 문장을 고르시오.

10 두르다 : 간접적으로 표현하다.
① 교과 아버지와 마주치기 싫어 논둑을 빙 둘러 왔다.
② 교과 서운한 마음을 둘러 말했더니 친구들이 알아채지 못했다.

11 냉랭하다 : 온도가 몹시 낮아서 차다.
① 교과 난방을 틀지 않아 방바닥이 냉랭했다.
② 교과 농담으로 냉랭한 분위기를 풀어 보려 했다.

12 대다 : 어떤 것을 목표로 삼거나 향하다.
① 교과 그에게 대면 네 손은 전혀 작은 편이 아니다.
② 교과 나는 남편에게 대고 참았던 불만을 쏟아 냈다.

13 담백하다 : 욕심이 없고 마음이 깨끗하다.
① 교과 비빔밥에 고기를 넣지 않아 담백해.
② 교과 사람들은 나의 무던하고 담백한 성격을 좋아해.

14 ~ 16 다음 밑줄 친 어휘가 제시된 문장의 밑줄 친 어휘와 유사한 의미로 사용된 문장을 고르시오.

14 학평 그동안 나도 원고를 좀 더 다듬을게.
① 교과 요리를 하기 전에 채소를 다듬어 놓았어요.
② 교과 문장을 조금만 다듬으면 좋은 글이 될 듯해요.

15 모평 제후국들이 주도권을 놓고 치열하게 전쟁을 일삼던 시기였다.
① 교과 그들은 딸아이의 교육 문제를 놓고 밤새 이야기를 나누었다.
② 교과 집에 잘 도착했다는 남편의 편지를 받으니 마음을 놓을 수 있었다.

16 모평 김원일의 초기 소설은 부조리한 현실의 폭력성을 주로 다루고 있다.
① 교과 정수는 자신이 맡은 일을 능숙하게 다루어서 금방 승진하였다.
② 학평 이번 학교 신문의 '집중 탐구' 연재란에서는 디카시의 개념, 특성, 창작 과정 등을 다루고자 합니다.

▶ 정답과 해설 28쪽

사전적 의미 파악하기

01 〈보기〉의 밑줄 친 어휘의 사전적 의미로 적절하지 않은 것은?

보기

(a) 그가 둘러 말하기는 했지만 대충 알아들었다.
(b) 집 둘레에 담을 둘러 불어오는 바람을 막았다.
(c) 프라이팬에 기름을 약간 두르고 생선을 구웠다.
(d) 성곽이 울타리처럼 도시를 빙 둘러 싸안고 있다.
(e) 밝은색 옷을 입으신 분은 앞치마를 두르고 식당을 이용해 주세요.

① (a): 간접적으로 표현하다.
② (b): 둘레에 선을 치거나 벽 따위를 쌓다.
③ (c): 겉면에 기름을 고르게 바르거나 얹다.
④ (d): 손이나 팔로 감싸다.
⑤ (e): 띠나 수건, 치마 따위를 몸에 휘감다.

적절한 어휘로 바꿔 쓰기

02 문맥상 다음 밑줄 친 어휘와 바꿔 쓰기에 적절하지 않은 것은?

① 그 일은 뒤에 다시 논의하자. → 나중에
② 초가집 뒤에는 높은 산이 있다. → 끄트머리에는
③ 그 소설은 뒤로 갈수록 재미가 없다. → 마지막으로
④ 순진한 그들을 뒤에서 조종하는 세력이 있다. → 배후에서
⑤ 그는 우악스럽기는 하지만 뒤는 없는 사람이다. → 뒤끝은

예문의 적절성 판단하기

03 어휘의 사전적 의미와 예문이 적절하게 연결되지 않은 것은?

① 넘기다: 지나쳐 보내다. – 예 그는 사진첩을 넘기며 추억에 빠져들었다.
② 놓다: 논의의 대상으로 삼다. – 예 발전소 건설 문제를 놓고 의견이 분분했다.
③ 다루다: 어떤 물건을 사고파는 일을 하다. – 예 이 판매 사이트는 중고품만 다룬다.
④ 단출하다: 일이나 차림차림이 간편하다. – 예 주말 식단은 단출하게 짜는 것이 좋겠다.
⑤ 냉랭하다: 온도가 몹시 낮아서 차다. – 예 난로를 피우니 냉랭하던 실내 공기가 금세 따뜻해졌다.

문맥적 의미 파악하기

04 밑줄 친 두 어휘의 의미가 일치하지 않는 것은?

① (ㄱ) 이 가게는 고가품만 다룬다.
(ㄴ) 농협이 수입 농산물을 다룬다는 게 말이 됩니까.
② (ㄱ) 잘 익은 김치에서 담백한 맛이 난다.
(ㄴ) 그는 솔직하고 담백한 성격의 소유자이다.
③ (ㄱ) 두 사람의 냉랭한 관계는 쉽게 풀리지 않았다.
(ㄴ) 어머니는 냉랭한 목소리로 자식들을 나무랐다.
④ (ㄱ) 한의사가 환자의 허리에 침을 놓았다.
(ㄴ) 간호사가 주사를 놓으려 하자 아기는 울기 시작했다.
⑤ (ㄱ) 석공은 무쇠로 된 정으로 돌을 쪼아서 다듬었다.
(ㄴ) 그녀는 텃밭에 있는 김장 배추를 뽑아서 다듬었다.

예문의 적절성 판단하기

05 〈보기〉에서 어휘의 의미에 따른 예문의 제시가 적절하지 않은 것은?

보기

대다
무엇을 어디에 닿게 하다.
• 벽에 등을 대고 편히 앉아라. ①
• 우리는 서로 신발의 크기를 대어 보았다. ②

덧없다
보람이나 쓸모가 없어 헛되고 허전하다.
• 현실을 생각하면 지난 세월이 덧없게 느껴진다. ③

동떨어지다
(1) 거리가 멀리 떨어지다.
• 윤수의 집은 마을과 동떨어진 곳에 위치해 있다. ④
(2) 둘 사이에 관련성이 거의 없다.
• 그는 현실과 동떨어진 상황 인식을 하고 있다. ⑤

동음이의어

※ 동음이의어의 각 예문을 읽고 해당 뜻풀이를 찾아 번호를 쓰세요.

★ 다지다

01 다지다[1]	(1) 교과 꽃씨를 심은 뒤 손으로 흙을 다졌다.	( )	① 동 마음이나 뜻을 굳게 가다듬다.
	(2) 학평 과거의 삶을 되돌아보며 삶의 의지를 다지고 있다.	( )	② 동 누르거나 밟거나 쳐서 단단하게 하다.
02 다지다[2]	교과 다진 마늘과 양파를 양념장에 넣었다.	( )	③ 동 고기, 채소 양념감 따위를 여러 번 칼질하여 잘게 만들다.

★ 따르다

03 따르다[1]	(1) 교과 경찰이 수상쩍어 보이는 사내의 뒤를 따라 그의 집까지 갔다.	( )	① 동 관례, 유행이나 명령, 의견 따위를 그대로 실행하다.
	(2) 학평 우리는 의회의 결정을 따르겠다.	( )	② 동 다른 사람이나 동물의 뒤에서, 그가 가는 대로 같이 가다.
04 따르다[2]	학평 술을 따라 두어 잔 마신 후에 이것저것 맛을 볼 생각으로 젓가락을 들었다.	( )	③ 동 그릇을 기울여 안에 들어 있는 액체를 밖으로 조금씩 흐르게 하다.

★ 떼다

05 떼다[1]	(1) 교과 문에 붙어 있던 액자를 떼어 다른 곳으로 옮겼다.	( )	① 동 함께 있던 것을 홀로 남기다.
	(2) 교과 그녀가 아이를 떼어 놓고 혼자 외출했다.	( )	② 동 남에게서 빌려 온 돈 따위를 돌려주지 않다.
06 떼다[2]	교과 형이 동생의 학자금을 떼었다.	( )	③ 동 붙어 있거나 잇닿은 것을 떨어지게 하다.

★ 맡다

07 맡다[1]	(1) 학평 저는 발명 동아리 '사고뭉치'의 부장을 맡고 있는 문호영입니다.	( )	① 동 코로 냄새를 느끼다.
	(2) 교과 선생님께 숙제 검사를 맡았다.	( )	② 동 어떤 일에 대한 책임을 지고 담당하다.
08 맡다[2]	학평 잠에서 깨어나 방 안 가득한 카레 냄새를 맡고 카레가 먹고 싶어져 식탁으로 갔다.	( )	③ 동 면허나 증명, 허가, 승인 따위를 얻다.

★ 못

09 못[1]	학평 날카로운 못에 걸려 옷에 구멍이 생겼다.	( )	① 명 목재 따위의 접합이나 고정에 쓰는 물건.
10 못[2]	교과 못에 핀 연꽃이 무척 아름다워 한참 그 자리에 서서 연꽃을 바라봤다.	( )	② 명 넓고 오목하게 팬 땅에 물이 괴어 있는 곳. 늪보다 작다.
11 못[3]	학평 고인(古人)도 날 못 보고 나도 고인 못 뵈네 / 고인을 못 봐도 가던 길 앞에 있네	( )	③ 부 동사가 나타내는 동작을 할 수 없다거나 상태가 이루어지지 않았다는 부정의 뜻을 나타내는 말.

★ 말다

12 말다[1]	학평 돗자리라면 말아 두고 돌이라면 굴러 낼 수 있으련만 / 이 마음의 응어리 어느 때나 고칠까.	( )
13 말다[2]	수능 난면은 꿩고기를 삶은 국물에 그 면을 말아 만든 음식입니다.	( )
14 말다[3]	모평 부인은 걱정 말고 집안 하인들이나 잘 다스려 법도가 어지럽지 않게 하오.	( )

① 동 어떤 일이나 행동을 하지 않거나 그만두다.

② 동 밥이나 국수 따위를 물이나 국물에 넣어서 풀다.

③ 동 넓적한 물건을 돌돌 감아 원통형으로 겹치게 하다.

★ 미치다

15 미치다[1]	(1) 교과 전쟁에 나간 아들의 소식이 끊기자 그는 끝내 미치고 말았다.	( )
	(2) 교과 동생이 요즘 춤에 미쳐서 공부를 안 해.	( )
16 미치다[2]	(1) 모평 글쓴이는 서재에 앉아 철학가의 경지에 미치지 못하는 자신을 성찰하고 있다.	( )
	(2) 학평 1인 방송이 청소년에게 미치는 부정적 영향을 설명해야겠어.	( )

① 동 어떤 일에 지나칠 정도로 열중하다.

② 동 공간적 거리나 수준 따위가 일정한 선에 닿다.

③ 동 정신에 이상이 생겨 말과 행동이 보통 사람과 다르게 되다.

④ 동 영향이나 작용 따위가 대상에 가하여지다. 또는 그것을 가하다.

★ 바르다

17 바르다[1]	(1) 수능 아이의 방을 예쁜 벽지로 발라 주었다.	( )
	(2) 수능 선생님께서 상처에 약을 발라 주셨다.	( )
18 바르다[2]	교과 내 동생은 참외를 먹을 때 씨를 발라 먹는다.	( )
19 바르다[3]	(1) 수능 안정화 운동을 통해 바른 자세로 교정하면 근골격계에 도움이 됩니다.	( )
	(2) 학평 대화를 할 때는 상대방을 배려하고 존중하면서 공손하고 예절 바르게 말해야 한다.	( )

① 형 겉으로 보기에 비뚤어지거나 굽은 데가 없다.

② 동 껍질을 벗기어 속에 들어 있는 알맹이를 집어내다.

③ 동 풀칠한 종이나 헝겊 따위를 다른 물건의 표면에 고루 붙이다.

④ 동 물이나 풀, 약, 화장품 따위를 물체의 표면에 문질러 묻히다.

⑤ 형 말이나 행동 따위가 사회적인 규범이나 사리에 어긋나지 아니하고 들어맞다.

★ 밭다

20 밭다[1]	교과 심한 가뭄에 강물까지 밭아 버렸다.	( )
21 밭다[2]	(1) 교과 천장이 밭아 허리를 펼 수 없었다.	( )
	(2) 교과 바지가 밭아서 바짓단을 늘여야 했다.	( )
22 밭다[3]	교과 집에서부터 학교까지 뛰어온 윤아는 밭은 숨을 몰아쉬었다.	( )

① 형 길이가 매우 짧다.

② 형 숨이 가쁘고 급하다.

③ 동 액체가 바싹 졸아서 말라붙다.

④ 형 시간이나 공간이 다붙어 몹시 가깝다.

·뜻풀이로 체크하기·

01 ~ 05 다음 밑줄 친 어휘의 뜻풀이에 들어갈 알맞은 말을 〈보기〉에서 찾아 쓰시오.

보기

부정 수준 실행 액체 책임

01 교과 우리는 가뭄으로 밭아 버린 개울을 걸어서 건넜다.
→ 밭다: (   )이/가 바싹 졸아서 말라붙다.

02 교과 저는 이번 공연의 연출을 맡아 바쁘게 지냅니다.
→ 맡다: 어떤 일에 대한 (   )을/를 지고 담당하다.

03 수능 그녀의 솜씨는 아직 어머니 솜씨에 미치지 못했다.
→ 미치다: 공간적 거리나 (   ) 따위가 일정한 선에 닿다.

04 학평 그는 유행을 따라서 옷을 입었다.
→ 따르다: 관례, 유행이나 명령, 의견 따위를 그대로 (   )하다.

05 모평 수도에서 녹물이 나오는 바람에 빨래를 못 했다.
→ 못: 동사가 나타내는 동작을 할 수 없다거나 상태가 이루어지지 않았다는 (   )의 뜻을 나타내는 말.

06 ~ 09 다음 밑줄 친 어휘의 뜻풀이로 알맞은 것을 고르시오.

06 수능 잔말 말고 바삐 내 칼을 받아라.
① 어떤 일이나 행동을 하지 않거나 그만두다.
② 넓적한 물건을 돌돌 감아 원통형으로 겹치게 하다.

07 학평 두 상품의 판매대를 멀리 떼어 놓기로 결정했다.
① 붙어 있거나 잇닿은 것을 떨어지게 하다.
② 남에게서 빌려 온 돈 따위를 돌려주지 않다.

08 학평 고려 왕조를 다시 찾겠다는 의지를 다지고 있군.
① 마음이나 뜻을 굳게 가다듬다.
② 고기, 채소 양념감 따위를 여러 번 칼질하여 잘게 만들다.

09 모평 한옥에서 창호지는 방 쪽의 창살에 바른다.
① 껍질을 벗기어 속에 들어 있는 알맹이를 집어내다.
② 풀칠한 종이나 헝겊 따위를 다른 물건의 표면에 고루 붙이다.

·문장으로 체크하기·

10 ~ 13 다음 밑줄 친 어휘가 제시된 의미로 사용된 문장을 고르시오.

10 맡다: 면허나 증명, 허가, 승인 따위를 얻다.
① 학평 노랗고 알싸한 동백꽃 향기를 맡아 보세요.
② 교과 식약청의 검사를 맡은 제품만을 판매할 수 있다.

11 다지다: 누르거나 밟거나 쳐서 단단하게 하다.
① 교과 농부들이 발로 꾹꾹 눌러 가며 땅을 다졌다.
② 교과 고기와 채소들을 다져 넣은 영양 죽을 먹었다.

12 따르다: 그릇을 기울여 안에 들어 있는 액체를 밖으로 조금씩 흐르게 하다.
① 학평 밖으로 나오면 뭇 거지 아이들이 뒤를 따랐다.
② 교과 종업원이 유리잔에 따뜻한 커피를 따라 주었다.

13 말다: 넓적한 물건을 돌돌 감아 원통형으로 겹치게 하다.
① 교과 미역국에 밥을 말아 먹으면 잃었던 입맛이 돌아온다.
② 학평 중철된 책은 쉽게 펼치거나 넘길 수 있고 두루마리처럼 말아서 간편하게 휴대할 수도 있다.

14 ~ 16 다음 밑줄 친 어휘가 제시된 문장의 밑줄 친 어휘와 유사한 의미로 사용된 문장을 고르시오.

14 학평 그는 생각이 바른 사람이다.
① 학평 모든 인간이 인격적으로 바른 사람이 되는 것은 아니다.
② 모평 코팅된 반도체 기판 위에 감광 물질을 고르게 바른다.

15 교과 선생님은 멀리 떨어져 앉은 아이에게 밭게 다가와 앉으라고 말했다.
① 교과 면접 날짜를 밭게 잡아서 서둘러 준비해야 했다.
② 교과 그녀는 밭은 호흡을 내쉬며 조금만 쉬었다 가자고 말했다.

16 학평 정부의 지출 증가가 국민 소득에 미치는 영향은 무엇인가?
① 학평 초미세먼지가 인체에 미치는 유해성이 매우 크다.
② 교과 그는 요즘 취미에 미쳐서 우리와 함께 시간을 보내지 않았다.

▶ 정답과 해설 29쪽

사전적 의미 파악하기

01 밑줄 친 어휘의 사전적 의미가 적절하지 않은 것은?

① 이것은 처음 맡아 보는 독특한 냄새이다. – 코로 냄새를 느끼다.
② 돌이 지나자 아기가 걸음을 떼기 시작했다. – 함께 있던 것을 홀로 남기다.
③ 그 배달원은 이번에 이촌동 배달을 맡았다. – 어떤 일에 책임을 지고 담당하다.
④ 침낭을 둘둘 말아 배낭에 맸다. – 넓적한 물건을 돌돌 감아 원통형으로 겹치게 하다.
⑤ 점심으로 시원한 콩국에 국수를 말아 먹었다. – 밥이나 국수 따위를 국물에 넣어서 풀다.

문맥적 의미 파악하기

02 〈보기〉의 ㉠과 문맥적 의미가 같게 쓰인 것은?

보기

그는 목이 ㉠밭아 얼굴이 어깨에 붙은 것 같다.

① 아이가 밭은 숨을 몰아쉬었다.
② 그는 혀가 밭아 발음이 부정확하다.
③ 그는 푼돈에는 밭고 목돈에는 후하다.
④ 그 환자는 살이 밭고 힘이 없어 보였다.
⑤ 물에 된장을 푼 뒤 체로 밭아 내어 맑게 끓였다.

예문의 적절성 판단하기

03 〈보기〉에서 어휘의 의미에 따른 예문의 제시가 적절하지 않은 것은?

보기

미치다[1] 동
(1) 정신에 이상이 생겨 말과 행동이 보통 사람과 다르게 되다.
• 나는 미친 척 실실 웃으며 그를 보았다. ············ ①
(2) 정신이 나갈 정도로 매우 괴로워하다.
• 억울한 사람이 한을 품었는데 그 화가 너에게 미치지 않기를 바라는가. ············ ②
(3) 어떤 일에 지나칠 정도로 열중하다.
• 그는 노름에 미쳐 결국 빈털터리가 되었다. ············ ③

미치다[2] 동
(1) 공간적 거리나 수준 따위가 일정한 선에 닿다.
• 내 시험 성적은 합격선에 조금 못 미친다. ············ ④
(2) 영향이나 작용 따위가 대상에 가하여지다. 또는 그것을 가하다.
• 가격의 인하는 제품 판매에 큰 영향을 미쳤다. ············ ⑤

문맥적 의미 파악하기

04 〈보기〉의 ⓐ와 문맥적 의미가 같게 쓰인 것은?

보기

잘게 ⓐ다진 고기를 볶아 국수 위에 얹었다.

① 일꾼들이 발로 흙을 단단하게 다졌다.
② 어휘력을 다진 뒤에 국어 공부가 쉬워졌다.
③ 선수들은 삭발 투혼으로 우승의 결의를 다졌다.
④ 다진 파와 채소를 볶다가 양념에 재워 둔 고기를 넣어 끓인다.
⑤ 그는 친구에게 이 일을 절대 입 밖에 내지 말라고 몇 번을 다졌다.

예문의 적절성 판단하기

05 밑줄 친 어휘의 의미를 〈보기〉에서 찾아 연결한 것으로 적절하지 않은 것은?

보기

못[1] 명
목재 따위의 접합이나 고정에 쓰는 물건.

못[2] 명
주로 손바닥이나 발바닥에 생기는 단단하게 굳은 살.

못[3] 명
넓고 오목하게 팬 땅에 물이 괴어 있는 곳.

못[4] 부
동사가 나타내는 동작을 할 수 없다거나 상태가 이루어지지 않았다는 부정의 뜻을 나타내는 말.

① 코 고는 소리에 밤새 한잠도 못 잤다. – 못[4]
② 나무에 못을 박다가 손가락을 다쳤다. – 못[1]
③ 못에 핀 연꽃 크기가 수레바퀴만 하다. – 못[3]
④ 그는 몸도 못 가눌 정도로 힘이 없었다. – 못[1]
⑤ 철수는 손마디에 못이 박이도록 일을 했다. – 못[2]

04 필수 어휘_인문

3주 완성

※ 어휘의 사전적 의미에 해당하는 예문을 찾아 번호를 쓰고 빈칸을 채워 보세요.

어휘	뜻	번호
01 **망라하다** 그물 網 | 그물 羅 --	통 널리 받아들여 모두 포함하다. 물고기나 새를 잡는 그물이라는 뜻에서 나온 말이다.	( )
02 **망발** 허망할 妄 | 필 發	명 망령이나 실수로 그릇된 말이나 행동을 함. 또는 그 말이나 행동.	( )
03 **물색없다**	형 말이나 행동이 형편이나 조리에 맞는 데가 없다.	( )
04 **미주알고주알**	부 아주 사소한 일까지 속속들이.	( )
05 **미혹** 미혹할 迷 | 미혹할 惑	명 무엇에 홀려 정신을 차리지 못함.	( )

① 교과 약자를 비하하고 조롱하며 □□을 일삼는 자를 더 이상 방치하면 안 된다.

② 수능 유서는 모든 주제를 □□한 일반 유서와 특정 주제를 다룬 전문 유서로 나눌 수 있다.

③ 교과 10년 만에 만난 친구가 그동안 있었던 일들을 빠짐없이 □□□□□□ 말했다.

④ 교과 회의 분위기가 좋지 않은데, 분위기를 파악하지 못하고 □□없게 농담을 던지는 사람들이 있다.

⑤ 모평 요망한 말로 백성을 □□시켰다는 이유로 군주가 직언을 하는 신하를 탄압하는 빌미가 되기도 하였다.

어휘	뜻	번호
06 **발군** 뺄 拔 | 무리 群	명 여럿 가운데에서 특별히 뛰어남.	( )
07 **발족하다** 필 發 | 발 足 --	동 어떤 조직체가 새로 만들어져서 일이 시작되다. 또는 그렇게 일을 시작하다.	( )
08 **방탕하다** 놓을 放 | 털어 없앨 蕩 --	형 주색잡기에 빠져 행실이 좋지 못하다.	( )
09 **배격하다** 물리칠 排 | 부딪칠 擊 --	동 어떤 사상, 의견, 물건 따위를 물리치다.	( )
10 **범접하다** 범할 犯 | 접할 接 --	동 함부로 가까이 범하여 접촉하다.	( )

① 학평 누구도 □□할 수 없게 하기 위한 어머니의 의지를 나타내고 있다.

② 교과 김 씨는 여러 참가자 가운데 □□의 실력을 발휘하여 대회에서 우승했다.

③ 교과 정부는 과학 기술 발전을 위해 전문 인력을 양성하는 기관을 □□할 예정이라고 밝혔다.

④ 학평 이러한 관리들은 백성을 가혹하게 대할 뿐만 아니라, □□하게 향락에 빠지기도 하였다.

⑤ 모평 자신에게 이롭다거나 좋다고 생각하는 것만을 과장하거나 왜곡해서 받아들이고 그렇지 않은 것들은 □□한다.

어휘	뜻	번호
11 **비견하다** 견줄 比 | 어깨 肩 --	동 서로 비슷한 위치에서 견주다. 또는 견주어지다.	( )
12 **비근하다** 낮을 卑 | 가까울 近 --	형 흔히 주위에서 보고 들을 수 있을 만큼 알기 쉽고 실생활에 가깝다.	( )
13 **비통하다** 슬플 悲 | 아플 痛 --	형 몹시 슬퍼서 마음이 아프다.	( )
14 **상충** 서로 相 | 찌를 衝	명 맞지 아니하고 서로 어긋남.	( )
15 **선양하다** 베풀 宣 | 오를 揚 --	동 명성이나 권위 따위를 널리 떨치게 하다.	( )

① 교과 국위를 □□한 공로로 나라에서 표창을 받았다.

② 교과 그의 외교 실력은 당대에 □□할 사람이 없을 정도로 훌륭했다.

③ 교과 이정환은 병자호란의 치욕에 대한 □□한 마음을 드러내고 있다.

④ 교과 선생님은 학생들이 수업 내용인 도덕 실재론을 어려워하자 □□한 예를 들어 쉽게 설명했다.

⑤ 모평 광고에서 기업과 소비자의 이익이 □□되는 경우도 있고 광고가 사회 전체에 폐해를 낳는 경우도 있다.

16 설파하다 말씀 說 | 깨트릴 破 --
동 어떤 내용을 듣는 사람이 납득하도록 분명하게 드러내어 말하다. ( )

17 섭렵하다 건널 涉 | 사냥할 獵 --
동 많은 책을 널리 읽거나 여기저기 찾아다니며 경험하다. ( )

18 섭리 당길 攝 | 다스릴 理
명 자연계를 지배하고 있는 원리와 법칙. ( )

19 세뇌 씻을 洗 | 뇌 腦
명 사람이 본디 가지고 있던 의식을 다른 방향으로 바꾸게 하거나, 특정한 사상 · 주의를 따르도록 뇌리에 주입하는 일. ( )

20 수시로 따를 隨 | 때 時 -
부 아무 때나 늘. ( )

① 수능 거스를 수 없는 자연의 □□에 대한 경외감이 드러나 있다.

② 수능 박제가는 청 문물제도의 수용이 가져다주는 이익으로 북학론의 당위성을 □□했다.

③ 교과 적군에게 잡혀가 그들의 사상에 □□된 그가 돌변하여 아군을 비난하고 공격했다.

④ 학평 학교 폭력 신고함을 각 교실마다 설치하고 □□ □ 확인하자 학교 폭력 건수가 눈에 띄게 감소하였다.

⑤ 모평 제갈공명은 제자백가의 책을 두루 □□하던 중에 유비의 귀를 사로잡을 정도의 뛰어난 지혜를 가지게 되었다.

21 수훈 다를 殊 | 공로 勳
명 뛰어난 공로. ( )

22 숙고하다 익을 熟 | 상고할 考 --
동 곰곰 잘 생각하다. ( )

23 승격 오를 昇 | 격식 格
명 지위나 등급 따위가 오름. 또는 지위나 등급 따위를 올림. ( )

24 신랄하다 매울 辛 | 매울 辣 --
형 사물의 분석이나 비평 따위가 매우 날카롭고 예리하다. ( )

25 신망 믿을 信 | 바랄 望
명 믿고 기대함. 또는 그런 믿음과 덕망. ( )

① 교과 교육 정책에 대한 그의 비판이 매우 □□했다.

② 교과 그녀는 엄격한 자기 관리로 사람들의 □□을 얻었다.

③ 교과 이번 전투에 □□을 세운 병사들에게 상으로 비단 한 필과 쌀 세 가마니를 주었다.

④ 학평 기자는 기사를 게재하기 전에 기사 내용이 공동체에 미칠 영향력에 대해 □□해야 합니다.

⑤ 학평 보물로 지정된 문화재가 국보로 □□되면, 해당 문화재는 보물에서 해제되며 그 보물의 지정 번호는 결번으로 남습니다.

26 심문하다 살필 審 | 물을 問 --
동 자세히 따져서 묻다. ( )

27 심지 마음 心 | 땅 地
명 마음의 본바탕. ( )

28 아집 나 我 | 잡을 執
명 자기중심의 좁은 생각에 집착하여 다른 사람의 의견이나 입장을 고려하지 아니하고 자기만을 내세우는 것. ( )

29 예단하다 미리 豫 | 끊을 斷 --
동 미리 판단하다. ( )

30 와전 그릇될 訛 | 전할 傳
명 사실과 다르게 전함. ( )

① 교과 겉모습으로 사람을 □□하는 습관을 버려라.

② 교과 소문이 □□되어 엉뚱한 사람이 피해를 입었다.

③ 교과 □□가 바른 그녀는 타인을 도우며 기쁨을 느낀다고 했다.

④ 모평 편견과 □□의 상태에서 벗어나 세계와 자유롭게 소통하는 합일의 경지에 도달했다.

⑤ 학평 범죄 용의자를 □□하는 경찰관이 그 용의자의 진술에 기초해서 범죄 장면을 머릿속에 그려 보았다.

·뜻풀이로 체크하기·

01 ~ 05 다음 뜻풀이에 해당하는 어휘를 제시된 초성을 참고하여 쓰시오.

01 맞지 아니하고 서로 어긋남.
ㅅ ㅊ ______

02 무엇에 홀려 정신을 차리지 못함.
ㅁ ㅎ ______

03 많은 책을 널리 읽거나 여기저기 찾아다니며 경험하다.
ㅅ ㄹ ㅎ ㄷ ______

04 지위나 등급 따위가 오름. 또는 지위나 등급 따위를 올림.
ㅅ ㄱ ______

05 흔히 주위에서 보고 들을 수 있을 만큼 알기 쉽고 실생활에 가깝다.
ㅂ ㄱ ㅎ ㄷ ______

06 ~ 07 다음 말상자를 완성하시오.

06 가로: 여럿 가운데에서 특별히 뛰어남.

07 세로: 어떤 조직체가 새로 만들어져서 일이 시작되다. 또는 그렇게 일을 시작하다.

08 ~ 13 다음 빈칸에 들어갈 알맞은 말을 쓰시오.

08 심지: □□의 본바탕.

09 예단하다: 미리 □□하다.

10 와전: □□과 다르게 전함.

11 미주알고주알: 아주 □□한 일까지 속속들이.

12 선양하다: □□이나 권위 따위를 널리 떨치게 하다.

13 망발: 망령이나 □□로 그릇된 말이나 행동을 함. 또는 그 말이나 행동.

·문장으로 체크하기·

14 ~ 18 다음 빈칸에 들어갈 알맞은 어휘에 ✓표 하시오.

14 교과 관리들은 초라한 몰골로 중국에 도착한 남윤을 수상히 여겨 □□했다. □섭렵 □심문

15 교과 앙상했던 가지에 새롭게 피어나는 새싹들을 보며 자연의 □□을/를 깨닫는다. □섭리 □수훈

16 교과 독단과 □□에 사로잡힌 현주는 자신의 공을 남이 알아주지 않는다고 한탄했다. □심지 □아집

17 모평 문헌 기록을 바탕으로 하는 역사 서술에서도 허구가 □□되어야 할 대상만은 아니다. □배격 □선양

18 교과 이필균은 임금과 국가에 대한 충성, 부국강병, 교육의 중요성 등을 □□하며 동참을 권유했다. □발족 □설파

19 ~ 24 다음 빈칸에 들어갈 알맞은 어휘를 〈보기〉의 글자를 조합하여 쓰시오.

보기

고	뇌	라	랄	망	범
비	세	숙	신	접	통

19 교과 사람들은 큰 덩치와 험상궂은 외모를 가진 그에게 □□하지 못했다.

20 교과 아내와 느닷없이 생이별을 해야 하는 □□함을 그 어디에다 비길 수 있을까.

21 교과 그녀의 말도 안 되는 주장에 □□된 그를 어떠한 방법으로도 설득할 수 없었다.

22 수능 이 입장은 중국의 역대 지식 성과물을 □□한 총서인 《사고전서》에 그대로 반영되었다.

23 모평 '춘향'은 문제를 오랫동안 □□하여 대응책을 모색하는 치밀한 면모를 표출하기도 한다.

24 교과 그 작가는 민족의식을 상실한 채 개인적인 이익만을 취하는 인물들에게는 □□한 비판을 가한다.

▶ 정답과 해설 30쪽

어휘의 쓰임 이해하기

01 문맥상 〈보기〉의 ㉠~㉢에 들어갈 적절한 어휘로 짝지어진 것은?

보기
- 기업과 근로자 간의 이해가 (㉠)되는 문제를 완화하기 위해 인센티브 계약을 하게 된다.
- 그의 거문고 연주는 음률에 정통했다는 채옹의 딸의 그 독보적 실력과 (㉡) 만한 것이었다.
- 동학의 교주 최제우는 유·불·선에 서학까지 두루 (㉢)하고 동학이 필요하다는 사명감으로 천도를 열었다.

	㉠	㉡	㉢
①	배격	설파할	경험
②	상충	비견할	섭렵
③	숙고	가늠할	예단
④	승격	겨룰	신망
⑤	와전	가릴	세뇌

적절한 어휘로 바꿔 쓰기

02 문맥상 다음 밑줄 친 어휘와 바꿔 쓰기에 적절하지 않은 것은?

① 내가 겪어 보니 그녀는 <u>심지</u>가 바르고 고운 사람이다. → 마음자리
② 임 장군은 적군을 물리치고 나라를 구하는 <u>수훈</u>을 세웠다. → 공훈
③ 처음으로 내 이름이 들어간 책을 보니 감개가 <u>무량하다</u>. → 물색없다
④ 〈서포만필〉은 김만중의 진보적인 문학 이론을 <u>망라하고</u> 있다. → 모두 포함하고
⑤ 마을 사람들은 그가 사기꾼임이 분명하다며 그를 <u>심문하려</u> 하였다. → 눈조하려

어휘의 의미 관계 파악하기

03 문맥상 〈보기〉의 밑줄 친 어휘와 유의 관계인 것은?

보기
그는 이 문제와 관련된 <u>비근한</u> 예를 들어 사람들의 이해를 도왔다.

① 흔한 ② 부합한 ③ 비슷한
④ 유별난 ⑤ 흔쾌한

어휘의 쓰임 이해하기

04 문맥상 밑줄 친 어휘의 쓰임이 적절하지 않은 것은?

① 그 선수는 발군의 실력으로 팀 승리에 <u>공헌했다</u>.
② 그는 사람들이 함부로 <u>범접할</u> 수 없는 유명인이 되었다.
③ 논리적인 이해가 불가능한 신념은 맹목적인 <u>섭리</u>에 그칠 위험성이 있다.
④ '낙숫물이 댓돌을 뚫는다'고, <u>수시로</u> 궁구하다 보면 언젠가는 큰 깨달음을 얻게 된다.
⑤ 〈이춘풍전〉은 <u>방탕한</u> 남편 때문에 몰락한 가정을 슬기로운 아내의 활약으로 재건하는 이야기이다.

한자 성어의 뜻풀이에 맞는 어휘 찾기

05 다음 한자 성어의 뜻풀이에서, ⓐ와 ⓑ에 들어갈 말이 바르게 연결된 것은?

보기
- 역이지언(逆耳之言): 귀에 거슬리는 말이라는 뜻으로, (ⓐ) 충고를 이르는 말.
- 오호통재(嗚呼痛哉): '아, (ⓑ)'라는 뜻으로, 슬플 때나 탄식할 때 하는 말.

	ⓐ	ⓑ		ⓐ	ⓑ
①	신랄한	비통하다	②	심심한	물색없다
③	시답잖은	비통하다	④	시시콜콜한	물색없다
⑤	심드렁한	미혹하다			

사전적 의미 파악하기

06 ㈀~㈄의 사전적 의미로 적절하지 않은 것은?

보기
- 그들은 서두르지 않고 ㈀<u>숙고한</u> 끝에 드디어 결정을 내렸다.
- 이것은 임경업이 백성들의 두터운 ㈁<u>신망</u>을 얻고 있다는 증거이다.
- 충분한 근거도 없이 선불리 앞일을 ㈂<u>예단하는</u> 사람들도 더러 있다.
- 강연자는 연단에서 환경 보호의 중요성과 구체적인 방법을 ㈃<u>설파했다</u>.
- 어머니는 아이에게 학교에서 있었던 일에 대해 ㈄<u>미주알고주알</u> 캐물었다.

① ㈀: 곰곰 잘 생각하다.
② ㈁: 믿고 기대함. 또는 그런 믿음과 덕망.
③ ㈂: 미리 판단하다.
④ ㈃: 명성이나 권위 따위를 널리 떨치게 하다.
⑤ ㈄: 아주 사소한 일까지 속속들이.

05 한자 성어

3주 완성

※ 한자 성어가 사용된 예문을 읽고 해당 뜻풀이를 찾아 번호를 쓰세요.

★ 분노, 원한

01 **분기탱천** 성낼 憤 | 기운 氣 | 버팀목 撐 | 하늘 天	모평 각설, 뇌천풍이 분기탱천하여 도끼를 휘두르며 강남홍에게 덤벼들었지만 그녀는 태연히 웃으며 부용검을 들고 서서 꼼짝도 않았다.	( )
02 **불공대천** 아닐 不 | 함께 共 | 일 戴 | 하늘 天	교과 그 집안과 우리 집안은 불공대천의 원수이다.	( )
03 **천인공노** 하늘 天 | 사람 人 | 함께 共 | 성낼 怒	교과 일제는 강제로 우리나라의 통치권을 빼앗아 식민지로 삼은 다음 우리 민족을 탄압하고 수탈하는 등 천인공노할 짓을 저질렀다.	( )
04 **함분축원** 머금을 含 | 성낼 憤 | 쌓을 蓄 | 원망할 怨	교과 일터에서 쫓겨나 생계를 걱정하는 모습에서, 평생 가난하게 살았던 아버지의 함분축원이 느껴졌다.	( )

① 분한 마음을 품고 원한을 쌓음.

② 분한 마음이 하늘을 찌를 듯 격렬하게 북받쳐 오름.

③ 하늘을 함께 이지 못한다는 뜻으로, 이 세상에서 같이 살 수 없을 만큼 큰 원한을 가짐을 이름.

④ 하늘과 사람이 함께 노한다는 뜻으로, 누구나 분노할 만큼 증오스럽거나 도저히 용납할 수 없음을 이름.

★ 살기 좋은 시절

05 **강구연월** 편안할 康 | 네거리 衢 | 연기 煙 | 달 月	교과 가난 때문에 고통받는 나라들에 강구연월의 세상이 빨리 오기를 기도하였다.	( )
06 **고복격양** 북 鼓 | 배 腹 | 부딪칠 擊 | 흙 壤	교과 정치인들은 국민들이 배부르고 마음 편하게 살 수 있는 고복격양의 세상을 만들기 위해 노력해야 한다.	( )
07 **태평성대** 클 太 | 평평할 平 | 성인 聖 | 대신할 代	모평 사대부들이 궁극적으로 지향했던 삶은 세상에 나아가 태평성대를 구현하는 데 힘을 보태는 것이었으며, 이것을 자신들의 직분이라고 생각했다.	( )
08 **태평연월** 클 太 | 평평할 平 | 연기 煙 | 달 月	학평 오백 년 도읍지를 필마로 도라드니 / 산천은 의구하되 인걸은 간 듸 업다. / 어즈버 태평연월이 꿈이런가 하노라.	( )

① 근심이나 걱정이 없는 편안한 세월.

② 어진 임금이 잘 다스리어 태평한 세상이나 시대.

③ 배를 두드리고 흙덩이를 친다는 뜻으로, 태평한 세월을 즐김을 이름.

④ 번화한 큰 길거리에서 달빛이 연기에 은은하게 비치는 모습을 나타내는 말로, 태평한 세상의 평화로운 풍경을 이름.

★ 논쟁

09 **갑론을박** 갑옷 甲 | 논의할 論 | 새 乙 | 논박할 駁	교과 그 문제는 여러 사람의 갑론을박으로 쉽게 결론이 날 것 같지 않았다.	( )
10 **설왕설래** 말씀 說 | 갈 往 | 말씀 說 | 올 來	교과 내년부터 시행되는 저출산 정책을 두고 실효성에 대한 설왕설래가 예상된다.	( )

① 서로 변론을 주고받으며 옥신각신함. 또는 말이 오고 감.

② 여러 사람이 서로 자신의 주장을 내세우며 상대편의 주장을 반박함.

★ 부부

11 **거안제미**
들 擧 | 책상 案 | 가지런할 齊 | 눈썹 眉

교과 그녀는 결혼한 지 삼십 년이 넘었지만 항상 거안제미하며 남편을 공경했다. ( )

12 **백년가약**
일백 百 | 해 年 | 아름다울 佳 | 맺을 約

교과 오늘은 지아와 민규가 오 년의 연애 끝에 백년가약을 맺는 날이다. ( )

13 **백년해로**
일백 百 | 해 年 | 함께 偕 | 늙을 老

교과 그들은 천지신명께 백년해로를 맹세하고 부부가 되었다. ( )

14 **부창부수**
남편 夫 | 부를 唱 | 아내 婦 | 따를 隨

학평 예로부터 부창부수는 남녀의 정이요, 여필종부(女必從夫)는 부부의 의이어늘 부귀를 따라 딴 마음을 둘진대, 갈려면 빨리 가고 머뭇거리지 말라. ( )

15 **조강지처**
지게미 糟 | 겨 糠 | 갈 之 | 아내 妻

교과 그는 사업에 성공하자마자 조강지처를 버려 주위 사람들의 비난을 받았다. ( )

① 부부가 되어 한평생을 사이좋게 지내고 즐겁게 함께 늙음.

② 몹시 가난하고 천할 때에 고생을 함께 겪어 온 아내를 이르는 말.

③ 남편이 주장하고 아내가 이에 잘 따름. 또는 부부 사이의 그런 도리.

④ 남녀가 부부가 되어 평생을 같이 지낼 것을 굳게 다짐하는 아름다운 언약.

⑤ 밥상을 눈썹과 가지런하도록 공손히 들어 남편 앞에 가지고 간다는 뜻으로, 남편을 깍듯이 공경함을 이름.

★ 사람의 특성

16 **구상유취**
입 口 | 오히려 尙 | 젖 乳 | 냄새 臭

학평 서주 자사 양의태, 양춘의 죽음을 보고 성을 내며 말하기를, "구상유취한 놈이 감히 우리 대장을 해하나뇨?" ( )

17 **인면수심**
사람 人 | 낯 面 | 짐승 獸 | 마음 心

교과 최근 어린아이를 심하게 학대하는 인면수심의 범죄가 잇따라 벌어지고 있다. ( )

18 **인자무적**
어질 仁 | 사람 者 | 없을 無 | 원수 敵

교과 인자무적이라더니, 항상 남에게 베풀기를 좋아하는 그는 사람들 사이에서 인기가 많다. ( )

19 **청출어람**
푸를 靑 | 날 出 | 어조사 於 | 쪽 藍

교과 인간문화재인 그는 전통 국악을 열심히 전수하여 청출어람의 뛰어난 제자를 여러 명 육성했다. ( )

20 **후생가외**
뒤 後 | 날 生 | 옳을 可 | 두려워할 畏

교과 최근 젊은 연구진들의 탁월한 업적을 보면 후생가외를 절실히 느끼게 된다. ( )

① 입에서 아직 젖내가 난다는 뜻으로, 말이나 행동이 유치함을 이름.

② 어진 사람은 남에게 덕을 베풂으로써 모두의 사랑을 받기에 세상에 적이 없음.

③ 사람의 얼굴을 하고 있으나 마음은 짐승과 같다는 뜻으로, 마음이나 행동이 몹시 흉악함을 이름.

④ 젊은 후학들을 두려워할 만하다는 뜻으로, 후진들이 선배들보다 젊고 기력이 좋아, 학문을 닦음에 따라 큰 인물이 될 수 있으므로 가히 두렵다는 말.

⑤ 쪽에서 뽑아낸 푸른 물감이 쪽보다 더 푸르다는 뜻으로, 제자나 후배가 스승이나 선배보다 나음을 이름.

·뜻풀이로 체크하기·

01 ~ 05 다음 뜻풀이에 해당하는 한자 성어를 쓰시오.

01 분한 마음을 품고 원한을 쌓음. □□□□

02 입에서 아직 젖내가 난다는 뜻으로, 말이나 행동이 유치함을 이름. □□□□

03 남편이 주장하고 아내가 이에 잘 따름. 또는 부부 사이의 그런 도리. □□□□

04 어진 사람은 남에게 덕을 베풂으로써 모두의 사랑을 받기에 세상에 적이 없음. □□□□

05 번화한 큰 길거리에서 달빛이 연기에 은은하게 비치는 모습을 나타내는 말로, 태평한 세상의 평화로운 풍경을 이름. □□□□

06 ~ 10 다음 빈칸에 들어갈 알맞은 말을 〈보기〉에서 찾아 쓰시오.

보기

반박　부부　사람　원한
짐승　하늘　편안한　아름다운

06 태평연월: 근심이나 걱정이 없는 (　　　　) 세월.

07 갑론을박: 여러 사람이 서로 자신의 주장을 내세우며 상대편의 주장을 (　　　　)함.

08 백년가약: 남녀가 (　　　　)이/가 되어 평생을 같이 지낼 것을 굳게 다짐하는 (　　　　) 언약.

09 불공대천: (　　　　)을/를 함께 이지 못한다는 뜻으로, 이 세상에서 같이 살 수 없을 만큼 큰 (　　　　)을/를 가짐을 이름.

10 인면수심: (　　　　)의 얼굴을 하고 있으나 마음은 (　　　　)와/과 같다는 뜻으로, 마음이나 행동이 몹시 흉악함을 이름.

·문장으로 체크하기·

11 ~ 13 다음 대화 내용과 의미가 통하는 한자 성어를 〈보기〉에서 찾아 쓰시오.

보기

설왕설래　천인공노　청출어람

11 우진: 네 동생, 게임 실력이 대단하더라.
현우: 응. 처음에는 내가 가르쳐 줬는데, 이제는 나보다 훨씬 잘해. 비교도 안 돼. □□□□

12 지호: 요즘 노인들한테 전화를 걸어서 자식이 사고를 당했다는 거짓말로 돈을 뜯어내는 경우가 있대.
이서: 자식에 대한 걱정을 이용해 사기를 치다니, 하늘도 분노할 일이야! □□□□

13 소희: 이번 축제 공연에서 우리 반은 방송 댄스를 하는 게 어떨까?
동현: 그것보다는 합창을 하는 게 좋을 것 같아.
유나: 나는 사물놀이를 하는 게 의미도 있고 좋을 것 같은데. □□□□

14 ~ 18 다음 빈칸에 들어갈 알맞은 한자 성어를 〈보기〉에서 찾아 쓰시오.

보기

백년해로　분기탱천　조강지처
태평성대　후생가외

14 교과 세종 대왕은 백성을 위하는 정치를 펼쳐 □□□□을/를 이루었다.

15 교과 뛰어난 후배들이 점점 많아지니 □□□□(이)라는 말을 실감하게 된다.

16 교과 그녀는 제가 가난한 무명 배우로 긴 세월을 보내는 동안 늘 곁에서 힘이 되어 준 □□□□입니다.

17 교과 일본인과 친일 관리의 악행에 □□□□한 전국 유생들이 그들을 처단하고자 을미의병을 일으켰다.

18 모평 만금 같은 너를 만나 □□□□하잤더니, 금일 이별 어이 하리! 너를 두고 어이 가잔 말이냐? 나는 아마도 못 살겠다!

▶ 정답과 해설 31쪽

상황에 맞는 한자 성어 찾기

01 〈보기〉의 '낭자'의 상황을 고려할 때, 빈칸에 들어가기에 적절한 한자 성어는?

보기

선군이 인간 세상에 태어난 까닭에 자기와 천생연분인 줄 모르고 다른 가문에 구혼하는 것을 알게 되었는지라. 낭자가 생각하기를,

'우리 두 사람은 인간 세상에 귀양 와서 (　　　　　　) 을/를 맺기로 되어 있는데, 이제 낭군이 다른 가문에 구혼하면 우리의 천생연분은 속절없이 되리라.'

– 작자 미상, 〈숙영낭자전〉

① 백년가약(百年佳約)　② 부창부수(夫唱婦隨)
③ 조강지처(糟糠之妻)　④ 함분축원(含憤蓄怨)
⑤ 후생가외(後生可畏)

속담에 맞는 한자 성어 찾기

02 〈보기〉의 내용과 관련이 깊은 한자 성어는?

보기

우리 속담에 '나중 난 뿔이 우뚝하다'라는 말이 있다. 언제고 후배가 선배를 넘어설 수 있으니 추격해 오는 후배들을 두려워하며 힘써 노력해야 한다는 말이다.

① 불공대천(不共戴天)　② 설왕설래(說往說來)
③ 인자무적(仁者無敵)　④ 천인공노(天人共怒)
⑤ 후생가외(後生可畏)

시적 상황에 맞는 한자 성어 찾기

03 〈보기〉의 상황과 주제 의식에 어울리지 않는 한자 성어는?

보기

일 년을 수고하여 백곡이 풍성하니
우순풍조(雨順風調)* 아니한들 함포고복(含哺鼓腹) 어이하리
아마도 국태평(國太平) 민안락(民安樂)은 금세(今世)신가

– 이세보, 〈농부가〉 제7수

* 우순풍조: 비가 때맞추어 알맞게 내리고 바람이 고르게 분다는 뜻으로, 농사에 알맞게 기후가 순조로움을 이르는 말.

① 강구연월(康衢煙月)　② 고복격양(鼓腹擊壤)
③ 분기탱천(憤氣撑天)　④ 태평성대(太平聖代)
⑤ 태평연월(太平煙月)

한자 성어의 쓰임 이해하기

04 다음 한자 성어의 쓰임이 적절하지 않은 것은?

① 기본 소득 문제를 둘러싸고 각계의 설왕설래(說往說來)가 한창이다.
② 그는 노약자를 상대로 인자무적(仁者無敵)의 죄를 저지른 파렴치한 인간이다.
③ 탐관오리의 거듭된 횡포와 수탈에 분기탱천(憤氣撑天)한 농민들이 관가로 몰려갔다.
④ 감염병 환자가 줄지 않자 전문가들은 수능 시험 연기에 대해 갑론을박(甲論乙駁)을 벌였다.
⑤ 예로부터 부창부수(夫唱婦隨)는 부부의 정이라 하였으니, 뜻이 잘 맞거나 서로 화합하여 부부간의 정이 깊고 화목한 것을 일컫는다.

한자 성어의 의미 이해하기

05 다음 한자 성어의 의미가 적절하지 않은 것은?

① 거안제미(擧案齊眉): 남편을 깍듯이 공경함.
② 구상유취(口尙乳臭): 말이나 행동이 유치함.
③ 강구연월(康衢煙月): 태평한 세상의 평화로운 풍경.
④ 청출어람(靑出於藍): 스승이나 선배가 제자나 후배보다 나음.
⑤ 백년해로(百年偕老): 부부가 되어 한평생을 사이좋게 지내고 즐겁게 함께 늙음.

상황에 맞는 한자 성어 찾기

06 〈보기〉의 '계집 다람쥐'의 심정을 고려할 때, 빈칸에 들어가기에 적절한 한자 성어는?

보기

"그대로 더불어 남녀 간의 연분을 맺어 부귀를 뜬구름같이 알고 빈천을 낙으로 알며 그대를 좇았는데, 이제 더러운 말로써 나를 욕하니 이는 한때의 끼니를 아끼려고 처자를 내치고자 함이라. 고인이 말하기를 (　　　　　　)은/는 내칠 수 없고 빈천지교(貧賤之交)는 잊을 수 없다 하였는데, 오늘날 나를 이같이 욕보이니 두 귀를 씻고자 하나 영천수(潁川水)가 멀어 한이로다."

말을 마치며 계집 다람쥐 짐을 꾸려서 훌쩍 문밖으로 나가더니 자취가 보이지 않는지라.

– 작자 미상, 〈서동지전〉

① 갑론을박(甲論乙駁)　② 거안제미(擧案齊眉)
③ 구상유취(口尙乳臭)　④ 인면수심(人面獸心)
⑤ 조강지처(糟糠之妻)

관용어

※ 관용어가 사용된 예문을 읽고 해당 뜻풀이를 찾아 번호를 쓰세요.

★ 입

01 입에 거미줄 치다

예문 나는 회사를 그만두어도 농사지을 땅이 있어 입에 거미줄 칠 일은 없다. ( )

02 입에 달고 다니다

예문 남편은 최근에 일이 많아져 바쁘다는 말을 입에 달고 다닌다. ( )

03 입에 발리다

예문 용돈을 받으려고 나에게 입에 발린 소리를 하는구나. ( )

04 입에 풀칠하다

예문 그는 여기저기 하루 종일 뛰어다니며 일해도 입에 풀칠하기도 어렵다며 푸념했다. ( )

05 입을 닦다

예문 감독님이 우리 팀 포상금을 받고는 입을 닦고 모른 체했다. ( )

06 입이 벌어지다

예문 어머니가 차린 진수성찬을 보니 입이 벌어졌다. ( )

07 입이 천 근 같다

예문 내 입이 천 근 같으니 나에게는 어떤 비밀을 털어놓아도 괜찮다. ( )

08 입방아를 찧다

예문 임금 앞에서 쓸데없이 입방아를 찧다가는 목숨이 위험해. ( )

09 입술을 깨물다

예문 유진이는 서러움에 눈물이 날 것 같았지만 입술을 깨물었다. ( )

① 근근이 살아가다.

② 매우 입이 무겁다.

③ 매우 놀라거나 좋아하다.

④ 말을 방정맞게 자꾸 하다.

⑤ 남의 비위를 맞추기 위해 아부하다.

⑥ 가난하여 먹지 못하고 오랫동안 굶다.

⑦ 이익 따위를 혼자 차지하거나 가로채고서는 시치미를 떼다.

⑧ 북받치는 감정을 힘껏 참다. 또는 어떤 결의를 굳게 하다.

⑨ 말이나 이야기 따위를 습관처럼 되풀이하거나 자주 사용하다. 또는 먹을 것을 쉴 새 없이 입에서 떼지 아니하고 지내다.

★ 간담

10 간도 쓸개도 없다

예문 용만이가 간도 쓸개도 없는 사람처럼 사장에게 아부를 떠는데 그 모습을 차마 보기가 힘들었다. ( )

11 간담을 열어 놓다

예문 언니에게만은 간담을 열어 놓고 모든 고민을 이야기했다. ( )

12 간담이 서늘하다

예문 한밤중 어디선가 들리는 목소리에 간담이 서늘했다. ( )

① 몹시 놀라서 섬뜩하다.

② 속마음을 숨김없이 다 말하다.

③ 용기나 줏대 없이 남에게 굽히다.

★ 목

13 목에 칼이 들어와도

교과 내 목에 칼이 들어와도 적에게 항복하지 않겠다. (   )

14 목이 떨어지다

교과 강 부장은 불미스러운 사건에 휘말려 목이 떨어질 위기에 처했다. (   )

15 목구멍까지 차오르다

교과 불평과 불만이 목구멍까지 차올라 결국 항의 전화를 했다. (   )

16 목구멍에 풀칠하다

교과 얼마 안 되는 월급으로 겨우 목구멍에 풀칠하며 산다. (   )

17 핏대를 세우다

교과 은서는 새치기를 한 사람에게 핏대를 세우며 화를 냈다. (   )

① 굶지 않고 겨우 살아가다.

② 어떤 직위를 그만두게 되다.

③ 분노, 욕망, 충동 따위가 참을 수 없는 지경이 되다.

④ 목의 핏대에 피가 몰려 얼굴이 붉어지도록 화를 내거나 흥분하다.

⑤ 죽음을 각오하고서라도 필사적으로 의지를 굽히지 않겠다는 뜻으로, 무슨 일이 있더라도 끝까지 버틴다는 말.

★ 몸

18 몸 둘 바를 모르다

학평 형은 저의 거짓말에 평상시처럼 크게 화를 냈고 저는 몸 둘 바를 몰랐었죠. (   )

19 몸에 익다

교과 커피를 만드는 일이 처음에는 낯설었지만 자주 하다 보니 몸에 익었다. (   )

20 몸을 던지다

교과 그녀는 사업에 몸을 던져 동종 업계에서 매출 1위를 달성했다. (   )

21 몸을 빼다

교과 결혼 준비로 몸을 뺄 틈이 없으니 나중에 다시 연락하자. (   )

22 몸이 달다

교과 시간이 늦어 빨리 집에 가야 하는데 차비가 없어 몸이 달았다. (   )

① 어떻게 처신해야 할지 모르다.

② 마음이 조급하여 안타까워하다.

③ 바쁜 가운데서 시간을 따로 내다.

④ 온갖 정열을 다하여 어떤 일에 열중하다.

⑤ 여러 번 겪거나 치러서 아주 익숙해지다.

800

700

★ 엉덩이

23 엉덩이가 근질근질하다

교과 동생과 밖에 나가 놀고 싶어서 엉덩이가 근질근질했다. (   )

24 엉덩이가 무겁다

교과 내 친구는 엉덩이가 무거워 한번 자리에 앉아 수다를 떨기 시작하면 도통 일어날 생각을 하지 않는다. (   )

① 한번 자리를 잡고 앉으면 좀처럼 일어나지 아니하다.

② 한군데 가만히 앉아 있지 못하고 자꾸 일어나 움직이고 싶어 하다.

·뜻풀이로 체크하기·

01 ~ 07 다음 뜻풀이에 해당하는 관용어를 쓰시오.

01 근근이 살아가다. ________________

02 매우 입이 무겁다. ________________

03 말을 방정맞게 자꾸 하다. ________________

04 남의 비위를 맞추기 위해 아부하다. ________________

05 여러 번 겪거나 치러서 아주 익숙해지다. ________________

06 분노, 욕망, 충동 따위가 참을 수 없는 지경이 되다. ________________

07 한군데 가만히 앉아 있지 못하고 자꾸 일어나 움직이고 싶어 하다. ________________

08 ~ 13 다음 빈칸에 들어갈 알맞은 말을 〈보기〉에서 찾아 쓰시오.

> 보기
> 시간 의지 정열
> 직위 속마음 시치미

08 목이 떨어지다 : 어떤 (　　　)을/를 그만두게 되다.

09 몸을 빼다 : 바쁜 가운데서 (　　　)을/를 따로 내다.

10 간담을 열어 놓다 : (　　　)을/를 숨김없이 다 말하다.

11 몸을 던지다 : 온갖 (　　　)을/를 다하여 어떤 일에 열중하다.

12 입을 닦다 : 이익 따위를 혼자 차지하거나 가로채고서는 (　　　)을/를 떼다.

13 목에 칼이 들어와도 : 죽음을 각오하고서라도 필사적으로 (　　　)을/를 굽히지 않겠다는 뜻으로, 무슨 일이 있더라도 끝까지 버틴다는 말.

·문장으로 체크하기·

14 ~ 18 다음 빈칸에 들어갈 알맞은 관용어를 〈보기〉에서 찾아 기호를 쓰시오.

> 보기
> ㉠ 간도 쓸개도 없이　㉡ 몸 둘 바를 모르며
> ㉢ 엉덩이가 무거워　㉣ 입에 달고 다니는
> ㉤ 핏대를 세우며

14 교과 험한 말을 (　　) 아들에게 예쁜 말을 쓰라고 조언했다.

15 교과 그는 자신의 목적을 달성하기 위해 주위 사람들에게 (　　) 알랑댔다.

16 교과 그 아이는 (　　) 책상에 앉으면 기본 세 시간은 꼼짝없이 공부만 한다.

17 학평 과부인 저에게 도련님께서 이렇게 마음을 써 주시니 (　　) 그저 감사한 마음입니다.

18 교과 계속 이상한 별명으로 나를 부르는 친구에게 화가 나서 (　　) 그만하라고 소리를 질렀다.

19~ 24 다음 문맥에 알맞은 관용어를 고르시오.

19 교과 뭐라도 해서 먹고 살면 설마 우리 (입이 천 근 같겠어 | 입에 거미줄 치겠어)?

20 교과 동생은 축하 노래를 부르면서도 빨리 케이크를 먹고 싶어서 (몸을 뺐다 | 몸이 달았다).

21 교과 (입이 벌어질 | 입에 풀칠할) 만큼 멋진 파티를 준비하고 있으니까 이번 생일은 기대해도 좋아.

22 교과 공포 영화를 본 후 무서운 장면이 계속 생각나 (간담을 열어 놓고 | 간담이 서늘하여) 밤잠을 설쳤다.

23 교과 비 오는 거리를 혼자 쓸쓸히 걷는데 눈물이 흐를 것 같아 자꾸만 (입술을 깨물었다 | 입방아를 찧었다).

24 교과 (목구멍에 풀칠하려면 | 핏대를 세우려면) 공들여 만든 도자기를 헐값에라도 내다 팔아야지 별수 있겠나.

▶ 정답과 해설 32쪽

제시된 정보로 관용어 유추하기

01 제시된 관용어의 뜻풀이를 참고할 때, ㉠과 ㉡에 들어갈 말로 적절한 것은?

보기

- [뜻풀이] 매우 놀라거나 좋아하다.
  [예 문] 마음에 드는 선물을 받은 그의 입이 딱 (㉠).
- [뜻풀이] 남의 비위를 맞추기 위해 아부하다.
  [예 문] 입에 (㉡) 그의 칭찬에는 진심이라고는 전혀 담겨 있지 않았다.

	㉠	㉡		㉠	㉡
①	나왔다	담은	②	닫혔다	붙은
③	막혔다	풀칠한	④	떨어졌다	댄
⑤	벌어졌다	발린			

관용어의 사례 파악하기

02 밑줄 친 부분이 관용어가 아닌 것은?

① 이웃들은 새로 이사 온 집에 대해 입방아를 찧었다.
② 그는 함께 받은 상금을 혼자 챙기고는 입을 닦았다.
③ 가세가 기울어 식구들은 입에 풀칠하기도 어려워졌다.
④ 거짓말이 들통날까 봐 겁이 난 형은 자꾸만 입술을 깨물었다.
⑤ 마을 사람들은 그저 산 입에 거미줄 치지 않는 것에 감사하며 살았다.

관용어의 의미와 쓰임 이해하기

03 〈보기〉와 같이 관용어가 쓰인 부분을 바꾸어 표현한 것으로 적절하지 않은 것은?

보기

- 그는 병원에서 검사 결과를 기다리는 내내 간을 졸였다. → 초조해했다

① 목에 칼이 들어와도 너를 배신하지 않겠다. → 어떤 어려움이 있어도
② 시내 운전이 몸에 익을 때까지 반복해서 연습했다. → 아주 익숙해질
③ 하루 벌어서 하루 먹으며 목구멍에 풀칠하고 있다. → 넉넉하게 생활하고
④ 그는 간도 쓸개도 없이 친구들이 하자는 대로 끌려다니기만 한다. → 줏대 없이
⑤ 친구가 취업 준비 때문에 몸을 뺄 틈이 없는지 얼굴 보기가 어렵다. → 시간을 따로 낼

관용어의 쓰임 이해하기

04 밑줄 친 관용어의 쓰임이 적절하지 않은 것은?

① 아빠는 불의를 보면 참지 못하고 핏대를 세운다.
② 그녀는 제3세계를 위한 의료 활동에 평생 몸을 던졌다.
③ 영호는 낯선 사람 앞에서는 수줍어서 몸 둘 바를 몰라 했다.
④ 한시라도 빨리 아이가 기다리는 집에 가고 싶어서 몸이 달았다.
⑤ 동생은 엉덩이가 근질근질해서 이웃집에 놀러 가면 돌아올 줄 모른다.

관용어의 의미 파악하기

05 밑줄 친 관용어의 뜻풀이가 적절하지 않은 것은?

① 나는 노파의 잔인한 행동에 간담이 서늘했다.: 몹시 놀라서 섬뜩하다.
② 욕쟁이 할머니는 항상 욕을 입에 달고 다닌다.: 습관처럼 자주 사용하다.
③ 남편은 아내에게만은 간담을 열어 놓았다.: 속마음을 숨김없이 다 말하다.
④ 그는 하는 일이 자로 잰 듯 꼼꼼하고 입이 천 근 같아서 믿음직하다.: 말이 분명하고 실속이 있다.
⑤ 영신은 하루에도 몇 번씩 아이들에게 그런 짓을 하지 말라고 입이 닳도록 타일렀다.: 거듭해서 말하다.

문장에 맞는 관용어 파악하기

06 관용어를 사용하여 ⓐ~ⓒ의 문장을 완성할 때, 빈칸에 들어갈 말로 적절한 것은?

보기

ⓐ 박 과장은 목구멍까지 ( ) 불만을 겨우 참았다.
ⓑ 업무 중 발생한 과실로 인해 그의 목이 ( ) 생겼다.
ⓒ 성적이 좋은 학생은 대체로 엉덩이가 ( ) 진득하게 공부한다.

	ⓐ	ⓑ	ⓒ
①	걸리는	잘리게	근질거려
②	막히는	빠지게	들썩여
③	벗기는	베이게	얼얼해
④	풀칠하는	마르게	가벼워
⑤	차오르는	떨어지게	무거워

필수 어휘_인문

※ 어휘의 사전적 의미에 해당하는 예문을 찾아 번호를 쓰고 빈칸을 채워 보세요.

01 원숙하다 둥글 圓 | 익을 熟 --
(1) 형 매우 익숙하다. ( )
(2) 형 인격이나 지식 따위가 깊고 원만하다. ( )

02 유념하다 머무를 留 | 생각할 念 --
동 잊거나 소홀히 하지 않도록 마음 속에 깊이 간직하여 생각하다. ( )

03 은연중 숨을 隱 | 그럴 然 | 가운데 中
명 남이 모르는 가운데. ( )

04 은폐하다 숨을 隱 | 가릴 蔽 --
동 덮어 감추거나 가리어 숨기다. ( )

05 자명하다 스스로 自 | 밝은 明 --
형 설명하거나 증명하지 아니하여도 저절로 알 만큼 명백하다. ( )

① 교과 지혜로운 그녀에게서 □□한 아름다움이 느껴진다.
② 교과 경찰은 오랜 훈련으로 위기 상황에 □□하게 대처했다.
③ 교과 정치가 바로 서지 못하면 나라의 미래가 어둡다는 사실은 □□하다.
④ 교과 흥분된 분위기에 휩쓸려 상대방에게 실수하는 일이 없도록 각별히 □□해야 한다.
⑤ 모평 아도르노는 대중 예술이 현대 사회의 모순과 부조리를 □□하고 있다고 지적했다.
⑥ 수능 시청자의 인식 속에 □□□ 파고드는 간접 광고에 적절히 대응하기 위해서는 시청자들에게 간접 광고에 대한 주체적 해석이 요구된다.

06 전도 앞 前 | 길 途
명 앞으로의 가능성이나 전망. ( )

07 전수 전할 傳 | 줄 授
명 기술이나 지식 따위를 전하여 줌. ( )

08 점철 점찍을 點 | 이을 綴
명 관련이 있는 상황이나 사실 따위가 서로 이어짐. 또는 그것들을 서로 이음. ( )

09 종식 마칠 終 | 꺼질 熄
명 한때 매우 성하던 현상이나 일이 끝나거나 없어짐. ( )

10 주재하다 주인 主 | 재상 宰 --
동 어떤 일을 중심이 되어 맡아 처리하다. ( )

① 학평 중국 역사에서 전국 시대는 전쟁으로 □□된 시대였다.
② 교과 □□가 유망한 학과에만 지원자가 몰려 비인기 학과들은 통폐합되는 경우가 많다.
③ 모평 사실과 허구가 뒤섞인 신화와 전설, 혹은 종교를 통해 과거에 대한 지식이 □□되었다.
④ 모평 미국의 봉쇄 정책이 성공적으로 수행된 결과 냉전이 □□되었다는 것이 이들의 입장이다.
⑤ 모평 '의'의 실현이 만물을 □□하는 하늘의 뜻이라고 하여 '의'를 실천해야 할 당위성을 강조하였다.

11 진수 참 眞 | 뼛골 髓
명 사물이나 현상의 가장 중요하고 본질적인 부분. ( )

12 징후 부를 徵 | 기후 候
명 겉으로 나타나는 낌새. ( )

13 책잡다 꾸짖을 責 --
동 남의 잘못을 들어 나무라다. ( )

14 초래하다 부를 招 | 올 來 --
동 일의 결과로서 어떤 현상을 생겨나게 하다. ( )

15 타성 게으를 惰 | 성품 性
명 오래되어 굳어진 좋지 않은 버릇. 또는 오랫동안 변화나 새로움을 꾀하지 않아 나태하게 굳어진 습성. ( )

① 교과 그는 잘못이 없는 사람을 공연히 □□아 자신의 잘못을 숨기려 했다.
② 교과 학자는 아리스토텔레스 사상의 □□를 깨달아 그 내용을 책으로 정리했다.
③ 교과 이 작품은 □□에 젖어 무기력하게 살아가는 현대인들의 모습을 사실적으로 보여 준다.
④ 수능 한 공동체 내에서 이질적인 언어가 사용되면 사람들 사이에 심각한 분열을 □□할 수도 있다.
⑤ 교과 조선 후기는 근대의 □□가 드러나면서 기존의 가치관이나 인식 태도에 변화가 요구되던 시기였다.

16 탈피하다 벗을 脫 | 가죽 皮 --	통 일정한 상태나 처지에서 완전히 벗어나다.	( )
17 탐닉 즐길 耽 | 빠질 溺	명 어떤 일을 몹시 즐겨서 거기에 빠짐.	( )
18 토대 흙 土 | 돈대 臺	명 어떤 사물이나 사업의 밑바탕이 되는 기초와 밑천을 비유적으로 이르는 말.	( )
19 통독 통할 通 | 읽을 讀	명 처음부터 끝까지 훑어 읽음.	( )
20 통용 통할 通 | 쓸 用	명 일반적으로 두루 씀.	( )

① 교과 여가를 목적으로 한 독서는 정독보다는 □□을 하게 된다.

② 교과 전 세계적으로 □□되는 기호를 사용하여 도로 표지판을 만든다.

③ 학평 신 중심의 세계관에서 □□하여 인간이 주체적으로 사고하는 계기가 되었다.

④ 모평 세계를 해석하고 평가하는 준거인 세계관은 곧 우리 사고와 행동의 □□가 된다.

⑤ 학평 감각적 향유가 이성을 벗어나 타인을 배려하지 않고 극단적 □□에 빠질 때에는 부정적인 것으로 인식된다.

21 판별하다 판가름할 判 | 다를 別 --	통 옳고 그름이나 좋고 나쁨을 판단하여 구별하다.	( )
22 편달 채찍 鞭 | 매질할 撻	명 스승이나 어른이 타이르고 격려함을 비유적으로 이르는 말.	( )
23 편린 조각 片 | 비늘 鱗	명 한 조각의 비늘이라는 뜻으로, 사물의 극히 작은 한 부분을 이르는 말.	( )
24 편중 치우칠 偏 | 무거울 重	명 중심이 한쪽으로 치우침.	( )
25 폄하하다 떨어뜨릴 貶 | 아래 下 --	통 가치를 깎아내리다.	( )

① 교과 상담가의 질문에 기억의 □□들이 떠올랐다.

② 교과 앞으로 저희 아이들에게 많은 지도와 □□을 부탁드립니다.

③ 교과 신라의 정통성을 강조하기 위해 백제나 고구려의 역사를 □□하는 것은 올바르지 않다.

④ 수능 문학 분야에 □□되었던 독서 습관을 버리고 다양한 분야의 책을 읽으려는 노력을 보이고 있다.

⑤ 모평 이러한 대응설은 새로운 주장의 진위를 □□할 때 관찰이나 경험을 통한 사실의 확인을 중시한다.

26 폐습 폐단 弊 | 익힐 習	명 폐해가 많은 풍습.	( )
27 풍토 바람 風 | 흙 土	(1) 명 어떤 지역의 기후와 토지의 상태.	( )
	(2) 명 어떤 일의 바탕이 되는 제도나 조건을 비유적으로 이르는 말.	( )
28 환원하다 돌아올 還 | 으뜸 元 --	통 본디의 상태로 다시 돌아가다. 또는 그렇게 되게 하다.	( )
29 회자 회 膾 | 구울 炙	명 회와 구운 고기라는 뜻으로, 칭찬을 받으며 사람의 입에 자주 오르내림을 이르는 말.	( )
30 횡령하다 가로 橫 | 거느릴 領 --	통 공금이나 남의 재물을 불법으로 차지하여 가지다.	( )

① 교과 지역의 □□에 맞게 농사를 지어야 한다.

② 교과 검찰은 나랏돈을 □□한 공무원들을 구속했다.

③ 수능 기업 결합으로 얻은 이익은 사회에 □□하는 것이 바람직하다.

④ 교과 평등한 교육 기회에 따른 새로운 계층의 탄생은 기존의 신분적 □□을 없애는 계기가 되었다.

⑤ 학평 반려동물 인수제가 시행되면 반려동물의 양육을 쉽게 포기하는 □□가 생길 수 있다고 주장한다.

⑥ 모평 오늘날 널리 □□되고 있는 공론장(公論場)이라는 용어는 공적 문제에 대한 개인의 의견이 공적 영역으로 확장되는 공개된 담론의 장(場)을 말한다.

·뜻풀이로 체크하기·

01 ~ 06 다음 뜻풀이에 해당하는 어휘를 말상자에서 찾아 표시하시오.

가	재	원	숙	하	다
회	은	연	중	정	위
진	모	초	빈	통	독
수	행	화	성	본	기
통	책	잡	다	편	운
파	못	안	수	자	달

01 남이 모르는 가운데.

02 남의 잘못을 들어 나무라다.

03 처음부터 끝까지 훑어 읽음.

04 사물이나 현상의 가장 중요하고 본질적인 부분.

05 스승이나 어른이 타이르고 격려함을 비유적으로 이르는 말.

06 (1) 매우 익숙하다. (2) 인격이나 지식 따위가 깊고 원만하다.

07 ~ 12 다음 빈칸에 들어갈 알맞은 말을 쓰시오.

07 폐습: ☐☐가 많은 풍습.

08 폄하하다: ☐☐를 깎아내리다.

09 전도: 앞으로의 ☐☐☐이나 전망.

10 횡령하다: 공금이나 남의 재물을 ☐☐으로 차지하여 가지다.

11 자명하다: 설명하거나 증명하지 아니하여도 저절로 알 만큼 ☐☐하다.

12 회자: 회와 구운 고기라는 뜻으로, ☐☐을 받으며 사람의 입에 자주 오르내림을 이르는 말.

·문장으로 체크하기·

13 ~ 18 다음 문맥에 알맞은 어휘를 고르시오.

13 교과 시련과 영광으로 (점철 | 초래)된 그분의 생애를 자서전으로 정리하고자 했다.

14 교과 사람들은 쾌락만을 (탈피 | 탐닉)하느라 정작 중요한 것을 놓치는 경우가 있다.

15 교과 중립국에서 제시한 평화안이 받아들여지면서 두 나라의 전쟁이 (종식 | 회자)되었다.

16 교과 정조가 직접 정사를 (주재 | 환원)하면서부터 규장각은 정치적 선도 기구로 바뀌었다.

17 수능 북학파들이 연행을 했던 18세기 후반에도 이미 위기의 (진수 | 징후)들이 나타나고 있었다.

18 수능 국어에서는 모음의 수가 곧 음절의 수라고 할 수 있으나, 그것이 모든 언어에 (통용 | 편중)되는 것은 아니다.

19 ~ 24 다음 빈칸에 들어갈 알맞은 어휘를 〈보기〉에서 찾아 쓰시오.

보기

전수	초래	타성
탈피	토대	판별

19 교과 허 노인은 줄타기 자세와 줄을 타기 위해 갖추어야 할 정신을 운에게 (   )했다.

20 모평 현대 산업 체계에서 도량형의 통일된 표준이 없다면 큰 혼란을 (   )할 수 있다.

21 모평 반실재론자는 (   )에 젖은 실재론적 세계관의 토대에 대해 성찰할 기회를 제공한다.

22 교과 판사는 양측이 제시한 자료를 꼼꼼하게 검토하여 누구의 말이 옳고 그른지 (   )했다.

23 학평 콜라주는 이질적인 여러 소재들을 혼합하여 일상성에서 (   )한 미감을 주는 기법이다.

24 학평 의회는 사회 갈등에 대한 국민의 의견을 청취하여, 이를 (   )(으)로 법안을 마련하고자 하였군.

▶ 정답과 해설 32쪽

step 3 어휘력 완성

어휘의 의미와 쓰임 이해하기

01 〈보기〉의 빈칸에 들어갈 어휘와 그 의미의 연결이 적절하지 않은 것은?

보기

(ㄱ) 그는 대학 시절 동안 도교 철학에 깊이 (　　　)하였다.
(ㄴ) 뽕나무 뿌리껍질은 가래를 없애는 약재로 널리 (　　　)되고 있다.
(ㄷ) 죽부인은 나이가 들면서 절개가 더욱 굳어져 마을에서 칭찬이 (　　　)했다.
(ㄹ) 그 사람은 (　　　)에 빠져 하루하루 무기력하게 살아가는 현대인의 전형이다.
(ㅁ) '유수일인(唯授一人)'은 '비전(祕傳) 따위를 한 사람에게만 전하는 일. 또는 오직 한 사람만이 (　　　)받는 것'을 말한다.

① (ㄱ): 탐닉(耽溺) – 어떤 일을 몹시 즐겨서 거기에 빠짐.
② (ㄴ): 통용(通用) – 일반적으로 두루 씀.
③ (ㄷ): 자명(自明) – 여러 사람의 입에 오르내려 떠들썩함.
④ (ㄹ): 타성(惰性) – 오래되어 굳어진 좋지 않은 버릇.
⑤ (ㅁ): 전수(傳授) – 기술이나 지식 따위를 전하여 줌.

어휘의 쓰임 이해하기

02 문맥상 밑줄 친 어휘의 쓰임이 적절하지 않은 것은?

① 이 꽃은 풍토가 다른 지역에는 옮겨 심을 수 없다.
② 유학 이념에서는 국가를 가족이 환원된 형태로 본다.
③ 그 사진을 보자 내 어린 시절의 기억의 편린들이 새삼스럽게 떠올랐다.
④ 그 노래는 수십 년이 지난 지금까지도 사람들 사이에 널리 회자되고 있다.
⑤ 정언 문장이란 참과 거짓을 판별할 수 있는 문장 중에서 '주어–술어'로 이루어진 문장을 말한다.

어휘의 의미 관계 파악하기

03 문맥상 〈보기〉의 밑줄 친 어휘들과 반의 관계인 것은?

보기

'은폐하다'는 '사건, 잘못, 몸' 따위를 덮어 감추거나 가리어 숨긴다는 뜻으로, '감추다, 숨기다, 덮다' 등과 유의 관계이다.

① 엄폐(掩蔽)하다　② 은닉(隱匿)하다
③ 이월(移越)하다　④ 진술(陳述)하다
⑤ 폭로(暴露)하다

적절한 어휘로 바꿔 쓰기

04 문맥상 다음 밑줄 친 어휘와 바꿔 쓰기에 적절하지 않은 것은?

① 지진이 발생할 징후가 최근 여러 번 나타났다. → 조짐
② 좋지 않은 결과를 초래하더라도 도덕 법칙은 지켜야 한다. → 시작하더라도
③ 지금까지 성실하게 쌓아 온 경력으로 보아 그녀는 전도가 밝은 인물이다. → 장래
④ SNS에서는 진위 여부가 불명확한 내용을 토대로 하여 여론이 형성되기도 한다. → 기초로
⑤ 공께서 맏공주에게 장가드신다면 반드시 좋은 일이 있을 것이니 유념하십시오. → 명심하십시오

속담과 한자 성어에 맞는 어휘 찾기

05 다음 속담과 한자 성어의 뜻풀이에서, ㉠과 ㉡에 들어갈 말이 바르게 연결된 것은?

보기

• 양어깨에 동자보살이 있다: 대개 자기의 선악을 자기 스스로는 알지 못하되, (㉠)에 신명이 감시하고 있다는 말.
• 흑백 논리(黑白論理): 모든 문제를 흑과 백, 선과 악, 득과 실의 양극단으로만 구분하고 중립적인 것을 인정하지 아니하려는 (㉡)된 사고방식이나 논리.

	㉠	㉡		㉠	㉡
①	타성	종식	②	타성	환원
③	은연중	점철	④	은연중	편달
⑤	은연중	편중			

어휘의 쓰임 이해하기

06 문맥상 〈보기〉의 ⓐ, ⓑ에 들어갈 적절한 어휘끼리 짝지어진 것은?

보기

• 그는 경쟁사의 제품이 자사 제품보다 미적으로나 실용적으로나 뒤떨어진다며 (ⓐ)했다.
• '문명개화(文明開化)'는 낡은 (ⓑ)을/를 타파하고 발달된 문명을 받아들여 발전함을 의미한다.

	ⓐ	ⓑ		ⓐ	ⓑ
①	주재	진수	②	탈피	폐습
③	통독	진수	④	폄하	폐습
⑤	횡령	토대			

08 한자 성어

3주 완성

※ 한자 성어가 사용된 예문을 읽고 해당 뜻풀이를 찾아 번호를 쓰세요.

★ 오만함, 뻔뻔함

01 오만불손
거만할 傲 | 게으를 慢 | 아닐 不 | 겸손할 遜

교과 그 배우는 자신의 인기만 믿고 촬영장에서 오만불손한 태도를 보여 모두의 마음을 불편하게 했다. ( )

02 유아독존
오직 唯 | 나 我 | 홀로 獨 | 높을 尊

교과 그는 유아독존의 태도 때문에 다른 사람들의 충고를 잘 들으려 하지 않는다. ( )

03 후안무치
두터울 厚 | 얼굴 顔 | 없을 無 | 부끄러워할 恥

교과 놀부는 멀쩡한 제비의 다리를 일부러 부러뜨렸다가 다시 고쳐 주는 후안무치한 행동을 했다. ( )

① 뻔뻔스러워 부끄러움이 없음.

② 태도나 행동이 거만하고 공손하지 못함.

③ 세상에서 자기 혼자 잘났다고 뽐내는 태도.

★ 보람이 없거나 소용없음

04 금의야행
비단 錦 | 옷 衣 | 밤 夜 | 다닐 行

교과 손님이 많이 올 줄 알고 한 상 가득 음식을 차렸는데 정작 손님이 오지 않아 금의야행과 같은 결과가 되었다. ( )

05 하로동선
여름 夏 | 화로 爐 | 겨울 冬 | 부채 扇

교과 고급 레스토랑에 반바지를 입고 슬리퍼를 신고 가는 것은 하로동선이다. ( )

06 한강투석
한나라 漢 | 강 江 | 던질 投 | 돌 石

교과 1억을 모으기 위해 한 달에 만 원씩 저금하는 친구를 보고 은수는 한강투석과 같다며 비웃었다. ( )

07 화중지병
그림 畫 | 가운데 中 | 갈 之 | 밀가루떡 餠

교과 돈이 없는 나에게 저 신축 아파트는 화중지병에 불과하다. ( )

① 여름의 화로와 겨울의 부채. 격이나 철에 맞지 아니함을 이름.

② 그림의 떡. 아무리 마음에 들어도 이용할 수 없거나 얻을 수 없음을 이름.

③ 한강에 돌 던지기. 지나치게 미미하여 아무런 효과를 미치지 못함을 이름.

④ (1) 비단옷을 입고 밤길을 다닌다는 뜻으로, 자랑삼아 하지 않으면 생색이 나지 않음. (2) 아무 보람이 없는 일을 함.

★ 조리 없는 말

08 어불성설
말씀 語 | 아닐 不 | 이룰 成 | 말씀 說

교과 정치인 갑 씨는 을 씨의 대선 공약에 대해 규제 개혁 없이 일자리를 만들겠다는 것은 어불성설이라고 목소리를 높였다. ( )

09 중언부언
무거울 重 | 말씀 言 | 다시 復 | 말씀 言

교과 그는 내가 말을 못 알아들었다고 생각했는지 이미 했던 말을 자꾸 중언부언했다. ( )

10 횡설수설
가로 橫 | 말씀 說 | 설 竪 | 말씀 說

교과 그는 술에 취해 꼬부라진 혀로 아무나 붙잡고 횡설수설했다. ( )

① 말이 조금도 사리에 맞지 아니함.

② 조리가 없이 말을 이러쿵저러쿵 지껄임.

③ 이미 한 말을 자꾸 되풀이함. 또는 그런 말.

★ 평안한 삶

11 **수복강녕** 목숨 壽 | 복 福 | 편안할 康 | 편안할 寧	교과 나무 난간에는 수복강녕을 상징하는 거북이 모양으로 장식을 내어 평안하고 행복하게 장수를 누리는 삶을 기원하기도 했다.	( )
12 **안분지족** 편안할 安 | 나눌 分 | 알 知 | 발 足	교과 그는 경제적으로 넉넉하지는 않지만 가족과 함께하는 삶에 안분지족하며 살고 있다.	( )
13 **안빈낙도** 편안할 安 | 가난할 貧 | 즐길 樂 | 길 道	모평 안빈낙도는 자신의 뜻을 펼칠 수 없었던 상황에서 사대부로서의 고결한 내면을 지키기 위해 선택한 삶의 양식이었던 것이다.	( )
14 **유유자적** 멀 悠 | 멀 悠 | 스스로 自 | 갈 適	학평 '이 내 분(分)인가 하노라.'에는 자연에서 유유자적하는 삶에 만족하는 모습이 드러나 있군.	( )
15 **함포고복** 머금을 含 | 먹을 哺 | 북 鼓 | 배 腹	교과 이 그림은 풍년을 맞은 농민들이 음식을 배불리 먹으며 함포고복하는 모습을 묘사했다.	( )

① 오래 살고 복을 누리며 건강하고 평안함.

② 속세를 떠나 아무 속박 없이 조용하고 편안하게 삶.

③ 편안한 마음으로 제 분수를 지키며 만족할 줄을 앎.

④ 가난한 생활을 하면서도 편안한 마음으로 도를 즐겨 지킴.

⑤ 잔뜩 먹고 배를 두드린다는 뜻으로, 먹을 것이 풍족하여 즐겁게 지냄을 이름.

★ 절개

16 **독야청청** 홀로 獨 | 어조사 也 | 푸를 靑 | 푸를 靑	교과 그는 모두가 숨죽여 살던 암울한 시대에도 자신의 의지를 굳게 지키며 독야청청했던 사람이다.	( )
17 **살신성인** 죽일 殺 | 몸 身 | 이룰 成 | 어질 仁	교과 유례가 없는 폭우로 피해가 막대한 가운데 자신의 위험을 무릅쓰고 살신성인의 자세로 주민들을 대피시켜 참사를 막은 시민의 이야기가 감동을 전하고 있다.	( )
18 **세한고절** 해 歲 | 찰 寒 | 외로울 孤 | 마디 節	학평 눈 맞아 휘어진 대를 뉘라서 굽다턴고. / 굽을 절개라면 눈 속에 푸를쏘냐. / 아마도 세한고절은 너뿐인가 하노라.	( )
19 **아치고절** 맑을 雅 | 이를 致 | 높을 高 | 마디 節	모평 빙자옥질*이여 눈 속에 네로구나. / 가만히 향기 놓아 황혼월을 기약하니 / 아마도 아치고절은 너뿐인가 하노라. * 빙자옥질(氷姿玉質): 얼음같이 맑고 깨끗한 살결과 구슬같이 아름다운 자질.	( )
20 **오상고절** 거만할 傲 | 서리 霜 | 외로울 孤 | 마디 節	모평 국화야 너는 어이 삼월동풍 다 지내고 / 낙목한천*에 네 홀로 피었느냐. / 아마도 오상고절은 너뿐인가 하노라. * 낙목한천(落木寒天): 나뭇잎이 떨어지는 때의 추운 하늘.	( )

① 자기의 몸을 희생하여 인(仁)을 이룸.

② 추운 계절에도 혼자 푸르른 대나무를 일컫는 말.

③ 우아한 풍치와 높은 절개라는 뜻으로, 매화를 이름.

④ 남들이 모두 절개를 꺾는 상황 속에서도 홀로 절개를 굳세게 지킴.

⑤ 서릿발이 심한 속에서도 굴하지 아니하고 외로이 지키는 절개라는 뜻으로, 국화를 이름.

· 뜻풀이로 체크하기 ·

01 ~ 04 다음 뜻풀이에 해당하는 한자 성어를 말상자에서 찾아 표시하시오.

오	손	함	치	의	하
만	상	화	포	중	행
유	족	고	병	고	한
유	수	언	절	낙	복
자	강	설	무	세	신
적	금	유	아	독	존

01 세상에서 자기 혼자 잘났다고 뽐내는 태도.

02 속세를 떠나 아무 속박 없이 조용하고 편안하게 삶.

03 잔뜩 먹고 배를 두드린다는 뜻으로, 먹을 것이 풍족하여 즐겁게 지냄을 이름.

04 서릿발이 심한 속에서도 굴하지 아니하고 외로이 지키는 절개라는 뜻으로, 국화를 이름.

05 ~ 09 다음 빈칸에 들어갈 알맞은 말을 〈보기〉에서 찾아 쓰시오.

보기

돌 복 부채 조리
화로 효과 대나무

05 횡설수설: (   )이/가 없이 말을 이러쿵저러쿵 지껄임.

06 수복강녕: 오래 살고 (   )을/를 누리며 건강하고 평안함.

07 세한고절: 추운 계절에도 혼자 푸르른 (   )을/를 일컫는 말.

08 하로동선: 여름의 (   )와/과 겨울의 (   )(이)라는 뜻으로, 격이나 철에 맞지 아니함을 이름.

09 한강투석: 한강에 (   ) 던지기라는 뜻으로, 지나치게 미미하여 아무런 (   )을/를 미치지 못함을 이름.

· 문장으로 체크하기 ·

10 ~ 14 다음 문맥에 알맞은 한자 성어를 고르시오.

10 교과 그는 선배에게 거친 말을 내뱉으며 (오만불손 | 유유자적)하게 대들었다.

11 교과 시험공부를 하지도 않으면서 좋은 성적을 바라는 것은 (어불성설 | 중언부언)이다.

12 교과 나에게 거짓말을 들키고도 당당하게 행동하는 그의 (수복강녕 | 후안무치)에 기가 막혔다.

13 교과 삼촌은 바쁜 도시 생활에서 벗어나 한적한 시골에서 (안빈낙도 | 하로동선)하며 살고 있다.

14 교과 이 어려운 상황을 극복하기 위해서는 (살신성인 | 아치고절)하는 자세로 모든 일에 임해야 한다.

15 ~ 18 다음 빈칸에 들어갈 알맞은 한자 성어를 〈보기〉에서 찾아 쓰시오.

보기

독야청청 안분지족 중언부언 화중지병

15 이장: 자네가 귀농한 지도 이제 10년이군. 요즘 생활은 좀 어떤가?
김 씨: 가진 것은 얼마 안 되지만 행복합니다. 이것이 □□□□의 삶 아니겠습니까?

16 지수: 일제 강점기에 어떤 조선인들은 일본 편에 서서 친일 행각을 벌였다고 해.
상엽: 맞아. 하지만 변절하지 않고 □□□□한 모습을 보여 준 사람들도 많았어.

17 미주: 수영아, 내가 어제 일이 많았어. 하루 종일 약속이 많았거든. 또 어제 몹시 바빴어. 그래서…….
수영: 너 지금 □□□□하고 있는 것 알아? 왜 했던 말을 계속 되풀이하니?

18 건우: 오래지 않아 일반 사람들도 우주선을 타고 달에 갈 수 있을 거야.
민재: 하지만 어마어마한 비용이 드는 데다 장기간 훈련도 필요하다고 하니, 우리에게는 □□□□일 뿐이지.

▶ 정답과 해설 33쪽

속담에 맞는 한자 성어 찾기

01 〈보기〉의 ㉠에 들어갈 한자 성어로 가장 적절한 것은?

보기

'같은 값이면 다홍치마'와 '동가홍상(同價紅裳)', '쓰면 뱉고 달면 삼킨다'와 '감탄고토(甘呑苦吐)'처럼 속담과 한자 성어가 의미상 관련되는 경우가 있다. '보고 못 먹는 것은 그림의 떡'은 의미상 '(　㉠　)'과 관련이 있다.

① 유아독존(唯我獨尊)
② 하로동선(夏爐冬扇)
③ 한강투석(漢江投石)
④ 화중지병(畵中之餠)
⑤ 횡설수설(橫說竪說)

주제에 맞는 한자 성어 찾기

02 〈보기〉의 주제 의식을 나타내기에 가장 적절한 한자 성어는?

보기

안빈(安貧)을 싫어하지 마라 일 없으면 그것이 좋으니
벗 없다 한탄하지 마라 말 없으면 이 좋으니
아마도 수분 안졸(守分安拙)이 그것이 옳은가 하노라.

– 김수장

① 살신성인(殺身成仁)
② 세한고절(歲寒孤節)
③ 안분지족(安分知足)
④ 함포고복(含哺鼓腹)
⑤ 후안무치(厚顔無恥)

한자 성어의 쓰임 이해하기

03 다음 한자 성어의 쓰임이 적절하지 않은 것은?

① 폭력에 옳고 그름이 존재한다는 주장은 어불성설(語不成說)이다.
② 약주를 거나하게 먹은 김 첨지는 수복강녕(壽福康寧) 되는대로 지껄였다.
③ 은혜를 잊은 그들의 오만불손(傲慢不遜)한 태도는 눈 뜨고 봐 줄 수 없을 정도였다.
④ 술에 취한 손님은 목적지는 말하지 않고 앞뒤도 맞지 않는 말을 중언부언(重言復言)하였다.
⑤ 〈김현감호〉라는 작자 미상의 고전 소설은 김현이라는 청년과 살신성인(殺身成仁)을 실천한 호랑이 처녀의 사랑 이야기이다.

한자 성어의 의미 이해하기

04 다음 중 내포적 의미가 '편안한 삶'과 거리가 먼 한자 성어는?

① 금의야행(錦衣夜行)
② 수복강녕(壽福康寧)
③ 안빈낙도(安貧樂道)
④ 유유자적(悠悠自適)
⑤ 함포고복(含哺鼓腹)

시적 상황에 맞는 한자 성어 찾기

05 〈보기〉의 밑줄 친 시어를 고려하여 ⓐ의 의미를 이해할 때, ⓐ와 의미가 통하지 않는 한자 성어는?

보기

눈 맞아 휘어진 ⓐ대를 뉘라서 굽다턴고.
굽을 절개라면 눈 속에 푸를쏘냐.
아마도 세한고절은 너뿐인가 하노라.

– 원천석

① 독야청청(獨也靑靑)
② 설중송백(雪中松柏)
③ 아치고절(雅致高節)
④ 오상고절(傲霜孤節)
⑤ 유유자적(悠悠自適)

속담에 맞는 한자 성어 찾기

06 한자 성어를 활용하여 속담의 의미를 설명할 때, 적절하지 않은 것은?

① '기는 놈 위에 나는 놈이 있다'라는 속담은 '후안무치(厚顔無恥)'의 태도를 보이는 사람을 경계하여 이르는 말이다.
② '익은 밥 먹고 선소리한다'라는 속담은 사리에 맞지 않은 말을 하는 '어불성설(語不成說)'의 경우를 이르는 말이다.
③ '국화는 서리를 맞아도 꺾이지 않는다'라는 속담은 '오상고절(傲霜孤節)'과 같은 절개나 의지로 시련을 이겨 냄을 이르는 말이다.
④ '만 냥의 돈인들 무슨 소용이냐'라는 속담은 '화중지병(畵中之餠)'처럼 아무리 가치 있는 것이라도 직접 이용할 수 없으면 소용이 없다는 말이다.
⑤ '쪽박이 제 재주를 모르고 한강을 건너려 한다'라는 속담은 '안분지족(安分知足)'을 모르고 힘에 겨운 일을 하려는 경우를 비난조로 이르는 말이다.

09 헷갈리는 어휘_고유어

3주 완성

※ 헷갈리는 어휘의 각 예문을 읽고 해당 의미를 찾아 번호를 쓰세요.

★ 박이다 vs 박히다

Tip 버릇이나 생각이 몸에 배었을 때는 '박이다', 대상이 어딘가에 꽂혀 있을 때는 '박히다'

01 **박이다**
교과 나는 일찍 일어나는 습관이 몸에 박여 있다. ( )

02 **박히다**
교과 동생에게 벽에 박힌 못을 빼 달라고 부탁했다. ( )

① 동 두들겨 치이거나 틀려서 꽂히다.
② 동 버릇, 생각, 태도 따위가 깊이 배다.

★ 벌리다 vs 벌이다

Tip 대상의 간격을 넓히는 것과 관련해서는 '벌리다', 잔치, 사업, 논쟁, 싸움과 관련해서는 '벌이다'

03 **벌리다**
학평 우리도 두 팔을 넓게 벌려 원 하나를 이루었다. ( )

04 **벌이다**
(1) 모평 호왕이 그 말을 따라 큰 잔치를 벌였다. ( )
(2) 학평 찬반 양측이 논쟁을 벌인다. ( )

① 동 전쟁이나 말다툼 따위를 하다.
② 동 둘 사이를 넓히거나 멀게 하다.
③ 동 일을 계획하여 시작하거나 펼쳐 놓다.

★ 부수다 vs 부시다

Tip '깨뜨리다'와 의미가 유사한 것은 '부수다', '설거지하다'와 의미가 유사한 것은 '부시다'

05 **부수다**
교과 애들이 교실에서 야구공을 던지며 놀다 유리창을 부쉈다. ( )

06 **부시다**
교과 다른 사람이 쓸 수 있도록 제가 사용한 컵은 물에 부셔 놓았습니다. ( )

① 동 그릇 따위를 씻어 깨끗하게 하다.
② 동 단단한 물체를 여러 조각이 나게 두드려 깨뜨리다.

★ 비추다 vs 비치다

Tip '비추다'는 빛을 보내어 대상을 환하게 밝히는 것이고, '비치다'는 대상이 환하게 되거나 보이는 것임.

07 **비추다**
(1) 학평 빛나는 태양이 하루하루를 밝게 비추는 날들이 계속되고 있습니다. ( )
(2) 학평 연구가는 자신의 경험에 비추어 궁금한 점을 묻는다. ( )

08 **비치다**
(1) 학평 그것은 햇빛이 비치는 밝은 실외에서 더 유용하겠군. ( )
(2) 교과 포장지가 얇아 안에 든 내용물이 비쳤다. ( )

① 동 빛이 나서 환하게 되다.
② 동 어떤 것과 관련하여 견주어 보다.
③ 동 투명하거나 얇은 것을 통하여 드러나 보이다.
④ 동 빛을 내는 대상이 다른 대상에 빛을 보내어 밝게 하다.

★ 삭이다 vs 삭히다

Tip 감정을 가라앉힐 때는 '삭이다', 음식을 발효시킬 때는 '삭히다'

09 **삭이다**
교과 나는 친구의 말도 안 되는 거짓말에 화를 삭일 수 없었다. ( )

10 **삭히다**
교과 오랫동안 삭힌 김치에서 맛있는 냄새가 난다. ( )

① 동 긴장이나 화를 풀어 마음을 가라앉히다.
② 동 김치나 젓갈 따위의 음식물을 발효시켜 맛이 들게 하다.

▶ 정답과 해설 34쪽

★ 어르다 vs 으르다

Tip '어르다'는 상대를 달래는 것이고, '으르다'는 상대를 위협해 겁주는 것임.

어휘	예문	답
11 어르다	교과 인형 탈을 쓴 사람을 보고 놀라 우는 동생을 엄마가 어르고 달랬지만, 동생은 울음을 멈출 생각을 하지 않았다.	( )
12 으르다	교과 강도가 상점 주인을 을러 돈을 빼앗았지만, 이내 경찰이 도착해 강도를 체포했다.	( )

① 동 상대편이 겁을 먹도록 무서운 말이나 행동으로 위협하다.
② 동 몸을 움직여 주거나 또는 무엇을 보여 주거나 들려주어서, 어린아이를 달래거나 기쁘게 하여 주다.

★ 오로지 vs 오롯이

Tip '오직'을 넣어 말이 되면 '오로지'를 사용하고, '온전하게'를 넣어 말이 되면 '오롯이'를 사용함.

어휘	예문	답
13 오로지	모평 오로지 음악 그 자체로서 고유한 가치를 갖는 절대 음악을 탄생시켰다.	( )
14 오롯이	모평 마음을 평온하게 갖고 뜻을 오롯이 하여 글을 읽어 가도록 한다.	( )

① 부 오직 한 곬으로.
② 부 모자람이 없이 온전하게.

★ 젖히다 vs 제치다

Tip 대상을 뒤쪽으로 기울일 때는 '젖히다', 우열을 가리는 상황에서 경쟁 상대를 앞지를 때는 '제치다'

어휘	예문	답
15 젖히다	학평 이마를 뒤로 젖히고 다른 한 손으로는 턱을 들어 올립니다.	( )
16 제치다	교과 우리는 경쟁사를 제치고 업계 1위로 등극했다.	( )

① 동 뒤로 기울게 하다.
② 동 경쟁 상대보다 우위에 서다.

★ 집다 vs 짚다

Tip 신체나 도구를 이용해 물건을 잡아서 들 때는 '집다', 신체의 일부를 어딘가에 대고 버틸 때는 '짚다'

어휘	예문	답
17 집다	교과 바닥에 떨어진 연필을 집어 올렸다.	( )
18 짚다	학평 지팡이 짚고 바람 쐬며 좌우를 돌아보니 / 누대의 맑은 경치 아마도 깨끗하구나	( )

① 동 바닥이나 벽, 지팡이 따위에 몸을 의지하다.
② 동 손가락이나 발가락으로 물건을 잡아서 들다. 또는 기구로 물건을 마주 잡아서 들다.

★ 한목 vs 한몫

Tip '한목'은 '한꺼번에'를 의미하고, '한몫'은 '한 사람의 이익 또는 역할'을 의미함.

어휘	예문	답
19 한목	교과 이번 달에 월급 받으면 돈을 한목에 갚을게.	( )
20 한몫	(1) 교과 창호는 주식 투자로 한몫을 제대로 챙겼다.	( )
	(2) 교과 그녀는 회사 수익을 올리는 데 한몫을 톡톡히 했다.	( )

① 명 한 사람이 맡은 역할.
② 명 한 사람 앞에 돌아가는 큰 이득.
③ 명 한꺼번에 몰아서 함을 나타내는 말.

★ 한참 vs 한창

Tip 뒤에 '~동안, ~만(에)'과 같은 말이 올 수 있으면 '한참', 올 수 없으면 '한창'

어휘	예문	답
21 한참	수능 멍한 정신이 한참 만에야 진정되었다.	( )
22 한창	수능 올 적에 심은 곡식 추수가 한창이요 / 서풍이 삽삽하여 가을빛이 쾌히 난다	( )

① 명부 시간이 상당히 지나는 동안. 또는 어떤 일이 상당히 오래 일어나는 모양.
② 명부 어떤 일이 가장 활기 있고 왕성하게 일어나는 때. 또는 그런 모양.

800 어휘 781개 달성! 700

·뜻풀이로 체크하기·

01 ~ 06 **다음 빈칸에 들어갈 알맞은 말을 〈보기〉에서 찾아 쓰시오.**

> 보기
> 발효 역할 온전
> 우위 의지 이득 투명

01 오롯이: 모자람이 없이 ( )하게.

02 제치다: 경쟁 상대보다 ( )에 서다.

03 짚다: 바닥이나 벽, 지팡이 따위에 몸을 ( ) 하다.

04 삭히다: 김치나 젓갈 따위의 음식물을 ( )시켜 맛이 들게 하다.

05 한몫: (1) 한 사람 앞에 돌아가는 큰 ( ). (2) 한 사람이 맡은 ( ).

06 비치다: (1) 빛이 나서 환하게 되다. (2) ( )하거나 얇은 것을 통하여 드러나 보이다.

07 ~ 12 **다음 뜻풀이에 해당하는 어휘를 고르시오.**

07 오직 한 곬으로. (오로지 | 오롯이)

08 시간이 상당히 지나는 동안. (한참 | 한창)

09 둘 사이를 넓히거나 멀게 하다. (벌리다 | 벌이다)

10 두들겨 치이거나 틀려서 꽂히다. (박이다 | 박히다)

11 단단한 물체를 여러 조각이 나게 두드려 깨뜨리다. (부수다 | 부시다)

12 몸을 움직여 주거나 또는 무엇을 보여 주거나 들려주어서, 어린아이를 달래거나 기쁘게 하여 주다. (어르다 | 으르다)

·문장으로 체크하기·

13 ~ 17 **다음 문맥에 알맞은 어휘를 고르시오.**

13 교과 늦게 자는 습관이 몸에 (박여 | 박혀) 일찍 잠드는 것이 무척 힘들었다.

14 교과 예전에 내 나이가 (한참 | 한창) 젊었던 시절에는 하루에 다섯 끼는 족히 먹었다.

15 모평 사립을 (젖혀 | 제쳐) 쓰고 망혜를 조여 신고, / 조대(釣臺)로 내려가니 내 노래 한가하다.

16 학평 양 팀 선수들은 스포츠맨십에 어긋난 지나친 몸싸움을 (벌려 | 벌여) 부상자까지 발생했다.

17 교과 그는 사공이 자신을 태워 주지 않자 배를 뒤집어엎어 버릴 듯이 행동하며 사공을 (얼렀다 | 을렀다).

18 ~ 22 **다음 밑줄 친 어휘의 쓰임이 적절하면 ○에, 적절하지 않으면 ×에 표시하시오.**

18 교과 사내는 <u>한몫</u>에 잔을 다 비우고는 입가를 훔쳤다. (○, ×)

19 교과 우리는 잔치에 쓸 그릇들을 꺼내 물로 깨끗이 <u>부셔</u> 놓았다. (○, ×)

20 교과 혁수는 얼음물을 벌컥벌컥 들이켜며 끓어오르는 분노를 <u>삭혔다</u>. (○, ×)

21 학평 가족과 떨어져 외롭게 지냈던 자신의 경험에 <u>비치어</u> 오지 체험을 떠나는 친구를 위로할 수 있다. (○, ×)

22 교과 도적은 자신을 뒤쫓는 사람들의 관심을 돌리기 위해 연못가 주변에 있는 돌을 <u>집어</u> 물에 던졌다. (○, ×)

▶ 정답과 해설 34쪽

예문의 적절성 판단하기

01 〈보기〉의 ㉠과 ㉡에 들어갈 어휘의 용례로 적절하지 않은 것은?

보기

질문자: '벌리다'와 '벌이다'는 의미가 다른 말인가요?
답변자: '벌리다'는 '둘 사이를 넓히거나 멀게 하다.'라는 뜻이고, '벌이다'는 '일을 계획하여 시작하거나 펼쳐 놓다. 또는 전쟁이나 말다툼 따위를 하다.'라는 뜻으로, 둘은 의미가 다른 말이므로 구별하여 써야 합니다. '벌리다'의 예문에는 (㉠) 등이 있고, '벌이다'의 예문에는 (㉡) 등이 있습니다.

① ㉠: 두 팔을 벌리다.
② ㉠: 동네잔치를 벌리다.
③ ㉠: 입을 벌리고 하품을 하다.
④ ㉡: 상대방과 논쟁을 벌이다.
⑤ ㉡: 불우 이웃 돕기 운동을 벌이다.

헷갈리는 어휘의 쓰임 이해하기

02 밑줄 친 어휘의 쓰임이 적절하지 않은 것은?

① 울고 있는 아이를 얼러도 보고 무섭게 을러도 보았다.
② 아침 일찍 이불을 젖히고 일어난 그는 만사를 제치고 고향으로 향했다.
③ 책상을 짚고 선 노인은 물끄러미 붓을 쳐다보다가 천천히 그것을 집어 들었다.
④ 삭인 젓갈은 김치를 담글 때 넣으면 좋고, 따뜻한 생강차는 기침을 삭히는 데 좋다.
⑤ 어둠 속에 달빛이 비쳤으나, 밤눈이 어두운 현수는 손전등을 비추며 길을 걸어야 했다.

문맥에 알맞은 어휘 찾기

03 다음 중 문맥에 알맞은 어휘에 ○표 한 것이 적절하지 않은 것은?

① 우리는 약속 장소에서 (한참 | 한창)을 기다렸다.
② 커다란 돌을 연신 날려 성문을 (부쉈다 | 부셨다).
③ 건강을 위해 벽을 (집고 | 짚고) 팔 굽혀 펴기를 꾸준히 하세요.
④ 그 섬으로 갈 수 있는 교통수단은 (오로지 | 오롯이) 나룻배뿐이다.
⑤ 주말마다 텃밭 농사를 하는 버릇이 몸에 (박여 | 박혀) 이제 그만둘 수가 없다.

헷갈리는 어휘의 쓰임 이해하기

04 밑줄 친 어휘의 쓰임이 적절하지 않은 것은?

① 날아온 총알이 그의 옆구리에 박혔다.
② 어젯밤 자동차 문을 부신 범인을 잡았다.
③ 애들이 말을 안 듣는다고 너무 으르면 안 된다.
④ 모든 구절마다 작가의 고심이 오롯이 담겨 있다.
⑤ 친구들과 한창 재밌게 놀고 있을 때 종이 울렸다.

올바른 어휘로 고치기

05 〈보기〉의 (ㄱ)~(ㅁ)이 올바른 문장이 되도록 고친 내용으로 적절하지 않은 것은?

보기

(ㄱ) 대승을 거둔 장군은 크게 잔치를 벌렸다.
(ㄴ) 그녀는 그 모임에서 한목을 담당하고 있다.
(ㄷ) 양팔을 옆으로 벌인 만큼 간격을 두고 걸으세요.
(ㄹ) 우리 팀은 상대편을 가볍게 젖히고 1위로 올라섰다.
(ㅁ) 그는 익살스러운 표정을 지으며 칭얼대는 아기를 어르고 달랬다.

① (ㄱ)의 '벌렸다'는 '벌였다'로 고쳐야 해.
② (ㄴ)의 '한목'은 '한몫'으로 고쳐야 해.
③ (ㄷ)의 '벌인'은 '벌린'으로 고쳐야 해.
④ (ㄹ)의 '젖히고'는 '제치고'로 고쳐야 해.
⑤ (ㅁ)의 '어르고'는 '으르고'로 고쳐야 해.

어휘의 의미와 쓰임 이해하기

06 〈보기〉의 ⓐ~ⓔ의 뜻을 지닌 어휘를 활용하여 만든 문장으로 적절하지 않은 것은?

보기

ⓐ 뒤로 기울게 하다.
ⓑ 여러 가지 물건을 늘어놓다.
ⓒ 시간이 상당히 지나는 동안.
ⓓ 한꺼번에 몰아서 함을 나타내는 말.
ⓔ 빛이나 색채가 강렬하여 마주 보기가 어려운 상태에 있다.

① ⓐ: 높이뛰기 선수는 도약한 몸을 힘껏 뒤로 젖혔다.
② ⓑ: 희주는 책상 위에 책을 벌여 두고 공부했다.
③ ⓒ: 터미널에 도착한 그는 친구를 한참이나 찾았다.
④ ⓓ: 영수는 밀린 외상값을 한몫에 갚았다.
⑤ ⓔ: 내린 눈에 햇빛이 비치자 눈이 부셔서 눈을 뜰 수가 없었다.

필수 어휘_예술

※ 어휘의 사전적 의미에 해당하는 예문을 찾아 번호를 쓰고 빈칸을 채워 보세요.

01 가관 옳을 可 | 볼 觀
(1) 명 경치 따위가 꽤 볼만함. [ ]
(2) 명 꼴이 볼만하다는 뜻으로, 남의 언행이나 어떤 상태를 비웃는 뜻으로 이르는 말. [ ]

02 가미하다 더할 加 | 맛 味 --
동 본래의 것에 다른 요소를 보태어 넣다. [ ]

03 고양 높을 高 | 오를 揚
명 정신이나 기분 따위를 북돋워서 높임. [ ]

04 곰삭다
동 옷 따위가 오래되어서 올이 삭고 질이 약해지다. [ ]

05 극치 지극할 極 | 이를 致
명 도달할 수 있는 최고의 정취나 경지. [ ]

① 교과 눈으로 덮인 설악산의 모습은 □□이다.
② 교과 □□아 너덜너덜해진 옷을 버리려 밖에 내놓았다.
③ 교과 어려운 처지에 놓인 친구 앞에서 잘난 체하는 그의 모습이 아주 □□이었다.
④ 모평 석가탑은 직선적 미감에 곡선미를 □□한 세련된 아름다움을 보여 주고 있다.
⑤ 교과 왕릉에서 발견된 왕관은 그 표면에 금 알갱이가 붙어 있어 화려함의 □□를 보여 준다.
⑥ 모평 직접 민주주의 제도를 통해 지역 문제에 대한 관심이 높아지고 공동체 의식이 □□되는 효과도 기대된다.

06 담대하다 쓸개 膽 | 큰 大 --
형 겁이 없고 배짱이 두둑하다. [ ]

07 무료하다 없을 無 | 귀 울릴 聊 --
형 흥미 있는 일이 없어 심심하고 지루하다. [ ]

08 문하생 문 門 | 아래 下 | 날 生
명 어떤 스승의 아래에서 배우는 제자. [ ]

09 물망 만물 物 | 바랄 望
명 여러 사람이 우러러보는 명망. [ ]

10 반골 돌이킬 反 | 뼈 骨
명 어떤 권력이나 권위에 순응하거나 따르지 아니하고 저항하는 기골. 또는 그런 기골을 가진 사람. [ ]

① 교과 그녀의 □□□이 되고자 하는 작가 지망생들이 무척 많았다.
② 교과 □□ 기질이 다분한 그는 권력에 저항하는 소설을 다수 창작했다.
③ 교과 액션 영화의 남자 주인공으로 세 명의 신인 배우가 □□에 올랐다.
④ 학평 내 차라리 그대와 함께 황천으로 갈지언정 어찌 □□하게 홀로 여생을 보전하겠소?
⑤ 교과 영지는 □□하고 용감한 사람답게 첫 공연에도 떨지 않고 자신의 기량을 마음껏 뽐냈다.

11 백미 흰 白 | 눈썹 眉
명 흰 눈썹이라는 뜻으로, 여럿 가운데에서 가장 뛰어난 사람이나 훌륭한 물건을 비유적으로 이르는 말. [ ]

12 번잡하다 괴로워할 煩 | 섞일 雜 --
형 번거롭게 뒤섞여 어수선하다. [ ]

13 사생 베낄 寫 | 날 生
명 실물이나 경치를 있는 그대로 그리는 일. [ ]

14 소담하다
형 생김새가 탐스럽다. [ ]

15 순화 순수할 純 | 될 化
명 불순한 것을 제거하여 순수하게 함. [ ]

① 교과 조선 시대 가사 문학의 □□는 정철의 〈사미인곡〉이다.
② 교과 그는 □□ 대회에서 그린 풍경화로 화가로서 이름을 알리기 시작했다.
③ 수능 음악은 소리를 다양하게 변형시켜 그것을 듣는 인간의 정서를 □□시킨다.
④ 학평 이곳은 도시의 □□함에서 벗어나 내면의 자아와 마주하는 경험을 할 수 있는 공간이다.
⑤ 모평 잎새들은 가지런하면서도 완만한 곡선을 따라 늘어져 있으며, 꽃은 □□하고 정갈하게 피어 있다.

16 술회하다 지을 述 | 품을 懷 --	동 마음속에 품고 있는 여러 가지 생각을 말하다.	[ ]
17 숭고하다 높을 崇 | 높을 高 --	형 뜻이 높고 고상하다.	[ ]
18 아련하다	형 똑똑히 분간하기 힘들게 아렴풋하다.	[ ]
19 여지없다 남을 餘 | 땅 地 --	형 더 어찌할 나위가 없을 만큼 가차없다. 또는 달리 어찌할 방법이나 가능성이 없다.	[ ]
20 유려하다 흐를 流 | 고울 麗 --	형 글이나 말, 곡선 따위가 거침없이 미끈하고 아름답다.	[ ]

① 교과 이 씨는 독자들과의 만남에서 작품을 창작한 후의 느낌을 ☐☐했다.

② 교과 그녀는 결단력과 실행력이 있어 한번 한다고 말하면 ☐☐☐는 일로 만든다.

③ 수능 스탕달은 로시니가 ☐☐한 가락에 능하다는 이유를 들어 그를 최고의 작곡가로 평가하였다.

④ 모평 예술과 감정의 연관을 너무 강조하는 것은 예술이 지닌 ☐☐한 정신적 이념을 간과한 것이 아닌가.

⑤ 수능 하얀 바탕에 목탄을 문질러서 ☐☐한 느낌을 주는 눈 쌓인 그림들은 들여다보면 볼수록 재미가 있다.

21 장중하다 씩씩할 莊 | 무거울 重 --	형 장엄하고 무게가 있다.	[ ]
22 저명하다 나타날 著 | 이름 名 --	형 세상에 이름이 널리 드러나 있다.	[ ]
23 조망하다 바라볼 眺 | 바랄 望 --	동 먼 곳을 바라보다.	[ ]
24 조악하다 거칠 粗 | 악할 惡 --	형 거칠고 나쁘다.	[ ]
25 조예 지을 造 | 이를 詣	명 학문이나 예술, 기술 따위의 분야에 대한 지식이나 경험이 깊은 경지에 이른 정도.	[ ]

① 교과 그는 미술을 전문적으로 배우지 않았지만 미술에 대한 ☐☐가 깊었다.

② 수능 또 다리 난간에는 갖가지 조각을 장식해 전체적으로 ☐☐한 화려함을 드러내었다.

③ 교과 어떤 공간의 한복판보다는 언저리에서 그 공간 전체를 가장 잘 ☐☐할 수 있기 때문이다.

④ 교과 이 세 사람은 문장과 예술에 능한 선비들이었고, 사귀는 이들도 중국의 ☐☐한 인사들이었다.

⑤ 모평 이전에 사용하던 재료들을 쉽게 구할 수 없었기 때문에 제품의 질이 일정하지 못하고 전반적으로 ☐☐해졌다.

26 치장 다스릴 治 | 단장할 粧	명 잘 매만져 곱게 꾸밈.	[ ]
27 풍미하다 바람 風 | 쓰러질 靡 --	동 어떤 사회적 현상이나 사조 따위가 널리 사회에 퍼지다. 바람에 초목이 쓰러진다는 뜻에서 나온 말이다.	[ ]
28 풍파 바람 風 | 물결 波	(1) 명 심한 분쟁이나 분란.	[ ]
	(2) 명 세상살이의 어려움이나 고통.	[ ]
29 필적하다 짝 匹 | 원수 敵 --	동 능력이나 세력이 엇비슷하여 서로 맞서다.	[ ]
30 회고하다 돌아올 回 | 돌아볼 顧 --	동 지나간 일을 돌이켜 생각하다.	[ ]

① 모평 경연 대회에 참가한 여러 부족들은 온갖 ☐☐을 한다.

② 교과 형이 집을 나가겠다고 선언하며 집안에 ☐☐를 일으켰다.

③ 교과 20세기 후반에 ☐☐했던 예술 경향은 포스트모더니즘이다.

④ 교과 이 그림은 유명 화가의 작품에 ☐☐할 만큼 예술성이 뛰어나다.

⑤ 모평 나는 거기 아무 데나 주저앉아서 내 자라 온 스물여섯 해를 ☐☐하여 보았다.

⑥ 모평 바람을 맞아 뒤틀리듯 구부러진 잎은 세상의 ☐☐에 시달린 김정희의 처지를 형상화한 것이다.

· 뜻풀이로 체크하기 ·

01 ~ 06 다음 빈칸에 들어갈 알맞은 말을 쓰시오.

01 장중하다: □□하고 무게가 있다.

02 순화: 불순한 것을 제거하여 □□하게 함.

03 극치: 도달할 수 있는 최고의 정취나 □□.

04 사생: 실물이나 □□를 있는 그대로 그리는 일.

05 필적하다: 능력이나 세력이 엇비슷하여 서로 □□□.

06 여지없다: 더 어찌할 나위가 없을 만큼 가차 없다. 또는 달리 어찌할 방법이나 □□□이 없다.

07 ~ 12 다음 밑줄 친 어휘의 뜻풀이로 알맞은 것을 〈보기〉에서 찾아 기호를 쓰시오.

보기

㉠ 먼 곳을 바라보다.
㉡ 뜻이 높고 고상하다.
㉢ 세상에 이름이 널리 드러나 있다.
㉣ 흥미 있는 일이 없어 심심하고 지루하다.
㉤ 어떤 사회적 현상이나 사조 따위가 널리 사회에 퍼지다.
㉥ 어떤 권력이나 권위에 순응하거나 따르지 아니하고 저항하는 기골. 또는 그런 기골을 가진 사람.

07 모평 들어열개를 올렸을 때, 대청에서 마당을 조망할 수 있다. ( )

08 모평 그런 풍류 취향이 한 시대를 풍미하여 자못 사람의 기운을 일으켜 주었다. ( )

09 학평 옛날 저명한 시인 왕유나 이백이 고쳐 지으려 해도 한 글자도 바꾸지 못하리라. ( )

10 교과 반골 성향이 강한 그는 현 체제의 문제점을 낱낱이 고발하는 글을 신문에 게재했다. ( )

11 모평 게임 중에도 경쟁이 아닌 것이 있는데, 무료한 시간에 혼자 하는 카드놀이가 그 예이다. ( )

12 수능 이 글은 석가탑 조성에 얽힌 인물들의 이야기를 펼치며 숭고한 예술적 성취의 과정을 보여 준다. ( )

· 문장으로 체크하기 ·

13 ~ 18 다음 빈칸에 들어갈 알맞은 어휘에 ✓표 하시오.

13 학평 서둘러 떠나려는데 길가에 □□하게 핀 민들레가 눈에 띄었다. □소담 □저명

14 교과 어렸을 때 살았던 집을 바라보며 행복했던 어린 시절을 □□했다. □조망 □회고

15 교과 오랫동안 장롱에 있던 옷은 □□□ 더 이상 입을 수 없게 되었다. □곰삭아 □장중해

16 교과 오늘은 음악에 대한 □□이/가 상당한 전문가를 모시고 이야기를 나눌 예정입니다. □반골 □조예

17 학평 아이가 점점 자람에 따라 용모가 준수하고 성품이 온유하며 문필이 자못 □□하였다. □아련 □유려

18 수능 제1수에서 제5수까지 화자를 바꿔 가며 극적 요소를 □□하여 시상을 전개하고 있다. □가미 □필적

19 ~ 24 다음 빈칸에 들어갈 알맞은 어휘를 〈보기〉의 글자를 조합하여 쓰시오.

보기

가	고	관	번	악	양
잡	장	조	치	파	풍

19 수능 호사스러운 ( )이나 장식을 할 까닭은 없었을 것이다.

20 교과 아침 출근 시간에는 도로가 ( )하니 오후 늦게 출발하도록 하자.

21 교과 술에 취해 사람도 못 알아보고 비틀거리는 친구의 모습이 아주 ( )이다.

22 교과 그 셔츠는 여기저기 실밥이 튀어나와 있는, 품질이 아주 ( )한 옷이었다.

23 교과 사업 실패로 삶의 ( )을/를 겪은 그의 얼굴에는 슬픔과 고단함이 묻어났다.

24 교과 시민들의 환경 의식을 ( )하기 위해 서울시는 '환경 사랑' 캠페인을 열었다.

어휘력 완성

▶ 정답과 해설 35쪽

어휘의 쓰임 이해하기

01 문맥상 밑줄 친 어휘의 쓰임이 적절하지 않은 것은?

① 세종 대왕은 학문과 과학에 고양이 깊은 성군이었다.
② 그는 노 작가의 여러 문하생 중 가장 실력이 뛰어나다.
③ 이 작품은 역사적 사실에 현대적 감각과 상상력을 가미한 사극이다.
④ 그의 아름답고 숭고한 희생정신을 우리는 영원히 잊지 않을 것이다.
⑤ 의유당이 쓴 기행 수필은 개성적이고 표현력이 탁월하여 국문 여류 수필의 백미로 평가된다.

적절한 어휘로 바꿔 쓰기

02 문맥상 다음 밑줄 친 어휘와 바꿔 쓰기에 적절하지 않은 것은?

① 멀리서 기차 소리가 아련하게 들렸다. → 희미하게
② 이곳은 사람이 많이 다니는 번잡한 길이다. → 어수선한
③ 서로 잘났다고 옥신각신하는 꼴이 참으로 가관이다. → 꼴불견
④ 그녀는 고생스러웠던 지난 시절에 대해 담담하게 술회했다. → 말했다
⑤ 손님이 없어 무료한 시간에 그는 창밖의 풍경을 보거나 책을 읽는다. → 열없는

어휘의 의미와 쓰임 이해하기

03 〈보기〉의 (ㄱ)~(ㅁ)의 뜻을 지닌 어휘를 활용하여 만든 문장으로 적절하지 않은 것은?

보기

(ㄱ) 먼 곳을 바라보다.
(ㄴ) 심한 분쟁이나 부란
(ㄷ) 잘 매만져 곱게 꾸미다.
(ㄹ) 세상에 이름이 널리 드러나 있다.
(ㅁ) 글이나 말, 곡선 따위가 거침없이 미끈하게 아름답다.

① (ㄱ): 산꼭대기에 올라 산 아래 펼쳐진 호수를 조망했다.
② (ㄴ): 그 집은 자식들 문제로 풍미가 끊이지 않는다.
③ (ㄷ): 설빔을 입고 곱게 치장한 아이들의 모습이 참 깜찍했다.
④ (ㄹ): 김 작가의 집에는 저명한 문인들이 자주 찾아왔다.
⑤ (ㅁ): 그는 유려한 문체로 우리 국토의 아름다움을 묘사하였다.

어휘의 쓰임 이해하기

04 〈보기〉의 ⓐ~ⓔ를 사용하여 만든 문장으로 적절하지 않은 것은?

보기

- 아빠가 주신 꽃다발이 ⓐ소담하고 예뻤다.
- 그는 일제 말기에 친일 행위의 ⓑ극치를 달린 인물이다.
- 국가 대표 팀의 감독 후임자로 몇 명이 ⓒ물망에 올랐다.
- '몽유도원도'에 ⓓ필적할 수 있는 조선 전기 산수화가 발견됐다.
- 이 글은 글쓴이가 50년에 걸친 궁중 생활을 ⓔ회고하여 쓴 수필이다.

① ⓐ: 작고 소담한 문제일수록 분명하게 처리해야 한다.
② ⓑ: 단풍이 곱게 든 외금강의 비경은 화려함의 극치를 보여 준다.
③ ⓒ: 촌락을 이끄는 사람은 마을 사람들에게 물망이 높은 김 영감이었다.
④ ⓓ: 이 소설에 필적할 만한 작품은 아직 나오지 않았다.
⑤ ⓔ: 고려 유신(遺臣)들은 옛 왕조를 회고하며 시조를 지어 읊었다.

속담과 한자 성어의 뜻풀이에 맞는 어휘 찾기

05 다음 속담과 한자 성어의 뜻풀이에서, ㉠과 ㉡에 들어갈 말이 바르게 나열된 것은?

보기

- 귀 작으면 앙큼하고 (㉠): 귀가 작으면 흔히 속이 앙큼하고 담이 크다고 하여 귀가 작은 사람을 놀림조로 이르는 말.
- 일패도지(一敗塗地): 싸움에 한 번 패하여 간과 뇌가 땅바닥에 으깨어진다는 뜻으로, (㉡) 패하여 다시 일어날 수 없게 되는 지경에 이름을 이르는 말.

① 담대하다 – 여지없이
② 아련하다 – 곰삭게
③ 유려하다 – 소담하게
④ 장중하다 – 무료하게
⑤ 조악하다 – 번잡하게

다의어

※ 다의어의 각 예문을 읽고 해당 뜻풀이를 찾아 번호를 쓰세요.

01 떨어뜨리다

- (1) [교과] 민지가 수업 시간에 졸다가 연필을 바닥에 떨어뜨렸다. ( )
- (2) [교과] 정부는 땅값을 떨어뜨릴 방안을 찾고 있었다. ( )
- (3) [수능] 갈팡질팡하는 정책은 국가의 신뢰도를 떨어뜨리는 요인이 되지요. ( )
- (4) [교과] 그녀는 휴대폰을 아이에게서 멀리 떨어뜨려 놓았다. ( )

① 동 값이나 금액을 낮추다.
② 동 무엇과 거리가 벌어지게 하다.
③ 동 위에 있던 것을 아래로 내려가게 하다.
④ 동 가치, 명성, 지위, 품질 따위를 낮게 하거나 잃게 하다.

02 맵다

- (1) [학평] 스트레스를 받으니까 매운 음식이 먹고 싶어. ( )
- (2) [모평] 고추 당추 맵다 해도 시집살이 더 맵더라. ( )
- (3) [모평] 매운 계절(季節)의 채찍에 갈겨 / 마침내 북방(北方)으로 휩쓸려 오다. ( )

① 형 날씨가 몹시 춥다.
② 형 성미가 사납고 독하다.
③ 형 고추나 겨자와 같이 맛이 알알하다.

03 몰락하다

잠길 沒 | 떨어질 落 --

- (1) [모평] 상당수의 사람들이 하층으로 몰락하는 양극화 현상이 나타나기 시작했다. ( )
- (2) [학평] 고려 왕조가 몰락하자 모친 봉양을 핑계로 고향에 은거했다. ( )

① 동 멸망하여 모조리 없어지다.
② 동 재물이나 세력 따위가 쇠하여 보잘것없어지다.

04 무르익다

- (1) [모평] 가을은 오곡백과가 무르익는 시기이다. ( )
- (2) [수능] 가끔 흥이 무르익으면 〈어부사〉를 노래한다. ( )

① 동 시기나 일이 충분히 성숙되다.
② 동 과일이나 곡식 따위가 충분히 익다.

05 밋밋하다

- (1) [교과] 그 집 아들들은 밋밋하고 훤칠하여 보는 사람을 시원하게 해 준다. ( )
- (2) [교과] 동해는 다른 바다에 비해 해안선이 단조롭고 밋밋하다. ( )
- (3) [교과] 친구의 방은 벽에 창문이 하나 있는 그저 밋밋한 방이었다. ( )

① 형 생김새가 미끈하게 곧고 길다.
② 형 생긴 모양 따위가 두드러진 특징이 없이 평범하다.
③ 형 경사나 굴곡이 심하지 않고 평평하고 비스듬하다.

06 박다

- (1) [교과] 집 앞마당에 말뚝을 박았다. ( )
- (2) [교과] 소년은 이불에 머리를 박고 울었다. ( )
- (3) [교과] 문에 머리를 박아서 혹이 났다. ( )

① 동 머리 따위를 부딪치다.
② 동 두들겨 치거나 틀어서 꽂히게 하다.
③ 동 머리나 얼굴 따위를 깊이 숙이거나 눌러서 대다.

07 버젓이

(1) 교과 길동은 수레에 의젓하게 높이 앉아 큰길로 버젓이 들어오면서 말했다. ( )

(2) 교과 성수는 한때 고생했지만 지금은 버젓이 큰 회사를 운영하고 있다. ( )

① 부 남의 축에 빠지지 않을 정도로 번듯하게.

② 부 남의 시선을 의식하여 조심하거나 굽히는 데가 없이.

08 벅차다

(1) 학평 교실 청소도 벅찬 상황에서 산책로 쓰레기통까지 관리해야 한다면 부담이 될 것입니다. ( )

(2) 교과 딸의 합격 소식에 가슴이 벅찼다. ( )

(3) 교과 약속 장소까지 뛰었더니 숨이 벅찼다. ( )

① 형 감당하기가 어렵다.

② 형 숨이 견디기 힘들 만큼 가쁘다.

③ 형 감격, 기쁨, 희망 따위가 넘칠 듯이 가득하다.

09 붇다

(1) 교과 물에 불은 콩을 갈아 두유를 만들었다. ( )

(2) 교과 그는 재산이 붇는 재미에 힘들어도 장사를 그만두지 못했다. ( )

(3) 교과 근래 자주 과식했더니 몸이 불었다. ( )

① 동 살이 찌다.

② 동 분량이나 수효가 많아지다.

③ 동 물에 젖어서 부피가 커지다.

10 붙다

(1) 수능 얼음이 얼어 군마의 발굽이 땅에 붙어 한 걸음도 옮기지 못하는지라. ( )

(2) 교과 열심히 공부했더니 사법 고시에 한 번에 붙었다. ( )

(3) 교과 아이가 엄마 옆에 붙어 앉아 떨어질 생각을 하지 않았다. ( )

(4) 교과 이 작품은 강자에게 붙어 이득을 얻는 부패한 지식인의 모습을 보여 준다. ( )

(5) 모평 경쟁 기술의 수준이나 원가는 처음에는 개선의 속도가 느리지만 점점 그 가속도가 붙는다. ( )

① 동 좇아서 따르다.

② 동 시험 따위에 합격하다.

③ 동 맞닿아 떨어지지 아니하다.

④ 동 어떤 것이 더해지거나 생겨나다.

⑤ 동 물체와 물체 또는 사람이 서로 바짝 가까이 하다.

11 비롯하다

(1) 교과 대학교 동기들과 독립 영화를 찍은 것은 순수한 열정에서 비롯한 일입니다. ( )

(2) 수능 바젤 협약은 우리나라를 비롯한 수많은 국가에서 채택하여 제도화하고 있다. ( )

① 동 어떤 사물이 처음 생기거나 시작하다.

② 동 여럿 가운데서 앞의 것을 첫째로 삼아 그것을 중심으로 다른 것도 포함하다.

12 삐드러지다

(1) 교과 그의 삐드러진 앞니가 밉지 않고 오히려 매력적으로 느껴졌다. ( )

(2) 교과 사고가 일어나고 몇 분 뒤 고라니의 몸은 삐드러지기 시작했다. ( )

① 동 굳어서 뻣뻣하게 되다.

② 동 끝이 밖으로 벌어져 나오다.

·뜻풀이로 체크하기·

01 ~ 05 다음 밑줄 친 어휘의 뜻풀이에 들어갈 알맞은 말을 〈보기〉에서 찾아 쓰시오.

보기
감당 세력 시험
꽂히게 번듯하게

01 교과 대학에 붙은 기쁨을 가족과 함께 나눴다.
→ 붙다 : (   ) 따위에 합격하다.

02 교과 작년 우승자인 그는 나에게 매우 벅찬 상대였다.
→ 벅차다 : (   )하기가 어렵다.

03 교과 방삼복은 구두 징을 박으면서 해방을 맞이하였다.
→ 박다 : 두들겨 치거나 틀어서 (   ) 하다.

04 교과 버젓이 집을 마련해 사는 딸이 자랑스러웠다.
→ 버젓이 : 남의 축에 빠지지 않을 정도로 (   ).

05 학평 일제의 식민지 수탈로 농촌 공동체가 몰락했다.
→ 몰락하다 : 재물이나 (   ) 따위가 쇠하여 보잘것없어지다.

06 ~ 09 다음 밑줄 친 어휘의 뜻풀이로 알맞은 것을 고르시오.

06 학평 내가 덤벙거려서 필통을 떨어뜨렸네.
① 값이나 금액을 낮추다.
② 위에 있던 것을 아래로 내려가게 하다.

07 교과 어머니는 매운 시집살이를 잘 견뎌 내셨다.
① 성미가 사납고 독하다.
② 고추나 겨자와 같이 맛이 알알하다.

08 교과 공연 분위기가 무르익자 관객들은 환호성을 질렀다.
① 시기나 일이 충분히 성숙되다.
② 과일이나 곡식 따위가 충분히 익다.

09 교과 며칠이 지나니 빵이 먹을 수 없을 정도로 빼드러졌다.
① 굳어서 뻣뻣하게 되다.
② 끝이 밖으로 벌어져 나오다.

·문장으로 체크하기·

10 ~ 13 다음 밑줄 친 어휘가 제시된 의미로 사용된 문장을 고르시오.

10 붇다 : 분량이나 수효가 많아지다.
① 교과 화장실에 다녀온 사이 라면이 불었다.
② 교과 폭우로 인해 개울물이 엄청나게 불었다.

11 붙다 : 물체와 물체 또는 사람이 서로 바싹 가까이 하다.
① 교과 그 두 사람은 어딜 가든 항상 붙어 다닌다.
② 교과 그는 신발 바닥에 붙은 껌을 떼려고 애썼다.

12 벅차다 : 감격, 기쁨, 희망 따위가 넘칠 듯이 가득하다.
① 교과 지각을 안 하려고 뛰었더니 숨이 벅찼다.
② 교과 영화 속 주인공들의 사랑은 관객들에게 벅찬 감동을 주었다.

13 비롯하다 : 어떤 사물이 처음 생기거나 시작하다.
① 교과 오해에서 비롯한 말싸움이 몸싸움으로 이어졌다.
② 수능 탄수화물은 사람을 비롯한 동물이 생존하는 데 필수적인 에너지원이다.

14 ~ 16 다음 밑줄 친 어휘가 제시된 문장의 밑줄 친 어휘와 유사한 의미로 사용된 문장을 고르시오.

14 교과 동생이 엄마 품에 머리를 박고 울고 있었다.
① 교과 자리에서 일어나다가 기둥에 머리를 박았다.
② 교과 그는 배가 고팠는지 그릇에 머리를 박고 허겁지겁 밥을 먹었다.

15 교과 안방 장롱은 특별한 장식 없이 밋밋하기만 했다.
① 교과 이목구비가 뚜렷하지 않은 호준이의 얼굴은 조금 밋밋해 보였다.
② 교과 우리는 지형이 밋밋한 구릉에 올라 나무 밑에 돗자리를 깔고 앉았다.

16 교과 부하 직원에게 폭언을 일삼는 박 회장의 언행은 그 기업의 명예를 떨어뜨렸다.
① 교과 동종 기업 간의 경쟁은 제품의 가격을 떨어뜨리는 효과를 불러온다.
② 교과 자리에 어울리지 않는 화려한 드레스는 오히려 사람의 품위를 떨어뜨린다.

▶ 정답과 해설 36쪽

적절한 어휘로 바꿔 쓰기

01 문맥상 다음 밑줄 친 어휘와 바꿔 쓰기에 적절하지 않은 것은?

① 재봉틀로 옷단을 촘촘히 박았다. → 꿰맸다
② 가을 들판의 벼가 누렇게 무르익었다. → 만발했다
③ 공무원 시험에 붙는 것은 하늘의 별 따기이다. → 합격하는
④ 대출을 갚지 못해서 연체 이자가 붙기 시작했다. → 더해지기
⑤ 시장에서 살아남기 위해 주요 제품들의 가격을 떨어뜨렸다. → 낮추었다

사전적 의미 파악하기

02 밑줄 친 어휘의 사전적 의미가 적절하지 않은 것은?

① 내 동생은 뻐드러진 앞니를 교정했다. – 끝이 밖으로 벌어져 나오다.
② 매운 겨울바람이 산등성이를 타고 내려온다. – 성미가 사납고 독하다.
③ 난로 옆에 있던 휘발유 통을 멀리 떨어뜨려 놓았다. – 무엇과 거리가 벌어지게 하다.
④ 몇몇 나라는 지배층의 사치와 향락으로 인해 몰락하고 말았다. – 멸망하여 모조리 없어지다.
⑤ 유통 기한이 지난 상품을 버젓이 판매하는 가게가 있다. – 남의 시선을 의식하여 조심하거나 굽히는 데가 없이.

문맥적 의미 파악하기

03 〈보기〉의 ㉠과 문맥적 의미가 가장 유사한 것은?

보기

인공 신장에서는 노폐물인 요소 등을 제거해야 하는데 요소가 제거되는 근본 원리는 물질의 농도 차이이다. 물이 담긴 컵에 잉크 한 방울을 ㉠떨어뜨렸을 때, 잉크가 퍼져 나가는 것은 컵 속의 잉크 농도를 균일하게 하려는 성질 때문이다.

① 잘 익은 벼는 항상 고개를 떨어뜨리고 있다.
② 심사 위원은 참가자 중 두 명을 떨어뜨렸다.
③ 경쟁력 확보 차원에서 제품의 가격을 떨어뜨렸다.
④ 어미 사자는 새끼 사자를 절벽 아래로 떨어뜨렸다.
⑤ 지갑을 어디에 떨어뜨리고 왔는지 기억나지 않는다.

문맥적 의미 파악하기

04 밑줄 친 두 어휘의 의미가 일치하지 않는 것은?

① (ㄱ) 벽에 못을 박고 액자를 걸었다.
(ㄴ) 마당 귀퉁이에 말뚝을 박아 경계를 표시했다.
② (ㄱ) 그는 겨울이 되면 몸이 붇는 편이다.
(ㄴ) 먹기만 하고 운동을 안 했더니 몸이 불었다.
③ (ㄱ) 영지는 항상 유리한 쪽으로만 붙으려고 한다.
(ㄴ) 그는 권세를 좇고 권력자에게만 붙으려고 한다.
④ (ㄱ) 이 옷은 디자인이 밋밋하고 평범하다.
(ㄴ) 마을 어귀의 야산은 기복이 없이 밋밋하고 펑퍼짐하다.
⑤ (ㄱ) 집안이 몰락하자 그 집 가족들은 뿔뿔이 흩어졌다.
(ㄴ) 조선 후기에는 생계 문제를 걱정하는 몰락한 양반이 출현했다.

문맥적 의미 파악하기

05 다음 중 ⓐ~ⓔ의 밑줄 친 어휘와 문맥적 의미가 같게 쓰인 것은?

보기

ⓐ 담벼락에 광고 전단이 붙어 있다.
ⓑ 삶은 지 오래되어 국수가 불었다.
ⓒ 갑자기 달리기를 했더니 숨이 너무 벅차네.
ⓓ 날아오던 새가 투명 유리에 머리를 박고 죽었다.
ⓔ 시금치를 비롯한 녹색 채소는 건강에 좋다고 한다.

① ⓐ: KTX 열차에는 식당 칸이 붙어 있지 않다.
② ⓑ: 열심히 일하고 저축하였더니 재산이 불었다.
③ ⓒ: 아마추어가 프로 선수를 상대하기란 벅찬 일이다.
④ ⓓ: 그는 접시 물에 코를 박고 죽게 될 기막힌 처지이다.
⑤ ⓔ: 미국을 비롯한 많은 나라의 군인들이 유엔군으로 한국 전쟁에 참여했다.

배경지식 용어_인문·예술

★ 서양 철학

01 **공리주의의 유형**	쾌락주의적 공리주의는 최선의 결과를 쾌락의 증진으로 보는 이론이고, 선호 공리주의는 최선의 결과를 선호(사람마다 원하는 것)의 실현으로 보는 이론이다. 또 이상 공리주의는 이상의 실현을 최선의 결과로 보는 이론이다.	학평 이상 공리주의는 쾌락주의적 공리주의와 달리 쾌락을 유일한 본래적 가치라고 생각하지 않는다. 또 선호 공리주의와 달리 이상 공리주의는 이런 이상들이 인간의 선호와 무관하게 실현되어야 할 본래적 가치라고 주장한다.
02 **이론-이론**	공감을 설명하는 이론 중 하나. 사람이 세상을 접하면서 마음의 작동 방식에 대한 개념적 이론을 갖게 되는데 이를 바탕으로 논리적 추론을 함으로써 타인의 마음을 이해할 수 있다는 이론.	학평 이론-이론에 따르면, 사람은 4세부터 마음의 작동 방식에 대한 개념적 이론을 갖게 되어 자기중심적으로 사고하지 않고, 자신의 마음과 타인의 마음이 다를 수 있다는 것을 알게 된다.
03 **모의 이론**	공감을 설명하는 이론 중 하나. 자신이 타인과 같은 상황에 처했다면 어떠할지 상상함으로써 타인을 이해할 수 있다는 이론.	학평 모의 이론에 따르면, 사람은 타인의 상황에 자신을 투사시킨 후 자신의 마음 상태를 상상하는 모의 실험을 하고, 그로 인해 얻은 생각을 다시 타인에게 투사함으로써 타인의 마음을 이해할 수 있다.
04 **두 체계 이론**	리버먼이 '모의 이론'과 '이론-이론'을 통합하여 내세운 이론. 두 체계인 '거울 체계'와 '심리화 체계'의 작동을 통해, 타인의 감정 상태와 동일한 느낌을 갖고 타인을 도와야겠다는 마음이 형성되었을 때 공감이 완성된다고 본다.	학평 리버먼은 더욱 복잡한 과정을 거치지 않으면 공감이 완성되지 않는다면서 진정한 공감은 거울 체계와 심리화 체계의 작동을 바탕으로 정서적 일치와 실천적 동기까지 나아가야 가능하다고 설명한다.
05 **정의**	사회를 구성하고 유지하는 공정한 도리로, 사회 구성원의 권리와 의무를 개개인에게 할당하고 이익과 부담을 분배하기 위한 기준이다.	학평 정의가 무엇인가에 대한 관점은 사람마다 다양하다. 따라서 정의의 실현은 정의를 정의(定義)하는 데서부터 출발한다.
06 **롤스의 정의론**	혜택을 가장 적게 받는 사람의 이익을 보장하기 위해 실질적 평등을 중시해야 한다고 보았으며, 사회 구성원이 사회적 원칙에 합의할 때 합의의 절차가 공정하다면 절차를 통한 결과는 정의롭다는 공정으로서의 정의를 주창했다.	학평 롤스는 정의가 실현되기 위해 두 가지 원칙이 지켜져야 한다고 보았는데, 제1원칙은 모든 사람이 언론과 사상, 종교, 신체의 자유 등 개인의 기본적 자유에 있어 평등한 권리를 가져야 한다는 평등한 자유의 원칙이다.
07 **노직의 정의론**	소유 권리로서의 정의를 주창했다. 개인의 소유 권리를 최우선적으로 보장하는 것이야말로 사회 정의라고 보았으며, 타인에게 피해를 주지 않고 정당하게 취득한 것이라면 그 소유는 정당하다고 보았다.	학평 노직은 개인의 소유물 취득과 양도 과정에 문제가 없는 한, 국가가 개인의 소유권에 어떠한 강제도 할 수 없다고 보았다.
08 **왈처의 정의론**	복합 평등으로서의 정의를 주창했다. 사회 공동체마다 다양한 사회적 가치가 존재하며, 그 가치마다 고유의 영역이 있으므로 서로 다른 영역의 가치는 서로 다른 기준에 의해 분배되어야 한다고 보았다.	학평 왈처는 사회적 가치들이 자신의 고유한 영역 안에 머무름으로써 복합 평등이 실현될 때 비로소 정의로운 사회가 될 수 있다고 보았다.
09 **니체**	실존 철학의 선구자로, 영원히 변하지 않는 존재나 절대적이고 영원한 진리는 없다고 하였다. '신은 죽었다'고 선언하며 형이상학적 이원론에서의 진리, 신 중심의 초월적 세계, 합리적 이성 체계를 모두 부정했다.	학평 헤라클레이토스의 견해를 받아들인 니체는 영원히 변하지 않는 존재, 절대적이고 영원한 진리는 없다고 주장했다.
10 **비트겐슈타인**	철학적 문제가 언어의 애매한 사용에서 비롯된다고 보고, 언어를 분석하고 비판하여 명료화함으로써 철학적 문제를 해소하고자 했다. 낱말의 의미는 고정되어 있는 것이 아니라 낱말이 사용되는 맥락과 규칙에 따라 파악된다고 보았다.	학평 후기 철학에서 비트겐슈타인은 그림 이론과 달리 '한 낱말의 의미는 그것의 사용에 있다.'라고 주장한다.

★ 동양 철학

11 **성리학**	우주의 근원과 질서, 인간의 심성과 질서를 '이(理)'와 '기(氣)'를 통해 설명하고, 이를 바탕으로 인간과 세계를 연구하는 학문. '이기론'이라고도 한다.	학평 성리학에서 일반적으로 '이'는 만물에 내재하는 원리이고, '기'는 그 원리를 현실에 드러내 주는 방식과 구체적인 현실의 모습이라 할 수 있다.
12 **이황**	'이'를 우주 만물의 근원이자 변하지 않는 절대적 가치로 보고, '이'와 '기'가 하나일 수 없으며 철저히 구분되어야 한다는 '이기 이원론'을 주장했다.	학평 이황은 인간이 '이'를 깨우치고 실행하기 위해서는 학문과 수양에 힘써야 한다고 생각하였다.
13 **이이**	'이'를 모든 사물의 근원적 원리로, '기'를 그 원리를 담는 그릇으로 보았다. '기'는 현실에서 다양한 모습으로 존재하지만 그 속에 담겨 있는 '이'는 달라지지 않는다고 주장했다.	학평 이이에 따르면, '이'는 현실에 아무 작용을 하지 않고 '기'만 작용한다. 현실의 모습이 문제를 드러내고 있다면, 이는 '이'가 잘못된 것이 아니라 '기'가 잘못된 것이다.
14 **공거제**	조선 시대 실학자 유형원이 과거제의 대안으로 제시한 것이다. 각급 학교의 학생을 누진적으로 천거하고, 최고 학부인 태학이 천거하는 자를 관리로 등용하는 것이다.	모평 조선 후기의 대표적인 관료 선발 제도 개혁론인 유형원의 공거제 구상은 능력주의적, 결과주의적 인재 선발의 약점을 극복하려는 의도와 함께 신분적 세습의 문제점도 의식한 것이었다.

★ 예술

15 **미래주의**	1910년 무렵에 이탈리아에서 일어난 전위 예술 운동. 전통을 부정하고 기계 문명이 가져온 도시의 약동감과 속도감을 새로운 미(美)로 표현하려고 하였다.	학평 미래주의 회화는 움직이는 대상의 속도와 운동이라는 미적 가치에 주목하여 새로운 미의식을 제시했다는 점에서 의의를 찾을 수 있다.
16 **표현주의**	객관적인 사실보다 사물이나 사건에 의하여 야기되는 주관적인 감정과 반응을 표현하는 데에 중점을 두는 예술 사조. 20세기 초 독일을 중심으로 인상주의와 자연주의에 대한 반동으로 일어났다.	학평 표현주의 화가들은 예술의 목적을 대상의 재현이 아니라 인간의 감정과 충동을 표현하는 것으로 생각했다.
17 **전위 예술**	기존의 표현 예술을 부정하고 새로움을 추구하는 실험적이고 혁신적인 예술. '전위'는 프랑스어 '아방가르드(avant-garde)'를 번역한 것이다.	학평 1952년 미국의 전위 예술가인 존 케이지는 새로운 피아노 작품 〈4분 33초〉를 발표하였다. 그런데 피아니스트는 피아노를 치지 않고 일정 시간에 맞춰 피아노 뚜껑을 열었다 닫았다 할 뿐이었다.
18 **팝 아트**	1950년대 후반 미국에서 일어난 회화의 한 형식. 생활 도구 등을 소재로 삼아 전통적인 예술 개념을 타파하는 전위적인 미술 운동으로, 광고나 보도 사진 등을 그대로 그림의 주제로 삼기도 했다.	수능 '팝 아트'는 대중문화의 산물들을 적극적으로 이용하면서 그 속에서 대중 매체에 대한 비판을 수행하고 있다는 점에서 흥미롭다.
19 **미니멀리즘**	1960년대 미국을 중심으로 발달한 예술 사조. 꾸밈이나 표현을 최소화했으며, 가공하지 않은 산업 재료들을 사용하는 등의 방법으로 무의도성과 단순성을 구현했다.	학평 미니멀리즘 조각은 바닥이나 전시실 벽면과 같은 곳에 받침대 없이 놓임으로써 감상자와 작품 간의 거리를 축소하고, 동선에 따라 개별적이고 다양한 경험과 의미 형성이 가능하도록 하였다.
20 **진경산수화**	18세기 조선에서 유행한 것으로, 우리나라의 자연을 직접 답사하고 화폭에 담은 산수화. '진경'은 대상의 겉모습만이 아닌 본질을 표현한 그림임을 강조한 말이다.	학평 진경산수화는 우리나라의 산천이 곧 진경이라는 당시 사람들의 생각을 담고 있는 소중한 전통인 것이다.

·지식으로 체크하기·

01 ~ 07 다음 의미에 알맞은 용어를 쓰시오.

01 유형원이 제안한 제도로, 최고 학부인 태학의 천거로 관리를 등용하는 제도. □□□

02 꾸밈이나 표현을 최소화하여 극단적으로 단순화된 형태를 추구한 예술 사조. □□□□□

03 영원히 변하지 않는 존재나 절대적인 진리는 없다고 주장한 실존 철학의 선구자. □□

04 전통을 부정하고 기계 문명의 약동감과 속도감을 표현하려고 한 전위 예술 운동. □□□□

05 합의 절차가 공정하다면 그 결과는 정의롭다는 공정으로서의 정의를 주창한 철학자. □□

06 타인과 같은 상황에 처했다고 상상함으로써 타인을 이해할 수 있다는 공감에 대한 이론. □□□□

07 이기 이원론을 내세우며 '이'를 깨우치기 위해 학문과 수양에 힘써야 한다고 주장한 성리학자. □□

08 ~ 14 다음 설명이 적절하면 ○에, 적절하지 않으면 ×에 표시하시오.

08 팝 아트는 생활 도구, 광고나 보도 사진 등을 소재나 주제로 삼는다. (○, ×)

09 비트겐슈타인은 낱말의 의미가 고정되어 있는 것이 아니라는 주장을 제시했다. (○, ×)

10 왈처는 개인의 소유 권리를 최우선적으로 보장하는 것이 사회 정의라고 보았다. (○, ×)

11 표현주의 화가들은 예술의 목적을 인간의 감정과 충동을 표현하는 것으로 생각했다. (○, ×)

12 성리학은 인간과 세계를 '이'와 '기'로 설명하는 학문으로, '이기 이원론'이라고도 한다. (○, ×)

13 쾌락주의적 공리주의는 쾌락의 증진을, 선호 공리주의는 이상의 실현을 최선의 결과로 본다. (○, ×)

14 진경산수화에서 '진경'은 대상의 겉모습만이 아닌 그 본질을 표현한 그림임을 강조한 말이다. (○, ×)

·지문으로 체크하기·

15 ~ 18 다음 글의 빈칸에 들어갈 알맞은 용어를 〈보기〉에서 찾아 쓰시오.

> **보기**
> 노직 롤스 이이 이황 미래주의
> 표현주의 모의 이론 이론 – 이론

15 학평 (   ) 화가들은 이성과 합리성의 가치를 추구하던 당시 사회의 분위기에 반발하며 예술가로서의 감정적, 주관적인 표현을 예술이 추구해야 하는 가치로 보았다. 그들은 자유로운 형태와 색채로 자신들이 가지고 있던 내면의 불안, 공포, 고뇌 등을 예술로써 극복하려고 노력하면서 강한 생명력을 보여 주었다.

16 학평 현실의 모습이 문제를 드러내고 있다면, 이는 '이'가 잘못된 것이 아니라 '기'가 잘못된 것이다. 그러므로 '이'를 회복하기보다는 '기'로 나타난 현실의 모습 자체를 바꾸기 위해 싸워야 한다는 것이 그의 주장이다. (   )이/가 조선 사회의 변화를 위한 여러 가지 개혁론을 펼칠 수 있었던 것은 이러한 사고가 바탕을 이루고 있었기 때문이다.

17 학평 (   )은/는 개인의 소유 권리를 최우선적으로 보장하는 것이야말로 사회 정의라고 보며 개인 소유권에 대한 제한을 두지 않았다. 그는 개인의 소유물 취득과 양도 과정에 문제가 없는 한, 국가가 개인의 소유권에 어떠한 강제도 할 수 없으며, 빈부 격차가 심화되더라도 자발적 자선 행위가 아닌 국가 주도의 재분배 정책은 바람직하지 않다고 보았다.

18 학평 (   )은, 사람이 세상을 접하면서 마음의 작동 방식에 대한 개념적 이론을 갖게 되는데 이를 바탕으로 논리적 추론을 함으로써 타인의 마음을 이해할 수 있다는 이론이다. 사람은 누구나 넘어졌던 경험이 있다. 이러한 경험을 통해, 자신이 다쳤다는 사건, 통증을 느낀다는 마음, 소리를 지른다는 표현, 이 세 가지 사이에는 인과적 법칙이 있다는 개념적 이론을 갖게 된다. 그렇기 때문에 사람은 넘어져 다친 타인이 소리를 지르는 모습을 관찰했을 때 그가 통증을 느꼈을 것이라고 추론할 수 있다.

▶ 정답과 해설 36쪽

구체적 상황에 적용하기

01 〈보기 1〉의 '두 체계 이론'에 따라 〈보기 2〉의 ㉠에 대해 이해한 것으로 적절한 것은?

보기 1

리버먼은 '두 체계 이론'을 내세운다. 리버먼에 따르면 사람은, 모의 이론에서 말하는 모의실험으로 타인의 마음을 이해하는 ⓐ'거울 체계'뿐만 아니라 이론-이론에서 말하는 마음의 작동 방식에 대한 개념적 이론을 통해 타인의 마음을 이해하는 ⓑ'심리화 체계'를 모두 가지고 있다. "타인이 무엇을 하고 있는가?"라는 질문을 통해 타인의 상황을 곧바로 이해할 수 있을 때는 거울 체계가 작동하고, "타인이 왜 그렇게 했는가?"라는 질문을 통해 추상적 이유를 알고자 할 때는 심리화 체계가 작동한다. 한 사람이 타인의 행위를 관찰할 경우 거울 체계가 무의식적이면서 자동적으로 작동하고, 이후 의식적인 노력을 기울여 생각에 몰입할 수 있을 때에 비로소 심리화 체계가 작동한다.

보기 2

㉠○○ 씨는 주말마다 복지 시설을 방문하는 동료를 보면서 그의 신념이 무엇일까에 대해 깊이 고민하였다.

① ⓐ만이 작동되었을 것이다.
② ⓑ만이 작동되었을 것이다.
③ ⓐ가 작동된 후 ⓑ가 작동되었을 것이다.
④ ⓑ가 작동된 후 ⓐ가 작동되었을 것이다.
⑤ ⓐ와 ⓑ의 작동이 동시에 시작되었을 것이다.

관점 비교하기

02 〈보기〉의 ㉠에 대한 이해로 가장 적절한 것은?

보기

서양 철학은 ㉠존재에 대한 물음에서 시작되었다. 파르메니데스는 존재의 생성과 변화, 소멸을 부정했다. 헤라클레이토스는 존재의 생성과 변화를 긍정했다. 플라톤은 존재를 끊임없이 변하는 존재와 영원히 변하지 않는 존재로 나누었다. 니체는 영원히 변하지 않는 존재, 절대적이고 영원한 진리는 없다고 주장했다. 또한 우리가 살고 있는 현실 세계가 유일한 세계라면서 '신은 죽었다'라고 선언하며 형이상학적 이원론이 말하는 진리, 신 중심의 초월적 세계, 합리적 이성 체계 모두를 부정했다.

① 헤라클레이토스와 니체는 ㉠이 변화한다고 생각했다.
② 파르메니데스와 플라톤은 ㉠이 불완전하다고 여겼다.
③ 플라톤과 헤라클레이토스는 영원히 변하지 않는 ㉠이 있다고 보았다.
④ 파르메니데스는 니체와 달리 ㉠의 생성을 긍정했다.
⑤ 플라톤은 니체와 달리 ㉠의 근원을 감각을 통해 인식할 수 있다고 보았다.

핵심 정보 파악하기

03 〈보기 1〉을 참고할 때, 〈보기 2〉의 ㄱ과 ㄴ에 들어갈 내용으로 가장 적절한 것은?

보기 1

이황은 '이'와 '기'는 하나가 아니며, '이'를 만물의 근원이자 변하지 않는 절대적 가치로 보았다. '이'와 '기'가 하나일 수는 없으며, 둘은 철저히 구분되어야 한다는 것이 이황의 주장이다. 그는 '이'가 발동하면 그에 따라 '기'도 작용하여 인간이나 사회는 도덕적인 모습이 되지만, '이'가 발동하지 않고 '기'만 작용하면 인간이나 사회는 비도덕적인 모습이 된다고 보았다.

한편 이이는 '이'를 모든 사물의 근원적 원리로, '기'를 그 원리를 담는 그릇으로 보았다. '기'는 현실에서 다양한 모습으로 존재하지만 그 속에 담겨 있는 '이'는 달라지지 않는다. 또 '이'와 '기'는 한 몸처럼 붙어 있지만 각각 존재한다. 그는 '이'는 현실에 아무 작용을 하지 않고 '기'만 작용한다고 보았다.

보기 2

	이황	이이
'이'와 '기'의 성격은 어떠한가?	ㄱ	ㄴ

① ㄱ : '이'는 '기'와 동시에 작용한다.
② ㄱ : '이'와 '기'는 철저히 구분된다.
③ ㄴ : '이'와 '기'는 하나이다.
④ ㄴ : 현실로 나타나는 것은 '이'이다.
⑤ ㄱ : '기'는 '이' 속에 포함되어 있다.
ㄴ : '이'는 '기' 속에 포함되어 있다.

세부 정보 파악하기

04 〈보기〉에 언급된 내용이 아닌 것은?

보기

미래주의는 발라, 보치오니, 상텔리아, 루솔로 등이 참여한 전위 예술 운동이다. 20세기 초 산업화에 뒤처진 이탈리아에서는 산업화의 특성인 속도와 운동에 주목하고 이를 예술적으로 표현하려는 미래주의가 등장하였다. 미래주의 화가들은 시간의 흐름에 따른 대상의 움직임을 하나의 화면에 표현하는 분할주의 기법을 사용하였다. 미래주의 회화는 움직이는 대상의 속도와 운동이라는 미적 가치에 주목하여 새로운 미의식을 제시했다는 점에서 의의를 찾을 수 있다.

① 미래주의에 참여한 예술가들
② 미래주의가 등장하게 된 배경
③ 미래주의 화가들이 사용한 기법
④ 미래주의 회화가 발전해 온 과정
⑤ 미래주의 화가들이 추구한 미의식

모평

01 ⓐ~ⓔ의 사전적 의미로 적절하지 않은 것은?

보기

- 예술 작품에 대한 감상은 예술 이외의 모든 관심과 욕구로부터 ⓐ초연한 상태에서 가능하다는 것이다.
- 이러한 관조적 태도와 함께 예술 작품 자체도 모든 것에서 벗어난 순수한 객체가 됨으로써 이제 예술은 그 어떤 ⓑ권위도 침해할 수 없는 자율적 영역이 된다.
- 이 때문에 종종 예술은 쓸모없는 것으로 평가 절하되기도 하지만, 현실의 모든 ⓒ긴장과 갈등으로부터 벗어날 수 있는 해방 공간으로 승화되기도 한다.
- 넓게 보자면 인간은 세상과의 상호 작용 속에서 살고 있기 때문에 인간의 경험이란 세상과의 ⓓ부단한 상호 작용의 결과이다.
- 반면 각각의 상호 작용의 고유성이 보호되면서도 이것이 하나의 전체 속에서 통일될 때 인간의 삶은 ⓔ극치를 이룬다.

① ⓐ: 어떤 현실 속에서 벗어나 그 현실에 아랑곳하지 않고 의젓하다.
② ⓑ: 일정한 분야에서 사회적으로 인정을 받고 영향력을 끼칠 수 있는 위신.
③ ⓒ: 마음을 조이고 정신을 바짝 차림.
④ ⓓ: 아주 가깝게 맞닿아 있다. 또는 그런 관계에 있다.
⑤ ⓔ: 도달할 수 있는 최고의 정취나 경지.

수능

02 문맥상 ㉠~㉤을 바꿔 쓰기에 적절하지 않은 것은?

보기

- 홍예는 위로부터 받는 하중을 좌우의 아래쪽으로 효과적으로 분산시켜 구조적 안정성을 얻을 수 있기 때문에 예로부터 동서양에서 널리 ㉠활용되었다.
- 홍예석들은 서로를 단단하게 지지해 주기 때문에 특별한 접착 물질로 돌과 돌을 이어 붙이지 않았음에도 ㉡견고하게 서 있다.
- 승선교의 홍예 천장에는 용머리 모양의 장식 돌이 물길을 향해 ㉢돌출되어 있다.
- 이런 장식은 용이 다리를 건너는 사람들이 물로부터 화를 입는 것을 ㉣방지한다고 여겨 만든 것이다.
- 승선교가 오늘날 세사의 번잡함에 지친 우리에게 자연의 소박하고 조화로운 미감을 ㉤선사하는 것은 바로 이 때문이다.

① ㉠: 쓰였다　② ㉡: 튼튼하게
③ ㉢: 튀어나와　④ ㉣: 그친다고
⑤ ㉤: 주는

학평

03 문맥상 ㉠~㉤과 가장 가까운 의미로 쓰인 것은?

보기

- 일반적으로 액체나 기체처럼 물질을 구성하고 있는 입자가 쉽게 움직이거나 입자 간의 상대적인 위치를 쉽게 변화시킬 수 있는 물질을 유체라고 ㉠부른다.
- 유체에 작용하는 힘과 유체의 운동 원리를 ㉡다루는 유체 역학에서는 응력과 점성이라는 개념을 사용하여 유체의 특성을 설명한다.
- 이후 유체를 ㉢이루는 입자들은 일정한 속도로 운동하기 시작하고 그에 따라 유체는 연속적으로 그 모습이 변형된다.
- 이는 유체가 지닌 점성 때문에 ㉣나타나는 현상이다.
- 또한 전단 응력이 일정한 크기에 도달하기 전까지는 변형이 없다가 항복 응력이라고 지칭되는 일정한 전단 응력을 초과하면 변형이 ㉤일어나는 빙햄 유체 등이 있다.

① ㉠: 그 가게에서는 값을 비싸게 불렀다.
② ㉡: 회의에서 물가 안정을 주제로 다루었다.
③ ㉢: 우리는 모두 각자의 소원을 이루었다.
④ ㉣: 사건의 목격자가 우리 앞에 나타났다.
⑤ ㉤: 경기가 시작되자 사람들이 자리에서 일어났다.

학평

04 다음 밑줄 친 상황을 〈보기〉와 같이 표현했을 때, ㉠에 들어갈 말로 적절한 것은?

미인이 정신을 잃고 멍하니 바라보다가 갑자기 깨닫고 문을 닫고 들어갔다. 그윽한 향기만 바람을 타고 풍겨 올 뿐이었다. 소유는 시동을 원망했다. 미인이 구슬발을 치고 안으로 들어간 것이 약수를 사이에 둔 것처럼 여겨졌다. 어쩔 수 없이 시동과 돌아가는데 한 걸음 걸을 때마다 한 번씩 돌아보았으나 굳게 닫힌 문은 끝내 열리지 않았다. 소유는 안타까운 마음으로 여관에 돌아왔고 그만 넋을 잃고 말았다.

– 김만중, 〈구운몽〉

보기

소유는 미인이 창 안으로 사라지자 (㉠) 돌아올 수밖에 없었다.

① 속수무책(束手無策)으로　② 수수방관(袖手傍觀)하며
③ 아연실색(啞然失色)하며　④ 안하무인(眼下無人)으로
⑤ 혼비백산(魂飛魄散)하며

학평

05 문맥상 ⓐ와 바꾸어 쓰기에 가장 적절한 것은?

보기

저작권이란 저작자가 자신이 창작한 저작물에 대해 갖는 권리이다. 지작권은 여러 기지 권리의 총집합으로 저작 인격권과 저작 재산권으로 ⓐ나눌 수 있다.

① 분류(分類)할 ② 변별(辨別)할 ③ 배분(配分)할
④ 판별(判別)할 ⑤ 해석(解釋)할

학평

06 ⓐ~ⓔ를 바꾸어 쓴 말로 적절하지 않은 것은?

보기

집진 기술이란 산업 현장의 공정 과정에서 발생한 입자 형태의 오염 물질을 제거하는 기술을 의미하는데, 전기식 집진 방식은 인위적으로 발생시킨 전자를 먼지나 유해 물질에 ⓐ흡착하게 만든 후 이들을 집진판에 ⓑ포집함으로써 오염 물질을 걸러 내는 방식이다.

오염 물질 제거 과정은 같지만 집진판을 ⓒ세정하는 방식에 따라 전기 집진기는 건식과 습식으로 구분되며 국내 발전소에 설치, 운전 중인 집진기는 거의 대부분이 건식 전기 집진기이다.

습식 전기 집진 장치의 본체는 그 형태가 다양하지만 원통형 집진 장치를 예로 들면, 우선 본체의 ⓓ하부에는 오염된 가스가 유입되는 통로가, 상부에는 오염 물질이 걸러져 깨끗해진 공기를 ⓔ배출하는 통로가 각각 연결되어 있다.

① ⓐ: 스며들게 ② ⓑ: 모음으로써
③ ⓒ: 깨끗하게 씻는 ④ ⓓ: 아래쪽 부분에는
⑤ ⓔ: 밀어 내보내는

모평

07 ㉠을 나타낸 말로 가장 적절한 것은?

보기

순이 권세를 얻게 되자, 어진 이와 사귀고 손님을 대접하며, 종묘에 제사를 받드는 등의 일을 앞장서서 맡아 주관하였다. 임금이 밤에 잔치를 열 때도 오직 그와 궁인만이 곁에서 모실 수 있었을 뿐, 아무리 임금과 가까운 신하여도 참여할 수 없었다. 이후로 임금은 곤드레만드레 취하여 정사를 폐하게 되었다. 그러나 순은 ㉠입을 굳게 다문 채 그 앞에서 간언할 줄 몰랐다.

– 임춘, 〈국순전〉

① 어불성설(語不成說) ② 이실직고(以實直告)
③ 중구난방(衆口難防) ④ 중언부언(重言復言)
⑤ 함구무언(緘口無言)

학평

08 〈보기〉는 '사전 활용하기' 학습 활동을 위한 자료이다. 이에 대한 이해로 적절하지 않은 것은?

보기

바르다¹ 동
【…을 …에】【…을 …으로】
1 풀칠한 종이나 헝겊 따위를 다른 물건의 표면에 고루 붙이다.
¶ 아이들 방을 예쁜 벽지로 발랐다.
2 차지게 이긴 흙 따위를 다른 물체의 표면에 고르게 덧붙이다.
¶ 흙을 벽에 바르다.

바르다² 형
1 겉으로 보기에 비뚤어지거나 굽은 데가 없다.
¶ 길이 바르다.
2 말이나 행동 따위가 사회적인 규범이나 사리에 어긋나지 아니하고 들어맞다.
¶ 그는 인사성이 바른 사람이다.

① '바르다¹'과 '바르다²'는 사전에 각각 다른 표제어로 등재되는 동음이의어이다.
② '바르다¹'과 '바르다²'는 모두 여러 가지 의미가 있는 다의어이다.
③ '바르다¹'은 '바르다²'와 달리 주어 이외의 다른 문장 성분을 필요로 한다.
④ '바르다¹'은 동작이나 작용을 나타내는 말이고, '바르다²'는 성질이나 상태를 나타내는 말이다.
⑤ '바르다² 1'의 예로 '마음가짐이 바르다.'를 추가할 수 있다.

모평

09 문맥상 ⓐ의 의미와 가장 가까운 의미로 쓰인 것은?

보기

채권의 신용 등급은 신용 위험의 변동에 따라 조정될 수 있다. 다른 조건이 일정한 가운데 신용 위험이 커지면 채권 시장에서 해당 채권의 가격이 ⓐ떨어진다.

① 오늘 아침에는 기온이 영하로 떨어졌다.
② 과자 한 봉지를 팔면 내게 100원이 떨어진다.
③ 더위를 먹었는지 입맛이 떨어지고 기운이 없다.
④ 신발이 떨어져서 걸을 때마다 빗물이 스며든다.
⑤ 선생님 말씀이 떨어지자마자 모두 자리에 앉았다.

학평

10 ㉠~㉤의 사전적 의미로 적절하지 않은 것은?

보기

- 아도르노는 "완전히 계몽된 지구에는 재앙의 ㉠징후만이 빛나고 있다."라고 하며 계몽에 대해 다른 입장을 제시하였다.
- 이는 합리성이라는 ㉡미명 아래 오로지 목적 달성을 위한 도구로 사용되는 이성이라 할 수 있다.
- 역설적이게도 자연에 대한 폭력적 지배가 인간 스스로에 대한 폭력적 지배로 ㉢귀결된 것이다.
- 이성을 ㉣맹신한 결과 전쟁의 비극과 물질문명의 병폐를 경험한 유럽인들은, 이성에 대한 깊은 회의감과 함께 인간의 실존 문제에 관심을 갖게 되었다.
- 표현주의는 ㉤도외시되어 온 인간의 감정을 표현하려 했다는 점에서, 회화의 영역을 대상의 외면에 국한하지 않고 인간의 내면까지 확장시킨 운동으로 평가받았다.

① ㉠: 겉으로 나타나는 낌새.
② ㉡: 어떤 사실을 자세히 따져서 바로 밝힘.
③ ㉢: 어떤 결말이나 결과에 이름.
④ ㉣: 옳고 그름을 가리지 않고 덮어놓고 믿는 일.
⑤ ㉤: 상관하지 아니하거나 무시함.

학평

11 다음 중 ⓐ와 ⓑ의 의미로 쓰인 예가 바르게 짝지어진 것은?

보기

- 아퀴나스에 ⓐ따르면 인간의 욕구는 감각적 욕구와 지적 욕구로 구별되는데, 이는 선을 추구한다는 점에서는 동일하지만 크게 두 가지 차이점이 있다.
- 그는 어떤 경향성과도 무관하거나 심지어 경향성을 거스르지만, 도덕 법칙을 ⓑ따르려는 의무로서의 사랑을 실천하는 것만이 참된 도덕적 가치를 지닌다고 보았다.

① ⓐ: 경찰이 범인의 뒤를 따랐다.
　 ⓑ: 춤으로는 그를 따를 자가 없다.
② ⓐ: 그는 법에 따라 일을 처리했다.
　 ⓑ: 우리는 의회의 결정을 따르겠다.
③ ⓐ: 개발에 따른 공해 문제가 심각하다.
　 ⓑ: 우리 집 개는 아버지를 유난히 따른다.
④ ⓐ: 아무도 그의 솜씨를 따를 수 없었다.
　 ⓑ: 그는 유행을 따라서 옷을 입었다.
⑤ ⓐ: 사용 목적에 따라서 물건을 분류했다.
　 ⓑ: 나는 강을 따라 천천히 내려갔다.

수능

12 ⓐ~ⓔ의 사전적 의미로 적절하지 않은 것은?

보기

- 외적으로 드러나는 행위에 초점을 맞추는 '의무 윤리'든 행위의 ⓐ기반이 되는 성품에 초점을 맞추는 '덕의 윤리'든, 도덕의 문제를 다루는 철학자들은 도덕적 평가가 운에 따라 달라져서는 안 된다고 생각한다.
- 그들에 따르면 세 가지 종류의 도덕적 운이 ⓑ거론된다.
- 우리의 행위는 성품에 의해 결정되며 이런 성품은 태어날 때 이미 결정되므로, 성품처럼 우리가 통제할 수 없는 요인이 도덕적 평가에 ⓒ개입되는 불공평한 일이 일어난다는 것이다.
- 하지만 관점을 바꾸어 도덕적 운의 존재를 부정하고 도덕적 평가가 불가능한 경우를 강제나 무지에 의한 행위에 ⓓ국한한다면 이와 같은 난점에서 벗어날 수 있다.
- 또한 나쁜 상황에서 나쁜 행위를 할 것이라는 추측만으로 어떤 사람을 ⓔ폄하하는 일은 정당하지 못하므로 상황적 운의 존재도 부정된다.

① ⓐ: 기초가 되는 바탕. 또는 사물의 토대.
② ⓑ: 어떤 사항을 논제로 삼아 제기하거나 논의함.
③ ⓒ: 자신과 직접적 관계가 없는 일에 끼어듦.
④ ⓓ: 알맞게 이용하거나 어떤 상황에 맞추어 씀.
⑤ ⓔ: 어떤 대상이 지닌 가치를 깎아내림.

학평

13 다음 글을 읽은 독자가 ㉠에 대해 〈보기〉와 같이 반응하였다고 할 때, (　　)에 들어갈 말로 가장 적절한 것은?

[중략 부분 줄거리] 박 씨는 비범한 능력을 발휘하여 가산을 일으키고 시백의 장원 급제를 도운 뒤 그동안의 허물을 벗고 절대가인이 된다.

설마 장부가 되어서 처자에게 박대함이 있다 한들 그다지 말 못할 바가 아니로되 3, 4년 부부간 지낸 일이 참혹할 뿐, 박 씨 또한 천지조화를 가졌으니 짐짓 시백으로 말을 붙이지 못하게 위엄을 베풂이라.

㉠이러하기를 여러 날을 당하매, 시백이 철석간장인들 어찌 견디리오. 자연 병이 되어 식음을 전폐하고 형용이 초췌하니, 어화 이 병은 편작(扁鵲)인들 어이하리오. 승상이 전념하여 조심하시고 일가 황황한들 시백이 말을 감히 못하고 박 씨 혼자 아는지라.

– 작자 미상, 〈박씨전〉

보기

"시백이 그동안 얼마나 (　　　　) 했을지 짐작할 수 있군."

① 군자삼락(君子三樂)
② 노심초사(勞心焦思)
③ 이심전심(以心傳心)
④ 견강부회(牽强附會)
⑤ 풍수지탄(風樹之歎)

모평

14 문맥상 ㉠~㉤과 바꿔 쓰기에 가장 적절한 것은?

보기

- 인터넷에 연결된 컴퓨터들이 서로를 식별하고 통신하기 위해서 각 컴퓨터들은 IP(인터넷 프로토콜)에 따라 ㉠만들어지는 고유 IP 주소를 가져야 한다.
- 현재 주로 사용하는 IP 주소는 '***.126.63.1'처럼 점으로 구분된 4개의 필드에 숫자를 사용하여 ㉡나타낸다.
- 인터넷은 공인 IP 주소를 기반으로 동작하지만 우리가 인터넷을 사용할 때는 IP 주소 대신 사용하기 쉽게 'www.***.***' 등과 같이 문자로 ㉢이루어진 도메인 네임을 이용한다.
- 클라이언트는 이렇게 ㉣알아낸 IP 주소로 사이트를 찾아간다.
- 네임 서버와 클라이언트는 UDP라는 프로토콜에 ㉤맞추어 패킷을 주고받는다.

① ㉠: 제조(製造)되는　② ㉡: 표시(標示)한다
③ ㉢: 발생(發生)된　④ ㉣: 인정(認定)한
⑤ ㉤: 비교(比較)해

수능

15 ⓐ~ⓔ를 사용하여 만든 문장으로 적절하지 않은 것은?

보기

- 무료로 이용하는 공공 도서관에서 이용자가 많아 도서 ⓐ열람이나 대출이 제한될 경우가 이에 해당한다.
- 이런 경우 서비스 제공에 드는 비용은 주로 세금을 비롯한 공적 재원으로 ⓑ충당을 한다.
- 이 경우 정부가 직접 공공 서비스를 제공할 때보다 서비스의 생산 비용이 절감될 수 있고 정부의 재정 부담도 ⓒ경감될 수 있다.
- 민간 위탁 제도에 의한 공공 서비스 제공의 성과는 정확히 측정하기 어려운 경우가 많아서 평가와 ⓓ개선이 지속적으로 이루어지지 않을 때에는 오히려 민간 위탁 제도가 공익을 ⓔ저해할 수 있다.

① ⓐ: 그는 행사 관련 서류의 열람을 집행부에 요구했다.
② ⓑ: 그는 회사의 자금 충당 방안을 마련하느라 동분서주했다.
③ ⓒ: 직원들의 노력에도 회사의 손익이 계속 경감될 뿐이다.
④ ⓓ: 정부는 무역 수지 개선에 온 힘을 기울이고 있다.
⑤ ⓔ: 집단 이기심은 사회 발전을 저해할 요인으로 작용한다.

수능

16 ㉠~㉤의 사전적 뜻풀이로 바르지 않은 것은?

보기

- 그가 보기에 인간에게 일어나는 일은 더 이상 하늘의 뜻이 아니었고, 자연 번화 또한 인간의 ㉠화복(禍福)과는 거리가 멀었다.
- 춘추 중기에는 귀족 간의 정치 투쟁이 벌어져 자산이 ㉡집정(執政)하기 직전까지도 정변이 이어졌다.
- 이에 따라 백성들은 ㉢개간(開墾)을 통해 경작지를 늘려 생산을 증대하였고, 국가는 경작지를 계량하고 등록함으로써 민부(民富)를 국부(國富)로 연결시켰다.
- 법을 알려면 글을 알아야 하기 때문에, 성문법 도입은 백성들도 교육을 받을 수 있는 계기가 되는 등 그의 개혁 조치는 이전보다 상대적으로 백성의 ㉣위상(位相)을 높였다.
- 하지만 그의 개혁은 힘에만 의존하여 다스리는 역치(力治)의 가능성이 ㉤농후(濃厚)하였고, 결국 국가의 엄한 형벌과 과중한 세금 수취로 이어지는 폐단을 낳기도 했다.

① ㉠: 재앙과 복을 아우르는 말.
② ㉡: 군주가 직접 통치할 수 없을 때에 군주를 대신하여 나라를 다스림.
③ ㉢: 거친 땅이나 버려진 땅을 일구어 논밭이나 쓸모 있는 땅으로 만듦.
④ ㉣: 어떤 대상이 다른 대상과의 관계 속에서 가지는 위치나 상태.
⑤ ㉤: 어떤 경향이나 기색 따위가 뚜렷함.

모평

17 ⓐ를 가장 잘 나타낸 것은?

보기

삼대의 죽음을 보고 ⓐ적진이 대경 황망하여 일시에 도망하거늘 원수와 강장이 본진에 돌아와 승전고를 울리니 여러 장수와 군졸이 치하하며 모두 즐기더라.

– 작자 미상, 〈조웅전〉

① 혼비백산(魂飛魄散)　② 경거망동(輕擧妄動)
③ 동분서주(東奔西走)　④ 분기탱천(憤氣撑天)
⑤ 적반하장(賊反荷杖)

모평

18 문맥상 ㉠~㉤과 바꿔 쓰기에 적절하지 않은 것은?

보기

- 하나는 장자가 타인의 정원에 넘어 들어갔다는 것도 모른 채, 기이한 새의 뒤를 ㉠홀린 듯 쫓는 이야기이다.
- 이런 마음은 맹목적 욕망일 뿐이어서 감각적 체험을 있는 그대로 받아들이지 못하고 자신에게 이롭다거나 좋다고 생각하는 것만을 과장하거나 왜곡해서 ㉡받아들이고 그렇지 않은 것들은 배격하게 된다.
- 한편 편협한 자아를 잊었다는 것은 편견과 아집의 상태에서 ㉢벗어나 세계와 자유롭게 소통하는 합일의 경지에 도달할 수 있음을 의미한다.
- 자아와 타자는 서로의 존재를 온전히 전제할 때 자신들의 존재가 ㉣드러날 수 있다고 그는 말한다.
- 장자는 이런 수행을 통해서 개체로서의 자아를 ㉤뛰어넘어 세계의 모든 존재와 일체를 이루는 자아에 도달할 수 있다고 주장한다.

① ㉠: 미혹(迷惑)된
② ㉡: 수용(受容)하고
③ ㉢: 탈피(脫皮)하여
④ ㉣: 출현(出現)할
⑤ ㉤: 초월(超越)하여

학평

19 ㉠~㉤의 사전적 의미로 적절하지 않은 것은?

보기

- 가격 변화에 따른 수요량의 변화가 ㉠민감하면 탄력적이라고 한다.
- 어떤 상품에 ㉡밀접한 대체재가 있으면, 소비자들은 그 상품 대신에 대체재를 사용할 수 있으므로 그 상품 수요의 가격 탄력성은 탄력적이다.
- 예를 들어 필수재인 휴지의 가격이 오르면 아껴 쓰기는 하겠지만 그 수요량이 ㉢급격하게 줄어들지는 않는다.
- 소득에서 차지하는 비중이 큰 상품의 가격이 인상되면 개인의 소비 생활에 지장을 ㉣초래할 수 있으므로 그만큼 가격 변화에 민감하게 반응할 수밖에 없다.
- 총수입은 상품 판매자의 판매 수입이며 동시에 상품에 대한 소비자의 지출액인데, 이는 상품의 가격에 거래량을 곱한 수치로 ㉤산출할 수 있다.

① ㉠: 자극에 빠르게 반응을 보이거나 쉽게 영향을 받음.
② ㉡: 아주 가깝게 맞닿아 있음.
③ ㉢: 변화의 움직임 따위가 급하고 격렬함.
④ ㉣: 일의 결과로서 어떤 현상을 생겨나게 함.
⑤ ㉤: 어떤 일에 필요한 돈이나 물자 따위를 내놓음.

모평

20 문맥상 ⓐ~ⓔ와 바꿔 쓰기에 적절하지 않은 것은?

보기

- 그 결과 후대로 갈수록 토기 두께가 상당히 얇아지고 곡물의 전분 함량은 ⓐ증가한다는 사실을 발견했다.
- 두께가 얇은 토기가 사용된 의미를 파악하기 위해서는 토기 두께의 변화를 ⓑ초래한 원인을 찾는 것도 중요하지만 두께가 얇아진 토기가 장기간 사용된 이유에도 주목할 필요가 있다.
- 예컨대 전분 함량이 높은 곡물을 아기들의 이유식으로 이용한다면 여성들의 수유기가 ⓒ단축됨에 따라 출산율을 높이는 데 도움이 되었을 것이라고 볼 수도 있다.
- 이처럼 고고학에서는 발굴을 통해 유물 자료가 빠르게 ⓓ축적되고, 주변 과학의 발달에 힘입어 새로운 측정 방법이 개발됨에 따라 다양한 해석이 제시된다.
- 따라서 특정한 이론에 ⓔ집착하는 것보다는 새로운 자료와 방법을 적극적으로 이용하여 다양한 해석을 하고자 하는 열린 자세가 필요하다.

① ⓐ: 늘어난다는
② ⓑ: 일으킨
③ ⓒ: 짧아짐에
④ ⓓ: 나타나고
⑤ ⓔ: 얽매이는

학평

21 〈보기〉에 나타난 '주인'의 태도를 비판할 수 있는 말로 가장 적절한 것은?

보기

그 당시 시골에서는 과거 글을 팔아 생계를 삼는 자가 많았는데, 광억도 그것으로 이득을 취하였다. 일찍이 영남 향시(鄕試)에 합격하여 장차 서울로 과거 보러 가는데, 부인들이 타는 수레로 길에서 맞이하는 사람이 있었다. 당도해 보니 붉은 문이 여러 겹이고 화려한 집이 수십 채인데, 얼굴이 희고 수염이 성긴 서사꾼 몇 사람이 바야흐로 종이를 펼쳐 놓고 광억이 글을 쓰면 깨끗하게 옮겨 적을 준비를 하고 있었다. 광억에게는 그 집 안채에 숙소를 정해 두고 매일 다섯 번 진수성찬을 바치며, 주인이 서너 번씩 광억을 보러 와서 공경하였는데, 마치 아들이 부모를 봉양하는 듯하였다. 이윽고 주인의 아들이 과거를 치렀는데 예상대로 광억의 글로 진사에 올랐다. 이에 주인은 광억에게 말 한 필과 종 한 사람을 주어 집으로 보냈다.

– 이옥, 〈유광억전〉

① 사공이 많으면 배가 산으로 간다는 것도 모르는군.
② 모로 가도 서울만 가면 된다는 식으로 행동하는군.
③ 뒷간에 갈 적 마음 다르고 올 적 마음 다른 격이군.
④ 떡 줄 사람은 꿈도 안 꾸는데 김칫국부터 마시고 있군.
⑤ 얌전한 고양이 부뚜막에 먼저 올라간다더니 영판 그렇군.

밥 어휘
어휘력 테스트

4주 완성 학습이 끝난 뒤에
QR 코드를 인식해 주세요!

필수 어휘_과학

※ 어휘의 사전적 의미에 해당하는 예문을 찾아 번호를 쓰고 빈칸을 채워 보세요.

01 **가시다**	동 어떤 상태가 없어지거나 달라지다.	( )
02 **간명하다** 대쪽 簡 | 밝을 明 --	형 간단하고 분명하다.	( )
03 **간헐적** 사이 間 | 쉴 歇 | 과녁 的	관명 얼마 동안의 시간 간격을 두고 되풀이하여 일어나는. 또는 그런 것.	( )
04 **갈구하다** 목마를 渴 | 구할 求 --	동 간절히 바라며 구하다.	( )
05 **감별하다** 거울 鑑 | 다를 別 --	동 보고 식별하다.	( )

① 교과 진통제를 먹으니 통증이 조금 □셨다.

② 교과 □□□ 단식이란 하루 중 일정 시간 동안 음식을 섭취하지 않는 것이다.

③ 수능 이 식은 기체에서 세 변수 사이에 발생하는 상관관계를 □□하게 설명할 수 있다.

④ 교과 과거에는 태아의 성별을 알기 어려웠지만 요즘은 피검사만으로 태아의 성별을 □□할 수 있다.

⑤ 교과 사무총장은 백신 개발이 놀라운 과학적 성과이며 우리가 □□하던 희망의 원천이라고 설명했다.

06 **고질** 고질 痼 | 병 疾	명 오랫동안 앓고 있어 고치기 어려운 병.	( )
07 **구명** 궁구할 究 | 밝을 明	명 사물의 본질, 원인 따위를 깊이 연구하여 밝힘.	( )
08 **구제하다** 몰 驅 | 덜 除 --	동 해충 따위를 몰아내어 없애다.	( )
09 **구축하다** 얽을 構 | 쌓을 築 --	(1) 동 어떤 시설물을 쌓아 올려 만들다.	( )
	(2) 동 체제, 체계 따위의 기초를 닦아 세우다.	( )
10 **군집** 무리 群 | 모을 集	명 여러 종류의 생물이 자연계의 한 지역에 살면서 유기적인 관계를 가지고 생활하는 개체군의 모임.	( )

① 교과 스트레스성 두통은 현대인의 □□ 중 하나이다.

② 교과 모기 등 해충을 □□하기 위해 방역 작업을 실시했다.

③ 수능 릴리우스는 천문 현상의 원인 □□에 큰 관심을 가졌다.

④ 교과 파도로 인한 피해를 막기 위해 방파제를 더 크고 견고하게 □□했다.

⑤ 모평 태양 에너지가 전혀 도달하지 못하는 그곳에서 뜻밖에 많은 생물의 □□을 발견했다.

⑥ 모평 인간은 생물 다양성에 기초하여 무한한 생태적, 경제적 이익을 얻고 과학 발전의 토대를 □□한다.

11 **기아** 주릴 飢 | 주릴 餓	명 먹을 것이 없어 배를 곯는 것.	( )
12 **긴밀하다** 팽팽할 緊 | 빽빽할 密 --	형 서로의 관계가 매우 가까워 빈틈이 없다.	( )
13 **난상** 빛날 爛 | 장사 商	명 충분히 의논함. 또는 그런 의논.	( )
14 **난입하다** 가로막을 闌 | 들 入 --	동 허가 없이 함부로 뛰어들다.	( )
15 **뇌리** 뇌 腦 | 속 裏	명 사람의 의식이나 기억, 생각 따위가 들어 있는 영역.	( )

① 교과 □□에 허덕이는 아이들을 위해 음식을 준비했다.

② 교과 하천 오염 문제를 놓고 시민 단체 대표들이 □□을 거듭했다.

③ 교과 기자들이 뒷문을 통해 실험실에 □□해 현재 진행되는 실험에 관한 정보를 캐내려 했다.

④ 교과 중간 광고가 사람들의 □□에 박혀 광고 효과를 높인다는 것은 뇌 과학적 실험을 통해 증명되었다.

⑤ 모평 아인슈타인에게 시간과 공간은 더 이상 별개의 물리량이 아니라 서로 □□하게 연관되어 함께 변하는 상대적인 양이다.

16 **달이다**	동 액체 따위를 끓여서 진하게 만들다.	( )
17 **맹아** 풀싹 萌 | 싹 芽	(1) 명 풀이나 나무에 새로 돋아 나오는 싹.	( )
	(2) 명 사물의 시초가 되는 것.	( )
18 **밀접하다** 빽빽할 密 | 접할 接 --	형 아주 가깝게 맞닿아 있다. 또는 그런 관계에 있다.	( )
19 **발로** 필 發 | 이슬 露	명 숨은 것이 겉으로 드러나거나 숨은 것을 겉으로 드러냄. 또는 그런 것.	( )
20 **발발하다** 우쩍 일어날 勃 | 필 發 --	동 전쟁이나 큰 사건 따위가 갑자기 일어나다.	( )

① 교과 봄이 되면 나무에 ☐☐가 싹튼다.

② 교과 농사는 현대 문명의 ☐☐라고 할 수 있다.

③ 학평 동물의 눈동자 모양은 동물들의 생존과 ☐☐한 관련이 있다.

④ 교과 세계 대전이 ☐☐했을 때 몇몇 과학자들은 전쟁에 협조했다.

⑤ 교과 간장은 메주를 소금물에 담근 후 그 즙액을 ☐여서 만든 장이다.

⑥ 교과 사람들의 공격적인 행동은 마음속에 쌓아 둔 불만과 울분이 ☐☐된 것이다.

21 **범람하다** 뜰 汎 | 넘칠 濫 --	동 큰물이 흘러넘치다.	( )
22 **변이** 변할 變 | 다를 異	명 같은 종에서 성별, 나이와 관계없이 모양과 성질이 다른 개체가 존재하는 현상.	( )
23 **비등하다** 끓을 沸 | 오를 騰 --	동 물이 끓듯 떠들썩하게 일어나다.	( )
24 **상피** 위 上 | 가죽 皮	명 다세포 생물의 몸이나 위창자관 내벽의 바깥쪽을 둘러싸고 있는 엷은 겉껍질.	( )
25 **소강** 작을 小 | 편안할 康	명 소란이나 분란, 혼란 따위가 그치고 조금 잠잠함.	( )

① 교과 바이러스들은 자신을 복제할 때마다 ☐☐를 일으킨다.

② 교과 콧속 후각 ☐☐에는 냄새를 감지하는 수만 개의 신경 세포가 있다.

③ 교과 삼월에 갑자기 한파가 몰아쳐 전투는 잠시 ☐☐ 국면에 접어들었다.

④ 학평 항구가 건설되면서 수중 생태계가 파괴되어 물이 ☐☐하는 일이 잦아졌습니다.

⑤ 교과 기업이 환경 보호에 앞장서야 한다는 여론이 ☐☐하자 기업들은 서둘러 친환경 제품들을 개발했다.

26 **소진** 사라질 消 | 다할 盡	명 점점 줄어들어 다 없어짐. 또는 다 써서 없앰.	( )
27 **손색없다** 겸손할 遜 | 빛 色 --	형 다른 것과 견주어 못한 점이 없다.	( )
28 **숙주** 잠잘 宿 | 주인 主	명 기생 생물에게 영양을 공급하는 생물.	( )
29 **아성** 어금니 牙 | 재 城	명 아주 중요한 근거지를 비유적으로 이르는 말.	( )
30 **엄두**	명 감히 무엇을 하려는 마음을 먹음. 또는 그 마음.	( )

① 교과 극심한 더위에 시민들은 에어컨 사용을 줄일 ☐☐를 내지 못했다.

② 교과 몸에 있는 에너지가 ☐☐되면 음식을 섭취하여 영양분을 보충해야 한다.

③ 교과 바이러스는 스스로 살 수 없어 주변 생물을 ☐☐로 삼아 기생하며 영양분을 공급받는다.

④ 교과 국내는 물론 세계 어디에 내놓아도 ☐☐없는 최고의 과학 기술 연구원을 만들 예정이다.

⑤ 교과 이번 학회에서 젊은 학자가 물리학계의 거물인 윤 박사의 논문을 반박하며 그의 ☐☐을 무너뜨렸다.

어휘력 체크

·뜻풀이로 체크하기·

01 ~ 07 다음 뜻풀이에 해당하는 어휘를 쓰시오.

01 먹을 것이 없어 배를 곯는 것. □□

02 충분히 의논함. 또는 그런 의논. □□

03 아주 중요한 근거지를 비유적으로 이르는 말. □□

04 소란이나 분란, 혼란 따위가 그치고 조금 잠잠함. □□

05 (1) 풀이나 나무에 새로 돋아 나오는 싹. (2) 사물의 시초가 되는 것. □□

06 숨은 것이 겉으로 드러나거나 숨은 것을 겉으로 드러냄. 또는 그런 것. □□

07 여러 종류의 생물이 자연계의 한 지역에 살면서 유기적인 관계를 가지고 생활하는 개체군의 모임. □□

08 ~ 12 제시된 초성과 뜻풀이를 참고하여 빈칸에 들어갈 알맞은 어휘를 쓰시오.

08 ㄱ ㅁ 하다: 서로의 관계가 매우 가까워 빈틈이 없다.

수능 은과 상품의 세계적 순환으로 중국 경제가 세계 경제와 □□하게 연결되었다.

09 ㅅ ㅈ : 기생 생물에게 영양을 공급하는 생물.

교과 바이러스는 살아 있는 □□ 세포에 기생하고, 그 안에서 증식함으로써 살아간다.

10 ㄱ ㅁ 하다: 간단하고 분명하다.

모평 이 책은 선사 시대부터 명나라까지 시대별 주요 사항을 □□하게 요약했습니다.

11 ㄱ ㅎ ㅈ : 얼마 동안의 시간 간격을 두고 되풀이하여 일어나는. 또는 그런 것.

교과 저 멀리서 종소리가 □□□으로 들려왔다.

12 ㅅ ㅍ : 다세포 생물의 몸이나 위창자관 내벽의 바깥쪽을 둘러싸고 있는 얇은 겉껍질.

교과 각막의 □□를 일부 제거하고 레이저를 이용해 시력을 개선하는 수술이 있다.

·문장으로 체크하기·

13 ~ 18 다음 문맥에 알맞은 어휘를 고르시오.

13 교과 과학적 연구만으로 이 세상 모든 문제를 (구명 | 소진)할 수는 없다.

14 교과 인간의 후각이 기억과 (간명 | 밀접)한 관련이 있다는 사실이 밝혀졌다.

15 교과 친구가 나에게 한 말이 (뇌리 | 맹아)에 박혀 눈을 감아도 계속 생각났다.

16 모평 이 시에는 사랑을 (갈구 | 비등)하는 화자의 행동이 생생하게 그려져 있다.

17 교과 집안일이 산더미처럼 밀려 있어서 감히 시작할 (아성 | 엄두)이/가 나질 않았다.

18 교과 독감 바이러스는 매년 (발로 | 변이)를 일으켜 그해 유행하는 바이러스의 종류가 달라진다고 한다.

19 ~ 24 다음 빈칸에 들어갈 알맞은 어휘를 〈보기〉에서 찾아 쓰시오.

보기

감별 구축 난입
발발 범람 소진

19 교과 폭우로 하천이 (   )할 수 있어 도로를 통제한 상황이었다.

20 교과 어떤 관객이 무대에 (   )해 공연이 중단되는 일이 벌어졌다.

21 교과 실력 있는 요리사라면 한 번 보고도 그 재료의 신선도를 (   )할 수 있어야 한다.

22 교과 전쟁이 (   )한 원인을 밝히기 위해 두 나라의 정치 상황을 세부적으로 분석했다.

23 교과 올해 예산을 (   )하여 청소년을 대상으로 하는 과학 캠프를 개최할 수 없었다.

24 모평 최저 임금제의 실시에 따라 임금 수준이 전반적으로 향상되어 대량 소비 체제가 (   )되었다.

▶ 정답과 해설 40쪽

어휘의 쓰임 이해하기

01 문맥상 밑줄 친 어휘의 쓰임이 적절하지 않은 것은?

① 붉은 기운이 차차 가시며 해가 솟아올랐다.
② 그동안 고생한 기억들이 주마등처럼 뇌리를 스쳤다.
③ 정신적 사건과 육체적 고통은 긴밀하게 연결되어 있다.
④ 종료 시간이 임박하자 선수들은 남은 힘을 모두 소강했다.
⑤ 현대의 노인들은 고질인 관절염 때문에 병원에 자주 방문한다.

문맥적 의미 파악하기

02 문맥적 의미가 ㉠과 가장 가까운 것은?

보기

며칠 동안 내린 큰비로 하천이 ㉠범람하여 일부 도로가 침수되었다.

① 넘나들어
② 넘실거려
③ 넘쳐흘러
④ 스며들어
⑤ 흘러나와

적절한 어휘로 바꿔 쓰기

03 문맥상 다음 밑줄 친 어휘와 바꿔 쓰기에 적절하지 않은 것은?

① 연구원이 실험실에서 액체를 달이고 있다. → 끓이고
② 지구의 자전은 달과 밀접한 관련을 맺고 있다. → 가까운
③ 그 학자는 복잡한 문제를 간명하게 정리했다. → 간단명료하게
④ 명과 청의 전쟁이 발발하자 최척은 명나라 군사로 출전한다. → 터지자
⑤ 오랜 전쟁에 지친 사람들은 자유와 평화를 갈구하고 있다. → 갈망하고

어휘의 의미와 쓰임 이해하기

04 〈보기〉의 빈칸에 들어갈 어휘와 그 의미의 연결이 바르지 않은 것은?

보기

ⓐ 적절한 시기에 해충을 (　　　　)하지 않으면 농사를 망치게 된다.
ⓑ 생물들이 오랫동안 격리 상태가 지속되면 새로운 (　　　　)가 생기게 된다.
ⓒ 레트로바이러스는 자신이 속해 있는 생명체를 (　　　　)로 삼아 증식한다.
ⓓ 지구 환경 문제에 대처하기 위해 전 세계적인 협력 체계를 (　　　　)해야 한다.
ⓔ 2개월 동안 (　　　　)으로 저탄수화물식을 한 참여자들은 체중이 5Kg씩 줄었다.

① ⓐ: 구제 – 해충 따위를 몰아내어 없앰.
② ⓑ: 변이 – 같은 종에서 성별, 나이와 관계없이 모양과 성질이 다른 개체가 존재하는 현상.
③ ⓒ: 맹아 – 기생 생물에게 영양을 공급하는 생물.
④ ⓓ: 구축 – 체제, 체계 따위의 기초를 닦아 세움.
⑤ ⓔ: 간헐적 – 얼마 동안의 시간 간격을 두고 되풀이하여 일어나는 것.

어휘의 쓰임 이해하기

05 〈보기〉의 ㈀~㈄을 사용하여 만든 문장으로 적절하지 않은 것은?

보기

- 이번 연구 과제는 할 ㈀엄두가 나지 않는다.
- 담을 뛰어넘은 괴한이 사랑채에 ㈁난입했다.
- 필적을 ㈂감별한 결과 본인의 것임이 판명되었다.
- 우리나라는 아이티(IT) 강국이라 불려도 전혀 ㈃손색없는 나라이다.
- 로마자 표기는 현실 발음과 거리가 멀어 비판 여론이 ㈄비등하고 있다.

① ㈀: 날씨가 추워져서 밖에 나갈 엄두가 안 난다.
② ㈁: 기자들이 허가되지 않은 구역까지 난입하여 사건 현장을 몰래 촬영했다.
③ ㈂: 실험 물질들이 모두 무색무취라서 감별해 내기가 어렵다.
④ ㈃: 그 가게의 부침개는 한 끼 식사로 손색없을 정도로 푸짐하다.
⑤ ㈄: 선생님은 비커에 담긴 액체가 비등하자 알코올램프의 불을 껐다.

한자 성어

※ 한자 성어가 사용된 예문을 읽고 해당 뜻풀이를 찾아 번호를 쓰세요.

★ 신분, 계층

01 각계각층
각각 各 | 경계 界 | 각각 各 | 층 層

수능 김달채가 각계각층 사람들의 반응을 떠보는 것은, 권력이 타인들에게 미치는 영향을 살핀다는 점에서 김달채가 권력관계를 의식하는 인물임을 드러내는군. 〔　〕

02 미관말직
작을 微 | 벼슬 官 | 끝 末 | 벼슬 職

교과 그는 미관말직에 불과했지만 최선을 다해 국민에게 봉사하겠다고 다짐했다. 〔　〕

03 사모관대
깁 紗 | 모자 帽 | 갓 冠 | 띠 帶

학평 길동이 이 말을 듣고 즉시 고관의 복장인 사모관대에 서띠를 띠고 덩그런 수레에 의젓하게 높이 앉아 큰길로 버젓이 들어오면서 말하였다. 〔　〕

04 왕후장상
임금 王 | 제후 侯 | 장수 將 | 서로 相

교과 준서는 사업으로 막대한 돈을 벌어 왕후장상 부럽지 않은 호화로운 생활을 했다. 〔　〕

① 사회 각 분야의 여러 계층.
② 제왕·제후·장수·재상을 아울러 이르는 말.
③ 지위가 아주 낮은 벼슬. 또는 그런 위치에 있는 사람.
④ 예전에 벼슬아치들이 쓴 모자인 '사모'와 관복인 '관대'를 아울러 이르는 말.

★ 아름다운 사람

05 가인박명
아름다울 佳 | 사람 人 | 엷을 薄 | 목숨 命

교과 가인박명이라더니, 아름답고 재주가 많아 모두의 사랑을 받았던 그녀가 갑작스러운 교통사고로 세상을 떠났다. 〔　〕

06 단순호치
붉을 丹 | 입술 脣 | 흴 皓 | 이 齒

교과 그녀는 붉은 입술과 흰 치아를 지닌 단순호치의 미인이다. 〔　〕

07 절세가인
끊을 絶 | 세대 世 | 아름다울 佳 | 사람 人

교과 박 씨가 시기가 되어 허물을 벗고 절세가인이 되자, 시백은 크게 기뻐하며 박 씨의 뜻을 그대로 따른다. 〔　〕

08 화용월태
꽃 花 | 얼굴 容 | 달 月 | 모양 態

모평 오늘날 매월의 원수는 갚았으나 낭자의 화용월태를 어디 가 다시 보리오. 〔　〕

① 미인은 불행하거나 병약하여 요절하는 일이 많음.
② 붉은 입술과 하얀 치아라는 뜻으로, 아름다운 여자를 이름.
③ 꽃다운 얼굴과 달 같은 자태. 아름다운 여인의 얼굴과 맵시를 이름.
④ 세상에 견줄 만한 사람이 없을 정도로 뛰어나게 아름다운 여인.

★ 사람의 마음

09 명경지수
밝을 明 | 거울 鏡 | 그칠 止 | 물 水

모평 장자가 꿈속에서 나비가 되어 자신조차 잊었다는 것은 마음이 명경지수와 같은 상태였다는 말이군. 〔　〕

10 측은지심
슬퍼할 惻 | 숨을 隱 | 갈 之 | 마음 心

교과 공존이란 거창한 것이 아니라 그저 주위에 있는 생명들을 측은지심으로 대하는 것에서 시작된다. 〔　〕

① 인간의 본성에서 우러나오는, 남의 불행을 불쌍히 여기는 마음.
② 맑은 거울과 고요한 물이라는 뜻으로, 잡념과 가식과 헛된 욕심 없이 맑고 깨끗한 마음을 이름.

▶ 정답과 해설 40쪽

★ 환경의 중요성

11 근묵자흑
가까울 近 | 먹 墨 | 사람 者 | 검을 黑

교과 선생님은 **근묵자흑**이라며 우리에게 좋은 친구들을 사귀라고 말씀하셨다. (   )

12 남귤북지
남녘 南 | 귤나무 橘 | 북녘 北 | 탱자나무 枳

교과 한적한 시골로 이사를 가더니 성격이 한결 느긋해진 친구를 보며 **남귤북지**라는 말이 떠올랐다. (   )

13 맹모삼천
맏 孟 | 어머니 母 | 석 三 | 옮길 遷

교과 그녀는 **맹모삼천**의 고사를 본받아 이사 갈 집을 어린이 도서관 근처로 정했다. (   )

① 맹자의 어머니가 아들을 기르치기 위해 세 번이나 이사를 하였음을 이르는 말.

② 먹을 가까이하는 사람은 검어진다는 뜻으로, 나쁜 사람과 가까이 지내면 나쁜 버릇에 물들기 쉬움을 이름.

③ 강남의 귤을 강북에 심으면 탱자가 된다는 뜻으로, 사람은 사는 곳의 환경에 따라 착하게도 되고 악하게도 됨을 이름.

★ 여러 가지 사물과 현상

14 구절양장
아홉 九 | 꺾을 折 | 양 羊 | 창자 腸

교과 깊은 산속 계곡을 따라 난 그 길은 그야말로 **구절양장**이었다. (   )

15 만단정회
일만 萬 | 바를 端 | 뜻 情 | 품을 懷

모평 꿈 가운데 임을 만나 **만단정회**하였더니, 혹시 서방님께서 기별 왔소? 언제 오신단 소식 왔소? (   )

16 불가사의
아닐 不 | 옳을 可 | 생각 思 | 의논할 議

학평 자연은 왜 아름다운가? 모른다. 그것도 영원한 **불가사의**다. (   )

17 삼라만상
나무 빽빽할 森 | 그물 羅 | 일만 萬 | 형상 象

학평 **삼라만상**은 애초에 아무런 의미가 없는 물체들이다. 이러한 중성적 사물에 어떤 뜻을 부여하는 작업, 그것이 바로 '프레임 씌우기'이다. (   )

18 삼수갑산
석 三 | 물 水 | 갑옷 甲 | 뫼 山

교과 임 계신 곳 내 고향을 내 못 가네 내 못 가네 / 오다 가다 야속타 아하 **삼수갑산**이 날 가두었네 아하하 (   )

19 유만부동
무리 類 | 일만 萬 | 아닌가 不 | 같을 同

교과 적반하장도 **유만부동**이지, 샤프를 빌려 가서 망가뜨리고는 나보고 이상한 샤프를 빌려줬다고 화를 내더라고. (   )

20 창해일속
찰 滄 | 바다 海 | 하나 一 | 조 粟

교과 한라산 정상에 올라 아래를 바라보니, 욕심을 부리며 살아가는 나 자신이 마치 **창해일속**처럼 느껴졌다. (   )

① 온갖 정과 회포.

② 우주에 있는 온갖 사물과 현상.

③ 사람의 생각으로는 미루어 헤아릴 수 없이 이상하고 야릇함.

④ 우리나라에서 가장 험한 산골이라 이르던 함경남도 삼수와 갑산 지방.

⑤ 아홉 번 꼬부라진 양의 창자라는 뜻으로, 꼬불꼬불하며 험한 산길을 이름.

⑥ (1) 비슷한 것이 많으나 서로 같지는 아니함. (2) 정도에 넘침. 또는 분수에 맞지 아니함.

⑦ 넓고 큰 바닷속의 좁쌀 한 알이라는 뜻으로, 아주 많거나 넓은 것 가운데 있는 매우 하찮고 작은 것을 이름.

·뜻풀이로 체크하기·

01 ~ 05 다음 뜻풀이에 해당하는 한자 성어를 쓰시오.

01 제왕·제후·장수·재상을 아울러 이르는 말. □□□□

02 붉은 입술과 하얀 치아라는 뜻으로, 아름다운 여자를 이름. □□□□

03 우리나라에서 가장 험한 산골이라 이르던 함경남도 삼수와 갑산 지방. □□□□

04 예전에 벼슬아치들이 쓴 모자인 '사모'와 관복인 '관대'를 아울러 이르는 말. □□□□

05 넓고 큰 바닷속의 좁쌀 한 알이라는 뜻으로, 아주 많거나 넓은 것 가운데 있는 매우 하찮고 작은 것을 이름. □□□□

06 ~ 10 다음 빈칸에 들어갈 알맞은 말을 〈보기〉에서 찾아 쓰시오.

보기
물　거울　낮은　요절
우주　창자　험한

06 삼라만상: (　　　　)에 있는 온갖 사물과 현상.

07 가인박명: 미인은 불행하거나 병약하여 (　　　　) 하는 일이 많음.

08 미관말직: 지위가 아주 (　　　　) 벼슬. 또는 그런 위치에 있는 사람.

09 구절양장: 아홉 번 꼬부라진 양의 (　　　　)(이)라는 뜻으로, 꼬불꼬불하며 (　　　　) 산길을 이름.

10 명경지수: 맑은 (　　　　)와/과 고요한 (　　　　)(이)라는 뜻으로, 잡념과 가식과 헛된 욕심 없이 맑고 깨끗한 마음을 이름.

·문장으로 체크하기·

11 ~ 13 다음 대화 내용과 의미가 통하는 한자 성어를 〈보기〉에서 찾아 쓰시오.

보기
근묵자흑　맹모삼천　측은지심

11 손녀: 지진이 나서 몇몇 지역에 피해가 크대요.
할머니: 저런, 안됐구나. 뭐 도울 수 있는 방법이 없을까? □□□□

12 선우: 최근에 알게 된 형이 있는데, 화가 좀 많은 것 같아. 사람들한테 자꾸 시비를 걸더라고.
유진: 음, 그런 사람하고는 조금 거리를 두는 게 좋을 것 같아. □□□□

13 현우: 민수한테 얘기 들었는데, 너네 집 이사 간다며?
지혜: 그래. 지금 사는 집이 유흥가 주변이라 학업에 방해가 될 거라며 부모님께서 조용한 곳으로 이사를 가자고 하시네. □□□□

14 ~ 18 다음 빈칸에 들어갈 알맞은 한자 성어를 〈보기〉에서 찾아 쓰시오.

보기
각계각층　남귤북지
만단정회　불가사의　화용월태

14 교과 과학자들은 그 □□□□의 원인을 캐기 위해 지금도 연구에 몰두하고 있다.

15 교과 김 진사 댁 셋째 딸은 얼굴이 아름답고 맵시가 뛰어나 □□□□(이)라고 칭송받았다.

16 교과 □□□□(이)라더니, 그 아이는 또래 친구가 많은 곳으로 이사를 간 뒤로 성격이 매우 활발해졌다.

17 교과 어제 열린 제야의 종 행사에는 운동선수, 국회의원, 대중 가수, 일반 대학생 등 □□□□의 사람들이 참여하였다.

18 교과 돈을 벌느라 오랫동안 타지를 떠돌던 경석이는 십 년 만에 고향에 돌아가 그토록 그리웠던 어머니의 손을 잡고 □□□□을/를 풀었다.

▶ 정답과 해설 40쪽

상황에 맞는 한자 성어 찾기

01 〈보기〉의 밑줄 친 부분과 뜻이 통하는 한자 성어는?

보기

소동파는 그 옛날 조조와 주유가 천하를 두고 한판 승부를 펼쳤던 적벽의 싸움을 떠올리며 이렇게 중얼거렸다.

"조맹덕이 형주를 격파하고 강릉으로 내려와 물결을 따라 동으로 나아갈 때, 전함은 천 리에 뻗어 있고 깃발이 하늘을 가렸다. 진실로 한 세상의 영웅이었는데 지금은 어디에 있는가? 우리의 인생은 천지간에 하루살이처럼 짧고, 우리의 몸은 푸른 바다에 한 톨 좁쌀과도 같다. 우리의 삶은 정말로 짧구나! 어찌 장강처럼 다함이 없는가?"

① 구절양장(九折羊腸)　② 삼라만상(森羅萬象)
③ 삼수갑산(三水甲山)　④ 유만부동(類萬不同)
⑤ 창해일속(滄海一粟)

한자 성어의 쓰임 이해하기

02 다음 한자 성어의 쓰임이 적절하지 않은 것은?

① 근묵자흑(近墨者黑)이라는 옛말은 좋은 친구를 사귀어야 한다는 경계의 글귀이다.
② 꼬불꼬불한 지리산 둘레길을 보면 구절양장(九折羊腸)이라는 표현이 저절로 떠오른다.
③ 그녀는 재산을 많이 모아 미관말직(微官末職)이 부럽지 않은 호화로운 생활을 하고 있다.
④ 나는 조정에 나아가 검은 사모관대(紗帽冠帶)에 비단 도포를 입고 미친 듯이 뛰어다녔다.
⑤ 모든 욕망과 욕심을 버리고 명경지수(明鏡止水)와 같은 마음으로 산다는 것은 쉬운 일이 아니다.

상황에 맞는 한자 성어 찾기

03 〈보기〉의 ㉠에 가장 잘 어울리는 한자 성어는?

보기

진나라 시황제가 죽고 2대 황제는 백성들을 도탄에 빠뜨렸다. 국경 지대로 징발되어 끌려가던 진승과 오광은 도중에 큰비를 만나 제 날짜에 도착하지 못하게 되자 난을 일으키기로 마음먹었다.

"우리는 기한 내에 도착하지 못해도 죽고, 도착한다 해도 국경을 지키다 죽게 될 것입니다. 어차피 죽을 바에는 이름이나 날립시다. ㉠왕과 제후, 장수와 재상의 씨가 어찌 따로 있겠습니까?"

① 각계각층(各界各層)　② 단순호치(丹脣皓齒)
③ 맹모삼천(孟母三遷)　④ 삼라만상(森羅萬象)
⑤ 왕후장상(王侯將相)

한자 성어의 의미 이해하기

04 다음 중 내포적 의미가 '여인의 아름다움'과 거리가 먼 한자 성어는?

① 경국지색(傾國之色)　② 단순호치(丹脣皓齒)
③ 명경지수(明鏡止水)　④ 절세가인(絶世佳人)
⑤ 화용월태(花容月態)

유래에 맞는 한자 성어 찾기

05 〈보기〉의 이야기에서 유래된 한자 성어는?

보기

초나라 왕이 제나라의 안영과 있을 때의 일이다. 관리가 죄수를 끌고 가자 왕이 누구냐고 물었다. 도둑질을 한 제나라 사람이라고 답하자, 왕은 웃으면서 안영에게 제나라 사람은 도둑질을 잘하는 것 같다고 하였다.

이에 안영은 "강남의 귤을 강북에 심으면 탱자가 되는 것은 토질 때문입니다. 도둑질을 모르고 살던 제나라 사람이 초나라에 와서 도둑질을 하는 것은 초나라의 풍토 때문인 것으로 압니다."라고 태연하게 대답했다. 그러자 왕은 자신의 무례를 사과하였다.

① 근묵자흑(近墨者黑)　② 남귤북지(南橘北枳)
③ 불가사의(不可思議)　④ 삼수갑산(三水甲山)
⑤ 홍동백서(紅東白西)

상황에 맞는 한자 성어 찾기

06 〈보기〉의 밑줄 친 부분과 뜻이 통하는 한자 성어는?

보기

어떤 손님이 내게 말했다.

"어제저녁에 보니 웬 불량한 남자가 돌아다니는 개를 큰 몽둥이로 때려 죽이더군요. 그 형세가 얼마나 애처롭던지 마음이 아프지 않을 수 없었지요. 그래서 다시는 개 · 돼지고기를 먹지 않기로 맹세했답니다."

내가 대답하였다.

"어제저녁에 어떤 사람이 이글대는 화로를 끼고 앉아서는 거기에다 이를 잡아서 태워 죽이더군요. 나는 마음이 아프지 않을 수 없었지요. 그래서 다시는 이를 잡지 않기로 맹세했지요."

– 이규보, 〈슬견설〉

① 가인박명(佳人薄命)　② 만단정회(萬端情懷)
③ 맹모삼천(孟母三遷)　④ 미관말직(微官末職)
⑤ 측은지심(惻隱之心)

헷갈리는 어휘_한자어

※ 헷갈리는 어휘의 각 예문을 읽고 해당 의미를 찾아 번호를 쓰세요.

★ 개량 vs 계량

Tip '개량'은 '나쁜 것을 고쳐 더 좋게 만들다.'라는 뜻의 '개선하다'를, '계량'은 '수를 헤아리다.'라는 뜻의 '계산하다'를 떠올려 보자.

01 **개량** 고칠 改 | 어질 良	학평 관악기의 개량이 이루어지면서 어떤 음이든 연주할 수 있는 호른이 널리 보급되었다.	( )
02 **계량** 꾀할 計 | 헤아릴 量	수능 국가는 경작지를 계량하고 등록함으로써 민부(民富)를 국부(國富)로 연결시켰다.	( )

① 명 수량을 헤아리거나 부피, 무게 따위를 잼.
② 명 나쁜 점을 보완하여 더 좋게 고침.

★ 갱신 vs 경신

Tip 계약이나 서류의 유효 기간을 연장할 때는 '갱신'을, 신기록이나 최고치, 최저치와 관련해서는 '경신'을 사용함.

03 **갱신** 다시 更 | 새로울 新	모평 이 CDS 계약은 2015년 12월 31일까지 매월 1일에 갱신된다.	( )
04 **경신** 고칠 更 | 새로울 新	교과 그 선수는 멀리뛰기 세계 기록을 경신해 금메달을 받았다.	( )

① 명 법률관계의 존속 기간이 끝났을 때 그 기간을 연장하는 일.
② 명 기록경기 따위에서 종전의 기록을 깸. 또는 어떤 분야의 종전 최고치나 최저치를 깸.

★ 결재 vs 결제

Tip 상사에게 업무와 관련해 허가를 받는 상황에는 '결재'를, 카드나 현금을 이용해 값을 치르는 상황에는 '결제'를 사용함.

05 **결재** 결정할 決 | 마를 裁	교과 사장님께 결재를 받아야 이 일을 진행할 수 있다.	( )
06 **결제** 결정할 決 | 건널 濟	학평 현금은 결제 수단으로 오랫동안 사용되어 왔다.	( )

① 명 증권 또는 대금을 주고받아 매매 당사자 사이의 거래 관계를 끝맺는 일.
② 명 결정할 권한이 있는 상관이 부하가 제출한 안건을 검토하여 허가하거나 승인함.

★ 곤욕 vs 곤혹

Tip 심한 모욕이나 참기 힘든 일을 당한 상황을 표현할 때는 '곤욕'을, 곤란한 일로 느끼는 감정을 표현할 때는 '곤혹'을 사용함.

07 **곤욕** 괴로울 困 | 욕될 辱	교과 유명 배우가 헛소문 때문에 곤욕을 치렀다.	( )
08 **곤혹** 괴로울 困 | 미혹할 惑	교과 수현이는 면접관의 예기치 못한 질문에 곤혹을 느꼈다.	( )

① 명 곤란한 일을 당하여 어찌할 바를 모름.
② 명 심한 모욕. 또는 참기 힘든 일.

★ 단절 vs 두절

Tip '두절'은 교통이나 통신이 끊어졌을 때만 사용하고, '단절'은 '두절'에 비해 폭넓게 사용함.

09 **단절** 끊을 斷 | 끊을 絕	학평 화자는 타인과 단절된 상황에서 느끼는 고독감을 드러내고 있다.	( )
10 **두절** 막을 杜 | 끊을 絕	교과 친구와 연락이 두절된 지 벌써 사흘째이다.	( )

① 명 교통이나 통신 따위가 막히거나 끊어짐.
② 명 유대나 연관 관계를 끊음. 또는 흐름이 연속되지 아니함.

★ 상연 vs 상영

Tip 연극이나 뮤지컬처럼 무대에서 직접 공연을 선보이는 것은 '상연', 극장에서 영상으로 영화를 보여 주는 것은 '상영'

11 **상연** 위 上 | 멀리 흐를 演	교과 이번 연극은 소규모 극장에서 상연될 예정이다.	( )
12 **상영** 위 上 | 비출 映	학평 영화제에서는 모두 50편이 넘는 응모작이 상영되고 있었다.	( )

① 명 영화와 같은 영상물을 화면에 띄어 공개함.
② 명 연극 따위를 무대에서 하여 관객에게 보이는 일.

★ 유래 vs 유례

Tip 사물이 지닌 내력을 설명할 때는 '유래'를, 유사한 예나 전례가 있었는지 설명할 때는 '유례'를 사용함.

13 **유래** 말미암을 由 | 올 來	학평 기술이라는 용어는 고대 그리스에서 사용된 '테크네'에서 **유래**하였다.	( )	① 명 같거나 비슷한 예. 또는 이전부터 있었던 사례.
14 **유례** 무리 類 | 법식 例	학평 국보란 보물에 해당하는 문화재 중 인류 문화의 관점에서 볼 때 그 가치가 크고 **유례**가 드문 것이다.	( )	② 명 사물이나 일이 생겨남. 또는 그 사물이나 일이 생겨난 바.

★ 자처 vs 자초 vs 좌초

Tip '자처'는 자신을 지칭하는 명사와, '자초'나 '좌초'는 부정적인 결과를 의미하는 명사와 자주 쓰임.

15 **자처** 스스로 自 | 곳 處	모평 공자도 자신을 성인이라고 **자처**하지 않았다.	( )	① 명 곤경에 빠짐을 비유적으로 이르는 말.
16 **자초** 스스로 自 | 부를 招	교과 토끼는 허영심과 공명심에 사로잡혀 위기를 **자초**했다.	( )	② 명 자기를 어떤 사람으로 여겨 그렇게 처신함.
17 **좌초** 앉을 坐 | 숨은 바윗돌 礁	교과 **좌초**될 뻔했던 거래처와의 계약이 임원들의 노력으로 체결되었다.	( )	③ 명 어떤 결과를 자기가 생기게 함. 또는 제 스스로 끌어들임.

★ 재고 vs 제고

Tip '재고'는 '다시 생각함'을, '제고'는 '이미지, 생산성, 사기 등을 높임'을 의미함.

18 **재고** 다시 再 | 상고할 考	수능 양자 역학의 불확정성 원리는 우리가 물체를 '본다'는 것의 의미를 **재고**하게 한다.	( )	① 명 수준이나 정도 따위를 끌어올림.
19 **제고** 끌 提 | 높을 高	모평 뉴 미디어의 발달이 국민들의 정치의식을 **제고**한다는 주장은 이론에 불과하다.	( )	② 명 어떤 일이나 문제 따위에 대해 다시 생각함.

★ 재정 vs 제정

Tip '돈'과 관련해서는 '재정', '법률이나 제도'와 관련해서는 '제정'

20 **재정** 재물 財 | 정사 政	학평 조세는 국가의 **재정**을 마련하기 위해 경제 주체인 기업과 국민들로부터 거두어들이는 돈이다.	( )	① 명 제도나 법률 따위를 만들어서 정함.
21 **제정** 억제할 制 | 정할 定	학평 제조물 책임법이 **제정**된 배경은 무엇인가?	( )	② 명 개인, 가계, 기업 따위의 경제 상태.

★ 혼돈 vs 혼동

Tip '혼돈'은 '질서가 없는 어지러운 상태'를, '혼동'은 '서로 다른 사물을 구분하지 못하는 것'을 의미함.

22 **혼돈** 섞을 混 | 어두울 沌	학평 도덕 기준이 없는 **혼돈** 상태를 아노미라고 부른다.	( )	① 명 구별하지 못하고 뒤섞어서 생각함.
23 **혼동** 섞을 混 | 같을 同	학평 학생들이 '자발적 고독'과 타인에 의한 '고립'을 **혼동**할 수 있으니 그 차이를 비교하여 설명해야겠군.	( )	② 명 마구 뒤섞여 있어 갈피를 잡을 수 없음. 또는 그런 상태.

1000 어휘 916개 달성! 900

·뜻풀이로 체크하기·

01 ~ 06 다음 빈칸에 들어갈 알맞은 말을 〈보기〉에서 찾아 쓰시오.

보기

갈피 곤경 모욕
수량 연극 통신

01 곤욕: 심한 (   ). 또는 참기 힘든 일.

02 좌초: (   )에 빠짐을 비유적으로 이르는 말.

03 두절: 교통이나 (   ) 따위가 막히거나 끊어짐.

04 계량: (   )을/를 헤아리거나 부피, 무게 따위를 잼.

05 상연: (   ) 따위를 무대에서 하여 관객에게 보이는 일.

06 혼돈: 마구 뒤섞여 있어 (   )을/를 잡을 수 없음. 또는 그런 상태.

07 ~ 12 다음 뜻풀이에 해당하는 어휘를 고르시오.

07 개인, 가계, 기업 따위의 경제 상태. (재정 | 제정)

08 어떤 일이나 문제 따위에 대해 다시 생각함. (제고 | 재고)

09 사물이나 일이 생겨남. 또는 그 사물이나 일이 생겨난 바. (유래 | 유례)

10 어떤 결과를 자기가 생기게 함. 또는 제 스스로 끌어들임. (자처 | 자초)

11 결정할 권한이 있는 상관이 부하가 제출한 안건을 검토하여 허가하거나 승인함. (결재 | 결제)

12 기록경기 따위에서 종전의 기록을 깸. 또는 어떤 분야의 종전 최고치나 최저치를 깸. (갱신 | 경신)

·문장으로 체크하기·

13 ~ 17 다음 문맥에 어울리는 어휘를 고르시오.

13 교과 광개토 대왕릉비는 동서고금에 (유래 | 유례)를 찾기 힘들 정도로 큰 비석이다.

14 교과 그는 자동차 보험 계약을 (갱신 | 경신)하기 위해 담당 직원에게 전화를 걸었다.

15 교과 새로 (개량 | 계량)된 배추 품종이 기존의 품종보다 속이 더 알차고 맛도 더 좋다.

16 교과 현서는 친구들의 싸움을 말리는 중재자 역할을 (자처 | 자초)하다가 오히려 친구들의 미움을 받았다.

17 학평 1관에서는 이번 영화제의 지정 주제인 '청소년의 꿈' 부문에 응모한 작품들을 (상연 | 상영)하고 있었다.

18 ~ 22 다음 밑줄 친 어휘의 쓰임이 적절하면 ○에, 적절하지 않으면 ×에 표시하시오.

18 학평 조선 성리학의 근대적 발전은 외부의 힘에 의해 <u>두절</u>되었다. (○, ×)

19 교과 아버지께서는 가끔 내 목소리를 동생 목소리로 <u>혼돈하신다</u>. (○, ×)

20 교과 갑자기 공연 순서가 바뀌어서 무대를 준비하던 많은 가수들이 <u>곤혹</u>을 느꼈다. (○, ×)

21 학평 국제 무역 경쟁력 <u>제고</u>를 위해서는, 우리나라도 친환경 산업을 적극적으로 지원해야 한다. (○, ×)

22 학평 표기 원칙이 <u>재정</u>되기 전 국어의 표기 방식은 이어 적기, 끊어 적기, 거듭 적기 등의 다양한 방식으로 나타났다. (○, ×)

▶ 정답과 해설 41쪽

헷갈리는 어휘의 쓰임 이해하기

01 밑줄 친 어휘의 쓰임이 적절하지 않은 것은?

① 업무 효율을 제고(提高)하는 방책의 실행을 재고(再考)할 이유가 없습니다.
② 정확한 양을 계량(計量)하기 위해 전자저울을 더 정밀하게 개량(改良)하기로 했다.
③ 남과 북 사이의 연락이 두절(杜絕)된 지도, 대화가 단절(斷絕)된 지도 오래되었다.
④ 그는 팀에서 악역을 자초(自招)하다가 결국 팀에서 방출되는 결과를 자처(自處)하고 말았다.
⑤ 집값이 연일 사상 최고치를 경신(更新)하여 세입자들이 전세 계약 갱신(更新)에 어려움을 겪고 있다.

문맥에 알맞은 어휘 찾기

02 문맥상 알맞은 어휘에 ○표 한 것으로 적절하지 않은 것은?

① 품종 〔 (개량(改良)) | 계량(計量) 〕을 통해 수확량을 늘렸다.
② 그는 사장님께 〔 결재(決裁) | (결제(決濟)) 〕를 받으러 갔다.
③ 정부 정책이 국민의 반대로 〔 (좌초(坐礁)) | 자초(自招) 〕될 위기에 처했다.
④ 영희는 바깥세상과 모든 접촉을 〔 (단절(斷絕)) | 두절(杜絕) 〕한 채 살고 있다.
⑤ 만두는 제갈공명이 풍랑을 잠재우기 위해 바친 음식에서 〔 (유래(由來)) | 유례(類例) 〕되었다.

문맥에 알맞은 어휘 찾기

03 〈보기〉의 ㉠~㉤에 들어갈 어휘로 적절하지 않은 것은?

보기

- 매년 10월 9일을 한글날로 (㉠)하였다.
- 현재 우리 회사의 (㉡) 상태가 좋지 않다.
- 매국노가 애국자를 (㉢)하는 현실에 분노한다.
- 극심한 정치적 (㉣)으로 민생은 어려움에 빠졌다.
- 막 꿈에서 깬 성진은 현실과 꿈 사이에서 (㉤)을 일으켰다.

① ㉠: 제정(制定)　② ㉡: 재정(財政)
③ ㉢: 자초(自招)　④ ㉣: 혼돈(混沌)
⑤ ㉤: 혼동(混同)

어휘의 의미와 쓰임 이해하기

04 〈보기〉의 ⓐ~ⓔ의 뜻을 지닌 어휘를 활용하여 만든 문장으로 적절하지 않은 것은?

보기

ⓐ 수준이나 정도 따위를 끌어올림.
ⓑ 제도나 법률 따위를 만들어서 정함.
ⓒ 곤란한 일을 당하여 어찌할 바를 모름.
ⓓ 수량을 헤아리거나 부피, 무게 따위를 잼.
ⓔ 증권 또는 대금을 주고받아 매매 당사자 사이의 거래 관계를 끝맺는 일.

① ⓐ: 대표는 기업 이미지 제고(提高)와 경영 개선을 다짐하였다.
② ⓑ: 친환경 에너지 사용을 의무화하는 조례가 제정(制定)되었다.
③ ⓒ: 그 배우는 소문의 진위 여부를 묻는 기자의 질문에 곤혹(困惑)을 느꼈다.
④ ⓓ: 이번 재난으로 인한 피해액은 개량(改良)이 불가능하다.
⑤ ⓔ: 국제간의 결제(決濟)나 금융 거래의 기본이 되는 화폐를 '기축 통화'라고 한다.

어휘의 의미와 쓰임 이해하기

05 어휘에 대한 이해가 적절하지 않은 것은?

① 연극은 무대에서 '상연(上演)'되고, 영화는 극장에서 '상영(上映)'돼.
② 곤란한 일을 당한 경우는 '곤혹(困惑)'으로, 심한 모욕을 당한 경우는 '곤욕(困辱)'으로 표현해.
③ 교통이나 통신이 끊어진 상황은 '단절(斷絕)'로, 유대와 연관 관계가 끊어진 상황은 '두절(杜絕)'로 표현해.
④ 같거나 비슷한 예를 찾기 힘들 때는 '유례(類例)를 찾기 힘들다.'라고 표현하고, 사물이나 일이 생겨난 바를 찾기 힘들 때는 '유래(由來)를 찾기 힘들다.'라고 표현해.
⑤ 이미 있던 것을 고쳐 새롭게 한다는 뜻을 나타낼 때는 '경신(更新)'과 '갱신(更新)'을 모두 쓸 수 있고, 법률관계의 존속 기간을 연장하는 일을 나타낼 때는 '갱신(更新)'만 쓸 수 있어.

필수 어휘_과학

※ 어휘의 사전적 의미에 해당하는 예문을 찾아 번호를 쓰고 빈칸을 채워 보세요.

01 **여실하다** 같을 如 | 열매 實 --	형 사실과 꼭 같다.	( )
02 **용해** 질펀히 흐를 溶 | 풀 解	명 녹거나 녹이는 일.	( )
03 **육박하다** 고기 肉 | 엷을 薄 --	동 바싹 가까이 다가붙다.	( )
04 **잉태하다** 아이 밸 孕 | 아이 밸 胎 --	(1) 동 아이나 새끼를 배다.	( )
	(2) 동 어떤 사실이나 현상을 내부에서 생기고 자라나게 하다.	( )
05 **적정하다** 갈 適 | 바를 正 --	형 정도가 알맞고 바르다.	( )

① 교과 소금은 물에 잘 □□되는 성질을 가지고 있다.

② 교과 과학의 발전은 지구의 위기를 □□하고 있었다.

③ 교과 50도에 □□하는 이상 고온 현상이 유럽 일대에 일어났다.

④ 교과 신문에 보도된 사진은 살충제 남용으로 파괴된 생태계의 모습을 □□하게 보여 준다.

⑤ 학평 냉·난방기의 온도를 □□하게 설정하는 사소한 생활 습관이 에너지 절약의 디딤돌이 된다.

⑥ 교과 멸종 위기 동물로 보호를 받고 있는 남부흰코뿔소가 새끼를 □□해 사람들의 관심을 모으고 있다.

06 **조밀하다** 빽빽할 稠 | 빽빽할 密 --	형 촘촘하고 빽빽하다.	( )
07 **주시하다** 물댈 注 | 볼 視 --	(1) 동 어떤 목표물에 주의를 집중하여 보다.	( )
	(2) 동 어떤 일에 온 정신을 모아 자세히 살피다.	( )
08 **중추** 가운데 中 | 지도리 樞	명 사물의 중심이 되는 중요한 부분.	( )
09 **증산** 더할 增 | 낳을 産	명 생산이 늚. 또는 생산을 늘림.	( )
10 **차도** 어그러질 差 | 법도 度	명 병이 조금씩 나아 가는 정도.	( )

① 모평 약을 지어 먹였지만 별 □□가 없었다.

② 교과 화학 비료가 개발되면서 농산물이 □□되었다.

③ 학평 사람의 경우 '보는 것'은 두 눈이 하나의 물체를 □□하는 것이다.

④ 교과 해수면의 상승률을 □□하던 과학자들이 사태의 심각성을 언급했다.

⑤ 교과 정조 때 만들어진 규장각은 정조가 펼치고자 한 혁신 정치의 □□ 역할을 했다.

⑥ 학평 소아기부터 약 24세가 되는 시기까지는 뼈의 생성이 뼈의 파괴보다 빠르게 일어나 뼈의 양이 증가하고 뼈는 더 □□하고 강해진다.

11 **창궐하다** 미쳐 날뛸 猖 | 날뛸 獗 --	동 못된 세력이나 전염병 따위가 세차게 일어나 걷잡을 수 없이 퍼지다.	( )
12 **창안하다** 비롯할 創 | 책상 案 --	동 어떤 방안, 물건 따위를 처음으로 생각하여 내다.	( )
13 **척박하다** 파리할 瘠 | 엷을 薄 --	형 땅이 기름지지 못하고 몹시 메마르다.	( )
14 **천착하다** 뚫을 穿 | 뚫을 鑿 --	동 어떤 원인이나 내용 따위를 따지고 파고들어 알려고 하거나 연구하다.	( )
15 **촉진하다** 재촉할 促 | 나아갈 進 --	동 다그쳐 빨리 나아가게 하다.	( )

① 교과 전염병이 □□하면서 국공립 병원 및 보건소는 비상근무에 들어갔다.

② 교과 진달래는 □□한 땅에서도 잘 자라는 강인한 생명력을 자랑하는 식물이다.

③ 교과 강 박사는 지구 과학 분야에 □□해 약 150여 편의 논문을 국제 학술지에 발표했다.

④ 수능 화학자 분젠과 물리학자 키르히호프는 협력하여 불꽃의 색을 분리시키는 분광 분석법을 □□했다.

⑤ 학평 초미세 먼지는 염증 반응을 □□하는 중금속이나 이온 성분 등으로 구성되어 있어 우리 인체에 치명적인 해를 끼친다.

번호	어휘	뜻	
16	**총칭** 거느릴 總 | 일컬을 稱	명 전부를 한데 모아 두루 일컬음. 또는 그런 이름.	( )
17	**침하하다** 잠길 沈 | 아래 下 --	(1) 동 가라앉아 내리다.	( )
		(2) 동 건물이나 자연물이 내려앉거나 꺼져 내려가다.	( )
18	**쾌재** 쾌할 快 | 어조사 哉	명 일 따위가 마음먹은 대로 잘되어 만족스럽게 여김. 또는 그럴 때 나는 소리.	( )
19	**쾌척하다** 쾌할 快 | 던질 擲 --	동 금품을 마땅히 쓸 자리에 시원스럽게 내놓다.	( )
20	**탐지하다** 찾을 探 | 알 知 --	동 드러나지 않은 사실이나 물건 따위를 더듬어 찾아 알아내다.	( )

① 교과 돌은 무거울수록 물속으로 빨리 □□한다.

② 교과 잦은 호우로 인해 지반이 약해져 이 일대 땅이 점점 □□하고 있다.

③ 교과 그는 생명 과학 분야의 발전을 위해 써 달라며 학교에 10억 원을 □□했다.

④ 교과 수차례의 시도 끝에 마침내 신약 개발에 성공한 연구진들이 □□를 불렀다.

⑤ 모평 후각은 우리 몸에 해로운 물질을 □□하는 문지기 역할을 하는 중요한 감각이다.

⑥ 모평 가스 센서란 특정 가스를 감지하여 그것을 적당한 전기 신호로 변환하는 장치의 □□이다.

번호	어휘	뜻	
21	**퇴보** 물러날 退 | 걸음 步	명 정도나 수준이 이제까지의 상태보다 뒤떨어지거나 못하게 됨.	( )
22	**투여하다** 던질 投 | 더불 與 --	동 약 따위를 환자에게 복용시키거나 주사하다.	( )
23	**특정하다** 특별할 特 | 정할 定 --	형 특별히 정하여져 있다.	( )
24	**폐부** 허파 肺 | 장부 腑	명 마음의 깊은 속.	( )
25	**포식하다** 배부를 飽 | 먹을 食 --	동 배부르게 먹다.	( )

① 교과 그의 눈은 사람의 □□를 꿰뚫을 듯 예리했다.

② 교과 과학은 발전과 □□를 끊임없이 반복하며 나아가는 것이다.

③ 수능 달이 태양을 가릴 수 있는 □□한 위치에 있을 때, 일식 현상이 일어난다.

④ 교과 어떤 사람들은 스트레스가 쌓여 정신이 불안하면 음식을 □□하여 대리 만족을 얻으려 한다.

⑤ 모평 다른 연구팀은 생쥐들의 장내에 세 대장균 집단을 □□한 후 각 집단 간의 증식 경쟁을 살폈다.

번호	어휘	뜻	
26	**피질** 가죽 皮 | 바탕 質	명 장기에서 속과 바깥의 것이 구조적으로 구별될 때의 바깥층.	( )
27	**형질** 형상 形 | 바탕 質	명 동식물의 모양, 크기, 성질 따위의 고유한 특징.	( )
28	**호명하다** 부를 呼 | 이름 名 --	동 이름을 부르다.	( )
29	**확증하다** 굳을 確 | 증거 證 --	동 확실히 증명하다.	( )
30	**회진** 돌아올 回 | 볼 診	명 의사가 환자의 병실로 돌아다니며 진찰함.	( )

① 교과 간호사가 한 사람씩 □□해 진찰실로 안내했다.

② 교과 담당 의사가 밤마다 □□을 돌며 환자들의 상태를 차트에 기록했다.

③ 교과 우수한 □□을 가진 품종이 개발되면서 이전보다 생산량이 2배로 늘었다.

④ 교과 대뇌의 가장 바깥층에 위치한 대뇌 □□이 두뇌 기능의 많은 부분을 담당한다.

⑤ 모평 1970년대에 루빈은 더 정확한 관측 결과를 바탕으로 이 '실종된 질량'의 실재를 □□했다.

·뜻풀이로 체크하기·

01 ~ 04 다음 뜻풀이에 해당하는 어휘를 제시된 초성을 참고하여 쓰시오.

01 배부르게 먹다.

ㅍ ㅅ ㅎ ㄷ ______________

02 전부를 한데 모아 두루 일컬음. 또는 그런 이름.

ㅊ ㅊ ______________

03 (1) 가라앉아 내리다. (2) 건물이나 자연물이 내려앉거나 꺼져 내려가다.

ㅊ ㅎ ㅎ ㄷ ______________

04 (1) 아이나 새끼를 배다. (2) 어떤 사실이나 현상을 내부에서 생기고 자라나게 하다.

ㅇ ㅌ ㅎ ㄷ ______________

05 ~ 06 다음 말상자를 완성하시오.

05 가로: 금품을 마땅히 쓸 자리에 시원스럽게 내놓다.

06 세로: 일 따위가 마음먹은 대로 잘되어 만족스럽게 여김. 또는 그럴 때 나는 소리.

07 ~ 13 다음 빈칸에 들어갈 알맞은 말을 쓰시오.

07 폐부: □□의 깊은 속.

08 호명하다: □□을 부르다.

09 여실하다: □□과 꼭 같다.

10 조밀하다: □□하고 빽빽하다.

11 중추: 사물의 □□이 되는 중요한 부분.

12 형질: 동식물의 모양, 크기, 성질 따위의 고유한 □□.

13 피질: 장기에서 속과 바깥의 것이 구조적으로 구별될 때의 □□□.

·문장으로 체크하기·

14 ~ 18 다음 빈칸에 들어갈 알맞은 어휘에 ✓표 하시오.

14 교과 아무리 가열해도 이 물체는 쉽게 □□되지 않았다. □용해 □호명

15 모평 과학 분야들 간의 교류가 과학의 발전을 □□할 수 있다. □촉진 □총칭

16 학평 원수(유충렬)가 산에서 적의 형세를 □□하고 급히 도성으로 돌아오더라. □쾌척 □탐지

17 수능 유전 공학 기술은 작물 개량 및 □□을 통해 식량 문제를 해결할 수 있다. □증산 □포식

18 교과 관리들의 부정부패로 굶어 죽는 백성들이 늘어나고 도둑 떼가 날로 □□했다. □창궐 □천착

19 ~ 24 다음 빈칸에 들어갈 알맞은 어휘를 〈보기〉의 글자를 조합하여 쓰시오.

보기

박	보	안	여	육	증
착	창	천	퇴	투	확

19 교과 올해 매출액이 최소 10억 원을 돌파해 20억 원에 □□할 것으로 보인다.

20 교과 재판에서 검사는 명백하고 확실한 증거를 바탕으로 피고인의 유죄를 □□했다.

21 교과 반도체, 철강 등 우리나라의 주력 산업들이 성장이냐 □□(이)냐의 기로에 내몰렸다.

22 교과 이번 공동 연구를 통해 아인슈타인의 상대성 이론에 대해 좀 더 깊이 □□해 봅시다.

23 모평 추사체라는 필법을 새롭게 □□했다는 것은 전통의 답습에 머무르지 않았음을 의미하는군.

24 학평 모르핀은 중독성과 부작용이 심해서 통상적인 진통제가 효과가 없을 때 □□하는 최후의 진통제로 쓰인다.

▶ 정답과 해설 42쪽

어휘의 쓰임 이해하기

01 문맥상 밑줄 친 어휘의 쓰임이 적절하지 않은 것은?

① 그는 결과물이 만족스러운 듯 회진의 미소를 지었다.
② 민수는 선생님이 자신의 이름을 호명하자 벌떡 일어났다.
③ 그날의 패배는 새로운 의지와 창조력을 잉태하는 원동력이 되었다.
④ 그 선수가 등장하자 10만 명에 육박하는 관중들이 일제히 환호성을 질렀다.
⑤ 국가 기간 통신망의 구축은 현대 정보 사회의 중추를 이루는 요소가 될 것이다.

적절한 어휘로 바꿔 쓰기

02 문맥상 다음 밑줄 친 어휘와 바꿔 쓰기에 적절하지 않은 것은?

① 역병이 무서운 기세로 창궐하기 시작했다. → 퍼지기
② 영업 팀에서 새로운 판매 전략을 창안했다. → 탐지했다.
③ 이주민들은 척박한 땅을 기름진 옥토로 바꿔 놓았다. → 메마른
④ 나는 경계를 늦추지 않고 계속 그의 움직임을 주시했다. → 눈여겨보았다.
⑤ 품종 개량으로 양질의 농산물을 적정한 가격으로 공급하게 되었다. → 알맞은

어휘의 쓰임 이해하기

03 문맥상 〈보기〉의 ㉠과 ㉡에 들어갈 적절한 어휘끼리 짝지어진 것은?

보기
- 용제(鎔劑)는 (㉠)을/를 촉진하기 위하여 섞는 물질이다.
- 상품 광고는 소비자에게 정보를 전달하고 구매 의욕을 불러일으킴으로써 상품 판매를 (㉡)한다.

	㉠	㉡		㉠	㉡
①	침하	쾌재	②	폐부	쾌척
③	피질	퇴보	④	형질	육박
⑤	용해	촉진			

어휘의 의미와 쓰임 이해하기

04 〈보기〉의 ⓐ~ⓔ의 뜻을 지닌 어휘를 활용하여 만든 문장으로 적절하지 않은 것은?

보기
ⓐ 잇따라 자꾸.
ⓑ 촘촘하고 빽빽하다.
ⓒ 특별히 정하여져 있다.
ⓓ 생산이 늚. 또는 생산을 늘림.
ⓔ 어떤 원인이나 내용 따위를 따지고 파고들어 알려고 하거나 연구하다.

① ⓐ: 아이는 여실히 흐르는 눈물을 소매로 닦았다.
② ⓑ: 번화가에는 빌딩들이 조밀하게 들어서 있다.
③ ⓒ: 경찰은 여러 증거와 제보를 바탕으로 하여 사고가 일어난 특정한 시점을 밝혀냈다.
④ ⓓ: 올해는 날씨가 좋아서 예년에 비해 농산물이 증산될 것이다.
⑤ ⓔ: 그는 우리 국문학사에 대해 깊이 있게 천착하여 여러 편의 논문을 발표했다.

어휘의 의미와 쓰임 이해하기

05 〈보기〉의 빈칸에 들어갈 어휘와 그 의미의 연결이 바르지 않은 것은?

보기
(ㄱ) 그 학설은 ( )되지 않은 가설에 불과하다.
(ㄴ) 새로 개발된 미사일은 적의 레이더에 ( )되지 않는다.
(ㄷ) 그는 오랜 기간 병상에 누워 있었으나 조금도 ( )가 없었다.
(ㄹ) 모처럼 열린 잔치이니 실컷 ( )하여 굶주렸던 한을 풀어 보자.
(ㅁ) 난과 식물 중에서 온대에서 자라는 종류를 ( )하여 동양란이라 부른다.

① (ㄱ): 확증 – 확실히 증명함. 또는 그런 증거.
② (ㄴ): 탐지 – 정도나 수준이 이제까지의 상태보다 뒤떨어지거나 못하게 됨.
③ (ㄷ): 차도 – 병이 조금씩 나아 가는 정도.
④ (ㄹ): 포식 – 배부르게 먹음.
⑤ (ㅁ): 총칭 – 전부를 한데 모아 두루 일컬음. 또는 그런 이름.

05 한자 성어

4주 완성

※ 한자 성어가 사용된 예문을 읽고 해당 뜻풀이를 찾아 번호를 쓰세요.

★ 계책, 해결

01 결자해지
맺을 結 | 사람 者 | 풀 解 | 갈 之

교과 네가 문제를 일으켰으니 결자해지 차원에서 네가 이 문제를 해결해라. ( )

02 권모술수
권세 權 | 꾀할 謀 | 꾀 術 | 셀 數

교과 그는 법률가로서의 실력은 뛰어나지 않았지만, 권모술수로 높은 자리까지 올랐다. ( )

03 삼십육계
석 三 | 열 十 | 여섯 六 | 꾀할 計

모평 뇌천풍은 적에게 패하자 삼십육계를 놓았다. ( )

04 암중모색
어두울 暗 | 가운데 中 | 본뜰 摸 | 찾을 索

교과 경찰은 미궁에 빠진 사건의 단서를 잡기 위해 암중모색을 거듭하였다. ( )

① 목적 달성을 위하여 수단과 방법을 가리지 않는 온갖 모략이나 술책.

② 맺은 사람이 풀어야 한다는 뜻으로, 자기가 저지른 일은 자기가 해결해야 함을 이름.

③ (1) 서른여섯 가지의 꾀, 즉 많은 계교. (2) 형편이 불리할 때는 달아나는 것이 상책이란 말로, '삼십육계를 놓다' 등의 형태로 쓰임.

④ 어둠 속에서 손을 더듬어 찾는다는 뜻으로, 어림으로 무엇을 알아내려 하거나 은밀한 가운데 일의 실마리나 해결책을 찾아내려 함을 이름.

★ 처지, 상황

05 두문불출
막을 杜 | 문 門 | 아닐 不 | 날 出

교과 외교관이 되고 싶었던 형식이는 2년 동안 두문불출하며 공부에 전념한 끝에 외무 고시에 합격하였다. ( )

06 문전성시
문 門 | 앞 前 | 이룰 成 | 시장 市

교과 이 가게는 맛집으로 입소문이 나면서 연일 문전성시를 이루었다. ( )

07 양수겸장
두 兩 | 손 手 | 겸할 兼 | 장수 將

교과 깨끗한 도시 환경을 조성하기 위해 양수겸장으로 쓰레기통을 설치하고 미화원도 고용하기로 했다. ( )

08 오월동주
나라 이름 吳 | 넘을 越 | 같을 同 | 배 舟

교과 라이벌 관계였던 두 기업은 외국의 거대 기업에 대항하기 위해 당분간 오월동주의 관계를 유지하기로 했다. ( )

09 적수공권
붉을 赤 | 손 手 | 빌 空 | 주먹 拳

교과 그는 적수공권의 상태로 사업을 시작했지만 끈기와 열정으로 성공한 사업가가 될 수 있었다. ( )

10 패가망신
패할 敗 | 집 家 | 망할 亡 | 몸 身

학평 흐린 강물처럼 혼란스러웠을 일제 강점기, 그리고 쌀 수탈의 통로였던 군산, 그곳의 미두장에서 투기를 하다 패가망신한 정 주사와 당대 사람들의 삶의 질곡이 피부로 느껴졌다. ( )

① 집에만 있고 바깥출입을 아니함.

② 집안의 재산을 다 써 없애고 몸을 망침.

③ 맨손과 맨주먹이라는 뜻으로, 아무것도 가진 것이 없음을 이름.

④ 찾아오는 사람이 많아 집 문 앞이 시장을 이루다시피 함을 이르는 말.

⑤ (1) 장기에서, 두 개의 말이 한꺼번에 장을 부름. (2) 양쪽에서 동시에 하나를 노림.

⑥ 서로 적의를 품은 사람들이 한자리에 있게 된 경우나 서로 협력하여야 하는 상황을 이르는 말.

★ 고난

11 기사회생
일어날 起 | 죽을 死 | 돌아올 回 | 날 生
교과 우리 팀은 내내 뒤지다가 종료 직전에 연달아 골을 넣어 기사회생하는 저력을 보였다. ( )

12 도탄지고
진흙 塗 | 숯 炭 | 갈 之 | 괴로울 苦
교과 정부는 경제 위기를 수습하여 국민들이 도탄지고에 빠지지 않도록 해야 한다. ( )

13 만고풍상
일만 萬 | 옛 古 | 바람 風 | 서리 霜
교과 어렸을 때 부모님을 여읜 그는 갖은 만고풍상을 겪으며 지금까지 살아왔다. ( )

14 풍찬노숙
바람 風 | 삼킬 餐 | 이슬 露 | 잠잘 宿
교과 사업에 실패한 그는 낯선 타지에서 풍찬노숙을 하며 십여 년을 보냈다. ( )

① 기의 죽을 뻔히디기 도로 살아남.
② 아주 오랜 세월 동안 겪어 온 많은 고생.
③ 진구렁에 빠지고 숯불에 타는 듯한 극심한 고통.
④ 바람을 먹고 이슬에 잠잔다는 뜻으로, 객지에서 많은 고생을 겪음을 이름.

★ 공익, 이로움

15 견리사의
볼 見 | 이로울 利 | 생각 思 | 옳을 義
교과 대기업은 무분별한 이윤 추구를 자제하고 중소기업과 상생하려는 견리사의의 자세를 가질 필요가 있다. ( )

16 견위치명
볼 見 | 위태할 危 | 이를 致 | 목숨 命
교과 안중근 의사는 견위치명의 정신으로 나라를 위해 목숨을 바쳤다. ( )

17 대의멸친
큰 大 | 옳을 義 | 멸망할 滅 | 친할 親
교과 일제 강점기에 독립운동가들은 대의멸친의 자세로 오직 나라를 위해 삶을 바쳤다. ( )

18 선우후락
먼저 先 | 근심 憂 | 뒤 後 | 즐길 樂
교과 나라를 이끄는 지도자는 국민의 어려움을 먼저 걱정하고 자신의 즐거움을 나중에 찾는 선우후락의 자세를 지녀야 한다. ( )

① 나라가 위태로울 때 자기의 몸을 나라에 바침.
② 눈앞의 이익을 보면 의리를 먼저 생각함.
③ 큰 도리를 지키기 위하여 부모나 형제도 돌아보지 않음.
④ 세상의 근심할 일은 남보다 먼저 근심하고 즐거워할 일은 남보다 나중에 즐거워한다는 뜻으로, 지사(志士)나 어진 사람의 마음씨를 이름.

★ 그리움

19 수구초심
머리 首 | 언덕 丘 | 처음 初 | 마음 心
교과 수구초심이라고, 나이가 드니 고향이 더 그리워진다. ( )

20 오매불망
깰 寤 | 잠잘 寐 | 아닐 不 | 잊을 忘
교과 버려진 반려동물들이 자신을 버린 주인을 오매불망으로 기다리는 모습은 인간들에게 반성을 촉구하는 듯하다. ( )

① 자나 깨나 잊지 못함.
② 여우가 죽을 때에 머리를 자기가 살던 굴 쪽으로 둔다는 뜻으로, 고향을 그리워하는 마음을 이름.

·뜻풀이로 체크하기·

01 ~ 04 다음 뜻풀이에 해당하는 한자 성어를 말상자에서 찾아 표시하시오.

결	적	암	중	모	색
지	만	고	풍	상	삼
양	불	시	두	계	기
오	수	견	심	망	사
권	육	겸	우	도	회
신	숙	대	장	가	생

01 거의 죽을 뻔하다가 도로 살아남.

02 아주 오랜 세월 동안 겪어 온 많은 고생.

03 (1) 장기에서, 두 개의 말이 한꺼번에 장을 부름. (2) 양쪽에서 동시에 하나를 노림.

04 어둠 속에서 손을 더듬어 찾는다는 뜻으로, 어림으로 무엇을 알아내려 하거나 은밀한 가운데 일의 실마리나 해결책을 찾아내려 함을 이름.

05 ~ 09 다음 빈칸에 들어갈 알맞은 말을 〈보기〉에서 찾아 쓰시오.

보기

객지 맨손 시장 의리
이슬 이익 해결 맨주먹

05 견리사의: 눈앞의 (　　　)을/를 보면 (　　　)을/를 먼저 생각함.

06 문전성시: 찾아오는 사람이 많아 집 문 앞이 (　　　)을/를 이루다시피 함을 이르는 말.

07 적수공권: (　　　)와/과 (　　　)(이)라는 뜻으로, 아무것도 가진 것이 없음을 이름.

08 풍찬노숙: 바람을 먹고 (　　　)에 잠잔다는 뜻으로, (　　　)에서 많은 고생을 겪음을 이름.

09 결자해지: 맺은 사람이 풀어야 한다는 뜻으로, 자기가 저지른 일은 자기가 (　　　)해야 함을 이름.

·문장으로 체크하기·

10 ~ 14 다음 문맥에 알맞은 한자 성어를 고르시오.

10 교과 꿈에서도 그렇게 (수구초심 | 오매불망)하던 그를 만나니 반가워 눈물이 났다.

11 교과 전쟁에 자연재해까지 겹쳐 그 나라의 국민들은 (기사회생 | 도탄지고)에 빠졌다.

12 교과 박 의원은 (대의멸친 | 만고풍상)의 자세로 개혁을 방해하는 세력과 맞서 싸웠다.

13 교과 그는 (권모술수 | 양수겸장)(으)로 권력을 잡은 후 수십 년 동안 독재 정치를 펼쳤다.

14 교과 그는 부모님으로부터 많은 재산을 물려받았으나, 무리하게 사업을 벌이다 결국 (결자해지 | 패가망신) 하고 말았다.

15 ~ 18 다음 대화 내용과 의미가 통하는 한자 성어를 〈보기〉에서 찾아 쓰시오.

보기

견위치명 두문불출 수구초심 오월동주

15 도윤: 재석이가 요즘 독서에 푹 빠졌나 봐.
시우: 응. 놀자고 연락해도 책 읽어야 한다고 집에서 나오지를 않더라. □□□□

16 손녀: 휴전선과 가까운 임진각에 오시니까 고향 생각이 더 나시지요?
할아버지: 그래. 여기서 1시간만 가면 닿을 수 있는 곳인데……. 고향에 너무 가고 싶구나. □□□□

17 하윤: 의병 이야기를 읽었는데 감동적이었어.
민지: 나라에 위기가 닥칠 때마다 의병들이 목숨을 바쳐 싸워 왔기 때문에 오늘의 우리가 있는 거겠지. □□□□

18 상민: 너희 축구부랑 동현네 축구부랑 한 팀이 된다며? 무슨 얘기야? 너희 완전히 라이벌이잖아.
지후: 다른 학교랑 동아리 연합 축구 대회를 하기로 했거든. 대회 끝날 때까지 당분간 우리는 한 팀이야. □□□□

▶ 정답과 해설 43쪽

유래에 맞는 한자 성어 찾기

01 〈보기〉의 이야기에서 유래된 한자 성어는?

보기

오나라 사람과 월나라 사람은 늘 사이가 좋지 않았다. 어느 날 오나라 사람과 월나라 사람 여러 명이 한 배를 타고 강을 건너는데, 갑자기 억센 비가 내리고 거센 파도가 일어 배가 뒤집히려 하였다. 그러자 배 안의 사람들은 어느 나라 사람 할 것 없이 풍랑에 맞서 배의 안정을 찾기 위해 노력했다. 결국 두 나라 사람들이 왼손과 오른손이 호흡을 맞추듯 한마음으로 행동하여 배를 안정시켰고 위기를 모면할 수 있었다.

① 결자해지(結者解之) ② 만고풍상(萬古風霜)
③ 암중모색(暗中摸索) ④ 양수겸장(兩手兼將)
⑤ 오월동주(吳越同舟)

한자 성어의 쓰임 이해하기

02 다음 한자 성어의 쓰임이 적절하지 않은 것은?

① 이 소설의 주인공은 나라를 지키기 위해 대의멸친(大義滅親)의 길을 택했다.
② 낯선 이국땅에서 동가식서가숙하며 패가망신(敗家亡身)을 한 지 벌써 20년째이다.
③ 사사로운 이익 앞에서 의로움을 먼저 생각하는 것이 견리사의(見利思義)의 자세이다.
④ 수구초심(首丘初心)이라고 타향살이에 지치면 고향으로 돌아가고 싶은 것이 인지상정 아니겠나.
⑤ 새로 당선된 시장은 선우후락(先憂後樂)의 자세로 시민을 먼저 생각하는 시정을 펼치겠다고 다짐했다.

시적 상황에 맞는 한자 성어 찾기

03 〈보기〉에서 '황두, 이방'에게 당하는 시적 대상의 정서를 나타내기에 가장 적절한 한자 성어는?

보기

세로 짜 낸 무명이 눈결같이 고왔는데,
이방 줄 돈이라고 황두가 뺏어 가네.
누전* 세금 독촉이 성화같이 급하구나,
삼월 중순 세곡선*이 서울로 떠난다고.

– 정약용, 〈탐진촌요〉

* 누전: 토지 대장의 기록에서 빠진 토지.
* 세곡선: 조세로 거둔 곡식을 실어 나르는 배.

① 견위치명(見危致命) ② 권모술수(權謀術數)
③ 도탄지고(塗炭之苦) ④ 문전성시(門前成市)
⑤ 적수공권(赤手空拳)

상황에 맞는 한자 성어 찾기

04 〈보기〉의 밑줄 친 상황을 나타내기에 가장 적절한 한자 성어는?

보기

그믐달은 보는 이가 적어 그만큼 외로운 달이다. 객창한등(客窓寒燈)에 정든 임 그리워 잠 못 들어 하는 분이나, 못 견디게 쓰린 가슴을 움켜잡은 무슨 한(恨)이 있는 사람이 아니면, 그 달을 보아 주는 이가 별로 없을 것이다. – 나도향, 〈그믐달〉

① 견리사의(見利思義) ② 두문불출(杜門不出)
③ 만고풍상(萬古風霜) ④ 수구초심(首丘初心)
⑤ 오매불망(寤寐不忘)

상황에 맞는 한자 성어 찾기

05 〈보기〉의 ⓐ를 나타내기에 적절한 한자 성어는?

보기

그 후 이생은 이로부터 ⓐ인간의 모든 일을 다 잊어버리고서 친척과 손님의 길흉사에도 문을 닫고 나가지 않았으며, 늘 최랑과 함께 시를 지어 주고받으며 즐거이 세월을 보냈다.

– 김시습, 〈이생규장전〉

① 결자해지(結者解之) ② 두문불출(杜門不出)
③ 문전성시(門前成市) ④ 패가망신(敗家亡身)
⑤ 풍찬노숙(風餐露宿)

상황에 맞는 한자 성어 찾기

06 〈보기〉를 감상하고 난 반응으로 적절하지 않은 것은?

보기

원래 강남홍의 검법은 깊고 얕음이 있어서 다만 투구만 깨뜨릴 뿐 사람을 다치게 하지는 않았다. 그러나 뇌천풍은 이미 정신을 차리지 못하여 자기 머리가 없음을 의심하니 다시는 싸울 생각을 하지 못하고 급히 말을 돌려 자신의 진영으로 달아났다.

– 남영로, 〈옥루몽〉

① 뇌천풍은 기사회생(起死回生)하여 본진으로 돌아갔군.
② 뇌천풍은 강남홍에게 패하자 삼십육계(三十六計)를 놓았군.
③ 뇌천풍은 강남홍의 공격을 받고 혼비백산(魂飛魄散)하여 달아났군.
④ 뇌천풍이 강남홍에게 덤빈 것은 검법 실력으로 볼 때 이란투석(以卵投石)이라고 할 수 있군.
⑤ 뇌천풍이 자신의 진영으로 급히 말을 돌린 것은 강남홍을 유인하려는 권모술수(權謀術數)였군.

속담

※ 속담이 사용된 예문을 읽고 해당 뜻풀이를 찾아 번호를 쓰세요.

★ 서울

01 말은 나면 제주도로 보내고 사람은 나면 서울로 보내라

교과 말은 나면 제주도로 보내고 사람은 나면 서울로 보내라는 말이 있듯이, 네 꿈을 이루기 위해서는 서울에 가서 공부하는 것이 좋다. (　　)

02 모로 가도 서울만 가면 된다

수능 모로 가도 서울만 가면 된다고 했어요. 어떻게든 저는 돈을 벌러 넓은 테두리로 나가고야 말 거예요. (　　)

03 서울 가서 김 서방 찾는다

교과 서울 가서 김 서방 찾는다고 이름도 모르고 연락처도 모르는 사진 속 주인공을 찾는 것은 무척 힘든 일이다. (　　)

04 서울이 무섭다니까 남태령부터 긴다

교과 서울이 무섭다니까 남태령부터 긴다더니, 저 차가 불쑥 끼어들어서 우리 차와 부딪힌 건데 왜 네가 안절부절못하니? (　　)

① 수단이나 방법은 어찌 되었든 간에 목적만 이루면 된다는 말.

② 주소도 이름도 모르고 무턱대고 막연하게 사람을 찾아가는 경우를 이르는 말.

③ 서울 인심이 야박하여 낭떠러지와 같다는 말만 듣고 미리부터 겁을 먹는다는 뜻으로, 비굴하게 행동하는 짓을 이르는 말.

④ 망아지는 말의 고장인 제주도에서 길러야 하고, 사람은 어릴 때부터 서울로 보내어 공부를 하게 하여야 잘될 수 있다는 말.

★ 욕심

05 말 타면 경마 잡히고 싶다

교과 말 타면 경마 잡히고 싶다고 운동복을 사니 좋은 운동화도 갖고 싶다. (　　)

06 참새가 방앗간을 그저 지나랴

교과 참새가 방앗간을 그저 지나랴라는 말처럼, 책을 좋아하는 민지가 이번 국제 도서전을 놓칠 리가 없다. (　　)

① 사람의 욕심이란 한이 없다는 말.

② (1) 욕심 많은 사람이 이끗을 보고 가만있지 못한다는 말. (2) 자기가 좋아하는 곳은 그대로 지나치지 못함을 이르는 말.

★ 울음

07 귀신이 곡할 노릇

교과 숨겨 놓은 봉투가 감쪽같이 없어져서 귀신이 곡할 노릇이라고 생각했어. (　　)

08 우는 아이 젖 준다

교과 우는 아이 젖 준다더니 구청에 끊임없이 요구한 덕에 우리 동네의 문제점을 개선할 수 있었다. (　　)

09 울려는 아이 뺨 치기

교과 울려는 아이 뺨 치기라고 가뜩이나 시험을 못 봐서 기분이 안 좋은 애를 옷차림이 엉망이라고 놀리면 어떡하니? (　　)

10 울며 겨자 먹기

교과 키가 크는 바람에 아끼는 옷이 맞지 않아 울며 겨자 먹기로 동생에게 그 옷을 주었다. (　　)

① 무슨 일에 있어서나 자기가 요구하여야 쉽게 구할 수 있음을 이르는 말.

② 신기하고 기묘하여 그 속내를 알 수 없음을 이르는 말.

③ 맵다고 울면서도 겨자를 먹는다는 뜻으로, 싫은 일을 억지로 마지못하여 함을 이르는 말.

④ 일이 좀 틀어져 가려고 할 때 오히려 더 충동하여 더욱 큰 분란을 일으키게 됨을 이르는 말.

★ 사람

11 나간 놈의 집구석이라

교과 엄마가 오랜만에 여행을 떠나시자, 마치 나간 놈의 집구석처럼 금방 집이 지저분해졌다. (   )

12 남의 염병이 내 고뿔만 못하다

교과 아무리 남의 염병이 내 고뿔만 못하다고 하지만, 교통사고로 입원한 내 앞에서 작은 생채기로 그렇게 호들갑을 떨어서야 되겠니? (   )

13 선무당이 사람 잡는다

교과 형이 망가진 컴퓨터를 고쳐 주겠다며 내 컴퓨터를 분해했는데, 선무당이 사람 잡는다고 이제는 전원도 안 들어와. (   )

14 설마가 사람 죽인다

교과 설마가 사람 죽인다고, 너라고 교통사고 나지 말라는 법이 없으니 항상 차를 조심해야 한다. (   )

15 소경 문고리 잡은 격

교과 운동에 소질이 없는 내가 다른 반과의 축구 경기에서 소경 문고리 잡은 격으로 운 좋게 골을 넣었다. (   )

16 집에서 새는 바가지는 들에 가도 샌다

교과 집에서 새는 바가지는 들에 가도 샌다더니, 평소에 실수가 잦던 진수는 새로 들어간 회사에서 큰 실수를 저지르고 말았다. (   )

17 짚신도 제짝이 있다

교과 짚신도 제짝이 있다더니, 직업도 없이 빈둥거리던 노총각 삼촌이 드디어 장가를 가게 되었다. (   )

① 보잘것없는 사람도 제짝이 있다는 말.

② 집 안이 어수선하고 정리가 안 되어 있음을 이르는 말.

③ 본바탕이 좋지 아니한 사람은 어디를 가나 그 본색을 드러내고야 만다는 말.

④ 능력이 없어서 제구실을 못하면서 함부로 하다가 큰일을 저지르게 됨을 이르는 말.

⑤ 남의 괴로움이 아무리 크다고 해도 자기의 작은 괴로움보다는 마음이 쓰이지 아니함을 이르는 말.

⑥ 눈먼 봉사가 요행히 문고리를 잡은 것과 같다는 뜻으로, 그럴 능력이 없는 사람이 어쩌다가 요행수로 어떤 일을 이룬 경우를 이르는 말.

⑦ 그럴 리야 없을 것이라 마음을 놓거나 요행을 바라는 데에서 탈이 난다는 뜻으로, 요행을 바라지 말고 있을 수 있는 모든 것을 미리 예방해 놓아야 한다는 말.

1000 어휘 986개 달성! 900

★ 일의 순조로움

18 떼어 놓은 당상

교과 우리가 결승전에서 확연히 앞서고 있으니, 우승은 떼어 놓은 당상이야. (   )

19 십 년 묵은 체증이 내리다

교과 연체되었던 카드 빚을 다 갚고 나니 십 년 묵은 체증이 내린 듯하다. (   )

20 앓던 이 빠진 것 같다

교과 오랜 시간 준비한 발표를 끝내고 나니 앓던 이 빠진 것 같다. (   )

① 걱정거리가 없어져서 후련함을 이르는 말.

② 어떤 일로 인하여 더할 나위 없이 속이 후련하여진 경우를 이르는 말.

③ 떼어 놓은 당상이 변하거나 다른 데로 갈 리 없다는 데서, 일이 확실하여 조금도 틀림이 없음을 이르는 말.

·뜻풀이로 체크하기·

01 ~ 05 다음 빈칸에 알맞은 말을 넣어 뜻풀이에 해당하는 속담을 완성하시오.

01 (   ) 젖 준다: 무슨 일에 있어서나 자기가 요구하여야 쉽게 구할 수 있음을 이르는 말.

02 (   ) 김 서방 찾는다: 주소도 이름도 모르고 무턱대고 막연하게 사람을 찾아가는 경우를 이르는 말.

03 남의 염병이 (   )만 못하다: 남의 괴로움이 아무리 크다고 해도 자기의 작은 괴로움보다는 마음이 쓰이지 아니함을 이르는 말.

04 참새가 (   )을 그저 지나랴: (1) 욕심 많은 사람이 이끗을 보고 가만있지 못한다는 말. (2) 자기가 좋아하는 곳은 그대로 지나치지 못함을 이르는 말.

05 서울이 무섭다니까 (   )부터 긴다: 서울 인심이 야박하여 낭떠러지와 같다는 말만 듣고 미리부터 겁을 먹는다는 뜻으로, 비굴하게 행동하는 짓을 이르는 말.

06 ~ 10 다음 빈칸에 들어갈 알맞은 말을 〈보기〉에서 찾아 쓰시오.

보기
분란 서울 정리 제짝
제주도 걱정거리

06 짚신도 제짝이 있다: 보잘것없는 사람도 (   )이/가 있다는 말.

07 앓던 이 빠진 것 같다: (   )이/가 없어져서 후련함을 이르는 말.

08 나간 놈의 집구석이라: 집 안이 어수선하고 (   )이/가 안 되어 있음을 이르는 말.

09 울려는 아이 뺨 치기: 일이 좀 틀어져 가려고 할 때 오히려 더 충동하여 더욱 큰 (   )을/를 일으키게 됨을 이르는 말.

10 말은 나면 제주도로 보내고 사람은 나면 서울로 보내라: 망아지는 말의 고장인 (   )에서 길러야 하고, 사람은 어릴 때부터 (   )로 보내어 공부를 하게 하여야 잘될 수 있다는 말.

·문장으로 체크하기·

11 ~ 15 다음 빈칸에 들어갈 알맞은 속담을 〈보기〉에서 찾아 기호를 쓰시오.

보기
㉠ 떼어 놓은 당상
㉡ 소경 문고리 잡은 격
㉢ 선무당이 사람 잡는다
㉣ 말 타면 경마 잡히고 싶다
㉤ 집에서 새는 바가지는 들에 가도 샌다

11 교과 가은이가 대충 찍은 세 문제의 답이 (   )으로 모두 정답이었다.

12 교과 (   )더니 집에서 말썽만 피우던 동생이 학교에 가서 큰 사고를 쳤다.

13 교과 동생의 바지를 줄여 준다고 나섰다가 옷만 망쳐 놔서 (   )는 말만 들었다.

14 교과 너보다 빠른 사람은 없으니, 네가 이번 달리기 시합에 출전하기만 하면 1등은 (   )이야.

15 교과 (   )더니 콩쿠르에 나가기만 하면 좋겠다고 생각했는데 지금은 콩쿠르에서 상도 받고 싶어.

16 ~ 20 다음 문맥에 알맞은 속담을 고르시오.

16 교과 지훈이와 화해를 하고 나니 (십 년 묵은 체증이 내린 | 우는 아이 젖 주는) 것처럼 속이 후련했다.

17 교과 그 일은 반 투표로 결정된 일이었기에 싫어도 (울려는 아이 뺨 치기 | 울며 겨자 먹기)로 따라야 했다.

18 교과 방금 전까지 책상 위에 있던 노트북이 감쪽같이 사라지다니 (귀신이 곡할 노릇 | 나간 놈의 집구석)이다.

19 교과 (남의 염병이 내 고뿔만 못하다 | 설마가 사람 죽인다)더니 착하게만 보이던 그가 이번 사건의 범인일 줄은 꿈에도 생각하지 못했다.

20 교과 (모로 가도 서울만 가면 된다 | 서울이 무섭다니까 남태령부터 긴다)는 식의 사고방식은 자칫하면 부실 공사를 부추겨 큰 사고로 이어질 수 있다.

▶ 정답과 해설 44쪽

상황에 어울리는 속담 찾기

01 〈보기〉의 ⓐ의 상황을 속담을 활용하여 감상한 내용으로 가장 적절한 것은?

보기

왜왕이 경황실색하여 이르되,
"어찌하여 천위를 안정하리오."
예부 상서 한자경이 주 왈,
"처음에 신의 말씀을 들었사오면 어찌 오늘날 환이 있으리이까. 방금 사세를 생각하옵건대 조선에 항복하여 백성을 평안히 함만 같지 못하나이다."
ⓐ왜왕이 자경의 말을 듣고 마지못하여 항서를 써 보내니 사명당이 높이 좌하고 심해 용왕을 호령하더니 문득 보하되,
"왜왕의 머리를 베어 상에 받쳐 들이라."
– 작자 미상, 〈임진록〉

① 귀신이 곡할 노릇이군.
② 울며 겨자 먹는 꼴이군 그래.
③ 소경 문고리 잡은 격이라고 할 수 있어.
④ 십 년 묵은 체증이 내리는 것처럼 시원하겠군.
⑤ 짚신도 제짝이 있다는 것은 이를 두고 하는 말이야.

속담의 쓰임 이해하기

02 제시된 상황에서 쓰이기에 적절한 속담이 아닌 것은?

① 일이 신기하고 묘하여 이해할 수가 없음. – 귀신이 곡할 노릇
② 자기가 나서서 요구해야 얻을 수 있음. – 울려는 아이 빰 치기
③ 집 안이 정리가 안 되어 있고 어수선함. – 나간 놈의 집 구석이라
④ 기본 정보도 없이 무턱대고 사람을 찾아감. – 서울 가서 김 서방 찾는다
⑤ 자기가 좋아하는 곳을 그대로 지나치지 못함. – 참새가 방앗간을 그저 지나랴

속담에 맞는 한자 성어 찾기

03 유사한 의미를 가진 속담과 한자 성어를 연결한 것으로 적절하지 않은 것은?

① 울며 겨자 먹기 ≒ 궁여지책(窮餘之策)
② 우는 아이 젖 준다 ≒ 읍아수유(泣兒授乳)
③ 설마가 사람 죽인다 ≒ 촌철살인(寸鐵殺人)
④ 앓던 이 빠진 것 같다 ≒ 여발통치(如拔痛齒)
⑤ 말 타면 경마 잡히고 싶다 ≒ 기마욕솔노(騎馬欲率奴)

속담의 유사성 파악하기

04 의미가 유사한 속담끼리 묶이지 않은 것은?

① 떼어 놓은 낭상 ≒ 코 떼어 주머니에 넣다
② 선무당이 사람 잡는다 ≒ 어설픈 약국이 사람 죽인다
③ 남의 염병이 내 고뿔만 못하다 ≒ 남의 생손은 제 살의 티눈만도 못하다
④ 서울이 무섭다니까 남태령부터 긴다 ≒ 서울이 낭이라니까 과천부터 긴다
⑤ 모로 가도 서울만 가면 된다 ≒ 모로 가나 기어가나 서울 남대문만 가면 그만이다

문맥에 맞는 속담 찾기

05 〈보기〉의 ㉠에 들어갈 속담으로 적절한 것은?

보기

자녀의 교육을 위해서는 대도시만한 곳이 없다고들 생각한다. 이른바 유명 대학은 서울에 집중되어 있고, 교육 여건도 지방과 대도시의 격차가 큰 것이 현실이기 때문이다.
(㉠)(라)는 옛말이 있는 것을 보면 교육, 정치, 경제, 문화 등 모든 분야에 걸쳐 인구나 인프라가 서울에 집중되는 현상은 비단 오늘날의 문제만이 아니었던 것으로 보인다.

① 서울 가서 김 서방 찾는다
② 모로 가도 서울만 가면 된다
③ 서울이 무섭다니까 남태령부터 긴다
④ 집에서 새는 바가지는 들에 가도 샌다
⑤ 말은 나면 제주도로 보내고 사람은 나면 서울로 보내라

상황에 어울리는 속담 찾기

06 〈보기〉의 상황을 속담을 활용하여 표현한 것으로 가장 적절한 것은?

보기

오합지졸에 불과한 팀들과 예선을 치르게 되었는데, 본선에서도 우리를 이길 만큼의 실력을 가진 팀이 없어. 그러니 우리 팀이 우승하는 것은 식은 죽 먹기야.

① 우승을 떼어 놓은 당상처럼 여기는군.
② 선무당이 사람 잡는다고 우승은 우리 몫이지.
③ 이번 우승은 소경 문고리 잡는 격이라고 하겠어.
④ 짚신도 제짝이 있다고 우승과 우리는 궁합이 맞아.
⑤ 우는 아이 젖 준다고 노력하면 좋은 결과가 따라오지.

07 필수 어휘_기술

4주 완성

※ 어휘의 사전적 의미에 해당하는 예문을 찾아 번호를 쓰고 빈칸을 채워 보세요.

어휘	뜻	번호
01 **강구하다** 강론할 講 | 궁구할 究 --	동 좋은 대책과 방법을 궁리하여 찾아내거나 좋은 대책을 세우다.	( )
02 **건재하다** 굳셀 健 | 있을 在 --	형 힘이나 능력이 줄어들지 않고 여전히 그대로 있다.	( )
03 **경미하다** 가벼울 輕 | 작을 微 --	형 가볍고 아주 적어서 대수롭지 아니하다.	( )
04 **고안** 상고할 考 | 책상 案	명 연구하여 새로운 안을 생각해 냄. 또는 그 안.	( )
05 **굴지** 굽을 屈 | 가리킬 指	명 매우 뛰어나 수많은 가운데서 손꼽힘.	( )

① 교과 전기차 배터리는 부분적으로 수리가 어려워 □□한 손상에도 교체되는 경우가 많다.

② 교과 세계적 경제 위기에도 불구하고 우수한 기술력을 가진 우리나라 반도체 기업은 □□했다.

③ 학평 자동 번역 시스템이 □□되어 서로 다른 언어를 자동으로 번역하는 일이 가능해지고 있다.

④ 학평 사용자들이 안전한 환경에서 서비스를 이용할 수 있도록 보안에 대한 대책을 □□해야 한다.

⑤ 교과 환경에 대한 관심이 높아지면서 국내 □□의 기업들도 친환경 에너지 기술 개발에 힘쓰고 있다.

어휘	뜻	번호
06 **궁리** 다할 窮 | 다스릴 理	명 마음속으로 이리저리 따져 깊이 생각함. 또는 그런 생각.	( )
07 **그러쥐다**	동 그러당겨 손안에 잡다.	( )
08 **근접하다** 가까울 近 | 접할 接 --	동 가까이 접근하다.	( )
09 **기로** 갈림길 岐 | 길 路	명 어느 한쪽을 선택해야 할 상황을 비유적으로 이르는 말.	( )
10 **기우** 나라 이름 杞 | 근심 憂	명 앞일에 대해 쓸데없는 걱정을 함. 또는 그 걱정.	( )

① 교과 몇몇 과학 기술 특성화 대학들이 경영난에 빠져 존폐의 □□에 서 있다.

② 교과 그 기업은 제품 고장에 대한 책임은 지지 않고 법망을 빠져나갈 □□만 하고 있었다.

③ 교과 승객들은 심하게 흔들리는 버스에서 넘어지지 않으려고 손잡이를 꽉 □□□었다.

④ 교과 어떤 전문가는 AI(에이아이)가 인간의 지능을 뛰어넘는다는 것은 아직 □□에 불과하다고 말한다.

⑤ 학평 오브제와 □□한 거리에서 촬영해야 하는 엑스레이의 특성상, 오브제가 클 경우 오브제를 여러 부분으로 나누어서 촬영한다.

어휘	뜻	번호
11 **낙차** 떨어질 落 | 어그러질 差	명 물체가 높은 곳에서 낮은 곳으로 떨어질 때의 높낮이 차이.	( )
12 **난무하다** 어지러울 亂 | 춤출 舞 --	(1) 동 엉킨 듯이 어지럽게 춤을 추다.	( )
	(2) 동 함부로 나서서 마구 날뛰다.	( )
13 **난항** 어려울 難 | 배 航	명 여러 가지 장애 때문에 일이 순조롭게 진행되지 않음을 비유적으로 이르는 말.	( )
14 **농후하다** 짙을 濃 | 두터울 厚 --	형 어떤 경향이나 기색 따위가 뚜렷하다.	( )
15 **단박**	명 그 자리에서 바로를 이르는 말.	( )

① 교과 꽃잎이 □□하는 공원 풍경을 카메라로 찍었다.

② 교과 오래되어 붕괴될 가능성이 □□한 건물을 재건축하기로 했다.

③ 교과 공장 건설 계획이 인근 주민들의 강한 반발에 부딪쳐 □□을 겪고 있다.

④ 교과 홈페이지 담당자는 욕설과 비방이 □□하는 게시판을 실명제로 운영하기로 했다.

⑤ 교과 드럼 세탁기는 세탁물을 위에서 아래로 떨어뜨리는 □□의 원리를 이용하여 빨래를 한다.

⑥ 교과 음성 인식 기술이 장착된 내비게이션은 운전자의 말을 □□에 알아듣고 목적지까지 안내한다.

16 **답보** 밟을 踏 | 걸음 步	명 상태가 나아가지 못하고 한자리에 머무르는 일. 또는 그런 상태.	( )
17 **대두** 들 擡 | 머리 頭	명 머리를 쳐든다는 뜻으로, 어떤 세력이나 현상이 새롭게 나타남을 이르는 말.	( )
18 **도래하다** 이를 到 | 올 來 --	동 어떤 시기나 기회가 닥쳐오다.	( )
19 **동력** 움직일 動 | 힘 力	명 어떤 일을 발전시키고 밀고 나가는 힘.	( )
20 **만연하다** 덩굴 蔓 | 끌 延 --	동 전염병이나 나쁜 현상이 널리 퍼지다. 식물의 줄기가 널리 뻗는다는 뜻에서 나온 말이다.	( )

① 학평 1970년대 중반 이른바 정보 혁명의 시대가 ☐☐했다.

② 모평 '의미 없는 부지런함'이 ☐☐해진 세태에 대한 비판의 목소리가 나타났다.

③ 교과 성공한 IT 기업은 직원이 가진 개성과 독창성을 회사 발전의 ☐☐으로 삼는다.

④ 교과 주요 원자재의 수급이 불확실해지면서 신제품 개발은 ☐☐ 상태에 놓여 있다.

⑤ 교과 개인 정보 유출 사건이 잇달아 발생하면서 사이버 보안 강화의 필요성이 ☐☐되고 있다.

21 **만전** 일만 萬 | 온전할 全	명 조금도 허술함이 없이 아주 완전함.	( )
22 **모색하다** 본뜰 摸 | 찾을 索 --	동 일이나 사건 따위를 해결할 수 있는 방법이나 실마리를 더듬어 찾다.	( )
23 **미약하다** 작을 微 | 약할 弱 --	형 미미하고 약하다.	( )
24 **미진하다** 아닐 未 | 다할 盡 --	형 아직 다하지 못하다.	( )
25 **방편** 모 方 | 편할 便	명 그때그때의 경우에 따라 편하고 쉽게 이용하는 수단과 방법.	( )

① 교과 이번 기술 박람회는 준비가 ☐☐해 아쉬운 점이 많았다.

② 교과 인간은 인공 지능과 공존할 수 있는 길을 ☐☐해야 한다.

③ 교과 원자력 발전소의 경우 핵폐기물 처리에 ☐☐을 기해야 한다.

④ 교과 기술 유출을 막기 위해 다양한 정책을 시행했지만 일시적인 ☐☐일 뿐 근본적인 해결책이 되지 못했다.

⑤ 학평 자동차 한 대당 대기 오염에 끼치는 영향이 ☐☐할지라도 자가용 승용차 대수가 많기 때문에 분명 대기 오염에 끼치는 영향이 클 수밖에 없다.

26 **번창하다** 많을 繁 | 창성할 昌 --	동 번화하게 창성하다.	( )
27 **변용하다** 변할 變 | 얼굴 容 --	동 모습이나 형태를 다른 것으로 바꾸다.	( )
28 **봉착하다** 만날 逢 | 붙을 着 --	동 어떤 처지나 상태에 부닥치다.	( )
29 **부각되다** 뜰 浮 | 새길 刻 --	(1) 동 어떤 사물이 특징지어져 두드러지게 되다.	( )
	(2) 동 주목받는 사람, 사물, 문제 따위로 나타나게 되다.	( )
30 **부합하다** 부신 符 | 합할 合 --	동 부신(符信)이 꼭 들어맞듯 사물이나 현상이 서로 꼭 들어맞다.	( )

① 교과 조명을 비추니 제품의 새로운 디자인이 더욱 ☐☐되어 보였다.

② 교과 전기차의 수요가 감소하면서 배터리 장비 업계가 난관에 ☐☐했다.

③ 교과 기존 제품을 ☐☐하여 출시한 제품이 20대 소비자들의 관심을 끌었다.

④ 교과 업체는 공장 기계가 안전 기준에 ☐☐하는지 주기적으로 확인해야 한다.

⑤ 수능 바이오 기술, 나노 기술, 환경 기술 등도 미래의 유망 산업으로 ☐☐되고 있다.

⑥ 교과 가전제품의 수출 물량이 늘어나면서 해운 사업도 크게 ☐☐할 것으로 예상된다.

· 뜻풀이로 체크하기 ·

01 ~ 06 다음 뜻풀이에 해당하는 어휘를 말상자에서 찾아 표시하시오.

대	현	로	답	교	세
준	굴	지	구	보	그
방	롭	앞	만	준	러
편	걱	굴	임	능	쥐
낮	우	미	진	하	다
낙	차	상	약	경	책

01 아직 다하지 못하다.

02 그러당겨 손안에 잡다.

03 매우 뛰어나 수많은 가운데서 손꼽힘.

04 물체가 높은 곳에서 낮은 곳으로 떨어질 때의 높낮이 차이.

05 그때그때의 경우에 따라 편하고 쉽게 이용하는 수단과 방법.

06 상태가 나아가지 못하고 한자리에 머무르는 일. 또는 그런 상태.

07 ~ 12 다음 빈칸에 들어갈 알맞은 말을 쓰시오.

07 번창하다: □□하게 창성하다.

08 만전: 조금도 □□□이 없이 아주 완전함.

09 동력: 어떤 일을 □□시키고 밀고 나가는 힘.

10 변용하다: 모습이나 형태를 다른 것으로 □□□.

11 기우: 앞일에 대해 □□□□ 걱정을 함. 또는 그 걱정.

12 기로: 어느 한쪽을 □□해야 할 상황을 비유적으로 이르는 말.

· 문장으로 체크하기 ·

13 ~ 18 다음 문맥에 알맞은 어휘를 고르시오.

13 학평 굳은 의지가 잘 드러나도록 이도 역을 맡은 배우의 얼굴을 (근접 | 대두)해서 찍어야겠어.

14 수능 최근에는 커피박이 바이오 에너지의 원료로 활용될 수 있다는 점도 (부합 | 부각)되고 있다.

15 수능 산업의 정의나 분류도 유연하고 전략적인 관점에서 접근해야 할 시대가 (난무 | 도래)한 것이다.

16 교과 이 영화는 1980년대 우리 사회에 (만연 | 경미)한 권력의 횡포와 폭력을 사실적으로 그려 냈다.

17 학평 공원을 이용하는 지역 주민의 수가 감소하고 있는 문제의 해결 방안을 (변용 | 모색)할 필요가 있다.

18 수능 릴리우스는 복잡한 천체 운동을 반영해 역법을 (고안 | 번창)하면 일반인들이 어려워할 것이라 보았다.

19 ~ 24 다음 빈칸에 들어갈 알맞은 어휘를 〈보기〉에서 찾아 쓰시오.

보기

강구	건재	농후
대두	미약	부합

19 교과 학교 급식 영양 기준에 (   )하는 음식들은 대부분의 학생들이 선호하지 않는 것이다.

20 학평 최근 '노쇼(no-show)'라고 불리는 '예약 부도'가 심각한 사회적 문제로 (   )되고 있다.

21 교과 한동안 슬럼프에 빠져 있던 그는 오늘 경기에서 홈런을 날려 자신의 (   )함을 증명했다.

22 교과 실패할 가능성이 (   )하더라도 도전을 멈추지 않는다면 혁신적인 기술을 개발할 수 있다.

23 학평 힘이 (   )하여 시련을 겪을 수밖에 없는 주인공이 조력자의 도움을 받아 영웅으로 변신한다.

24 학평 사업자는 오투오 서비스 운영 업체와의 마찰을 해결하기 위한 다양한 방법을 (   )해야 한다.

▶ 정답과 해설 45쪽

적절한 어휘로 바꿔 쓰기

01 문맥상 다음 밑줄 친 어휘와 바꿔 쓰기에 적절하지 않은 것은?

① 이 글은 당시에 만연해 있던 부패상을 비판하고 있다. → 널리 퍼져
② 요즘은 선거 운동의 방편으로 인터넷 광고가 이용되고 있다. → 수단
③ 우리의 항공 분야 기술력은 선진국 수준에 근접하고 있다. → 닥쳐오고
④ 그녀는 문밖에서 들리는 웃음소리 하나로 상대방이 누군지 단박에 알아맞혔다. → 바로
⑤ 독일의 화학자 분젠은 석탄 가스를 태워 높은 열을 손쉽게 얻는 장치를 고안했다. → 개발했다

어휘의 쓰임 이해하기

02 문맥상 밑줄 친 어휘의 쓰임이 적절하지 않은 것은?

① 불볕더위가 연일 기우를 부린다.
② 이 도시는 과거 동서 무역의 중개로 번창했던 곳이다.
③ 결정적 증거가 발견되지 않아 수사는 난관에 봉착했다.
④ 신채호는 민족의 생존과 발전의 길을 모색하기 위해 저술 활동을 했다.
⑤ 〈봉산 탈춤〉에 등장하는 '취발이'는 조선 후기 사회 변화의 동력이었던 상공인 계층을 대변하는 인물이다.

관용어와 속담의 뜻풀이에 맞는 어휘 찾기

03 다음 관용어와 속담의 뜻풀이에서, ㉠~㉢에 들어갈 말이 바르게 연결된 것은?

보기

- 뒷손을 쓰다: 은밀히 대책을 (㉠)하거나 뒷수습을 하다.
- 오뉴월 바람도 불면 차갑다: 아무리 (㉡) 하찮은 것이라도 계속되면 무시할 수 없는 결과를 가져옴을 이르는 말.
- 미련은 먼저 나고 슬기는 나중 난다: 미련이 먼저 생기고 그다음에 슬기가 생긴다는 뜻으로, 무슨 일을 잘못 생각하거나 못쓰게 그르쳐 놓은 후에야 이랬더라면 좋았을 것을 저랬더라면 좋았을 것을 하고 (㉢)한다는 말.

	㉠	㉡	㉢
①	강구	미약하고	궁리
②	만연	그러쥐고	고안
③	모색	번창하고	도래
④	변용	난무하고	근접
⑤	부각	미진하고	부합

어휘의 의미와 쓰임 이해하기

04 〈보기〉의 빈칸에 들어갈 어휘와 그 의미의 연결이 바르지 않은 것은?

보기

ⓐ 양국의 의견이 엇갈려 협정이 ( )을 겪고 있다.
ⓑ 겨울철 동파 사고가 나지 않도록 ( )을 기해야 한다.
ⓒ 선거판은 중상모략과 상호 비방이 ( ) 난장판으로 변했다.
ⓓ 이번 실험은 준비가 ( ) 예기치 못한 일이 일어날까 봐 마음이 영 불안하다.
ⓔ 작가주의 이론이 ( )될 당시에는 유명 문학 작품을 별다른 수정 없이 영화화하곤 했다.

① ⓐ: 난항 – 여러 가지 장애 때문에 일이 순조롭게 진행되지 않음을 비유적으로 이르는 말.
② ⓑ: 만전 – 조금도 허술함이 없이 아주 완전함.
③ ⓒ: 난무하는 – 함부로 나서서 마구 날뛰는
④ ⓓ: 미진해서 – 무엇에 홀려 정신을 차리지 못해서
⑤ ⓔ: 대두 – 머리를 쳐든다는 뜻으로, 어떤 세력이나 현상이 새롭게 나타남을 이르는 말.

어휘의 쓰임 이해하기

05 〈보기〉의 ㈀~㈃을 사용하여 만든 문장으로 적절하지 않은 것은?

보기

- 그는 차량 접촉 사고로 ㈀경미한 부상을 당했다.
- 그녀는 여든이 다 된 나이인데도 여전히 ㈁건재하다.
- 그 선수가 포수를 향해 던진 공은 ㈂낙차가 큰 포크 볼이었다.
- 상당수의 전동 휠체어가 품질 기준에 ㈃부합하지 않는 것으로 밝혀졌다.
- 이 작품은 시를 삽입하여 인물의 심리를 ㈄부각하고 주제를 구체적으로 드러내고 있다.

① ㈀: 다행히도 이번 태풍으로 인한 피해는 경미했다.
② ㈁: 3년 만에 방송에 복귀한 그는 뛰어난 진행 능력으로 건재함을 과시했다.
③ ㈂: 현실과 이상의 낙차가 너무 크면 대부분은 절망하게 된다.
④ ㈃: 봄꽃 축제가 배타적인 지방색을 강조하기보다 공공의 이익에 부합하는 행사가 되길 바랍니다.
⑤ ㈄: 광고는 제품의 장점을 부각하여 소비자에게 더 많은 제품을 팔기 위한 수단이다.

관용어

※ 관용어가 사용된 예문을 읽고 해당 뜻풀이를 찾아 번호를 쓰세요.

★ 숨

01 숨 쉴 새 없다

교과 빠듯한 마감 날짜를 맞추기 위해 숨 쉴 새 없이 일했다. ( )

02 숨을 거두다

교과 할아버지께서는 아끼던 손녀의 결혼식을 보지 못하고 숨을 거두셨다. ( )

03 숨이 막히다

(1) 교과 창문이 없는 좁은 방에 오래 앉아 있으니 숨이 막혔다. ( )

(2) 교과 숨 막히는 역전극에 손에 땀을 쥐었다. ( )

04 숨통을 끊어 놓다

교과 호랑이는 날카로운 이빨로 멧돼지의 숨통을 끊어 놓았다. ( )

① '죽다'를 완곡하게 이르는 말.

② '죽이다'를 속되게 이르는 말.

③ 숨을 쉴 수 없을 정도로 답답함을 느끼다.

④ 좀 쉴 만한 시간적 여유도 없이 몹시 바쁘다.

⑤ 어떤 상황이 심한 긴장감이나 압박감을 주다.

★ 허리

05 허리가 부러지다

교과 밀린 집안일이 너무 많아 허리가 부러질 지경이다. ( )

06 허리가 휘다

교과 두 아들의 등록금을 대느라 허리가 휘었다. ( )

07 허리를 굽히다

모평 내가 이 얼마 되지 않는 녹봉을 받고, 이 따위 시골 아이들에게 허리를 굽힐 수 없다. ( )

08 허리를 잡다

교과 아이들은 개그 프로그램을 보며 허리를 잡고 웃어 댔다. ( )

09 허리띠를 졸라매다

교과 집을 사려면 허리띠를 졸라매고 돈을 악착같이 모아야 한다. ( )

① 남에게 굴복하다.

② 검소한 생활을 하다.

③ 감당하기 어려운 일을 하느라 힘이 부치다.

④ 웃음을 참을 수 없어 고꾸라질 듯이 마구 웃다.

⑤ 어떤 일에 대한 부담이 감당하기 어려운 상태가 되다.

★ 오금

10 오금을 박다

교과 엄마가 나에게 동생을 놀리지 말라고 오금을 박았다. ( )

11 오금이 얼어붙다

교과 추운 날씨에 오금이 얼어붙은 듯 현규는 비틀비틀 걸었다. ( )

12 오금이 저리다

교과 무섭기로 소문이 난 선생님 앞에 서기만 해도 오금이 저렸다. ( )

① 팔다리가 잘 움직이지 아니하다.

② 공포감 따위에 맥이 풀리고 마음이 졸아들다.

③ 다른 사람에게 함부로 말이나 행동을 하지 못하게 단단히 이르거나 으르다.

★ 속

13 속을 끓이다

교과 이모는 하루 종일 컴퓨터 게임만 하는 막내아들 때문에 속을 끓였다. ( )

14 속을 태우다

학평 하생은 숙소에 돌아와 가슴을 치고 속을 태우며 약속을 저버린 여인을 원망했다. ( )

15 속이 뒤집히다

교과 고약한 냄새가 풍겨 와 속이 뒤집힐 것만 같았다. ( )

16 속이 보이다

교과 지혜는 속이 보이는 핑계를 대며 자신의 실수를 감추려 했다. ( )

17 속이 시원하다

모평 그 일을 다 해 버리니 속이 시원하다. ( )

18 속이 풀리다

교과 친구가 진심 어린 사과를 건네자 속이 풀렸다. ( )

① 마음을 태우다.
② 엉큼한 마음이 들여다보이다.
③ 몹시 걱정이 되어 마음을 졸이다.
④ 비위가 상하여 욕지기가 날 듯하게 되다.
⑤ 화를 냈거나 토라졌던 감정이 누그러지다.
⑥ 좋은 일이 생기거나 나쁜 일이 없어져서 마음이 상쾌하다.

★ 뼈

19 뼈가 빠지게

교과 남편은 우리 가족을 위해 늦은 밤까지 뼈가 빠지게 일했다. ( )

20 뼈를 깎다

교과 뼈를 깎는 노력 없이는 사업가로 성공할 수 없다. ( )

21 뼈를 묻다

교과 회사에 뼈를 묻을 작정으로 일하는 사원에게 포상금을 주었다. ( )

22 뼈에 사무치다

교과 외국에 나가 사는 자식이 뼈에 사무치게 그리웠다. ( )

① 단체나 조직에 평생토록 헌신하다.
② 몹시 견디기 어려울 정도로 고통스럽다.
③ 원한이나 고통 따위가 뼛속에 파고들 정도로 깊고 강하다.
④ 오랫동안 육체적 고통을 견디어 내면서 힘겨운 일을 치러 나가는 것을 비유적으로 이르는 말.

★ 잘못, 훼방

23 산통을 깨다

교과 그가 산통을 깨는 말을 하는 바람에 거래가 이루어지지 않았다. ( )

24 찬물을 끼얹다

교과 일이 겨우 마무리되어 가려고 할 때에 그가 나타나 찬물을 끼얹었다. ( )

① 다 잘되어 가던 일을 이루지 못하게 뒤틀다.
② 잘되어 가고 있는 일에 뛰어들어 분위기를 흐리거나 공연히 트집을 잡아 헤살을 놓다.

· 뜻풀이로 체크하기 ·

01 ~ 07 다음 뜻풀이에 해당하는 관용어를 쓰시오.

01 '죽다'를 완곡하게 이르는 말. ____________

02 몹시 견디기 어려울 정도로 고통스럽다. ____________

03 '죽이다'를 속되게 이르는 말. ____________

04 화를 냈거나 토라졌던 감정이 누그러지다. ____________

05 감당하기 어려운 일을 하느라 힘이 부치다. ____________

06 다 잘되어 가던 일을 이루지 못하게 뒤틀다. ____________

07 다른 사람에게 함부로 말이나 행동을 하지 못하게 단단히 이르거나 으르다. ____________

08 ~ 13 다음 빈칸에 들어갈 알맞은 말을 〈보기〉에서 찾아 쓰시오.

보기

마음 부담 상쾌
엉큼 원한 팔다리

08 속을 끓이다: ( )을/를 태우다.

09 속이 보이다: ( )한 마음이 들여다보이다.

10 오금이 얼어붙다: ( )이/가 잘 움직이지 아니하다.

11 속이 시원하다: 좋은 일이 생기거나 나쁜 일이 없어져서 마음이 ( )하다.

12 허리가 부러지다: 어떤 일에 대한 ( )이/가 감당하기 어려운 상태가 되다.

13 뼈에 사무치다: ( )(이)나 고통 따위가 뼛속에 파고들 정도로 깊고 강하다.

· 문장으로 체크하기 ·

14 ~ 18 다음 빈칸에 들어갈 알맞은 관용어를 〈보기〉에서 찾아 기호를 쓰시오.

보기

㉠ 뼈를 묻을　　㉡ 숨 쉴 새 없이
㉢ 숨이 막혀　　㉣ 찬물을 끼얹는
㉤ 허리를 잡고

14 교과 가게를 찾는 손님이 무척 많아져 ( ) 음식을 만들어야 했다.

15 교과 우스꽝스러운 표정을 짓는 영진이를 보며 우리 모두 ( ) 웃었다.

16 교과 신입 사원은 회사에 ( ) 각오로 열심히 일하겠다며 열정과 패기를 보였다.

17 교과 일이 잘되어 모두가 들떠 있는데 그가 ( ) 말을 하여 분위기가 순식간에 가라앉았다.

18 학평 개인이 처리해도 되는 일까지 법이 간섭한다면 사람들은 ( ) 평온하게 살기 힘들 것이다.

19 ~ 24 다음 문맥에 알맞은 관용어를 고르시오.

19 교과 바람을 타고 외양간 냄새가 풍겨 와 속이 (풀릴 것 | 뒤집힐 것) 같았다.

20 교과 성민이는 자존심이 강해서 남에게 쉽게 (허리가 휘는 | 허리를 굽히는) 사람이 아니다.

21 교과 물가가 오르자 아내는 불필요한 생활비를 줄이며 (허리를 잡았다 | 허리띠를 졸라맸다).

22 교과 버스가 끊길 시간이 다 되도록 어린 동생이 집에 들어오지 않아 (속을 태웠다 | 속이 시원했다).

23 교과 가로등도 없는 어두운 골목길을 혼자 걸어갔던 기억만 떠올려도 (오금이 저렸다 | 오금을 박았다).

24 교과 농부는 (뼈가 빠지게 | 뼈에 사무치게) 열심히 농사를 지었는데 홍수 때문에 남은 것이 없다며 허탈해했다.

▶ 정답과 해설 46쪽

관용어의 의미와 쓰임 이해하기

01 〈보기〉와 같이 관용어가 쓰인 부분을 바꾸어 표현한 것으로 적절하지 않은 것은?

보기
- 가게에 손님이 몰려들어 숨 돌릴 사이도 없이 바쁘게 일했다.
  → 잠깐의 여유도 없이

① 그는 손님 맞을 준비 때문에 숨 쉴 새가 없다. → 몹시 답답함을 느꼈다
② 작은누나는 항상 분위기 좋을 때만 골라서 산통을 깬다. → 일을 그르친다
③ 나를 괴롭히던 친구가 전학을 간다는 소식을 들으니 속이 시원하다. → 마음이 상쾌하다
④ 피해자들은 가해자의 진심 어린 사과를 받고 나서야 비로소 속이 풀렸다. → 감정이 누그러졌다
⑤ 느글느글한 생선 비린내에 속이 뒤집혀 얼굴을 찡그렸다. → 비위가 상하여 욕지기가 날 듯하여

관용어의 사례 파악하기

02 밑줄 친 부분이 관용어가 아닌 것은?

① 그는 집안의 빚을 갚느라 허리가 부러질 지경이다.
② 민규는 허리를 굽혀 바닥에 있는 돌을 주워 들었다.
③ 그들은 재미난 얘기를 하는지 허리를 잡고 웃어 댔다.
④ 빚에서 벗어나기 위해 가족 모두 허리띠를 졸라맸다.
⑤ 혼자 힘으로 아이의 학비와 생활비를 대느라 허리가 휘었다.

문맥에 맞는 관용어 파악하기

03 관용어를 사용하여 ㉠~㉢의 문장을 완성할 때, 빈칸에 들어갈 말로 적절한 것은?

보기
㉠ 그는 오랜 투병 끝에 결국 숨을 (　　　　).
㉡ 합격자 발표만을 남겨 둔 순간, 사람으로 가득 찬 장내에는 숨이 (　　　　) 정적이 흘렀다.
㉢ 지호는 정해진 시간까지 그 장소에 나타나지 않으면 숨통을 (　　　　) 놓고 말겠다는 협박을 받았다고 했다.

	㉠	㉡	㉢
①	굽혔다	보이는	깨어
②	거뒀다	막히는	끊어
③	박았다	저리는	잡아
④	잡았다	얼어붙는	묻어
⑤	태웠다	뒤집히는	깎아

관용어의 사례 파악하기

04 밑줄 친 부분이 관용어가 아닌 것은?

① 알미운 놈을 실컷 패 주었더니 속이 다 풀렸다.
② 그는 생계를 유지하기 위해 뼈가 빠지게 일했다.
③ 과식해서 속이 더부룩할 때는 속 시원한 북엇국이 최고야.
④ 이제 다시는 만날 수 없는 그 사람이 뼈에 사무치게 그립다.
⑤ 노인은 눈 하나 깜짝 안 하고 빤히 속이 보이는 거짓말을 하고 있다.

관용어의 쓰임 이해하기

05 밑줄 친 관용어의 쓰임이 적절하지 않은 것은?

① 우승은 뼈를 깎는 노력을 통해서 달성된다.
② 교실이 너무 어수선해서 찬물을 끼얹어 분위기를 바로잡았다.
③ 재계약에 성공한 A 선수는 그 팀에 뼈를 묻겠다는 각오를 밝혔다.
④ 비 내리는 밤에 공동묘지를 지나려니 뒷머리가 쭈뼛 서며 오금이 저렸다.
⑤ 아이가 겁에 질려 입을 떼지도 못하고 오금이 얼어붙어 발도 떼어 놓지를 못했다.

제시된 정보로 관용어 유추하기

06 제시된 뜻풀이를 참고할 때, ⓐ와 ⓑ에 들어갈 관용어로 적절한 것은?

보기
- [뜻풀이] 마음을 태우다
  [예　문] 그는 자식들 문제로 (ⓐ) 결국 병을 얻게 되었다.
- [뜻풀이] 다른 사람에게 함부로 말이나 행동을 하지 못하게 단단히 이르거나 으르다.
  [예　문] 심사 위원장은 참가자들에게 학력과 경력을 부풀리는 일은 죄질이 나쁜 범죄 행위라고 (ⓑ).

	ⓐ	ⓑ
①	속이 보이다	뼈를 깎다
②	속이 풀리다	허리를 잡다
③	속을 끓이다	오금을 박다
④	속을 태우다	뼈에 사무치다
⑤	속이 뒤집히다	산통을 깨다

다의어

※ 다의어의 각 예문을 읽고 해당 뜻풀이를 찾아 번호를 쓰세요.

01 삭다

(1) 교과 밧줄이 삭아 곧 끊어질 것 같았다. ( )

(2) 교과 그는 아직도 분이 삭지 않았는지 숨을 거칠게 내쉬고 있었다. ( )

(3) 교과 박 씨가 고생을 많이 했는지 얼굴이 완전히 삭았구먼. ( )

① 동 사람의 얼굴이나 몸이 생기를 잃다.

② 동 긴장이나 화가 풀려 마음이 가라앉다.

③ 동 물건이 오래되어 본바탕이 변하여 썩은 것처럼 되다.

02 새침하다

(1) 교과 새침한 표정을 지으며 부탁을 거절하는 현서가 얄밉게 느껴졌다. ( )

(2) 교과 삼촌이 건네는 선물에 한 아이는 방긋 웃었고 다른 아이는 새침했다. ( )

① 동 짐짓 쌀쌀한 기색을 꾸미다.

② 형 쌀쌀맞게 시치미를 떼는 태도가 있다.

03 선뜩하다

(1) 교과 교실 안이 선뜩하니 담요를 덮어라. ( )

(2) 교과 할아버지가 성난 목소리로 내 이름을 부르자 가슴이 선뜩했다. ( )

① 형 갑자기 서늘한 느낌이 있다.

② 형 갑자기 놀라서 마음에 서늘한 느낌이 있다.

04 스미다

(1) 교과 땀이 옷에 스미기 전에 손수건으로 땀을 닦아 냈다. ( )

(2) 교과 책상 위에 올려놓은 화분 덕분에 향긋한 냄새가 코에 스민다. ( )

(3) 교과 가슴에 스미는 고독감은 나이가 들수록 심해졌다. ( )

① 동 마음속 깊이 느껴지다.

② 동 바람 따위의 기체가 흘러들다.

③ 동 물, 기름 따위의 액체가 배어들다.

05 싣다

(1) 학평 항공사들은 계속 표를 팔고 승객들을 실어 날랐다. ( )

(2) 모평 독립신문에서는 논설을 1면 첫머리에 실었다. ( )

(3) 교과 그녀는 얼굴에 웃음을 가득 싣고 기쁜 소식을 전하러 집으로 향했다. ( )

① 동 다른 기운을 함께 품거나 띠다.

② 동 글, 그림, 사진 따위를 책이나 신문 따위의 출판물에 내다.

③ 동 물체나 사람을 옮기기 위해 탈것, 수레, 비행기, 짐승의 등 따위에 올리다.

06 썩다

(1) 학평 서까래, 추녀, 기둥, 들보가 모두 썩어서 못 쓰게 되었다. ( )

(2) 교과 물건이 팔리지 않으니 창고에서 그냥 썩고 있다. ( )

(3) 교과 매일 밤늦게까지 놀러 다니는 자식 때문에 속이 썩는다. ( )

① 동 균의 작용으로 악취가 생기거나 상하게 되다.

② 동 걱정이나 근심 따위로 마음이 몹시 괴로운 상태가 되다.

③ 동 물건이나 사람 또는 사람의 재능 따위가 쓰여야 할 곳에 제대로 쓰이지 못하고 내버려진 상태에 있다.

07 안이하다 편안할 安 | 쉬울 易 --

(1) 교과 그렇게 안이하게 일을 처리하다가 실수할 수도 있어. (　　)

(2) 교과 준이는 부모님이 물려주신 유산 덕분에 생계 걱정 없이 안이하게 살았다. (　　)

① 형 근심이 없이 편안하다.

② 형 너무 쉽게 여기는 태도나 경향이 있다.

08 얄팍하다

(1) 교과 채소를 얄팍하게 썰어 끓는 물에 넣었다. (　　)

(2) 교과 현명한 소희는 사내의 얄팍한 꾀에 넘어가지 않았다. (　　)

① 형 두께가 조금 얇다.

② 형 생각이 깊이가 없고 속이 빤히 들여다보이다.

09 어렵다

(1) 교과 아이들은 선생님한테 시험 문제가 너무 어려웠다고 투덜댔다. (　　)

(2) 학평 청산댁은 두 아들을 뒷바라지하며 어렵게 살아간다. (　　)

(3) 교과 진우는 선생님이 너무 어려워서 선생님의 눈도 잘 못 마주쳤다. (　　)

① 형 겪게 되는 곤란이나 시련이 많다.

② 형 하기가 까다로워 힘에 겹다.

③ 형 상대가 되는 사람이 거리감이 있어 행동하기가 조심스럽고 거북하다.

10 여리다

(1) 모평 탐스러운 꽃이 여린 가지 누르고 있네. (　　)

(2) 교과 그 아이는 마음이 여려서 친구들의 말에 쉽게 상처를 받았다. (　　)

(3) 교과 저 멀리서 사람들의 말소리가 여리게 들렸지만 빗소리에 금세 묻혔다. (　　)

① 형 빛깔이나 소리 따위가 약간 흐리거나 약하다.

② 형 단단하거나 질기지 않아 부드럽거나 약하다.

③ 형 의지나 감정 따위가 모질지 못하고 약간 무르다.

11 엷다

(1) 학평 부인은 엷은 화장을 하고 소복을 입은 채 난간에 기대 앉아 있었다. (　　)

(2) 교과 요즘 밤공기가 찬데 엷은 이불만 덮고 자서 감기에 걸렸다. (　　)

(3) 교과 안개가 엷게 끼어 앞이 흐릿하게 보였다. (　　)

(4) 교과 선생님은 말썽을 부리는 아이를 바라보며 엷은 한숨을 내쉬었다. (　　)

① 형 두께가 적다.

② 형 빛깔이 진하지 아니하다.

③ 형 밀도가 빽빽하지 아니하다.

④ 형 지나치게 드러냄이 없이 있는 듯 없는 듯 가만하다.

12 자잘하다

(1) 교과 꽃무늬가 자잘하게 박힌 옷을 입으니 얼굴이 화사해 보였다. (　　)

(2) 교과 친구들과 일상의 자잘한 이야기를 나누다 보면 시간 가는 줄 모른다. (　　)

① 형 여럿이 다 가늘거나 작다.

② 형 여러 가지 물건이나 일, 또는 여러 생각이나 행동 따위가 다 작고 소소하다.

·뜻풀이로 체크하기·

01 ~ 05 다음 밑줄 친 어휘의 뜻풀이에 들어갈 알맞은 말을 〈보기〉에서 찾아 쓰시오.

보기
기운　생기　얇다　시치미　소소하다

01 교과 며칠 밤을 새웠더니 얼굴이 삭은 듯하다.
→ 삭다: 사람의 얼굴이나 몸이 (　　　)을/를 잃다.

02 교과 조롱을 실은 어조로 말대꾸하는 아이를 혼냈다.
→ 싣다: 다른 (　　　)을/를 함께 품거나 띠다.

03 교과 새침한 표정을 짓는 주미에게 말을 걸 수 없었다.
→ 새침하다: 쌀쌀맞게 (　　　)을/를 떼는 태도가 있다.

04 교과 얄팍한 옷을 입고서는 추위에 떨고 있는 그에게 목도리를 건넸다.
→ 얄팍하다: 두께가 조금 (　　　).

05 교과 자잘한 문제로 화를 내는 친구가 이해되지 않았다.
→ 자잘하다: 여러 가지 물건이나 일, 또는 여러 생각이나 행동 따위가 다 작고 (　　　).

06 ~ 09 다음 밑줄 친 어휘의 뜻풀이로 알맞은 것을 고르시오.

06 교과 방 안이 선득해 얼른 보일러를 틀었다.
① 갑자기 서늘한 느낌이 있다.
② 갑자기 놀라서 마음에 서늘한 느낌이 있다.

07 학평 그중 가장 어려웠던 것은 근력 운동이었다.
① 하기가 까다로워 힘에 겹다.
② 겪게 되는 곤란이나 시련이 많다.

08 교과 여린 새싹이 돋아나는 모습은 언제 봐도 경이롭다.
① 단단하거나 질기지 않아 부드럽거나 약하다.
② 의지나 감정 따위가 모질지 못하고 약간 무르다.

09 교과 임금의 현명한 정치 덕분에 백성들의 생활이 안이했다.
① 근심이 없이 편안하다.
② 너무 쉽게 여기는 태도나 경향이 있다.

·문장으로 체크하기·

10 ~ 13 다음 밑줄 친 어휘가 제시된 의미로 사용된 문장을 고르시오.

10 여리다: 의지나 감정 따위가 모질지 못하고 약간 무르다.
① 교과 여린 색깔의 가구들이 흰 벽지와 잘 어울렸다.
② 교과 그는 우락부락한 생김새와 달리 마음이 여렸다.

11 썩다: 걱정이나 근심 따위로 마음이 몹시 괴로운 상태가 되다.
① 교과 너는 이곳에서 썩기에는 너무 아까운 인재다.
② 교과 무리한 요구를 하는 손님 때문에 속을 썩었다.

12 삭다: 물건이 오래되어 본바탕이 변하여 썩은 것처럼 되다.
① 교과 십 년 전에 선물로 받은 옷들이 모두 삭았다.
② 교과 시간이 약이라더니, 세월이 흐르니 한스러움도 다 삭아 없어졌다.

13 스미다: 마음속 깊이 느껴지다.
① 교과 사랑한다는 그의 말 한마디가 가슴 깊숙한 곳으로 스몄다.
② 교과 창문 틈으로 스미는 차가운 바람을 막기 위해 창문에 커튼을 달았다.

14 ~ 16 다음 밑줄 친 어휘가 제시된 문장의 밑줄 친 어휘와 유사한 의미로 사용된 문장을 고르시오.

14 교과 잡지에 실을 사진을 찍기 위해 카메라를 챙겼다.
① 교과 트럭에 실을 이삿짐을 남편이 챙기고 있었다.
② 교과 책상에 앉아 학교 신문에 실을 글을 구상했다.

15 교과 어려운 시기를 함께 보낸 그들에게는 각별한 정이 있다.
① 교과 요즘 장사가 잘되지 않아 어렵게 지내고 있다.
② 교과 나에게 시부모님은 어려운 존재여서 안부를 묻는 것도 쉽지 않았다.

16 교과 옅은 달빛이 은은하게 비치고 있었다.
① 교과 그녀는 아무리 기뻐도 활짝 웃지 않고 옅은 미소만 띤다.
② 교과 옅은 화장은 그녀의 이목구비를 더욱 돋보이게 해 주었다.

▶ 정답과 해설 47쪽

어휘의 의미와 쓰임 이해하기

01 〈보기〉의 (a)~(e)의 뜻을 지닌 어휘를 활용하여 만든 문장으로 적절하지 않은 것은?

보기
(a) 여럿이 다 가늘거나 작다.
(b) 갑자기 서늘한 느낌이 있다.
(c) 하기가 까다로워 힘에 겹다.
(d) 물, 기름 따위의 액체가 배어들다.
(e) 의지나 감정 따위가 모질지 못하고 약간 무르다.

① (a) : 그녀는 자잘하게 꽃무늬가 놓인 손수건을 꺼냈다.
② (b) : 해가 지면 선뜩하여 두꺼운 옷을 찾게 된다.
③ (c) : 그는 노년을 양로원에서 어렵게 지냈다.
④ (d) : 엎질러진 물이 방석에 스며서 얼룩이 졌다.
⑤ (e) : 순이는 마음이 여려 벌레 한 마리도 못 죽인다.

사전적 의미 파악하기

02 밑줄 친 어휘의 사전적 의미가 적절하지 않은 것은?

① 이제 그만 어리석고 얄팍한 생각 좀 버려라. – 두께가 조금 얇다.
② 객지에서 고생을 하더니 얼굴이 많이 삭았구나. – 사람의 얼굴이 생기를 잃다.
③ 자신의 실수를 깨달은 그는 가슴이 선뜩했다. – 갑자기 놀라서 마음에 서늘한 느낌이 있다.
④ 안이한 생각을 가지고 일을 하면 큰 사고가 날 수도 있다. – 너무 쉽게 여기는 태도나 경향이 있다.
⑤ 그는 소리 없이 새침하게 돌아앉아 아무 대꾸도 하지 않았다. – 쌀쌀맞게 시치미를 떼는 태도가 있다.

문맥적 의미 파악하기

03 밑줄 친 두 어휘의 의미가 일치하지 않는 것은?

① (ㄱ) 치과에 가서 썩은 이를 치료했다.
(ㄴ) 상처 난 부위가 썩어 고름이 나왔다.
② (ㄱ) 그 의사는 어려운 수술을 척척 해냈다.
(ㄴ) 어려운 문제일수록 답을 구하는 방식은 쉽다.
③ (ㄱ) 벌에 쏘여 얄팍한 입술이 퉁퉁 부었다.
(ㄴ) 떡을 얄팍하게 썰어 넣어야 빨리 익는다.
④ (ㄱ) 뽀얀 살갗이 아기의 피부처럼 여려 보인다.
(ㄴ) 모종은 아주 여려서 힘주어 잡으면 안 된다.
⑤ (ㄱ) 한지를 투과한 햇살이 부드럽게 방 안에 스민다.
(ㄴ) 그 노랫가락에는 우리 조상들의 한이 스며 있다.

문맥적 의미 파악하기

04 문맥상 〈보기〉의 ㉠과 같은 의미로 쓰인 것은?

보기
• 초여름에 덮기 위해 ㉠엷은 이불을 찾다가 디자인도 예쁘고 보온도 될 것 같아 이 이불을 구입했다.

① 하늘에 엷은 구름이 떠 있다.
② 주현이는 생각이 엷어서 자주 말썽을 일으킨다.
③ 마애여래 입상은 엷은 미소를 띤 입술을 하고 있다.
④ 그는 엷은 입술을 꽉 다물고 조용히 고개를 숙였다.
⑤ 진주는 색채가 엷고 부드러워 우아한 분위기를 낸다.

적절한 어휘로 바꿔 쓰기

05 문맥상 다음 밑줄 친 어휘와 바꿔 쓰기에 적절하지 않은 것은?

① 우리 민요에는 민중의 숨결이 스며 있다. → 담겨
② '데크레셴도'는 '점점 여리게'라는 뜻이다. → 연하게
③ 타지 생활로 고생을 많이 해서 얼굴이 썩었다. → 곯았다
④ 가뭄 피해에 정부가 너무 안이하게 대응했다.→ 안일하게
⑤ 그는 아버지의 화가 삭기를 기다렸다가 집으로 들어갔다. → 가라앉기

예문의 적절성 판단하기

06 〈보기〉에서 어휘의 의미에 따른 예문의 제시가 적절하지 않은 것은?

보기
싣다
「1」 글, 그림, 사진 따위를 책이나 신문 따위의 출판물에 내다.
ⓐ 작가의 허락 없이 잡지에 작품을 실을 수 없다.
ⓑ 주요 일간지에 우리 교재에 대한 광고를 실었다.
「2」 다른 기운을 함께 품거나 띠다.
ⓒ 배는 희망을 싣고 대양을 향해 힘차게 출발했다.

삭다
물건이 오래되어 본바탕이 변하여 썩은 것처럼 되다.
ⓓ 나무에 묶여 있던 그넷줄이 삭아 끊어졌다.
ⓔ 고두밥이 잘 삭아서 항아리에 술이 가득하게 고였다.

① ⓐ ② ⓑ ③ ⓒ
④ ⓓ ⑤ ⓔ

10 필수 어휘_기술

4주 완성

※ 어휘의 사전적 의미에 해당하는 예문을 찾아 번호를 쓰고 빈칸을 채워 보세요.

번호	어휘	뜻	번호
01	**불가분** 아닐 不 | 옳을 可 | 나눌 分	명 나눌 수가 없음.	〔 〕
02	**산란** 흩을 散 | 어지러울 亂	명 파동이나 입자선이 물체와 충돌하여 여러 방향으로 흩어지는 현상.	〔 〕
03	**상쇄** 서로 相 | 감할 殺	명 상반되는 것이 서로 영향을 주어 효과가 없어지는 일.	〔 〕
04	**속단하다** 빠를 速 | 끊을 斷 --	동 신중을 기하지 아니하고 서둘러 판단하다.	〔 〕
05	**수렴** 거둘 收 | 거둘 斂	명 의견이나 사상 따위가 여럿으로 나뉘어 있는 것을 하나로 모아 정리함.	〔 〕

① 모평 이 글은 대립되는 관점들이 □□되어 가는 역사적 과정을 밝히고 있다.

② 교과 다양한 첨단 기술이 군대에 도입되면서 기술력과 군사력은 □□□의 관계가 되었다.

③ 교과 우주 망원경이 설치되는 지점은 지구와 달의 중력이 □□되는 지점인 라그랑주점이 가장 유력하다.

④ 교과 인공 지능이 발전하면서 의료 기술에 활발히 적용되고 있지만 아직 그 안정성을 □□하기에는 이르다.

⑤ 수능 CD 드라이브는 디스크 표면에 조사된 레이저 광선이 반사되거나 □□되는 효과를 이용해 정보를 판독한다.

번호	어휘	뜻	번호
06	**연동하다** 잇닿을 連 | 움직일 動 --	동 기계나 장치 따위에서, 한 부분을 움직이면 연결되어 있는 다른 부분도 잇따라 함께 움직이다.	〔 〕
07	**염두** 생각할 念 | 머리 頭	명 마음의 속.	〔 〕
08	**요긴하다** 중요할 要 | 팽팽할 緊 --	형 꼭 필요하고 중요하다.	〔 〕
09	**용이하다** 얼굴 容 | 쉬울 易 --	형 어렵지 아니하고 매우 쉽다.	〔 〕
10	**자부하다** 스스로 自 | 짐질 負 --	동 자기 자신 또는 자기와 관련되어 있는 것에 대하여 스스로 그 가치나 능력을 믿고 마음을 당당히 가지다.	〔 〕

① 교과 우리 회사의 반도체 기술은 국내 최고임을 □□합니다.

② 교과 항공기는 조종 장치와 항공기의 구성품들이 서로 잘 □□할 수 있도록 설계되어 있다.

③ 교과 노트북은 원래 사업용을 □□에 두고 개발되었으나 현재는 일반 가정에서도 흔하게 쓰인다.

④ 교과 도면을 바탕으로 3차원의 입체 물건을 만들어 내는 3D 프린터는 필요한 부품을 복잡한 공정 없이 바로 만들 수 있다는 점에서 □□하다.

⑤ 학평 개인 정보 수집과 활용에 동의를 얻는 절차를 간소화하고 편의성을 높이면 정보의 활용이 □□해져 드론 기술과 산업의 발전을 도모할 수 있다.

번호	어휘	뜻	번호
11	**전용** 오로지 專 | 쓸 用	명 남과 공동으로 쓰지 아니하고 혼자서만 쓰거나 특정한 목적으로 씀.	〔 〕
12	**정연하다** 가지런할 整 | 그럴 然 --	형 가지런하고 질서가 있다.	〔 〕
13	**정정하다** 정자 亭 | 정자 亭 --	형 늙은 몸이 굳세고 건강하다.	〔 〕
14	**정제하다** 정할 精 | 지을 製 --	(1) 동 정성을 들여 정밀하게 잘 만들다.	〔 〕
		(2) 동 물질에 섞인 불순물을 없애 그 물질을 더 순수하게 하다.	〔 〕
15	**중재하다** 버금 仲 | 마를 裁 --	동 분쟁에 끼어들어 쌍방을 화해시키다.	〔 〕

① 교과 이 조미료는 사탕수수를 □□하여 만든 것이다.

② 교과 의료 기술의 발달로 고령인 우리 할머니는 아직도 □□하시다.

③ 교과 부품을 조립하는 기계가 공정 순서에 따라 □□하게 배치되어 있다.

④ 교과 건물 공사비를 둘러싼 갈등을 □□하기 위해 특별 위원회가 조직될 예정입니다.

⑤ 교과 이 엘리베이터는 환자 □□이니 방문객들은 다른 엘리베이터를 이용해 주시기 바랍니다.

⑥ 교과 건우는 작은 부속품들을 한참 동안 □□하여 실제와 비슷한 초소형 자동차 장난감을 만들었다.

16 **중첩** 무거울 重 | 겹쳐질 疊	명 거듭 겹치거나 포개어짐.	( )
17 **착수하다** 붙을 着 | 손 手 --	동 어떤 일에 손을 대다. 또는 어떤 일을 시작하다.	( )
18 **창대하다** 창성할 昌 | 큰 大 --	형 세력이 번창하고 왕성하다.	( )
19 **철옹성** 쇠 鐵 | 항아리 甕 | 재 城	명 쇠로 만든 독처럼 튼튼하게 둘러쌓은 산성이라는 뜻으로, 방비나 단결 따위가 견고한 사물이나 상태를 이르는 말.	( )
20 **촉매** 닿을 觸 | 중매 媒	명 어떤 일을 유도하거나 변화시키는 일 따위를 비유적으로 이르는 말.	( )

① 교과 나날이 □□하던 기업이었지만 현재는 원자재 가격 상승과 판매 부진으로 자금난을 겪고 있다.

② 교과 저렴한 전기차 공급이 늘어나면서 그간 □□□같던 A 기업의 시장 점유율이 조금씩 떨어지고 있다.

③ 모평 통신사에서는 통화가 끊어지는 현상을 막기 위해 수신 가능 지역이 서로 □□되게 기지국을 설치한다.

④ 교과 교육 전문가는 AI 디지털 교과서가 학생별 맞춤형 학습 체제로 전환하는 □□ 역할을 할 것이라고 전망했다.

⑤ 수능 기술 혁신 비용에 관한 정확한 정보가 있었다면 필킹턴 사는 아마 플로트 공정 개발에 □□하지 않았을 것이다.

21 **추세** 달릴 趨 | 기세 勢	명 어떤 현상이 일정한 방향으로 나아가는 경향.	( )
22 **치중** 둘 置 | 무거울 重	명 어떠한 것에 특히 중점을 둠.	( )
23 **투과** 통할 透 | 지날 過	명 장애물에 빛이 비치거나 액체가 스미면서 통과함.	( )
24 **투척하다** 던질 投 | 던질 擲 --	동 물건 따위를 던지다.	( )
25 **평판** 품평 評 | 판가름할 判	명 세상 사람들의 비평.	( )

① 교과 수류탄을 □□할 때는 반드시 안전 수칙을 지켜야 합니다.

② 교과 창문에는 자외선이 잘 □□되지 않는 특수 유리가 사용되었다.

③ 학평 최근 사물 인터넷에 대한 사람들의 관심이 부쩍 늘고 있는 □□이다.

④ 교과 편리함에 □□된 기술의 발달은 인간을 자연환경의 파괴자로 만들었다.

⑤ 교과 뛰어난 프로그램 개발자라고 □□이 난 그녀는 여러 업체에서 큰 관심을 받고 있다.

26 **폐해** 폐단 弊 | 해로울 害	명 폐단으로 생기는 해.	( )
27 **필두** 붓 筆 | 머리 頭	명 나열하여 적거나 말할 때의 맨 처음에 오는 사람이나 단체. 혹은 단체나 동아리의 주장이 되는 사람.	( )
28 **필사적** 반드시 必 | 죽을 死 | 과녁 的	관명 죽을힘을 다하는. 또는 그런 것.	( )
29 **혼탁하다** 섞을 混 | 흐릴 濁 --	(1) 형 불순물이 섞이어 깨끗하지 못하고 흐리다.	( )
	(2) 형 정치, 도덕 따위 사회적 현상이 어지럽고 깨끗하지 못하다.	( )
30 **확충하다** 넓힐 擴 | 가득할 充 --	동 늘리고 넓혀 충실하게 하다.	( )

① 교과 공장의 폐수로 인해 강물이 □□하다.

② 교과 농업 생산량을 늘리기 위해 수리 시설을 □□했다.

③ 교과 우리 사회를 □□하게 만드는 것은 사람들의 탐욕과 이기심이다.

④ 교과 기계 문명의 발달은 인간 소외와 환경 오염과 같은 □□를 낳았다.

⑤ 교과 세 번째 착륙에도 실패한 그 비행기는 □□□으로 관제소와 교신을 시도했다.

⑥ 학평 20세기에 이르러 독일의 철학자 하이데거를 □□로 기술의 진정한 본질은 무엇인지에 대한 진지한 철학적 고민이 시작된 것이다.

step 2 어휘력 체크

·뜻풀이로 체크하기·

01 ~ 06 다음 빈칸에 들어갈 알맞은 말을 쓰시오.

01 필사적: □□□을 다하는 것.

02 정연하다: 가지런하고 □□가 있다.

03 창대하다: 세력이 □□하고 왕성하다.

04 정정하다: 늙은 몸이 굳세고 □□하다.

05 철옹성: 방비나 단결 따위가 □□한 사물이나 상태를 이르는 말.

06 촉매: 어떤 일을 □□하거나 변화시키는 일 따위를 비유적으로 이르는 말.

07 ~ 12 다음 밑줄 친 어휘의 뜻풀이로 알맞은 것을 〈보기〉에서 찾아 기호를 쓰시오.

보기

㉠ 나눌 수가 없음.
㉡ 거듭 겹치거나 포개어짐.
㉢ 늘리고 넓혀 충실하게 함.
㉣ 어떠한 것에 특히 중점을 둠.
㉤ 불순물이 섞이어 깨끗하지 못하고 흐림.
㉥ 기계나 장치 따위에서, 한 부분을 움직이면 연결되어 있는 다른 부분도 잇따라 함께 움직이는 일.

07 학평 대부분의 동아리가 먹거리 판매나 게임 등의 수익성 프로그램에 치중했습니다. ( )

08 학평 시민들의 편의와 복지는 문화 시설의 확충을 통해서도 가능하다고 생각합니다. ( )

09 교과 경제와 정치는 다양한 측면에서 영향을 주고받기 때문에 불가분의 관계라고 볼 수 있다. ( )

10 학평 이미지의 겹침은 화면에 하나의 대상을 여러 개의 이미지로 중첩시켜서 표현하는 방법이다. ( )

11 학평 금강이 바다와 만나 혼탁해진 물빛을 바라보며 〈탁류〉에 등장하는 인물들의 삶을 떠올렸다. ( )

12 수능 '보호소' 메뉴는 지도 앱과 연동되어 있어서 인근에 있는 보호소의 위치를 바로 확인할 수 있다. ( )

·문장으로 체크하기·

13 ~ 18 다음 빈칸에 들어갈 알맞은 어휘에 ✓표 하시오.

13 교과 이 가방은 바퀴가 달려 있어 이동이 □□하다. □용이 □정연

14 학평 파장이 짧은 전자파는 물체를 □□하는 성질이 있다. □투과 □투척

15 학평 백성의 민원을 □□하는 소원 제도는 백성을 위한 정책이 구현된 사례이다. □수렴 □연동

16 수능 띄어쓰기를 거의 하지 않았던 옛 문헌에서 이러한 부호들은 더욱 □□하게 쓰였다. □상쇄 □요긴

17 학평 선조는 전쟁 이후 자신의 상황을 □□에 두면서도 이순신의 안위를 걱정하고 있다. □속단 □염두

18 교과 우리 제품은 경쟁사에 비해 가격이 비싸지만 제품의 질은 훨씬 좋다고 □□합니다. □자부 □정제

19 ~ 24 다음 빈칸에 들어갈 알맞은 어휘를 〈보기〉의 글자를 조합하여 쓰시오.

보기

단 세 속 수 재 중
착 추 판 평 폐 해

19 교과 경기가 끝나기 전까지 결과를 □□하지 마라.

20 교과 그는 설계도가 나오는 대로 공사에 □□할 것이라고 밝혔다.

21 모평 가짜 뉴스의 □□을/를 지적하며 규제 강화를 주장하는 목소리가 높다.

22 수능 〈돌다리〉에서 '아버지'는 '창섭'과 '어머니'의 대립과 갈등을 □□하고 있다.

23 교과 박생은 높은 뜻과 훌륭한 인품으로 주위의 □□은/는 좋았으나 과거에 급제하지 못했다.

24 학평 현재의 □□(이)라면, 2050년 무렵 바다에는 물고기보다 플라스틱이 더 많아질 것으로 전망된다.

▶ 정답과 해설 47쪽

어휘의 의미와 쓰임 이해하기

01 〈보기〉의 빈칸에 들어갈 어휘와 그 의미의 연결이 적절하지 않은 것은?

보기

(ㄱ) 휘발유와 경유는 원유를 (　　　)하여 얻는다.
(ㄴ) 성공은 피땀 어린 노력과 (　　　)의 관계에 있다.
(ㄷ) 반장을 (　　　)로 학급의 전원이 운동장에 모였다.
(ㄹ) 애당초 그는 출발할 때부터 되돌아가는 건 (　　　)에 두지 않았다.
(ㅁ) 자본주의 체제는 사람들을 부유한 사람과 가난한 사람으로 분화하는 (　　　) 역할을 했다.

① (ㄱ): 정제 – 정성을 들여 정밀하게 잘 만듦.
② (ㄴ): 불가분 – 나눌 수가 없음.
③ (ㄷ): 필두 – 나열하여 적거나 말할 때의 맨 처음에 오는 사람이나 단체.
④ (ㄹ): 염두 – 마음의 속.
⑤ (ㅁ): 촉매 – 어떤 일을 유도하거나 변화시키는 일 따위를 비유적으로 이르는 말.

어휘의 쓰임 이해하기

02 문맥상 밑줄 친 어휘의 쓰임이 적절하지 않은 것은?

① 회사 전화를 전용 전화처럼 오래 사용하는 사람이 있다.
② 아무리 약자라도 궁지에 몰리면 필사적으로 강자에게 반항하기 마련이다.
③ 파동이 물질을 통과할 때 일부가 흡수 또는 산란되면서 에너지가 감소한다.
④ 규장각은 정조가 의도한 혁신 정치의 중첩 역할을 했던 정치적 선도 기구였다.
⑤ 윤선도는 혼탁한 정치 현실을 떠나 금쇄동에서 십여 년간 자연을 즐기며 생활했다.

어휘의 쓰임 이해하기

03 〈보기〉의 빈칸에 들어갈 어휘로 알맞은 것은?

보기

'추이(推移)'는 '일이나 형편이 시간의 경과에 따라 변하여 나감. 또는 그런 경향'을 뜻하는 말로, '사건의 추이, 협상의 추이'와 같이 사용된다. 한편 '(　　　)'은/는 '(1) 어떤 현상이 일정한 방향으로 나아가는 경향. (2) 어떤 세력이나 세력 있는 사람을 붙좇아서 따름.'이라는 뜻을 지닌 말로, (1)의 뜻으로는 '추이'와 비슷한 맥락에서 사용될 수 있다.

① 추인(追認)　② 추종(追從)　③ 추세(趨勢)
④ 출타(出他)　⑤ 침하(沈下)

속담과 한자 성어의 뜻풀이에 맞는 어휘 찾기

04 다음 속담과 한자 성어의 뜻풀이에서, ㉠과 ㉡에 들어갈 말이 바르게 나열된 것은?

보기

• 검은 고기 맛 좋다 한다: 겉모양만 가지고 내용을 (㉠)하지 말라는 말.
• 여단수족(如斷手足): 손발이 잘린 것과 같다는 뜻으로, (㉡) 사람이나 물건이 없어져 몹시 아쉬움을 비유적으로 이르는 말.

	㉠	㉡		㉠	㉡
①	상쇄	창대한	②	속단	요긴한
③	자부	정연한	④	정제	혼탁한
⑤	착수	정정한			

적절한 어휘로 바꿔 쓰기

05 문맥상 다음 밑줄 친 어휘와 바꿔 쓰기에 적절하지 않은 것은?

① 할머니는 연세가 구십이 넘으셨는데도 여전히 건강하시다. → 정정하시다
② 건물 창밖에 쓰레기를 던지는 것은 사고의 원인이 될 수 있다. → 투척하는
③ 장롱 속의 옷들을 입기 편하도록 계절에 따라 가지런하게 정리했다. → 정연하게
④ 지자체는 시민 사회 단체의 의견을 모아서 정책을 결정하기로 했다. → 수렴하여
⑤ 주인이 하루 더 묵고 가라고 말리는데도 손님은 기어이 떠나고 말았다. → 중재하는데도

어휘의 쓰임 이해하기

06 문맥상 〈보기〉의 ⓐ, ⓑ에 들어갈 적절한 어휘끼리 짝지어진 것은?

보기

• 진동 방향이 반대일 때는 힘이 서로 (ⓐ)되어 마찰이 생기기도 한다.
• 디지털 환경에서는 저작물을 원본과 동일하게 복제할 수 있고 (ⓑ) 개작할 수 있다.

	ⓐ	ⓑ		ⓐ	ⓑ
①	치중	혼탁하게	②	착수	정연하게
③	정제	요긴하게	④	수렴	창대하게
⑤	상쇄	용이하게			

한자 성어

※ 한자 성어가 사용된 예문을 읽고 해당 뜻풀이를 찾아 번호를 쓰세요.

★ 수, 양

01 구우일모
아홉 九 | 소 牛 | 하나 一 | 털 毛

교과 학비가 부족한 학생들에게 장학금을 준 것은, 그가 평생 동안 해 온 선행 가운데 구우일모에 지나지 않는다. (　)

02 다다익선
많을 多 | 많을 多 | 더할 益 | 착할 善

교과 사람 만나는 것을 좋아하는 수호는 친구란 다다익선이라고 생각한다. (　)

03 유일무이
오직 唯 | 하나 一 | 없을 無 | 두 二

교과 그는 내 마음의 상처를 이해해 주는 유일무이한 친구이다. (　)

04 조족지혈
새 鳥 | 발 足 | 갈 之 | 피 血

교과 월급이 소폭 인상된다는 소식을 들었지만, 넉넉하고 풍요로운 생활을 하기에는 조족지혈에 불과했다. (　)

05 중과부적
무리 衆 | 적을 寡 | 아닌가 不 | 원수 敵

교과 농민군은 용감하게 싸웠지만, 수많은 관군을 상대하기에는 중과부적이었다. (　)

① 많으면 많을수록 더욱 좋음.
② 오직 하나뿐이고 둘도 없음.
③ 적은 수효로 많은 수효를 대적하지 못함.
④ 새 발의 피라는 뜻으로, 매우 적은 분량을 이름.
⑤ 아홉 마리의 소 가운데 박힌 하나의 털이란 뜻으로, 매우 많은 것 가운데 극히 적은 수를 이름.

★ 끈기, 노력

06 각고면려
새길 刻 | 괴로울 苦 | 힘쓸 勉 | 힘쓸 勵

교과 그 부부는 이십 년 동안 열심히 일하고 저축하며 각고면려한 끝에 집 한 채를 장만했다. (　)

07 마부위침
갈 磨 | 도끼 斧 | 할 爲 | 바늘 針

교과 그 기술을 개발하기가 쉽지는 않겠지만 마부위침의 정신으로 노력하면 성공할 수 있을 것이다. (　)

08 분골쇄신
가루 粉 | 뼈 骨 | 부술 碎 | 몸 身

교과 지난날의 과오를 딛고 분골쇄신하겠다는 각오로 힘차게 일어서길 기원해 본다. (　)

09 삼고초려
석 三 | 돌아볼 顧 | 풀 草 | 농막 廬

수능 형산백옥이 돌 속에 섞였으니 누가 보배인 줄 알아보랴. 여상의 자취 조대에 있건마는 그를 알아본 문왕의 그림자 없고 와룡은 남양에 누웠으되 삼고초려한 유황숙의 자취는 없으니 어느 날에 날 알아줄 이 있으리오. (　)

10 자강불식
스스로 自 | 강할 強 | 아닐 不 | 숨쉴 息

교과 고등학교 3학년이 된 나는 바라는 대학에 합격하기 위해 올 한 해 자강불식할 것을 다짐했다. (　)

① 스스로 힘써 몸과 마음을 가다듬어 쉬지 아니함.
② 뼈를 가루로 만들고 몸을 부순다는 뜻으로, 정성으로 노력함을 이름.
③ 어떤 일에 고생을 무릅쓰고 몸과 마음을 다하여, 무척 애를 쓰면서 부지런히 노력함.
④ 도끼를 갈아서 바늘을 만든다는 뜻으로, 아무리 어려운 일이라도 끊임없이 노력하면 반드시 이룰 수 있음을 이름.
⑤ 중국 삼국 시대에 유비가 제갈량의 초옥으로 세 번이나 찾아갔다는 데서 유래한 말로, 인재를 맞아들이기 위하여 참을성 있게 노력함을 이름.

★ 상황에 대한 인식과 판단

11 무불통지
없을 無 | 아닐 不 | 통할 通 | 알 知

학평 존장이 천지 만물을 **무불통지**하오니, 글도 아시니이까. ( )

12 수원수구
누구 誰 | 원망할 怨 | 누구 誰 | 허물 咎

교과 쏘아 놓은 화살이 되고 엎질러진 물이 되어 **수원수구**할까마는 내 딸 춘향 어쩔 텐가? ( )

13 읍참마속
울 泣 | 벨 斬 | 말 馬 | 일어날 謖

교과 그 회사의 사장은 아끼던 부하 직원의 비리를 확인하고는 **읍참마속**의 마음으로 그를 해고하였다. ( )

14 천려일실
일천 千 | 생각할 慮 | 하나 一 | 잃을 失

모평 **천려일실**이라고 했으니 용왕은 토끼의 마음이 상하지 않도록 조심하고 있어. ( )

① 무슨 일이든지 환히 통하여 모르는 것이 없음.

② 큰 목적을 위하여 자기가 아끼는 사람을 버림을 이름.

③ 누구를 원망하고 누구를 탓하겠냐는 뜻으로, 남을 원망하거나 탓할 것이 없음을 이름.

④ 천 번 생각에 한 번 실수라는 뜻으로, 슬기로운 사람이라도 여러 가지 생각 가운데에는 잘못되는 것이 있을 수 있음을 이름.

★ 불교

15 백팔번뇌
일백 百 | 여덟 八 | 괴로워할 煩 | 괴로워할 惱

교과 산 정상에 올라 아름다운 경치를 바라보니 세속의 **백팔번뇌**가 사라지는 듯하다. ( )

16 색즉시공
빛 色 | 곧 卽 | 옳을 是 | 빌 空

교과 **색즉시공**이라는 말이 있듯이, 우리는 물질적인 성공에만 집착하지 말고 삶의 진정한 의미와 가치를 깨닫기 위해 노력해야 한다. ( )

17 아비규환
언덕 阿 | 코 鼻 | 부르짖을 叫 | 부를 喚

교과 폭발 사고 현장은 유리창을 비롯해 온갖 기물이 파손되고 곳곳에 부상자들이 뒤엉켜 있어 그야말로 **아비규환**이었다. ( )

18 파사현정
깨뜨릴 破 | 간사할 邪 | 나타날 顯 | 바를 正

교과 공직자는 어떤 압력이나 유혹에 굴하지 않고 **파사현정**의 정신으로 국민을 위해 일해야 한다. ( )

① 부처의 가르침에 어긋나는 사악한 도리를 깨뜨리고 바른 도리를 드러냄.

② 아비지옥과 규환지옥. 여러 사람이 비참한 지경에 빠져 울부짖는 참상을 이름.

③ 사람을 괴롭히는 108가지의 망령된 생각. 일반적으로 사람의 마음속에 있는 엄청난 번뇌를 이름.

④ 현실의 물질적 존재는 모두 인연에 따라 만들어진 것으로서 불변하는 고유의 존재성이 없음을 이르는 말.

★ 뒤늦은 대책

19 갈이천정
목마를 渴 | 말이을 而 | 뚫을 穿 | 우물 井

교과 미리 준비해 두지 않고 일이 닥쳐서야 허둥지둥하는 **갈이천정**의 태도는 바람직하지 않다. ( )

20 망양보뢰
망할 亡 | 양 羊 | 기울 補 | 우리 牢

교과 태풍으로 많은 피해를 입은 뒤에 대책을 논의하는 것은 **망양보뢰**에 불과하다. ( )

① 양을 잃고 우리를 고친다는 뜻으로, 이미 어떤 일을 실패한 뒤에 뉘우쳐도 아무 소용이 없음을 이름.

② 목이 말라야 비로소 샘을 판다는 뜻으로, 미리 준비하지 않고 있다가 일이 닥친 뒤에 서두르는 것을 이름.

· 뜻풀이로 체크하기 ·

01 ~ 05 다음 뜻풀이에 해당하는 한자 성어를 쓰시오.

01 오직 하나뿐이고 둘도 없음. □□□□

02 스스로 힘써 몸과 마음을 가다듬어 쉬지 아니함. □□□□

03 아비지옥과 규환지옥. 여러 사람이 비참한 지경에 빠져 울부짖는 참상을 이름. □□□□

04 아홉 마리의 소 가운데 박힌 하나의 털이란 뜻으로, 매우 많은 것 가운데 극히 적은 수를 이름. □□□□

05 중국 삼국 시대에 유비가 제갈량의 초옥으로 세 번이나 찾아갔다는 데서 유래한 말로, 인재를 맞아들이기 위하여 참을성 있게 노력함을 이름. □□□□

06 ~ 10 다음 빈칸에 들어갈 알맞은 말을 〈보기〉에서 찾아 쓰시오.

보기
노력 도끼 바늘 실수
존재성 모르는 잘못되는

06 무불통지: 무슨 일이든지 환히 통하여 (   ) 것이 없음.

07 각고면려: 어떤 일에 고생을 무릅쓰고 몸과 마음을 다하여, 무척 애를 쓰면서 부지런히 (   )함.

08 색즉시공: 현실의 물질적 존재는 모두 인연에 따라 만들어진 것으로서 불변하는 고유의 (   )이/가 없음을 이르는 말.

09 마부위침: (   )을/를 갈아서 (   )을/를 만든다는 뜻으로, 아무리 어려운 일이라도 끊임없이 노력하면 반드시 이룰 수 있음을 이름.

10 천려일실: 천 번 생각에 한 번 (   )(이)라는 뜻으로, 슬기로운 사람이라도 여러 가지 생각 가운데에는 (   ) 것이 있을 수 있음을 이름.

· 문장으로 체크하기 ·

11 ~ 13 다음 대화 내용과 의미가 통하는 한자 성어를 〈보기〉에서 찾아 쓰시오.

보기
갈이천정 다다익선 수원수구

11 동생: 어제 새로 산 문제집을 잃어버려서 엄마한테 혼났다며?
형: 내가 잘못해서 혼이 났으니 누구를 원망하겠어? □□□□

12 민경: 친구들이랑 미술용품을 공동 구매하기로 했어. 사는 사람이 많이 모일수록 가격이 싸지더라.
하은: 오, 사람이 많으면 많을수록 좋은 거구나! □□□□

13 연우: 오빠, 어떡하지? 오늘 개학 날인데 수학책이 안 보여. 영어 숙제 해 놓은 것도 못 찾겠어.
현우: 평소에 미리 챙겨 두었으면 개학 날 이렇게 허둥대지 않아도 되잖아. 나도 찾아볼게. □□□□

14 ~ 18 다음 빈칸에 들어갈 알맞은 한자 성어를 〈보기〉에서 찾아 쓰시오.

보기
망양보뢰 분골쇄신
읍참마속 중과부적 조족지혈

14 교과 적이 워낙 많아 □□□□(이)니 일단 후퇴할 수밖에 없다.

15 교과 많은 독립운동가들이 우리 민족의 독립을 위해 □□□□하여 싸웠다.

16 교과 우리는 매번 약속을 어기는 그를 □□□□의 심정으로 모임에서 내보냈다.

17 교과 범인을 조사해 보니, 지금까지 알려진 것은 실제 그가 저지른 범죄에 비하면 □□□□이었다.

18 교과 연습을 많이 했더라면 연주할 때 틀리지 않았겠지만 이제 와서 생각해 봐야 □□□□일 뿐이다.

▶ 정답과 해설 48쪽

상황에 맞는 한자 성어 찾기

01 〈보기〉의 밑줄 친 부분과 어울리는 한자 성어는?

보기

청이 이 말을 듣고 나서야 전후 지낸 일이 다 정한 운명인 줄 알고, 더욱 슬퍼하여 땅에 엎드려 아뢰기를,

"말씀을 듣고 보니 저의 전생 죄악으로 말미암은 것이 분명한데 누구를 원망하며 누구를 탓하겠습니까마는, 지나간 고생과 지금 병든 아비가 굶주리고 슬퍼하여 죽게 될 일을 생각하니 간장이 미어지는 듯합니다." – 작자 미상, 〈심청전〉

① 갈이천정(渴而穿井) ② 망양보뢰(亡羊補牢)
③ 분골쇄신(粉骨碎身) ④ 색즉시공(色卽是空)
⑤ 수원수구(誰怨誰咎)

한자 성어와 유래 연결하기

02 한자 성어와 그 유래의 연결이 적절하지 않은 것은?

① 자강불식(自强不息) : 유교의 경전인 〈역경〉에서 유래된 말로, 스스로 강해지기 위해 노력을 멈추지 않는다는 의미를 담고 있다.
② 백팔번뇌(百八煩惱) : 불교에서 나온 용어로, 부처의 가르침에 어긋나는 사악한 생각을 버리고 올바른 도리를 따른다는 의미를 담고 있다.
③ 다다익선(多多益善) : 한나라의 유방이 한신에게 거느릴 수 있는 군사의 수를 물은 일화에서 유래된 말로, 많으면 많을수록 좋다는 의미를 담고 있다.
④ 삼고초려(三顧草廬) : 유비가 제갈공명을 세 번이나 찾아갔다는 데서 유래된 말로, 인재를 맞아들이기 위해 참을성 있게 힘쓴다는 의미를 담고 있다.
⑤ 분골쇄신(粉骨碎身) : 당나라 장방의 소설 〈곽소옥전〉에서 이익이 곽소옥에게 몸이 부서져 뼈가 가루가 되더라도 그대를 버리지 않겠다고 말한 데서 유래된 말로, 정성으로 노력한다는 의미를 담고 있다.

유래에 맞는 한자 성어 찾기

03 〈보기〉의 이야기에서 유래된 한자 성어는?

보기

당나라 이백(李白)이 학문을 포기하고 집으로 돌아가는 길에 냇가에서 도끼를 가는 노파를 만났다. 도끼를 가는 연유를 묻자 노파는 도끼를 갈아 바늘을 만들 것이라고 답했다. 이에 이백이 크게 깨달은 바가 있어 다시 걸음을 돌렸다.

① 각고면려(刻苦勉勵) ② 마부위침(磨斧爲針)
③ 삼고초려(三顧草廬) ④ 자강불식(自强不息)
⑤ 중과부적(衆寡不敵)

한자 성어의 쓰임 이해하기

04 다음 한자 성어의 쓰임이 적절하지 않은 것은?

① 자라나는 아이에게 칭찬은 다다익선(多多益善)이니 많이 해 줄수록 좋다.
② 지금까지 밝혀진 그들의 친일 행위는 구우일모(九牛一毛)에 지나지 않는다.
③ 도처에서 밀려오는 수많은 적과 맞서기에는 우리는 아비규환(阿鼻叫喚)이다.
④ 부정을 저지른 기업이 얻은 이득에 비해 부과된 벌금은 조족지혈(鳥足之血)에 불과하다.
⑤ 이번에 국가대표에 뽑힌 것은 너에게 다시 오지 않을 유일무이(唯一無二)한 기회라는 사실을 명심해라.

유래에 맞는 한자 성어 찾기

05 〈보기〉의 이야기에서 유래된 한자 성어는?

보기

제갈량이 위나라와 싸울 때 가정(街亭)의 전투 책임자로 마속을 임명한다. 마속은 제갈량의 지시를 어기고 자신의 생각대로 전투를 하다가 참패를 하고 돌아온다. 제갈량은 패하고 돌아오면 목을 베겠다고 한 말대로 마속의 목을 벤다. 마속의 재주를 아끼던 많은 사람들이 선처를 호소했지만 제갈량은 군율을 분명히 하기 위해 눈물을 머금고 아끼는 마속을 형장으로 보낸다.

① 각고면려(刻苦勉勵) ② 백팔번뇌(百八煩惱)
③ 읍참마속(泣斬馬謖) ④ 천려일실(千慮一失)
⑤ 파사현정(破邪顯正)

속담에 맞는 한자 성어 찾기

06 짝을 이룬 한자 성어와 속담의 의미가 서로 부합하지 않는 것은?

① 무불통지(無不通知) – 모르는 것이 마음 편함을 이르는 말인 '숙맥이 상팔자'
② 조족지혈(鳥足之血) – 아주 하찮은 일이나 극히 적은 분량임을 이르는 말인 '새 발의 피'
③ 갈이천정(渴而穿井) – 일을 당해서야 허겁지겁 준비함을 이르는 말인 '노루 보고 그물 짊어진다'
④ 망양보뢰(亡羊補牢) – 일이 이미 잘못된 뒤에는 손을 써도 소용이 없음을 비꼬는 '소 잃고 외양간 고친다'
⑤ 수원수구(誰怨誰咎) – 남을 원망하거나 탓하여도 소용없다는 말인 '개천아 네 그르냐 눈먼 봉사 내 그르냐'

배경지식 용어_과학·기술

★ 물리학

01 **상변화**	물질의 상태를 고체, 액체, 기체로 분류할 때, 주변의 온도나 압력 변화에 의해 어떤 물질이 이전과 다른 상태로 변하는 것을 의미한다. 얼음이 물이 되거나 물이 수증기가 되는 것 등이 이에 해당한다.	학평 물질은 압력과 온도 조건의 변화에 따라 다른 상으로 변할 수 있다. 화학적 조성의 변화는 수반되지 않으면서 물질의 상이 전환되는 현상을 **상변화**라 한다.
02 **잠열**	상변화에 사용된 열로 '숨은열'이라고도 한다. 고체가 액체로 되거나 액체가 기체로 변할 때, 온도 상승의 효과를 나타내지 않고 단순히 물질의 상태를 바꾸는 데 쓰는 열을 말한다.	학평 **잠열**은 물질마다 그 크기가 다르며, 일반적으로 물질이 고체에서 액체가 되거나 액체에서 기체가 될 때, 또는 고체에서 바로 기체가 될 때에는 잠열을 흡수하고 그 반대의 경우에는 잠열을 방출한다.
03 **임계점**	물질의 구조와 성질이 다른 상태로 바뀔 때의 온도와 압력으로, 이 점을 넘으면 상의 경계가 사라진다. 임계점에 있는 물질 상태를 임계 상태라고 한다.	학평 임계 온도는 아무리 압력을 높여도 기체가 액화되지 않는 온도이며, 임계 압력은 아무리 온도를 높여도 액체가 증발되지 않는 압력으로, **임계점**에서 두 상은 액체도 기체도 아닌 초임계 유체를 형성한다.
04 **열적 평형**	온도가 다른 두 물체가 접촉할 때 고온인 물체에서 저온인 물체로 열이 이동해 두 물체의 열이 똑같아져 서로 어떠한 영향도 주거나 받지 않는 상태를 말한다.	학평 열에너지는 온도가 높은 곳에서 낮은 곳으로 전달되는데, 이 때문에 온도가 다른 물체들이 서로 접촉하면 '**열적 평형**'을 이루려고 한다.
05 **탄성력**	외부의 힘에 의해서 그 형태가 변형된 물체 내부에서 발생하는 힘으로, 원래 모양으로 되돌아가려는 힘을 말한다. 이러한 탄성력을 가진 고무줄이나 스프링 같은 물체를 탄성체라고 한다.	학평 당겼던 추를 놓으면 **탄성력**에 의해 추는 상하로 진동하다가 추를 당기기 전과 동일한 지점에서 멈추게 된다. 이 지점을 평형점이라고 한다.

★ 생명 과학 – 사람

06 **식욕 중추**	식욕이나 음식물 섭취량을 조절하는 데 관여하는 뇌 중추이다. 배가 고픈 느낌이 들게 하는 '섭식 중추'와 배가 부른 느낌이 들게 하는 '포만 중추'가 함께 있다.	학평 **섭식 중추**가 뇌 안의 다양한 곳에 신호를 보내면 식욕이 느껴져 침의 분비와 같이 먹는 일과 관련된 행동이 촉진된다. 그러다 영양분의 섭취가 늘어나면 **포만 중추**가 작용해서 식욕이 억제된다.
07 **호흡**	인간이 생명을 유지하고 활동하기 위해서 세포에 산소를 공급하고 물질대사 결과 발생한 이산화 탄소를 체외로 배출하는 과정을 말한다.	학평 **호흡** 과정에서 공기의 흐름이 발생하는 원리는 무엇일까? 이는 용기의 부피 증가는 기체의 압력을 감소시키는 반면 용기의 부피 감소는 기체의 압력을 증가시킨다는 보일의 법칙과 관련되어 있다.
08 **상승효과**	두 종류 이상의 약물을 병용하였을 때, 하나씩 썼을 때보다 더 강해지는 효과를 말한다.	학평 두 가지 약을 함께 복용하면 이들 약의 일차적인 약효는 서로 다를지라도 이차적인 약효는 같을 수 있어, 공통되는 이차적인 약효가 한층 커질 수 있다. 이와 같이 약들이 서로 도와 약효를 높이는 효과를 **상승효과**라고 한다.
09 **면역 반응**	감염이나 질병의 원인이 되는 세균과 바이러스, 기생충과 같은 외부 물질의 공격을 받을 때, 이에 저항하고 방어하는 인체의 작용이다.	수능 우리의 몸은 자신의 것이 아닌 물질이 체내로 유입될 경우 **면역 반응**을 일으키므로, 유전적으로 동일하지 않은 이식편에 대해 항상 거부 반응을 일으킨다.
10 **염증 반응**	몸에 침입한 병원체를 제거하여 병원체가 몸 전체로 퍼져 나가는 것을 방지하고, 손상된 세포나 조직을 제거하여 수리를 시작하기 위한 면역 반응의 하나이다. 상처 부위에 열과 통증이 동반되거나 고름이 생기는 것 등은 모두 염증 반응으로 인한 것이다.	학평 체내로 들어오는 특정 병원체를 표적으로 하는 다른 면역 반응과 달리 **염증 반응**은 병원체의 종류를 가리지 않고 나타난다는 특징이 있다.

★ 생명 과학 – 생물

용어	뜻	예문
11 **뿌리압**	식물의 뿌리가 땅속에서 빨아들인 물기를 물관을 통하여 줄기나 잎으로 밀어 올리는 압력을 말한다. 뿌리에 가까운 줄기를 절단하고 절단한 자리에 압력계를 장치하여 측정한다.	학평 뿌리압이란 뿌리에서 물이 흡수될 때 밀고 들어오는 압력으로, 물을 위로 밀어 올리는 힘이다.
12 **모세관 현상**	물이 담긴 그릇에 유리관을 꽂으면 관을 따라 물이 올라가는 것을 관찰할 수 있는데, 이처럼 가는 관과 같은 통로를 따라 액체가 올라가거나 내려가는 현상이다. 식물의 뿌리에서 물이 올라와 가지나 잎에까지 퍼져 들어가는 것은 이 현상 때문에 일어난다.	학평 모세관 현상은 물 분자와 모세관 벽이 결합하려는 힘이 물 분자끼리 결합하려는 힘보다 더 크기 때문에 일어난다. 따라서 관이 가늘어질수록 물이 올라가는 높이가 높아진다.
13 **증산 작용**	식물체 내의 수분이 잎의 기공을 통해 수증기 상태로 증발하는 현상을 말한다. 증산 작용으로 물이 공기 중으로 증발하면서 아래쪽의 물 분자를 끌어 올리게 된다.	학평 물기둥의 한쪽 끝을 이루는 물 분자가 잎의 기공을 통해 빠져 나가면 아래쪽 물 분자가 끌어 올려진다. 증산 작용에 의한 힘은 잡아당기는 힘으로 식물이 물을 끌어 올리는 요인 중 가장 큰 힘이다.

★ 기술

용어	뜻	예문
14 **약품 침전 방식**	정수 처리 기술의 하나로, 잘 가라앉지 않고 떠 있는 콜로이드 물질이나 색도(色度)를 나타내는 물질 등의 작은 알갱이를 응고제나 응집제를 써서 침전시키는 방법이다.	학평 중력만으로 침전시키기 어려운 콜로이드 입자와 같은 물질들은 화학 약품을 이용하여 입자들을 응집시켜 가라앉히는 방식을 사용하는데 이를 '약품 침전 방식'이라고 한다.
15 **항미생물 화학제**	생활 환경에서 병원체의 수를 억제하고 전염병을 예방하기 위한 목적으로 사용하는 방역용 화학 물질을 말한다.	모평 항미생물 화학제는 다양한 병원체가 공통으로 갖는 구조를 구성하는 성분들에 화학 작용을 일으키므로 광범위한 살균 효과가 있다.
16 **무손실 압축**	파일 데이터를 압축하고 복원하는 과정에서 데이터의 손실이 없는 방법이다. 문장이나 부호 데이터, 수치 데이터 등을 압축할 때 사용한다.	학평 무손실 압축은 압축 과정에서 데이터를 손실시키는 방법을 사용하지 않고 압축이 진행되기 때문에 압축 효율은 떨어지지만, 원본과 동일한 이미지로 복원이 가능하다.
17 **손실 압축**	데이터를 압축하고 복원하는 과정 중에 데이터의 손실이 발생하는 압축 방법이다. 영상이나 음성 등을 압축할 때 사용한다.	학평 손실 압축은 중복되거나 필요치 않은 데이터를 제거하여 원본과 동일한 이미지로 복원하기는 어렵지만, 무손실 압축에 비해 수 배에서 수천 배 이상의 높은 압축 효율을 얻을 수 있어 보편적인 압축 기술로 활용되고 있다.
18 **수직 하중**	건물 자체의 무게로 인해 땅 표면에 수직 방향으로 작용하는 힘을 말한다.	학평 보 기둥 구조에서는 설치된 보의 두께만큼 건물의 한 층당 높이가 높아지지만, 바닥판에 작용하는 하중이 기둥에 집중되지 않고 보에 의해 분산되기 때문에 수직 하중을 잘 견딜 수 있다.
19 **수평 하중**	바람이나 지진 등에 의해 건물에 가로 방향으로 작용하는 힘이다. 초고층 건물의 안전을 위협하는 주요 요인으로, 특히 바람은 수평 하중의 90% 이상을 차지한다.	학평 건물이 수평 하중을 견디기 위해서는 뼈대에 해당하는 보와 기둥을 아주 단단하게 붙여야 하지만, 초고층 건물의 경우 이것만으로는 수평 하중을 견디기 힘들다. 그래서 등장한 것이 코어 구조이다.
20 **공명 현상**	모든 물체는 고유 진동수를 가지고 있는데, 물체가 그 고유 진동수와 똑같은 진동수를 지닌 외부의 힘을 주기적으로 받아 진폭이 뚜렷하게 증가하는 현상을 말한다.	학평 바람에 의해 공명 현상이 발생하면 건물이 매우 크게 흔들리게 되어 건물의 안전을 위협하게 된다.

·지식으로 체크하기·

01 ~ 06 다음 의미에 알맞은 용어를 쓰시오.

01 물질의 구조와 성질이 다른 상태로 바뀔 때의 온도와 압력. ☐☐☐

02 건물 자체의 무게로 인해 땅 표면에 수직 방향으로 작용하는 힘. ☐☐ ☐☐

03 식물체 내의 수분이 잎의 기공을 통해 수증기 상태로 증발하는 현상. ☐☐ ☐☐

04 인간이 세포에 산소를 공급하고 물질대사 결과 발생한 이산화 탄소를 체외로 배출하는 과정. ☐☐

05 진동체가 그 고유 진동수와 같은 진동수를 가진 외부의 힘을 주기적으로 받아 진폭이 뚜렷하게 증가하는 현상. ☐☐ ☐☐

06 고온인 물체에서 저온인 물체로 열이 이동해 접촉한 물체들의 열이 똑같아져서 서로 어떠한 영향도 주고받지 않는 상태. ☐☐ ☐☐

07 ~ 13 다음 설명이 적절하면 ○에, 적절하지 않으면 ×에 표시하시오.

07 얼음이 물이 되거나 물이 수증기가 되는 것을 '상변화'라고 한다. (○, ×)

08 '잠열'은 물질의 온도를 변화시키는 데 사용되는 숨어 있는 열이다. (○, ×)

09 문장이나 부호 데이터, 수치 데이터 등을 압축할 때는 '손실 압축 방법'을 사용한다. (○, ×)

10 '약품 침전 방식'은 콜로이드 입자와 같은 물질을 응고제를 써서 가라앉히는 방식이다. (○, ×)

11 상처 부위에 열과 통증이 동반되는 것은 우리 몸을 치유하기 위한 염증 반응의 일환이다. (○, ×)

12 두 가지 약을 함께 복용할 때, 약들이 서로 도와 약효를 높이는 효과를 '상승효과'라고 한다. (○, ×)

13 모세관 현상은 식물의 뿌리가 땅속에서 빨아들인 물기를 물관을 통하여 줄기나 잎으로 밀어 올리는 것을 말한다. (○, ×)

·지문으로 체크하기·

14 ~ 17 다음 글의 빈칸에 들어갈 알맞은 용어를 〈보기〉에서 찾아 쓰시오.

보기
섭식 포만 상변화 열적 평형
수직 하중 수평 하중 증산 작용 모세관 현상

14 학평 (   )은/는 초고층 건물의 안전을 위협하는 주요 요인인데, 바람은 건물에 작용하는 이 하중의 90% 이상을 차지한다. 건물이 많은 도심에서는 넓은 공간에서 좁은 공간으로 바람이 불어오면서 풍속이 빨라지는 현상이 발생해 건물에 작용하는 이 하중을 크게 만든다.

15 학평 비커에 일정량의 얼음을 넣고 가열하면 얼음의 온도가 올라가게 되고, 0℃에 도달하면 얼음이 물로 변하기 시작하여 비커 속에는 얼음과 물이 공존하게 된다. 그런데 비커 속 얼음이 모두 물로 변할 때까지는 온도가 올라가지 않고 계속 0℃를 유지하는데, 이는 비커에 가해진 열이 물질의 온도 변화가 아닌 (   )에 사용되었기 때문이다.

16 학평 나무의 잎은 물을 수증기 상태로 공기 중으로 내보내는데, 이때 물이 주위의 열을 흡수하기 때문에 나무의 그늘 아래가 건물이 만드는 그늘보다 훨씬 시원한 것이다. 식물의 잎에는 기공이라는 작은 구멍이 있다. 기공을 통해 공기가 들락날락하거나 잎의 물이 공기 중으로 증발하기도 한다. 이처럼 식물체 내의 수분이 잎의 기공을 통해 수증기 상태로 증발하는 현상을 (   )(이)라고 한다.

17 학평 지방은 피부 아래의 조직에 중성 지방의 형태로 저장되어 있다가 공복 상태가 길어지면 혈액 속으로 흘러가 간으로 운반된다. 그러면 부족한 에너지를 보충하기 위해 간에서 중성 지방이 분해되고, 이 과정에서 생긴 지방산이 혈액을 타고 시상 하부로 이동하여 (   ) 중추의 작용은 촉진하고 (   ) 중추의 작용은 억제한다. 이와 같은 작용 원리에 따라 우리의 식욕은 자연스럽게 조절된다.

▶ 정답과 해설 49쪽

01 ~ 04 다음 글을 읽고 물음에 답하시오.

[가] '식욕'은 음식을 먹고 싶어 하는 욕망으로, 인간이 살아가는 데 필요한 영양분을 얻기 위해서 반드시 필요하다. 식욕은 뇌의 시상 하부에 있는 식욕 중추의 영향을 받는다. 이 중추에는 '섭식 중추'와 '포만 중추'가 함께 있다.

취향이나 기분에 좌우되는 식욕은 대뇌의 앞부분에 있는 '전두 연합 영역'에서 조절된다. 이 영역은 정신적이고 지적인 활동을 담당하는 곳이지만 식욕에도 영향을 미친다.

음식을 더 이상 못 먹겠다고 생각하는 이유는 실제로 배가 찼기 때문일 수도 있고, 특정한 맛에 질렸기 때문일 수도 있다. 배가 찬 상태에서 전두 연합 영역의 신경 세포가 '맛있다'와 같은 신호를 섭식 중추로 보내면, 섭식 중추에서 '오렉신'이라는 물질이 나온다. 오렉신은 위(胃)의 운동에 관련되는 신경 세포에 작용해서 새로운 음식이 들어갈 공간을 마련한다.

[나] 식물의 생장에는 물이 필수적이다. 식물은 잎에서 광합성을 통해 생장에 필요한 양분을 만드는데, 물은 그 원료가 된다. 식물이 물을 뿌리에서 흡수하여 잎까지 보내는 데는 뿌리압, 모세관 현상, 증산 작용으로 생긴 힘이 복합적으로 작용한다.

뿌리압이란 뿌리에서 물이 흡수될 때 밀고 들어오는 압력으로, 물을 위로 밀어 올리는 힘이다. 또 가는 관과 같은 통로를 따라 액체가 올라가거나 내려가는 것을 모세관 현상이라고 한다. 모세관 현상은 물 분자와 모세관 벽이 결합하려는 힘이 물 분자끼리 결합하려는 힘보다 더 크기 때문에 일어난다. 식물체 안에는 뿌리에서 줄기를 거쳐 잎까지 연결된 물관이 있는데, 식물은 물관의 지름이 매우 작기 때문에 모세관 현상으로 물을 밀어 올리는 힘이 생긴다.

더운 여름철 나무가 만들어 주는 그늘이 건물이 만들어 주는 그늘보다 더 시원한 이유가 무엇일까? ㉮<u>나무의 잎은 물을 수증기 상태로 공기 중으로 내보내는데, 이때 물이 주위의 열을 흡수</u>하기 때문에 나무의 그늘 아래가 건물이 만드는 그늘보다 훨씬 시원한 것이다. 식물의 잎에는 기공이라는 작은 구멍이 있는데, 기공의 크기는 식물의 종류에 따라 다르다. 식물체 내의 수분이 잎의 기공을 통하여 수증기 상태로 증발하는 현상을 증산 작용이라고 한다. 뿌리에서 흡수된 물이 줄기를 거쳐 잎까지 올라가고, 사슬처럼 연결된 물기둥의 한쪽 끝을 이루는 물 분자가 기공을 통해 빠져 나가면 아래쪽 물 분자가 끌어 올려진다.

[다] 일반적으로 미세한 입자들은 입자 간의 거리가 일정 거리 이하로 좁혀지면 서로 끌어당기는 ㉠<u>반데르발스 힘</u>의 영향을 받아 응집하게 된다. 하지만 물속에서 부유하는 미세한 콜로이드 입자들은 수산화 이온과의 결합 등으로 인해 음(−) 전하를 띠고 있어 서로를 밀어내는 ㉡<u>전기적 반발력</u>의 영향을 받기 때문에 일정 거리 이하로 입자들의 거리가 좁혀지지 않는다.

세부 정보 파악하기

01 (가)를 이해한 내용으로 적절하지 <u>않은</u> 것은?

① 식욕은 인간이 살아가는 데 반드시 필요한 욕망이다.
② 인간의 뇌에 있는 시상 하부는 인간의 식욕에 영향을 끼친다.
③ 위(胃)의 운동에 관여하는 오렉신은 전두 연합 영역에서 분비된다.
④ 음식의 특정한 맛에 질렸을 때 더 이상 먹을 수 없다고 생각할 수 있다.
⑤ 전두 연합 영역은 정신적이고 지적인 활동뿐만 아니라 식욕에도 관여한다.

세부 정보 파악하기

02 (나)의 내용과 일치하지 <u>않는</u> 것은?

① 식물의 종류에 따라 기공의 크기가 다르다.
② 식물의 뿌리압은 중력과 동일한 방향으로 작용한다.
③ 식물이 광합성 작용을 하기 위해서는 물이 필요하다.
④ 뿌리에서 잎까지 물 분자들은 사슬처럼 연결되어 있다.
⑤ 물관 내에서 물 분자와 모세관 벽이 결합하려는 힘으로 물이 위로 이동한다.

구체적 사례에 적용하기

03 (나)의 ㉮와 같은 현상이 일어나는 예로 적절한 것은?

① 피부에 알코올 솜을 문지를 때
② 주머니 난로의 액체가 하얗게 굳어갈 때
③ 음식물을 공기 중에 오래 두어 부패될 때
④ 이누이트 족이 얼음집 안에 물을 뿌릴 때
⑤ 폭죽에 들어 있는 화약이 터져 불꽃이 발생할 때

정보 간의 관계 이해하기

04 (다)의 ㉠, ㉡에 대한 이해로 가장 적절한 것은?

① ㉠은 입자가 일정 거리 안에서 서로를 밀어내는 힘이라고 할 수 있다.
② ㉠은 입자가 물속에서 균일하게 분산할 수 있게 해 주는 힘이라고 할 수 있다.
③ ㉡은 입자 간의 거리가 멀어지면 발생하는 힘이라고 할 수 있다.
④ ㉡은 입자가 띠고 있는 전하의 성질로 인해 작용하는 힘이라고 할 수 있다.
⑤ ㉠과 ㉡은 모두 입자가 이온과 결합할 때 형성되는 힘이라고 할 수 있다.

수능

01 문맥상 ⓐ~ⓔ와 바꿔 쓰기에 가장 적절한 것은?

보기

- 데이터에 결측치와 이상치가 포함되면 데이터의 특징을 제대로 ⓐ나타내기 어렵다.
- 결측치는 데이터 값이 ⓑ빠져 있는 것이다.
- 이상치는 데이터의 다른 값에 비해 유달리 크거나 작은 값으로, 데이터를 수집할 때 측정 오류 등에 의해 주로 ⓒ생긴다.
- 이때 사용할 수 있는 기법의 하나인 A 기법은 두 점을 무작위로 골라 정상치 집합으로 가정하고, 이 두 점을 ⓓ지나는 후보 직선을 그어 나머지 점들과 후보 직선 사이의 거리를 구한다.
- 만약 처음에 고른 점이 이상치이면, 대부분의 점들은 해당 후보 직선과의 거리가 너무 ⓔ멀어 이 직선은 최종 후보군에서 제외되는 것이다.

① ⓐ: 형성(形成)하기 ② ⓑ: 누락(漏落)되어
③ ⓒ: 도래(到來)한다 ④ ⓓ: 투과(透過)하는
⑤ ⓔ: 소원(疏遠)하여

학평

02 ⓐ~ⓔ의 사전적 의미로 적절하지 않은 것은?

보기

- 당시의 철학에서는 신의 존재를 ⓐ입증하고자 노력했는데, 고딕 양식은 이러한 흐름에 영향을 받아 신의 존재를 감각적으로 체험할 수 있는 건축물로 탄생하였다.
- 하늘에서 쏟아지는 빛이 신의 ⓑ현현이라고 생각한 당대의 사람들은 고딕 양식을 통해 신비한 빛으로 가득 찬 성당을 건설하고자 했다.
- 고딕 양식에서는 로마네스크 양식에서 사용되던 둥근 아치형의 천장을 뾰족하게 솟아오른 형태로 ⓒ고안해 냈다.
- 창에는 다채로운 색채의 '스테인드글라스'를 시공했는데, 빛을 굴절 투과시켜 신비감을 ⓓ부각하였다.
- 고딕 시대의 이주민들은, 비례의 법칙을 거스르며 하늘 높이 수직으로 솟아올라 빛으로 가득해진 도시의 성당에서 신의 존재를 체험하며 고통스러운 현실을 ⓔ위무 받고자 했다.

① ⓐ: 옳고 그름을 이유를 들어 밝힘.
② ⓑ: 명백하게 나타나거나 나타냄.
③ ⓒ: 연구하여 새로운 안을 생각해 냄.
④ ⓓ: 어떤 사물을 특징지어 두드러지게 함.
⑤ ⓔ: 위로하고 어루만져 달램.

수능

03 ㉠~㉤을 바꾸어 쓴 말로 적절하지 않은 것은?

보기

- 이어폰으로 스테레오 음악을 ㉠들으면 두 귀에 약간 차이가 나는 소리가 들어와서 자기 앞에 공연장이 펼쳐진 것 같은 공간감을 느낄 수 있다.
- 반면 음원이 청자의 오른쪽으로 ㉡치우치면 소리는 오른쪽 귀에 먼저 도착하므로, 두 귀 사이에 도착하는 시간 차이가 생긴다.
- 도착 순서와 시간 차이는 음원의 수평 방향을 ㉢알아내는 중요한 단서가 된다.
- 이러한 현상을 '소리 그늘'이라고 하는데, 주로 고주파 대역에서 ㉣일어난다.
- 이러한 상호 작용에 의해 주파수 분포의 변형이 생기는데, 이는 간섭에 의해 어떤 주파수의 소리는 ㉤작아지고 어떤 주파수의 소리는 커지기 때문이다.

① ㉠: 청취(聽取)하면 ② ㉡: 치중(置重)하면
③ ㉢: 파악(把握)하는 ④ ㉣: 발생(發生)한다
⑤ ㉤: 감소(減少)하고

학평

04 ㉠에 담겨 있는 '심 봉사'의 심리를 나타내기에 가장 적절한 한자 성어는?

보기

이때에 심 봉사는 홀로 앉아 심청을 기다릴 제, 배고파 등에 붙고 방은 추워 턱이 떨어질 지경인데, 잘 새는 날아들고 먼 절에서 쇠북 소리 들리니 날 저문 줄 짐작하고 혼자 하는 말이,

㉠'내 딸 심청이는 무슨 일에 빠져서 날이 저문 줄 모르는고. 주인에게 잡히어 못 오는가. 저물게 오는 길에 동무에게 붙잡혀 있는가?'

– 작자 미상, 〈심청전〉

① 결초보은(結草報恩) ② 동병상련(同病相憐)
③ 수구초심(首丘初心) ④ 적반하장(賊反荷杖)
⑤ 학수고대(鶴首苦待)

학평

05 ㉠~㉤의 사전적 의미로 적절하지 않은 것은?

보기

- 손익 분기점 판매량은 아래와 같이 ㉠산출한다.

$$\text{손익 분기점 판매량} = \frac{\text{고정 비용}}{\text{가격} - \text{단위당 변동 비용}}$$

- 고정 비용은 생산량이나 판매량에 따라 변하지 않는 비용이다. 일반적으로 제품 생산에는 일정 수준의 고정 비용이 ㉡발생한다.
- 어떤 기업이 생산하는 제품의 고정 비용은 20,000원, 단위당 변동 비용은 100원, 제품의 가격은 500원이라고 ㉢가정하자.
- 기업의 손익 분기점 분석이 ㉣유효하기 위해서는 비용 구조를 정확하게 파악해야 한다.
- 기업은 손익 분기점 분석을 통해서 제품의 판매 성과에 대한 평가, ㉤적정한 생산 방법의 결정 등 각종 의사 결정에 필요한 자료를 얻을 수 있다.

① ㉠: 끄집어내거나 솎아 냄.
② ㉡: 어떤 일이나 사물이 생겨남.
③ ㉢: 어떤 조건이나 전제를 내세움.
④ ㉣: 보람이나 효과가 있음.
⑤ ㉤: 알맞고 바른 정도.

모평

06 문맥상 ⓐ~ⓔ와 바꿔 쓰기에 적절하지 않은 것은?

보기

- 끊임없는 전쟁과 같은 상태에서 벗어나기 위하여 자유의 일부를 떼어 주고 나머지 자유의 몫을 평온하게 ⓐ누리기로 합의한 것이다.
- 결국 범죄를 ⓑ가로막는 방벽으로 형벌을 바라보는 것이다.
- 가장 잔혹한 형벌도 계속 시행되다 보면 사회 일반은 그에 ⓒ무디어져 마침내 그런 것을 봐도 옥살이에 대한 공포 이상을 느끼지 못한다.
- 인간의 정신에 ⓓ크나큰 효과를 끼치는 것은 형벌의 강도가 아니라 지속이다.
- 형법학에서도 형벌로 되갚아 준다는 응보주의를 탈피하여 장래의 범죄 발생을 방지한다는 일반 예방주의로 나아가는 토대를 ⓔ세웠다는 평가를 받는다.

① ⓐ: 향유(享有)하기로
② ⓑ: 단절(斷絕)하는
③ ⓒ: 둔감(鈍感)해져
④ ⓓ: 지대(至大)한
⑤ ⓔ: 수립(樹立)하였다는

학평

07 ⓐ와 문맥적 의미가 가장 유사한 것은?

보기

의사설은 면제권을 갖는 어떤 사람이 면제권을 포기함으로써 타인의 권능 아래에 놓일 권리, 즉 스스로를 노예와 같은 상태로 만들 권리를 인정해야 하는 상황에 직면한다. 하지만 현대에서는 이런 상황이 인정되기가 ⓐ어렵다.

① 살림이 어려운 때일수록 힘을 합쳐야 한다.
② 휴가를 얻지 못해 여행 가기가 어려울 것 같다.
③ 이 책은 너무 어려워서 내가 읽기에는 참 힘들다.
④ 그 사람은 어려운 형편 속에서도 씩씩하게 살았다.
⑤ 나는 선생님이 어려워서 그 앞에서는 말도 제대로 못 한다.

학평

08 문맥상 ⓐ와 바꾸어 쓰기에 가장 적절한 것은?

보기

이와 같이 소비자는 상황에 따라 적절한 대안 평가 방식을 사용함으로써 구매할 제품을 합리적으로 선택할 수 있다. 또한 마케터는 소비자들의 대안 평가 방식을 파악함으로써 자사 제품의 효과적인 마케팅 전략을 ⓐ세울 수 있다.

① 수립(樹立)할
② 정립(定立)할
③ 설립(設立)할
④ 제정(制定)할
⑤ 지정(指定)할

내신

09 <보기>의 ㉠에 어울리는 한자 성어가 아닌 것은?

보기

변화불측(變化不測)한 물에 조각배 하나를 띄워 가없는 만경(萬頃)을 헤매다가, 바람 미치고 물결 놀라 돛대는 기울고 노까지 부러지면, ㉠정신과 혼백(魂魄)이 흩어지고 두려움에 싸여 명(命)이 지척(咫尺)에 있게 될 것이로다. 이는 지극히 험한 데서 위태로움을 무릅쓰는 일이거늘, 그대는 도리어 이를 즐겨 오래오래 물에 떠가기만 하고 돌아오지 않으니 무슨 재미인가?

– 권근, 〈주옹설〉

① 누란지위(累卵之危)
② 명재경각(命在頃刻)
③ 백척간두(百尺竿頭)
④ 분골쇄신(粉骨碎身)
⑤ 풍전등화(風前燈火)

모평

10 ⓐ~ⓔ의 사전적 의미로 적절하지 않은 것은?

보기

- 아리스토텔레스는 진리, 즐거움, 고귀함을 ⓐ추구하는 사색적 삶의 영역이 생계를 위한 활동적 삶의 영역보다 상위에 있다고 보았다.
- 직업을 신의 소명으로 이해하고, 근면과 ⓑ검약에 의한 개인의 성공을 구원의 징표로 본 청교도 윤리는 생산 활동과 부의 축적에 대한 부정적 인식을 불식하는 계기가 되었다.
- 생산 기술에 과학적 지식이 ⓒ응용되고 기계의 사용이 본격화되면서 기계의 속도에 기초하여 노동 규율이 확립되었고, 인간의 삶은 시간적 규칙성을 따르도록 재조직되었다.
- 나아가 시간이 관리의 대상으로 부각되면서 시간 – 동작 연구를 통해 가장 효율적인 작업 동선(動線)을 ⓓ모색했던 테일러의 과학적 관리론은 20세기 초부터 생산 활동을 합리적으로 조직하는 중요한 원리로 자리 잡았다.
- 이는 전통적으로 사색적 삶의 영역에 속했던 진리 탐구마저 활동적 삶의 영역에 속하는 생산 활동의 논리에 ⓔ포섭되었음을 단적으로 보여 준다.

① ⓐ: 목적을 이룰 때까지 뒤쫓아 구함.
② ⓑ: 돈이나 물건, 자원 따위를 낭비하지 않고 아껴 씀.
③ ⓒ: 어떤 이론이나 지식을 다른 분야의 일에 적용하여 이용함.
④ ⓓ: 일이나 사건 따위를 해결할 수 있는 방법이나 실마리를 더듬어 찾음.
⑤ ⓔ: 어떤 대상을 너그럽게 감싸 주거나 받아들임.

모평

11 〈보기〉의 ㉠과 가장 가까운 의미로 쓰인 것은?

보기

농경을 주로 하는 문화적 특성상 자연 현상과 기후의 변화를 파악하는 것이 중시된 만큼 천(天)의 표면적인 모습 외에 작용 면에서 천을 파악하려는 경향이 ㉠짙었다.

① 폭우가 내릴 가능성이 짙어 건물 외벽을 점검했다.
② 짙게 탄 커피를 마시면 잠이 잘 안 온다.
③ 철수는 짙은 안개 속에서 길을 잃었다.
④ 정원에서 꽃향기가 짙게 풍겨 온다.
⑤ 해가 지고 어둠이 짙게 깔렸다.

수능

12 문맥상 ⓐ~ⓔ와 바꾸어 쓰기에 적절하지 않은 것은?

보기

- 고려 때 중국 유서를 수용한 이후, 조선에서는 중국 유서를 활용하는 한편, 중국 유서의 편찬 방식에 ⓐ따라 필요에 맞게 유서를 편찬하였다.
- 주자학의 지식을 ⓑ이어받는 한편, 주자학이 아닌 새로운 지식을 수용하는 유연성과 개방성을 보였다.
- 광범위하게 정리한 지식을 식자층이 ⓒ쉽게 접할 수 있어야 한다고 생각했고, 객관적 사실 탐구를 중시하여 박물학과 자연 과학에 관심을 기울였다.
- 이에 대해 심성 수양에 절실하지 않을 뿐더러 주자학이 아닌 것이 ⓓ뒤섞여 순수하지 않다는 일부 주자학자의 비판이 있었지만, 그가 소개한 서양 관련 지식은 중국과 큰 시간 차이 없이 주변에 알려졌다.
- 서학의 해부학과 생리학을 그 자체로 수용하지 않고 주자학 심성론의 하위 이론으로 재분류하는 등 지식의 범주를 ⓔ바꾸어 수용하였다.

① ⓐ: 의거(依據)하여
② ⓑ: 계몽(啓蒙)하는
③ ⓒ: 용이(容易)하게
④ ⓓ: 혼재(混在)되어
⑤ ⓔ: 변경(變更)하여

학평

13 〈보기〉의 ㉠과 가장 관련이 깊은 속담은?

보기

이와 같은 실험의 결과는 ㉠'과잉 정당화 효과'에 의해 나타난 것이다. 과잉 정당화 효과란 자기 행동의 동기를 자기 내부에서 찾지 않고 외부에서 주어진 보상 탓으로 돌리는 현상을 말한다.

① 소문난 잔치에 먹을 것 없다
② 가랑비에 옷 젖는 줄 모른다
③ 제사보다 젯밥에 정신이 있다
④ 집에서 새는 바가지는 들에 가도 샌다
⑤ 미꾸라지 한 마리가 온 웅덩이를 흐려 놓는다

14 〈보기〉의 ㉠~㉤과 같은 의미로 사용된 것은?

모평

보기

- 이를 칼로릭 이론이라 ㉠부르는데, 이에 따르면 찬 물체와 뜨거운 물체를 접촉시켜 놓았을 때 두 물체의 온도가 같아지는 것은 칼로릭이 뜨거운 물체에서 차가운 물체로 이동하기 때문이라는 것이다.
- 19세기 초에 카르노는 열기관의 열효율 문제를 칼로릭 이론에 기반을 두고 ㉡다루었다.
- 카르노는 물레방아와 같은 수력 기관에서 물이 높은 곳에서 낮은 곳으로 ㉢흐르면서 일을 할 때 물의 양과 한 일의 양의 비가 높이 차이에만 좌우되는 것에 주목하였다.
- 이것은 줄이 입증한 열과 일의 등가성과 에너지 보존 법칙에 ㉣어긋나는 것이어서 열의 실체가 칼로릭이라는 생각은 더 이상 유지될 수 없게 되었다.
- 그는 카르노의 이론이 유지되지 않는다면 열은 저온에서 고온으로 흐르는 현상이 ㉤생길 수도 있을 것이라는 가정에서 출발하여, 열기관의 열효율은 열기관이 고온에서 열을 흡수하고 저온에 방출할 때의 두 작동 온도에만 관계된다는 카르노의 이론을 증명하였다.

① ㉠: 웃음은 또 다른 웃음을 부르는 법이다.
② ㉡: 그는 익숙한 솜씨로 기계를 다루고 있었다.
③ ㉢: 이야기가 엉뚱한 방향으로 흐르고 있다.
④ ㉣: 그는 상식에 어긋나는 일을 한 적이 없다.
⑤ ㉤: 하늘을 보니 당장이라도 비가 오게 생겼다.

15 문맥상 ⓐ~ⓔ와 바꿔 쓰기에 적절하지 않은 것은?

모평

보기

- 매개를 거치지 않은 채 손실되지 않은 과거와 ⓐ만날 수 있다면 역사학이 설 자리가 없을 것이다.
- 알려지지 않았던 사료를 찾아내기도 하지만, 중요하지 않게 ⓑ여겨졌던 지료를 새롭게 사료로 활용하기니 기존의 사료를 새로운 방향에서 파악하기도 한다.
- 이에 따라 역사학에서 영화를 통한 역사 서술에 대한 관심이 일고, 영화를 사료로 파악하는 경향도 ⓒ나타났다.
- 역사에 대한 영화적 독해와 영화에 대한 역사적 독해는 영화와 역사의 관계에 대한 두 축을 ⓓ이룬다.
- 왜냐하면 역사가들은 일차적으로 사실을 기록한 자료에 기반해서 연구를 ⓔ펼치기 때문이다.

① ⓐ: 대면(對面)할
② ⓑ: 간주(看做)되었던
③ ⓒ: 대두(擡頭)했다
④ ⓓ: 결합(結合)한다
⑤ ⓔ: 전개(展開)하기

16 ⓐ와 문맥적 의미가 가장 유사한 것은?

학평

보기

투표는 주요 쟁점에 대해 견해를 표현하고 정치권력을 통제할 수 있는 행위로, 일반 유권자가 할 수 있는 가장 보편적인 정치 참여 방식이다. 그래서 정치학자와 선거 전문가들은 선거와 관련하여 유권자들의 투표 행위에 대해 연구해 왔다. 이 연구는 일반적으로 유권자들의 투표 성향, 즉 투표 참여 태도나 동기 등을 조사하여, 이것이 투표 결과와 어떤 상관관계가 있는가를 ⓐ밝힌다.

① 그는 돈과 지위를 지나치게 밝힌다.
② 그녀는 경찰에게 이름과 신분을 밝혔다.
③ 동생이 불을 밝혔는지 장지문이 환해졌다.
④ 학계에서는 사태의 진상을 밝히기 위해 애썼다.
⑤ 할머니를 간호하느라 가족 모두 뜬눈으로 밤을 밝혔다.

17 ㉠의 상황을 두고 〈보기〉와 같이 이야기할 때 빈칸에 들어갈 말로 가장 적절한 것은?

학평

마침 그 마을에 있는 부자 한 사람이 집안끼리 상의하기를 "양반은 비록 가난하지만 늘 존경을 받는데, ㉠우리는 비록 부자라 하지만 늘 천대만 받고 말 한번 타지도 못할 뿐더러 양반만 보면 굽실거리고 뜰 아래서 엎드려 절하고 코가 땅에 닿게 무릎으로 기어 다니니 이런 모욕이 어디 있단 말이오. 마침 양반이 가난해서 관곡을 갚을 도리가 없으므로 형편이 난처하게 되어 양반이란 신분마저 간직할 수 없게 된 모양이니 이것을 우리가 사서 가지도록 합시다."

말을 마친 후 부자는 양빈을 찾아가서 빌린 곡식을 대신 갚아 주겠다고 청했다. 양반은 크게 기뻐하며 이를 허락했다. 그리고 부자는 곡식을 대신 갚아 주었다.

– 박지원, 〈양반전〉

보기

"평생 양반에게 괄시받고 살았던 부자의 (   )이 느껴지는군."

① 함분축원(含憤蓄怨)
② 안분지족(安分知足)
③ 교언영색(巧言令色)
④ 수구초심(首丘初心)
⑤ 만시지탄(晩時之歎)

모평

18 문맥상 ㉠과 바꾸어 쓸 수 있는 것은?

보기

세잔의 생각은 달랐다. "모네는 눈뿐이다."라고 평했던 그는 그림의 사실성이란 우연적 인상으로서의 사물의 외관보다는 '그 사물임'을 드러낼 수 있는 본질이나 실재에 더 다가감으로써 ㉠얻게 되는 것이라고 생각하였다.

① 습득(習得)하게
② 체득(體得)하게
③ 취득(取得)하게
④ 터득(攄得)하게
⑤ 획득(獲得)하게

학평

19 ⓐ~ⓔ의 사전적 의미로 적절하지 않은 것은?

보기

- 이러한 현상에 ⓐ주목하여 출현한 것이 코젤렉의 '개념사'이다.
- 이 말은 실타래처럼 얽혀 있는 개념과 정치 사회적 실재, 개념과 역사적 실재의 관계를 정리하기 위한 중요한 ⓑ지침으로 작용한다.
- 이와 동시에 '근대화' 개념은 사람들로 하여금 근대화라는 특정한 사회 변화의 목표에 맞게 사회를 변화시키게 하는 ⓒ동인으로 작용한다.
- 개념사에서는 사회 역사적 현실과 관련하여 이러한 층들을 파헤치면서 개념이 어떻게 사용되어 왔는가, 이 과정에서 그 의미가 어떻게 변화했는가, 어떤 ⓓ함의들이 거기에 투영되었는가, 그 개념이 어떠한 방식으로 작동했는가 등에 대해 탐구한다.
- 개념사에서는 개념과 실재를 대조하고 과거와 현재의 개념을 대조함으로써, 그 개념이 대응하는 실재를 정확히 드러내고 있는가, 아니면 실재의 이해를 방해하고 더 나아가 ⓔ왜곡하는가를 탐구한다.

① ⓐ: 관심을 가지고 주의 깊게 살핌.
② ⓑ: 방법이나 방향을 인도하여 주는 준칙.
③ ⓒ: 연관성이 먼, 간접적인 원인.
④ ⓓ: 말이나 글 속에 어떠한 뜻이 들어 있음.
⑤ ⓔ: 사실과 다르게 해석하거나 그릇되게 함.

모평

20 문맥상 ⓐ~ⓔ를 바꿔 쓰기에 가장 적절한 것은?

보기

- 광장의 바닥은 기마상에서 뻗어 나온 선들이 교차하여 ⓐ만들어진 문양으로 잘게 나누어져 있다.
- 옴팔로스는 '배꼽'을 ⓑ가리키는 말로 인체의 중심, 나아가 '세계의 중심'을 뜻한다.
- 광장의 가운데에 배치된 기마상은 타원이 지닌 두 개의 초점을 ⓒ사라지게 하는 효과를 나타내어 광장을 하나의 중심을 가진 원형 공간처럼 변모시킨 것이다.
- 고대인들은 우주를 북극성을 중심으로 별이 회전하며 12개의 구역으로 ⓓ나누어진 원형의 공간으로 인식했다.
- 이로써 로마 황제의 기마상은 우주의 중심에 ⓔ서게 된다.

① ⓐ: 제조(製造)된
② ⓑ: 지적(指摘)하는
③ ⓒ: 소진(消盡)되게
④ ⓓ: 분할(分割)된
⑤ ⓔ: 기립(起立)하게

모평

21 〈보기〉의 '놀부'에 대한 독자의 반응으로 가장 적절한 것은?

보기

날기 공부 힘쓸 제 구렁 배암 아니 오니 놀부 민망 답답하여 제 손으로 제비 새끼를 잡아 내려 두 발목을 자끈 부러뜨리고 제가 깜짝 놀라 이른 말이, "가련하다, 이 제비야." 하고 조기 껍질을 얻어 찬찬 동여 뱃놈의 닻줄 감듯 삼층 얼레 연줄 감듯 하여 제집에 얹어 두었더니,

– 작자 미상, 〈흥부전〉

① 자기가 제비 다리를 부러뜨려 놓고 깜짝 놀라다니 지렁이도 밟으면 꿈틀하는 격이군.
② 자기 실수로 제비 다리가 부러졌는데 저런 말을 하다니 방귀 뀐 놈이 성내는 격이군.
③ 자기가 구렁이를 대신하여 제비 다리를 부러뜨린 것을 보니 고래 싸움에 새우 등 터진 격이군.
④ 자기가 제비 다리를 부러뜨려 놓고 치료를 해 주며 구해 주는 척하다니 병 주고 약 주는 격이군.
⑤ 자기가 제비 다리를 부러뜨리고 도리어 위로하는 말을 하는 것을 보니 말 한마디에 천 냥 빚을 갚는 격이군.

밥 어휘
어휘력 테스트

5주 완성 학습이 끝난 뒤에
QR 코드를 인식해 주세요!

01 필수 어휘_사회

5주 완성

※ 어휘의 사전적 의미에 해당하는 예문을 찾아 번호를 쓰고 빈칸을 채워 보세요.

01 **개재하다** 끼일 介 | 있을 在 --
동 어떤 것들 사이에 끼여 있다. ( )

02 **개진하다** 열 開 | 늘어놓을 陳 --
동 주장이나 사실 따위를 밝히기 위하여 의견이나 내용을 드러내어 말하거나 글로 쓰다. ( )

03 **결격** 이지러질 缺 | 격식 格
명 필요한 자격을 갖추고 있지 못함. ( )

04 **경원시하다** 공경할 敬 | 멀 遠 | 볼 視 --
동 겉으로는 가까운 체하면서 실제로는 멀리하고 꺼림칙하게 여기다. ( )

05 **고역** 괴로울 苦 | 부릴 役
명 몹시 힘들고 고되어 견디기 어려운 일. ( )

① 교과 내년에 시행되는 일자리 정책에 관해 나의 생각을 글로 □□했다.

② 교과 교통난 때문에 매일 아침 출근길에 □□을 치르는 직장인들이 많다.

③ 교과 이번 선거에는 수많은 변수가 □□해 있어 결과를 예측하기가 어렵다.

④ 교과 세대 갈등으로 신세대와 기성세대가 서로를 □□□하는 경향이 있다.

⑤ 교과 그 회사는 특별한 □□ 사유가 없는 이상 지원자 전원을 신입 사원으로 채용할 예정이라고 했다.

06 **곡해하다** 굽을 曲 | 풀 解 --
동 남의 말이나 행동을 본뜻과는 달리 좋지 아니하게 이해하다. ( )

07 **공치사** 공 功 | 이를 致 | 말씀 辭
명 남을 위하여 수고한 것을 생색내며 스스로 자랑함. ( )

08 **공표** 공변될 公 | 겉 表
명 여러 사람에게 널리 드러내어 알림. ( )

09 **과징금** 시험할 課 | 부를 徵 | 쇠 金
명 규약 위반에 대한 제재로 징수하는 돈. ( )

10 **교착** 갖풀 膠 | 붙을 着
명 어떤 상태가 굳어 조금도 변동이나 진전이 없이 머묾. ( )

① 교과 양국은 협상의 □□ 상태를 극복하기 위해 대책을 마련했다.

② 모평 선거 기간 동안 여론 조사 결과의 □□를 금지하는 것이 사회적 쟁점이 되고 있다.

③ 교과 사람마다 살아온 배경이 다르기 때문에 별 뜻 없이 한 말도 상대방이 □□하여 들을 수 있다.

④ 교과 우리 사회는 문제 해결에 앞장서되 성과에 대한 □□□를 늘어놓지 않는 정치인이 필요하다.

⑤ 모평 기업들이 담합하여 제품 가격을 인상했다가 적발된 경우, 행정 기관으로부터 □□□을 부과받을 수 있다.

11 **굴종하다** 굽을 屈 | 좇을 從 --
동 제 뜻을 굽혀 남에게 복종하다. ( )

12 **궐기하다** 넘어질 蹶 | 일어날 起 --
동 어떤 목적을 이루기 위하여 마음을 돋우고 기운을 내서 힘차게 일어나다. ( )

13 **기미** 기미 幾 | 작을 微
명 어떤 일을 알아차릴 수 있는 눈치. 또는 일이 되어 가는 야릇한 분위기. ( )

14 **낙인** 지질 烙 | 도장 印
명 다시 씻기 어려운 불명예스럽고 욕된 판정이나 평판을 이르는 말. ( )

15 **낙점** 떨어질 落 | 점찍을 點
명 여러 후보가 있을 때 그중에 마땅한 대상을 고름. ( )

① 교과 대학생들이 등록금 인하를 요구하며 □□했다.

② 교과 언론사들이 돈과 권력에 □□해 진실을 보도하지 않는 경우가 잦았다.

③ 교과 그는 몇 사람과 함께 국회 의원 후보에 올랐으나 결국 □□을 받지 못했다.

④ 교과 정부 관계자는 이번 사태에 대한 책임을 떠넘기기 급급할 뿐 반성의 □□를 보이지 않았다.

⑤ 학평 일탈자로 □□이 찍힌 자는 결국 사회적 역할을 수행하는 데 지장을 받게 되고, 사회 적응에 어려움을 겪게 되어 이후에도 일탈이 지속된다.

16 난립하다 어지러울 亂 | 설 立 --	동 질서 없이 여기저기서 나서다.	( )
17 담론 말씀 談 | 논의할 論	명 이야기를 주고받으며 논의함.	( )
18 대소사 큰 大 | 작을 小 | 일 事	명 크고 작은 일을 통틀어 이르는 말.	( )
19 대질하다 대답할 對 | 바탕 質 --	동 소송법에서, 법원이 소송 사건의 관계자 양쪽을 대면시켜 심문하다.	( )
20 득세하다 얻을 得 | 기세 勢 --	동 세력을 얻다.	( )

① 교과 해당 기관의 단속이 허술해지면서 무허가 건물이 ☐☐했다.

② 교과 정치인들은 국가의 ☐☐☐를 결정하는 데 신중을 기해야 한다.

③ 교과 수사관은 자신의 범행을 부인하는 피의자를 목격자와 ☐☐하여 심문했다.

④ 교과 어떤 왕은 공신들이 ☐☐하는 것을 막기 위해 그들을 무자비하게 숙청하기도 했다.

⑤ 교과 의사소통이 이루어지는 과정에서 사회적 ☐☐이나 특정한 의사소통 문화가 형성되기도 한다.

21 면박 낯 面 | 논박할 駁	명 면전에서 꾸짖거나 나무람.	( )
22 면탈하다 면할 免 | 벗을 脫 --	동 죄를 벗다.	( )
23 반향 돌이킬 反 | 소리 울릴 響	명 어떤 사건이나 발표 따위가 세상에 영향을 미치어 일어나는 반응.	( )
24 방면하다 놓을 放 | 면할 免 --	동 붙잡아 가두어 두었던 사람을 놓아주다.	( )
25 방임하다 놓을 放 | 맡길 任 --	동 돌보거나 간섭하지 않고 제멋대로 내버려 두다.	( )

① 교과 용의자로 지목된 남자가 자신의 알리바이를 입증하자 경찰은 그를 ☐☐했다.

② 모평 1764년에 발간된 체사레 베카리아의 《범죄와 형벌》은 커다란 ☐☐을 일으켰다.

③ 교과 그간 쌓은 공로가 있다고 해서 이번 일에 대한 그의 책임과 죄를 ☐☐할 수 있는 것은 아니다.

④ 교과 교육 전문가는 부모가 자녀를 지나치게 간섭하거나 혹은 무조건 ☐☐하는 것은 좋지 않다고 말한다.

⑤ 교과 입사 초기에는 일이 서툴러 선배에게 자주 ☐☐을 받았지만, 지금은 능숙해져 선배에게 칭찬을 받는다.

26 불미스럽다 아닐 不 | 아름다울 美 ---	형 아름답지 못하고 추잡한 데가 있다.	( )
27 상치하다 서로 相 | 달릴 馳 --	동 일이나 뜻이 서로 어긋나다.	( )
28 소급하다 거슬러 올라갈 遡 | 미칠 及 --	동 과거에까지 거슬러 올라가서 미치게 하다.	( )
29 소실 사를 燒 | 잃을 失	명 불에 타서 사라짐. 또는 그렇게 잃음.	( )
30 소지하다 바 所 | 가질 持 --	동 물건을 지니고 있다.	( )

① 교과 우리나라에서 허가 없이 총기를 ☐☐하는 것은 불법이다.

② 교과 노사 입장이 ☐☐하여 이번 협상에서도 결론을 내지 못할 가능성이 크다.

③ 학평 범죄 발생 당시에는 없었던 법이 나중에 생겨도 그것을 ☐☐해서 적용할 수 없다.

④ 학평 ☐☐스러운 일이 생기는 것을 예방하기 위해 판매할 수 없는 물품의 종류를 안내하였다.

⑤ 학평 무엇이 잘못 되었느니, 누구 때문이니 하고 책임을 물어봤자 한번 ☐☐된 문화재는 되돌릴 수 없다.

·뜻풀이로 체크하기·

01 ~ 07 다음 뜻풀이에 해당하는 어휘를 쓰시오.

01 죄를 벗다. □□□□

02 세력을 얻다. □□□□

03 물건을 지니고 있다. □□□□

04 제 뜻을 굽혀 남에게 복종하다. □□□□

05 겉으로는 가까운 체하면서 실제로는 멀리하고 꺼림칙하게 여기다. □□□□□

06 소송법에서, 법원이 소송 사건의 관계자 양쪽을 대면시켜 심문하다. □□□□

07 어떤 일을 알아차릴 수 있는 눈치. 또는 일이 되어 가는 야릇한 분위기. □□

08 ~ 12 제시된 초성과 뜻풀이를 참고하여 빈칸에 들어갈 알맞은 어휘를 쓰시오.

08 ㄱㅍ: 여러 사람에게 널리 드러내어 알림.

교과 새로운 저작권법이 내일 □□될 예정입니다.

09 ㄷㅅㅅ: 크고 작은 일을 통틀어 이르는 말.

교과 우리 부부는 집안의 □□□를 상의하여 결정한다.

10 ㄱㅈㄱ: 규약 위반에 대한 제재로 징수하는 돈.

모평 □□□은 불법 행위를 행정적으로 제재하는 수단에 해당한다.

11 ㄱㅇ: 몹시 힘들고 고되어 견디기 어려운 일.

교과 무더운 여름에 에어컨이 고장 난 사무실에서 일하는 것만큼 □□이 없다.

12 ㅂㅁ스럽다: 아름답지 못하고 추잡한 데가 있다.

교과 뉴스에서는 공무원들이 저지른 □□스러운 사건에 관해 보도하고 있었다.

·문장으로 체크하기·

13 ~ 18 다음 문맥에 알맞은 어휘를 고르시오.

13 교과 (굴종 | 난립)해 있는 공장이 하천 오염의 주범으로 지목되고 있다.

14 교과 법원의 판결에 판사의 사적 감정이 (개재 | 궐기)해 있으면 안 된다.

15 교과 이번 사건이 기사화되면 사회적으로 큰 (낙점 | 반향)을 불러올 것이다.

16 교과 근무 시간을 늘려야 한다는 임원진의 발언에 직원들은 반대 의견을 (개진 | 소급)했다.

17 교과 새로운 왕은 억울하게 누명을 쓰고 옥에 갇혀 있던 백성들을 모두 (방면 | 방임)해 주었다.

18 학평 탑을 건축할 당시 사용한 재료와 건축 과정을 알 수 있는 정확한 자료가 현재는 (상치 | 소실)된 상황이다.

19 ~ 24 다음 빈칸에 들어갈 알맞은 어휘를 〈보기〉에서 찾아 쓰시오.

보기

결격 곡해 낙인
담론 면박 상치

19 모평 전과자의 (   )이/가 찍힌 그를 사회는 차갑게 외면했다.

20 교과 나는 그와 함께 학문과 예술에 대해 (   )하는 시간을 가졌다.

21 교과 친구는 내가 한 말을 (   )해 듣고는 화가 나서 밖으로 나가 버렸다.

22 교과 그들은 늘 의견이 (   )해서 회의 시간마다 말다툼을 벌이곤 한다.

23 교과 해외 연수는 해외여행에 (   ) 사유가 없는 사람만 신청할 수 있습니다.

24 교과 아이가 실수해도 사람들이 많은 장소에서는 (   )을/를 주지 않는 것이 제 교육 철학입니다.

▶ 정답과 해설 53쪽

어휘의 쓰임 이해하기

01 문맥상 밑줄 친 어휘의 쓰임이 적절하지 않은 것은?

① 농민들이 농정 개혁을 촉구하며 궐기하고 나섰다.
② 사람들은 최 주사에게 기회주의자라는 낙인을 찍었다.
③ 그는 이번 성과가 자기 덕분이라며 공치사를 늘어놓았다.
④ 좌승상이 이 부인의 죄와 관련한 자신의 의견을 개진하였다.
⑤ 김 회장은 세금 체납에 따른 처분을 소지할 목적으로 가족의 차명 계좌를 이용해 재산을 숨겼다.

적절한 어휘로 바꿔 쓰기

02 문맥상 다음 밑줄 친 어휘와 바꿔 쓰기에 적절하지 않은 것은?

① 간신이 득세하자 화욱은 사직하고 낙향했다. → 판치자
② 동생은 오빠의 면박에 참다못해 울음을 터뜨렸다. → 타박
③ 그는 불미스러운 일로 우리 모임에서 퇴출되었다. → 불온한
④ 마땅한 증거가 발견되지 않아 결국 용의자를 방면했다. → 놓아주었다
⑤ 아이를 자유롭게 키우는 것과 방임하는 것은 엄연히 다르다. → 방치하는

어휘의 의미와 쓰임 이해하기

03 〈보기〉의 빈칸에 들어갈 어휘와 그 의미의 연결이 바르지 않은 것은?

보기
㉠ 노사의 협상이 (　　　) 상태에 빠졌다.
㉡ 이번 화재로 인해 많은 문화재가 (　　　)되었다.
㉢ 그녀는 매년 국제 학술지에 논문을 (　　　)하였다.
㉣ 군소 업체가 (　　　)하여 과당 경쟁을 벌이고 있다.
㉤ 손해 배상금과 달리 벌금과 (　　　)은 국가에 귀속된다.

① ㉠: 교착 – 어떤 상태가 굳어 조금도 변동이나 진전이 없이 머묾.
② ㉡: 소실 – 불에 타서 사라짐. 또는 그렇게 잃음.
③ ㉢: 개재 – 글이나 그림 따위를 신문이나 잡지 따위에 실음.
④ ㉣: 난립 – 질서 없이 여기저기서 나섬.
⑤ ㉤: 과징금 – 규약 위반에 대한 제재로 징수하는 돈.

어휘의 쓰임 이해하기

04 〈보기〉의 ⓐ~ⓔ를 사용하여 만든 문장으로 적절하지 않은 것은?

보기
• 운전할 때는 면허증을 반드시 ⓐ소지해야 한다.
• 그 신인 배우가 영화의 주연으로 ⓑ낙점을 받았다.
• 큰아버지께서 집안 ⓒ대소사를 도맡아 하고 계신다.
• 그 연구자의 인터뷰가 대중에게 큰 ⓓ반향을 불러왔다.
• 이 법률은 위반 시 5년 전까지 ⓔ소급하여 중과세할 수 있도록 되어 있다.

① ⓐ: 마패는 관리가 역마를 사용할 수 있는 증표로 소지하던 것이다.
② ⓑ: 감독은 이번 경기에 출전할 선수를 낙점하지 못했다.
③ ⓒ: 마을의 대소사는 이장의 뜻에 좌우되곤 하였다.
④ ⓓ: 연습실에서 노래를 부르면 노랫소리가 반향이 되어 울린다.
⑤ ⓔ: 근로자들은 급여 인상액을 3개월 소급하여 지불하라고 농성하고 있다.

어휘의 쓰임 이해하기

05 〈보기〉의 ㈀~㈄의 뜻을 지닌 어휘를 활용하여 만든 문장으로 적절하지 않은 것은?

보기
㈀ 어떤 것들 사이에 끼여 있음.
㈁ 필요한 자격을 갖추고 있지 못함.
㈂ 여러 사람에게 널리 드러내어 알림.
㈃ 몹시 힘들고 고되어 견디기 어려운 일.
㈄ 남의 말이나 행동을 본뜻과는 달리 좋지 아니하게 이해함.

① ㈀: 그 의원의 발언은 그가 속한 정당의 입장과 상치하는 내용이었다.
② ㈁: 그는 친구로서는 좋은 사람이지만 같이 일하는 직장 동료로서는 결격이다.
③ ㈂: 논문 심사의 결과가 아직 공표되지 않았다.
④ ㈃: 그 어렵고 지루한 강의를 끝까지 듣는 것은 꽤나 고역이었다.
⑤ ㈄: 지금의 네 행동은 다른 사람들이 보기에 곡해할 소지가 있다.

관용어

※ 관용어가 사용된 예문을 읽고 해당 뜻풀이를 찾아 번호를 쓰세요.

★ 그 밖의 몸

01 등골이 빠지다

교과 재호는 가난에서 벗어나기 위해 등골이 빠지도록 일했다. ( )

02 모골이 송연하다

교과 주변에 뱀이 있다는 소리를 듣자 모골이 송연했다. ( )

03 억장이 무너지다

교과 홍수에 무너진 집을 생각하면 억장이 무너진다. ( )

① 끔찍스러워서 몸이 으쓱하고 털끝이 쭈뼛해지다.

② 견디기 어려울 정도로 몹시 힘이 들다.

③ 극심한 슬픔이나 절망 따위로 몹시 가슴이 아프고 괴롭다.

★ 마음

04 마음에 두다

학평 중군은 원수에게 욕봄을 조금도 마음에 두지 말라. ( )

05 마음에 없다

학평 그는 상대를 안심시키기 위해 마음에 없는 말을 하고 있다. ( )

06 마음에 차다

학평 마음에 차는 책을 찾기 위해 여러 도서관을 다녔다. ( )

07 마음을 풀다

교과 시험을 앞두고 마음을 풀기 위해 호흡을 가다듬고 명상을 했다. ( )

08 마음이 통하다

교과 마음이 통하는 친구가 한 명만 있어도 외롭지 않다. ( )

① 마음에 흡족하게 여기다.

② 긴장하였던 마음을 늦추다.

③ 서로 생각이 같아 이해가 잘되다.

④ 잊지 아니하고 마음속에 새겨 두다.

⑤ 무엇을 하거나 가지고 싶은 생각이 없다.

★ 꿈

09 꿈도 못 꾸다

교과 해야 할 일이 많아서 여행은 꿈도 못 꾼다. ( )

10 꿈도 야무지다

교과 평범한 노래 실력으로 가수가 되겠다니 꿈도 야무지다. ( )

11 꿈을 깨다

교과 벼락부자가 되는 것은 불가능하니 꿈을 깨라. ( )

12 꿈인지 생시인지

(1) 교과 믿었던 그에게 사기를 당하다니, 꿈인지 생시인지 모르겠다. ( )

(2) 교과 시험에 합격하다니, 이게 꿈인지 생시인지 모르겠다. ( )

① 희망을 낮추거나 버리다.

② 전혀 생각도 하지 못하다.

③ 희망이 너무 커 실현 가능성이 없음을 비꼬아 이르는 말.

④ 생각지도 못한 뜻밖의 일에 부닥쳐 어찌할 바를 모를 때를 이르는 말.

⑤ 간절히 바라던 일이 뜻밖에 이루어져 꿈처럼 여겨지는 것을 이르는 말.

★ 자연

13 된서리를 맞다

교과 높은 수익률을 자랑하던 광고업계가 경기 불황으로 된서리를 맞았다. ( )

14 물 건너가다

교과 마지막 경기를 졌으니 우승은 물 건너갔네. ( )

15 바람을 일으키다

교과 그가 집필한 책이 젊은이들 사이에서 바람을 일으켰다. ( )

① 모진 재앙이나 억압을 당하다.

② 사회적으로 많은 사람에게 영향을 미치다.

③ 일의 상황이 끝나 어떠한 조치를 할 수 없다.

★ 모습, 상태

16 맥이 풀리다

교과 중요한 회의를 끝내고 나니 온몸에 맥이 풀리고 잠이 쏟아졌다. ( )

17 서슬이 시퍼렇다

교과 서슬이 시퍼런 집주인의 강요에 어쩔 수 없이 벽지를 새로 교체했다. ( )

18 죽을 쑤다

교과 긴장한 탓에 오늘 시합은 죽을 쑤었지만 내일 시합은 잘 해 보자. ( )

① 기운이나 긴장이 풀어지다.

② 어떤 일을 망치거나 실패하다.

③ 권세나 기세 따위가 아주 대단하다.

★ 행동, 태도

19 딴 주머니를 차다

교과 배우자가 돈 욕심에 딴 주머니를 찰까 봐 걱정되었다. ( )

20 마각을 드러내다

교과 청렴을 강조하던 손 의원이 선거에 당선되자 뇌물을 받는 등 마각을 드러냈다. ( )

21 멍석을 깔다

교과 네가 춤 실력을 발휘할 수 있도록 멍석을 깔아 줄게. ( )

22 변죽을 울리다

교과 진실을 알고 싶으니 그렇게 변죽을 울리지 말고 바른대로 말해 줘. ( )

23 쐐기를 박다

교과 손 선수가 연장전에 골을 넣어 승부에 쐐기를 박았다. ( )

24 포문을 열다

교과 그는 상대측 주장의 모순점을 지적하며 반론의 포문을 열었다. ( )

① 돈을 빼서 따로 보관하다.

② 상대편을 공격하는 발언을 시작하다.

③ 뒤탈이 없도록 미리 단단히 다짐을 두다.

④ 하고 싶은 대로 할 기회를 주거나 마련하다.

⑤ 바로 집어 말을 하지 않고 둘러서 말을 하다.

⑥ 말의 다리로 분장한 사람이 자기 모습을 드러낸다는 뜻으로, 숨기고 있던 일이나 정체를 드러냄을 이르는 말.

·뜻풀이로 체크하기·

01 ~ 07 다음 뜻풀이에 해당하는 관용어를 쓰시오.

01 희망을 낮추거나 버리다.

____

02 기운이나 긴장이 풀어지다.

____

03 견디기 어려울 정도로 몹시 힘이 들다.

____

04 무엇을 하거나 가지고 싶은 생각이 없다.

____

05 바로 집어 말을 하지 않고 둘러서 말을 하다.

____

06 숨기고 있던 일이나 정체를 드러냄을 이르는 말.

____

07 극심한 슬픔이나 절망 따위로 몹시 가슴이 아프고 괴롭다. ______________

08 ~ 13 다음 빈칸에 들어갈 알맞은 말을 〈보기〉에서 찾아 쓰시오.

보기

돈 공격 권세
긴장 조치 희망

08 마음을 풀다: (   )하였던 마음을 늦추다.

09 딴 주머니를 차다: (   )을/를 빼서 따로 보관하다.

10 포문을 열다: 상대편을 (   )하는 발언을 시작하다.

11 서슬이 시퍼렇다: (   )(이)나 기세 따위가 아주 대단하다.

12 물 건너가다: 일의 상황이 끝나 어떠한 (   )을/를 할 수 없다.

13 꿈도 야무지다: (   )이/가 너무 커 실현 가능성이 없음을 비꼬아 이르는 말.

·문장으로 체크하기·

14 ~ 18 다음 빈칸에 들어갈 알맞은 관용어를 〈보기〉에서 찾아 기호를 쓰시오.

보기

㉠ 꿈도 못 꾼다 ㉡ 꿈인지 생시인지
㉢ 마음에 두고 ㉣ 마음이 통하는
㉤ 죽을 쑤었다

14 교과 친구는 합격을 결정짓는 중요한 시험에서 (   )며 울상을 지었다.

15 교과 그토록 그리워했던 그녀를 드디어 만날 수 있다니 이게 정말 (   ) 모르겠다.

16 교과 기분 나쁜 농담을 계속 (   ) 있으면 정신 건강에 좋지 않으니 빨리 잊어버려라.

17 교과 그는 동생들의 학비를 벌어야 해서 아무리 힘들어도 회사를 그만두는 것은 (   ).

18 교과 연희와 나는 (   ) 사이여서 많은 이야기를 나누지 않아도 서로를 깊이 이해할 수 있다.

19 ~ 24 다음 문맥에 알맞은 관용어를 고르시오.

19 교과 동생은 미술 시간에 그린 그림이 (마음에 차지 | 마음을 풀지) 않는다며 불평했다.

20 교과 극장을 찾는 관객의 발길이 뚝 끊기면서 영화업계가 (된서리를 맞았다 | 포문을 열었다).

21 교과 하고 싶은 말이 많은 것 같아 (멍석을 깔아 | 변죽을 울려) 주었는데 왜 말을 한마디도 못 하니?

22 교과 잠을 자려는데 얼마 전 보았던 공포 영화의 한 장면이 생각나 (등골이 빠진다 | 모골이 송연하다).

23 교과 그의 작품은 전통적인 회화 기법을 추구하던 미술계에 새로운 (마각을 드러냈다 | 바람을 일으켰다).

24 교과 현장 노동자들은 밀린 임금을 모두 받기 전까지는 다음 작업을 할 수 없다고 (딴 주머니를 찼다 | 쐐기를 박았다).

▶ 정답과 해설 53쪽

관용어의 사례 파악하기

01 밑줄 친 부분이 관용어가 아닌 것은?

① 원하던 물건을 손에 넣으니 이제 마음에 차니?
② 헬리콥터가 굉음과 함께 바람을 일으키며 날아올랐다.
③ 가뭄으로 농사를 망친 것만 생각하면 억장이 무너진다.
④ 양국의 평화 협정은 물 건너간 일인데 미련을 둬 봐야 아무 소용이 없다.
⑤ 밤에 혼자 공동묘지를 지날 때면 무서운 이야기가 떠올라 모골이 송연하다.

제시된 정보로 관용어 유추하기

02 제시된 뜻풀이를 참고할 때, ㉠과 ㉡에 들어갈 관용어로 적절한 것은?

보기

[뜻풀이] 모진 재앙이나 억압을 당하다.
[예 문] 몇 년째 고성장을 이어 가던 IT 산업이 경기 불황으로 (㉠).
[뜻풀이] 생각지도 못한 뜻밖의 일에 부닥쳐 어찌할 바를 모를 때를 이르는 말.
[예 문] 하도 얼떨결에 당한 일이라서 (㉡) 분간하기도 어려웠다.

	㉠	㉡
①	죽을 쑤다	꿈을 깨다
②	등골이 빠지다	바람을 일으키다
③	된서리를 맞다	꿈인지 생시인지
④	억장이 무너지다	물 건너가다
⑤	마각을 드러내다	딴 주머니를 차다

문맥에 맞는 관용어 파악하기

03 〈보기〉의 빈칸에 들어갈 관용어로 가장 적절한 것은?

보기

극의 전반부에서 절제된 감정 표현으로 선한 모습을 연기하던 주인공은, 후반부가 되자 차츰 흉악한 (　　　　) 시작하여 시청자들의 긴장감을 끌어올렸다.

① 멍석을 깔기　② 쐐기를 박기
③ 포문을 열기　④ 변죽을 울리기
⑤ 마각을 드러내기

관용어의 쓰임 이해하기

04 밑줄 친 관용어의 쓰임이 적절하지 않은 것은?

① 동생은 마음에 없는 말만 골라 하며 내 속을 긁었다.
② 그는 동업자가 딴 주머니를 찰까 봐 늘 전전긍긍했다.
③ 혜주는 모임에서 유일하게 나와 마음이 통하는 사람이다.
④ 우리 팀이 막판에 세 골을 넣으며 승리에 멍석을 깔았다.
⑤ 그는 상대편이 제시한 근거의 빈약함을 지적하며 반론의 포문을 열었다.

문맥에 맞는 관용어 파악하기

05 관용어를 사용하여 ⓐ~ⓒ의 문장을 완성할 때, 빈칸에 들어갈 말로 적절한 것은?

보기

ⓐ 네가 그런 유명인과 만나는 것은 불가능한 일이니, 그만 꿈을 (　　　　).
ⓑ 내 친구는 고소 공포증이 있어서 비행기를 타는 일은 꿈도 (　　　　).
ⓒ 그런 평균 이하의 실력으로 대회에서 우승을 하겠다니, 참 꿈도 (　　　　).

	ⓐ	ⓑ	ⓒ
①	깨라	못 꾼다	야무지다
②	깨라	잘 꾼다	없다
③	꾸어라	안 꾼다	잘 꾼다
④	버려라	못 꾼다	안 꾼다
⑤	버려라	없다	야무지다

관용어의 의미와 쓰임 이해하기

06 〈보기〉와 같이 관용어가 쓰인 부분을 바꾸어 표현한 것으로 적절하지 않은 것은?

보기

• 시험이 끝나자 전신에서 탁 맥이 풀렸다. → 긴장이 풀어졌다

① 아까 한 말은 홧김에 내뱉은 것이니 마음에 두지 말게. → 마음속에 새겨 두지
② 군사 정권의 서슬이 시퍼렇던 시절에는 말 한마디도 쉽게 할 수 없었다. → 권세가 대단했던
③ 큰 점수 차로 이기고 있더라도 마음을 풀지 말고 끝까지 경기에 집중해야 한다. → 긴장을 늦추지
④ 그는 궁금한 내용을 속 시원하게 말해 주지 않고 계속 변죽을 울렸다. → 터무니없는 헛소리를 했다
⑤ 등골이 빠지게 농사를 지어 봤자 지주가 절반 이상을 가져가고 남은 것은 얼마 안 됐다. → 몹시 힘들게

다의어

※ 다의어의 각 예문을 읽고 해당 뜻풀이를 찾아 번호를 쓰세요.

01 잡다

(1) 학평 영수야 내 손을 꼭 잡아라. ( )
(2) 학평 경찰이 도둑을 잡았다. ( )
(3) 교과 정부는 치솟는 물가를 잡기 위해 노력했다. ( )
(4) 교과 공사 기간을 아무리 짧게 잡아도 세 달은 걸릴 것이다. ( )

① 동 붙들어 손에 넣다.
② 동 기세를 누그러뜨리다.
③ 동 손으로 움키고 놓지 않다.
④ 동 어림하거나 짐작하여 헤아리다.

02 저미다

(1) 교과 고기를 얇게 저며 양념에 버무렸다. ( )
(2) 교과 차가운 바람이 칼날처럼 뺨을 저몄다. ( )
(3) 교과 울다 지쳐 잠이 든 아이의 모습이 마음을 저민다. ( )

① 동 마음을 몹시 아프게 하다.
② 동 칼로 도려내듯이 쓰리고 아프게 하다.
③ 동 여러 개의 작은 조각으로 얇게 베어 내다.

03 짓다

(1) 학평 나무로 집을 짓는다. ( )
(2) 교과 학생들이 줄을 지어 서 있다. ( )
(3) 수능 S# 67의 철호는 몹시 착잡하고 근심 어린 표정을 짓도록 합시다. ( )
(4) 교과 우선 지금 하는 일부터 마무리를 짓고 새로운 일을 시작하자. ( )

① 동 한데 모여 줄이나 대열 따위를 이루다.
② 동 재료를 들여 밥, 옷, 집 따위를 만들다.
③ 동 이어져 온 일이나 말 따위의 결말이나 결정을 내다.
④ 동 어떤 표정이나 태도 따위를 얼굴이나 몸에 나타내다.

04 차리다

(1) 교과 아이들이 집에 들어오는 시간에 맞춰 저녁을 차렸다. ( )
(2) 모평 시간이 조금 흐른 뒤에 최척은 기운을 차려 말했다. ( )
(3) 학평 이제는 여자의 도리를 차려 부모 영위를 지키고자 하옵나이다. ( )

① 동 기운이나 정신 따위를 가다듬어 되찾다.
② 동 마땅히 해야 할 도리, 법식 따위를 갖추다.
③ 동 음식 따위를 장만하여 먹을 수 있게 상 위에 벌이다.

05 참다

(1) 학평 열이나 콧물, 가래 등을 참지 못해 병원을 찾는다. ( )
(2) 교과 아이는 서러움을 참지 못하고 눈물을 흘렸다. ( )
(3) 교과 이틀만 참으면 그를 만날 수 있어. ( )

① 동 어떤 기회나 때를 견디어 기다리다.
② 동 충동, 감정 따위를 억누르고 다스리다.
③ 동 웃음, 울음, 아픔 따위를 억누르고 견디다.

06 청산하다

맑을 淸 | 계산 算 --

(1) 교과 밤낮으로 돈을 벌어 빚을 청산했다. ( )
(2) 학평 친일 잔재를 청산하지 못해 비극적인 역사가 반복된다. ( )

① 동 과거의 부정적 요소를 깨끗이 씻어 버리다.
② 동 서로 간에 채무 · 채권 관계를 셈하여 깨끗이 해결하다.

07 털다

(1) 교과 베란다로 나가 먼지가 잔뜩 묻은 옷을 탈탈 털었다. ( )

(2) 교과 그는 전 재산을 털어 병원을 세웠다. ( )

(3) 교과 경찰이 은행을 턴 강도들을 잡았다. ( )

(4) 교과 우리는 힘들었던 과거를 모두 털어 버리고 새 인생을 살기로 했다. ( )

① 동 자기가 가지고 있는 것을 남김없이 내다.
② 동 일, 감정, 병 따위를 완전히 극복하거나 말끔히 정리하다.
③ 동 달려 있는 것, 붙어 있는 것 따위가 떨어지게 흔들거나 치거나 하다.
④ 동 남이 가진 재물을 몽땅 빼앗거나 그것이 보관된 장소를 모조리 뒤지어 훔치다.

1200

어휘 1188개 달성!

1100

08 틀다

(1) 교과 고개를 틀어 그의 시선을 피했다. ( )

(2) 교과 라디오를 틀었더니 노래가 흘러나왔다. ( )

(3) 교과 사장님이 일을 틀어서 거래처와의 계약이 성사되지 않았다. ( )

① 동 방향이 꼬이게 돌리다.
② 동 잘되어 가던 일을 꼬이게 하다.
③ 동 음향 기기 따위를 작동하게 하다.

09 틀어지다

(1) 교과 한쪽으로만 다리를 꼬면 뼈가 틀어질 수 있다. ( )

(2) 교과 친구가 약속을 취소하는 바람에 계획이 모두 틀어졌다. ( )

(3) 교과 심사가 틀어져 툴툴대는 동생을 달래기 위해 동생이 좋아하는 과자를 사 왔다. ( )

(4) 교과 여자 친구와 말다툼을 한 이후 그녀와 사이가 틀어졌다. ( )

① 동 마음이 언짢아 토라지다.
② 동 꾀하는 일이 어그러지다.
③ 동 사귀는 사이가 서로 벌어지다.
④ 동 어떤 물체가 반듯하고 곧바르지 아니하고 옆으로 굽거나 꼬이다.

10 판가름

(1) 모평 그중 하나가 경험적 검증 가능성에 의해 과학적 진술의 의미를 판가름하는 논리 실증주의적 관점이다. ( )

(2) 교과 이날 승부는 8회 말에 터진 홈런으로 판가름이 났다. ( )

① 명 승패나 생사존망을 결판내는 일.
② 명 사실의 옳고 그름이나 어떤 대상의 나음과 못함, 가능성 따위를 판단하여 가름.

11 포획하다
사로잡을 捕 | 얻을 獲 --

(1) 교과 적군을 포획하여 방에 가둬 두었다. ( )

(2) 모평 산란을 위해 담수를 거슬러 오르는 연어들을 처음 포획한 곳에서 재포획하였다. ( )

① 동 적병을 사로잡다.
② 동 짐승이나 물고기를 잡다.

12 후하다
두터울 厚 --

(1) 학평 주인아주머니의 후한 인심이 실례 마을을 둘러싼 산자락처럼 푸근했다. ( )

(2) 교과 후한 고기를 불판 위에 올려놓았다. ( )

① 형 두께가 매우 두껍다.
② 형 마음 씀씀이나 태도가 너그럽다.

·뜻풀이로 체크하기·

01 ~ 05 다음 밑줄 친 어휘의 뜻풀이에 들어갈 알맞은 말을 〈보기〉에서 찾아 쓰시오.

보기
도리　해결　너그럽다
벌어지다　사로잡다

01 모평 그를 없애면 은혜를 후하게 갚으리라.
→ 후하다: 마음 씀씀이나 태도가 (　　　　　).

02 교과 적군과 협상하기 위해 적병을 포획했다.
→ 포획하다: 적병을 (　　　　　).

03 교과 소미는 친구와 틀어진 후 동창회에 나가지 않았다.
→ 틀어지다: 사귀는 사이가 서로 (　　　　　).

04 교과 예의를 차려야 하는 장소에서는 옷을 단정하게 입어라.
→ 차리다: 마땅히 해야 할 (　　　　　), 법식 따위를 갖추다.

05 교과 이자까지 모조리 갚았으니 빚을 다 청산했다고 볼 수 있어.
→ 청산하다: 서로 간에 채무·채권 관계를 셈하여 깨끗이 (　　　　　)하다.

06 ~ 09 다음 밑줄 친 어휘의 뜻풀이로 알맞은 것을 고르시오.

06 학평 폐하는 노여움을 참으시고 후일을 보소서.
① 어떤 기회나 때를 견디어 기다리다.
② 충동, 감정 따위를 억누르고 다스리다.

07 교과 비밀이 새어 나가서 계획이 틀어지고 말았다.
① 꾀하는 일이 어그러지다.
② 마음이 언짢아 토라지다.

08 교과 몸이 아픈 동생이 보양식을 먹고 기력을 차렸다.
① 기운이나 정신 따위를 가다듬어 되찾다.
② 음식 따위를 장만하여 먹을 수 있게 상 위에 벌이다.

09 모평 나는 수성에 이르러 뱀장어를 잡아 파는 한 소년을 만난다.
① 붙들어 손에 넣다.
② 기세를 누그러뜨리다.

·문장으로 체크하기·

10 ~ 13 다음 밑줄 친 어휘가 제시된 의미로 사용된 문장을 고르시오.

10 틀다: 잘되어 가던 일을 꼬이게 하다.
① 교과 동생은 간지러움을 참지 못하고 몸을 틀었다.
② 교과 남자 쪽 부모가 일을 틀어 결혼식이 취소되었다.

11 저미다: 여러 개의 작은 조각으로 얇게 베어 내다.
① 교과 각종 채소를 저며 볶음밥에 넣었다.
② 교과 얼굴을 저미는 듯한 추위에 목도리를 둘렀다.

12 판가름: 승패나 생사존망을 결판내는 일.
① 교과 어제 회사의 운명을 판가름하는 회의가 열렸다.
② 교과 누구의 말이 맞고 틀린지 선생님께 여쭤봐서 판가름을 내자.

13 틀어지다: 어떤 물체가 반듯하고 곧바르지 아니하고 옆으로 굽거나 꼬이다.
① 교과 햇빛을 심하게 받아 틀어진 나무는 목재로 쓸 수 없다.
② 교과 그녀는 심사가 한번 틀어지면 상대방에게 고함을 지르며 화를 낸다.

14 ~ 16 다음 밑줄 친 어휘가 제시된 문장의 밑줄 친 어휘와 유사한 의미로 사용된 문장을 고르시오.

14 수능 하인들이 이미 정성스럽게 밥을 지어 놓았다.
① 수능 초막을 헐고 그 터에 크게 집을 지었다.
② 교과 여기서 이 이야기는 일단락 짓고 마무리하자.

15 교과 아이는 차곡차곡 모아 둔 용돈을 털어 엄마의 선물을 샀다.
① 교과 소매치기가 준서의 지갑을 털었다.
② 교과 그녀는 아이들을 돕기 위해 월급을 다 털어 고아원에 기부했다.

16 교과 시험 준비 기간을 한 달로 잡은 것은 무리였다.
① 교과 우리는 전시회에 올 손님을 100명 정도로 잡고 있다.
② 교과 소방대원들이 현장에 출동한 지 약 세 시간 만에 겨우 불길을 잡았다.

▶ 정답과 해설 54쪽

사전적 의미 파악하기

01 밑줄 친 어휘의 사전적 의미가 적절하지 않은 것은?

① 보약을 꾸준히 먹고 기력을 차렸다. – 기운이나 정신 따위를 가다듬어 되찾다.
② 동생은 매미채를 들고 숲으로 가서 매미를 잡았다. – 손으로 움키고 놓지 않다.
③ 그 방송은 인기 가요를 틀어 청취율을 높인다. – 음향 기기 따위를 작동하게 하다.
④ 유기된 개들이 도심에 떼를 지어 다녔다. – 한데 모여 줄이나 대열 따위를 이루다.
⑤ 이번 한 번은 참지만 다음에는 가만히 있지 않겠다. – 충동, 감정 따위를 억누르고 다스리다.

문맥적 의미 파악하기

02 〈보기〉의 밑줄 친 어휘와 같은 의미로 쓰인 것은?

보기

그는 가게로 들어오기 전에 눈이 묻은 옷을 털었다.

① 그는 전 재산을 털어 사업을 시작했다.
② 도둑이 그 가게에서 물건을 털어 달아났다.
③ 제비는 꽁지를 세차게 털어 물기를 없앴다.
④ 친구에게 쓸데없는 죄의식을 털어 버리라고 충고했다.
⑤ 우리 팀은 패배의 아쉬움을 털고 다시 연습에 매진했다.

어휘의 의미와 쓰임 이해하기

03 〈보기〉의 (a)~(e)의 뜻을 지닌 어휘를 활용하여 만든 문장으로 적절하지 않은 것은?

보기

(a) 마음을 몹시 아프게 하다.
(b) 승패나 생사존망을 결판내는 일.
(c) 어떤 기회나 때를 견디어 기다리다.
(d) 여러 가지 재료를 섞어 약을 만들다.
(e) 과거의 부정적 요소를 깨끗이 씻어 버리다.

① (a): 세상 살다 보면 마음을 저미는 일도 겪게 된다.
② (b): 딱 한 번, 단판 승부로 판가름을 냅시다.
③ (c): 떠나는 그녀의 뒷모습을 보며 울음이 터져 나오는 것을 겨우 참았다.
④ (d): 몸이 허약한 아내를 위해 남편이 보약을 지었다.
⑤ (e): 그는 집에만 틀어박혀 지내던 생활을 청산하고 회사를 다니기 시작했다.

문맥적 의미 파악하기

04 밑줄 친 두 어휘의 의미가 일치하지 않는 것은?

① (ㄱ) 최대한 격식을 차려 손님을 대접했다.
(ㄴ) 그는 제 욕심만 차리는 데 혈안이 되어 있다.
② (ㄱ) 그녀는 몸을 틀어 그의 얼굴을 바라보았다.
(ㄴ) 아이는 힘든 표정을 지으며 허리를 비비 틀었다.
③ (ㄱ) 그녀는 둥근 달을 바라보며 한숨을 지었다.
(ㄴ) 선생님은 아이에게 엄한 표정을 짓고 꾸중하셨다.
④ (ㄱ) 그 회사는 다른 회사에 비해 보수가 후하다.
(ㄴ) 그 교수는 학점이 후해서 학생들에게 인기가 많다.
⑤ (ㄱ) 태풍은 동쪽으로 틀어져 우리나라를 비껴갔다.
(ㄴ) 투수가 던진 공의 방향이 갑자기 아래로 틀어졌다.

적절한 어휘로 바꿔 쓰기

05 문맥상 다음 밑줄 친 어휘와 바꿔 쓰기에 적절하지 않은 것은?

① 친구만 믿다가 계획이 모두 틀어졌다. → 어그러졌다
② 노파가 배배 일을 틀어 어렵게 만들었다. → 비꼬아
③ 주모는 술상을 차려 손님방으로 들어갔다. → 준비하여
④ 미국 야구는 끝장 승부 규칙을 적용하여 승부의 판가름을 낸다. → 결판
⑤ 사냥개가 냄새를 맡고 사냥감을 찾아내면, 사냥꾼이 따라가서 포획한다. → 잡는다

예문의 적절성 판단하기

06 〈보기〉에서 어휘의 의미에 따른 예문의 제시가 적절하지 않은 것은?

보기

잡다 01 동
1. 손으로 움키고 놓지 않다.
㉠ 장인과 사위가 멱살을 잡고 싸웠다.
2. 권한 따위를 차지하다.
㉡ 쿠데타 세력이 정권을 잡았다.
3. 돈이나 재물을 얻어 가지다.
㉢ 그녀의 아버지는 바다에 나가 고기를 잡는 어부다.
4. 일, 기회 따위를 얻다.
㉣ 그의 아들은 졸업하자마자 직장을 잡았다.
5. 계획, 의견 따위를 정하다.
㉤ 중간고사의 일정을 어린이날 이후로 잡았다.

① ㉠ ② ㉡ ③ ㉢ ④ ㉣ ⑤ ㉤

04 필수 어휘_사회

5주 완성

※ 어휘의 사전적 의미에 해당하는 예문을 찾아 번호를 쓰고 빈칸을 채워 보세요.

어휘	뜻	번호
01 **소홀히** 트일 疏 | 소홀히 할 忽 –	부 대수롭지 아니하고 예사롭게. 또는 탐탁하지 아니하고 데면데면하게.	( )
02 **송치하다** 보낼 送 | 이를 致 – –	동 수사 기관에서 검찰청으로, 또는 한 검찰청에서 다른 검찰청으로 피의자와 서류를 넘겨 보내다.	( )
03 **쇄도하다** 감할 殺 | 다다를 到 – –	동 전화, 주문 따위가 한꺼번에 세차게 몰려들다.	( )
04 **시책** 베풀 施 | 꾀 策	명 어떤 정책을 시행함. 또는 그 정책.	( )
05 **실추** 잃을 失 | 떨어질 墜	명 명예나 위신 따위를 떨어뜨리거나 잃음.	( )

① 교과 담당 경찰은 최종 수사 결과를 발표하고 사건을 검찰에 □□했다.

② 교과 민간단체가 나서서 노인 복지에 대한 정부의 □□을 강력하게 비판했다.

③ 모평 민간화는 기업의 이익을 중시하여 전체 주민의 이익을 □□□ 할 우려가 있다.

④ 교과 그 기업은 과대광고로 □□된 이미지를 회복하기 위해 제품의 품질을 향상하려고 노력했다.

⑤ 수능 방송 후 화면 속의 배경이 된 커피 전문점에 가려고 그 위치를 문의하는 전화가 방송사에 □□했다.

어휘	뜻	번호
06 **실효** 열매 實 | 본받을 效	명 실제로 나타나는 효과.	( )
07 **알력** 삐걱거릴 軋 | 수레에 칠 轢	명 수레바퀴가 삐걱거린다는 뜻으로, 서로 의견이 맞지 아니하여 사이가 안 좋거나 충돌하는 것을 이르는 말.	( )
08 **염세** 싫을 厭 | 세대 世	명 세상을 괴롭고 귀찮은 것으로 여겨 비관함.	( )
09 **위촉하다** 맡길 委 | 부탁할 囑 – –	동 어떤 일을 남에게 부탁하여 맡게 하다.	( )
10 **유예하다** 오히려 猶 | 미리 豫 – –	동 일을 결행하는 데 날짜나 시간을 미루다.	( )

① 교과 민방위 본부에서는 이번 달 민방위 훈련을 □□한다고 발표하였다.

② 교과 어느 지역부터 상수도를 놓을 것인가 하는 문제로 마을 간의 □□이 심하다.

③ 교과 지자체는 유명 방송인을 지역 홍보 대사로 □□하여 지역 경제를 살리고자 했다.

④ 교과 취업이 되지 않은 청년들이 □□와 비관에 빠져 사회로부터 고립하여 살아가기도 한다.

⑤ 교과 아무리 좋은 정책이라고 하더라도 국민들의 신뢰와 지지를 얻지 못한다면 □□를 거두기 어렵다.

어휘	뜻	번호
11 **일소하다** 하나 一 | 쓸 掃 – –	동 한꺼번에 싹 제거하다.	( )
12 **일익** 하나 一 | 날개 翼	명 중요한 구실을 하는 한 부분.	( )
13 **저촉** 거스를 抵 | 닿을 觸	명 법률이나 규칙 따위에 위반되거나 어긋남.	( )
14 **적폐** 쌓을 積 | 폐단 弊	명 오랫동안 쌓이고 쌓인 폐단.	( )
15 **존치하다** 있을 存 | 둘 置 – –	동 제도나 설비 따위를 없애지 아니하고 그대로 두다.	( )

① 교과 새로운 인사 제도가 이전의 □□를 극복할 수 있기를 바란다.

② 교과 매출 상승에 □□을 담당한 직원에게 포상금을 지급할 예정이다.

③ 교과 선거법에 □□되는 선거 운동을 하면 당선되더라도 의원직을 박탈당할 수 있다.

④ 교과 사회 각층에 만연한 부정부패를 □□할 수 있는 방안에 관해 토론하는 시간을 가졌습니다.

⑤ 교과 최근 사형 제도를 없애야 한다는 입장과 사형 제도를 □□해야 한다는 입장이 팽팽히 맞서고 있다.

16	**존폐** 있을 存 | 폐할 廢	명 존속과 폐지를 아울러 이르는 말.	〔 〕
17	**참작하다** 참여할 參 | 따를 酌 --	동 이리저리 비추어 보아서 알맞게 고려하다.	〔 〕
18	**척결하다** 바를 剔 | 도려낼 抉 --	동 나쁜 부분이나 요소들을 깨끗이 없애 버리다.	〔 〕
19	**체류하다** 막힐 滯 | 머무를 留 --	동 객지에 가서 머물러 있다.	〔 〕
20	**체불하다** 막힐 滯 | 떨칠 拂 --	동 마땅히 지급하여야 할 것을 지급하지 못하고 미루다.	〔 〕

① 교과 경기 불황으로 매출이 감소하면서 임금을 ☐☐하는 업체가 늘어났다.

② 교과 정부는 고위 공직자의 비리를 반드시 ☐☐하겠다는 강력한 의지를 밝혔다.

③ 학평 검사는 피의자의 나이, 환경, 동기 등을 ☐☐하여 기소를 하지 않을 수 있다.

④ 교과 강 씨는 미국에 ☐☐하며 세상의 이목을 피해 여기저기 거처를 옮겨 다녔다.

⑤ 교과 지난 20여 년 동안 시행되어 왔던 정책이 실효성 문제로 ☐☐의 갈림길에 놓여 있다.

21	**축출하다** 쫓을 逐 | 날 出 --	동 쫓아내거나 몰아내다.	〔 〕
22	**치안** 다스릴 治 | 편안할 安	명 국가 사회의 안녕과 질서를 유지·보전함.	〔 〕
23	**태세** 모양 態 | 기세 勢	명 어떤 일이나 상황을 앞둔 태도나 자세.	〔 〕
24	**폄훼하다** 떨어뜨릴 貶 | 헐 毁 --	동 남을 깎아내려 헐뜯다.	〔 〕
25	**폐단** 폐단 弊 | 바를 端	명 어떤 일이나 행동에서 나타나는 옳지 못한 경향이나 해로운 현상.	〔 〕

① 교과 경찰은 늦은 시간까지 순찰을 돌며 ☐☐ 유지에 힘썼다.

② 교과 당 대표는 비리가 밝혀진 후보를 당에서 ☐☐할 것이라고 발표했다.

③ 교과 술로 인한 ☐☐이 심해지자 왕은 술의 판매를 금하라는 명령을 내렸다.

④ 교과 우리 군은 만일의 사태에 대비하여 철통같은 방위 ☐☐를 갖추고 있다.

⑤ 교과 차기 대선을 앞두고 한 후보자가 다른 후보자를 비방하고 ☐☐하는 글을 써 논란이 일었다.

26	**표명하다** 겉 表 | 밝을 明 --	동 의사나 태도를 분명하게 드러내다.	〔 〕
27	**표방하다** 표할 標 | 방 붙일 榜 --	동 어떤 명목을 붙여 주의나 주장 또는 처지를 앞에 내세우다.	〔 〕
28	**합치하다** 합할 合 | 이를 致 --	동 의견이나 주장 따위가 서로 맞아 일치하다.	〔 〕
29	**현안** 매달 懸 | 책상 案	명 이전부터 의논하여 오면서도 아직 해결되지 않은 채 남아 있는 문제나 의안.	〔 〕
30	**형국** 형상 形 | 판 局	명 어떤 일이 벌어진 형편이나 국면.	〔 〕

① 모평 조선 왕조는 유교 정치를 ☐☐하여 오래도록 문(文)을 숭상하였다.

② 수능 미국의 많은 신문은 선거 과정에서 특정 후보에 대한 지지를 ☐☐한다.

③ 학평 의회는 갈등 ☐☐에 적극적으로 대처하기 위해 참여 기구를 구성하였군.

④ 교과 출산 장려 정책이 시행되고 있지만 갈수록 인구 절벽 현상이 심해지는 ☐☐이다.

⑤ 수능 매매 계약은 '팔겠다'는 일방의 의사 표시와 '사겠다'는 상대방의 의사 표시가 ☐☐함으로써 성립한다.

·뜻풀이로 체크하기·

01 ~ 05 다음 뜻풀이에 해당하는 어휘를 제시된 초성을 참고하여 쓰시오.

01 어떤 일이 벌어진 형편이나 국면.

ㅎ ㄱ ____________

02 어떤 일을 남에게 부탁하여 맡게 하다.

ㅇ ㅊ ㅎ ㄷ ____________

03 세상을 괴롭고 귀찮은 것으로 여겨 비관함.

ㅇ ㅅ ____________

04 어떤 명목을 붙여 주의나 주장 또는 처지를 앞에 내세우다.

ㅍ ㅂ ㅎ ㄷ ____________

05 수사 기관에서 검찰청으로, 또는 한 검찰청에서 다른 검찰청으로 피의자와 서류를 넘겨 보내다.

ㅅ ㅊ ㅎ ㄷ ____________

06 ~ 07 다음 말상자를 완성하시오.

06 가로: 한꺼번에 싹 제거하다.

07 세로: 중요한 구실을 하는 한 부분.

08 ~ 13 다음 빈칸에 들어갈 알맞은 말을 쓰시오.

08 실효: 실제로 나타나는 □□.

09 폄훼하다: 남을 깎아내려 □□□.

10 적폐: 오랫동안 쌓이고 쌓인 □□.

11 존폐: □□과 폐지를 아울러 이르는 말.

12 시책: 어떤 □□을 시행함. 또는 그 □□.

13 유예하다: 일을 결행하는 데 날짜나 시간을 □□□.

·문장으로 체크하기·

14 ~ 18 다음 빈칸에 들어갈 알맞은 어휘에 ✓표 하시오.

14 학평 해방 직후에 토지의 소유 문제는 중요한 □□이었다. □치안 □현안

15 교과 사장은 불성실한 직원들을 회사에서 □□하기로 결정했다. □송치 □축출

16 교과 교육 전문가들은 새로운 대학 입시 제도에 대해 우려를 □□했다. □표명 □표방

17 교과 인사과에서는 해당 규정을 내년에도 □□할 것이라고 발표하였다. □존치 □체불

18 교과 군주가 백성을 괴롭히고 수탈하는 탐관오리들을 하루빨리 □□해야 백성들이 편안해질 수 있다. □위촉 □척결

19 ~ 24 다음 빈칸에 들어갈 알맞은 어휘를 <보기>의 글자를 조합하여 쓰시오.

보기

도	류	쇄	실	작	저
참	체	촉	추	치	합

19 교과 주최자는 참석자들의 사정을 □□하여 행사 일정을 조정하였다.

20 교과 신제품이 나오자마자 주문이 □□하여 공장 직원을 몇 명 더 고용했다.

21 교과 대학교수가 되겠다는 형의 생각은 돌아가신 아버지의 뜻과 □□하는 것이었다.

22 교과 이 책은 그녀가 호주에서 8년 동안 □□하면서 만난 사람들에 관한 이야기이다.

23 교과 뇌물을 받은 혐의로 명예가 □□된 박 의원이 명예를 회복하기 위해 갖은 노력을 했다.

24 교과 이 사진을 정당한 계약 없이 무단으로 수정하고 사용하는 것은 법에 □□되는 행위입니다.

▶ 정답과 해설 55쪽

어휘의 쓰임 이해하기

01 〈보기〉의 ㉠~㉤을 사용하여 만든 문장으로 적절하지 않은 것은?

보기
- 오랜만에 두 정당의 의견이 ㉠합치했다.
- 당내 계파 간의 ㉡알력이 끊일 날이 없다.
- 그 방법이 과연 ㉢실효를 거둘 수 있을지 의심스럽다.
- 학생 수의 감소로 인해 비인기 학과는 ㉣존폐의 위기에 놓이게 되었다.
- 그는 ㉤실추된 명예를 회복하기 위해서라면 소송도 불사하겠다는 입장이다.

① ㉠: 우리는 작업 방식에 관한 생각이 합치했다.
② ㉡: 사람 사는 곳에는 다양한 갈등과 알력이 존재한다.
③ ㉢: 이 보험은 납입 약정일로부터 두 달이 경과할 때까지 보험료를 내지 않으면 계약이 실효 처리 된다.
④ ㉣: 사형제의 존폐를 둘러싼 논란이 계속되고 있다.
⑤ ㉤: 창업주 가족이 연이어 구설에 오르면서 기업의 이미지가 실추되었다.

어휘의 쓰임 이해하기

02 문맥상 밑줄 친 어휘의 쓰임이 적절하지 않은 것은?

① 국민이 협심하여 해묵은 적폐를 바로잡아야 한다.
② 그들의 관계는 갈등과 대립의 형국으로 치닫고 있다.
③ 지방 정부의 이번 시책에 대해 비판의 목소리가 높다.
④ 비대면 문화가 확산되면서 각종 온라인 판매업체들에 주문이 쇄도하고 있다.
⑤ 저작권자의 허락 없이 이 책에 실린 내용을 복제하면 저작권법에 존치되어 처벌을 받게 된다.

적절한 어휘로 바꿔 쓰기

03 문맥상 밑줄 친 어휘와 바꿔 쓰기에 적절하지 않은 것은?

① 대통령은 정치권의 부정부패를 일소하겠다고 약속했다. → 없애겠다고
② 김 의원은 유력한 경쟁자를 축출하고 당내의 일인자가 되었다. → 몰아내고
③ 영사관은 외국에 체류하는 자국민을 보호해야 할 공임을 가지고 있다. → 머무르는
④ 율곡의 수양론은 사회의 폐단을 제거하여 천도를 실현하려는 경세론으로 이어진다. → 병폐
⑤ 그는 최대 다수의 최대 행복을 표방하는 공리주의가 무규범 상태를 조장한다고 생각했다. → 포착하는

어휘의 의미와 쓰임 이해하기

04 〈보기〉의 빈칸에 들어갈 어휘와 그 의미의 연결이 바르지 않은 것은?

보기
ⓐ 우리 경제의 가장 중요한 (　　　)은 물가 불안이다.
ⓑ 근로자들은 (　　　) 임금과 퇴직금을 지불하라고 회사 앞에서 농성했다.
ⓒ 경찰은 우범 지역의 순찰을 강화하여 (　　　) 유지에 만전을 기하고자 했다.
ⓓ 국민들은 질병 확산을 막기 위한 의료진의 노력을 (　　　)하지 말라고 목소리를 높였다.
ⓔ 경찰은 흉악 범죄를 (　　　)하기 위해 범죄와의 전쟁을 선포하고 다각도로 노력을 기울이고 있다.

① ⓐ: 현안 – 이전부터 의논하여 오면서도 아직 해결되지 않은 채 남아 있는 문제나 의안.
② ⓑ: 체불 – 마땅히 지급하여야 할 것을 지급하지 못하고 미룸.
③ ⓒ: 치안 – 국가 사회의 안녕과 질서를 유지·보전함.
④ ⓓ: 폄훼 – 남을 깎아내려 헐뜯음.
⑤ ⓔ: 척결 – 어떤 문제를 해결하기 위한 실마리를 잡음.

관용 표현에 맞는 어휘 찾기

05 〈보기〉는 여러 가지 관용 표현과 그 뜻풀이를 제시한 것이다. ㉮~㉲에 들어갈 말로 적절하지 않은 것은?

보기
- 백폐구존(百弊俱存): 온갖 (　㉮　)이 모두 있음.
- 물 끓이면 돼지밖에 죽을 게 없다: 못되고 지탄받는 자가 결국 (　㉯　)됨을 비유적으로 이르는 말.
- 제 살이 아프면 남의 살도 아픈 줄 알아라: 제 경우에 견주어서 남의 사정도 (　㉰　)할 줄 알아야 한다는 말.
- 제궤의혈(堤潰蟻穴): 개미구멍으로 마침내 큰 둑이 무너진다는 뜻으로, (　㉱　) 한 작은 일이 큰 화를 불러옴을 이르는 말.
- 고각함성(鼓角喊聲): 전투에서 돌격 (　㉲　)로 들어갈 때, 사기를 북돋우기 위하여, 북을 치고 나발을 불며 아우성치는 소리.

① ㉮: 폐단　② ㉯: 축출　③ ㉰: 표명
④ ㉱: 소홀히　⑤ ㉲: 태세

속담

※ 속담이 사용된 예문을 읽고 해당 뜻풀이를 찾아 번호를 쓰세요.

★ 손해

01 빈대 잡으려고 초가삼간 태운다

교과 빈대 잡으려고 초가삼간 태운다더니, 나는 선반에 앉은 벌레를 잡으려다 할머니께서 아끼시는 도자기를 깼다. ( )

02 산토끼를 잡으려다가 집토끼를 놓친다

교과 산토끼를 잡으려다가 집토끼를 놓친다고, 새로운 일만 찾지 말고 지금 하고 있는 일을 열심히 해라. ( )

03 제 꾀에 제가 넘어간다

교과 제 꾀에 제가 넘어간다더니, 사장은 세금을 적게 내려고 장부를 조작했다가 적발되어 벌금만 더 물었다. ( )

04 호미로 막을 것을 가래로 막는다

교과 호미로 막을 것을 가래로 막는다고, 물이 새는 것을 방치했다가 결국 수도관이 터져 대대적인 공사를 해야 했다. ( )

05 혹 떼러 갔다 혹 붙여 온다

교과 그에게 부탁하러 갔다가 오히려 그의 부탁을 들어주게 되었으니 혹 떼러 갔다 혹 붙여 온 격이야. ( )

① 자기의 부담을 덜려고 하다가 다른 일까지 도 맡게 된 경우를 이르는 말.

② 꾀를 내어 남을 속이려다 도리어 자기가 그 꾀에 속아 넘어감을 이르는 말.

③ 지나치게 욕심을 부리다가 이미 차지한 것까지 잃어버리게 됨을 이르는 말.

④ 커지기 전에 처리하였으면 쉽게 해결되었을 일을 방치하여 두었다가 나중에 큰 힘을 들이게 된 경우를 이르는 말.

⑤ 손해를 크게 볼 것을 생각지 아니하고 자기에게 마땅치 아니한 것을 없애려고 그저 덤비기만 하는 경우를 이르는 말.

★ 호랑이

06 범 없는 골에 토끼가 스승이라

교과 범 없는 골에 토끼가 스승이라더니, 모두에게 존경받던 김 부장님이 퇴직하니 그동안 존재감이 없던 최 차장이 조직을 이끌게 되었다. ( )

07 사람은 죽으면 이름을 남기고 범은 죽으면 가죽을 남긴다

교과 사람은 죽으면 이름을 남기고 범은 죽으면 가죽을 남긴다고, 내 꿈은 훌륭한 과학자가 되어 내 이름이 과학 교과서에 실리는 거야. ( )

08 자는 범 코침 주기

교과 네가 말만 안 꺼냈어도 선생님이 그냥 넘어갔을 텐데, 왜 괜히 나서서 자는 범 코침 주기야? ( )

09 하룻강아지 범 무서운 줄 모른다

교과 하룻강아지 범 무서운 줄 모른다더니, 권투를 시작한 지 1년밖에 안 된 선수가 세계 챔피언에게 도전했다고 한다. ( )

10 호랑이 굴에 가야 호랑이 새끼를 잡는다

교과 호랑이 굴에 가야 호랑이 새끼를 잡는다고, 영어를 잘하려면 원어민과 자주 대화를 나눠 봐야 한다. ( )

① 철없이 함부로 덤비는 경우를 이르는 말.

② 뜻하는 성과를 얻으려면 그에 마땅한 일을 하여야 함을 이르는 말.

③ 뛰어난 사람이 없는 곳에서 보잘것없는 사람이 득세함을 이르는 말.

④ 그대로 가만히 두었으면 아무 탈이 없을 것을 공연히 건드려 문제를 일으킴을 이르는 말.

⑤ 호랑이가 죽은 다음에 귀한 가죽을 남기듯이 사람은 죽은 다음에 생전에 쌓은 공적으로 명예를 남기게 된다는 뜻으로, 인생에서 가장 중요한 것은 생전에 보람 있는 일을 해놓아 후세에 명예를 떨치는 것임을 이르는 말.

★ 허물, 결함

11 가랑잎이 솔잎더러 바스락거린다고 한다

예문 가랑잎이 솔잎더러 바스락거린다고 한다더니, 약속 시간을 잘 지키지 않던 친구가 처음으로 약속 시간에 늦은 나에게 화를 냈다. ( )

12 똥 묻은 개가 겨 묻은 개 나무란다

예문 똥 묻은 개가 겨 묻은 개 나무란다더니, 네 실수가 더 큰데 왜 나한테만 뭐라고 하니? ( )

13 똥 싸고 매화타령 한다

예문 똥 싸고 매화타령 한다더니, 탈세로 조사를 받는 한 경제인이 자신은 그간 나라의 경제 발전에 큰 역할을 했다고 큰소리쳤다. ( )

14 방귀 뀐 놈이 성낸다

예문 방귀 뀐 놈이 성낸다더니, 일본은 강제 징용 등 우리나라에 저지른 여러 잘못에 대하여 사과하지 않고 오히려 경제 보복을 일삼고 있다. ( )

15 봉사 개천 나무란다

예문 봉사 개천 나무란다더니, 네가 늦잠을 자고 늑장을 부려서 지각하고는 왜 엄마를 탓하는 거야. ( )

16 옥에도 티가 있다

예문 옥에도 티가 있다더니, 모든 면에서 완벽해 보이는 그가 유머 감각은 좀 떨어진다. ( )

① 잘못을 저지른 쪽에서 오히려 남에게 성냄을 비꼬는 말.

② 제 허물을 부끄러워할 줄 모르고 비위 좋게 날뛴다는 말.

③ 자기는 더 큰 흉이 있으면서 도리어 남의 작은 흉을 본다는 말.

④ 아무리 훌륭한 사람 또는 좋은 물건이라 하여도 자세히 따지고 보면 사소한 흠은 있다는 말.

⑤ 더 바스락거리는 가랑잎이 솔잎더러 바스락거린다고 나무란다는 뜻으로, 자기의 허물은 생각하지 않고 도리어 남의 허물만 나무라는 경우를 이르는 말.

⑥ 개천에 빠진 소경이 제 결함은 생각지 아니하고 개천만 나무란다는 뜻으로, 자기 결함은 생각지 아니하고 애꿎은 사람이나 조건만 탓하는 경우를 이르는 말.

★ 불행, 해(害)

17 나무에 오르라 하고 흔드는 격

예문 하기 싫다는 사람을 반장으로 뽑아 놓고 그의 의견에 반대만 하다니, 나무에 오르라 하고 흔드는 격이구나. ( )

18 다 된 죽에 코 풀기

예문 미술 과제로 제출할 그림을 거의 다 완성했는데, 다 된 죽에 코 풀기라고 동생이 그림에 물감을 엎질러 버렸다. ( )

19 못 먹는 감 찔러나 본다

예문 못 먹는 감 찔러나 본다더니, 정수는 자신의 안건이 채택되지 않자 이미 합의된 다른 안건마저 다시 논의하자고 억지를 부렸다. ( )

20 재수 없는 놈은 자빠져도 코가 깨진다

예문 재수 없는 놈은 자빠져도 코가 깨진다더니, 한 시간 동안 대기해 겨우 음식점에 들어왔더니 재료가 떨어졌다고 한다. ( )

① 남을 꾀어 위험한 곳이나 불행한 처지에 빠지게 함을 이르는 말.

② 일이 안되려면 하는 모든 일이 잘 안 풀리고 뜻밖의 큰 불행도 생긴다는 말.

③ 제 것으로 만들지 못할 바에야 남도 갖지 못하게 못쓰게 만들자는 뒤틀린 마음을 이르는 말.

④ (1) 거의 다 된 일을 망쳐 버리는 주책없는 행동을 이르는 말. (2) 남의 다 된 일을 악랄한 방법으로 방해하는 것을 이르는 말.

· 뜻풀이로 체크하기 ·

01 ~ 05 다음 빈칸에 알맞은 말을 넣어 뜻풀이에 해당하는 속담을 완성하시오.

01 나무에 오르라 하고 (   ): 남을 꾀어 위험한 곳이나 불행한 처지에 빠지게 함을 이르는 말.

02 똥 묻은 개가 (   ) 나무란다: 자기는 더 큰 흉이 있으면서 도리어 남의 작은 흉을 본다는 말.

03 (   )에 토끼가 스승이라: 뛰어난 사람이 없는 곳에서 보잘것없는 사람이 득세함을 이르는 말.

04 자는 범 (   ): 그대로 가만히 두었으면 아무 탈이 없을 것을 공연히 건드려 문제를 일으킴을 이르는 말.

05 (   ) 찔러나 본다: 제 것으로 만들지 못할 바에야 남도 갖지 못하게 못쓰게 만들자는 뒤틀린 마음을 이르는 말.

06 ~ 10 다음 빈칸에 들어갈 알맞은 말을 〈보기〉에서 찾아 쓰시오.

보기

결함 명예 보람
부담 불행 허물

06 똥 싸고 매화타령 한다: 제 (   )을/를 부끄러워할 줄 모르고 비위 좋게 날뛴다는 말.

07 혹 떼러 갔다 혹 붙여 온다: 자기의 (   )을/를 덜려고 하다가 다른 일까지도 맡게 된 경우를 이르는 말.

08 봉사 개천 나무란다: 자기 (   )은/는 생각지 아니하고 애꿎은 사람이나 조건만 탓하는 경우를 이르는 말.

09 재수 없는 놈은 자빠져도 코가 깨진다: 일이 안되려면 하는 모든 일이 잘 안 풀리고 뜻밖의 큰 (   )도 생긴다는 말.

10 사람은 죽으면 이름을 남기고 범은 죽으면 가죽을 남긴다: 인생에서 가장 중요한 것은 생전에 (   ) 있는 일을 해놓아 후세에 (   )을/를 떨치는 것임을 이르는 말.

· 문장으로 체크하기 ·

11 ~ 15 다음 빈칸에 들어갈 알맞은 속담을 〈보기〉에서 찾아 기호를 쓰시오.

보기

㉠ 옥에도 티가 있다
㉡ 방귀 뀐 놈이 성낸다
㉢ 호미로 막을 것을 가래로 막는다
㉣ 산토끼를 잡으려다가 집토끼를 놓친다
㉤ 호랑이 굴에 가야 호랑이 새끼를 잡는다

11 교과 (   )더니 남의 발을 밟아 놓고 왜 밟힌 나를 째려보니?

12 교과 (   )더니 그는 간단한 충치 치료를 제때 받지 않아 이를 뽑게 되었다.

13 교과 (   )고 해외 시장을 개척하려면 현지에 가서 상황을 면밀히 파악해야 한다.

14 교과 (   )고 새로운 고객을 확보하는 것보다 먼저 지금 있는 고객에게 충실해야 한다.

15 교과 (   )더니 그는 기획에서 실행까지 못하는 일이 없지만 단순한 덧셈 뺄셈 계산을 종종 틀린다.

16 ~ 20 다음 문맥에 알맞은 속담을 고르시오.

16 교과 잡초를 없애겠다고 밭을 전부 갈아엎다니 (빈대 잡으려고 초가삼간 태우는 | 혹 떼러 갔다 혹 붙여 오는) 격이구나.

17 교과 (범 없는 골에 토끼가 스승이라 | 하룻강아지 범 무서운 줄 모른다)고, 초등학교 1학년인 동생이 아빠에게 팔씨름을 하자고 조른다.

18 교과 내가 응원하는 팀이 무척 우세한 경기였는데 (다 된 죽에 코 풀기 | 자는 범 코침 주기) 격으로 수비수가 자책골을 넣어 동점이 되고 말았다.

19 교과 (가랑잎이 솔잎더러 바스락거린다고 한다 | 못 먹는 감 찔러나 본다)더니, 형은 낯선 사람들과 말 한마디 못하면서 나에게 소극적이라고 지적했다.

20 교과 (똥 싸고 매화타령 한다 | 제 꾀에 제가 넘어간다)더니, 경기에서 심판의 눈을 피해 반칙을 일삼던 그 선수는 무리한 반칙을 하다 부상을 입고 퇴장했다.

▶ 정답과 해설 56쪽

상황에 어울리는 속담 찾기

01 〈보기〉의 ㉠을 나타낸 속담으로 적절한 것은?

> 보기
>
> 조영이 칼을 찾더니 소생이 비수를 들고 촛불 아래 나서며 꾸짖어 말했다.
> ㉠"처음에 너를 타일러 돌아가게 하고자 하였거늘, 네가 끝내 금은만 생각하고 몸은 돌아보지 아니하니, 진실로 어린 강아지 맹호(猛虎)를 모르는도다."
> 하고 말을 마침에 칼을 들어 조영을 치니 조영의 머리가 떨어지는지라. – 작자 미상, 〈소대성전〉

① 제 꾀에 제가 넘어간다
② 혹 떼러 갔다 혹 붙여 온다
③ 하룻강아지 범 무서운 줄 모른다
④ 똥 묻은 개가 겨 묻은 개 나무란다
⑤ 호랑이 굴에 가야 호랑이 새끼를 잡는다

속담의 쓰임 이해하기

02 제시된 상황에서 쓰이기에 적절한 속담이 아닌 것은?

① 좋은 물건도 사소한 흠은 있음 → 옥에도 티가 있다
② 불가능한 일을 하려고 애씀 → 똥 싸고 매화타령 한다
③ 쉽게 해결될 일을 방치했다가 큰 낭패를 봄 → 호미로 막을 것을 가래로 막는다
④ 뛰어난 사람이 없는 곳에서 보잘것없는 사람이 세력을 얻음 → 범 없는 골에 토끼가 스승이라
⑤ 생전에 보람 있는 일을 해서 후세에 명예를 떨침 → 사람은 죽으면 이름을 남기고 범은 죽으면 가죽을 남긴다

상황에 어울리는 속담 찾기

03 〈보기〉의 ⓐ를 나타낸 속담으로 적절한 것은?

> 보기
>
> 옥란이 편지를 가지고 학당에 나가 도련님 전에 올리니, 양유 그 글을 받아 보니 하였으되,
> "백옥(白玉)이 진토(塵土) 중에 묻혀 있고 명월이 흑운(黑雲)에 가리었으니 안목이 어찌 알리요. 눈 오는 중에 피는 매화가 어찌 높은 자제(子弟) 더우잡아 인연 맺으리오. 분하도다 분하도다. ⓐ거문고 칠 줄 아지 못하고 도리어 오동 복판을 나무라는도다." – 작자 미상, 〈매화전〉

① 봉사 개천 나무란다
② 똥 싸고 매화타령 한다
③ 호미로 막을 것을 가래로 막는다
④ 똥 묻은 개가 겨 묻은 개 나무란다
⑤ 재수 없는 놈은 자빠져도 코가 깨진다

속담의 유사성 파악하기

04 다음 중 의미가 유사한 속담끼리 묶이지 않은 것은?

① 혹 떼러 갔다 혹 붙여 온다 ≒ 기껏 한 일이 결국 남 좋은 일이 된다는 의미의 '남의 발에 버선 신긴다'
② 가랑잎이 솔잎더러 바스락거린다고 한다 ≒ 제 허물은 생각하지 않고 남의 허물을 들춘다는 의미의 '숯이 검정 나무란다'
③ 못 먹는 감 찔러나 본다 ≒ 제 것으로 만들지 못할 바에야 남도 갖지 못하게 못쓰게 만든다는 의미의 '못 먹는 밥에 재 집어넣기'
④ 호랑이 굴에 가야 호랑이 새끼를 잡는다 ≒ 힘을 안 들인 일에는 성과가 있을 수 없다는 의미의 '빈낚시에 고기가 물릴 수 없다'
⑤ 산토끼를 잡으려다가 집토끼를 놓친다 ≒ 지나치게 욕심을 부리다가 이미 차지한 것까지 잃어버리게 된다는 의미의 '가는 토끼 잡으려다 잡은 토끼 놓친다'

한자 성어에 맞는 속담 찾기

05 〈보기〉의 한자 성어와 의미가 통하는 속담을 연결한 것으로 적절하지 않은 것은?

> 보기
>
> ⓐ 숙호충비: 잠잘 宿, 범 虎, 찌를 衝, 코 鼻
> ⓑ 자가당착: 스스로 自, 집 家, 칠 撞, 붙을 着
> ⓒ 권상요목: 권할 勸, 위 上, 흔들릴 搖, 나무 木
> ⓓ 교각살우: 바로잡을 矯, 뿔 角, 죽일 殺, 소 牛
> ⓔ 적반하장: 도둑 賊, 돌이킬 反, 꾸짖을 荷, 지팡이 杖

① ⓐ – 자는 범 코침 주기
② ⓑ – 제 꾀에 제가 넘어간다
③ ⓒ – 나무에 오르라 하고 흔드는 격
④ ⓓ – 빈대 잡으려고 초가삼간 태운다
⑤ ⓔ – 방귀 뀐 놈이 성낸다

제시된 정보로 속담 유추하기

06 〈보기〉의 내용을 모두 포괄하여 나타낸 속담으로 적절한 것은?

> 보기
>
> • 구체적인 행동이 담겨 있는 표현
> • 주책없는 행동을 두고 하는 표현
> • 어떤 일을 망쳐 버리는 어리석은 행위

① 옥에도 티가 있다
② 다 된 죽에 코 풀기
③ 봉사 개천 나무란다
④ 방귀 뀐 놈이 성낸다
⑤ 못 먹는 감 찔러나 본다

동음이의어

※ 동음이의어의 각 예문을 읽고 해당 뜻풀이를 찾아 번호를 쓰세요.

★ 배다

01 배다[1]	(1) 모평 호흡이 급해지고 땀이 배어 등을 적시는지라.	( )
	(2) 교과 어려서부터 책을 읽는 습관이 몸에 배었다.	( )
02 배다[2]	교과 우리 집 강아지가 새끼를 뱄다.	( )
03 배다[3]	교과 좁은 땅에 모를 배게 심었다.	( )

① 동 버릇이 되어 익숙해지다.
② 동 스며들거나 스며 나오다.
③ 동 배 속에 아이나 새끼를 가지다.
④ 형 물건의 사이가 비좁거나 촘촘하다.

★ 빠지다

04 빠지다[1]	(1) 교과 의자 다리에서 못이 하나 빠졌다.	( )
	(2) 수능 그의 강연에 자신의 주장이 빠져 모두 아쉬워했다.	( )
05 빠지다[2]	(1) 수능 그는 무릎 위까지 푹푹 빠지는 눈길을 헤쳐 왔다.	( )
	(2) 교과 그녀를 처음 본 순간 사랑에 빠졌다.	( )

① 동 박힌 물건이 제자리에서 나오다.
② 동 무엇에 정신이 아주 쏠리어 헤어나지 못하다.
③ 동 물이나 구덩이 따위 속으로 떨어져 잠기거나 잠겨 들어가다.
④ 동 차례를 거르거나 일정하게 들어 있어야 할 곳에 들어 있지 아니하다.

★ 빼다

06 빼다[1]	(1) 모평 백성들이 난을 일으켜 칼을 빼어 들고 그 길을 막으면서 크게 꾸짖어 말하였다.	( )
	(2) 학평 수익에서 비용을 빼면 기업의 이익이 된다.	( )
07 빼다[2]	교과 누구를 만나는데 그렇게 정장을 쫙 빼고 나가니?	( )
08 빼다[3]	교과 자꾸 빼지 말고 노래 한 번만 불러 줘.	( )

① 동 차림을 말끔히 하다.
② 동 두렵거나 싫어서 하지 아니하려고 하다.
③ 동 전체에서 일부를 제외하거나 덜어 내다.
④ 동 속에 들어 있거나 끼여 있거나, 박혀 있는 것을 밖으로 나오게 하다.

★ 차다

09 차다[1]	(1) 교과 출근 버스에 사람이 가득 찼다.	( )
	(2) 학평 덕순 내외는 동네 어른의 말만 믿고 희망에 차 대학 병원을 찾았다.	( )
10 차다[2]	교과 친구들과 제기를 차며 놀았다.	( )
11 차다[3]	교과 선물로 받은 시계를 손목에 찼다.	( )
12 차다[4]	(1) 교과 밤공기가 차니까 겉옷을 입고 나가렴.	( )
	(2) 교과 그는 불우한 이웃의 간절한 부탁을 매정하게 거절할 정도로 성격이 차다.	( )

① 형 인정이 없고 쌀쌀하다.
② 동 발로 내어 지르거나 받아 올리다.
③ 동 감정이나 기운 따위가 가득하게 되다.
④ 형 몸에 닿은 물체나 대기의 온도가 낮다.
⑤ 동 물건을 몸의 한 부분에 달아매거나 끼워서 지니다.
⑥ 동 일정한 공간에 사람, 사물, 냄새 따위가 더 들어갈 수 없이 가득하게 되다.

★ 어리다

13 어리다[1]	(1) 학평 갑순이의 두 눈에 어느덧 눈물이 어리고 있었다.	( )	① 동 눈에 눈물이 조금 괴다.
	(2) 학평 밤을 새우고 난 그의 얼굴에 피로한 기색이 어렸다.	( )	② 형 황홀하게 도취되거나 상심이 되어 얼떨떨하다.
14 어리다[2]	교과 웨딩드레스를 입은 신부가 신랑의 눈에는 어릴 정도로 예뻤다.	( )	③ 형 나이가 적다. 10대 전반을 넘지 않은 나이를 이른다.
15 어리다[3]	모평 장남인 그가 늙으신 부모와 어린 동생들을 부양하고 있다.	( )	④ 동 어떤 현상, 기운, 추억 따위가 배어 있거나 은근히 드러나다.

★ 켜다

16 켜다[1]	(1) 교과 등불을 켜니 주위가 환해졌다.	( )	① 동 나무를 세로로 톱질하여 쪼개다.
	(2) 학평 제 아이는 학교에서 돌아오자마자 컴퓨터를 켜고 온라인 게임을 합니다.	( )	② 동 전기 제품 따위를 작동하게 만들다.
17 켜다[2]	(1) 교과 목수가 톱으로 나무를 켰다.	( )	③ 동 물이나 술 따위를 단숨에 들이마시다.
	(2) 교과 그녀는 바이올린을 켜는 아들의 모습을 흐뭇하게 바라보았다.	( )	④ 동 팔다리나 네 다리를 쭉 뻗으며 몸을 펴다.
18 켜다[3]	교과 운동을 끝내고 물 한 병을 켰다.	( )	⑤ 동 현악기의 줄을 활 따위로 문질러 소리를 내다.
19 켜다[4]	교과 수업이 끝나자 학생들이 기지개를 켜며 자리에서 일어났다.	( )	⑥ 동 등잔이나 양초 따위에 불을 붙이거나 성냥이나 라이터 따위에 불을 일으키다.

★ 패다

20 패다[1]	교과 올해는 벼가 잘 패지 않아 걱정이다.	( )	① 동 사정없이 마구 때리다.
21 패다[2]	교과 불량배가 한 사내를 두들겨 패고 있었다.	( )	② 동 도끼로 장작 따위를 쪼개다.
22 패다[3]	교과 아버지가 마당에서 장작을 팬다.	( )	③ 동 곡식의 이삭 따위가 나오다.

★ 헐다

23 헐다[1]	(1) 교과 입안이 심하게 헐어 병원에 다녀왔다.	( )	① 동 물건이 오래되거나 많이 써서 낡아지다.
	(2) 모평 하늘의 궁궐이 오래되어 낡고 헐었기에 이제 수리하고자 한다.	( )	② 동 몸에 부스럼이나 상처 따위가 나서 짓무르다.
24 헐다[2]	학평 저 건너 북쪽 돌각담이 임자가 없는 것이니 돌각담을 헐고 움이나 한 간 묻어 봅시다.	( )	③ 동 집 따위의 축조물이나 쌓아 놓은 물건을 무너뜨리다.

·뜻풀이로 체크하기·

01 ~ 05 다음 밑줄 친 어휘의 뜻풀이에 들어갈 알맞은 말을 <보기>에서 찾아 쓰시오.

보기

기운　버릇　상처　차림　현악기

01 교과 욕이 입에 배어 시도 때도 없이 욕이 튀어나왔다.
→ 배다: (　　　　)이/가 되어 익숙해지다.

02 학평 내 생각을 확신에 찬 목소리로 말해야겠군.
→ 차다: 감정이나 (　　　　) 따위가 가득하게 되다.

03 교과 옷을 쫙 빼고 결혼식장에 나타난 민수는 완전히 다른 사람 같았다.
→ 빼다: (　　　　)을/를 말끔히 하다.

04 교과 일하느라 며칠 잠을 못 잤더니 입안이 헐었다.
→ 헐다: 몸에 부스럼이나 (　　　　) 따위가 나서 짓무르다.

05 교과 그녀는 온갖 잡념으로 마음이 어지러울 때마다 바이올린을 켰다.
→ 켜다: (　　　　)의 줄을 활 따위로 문질러 소리를 내다.

06 ~ 09 다음 밑줄 친 어휘의 뜻풀이로 알맞은 것을 고르시오.

06 교과 이삿짐이 트럭 안에 배게 들어찼다.
① 스며들거나 스며 나오다.
② 물건의 사이가 비좁거나 촘촘하다.

07 교과 학교를 헌 자리에 새 건물이 들어섰다.
① 물건이 오래되거나 많이 써서 낡아지다.
② 집 따위의 축조물이나 쌓아 놓은 물건을 무너뜨리다.

08 교과 그는 막걸리 한 사발을 켠 뒤 다시 잡초를 뽑았다.
① 전기 제품 따위를 작동하게 만들다.
② 물이나 술 따위를 단숨에 들이마시다.

09 수능 볼펜의 볼이 빠진 경험이 한 번쯤 있으시죠?
① 박힌 물건이 제자리에서 나오다.
② 물이나 구덩이 따위 속으로 떨어져 잠기거나 잠겨 들어가다.

·문장으로 체크하기·

10 ~ 13 다음 밑줄 친 어휘가 제시된 의미로 사용된 문장을 고르시오.

10 패다: 곡식의 이삭 따위가 나오다.
① 교과 하루 종일 장작을 패느라 어깨가 뭉쳤다.
② 교과 올해는 날씨가 따뜻해서 벼가 빨리 팼다.

11 차다: 발로 내어 지르거나 받아 올리다.
① 모평 낫 갈아 허리에 차고 도끼 벼려 둘러멘다.
② 교과 동생이 심심한지 바닥에 버려진 깡통을 차며 놀았다.

12 켜다: 팔다리나 네 다리를 쭉 뻗으며 몸을 펴다.
① 교과 아이는 하품을 하면서 늘어지게 기지개를 켰다.
② 교과 아빠가 축구 경기 시간에 딱 맞춰 텔레비전을 켰다.

13 빠지다: 무엇에 정신이 아주 쏠리어 헤어나지 못하다.
① 수능 궁녀 운영은 김 진사와 사랑에 빠졌다.
② 학평 부사어이지만 이 말이 빠지면 문법적으로 완전한 문장을 이루지 못한다.

14 ~ 16 다음 밑줄 친 어휘가 제시된 문장의 밑줄 친 어휘와 유사한 의미로 사용된 문장을 고르시오.

14 교과 아이들에게 지금 필요한 것은 부모님의 애정 어린 관심입니다.
① 교과 영희는 어렸을 때 살았던 집이 문득 궁금해졌다.
② 교과 친구가 장난기 어린 목소리로 내 이름을 불렀다.

15 교과 백화점에는 명절 선물을 준비하는 사람들로 가득 찼다.
① 교과 아직 겨울이 오지 않았는데도 바람이 꽤 차다.
② 학평 태아의 폐포는 폐 서팩턴트라는 분자가 포함된 폐수로 가득 차 있다.

16 교과 책꽂이에서 소설책 한 권을 빼서 친구에게 건넸다.
① 교과 눈 오는 날에 넘어지지 않으려면 주머니에서 손을 빼고 걸어야 한다.
② 교과 은수는 기회가 주어졌을 때 빼지 않고 적극적으로 나서기로 결심했다.

▶ 정답과 해설 56쪽

적절한 어휘로 바꿔 쓰기

01 문맥상 다음 밑줄 친 어휘와 바꿔 쓰기에 적절하지 않은 것은?

① 출동한 구조대가 위험에 빠진 사람을 구했다. → 처한
② 윤 씨는 팔뚝에 완장을 차고 거들먹거렸다. → 착용하고
③ 월세가 밀리자 임대인은 방을 빼라고 성화였다. → 비우라고
④ 그는 밥 먹는 시간을 빼고는 종일 게임만 한다. → 제외하고는
⑤ 그 옷은 너무 헐어서 외출복으로는 적합하지 않다. → 파손되어서

사전적 의미 파악하기

02 밑줄 친 어휘의 사전적 의미가 적절하지 않은 것은?

① 그녀의 눈가에 어렴풋이 눈물이 어리었다. – 눈에 눈물이 조금 괴다.
② 우리 형은 성격이 너무 차서 친구가 별로 없다. – 인정이 없고 쌀쌀하다.
③ 할아버지는 이가 빠져 볼이 오므라들었다. – 박힌 물건이 제자리에서 나오다.
④ 돈을 받은 삼촌은 부리나케 서울로 뺐다. – 두렵거나 싫어서 하지 아니하려고 하다.
⑤ 낡은 아파트를 헐고 새 아파트를 지었다. – 집 따위의 축조물이나 쌓아 놓은 물건을 무너뜨리다.

문맥적 의미 파악하기

03 밑줄 친 어휘의 문맥적 의미가 〈보기〉의 (a)~(e)와 같지 않은 것은?

보기
(a) 피곤하면 입안이 자주 헌다.
(b) 찬 음식을 먹어서 탈이 났다.
(c) 봄에는 어린 나무를 옮겨 심는다.
(d) 햇볕이 부족해 보리가 잘 패질 않았다.
(e) 아내가 북어를 두들겨 패더니 그것으로 국을 끓였다.

① (a): 코를 너무 풀어서 코안이 다 헐었다.
② (b): 그는 기쁨에 찬 얼굴로 눈물을 흘렸다.
③ (c): 강아지가 어려서 밤마다 어미를 찾는다.
④ (d): 올해는 벼가 빨리 패서 일찍 수확해도 되겠다.
⑤ (e): 빨랫감을 빨랫방망이로 두들겨 패고 있었다.

문맥적 의미 파악하기

04 밑줄 친 두 어휘의 의미가 일치하는 것은?

① (ㄱ) 바람 빠진 공을 힘껏 찼다.
   (ㄴ) 흰옷에 든 물은 잘 빠지지 않는다.
② (ㄱ) 진했던 청바지가 물이 많이 빠졌다.
   (ㄴ) 김이 빠진 탄산음료를 한 모금 마셨다.
③ (ㄱ) 이 논문에는 연구자의 주장이 빠져 있다.
   (ㄴ) 대표 팀 명단에서 너의 이름이 빠졌구나.
④ (ㄱ) 신중하지 못한 그는 결국 위험에 빠졌다.
   (ㄴ) 동업자의 꾐에 빠져 투자한 돈을 모두 날렸다.
⑤ (ㄱ) 자전거 뒷바퀴가 갑자기 웅덩이에 빠졌다.
   (ㄴ) 그는 요즘 웹 소설을 읽는 재미에 빠져 있다.

어휘의 쓰임 이해하기

05 밑줄 친 어휘의 쓰임이 적절하지 않은 것은?

① 땀 냄새가 옷에 배었다.
② 그는 팔을 배고 누워 눈을 감았다.
③ 산적들에게 새끼 밴 소를 빼앗겼다.
④ 거무스름한 흙에서 습기가 배어 올랐다.
⑤ 길 양쪽으로 굵은 나무들이 배게 서 있다.

예문의 적절성 판단하기

06 〈보기〉의 ⓐ, ⓑ, ⓒ에 들어갈 예문으로 적절하지 않은 것은?

보기
켜다 01 동
전기 제품 따위를 작동하게 만들다.
ⓐ: ______

켜다 02 동
나무를 세로로 톱질하여 쪼개다.
ⓑ: ______

켜다 03 동
물이나 술 따위를 단숨에 들이마시다.
ⓒ: ______

① ⓐ: 켜 놓은 호롱불 곁으로 하루살이들이 꼬였다.
② ⓑ: 흥부가 슬근슬근 톱질하며 박을 켠다.
③ ⓑ: 통나무를 켜서 널판을 만들었다.
④ ⓒ: 그는 남은 국물을 쭉 켠 다음 트림을 하였다.
⑤ ⓒ: 나그네는 단숨에 물을 켜고 입가를 훔쳤다.

필수 어휘_경제

※ 어휘의 사전적 의미에 해당하는 예문을 찾아 번호를 쓰고 빈칸을 채워 보세요.

01 격감하다 과격할 激 | 덜 減 --	동 수량이 갑자기 줄다.	( )
02 공신력 공변될 公 | 믿을 信 | 힘 力	명 공적인 신뢰를 받을 만한 능력.	( )
03 공여하다 이바지할 供 | 더불 與 --	동 어떤 물건이나 이익 따위를 상대편에게 돌아가도록 하다.	( )
04 관건 빗장 關 | 열쇠 鍵	명 어떤 사물이나 문제 해결의 가장 중요한 부분.	( )
05 관철 꿸 貫 | 통할 徹	명 어려움을 뚫고 나아가 목적을 기어이 이룸.	( )

① 교과 정치인들에게 뇌물을 □□한 기업들이 언론을 통해 밝혀졌다.
② 교과 외국인 관광객 수가 □□하면서 관광 산업이 막대한 피해를 입었다.
③ 모평 자신의 주장이 □□되었을 때의 기대 효과를 제시하여 주장의 정당성을 입증한다.
④ 모평 창업 지원 프로그램의 성과를 객관적으로 평가할 수 있는 □□□ 있는 지표들을 개발해야 한다.
⑤ 모평 가야를 포함한 4국이라는 인식은 한국 고대사를 올바로 이해하는 □□이며, 우리 민족의 역사 인식을 확장하는 방안이다.

06 군색하다 군색할 窘 | 막힐 塞 --	형 필요한 것이 없거나 모자라서 딱하고 옹색하다.	( )
07 귀책 돌아올 歸 | 꾸짖을 責	명 어떤 행위를 그 행위자의 책임에 결부시키는 판단을 이르는 말.	( )
08 극렬하다 지극할 極 | 세찰 烈 --	형 매우 열렬하거나 맹렬하다.	( )
09 긴축 팽팽할 緊 | 오그라들 縮	명 재정의 기초를 다지기 위하여 지출을 줄임.	( )
10 난색 어려울 難 | 빛 色	명 꺼리거나 어려워하는 기색.	( )

① 교과 시민 단체는 정부의 일방적인 개발 정책을 □□하게 반대했다.
② 교과 직원들이 월급을 올려 달라고 했지만 회사는 재정 상태가 좋지 않다며 □□을 표했다.
③ 교과 □□한 집안 형편 때문에 등록금과 생활비를 스스로 마련하기 위해 열심히 아르바이트를 했다.
④ 학평 경기 과열이 우려될 때에는 정부 지출을 줄이거나 세금을 올리는 □□적 재정 정책이 활용된다.
⑤ 교과 상품 불량, 상품 파손, 오배송 등이 판매자의 □□일 경우, 판매자가 소비자에게 보상해 주어야 한다.

11 남발하다 넘칠 濫 | 필 發 --	동 어떤 말이나 행동 따위를 자꾸 함부로 하다.	( )
12 담보 멜 擔 | 보존할 保	(1) 명 맡아서 보증함.	( )
	(2) 명 민법에서, 채무 불이행 때 채무의 변제를 확보하는 수단으로 채권자에게 제공하는 것.	( )
13 도모하다 그림 圖 | 꾀할 謀 --	동 어떤 일을 이루기 위하여 대책과 방법을 세우다.	( )
14 도산하다 넘어질 倒 | 낳을 産 --	동 재산을 모두 잃고 망하다.	( )
15 면피하다 면할 免 | 피할 避 --	동 면하여 피하다.	( )

① 교과 세계 경제의 침체가 장기화되면서 □□하는 기업이 많아졌다.
② 교과 김 의원은 지키지 못할 공약을 □□하여 사람들의 신뢰를 잃었다.
③ 교과 경영진들은 사고에 대한 책임을 □□하기 위해 급하게 해외로 도피했다.
④ 모평 은행은 확실한 □□가 있거나 신용 등급이 높은 사람들만 상대하는 전략을 채택한다.
⑤ 수능 신문이 특정 후보를 공개적으로 지지하면 보도의 공정성을 □□하는 데에 어려움이 따를 수도 있다.
⑥ 수능 연금 제도의 목적은 나이가 많아 경제 활동을 못하게 되었을 때 일정 소득을 보장하여 경제적 안정을 □□하는 것이다.

▶ 정답과 해설 57쪽

16 무색하다 없을 無 | 빛 色 --	형 본래의 특색을 드러내지 못하고 보잘것없다.	( )
17 미미하다 작을 微 | 작을 微 --	형 보잘것없이 아주 작다.	( )
18 민첩하다 민첩할 敏 | 빠를 捷 --	형 재빠르고 날쌔다.	( )
19 방만하다 놓을 放 | 질펀할 漫 --	형 맺고 끊는 데가 없이 제멋대로 풀어져 있다.	( )
20 배당 짝 配 | 마땅할 當	명 일정한 기준에 따라 나누어 줌.	( )

① 교과 태풍 피해 지역의 주민들에게 한 가구당 두 포대의 쌀이 □□ 되었다.

② 교과 남북한의 경제 협상은 주변 국가의 우려가 □□할 정도로 성공적이었다.

③ 교과 그 기업이 적자에 시달리게 된 이유는 체계가 없는 □□한 경영과 과잉 투자 때문이다.

④ 모평 통화 정책은 경기 과열을 억제하는 데는 효과적이지만 경기 침체를 벗어나는 데는 효과가 □□하다.

⑤ 학평 A사는 휴대 전화 카메라 기능의 향상을 원하는 청년층의 요구에 □□하게 대응할 수 있는 신기술을 채택하지 않았다.

21 번화하다 많을 繁 | 빛날 華 --	형 번성하고 화려하다.	( )
22 분수령 나눌 分 | 물 水 | 재 嶺	명 어떤 사실이나 사태가 발전하는 전환점 또는 어떤 일이 한 단계에서 전혀 다른 단계로 넘어가는 전환점을 비유적으로 이르는 말.	( )
23 불가피하다 아닐 不 | 옳을 可 | 피할 避 --	형 피할 수 없다.	( )
24 산하 우산 傘 | 아래 下	명 어떤 조직체나 세력의 관할 아래.	( )
25 수반 따를 隨 | 짝 伴	명 어떤 일과 더불어 생김.	( )

① 교과 □□했던 도시가 급격한 인구 감소로 인해 폐허로 변했다.

② 교과 미국에서 지낸 3년이 그의 인생에 있어 중요한 □□□이 되었다.

③ 모평 걷기가 불편하거나 집이 많이 먼 경우는 자가용 등교가 □□□할 수 있습니다.

④ 모평 반면에 경쟁이 활발해지면 생산량 증가와 가격 인하가 □□되어 소비자의 만족이 더 커진다.

⑤ 수능 국제 결제 은행 □□의 바젤 위원회가 결정한 BIS 비율 규제와 같은 것들이 비회원의 국가에서도 엄격히 준수되는 모습을 종종 보게 된다.

26 순탄하다 순할 順 | 평탄할 坦 --	형 삶 따위가 아무 탈 없이 순조롭다.	( )
27 시사하다 보일 示 | 부추길 唆 --	동 어떤 것을 미리 간접적으로 표현해 주다.	( )
28 쏠쏠하다	형 품질이나 수준, 정도 따위가 웬만하여 괜찮거나 기대 이상이다.	( )
29 알선하다 관리할 斡 | 돌 旋 --	동 남의 일이 잘되도록 주선하다.	( )
30 야기하다 이끌 惹 | 일어날 起 --	동 일이나 사건 따위를 끌어 일으키다.	( )

① 교과 취업이 힘든 청년들에게 일자리를 □□하는 제도가 마련되어야 한다.

② 교과 그 회사는 지금의 위치에 오르기까지 모든 과정이 □□하지만은 않았다.

③ 교과 그 가수는 몇 년 전에 발표한 노래로 저작권료를 □□하게 받고 있다고 말했다.

④ 학평 그의 이론은 소비가 인간에 미치는 영향을 비판적으로 성찰해야 한다는 점을 □□한다.

⑤ 모평 금융 회사가 대형화되면서 개별 금융 회사의 부실이 금융 시스템의 붕괴를 □□할 수 있게 되었다.

·뜻풀이로 체크하기·

01 ~ 06 다음 뜻풀이에 해당하는 어휘를 말상자에서 찾아 표시하시오.

래	야	경	들	사	모
부	귀	분	책	배	앞
순	책	잘	수	당	이
탄	표	받	러	령	환
하	비	공	신	력	유
다	점	난	타	산	하

01 일정한 기준에 따라 나누어 줌.

02 공적인 신뢰를 받을 만한 능력.

03 어떤 조직체나 세력의 관할 아래.

04 삶 따위가 아무 탈 없이 순조롭다.

05 어떤 행위를 그 행위자의 책임에 결부시키는 판단을 이르는 말.

06 어떤 사실이나 사태가 발전하는 전환점 또는 어떤 일이 한 단계에서 전혀 다른 단계로 넘어가는 전환점을 비유적으로 이르는 말.

07 ~ 12 다음 빈칸에 들어갈 알맞은 말을 쓰시오.

07 도산하다: □□을 모두 잃고 망하다.

08 시사하다: 어떤 것을 미리 □□□으로 표현해 주다.

09 긴축: 재정의 기초를 다지기 위하여 □□을 줄임.

10 무색하다: 본래의 □□을 드러내지 못하고 보잘것없다.

11 군색하다: 필요한 것이 없거나 모자라서 딱하고 □□하다.

12 담보: ⑴ 맡아서 □□함. ⑵ 민법에서, 채무 불이행 때 채무의 변제를 □□하는 수단으로 채권자에게 제공하는 것.

·문장으로 체크하기·

13 ~ 18 다음 문맥에 알맞은 어휘를 고르시오.

13 모평 19세기 중반까지 서양 의학의 영향력은 천문·지리 지식에 비해 (미미 | 방만)하였다.

14 수능 창조 계층을 끌어들이고 유지하는 것이 도시의 경쟁력을 제고하는 (긴축 | 관건)이 된다.

15 교과 영화 제작사는 연기 경험이 없는 그녀를 주연으로 선발하는 것에 (귀책 | 난색)을 표했다.

16 수능 우리는 그동안 사이클 회원국과의 친선을 (도모 | 도산)하고 사이클 활성화에 앞장서 왔습니다.

17 교과 그들의 말하기 방법은 상대방의 감정에 직접 호소하며 자신의 의견을 (공여 | 관철)하는 방식이다.

18 학평 기업이 기술, 시장, 또는 규제의 변화 등에 (무색 | 민첩)하게 대응하는 경우 산업의 주도권을 오랫동안 유지할 가능성이 높다.

19 ~ 24 다음 빈칸에 들어갈 알맞은 어휘를 〈보기〉에서 찾아 쓰시오.

보기

격감 극렬 면피 번화 알선 야기

19 모평 '가짜 뉴스'가 날이 갈수록 늘어나며 사회적 문제를 (   )하고 있다.

20 교과 사업을 새로 시작해서 큰돈이 필요하다는 친구에게 자금을 (   )했다.

21 학평 (   )한 세상은 꿈에도 가지 않으니 / 한가한 맛은 호젓한 집에 있다네.

22 교과 주민들과 환경 운동가들의 (   )한 반대로 골프장 건설 계획이 취소되었다.

23 교과 신기술 개발에 뒤처지면서 경쟁력이 약화되어 회사의 매출이 반으로 (   )했다.

24 교과 그는 결혼하라는 집안의 독촉에서 (   )하기 위해 바쁘다는 핑계를 대고 명절날 고향에 내려가지 않았다.

▶ 정답과 해설 57쪽

어휘의 의미와 쓰임 이해하기

01 〈보기〉의 빈칸에 들어갈 어휘와 그 의미의 연결이 바르지 않은 것은?

보기

(ㄱ) 봄 가뭄으로 농산물의 생산량이 (　　　)했다.
(ㄴ) 통신업계는 통신비 인하 이슈에 (　　　)을 표했다.
(ㄷ) 입추가 (　　　) 정도로 찜통더위가 계속되고 있다.
(ㄹ) 시민들은 사법 개혁을 외치며 (　　　) 시위를 벌였다.
(ㅁ) 히치콕은 일관된 주제 의식과 스타일을 (　　　)한 영화감독으로 평가받는다.

① (ㄱ): 격감 – 수량이 갑자기 줆.
② (ㄴ): 난색 – 꺼리거나 어려워하는 기색.
③ (ㄷ): 무색할 – 겸연쩍고 부끄러울.
④ (ㄹ): 극렬하게 – 매우 열렬하거나 맹렬하게.
⑤ (ㅁ): 관철 – 어려움을 뚫고 나아가 목적을 기어이 이룸.

적절한 어휘로 바꿔 쓰기

02 문맥상 다음 밑줄 친 어휘와 바꿔 쓰기에 적절하지 않은 것은?

① 살림이 군색하여 귀한 손님을 모시기가 민망합니다. → 옹색하여
② 그는 물려받은 회사를 무책임하고 방만하게 운영했다. → 무례하게
③ 그 기업은 무리하게 사업을 키워 나가려다 결국 도산했다. → 파산했다
④ 인플레이션은 생필품 가격을 상승시켜 사회적 문제를 야기한다. → 일으킨다
⑤ 우리 동아리는 일상생활의 편리함을 도모할 수 있는 발명품을 만들고 있다. → 꾀할

속담의 뜻풀이에 맞는 어휘 찾기

03 다음 속담의 뜻풀이에서, ㉠과 ㉡에 들어갈 말이 바르게 나열된 것은?

보기

• 눈치가 빠르면 절에 가도 젓갈을 얻어먹는다: 눈치가 있으면 어디를 가도 (㉠)한 일이 없다는 말.
• 바늘 넣고 도끼 낚는다: 바늘을 가지고 낚시를 만들어서 물에 빠진 도끼를 낚아 낸다는 뜻으로, 적은 밑천으로 큰 이득을 (㉡)함을 이르는 말.

① 군색 – 도모　　② 민첩 – 면피
③ 방만 – 알선　　④ 번화 – 배당
⑤ 순탄 – 시사

어휘의 의미와 쓰임 이해하기

04 〈보기〉의 (a)~(e)의 뜻을 지닌 어휘를 활용하여 만든 문장으로 적절하지 않은 것은?

보기

(a) 피할 수 없다.
(b) 번성하고 화려하다.
(c) 어떤 것을 미리 간접적으로 표현해 주다.
(d) 어떤 말이나 행동 따위를 자꾸 함부로 하다.
(e) 어떤 물건이나 이익 따위를 상대편에게 돌아가도록 하다.

① (a): 대학들은 기숙사비 인상이 불가피하다는 입장이다.
② (b): 서울은 매우 번화한 도시이다.
③ (c): 정부 관료는 가스 요금의 인상을 강력 수반했다.
④ (d): 후보들이 비현실적인 공약을 남발했다.
⑤ (e): 대기업 총수가 뇌물을 공여한 혐의로 기소되었다.

어휘의 쓰임 이해하기

05 문맥상 밑줄 친 어휘의 쓰임이 적절하지 않은 것은?

① 농업은 우리 모두의 생존을 알선하는 기간산업이다.
② 그는 비난을 면피하기 위해 구구절절 변명을 늘어놓았다.
③ 이번 대회는 그가 세계적인 선수로 발돋움하는 분수령이 될 것이다.
④ 각 방송사는 공신력 있는 기관을 통해 선거 관련 여론 조사를 진행한다.
⑤ 신용 카드의 부정 사용에 대한 회원의 귀책 여부는 카드사가 입증해야 한다.

어휘의 쓰임 이해하기

06 〈보기〉의 ⓐ~ⓔ를 사용하여 만든 문장으로 적절하지 않은 것은?

보기

• 그의 사회생활은 ⓐ순탄했다.
• 양 팀 감독의 전략이 승패의 ⓑ관건이 된다.
• 새로 조성된 예술촌 골목을 걷는 재미가 ⓒ쏠쏠하다.
• 관계 당국은 분쟁 조정을 위한 ⓓ산하 기관을 설치했다.
• 그 결의문은 법적인 구속력이 없어서 실제로 미치는 영향력은 ⓔ미미했다.

① ⓐ: 그녀의 삶이 순탄한 것만은 아니었다.
② ⓑ: 향후 경기 회복의 관건은 내수 활성화에 있다.
③ ⓒ: 마을 사람들은 지역 특산품을 판매하여 쏠쏠한 수입을 올렸다.
④ ⓓ: 진경산수화에는 우리나라의 산하가 담겨 있다.
⑤ ⓔ: 부동산을 담보로 한 대출 증가 실적이 미미하다.

한자 성어

※ 한자 성어가 사용된 예문을 읽고 해당 뜻풀이를 찾아 번호를 쓰세요.

★ 사물의 양상

01 명약관화
밝을 明 | 같을 若 | 볼 觀 | 불 火

교과 공장의 폐수 처리 장치를 의무화하는 법안을 마련하지 않는다면 하천의 오염은 명약관화한 일이 될 것이다. ( )

02 유야무야
있을 有 | 어조사 耶 | 없을 無 | 어조사 耶

교과 양국 간의 공동 성명은 한쪽의 일방적인 파기로 유야무야되었다. ( )

03 일망무제
하나 一 | 바랄 望 | 없을 無 | 가 際

교과 그는 일망무제의 바다를 바라보며 속세의 번뇌를 잊었다. ( )

04 전광석화
번개 電 | 빛 光 | 돌 石 | 불 火

교과 그의 뇌리에 한 가닥 불길한 생각이 전광석화처럼 스치고 지나갔다. ( )

05 천양지차
하늘 天 | 흙 壤 | 갈 之 | 어그러질 差

교과 두 작품은 모두 자서전적 성격을 띠고 있지만 그 내용은 천양지차이다. ( )

06 풍비박산
바람 風 | 날 飛 | 우박 雹 | 흩을 散

교과 아버지의 사업이 실패하면서 우리 집안은 그야말로 풍비박산이 되었다. ( )

① 사방으로 날아 흩어짐.
② 불을 보듯 분명하고 뻔함.
③ 있는 듯 없는 듯 흐지부지함.
④ 하늘과 땅 사이와 같이 엄청난 차이.
⑤ 한눈에 바라볼 수 없을 정도로 아득하게 멀고 넓어서 끝이 없음.
⑥ 번갯불이나 부싯돌의 불이 번쩍거리는 것과 같이 매우 짧은 시간이나 매우 재빠른 움직임 따위를 이르는 말.

★ 일의 진행

07 낭중취물
주머니 囊 | 가운데 中 | 취할 取 | 만물 物

교과 어려서부터 요리 솜씨가 뛰어났던 그에게 한식 요리사 자격증을 따는 것은 낭중취물과 같았다. ( )

08 등고자비
오를 登 | 높을 高 | 스스로 自 | 낮을 卑

교과 전국 체전을 유치한 ○○시는 등고자비의 자세로 대회를 철저하게 준비할 예정이다. ( )

09 일진일퇴
하나 一 | 나아갈 進 | 하나 一 | 물러날 退

교과 두 팀은 앞서거니 뒤서거니 하며 일진일퇴를 거듭하다가, 9회까지 승부를 가리지 못하고 연장전에 들어갔다. ( )

10 팽두이숙
삶을 烹 | 머리 頭 | 귀 耳 | 익을 熟

교과 팽두이숙이라고, 동아리 회장을 설득하니 다른 동아리 부원들도 모두 동아리실 이전에 동의했다. ( )

① 한 번 앞으로 나아갔다 한 번 뒤로 물러섰다 함.
② 주머니 속에서 물건을 꺼내듯이 아주 손쉽게 얻을 수 있음을 이름.
③ 높은 곳에 오르려면 낮은 곳에서부터 오른다는 뜻으로, 일을 순서대로 하여야 함을 이름.
④ 머리를 삶으면 귀까지 익는다는 뜻으로, 한 가지 일이 잘되면 다른 일도 저절로 이루어짐을 이름.

★ 도리와 질서

11 경천근민
공경할 敬 | 하늘 天 | 부지런할 勤 | 백성 民

수능 성신(聖神)*이 이으셔도 경천근민하셔야 더욱 굳으시리이다. ( )

* 성신: 훌륭한 임금의 자손.

12 권선징악
권할 勸 | 착할 善 | 혼날 懲 | 악할 惡

학평 고전 소설은 선인과 악인을 대립시켜 권선징악적 가치관을 드러내는 경우가 많다. ( )

13 부자유친
아버지 父 | 아들 子 | 있을 有 | 친할 親

교과 아버지와 아들의 다정한 모습을 보니 그들은 부자유친이라는 덕목을 잘 실천하고 있는 듯하다. ( )

14 장유유서
길 長 | 어릴 幼 | 있을 有 | 차례 序

교과 버스에서 노인에게 자리를 양보하는 학생들을 보면 아직 우리 사회에 장유유서의 미덕이 남아 있는 것 같아 다행스럽게 느껴진다. ( )

① 착한 일을 권장하고 악한 일을 징계함.

② 하늘을 공경하고 백성을 위하여 부지런히 일함.

③ 오륜의 하나로, 아버지와 아들 사이의 도리는 친애에 있다는 말.

④ 오륜의 하나로, 어른과 어린이 사이의 도리는 엄격한 차례가 있고 복종해야 할 질서가 있음을 이르는 말.

★ 법칙, 약속

15 금과옥조
쇠 金 | 품등 科 | 구슬 玉 | 가지 條

교과 지금과 달리 과거 공동체 사회에서는 충효와 미풍양속을 금과옥조로 여겼다. ( )

16 금석지약
쇠 金 | 돌 石 | 갈 之 | 맺을 約

교과 우리 할아버지와 할머니는 서로를 평생 변함없이 사랑하자는 금석지약을 끝까지 지키셨다. ( )

① 쇠나 돌처럼 굳고 변함없는 약속.

② 금이나 옥처럼 귀중히 여겨 꼭 지켜야 할 법칙이나 규정.

★ 속담 관련

17 당구풍월
집 堂 | 개 狗 | 바람 風 | 달 月

교과 당구풍월이라고, 어릴 적부터 부모님이 하시는 음식점 일을 돕다 보니 웬만한 요리는 다 할 수 있게 되었다. ( )

18 동가홍상
같을 同 | 값 價 | 붉을 紅 | 치마 裳

교과 동가홍상이라고, 똑같은 값에 비슷한 기능이라면 디자인이 예쁜 제품을 골라야지. ( )

19 오비삼척
나 吾 | 코 鼻 | 석 三 | 자 尺

교과 무분별한 대출로 감사를 받고 있는 ○○ 은행은 오비삼척의 형편이어서 자금을 지원해 달라는 △△ 회사의 요청을 거절할 수밖에 없었다. ( )

20 주마가편
달릴 走 | 말 馬 | 더할 加 | 채찍 鞭

교과 주마가편이라고, 신제품이 잘 팔리고 있는 이때 광고를 더욱 늘려야 합니다. ( )

① 달리는 말에 채찍질한다는 뜻으로, 잘하는 사람을 더욱 장려함을 이름.

② 같은 값이면 다홍치마라는 뜻으로, 같은 값이면 좋은 물건을 가짐을 이름.

③ 내 코가 석 자라는 뜻으로, 자기 사정이 급하여 남을 돌볼 겨를이 없음을 이름.

④ 서당에서 기르는 개가 풍월을 읊는다는 뜻으로, 그 분야에 대하여 경험과 지식이 전혀 없는 사람이라도 오래 있으면 얼마간의 경험과 지식을 가짐을 이름.

·뜻풀이로 체크하기·

01 ~ 04 다음 뜻풀이에 해당하는 한자 성어를 말상자에서 찾아 표시하시오.

야	진	두	물	숙	명
망	금	과	옥	조	약
당	천	풍	가	근	관
구	중	무	비	선	화
풍	고	석	자	박	삼
월	편	취	퇴	오	산

01 사방으로 날아 흩어짐.

02 불을 보듯 분명하고 뻔함.

03 금이나 옥처럼 귀중히 여겨 꼭 지켜야 할 법칙이나 규정.

04 서당에서 기르는 개가 풍월을 읊는다는 뜻으로, 그 분야에 대하여 경험과 지식이 전혀 없는 사람이라도 오래 있으면 얼마간의 경험과 지식을 가짐을 이름.

05 ~ 09 다음 빈칸에 들어갈 알맞은 말을 〈보기〉에서 찾아 쓰시오.

보기
순서 약속 장려 차이
주머니 채찍질

05 금석지약: 쇠나 돌처럼 굳고 변함없는 (   ).

06 천양지차: 하늘과 땅 사이와 같이 엄청난 (   ).

07 낭중취물: (   ) 속에서 물건을 꺼내듯이 아주 손쉽게 얻을 수 있음을 이름.

08 주마가편: 달리는 말에 (   )한다는 뜻으로, 잘하는 사람을 더욱 (   )함을 이름.

09 등고자비: 높은 곳에 오르려면 낮은 곳에서부터 오른다는 뜻으로, 일을 (   )대로 하여야 함을 이름.

·문장으로 체크하기·

10 ~ 14 다음 문맥에 알맞은 한자 성어를 고르시오.

10 교과 양쪽은 우열을 가리지 못하고 (등고자비 | 일진일퇴)를 거듭하고 있다.

11 교과 그 일은 당신이 책임지고 철저히 조사하여 (명약관화 | 유야무야)하지 않도록 하시오.

12 교과 우리도 (오비삼척 | 주마가편)이라서 다른 모둠원이 맡은 부분까지 검토할 시간이 없어.

13 교과 (경천근민 | 팽두이숙)의 자세는 조선 시대의 사대부들뿐만 아니라 최고 권력자인 왕에게도 요구되는 덕목이었다.

14 교과 착한 흥부는 복을 받고 못된 놀부는 벌을 받는다는 이야기인 〈흥부전〉은 (권선징악 | 금석지약)의 교훈을 담고 있다.

15 ~ 18 다음 대화 내용과 의미가 통하는 한자 성어를 〈보기〉에서 찾아 쓰시오.

보기
동가홍상 일망무제 장유유서 전광석화

15 학생: 할머니, 여기 앉으세요.
할머니: 아이고, 학생도 다리 아플 텐데 자리를 양보해 줘서 고맙네그려. □□□□

16 태섭: 산 정상에 오르니 기분이 어때?
윤아: 시야를 가리는 것 없이 드넓은 바다를 볼 수 있어서 너무 상쾌해. □□□□

17 지원: 독서대를 사려고 알아봤는데, 종류는 많고 가격은 비슷해서 고르기가 힘들더라.
유미: 가격이 큰 차이가 없으면 그중에 더 튼튼하고 예쁜 걸 사는 게 좋지. □□□□

18 아나운서: 이□□ 선수, 왼발 돌려 차기로 2점을 획득합니다. 발이 정말 빠르네요.
해설 위원: 이□□ 선수의 특기죠. 순간적으로 이루어지는 기술은 너무 빨라서 피할 수가 없습니다. □□□□

▶ 정답과 해설 58쪽

상황에 맞는 한자 성어 찾기

01 〈보기〉의 ㉠에 가장 어울리는 한자 성어는?

보기

홍건적이 서울을 점령하니 임금은 복주로 피난을 갔다. 도적들은 집을 불태우고 사람과 가축을 죽이고 잡아먹으니, ㉠백성들은 부부끼리도 혹은 친척끼리도 서로를 보호하지 못하고 동서로 달아나 숨어서 제각기 살길을 꾀했다.

– 김시습, 〈이생규장전〉

① 경천근민(敬天勤民) ② 장유유서(長幼有序)
③ 전광석화(電光石火) ④ 주마가편(走馬加鞭)
⑤ 풍비박산(風飛雹散)

속담에 맞는 한자 성어 찾기

02 짝을 이룬 한자 성어와 속담의 의미가 서로 부합하지 않는 것은?

① 오비삼척(吾鼻三尺) ≒ 내 코가 석 자
② 팽두이숙(烹頭耳熟) ≒ 무쇠도 갈면 바늘 된다
③ 등고자비(登高自卑) ≒ 천 리 길도 한 걸음부터
④ 당구풍월(堂狗風月) ≒ 서당 개 삼 년에 풍월을 한다
⑤ 금석지약(金石之約) ≒ 장부의 한 말이 천금같이 무겁다

상황에 맞는 한자 성어 찾기

03 〈보기〉의 ⓐ를 나타내기에 적절한 한자 성어는?

보기

초란이 말했다.
"듣자오니 특재라는 자객이 있는데, 사람 죽이기를 ⓐ주머니 속의 물건 잡듯이 한답니다. 그에게 거금을 주고 밤에 들어가 해치게 하면, 상공이 아셔도 어쩔 수 없을 것이오니, 부인은 재삼 생각하십시오."

– 허균, 〈홍길동전〉

① 금과옥조(金科玉條) ② 낭중취물(囊中取物)
③ 당구풍월(堂狗風月) ④ 부자유친(父子有親)
⑤ 일망무제(一望無際)

한자 성어의 쓰임 이해하기

04 다음 한자 성어의 쓰임이 적절하지 않은 것은?

① 그 사건의 수사는 유야무야(有耶無耶) 처리되고 말았다.
② 성실하지 않은 그가 이번에도 실패할 것이 명약관화(明若觀火)하다.
③ 양쪽은 라이벌답게 일진일퇴(一進一退)를 거듭하다가 승부를 가리지 못했다.
④ 안타를 치고 나간 김 선수는 전광석화(電光石火)처럼 재빠르게 3루까지 내달렸다.
⑤ 월드컵 결승전이 열리는 경기장에는 관중들이 천양지차(天壤之差)의 여지가 없도록 꽉 차 있었다.

주제에 맞는 한자 성어 찾기

05 〈보기〉의 (ㄱ)에 드러난 주제 의식을 나타내기에 적절한 한자 성어는?

보기

(ㄱ)"마음만 옳게 먹고 의롭지 않은 일 아니 하면 장래 한때 볼 것이니 서러워 말고 살아나세."
부부 앉아 탄식할 제, 청산은 높이 솟아 있고 온갖 꽃이 화려하고 찬란하게 피어 있는 때 접동 두견 꾀꼬리는 때를 찾아 슬피 우니 뉘 아니 슬퍼하리.

– 작자 미상, 〈흥보전〉

① 권선징악(勸善懲惡) ② 금과옥조(金科玉條)
③ 등고자비(登高自卑) ④ 천양지차(天壤之差)
⑤ 팽두이숙(烹頭耳熟)

속담에 맞는 한자 성어 찾기

06 〈보기〉의 ⓐ에 들어갈 한자 성어로 가장 적절한 것은?

보기

'달리는 말에 채찍질'은 '주마가편(走馬加鞭)', '하나를 듣고 열을 안다'는 '문일지십(聞一知十)'과 짝을 지을 수 있는 속담이다. 그리고 '같은 값이면 다홍치마'는 '(ⓐ)'와/과 의미가 통하는 속담이다.

① 경천근민(敬天勤民) ② 동가홍상(同價紅裳)
③ 명약관화(明若觀火) ④ 부자유친(父子有親)
⑤ 장유유서(長幼有序)

헷갈리는 어휘 _잘못 쓰기 쉬운 말

※ 헷갈리는 어휘에 대한 풀이와 예문을 읽고 올바른 어휘에 ○표를 하세요.

01 구레나룻 vs 구렛나루	교과 며칠 면도를 하지 못해 (구레나룻 | 구렛나루)이/가 덥수룩하게 자랐다.	'귀밑에서 턱까지 잇따라 난 수염'을 뜻하는 표준어는 '구레나룻'임.
02 구시렁대다 vs 궁시렁대다	교과 민주는 엄마가 사온 옷이 마음에 들지 않아 끊임없이 (구시렁댔다 | 궁시렁댔다).	'구시렁대다', '구시렁거리다'가 표준어이고 '궁시렁대다', '궁시렁거리다'는 표준어가 아님.
03 닦달하다 vs 닥달하다	모평 피문오가 지욱의 해명을 요구하면서 (닥달하고 | 닦달하고) 있다.	쌍받침을 가진 형태인 '닦달하다'가 표준어임.
04 똬리 vs 또아리	교과 준호는 산속에서 (똬리 | 또아리)를 튼 뱀을 보자마자 소리를 질렀다.	준말이 널리 쓰이고 본말이 잘 쓰이지 않아 준말인 '똬리'만을 표준어로 삼음. (표준어 규정 제14항)
05 안절부절하다 vs 안절부절못하다	교과 지은이는 합격자 발표를 기다리며 (안절부절했다 | 안절부절못했다).	압도적으로 널리 쓰이는 '안절부절못하다'를 표준어로 삼음. (표준어 규정 제25항)
06 여지껏 vs 여태껏	교과 약속 시간에 늦지 않으려면 지금 나가야 하는데 (여지껏 | 여태껏) 옷도 안 갈아입었으면 어떡하니?	'여지껏'은 표준어로 인정하지 않음. '여태껏'의 복수 표준어로 '이제껏', '입때껏'이 있음. (표준어 규정 제26항)
07 짜깁기 vs 짜집기	교과 바지의 해어진 부분에 (짜깁기 | 짜집기)를 했더니 마치 새 옷처럼 보였다.	'짜집기'는 '짜깁기'의 잘못된 말로 표준어가 아님.
08 내노라하다 vs 내로라하다	교과 (내노라하는 | 내로라하는) 가수들이 모여 축하 공연을 했다.	'내로라하다'의 '로'를 '노'로 발음하거나 표기하는 것은 잘못된 것임.
09 눌러붙다 vs 눌어붙다	교과 밥솥 바닥에 밥알이 (눌러붙어 | 눌어붙어) 있어 설거지하기가 힘들었다.	'눌어붙다[누러붇따]'에 'ㄹ'을 덧붙여 발음하거나 표기하는 것은 잘못된 것임.
10 삼가라 vs 삼가해라	교과 숙면을 위해 자기 전에 카페인이 함유된 커피나 에너지 음료 등을 마시는 것은 (삼가라 | 삼가해라).	기본형이 '삼가다'이므로 어간 '삼가-'에 어미 '-라'가 붙은 것이 올바른 활용임.
11 오시오 vs 오시요	모평 이 양반을 죽이지 말고 죽인 듯이 모래를 덮어서 숨겨 두고 (오시오 | 오시요).	종결형에서 사용되는 어미 '-오'는 '요'로 소리 나는 경우가 있더라도 '오'로 적음. 반면에 연결 어미는 '이것은 책이요, 저것은 붓이다.'와 같이 '-요'로 적음. (한글 맞춤법 제15항)

12 얼키고설키다 vs 얽히고설키다	교과 (얼키고설킨 ǀ 얽히고설킨) 나뭇가지들이 지저분해 보여 톱으로 잘라 냈다.	'얽히고'는 '얽-'에 피동 접미사 '-히-'가 결합한 것으로, 어간을 밝혀 적음. (한글 맞춤법 제22항)
13 으스스 vs 으시시	학평 아득하게 밥 짓는 연기가 일고 / (으스스 ǀ 으시시) 산과 벌은 싸늘하구나.	'차거나 싫은 것이 몸에 닿았을 때 크게 소름이 돋는 모양'을 뜻하는 표준어는 '으스스'임.
14 핑게 vs 핑계	교과 그녀는 바쁘다는 (핑게 ǀ 핑계)를 대고 친구들 모임에 참석하지 않았다.	'계'의 'ㅖ'는 'ㅔ'로 소리 나는 경우가 있더라도 'ㅖ'로 적음. (한글 맞춤법 제8항)
15 휴게실 vs 휴계실	교과 사장님께 직원들이 편하게 쉴 수 있는 (휴게실 ǀ 휴계실)을 만들어 달라고 건의했다.	'憩'의 본음이 [게]이므로 'ㅔ'를 써서 '휴게실(休憩室)'로 표기함. (한글 맞춤법 제8항)
16 쇠조각 vs 쇳조각	교과 자석을 이용해 바닥에 떨어져 있는 (쇠조각 ǀ 쇳조각)을 모두 주웠다.	'쇠 + 조각 → [쇠쪼각]'과 같이, 순우리말로 된 합성어에서 뒷말의 첫소리가 된소리로 발음될 경우 'ㅅ'을 받쳐 적음. (한글 맞춤법 제30항)
17 예사일 vs 예삿일	교과 아침잠이 많은 그에게 지각은 (예사일 ǀ 예삿일)이다.	'예사(例事) + 일 → [예:산닐]'과 같이, 순우리말과 한자어로 된 합성어에서 앞말이 모음으로 끝날 때 뒷말의 첫소리 모음 앞에서 'ㄴㄴ' 소리가 덧나면 'ㅅ'을 받쳐 적음. (한글 맞춤법 제30항)
18 머리말 vs 머릿말	교과 본문을 읽기 전에 (머리말 ǀ 머릿말)을 먼저 읽으면 본문 내용을 쉽게 이해할 수 있다.	'머리 + 말'은 [머리말]로 발음되므로 'ㅅ'을 받쳐 적는 경우가 아님. (한글 맞춤법 제30항)
19 해님 vs 햇님	교과 낮에는 (해님 ǀ 햇님)이 하늘을 지키고 밤에는 달님이 하늘을 지켜요.	'해'에 접미사 '-님'이 붙은 파생어로, 사이시옷을 적는 경우가 아님. (한글 맞춤법 제30항)
20 깨끗이 vs 깨끗히	학평 특별한 때에는 가면과 조각상을 성시에서 옮겨 와 (깨끗이 ǀ 깨끗히) 닦았다.	부사의 끝음절이 분명히 '이'로만 나는 것은 '-이'로 적음. 같은 예로 '곰곰이, 번번이, 샅샅이, 일일이, 틈틈이' 등이 있음. (한글 맞춤법 제51항)
21 꼼꼼이 vs 꼼꼼히	학평 다음에는 실수하지 않도록 더 (꼼꼼이 ǀ 꼼꼼히) 공부하다 보면 잘되지 않겠니?	부사의 끝음절이 '이'나 '히'로 나는 것은 '-히'로 적음. (한글 맞춤법 제51항)
22 희노애락 vs 희로애락	교과 삶의 (희노애락 ǀ 희로애락)을 담은 영화를 보면서 인생에 대해 생각해 봤다.	한자어 '喜怒哀樂'의 '怒(노/로)'는 '로'로 발음하는 것이 널리 자리 잡았으므로 소리 나는 대로 적음. (한글 맞춤법 제52항)

·규정으로 체크하기·

01 ~ 05 제시된 어휘 중 빈칸에 들어갈 알맞은 어휘를 쓰시오.

01 [안절부절하다 vs 안절부절못하다] 압도적으로 널리 쓰이는 '(   )'를 표준어로 삼는다.

02 [구레나룻 vs 구렛나루] '귀밑에서 턱까지 잇따라 난 수염'을 뜻하는 표준어는 '(   )'이다.

03 [삼가라 vs 삼가해라] 어간 '삼가-'에 어미 '-라'가 붙은 것이므로 '(   )'가 올바른 표현이다.

04 [똬리 vs 또아리] 준말이 널리 쓰이고 본말이 잘 쓰이지 않아 준말인 '(   )'만을 표준어로 삼는다.

05 [얼키고설키다 vs 얽히고설키다] 어간 '얽-'에 피동 접미사 '-히-'가 결합한 것이므로 어간을 밝혀 '(   )'라고 적는다.

06 ~ 10 〈보기〉의 ㉠~㉤에 대한 설명으로 적절하면 ○에, 적절하지 않으면 ×에 표시하시오.

보기

- 교과 ㉠쇠조각을 주워 고물상에 팔았다.
- 교과 나는 책을 읽을 때 ㉡머릿말을 먼저 읽는다.
- 교과 그는 죄 없는 사람들을 ㉢닥달하며 소란을 피웠다.
- 교과 그는 무엇이 못마땅한지 혼자서 계속 ㉣구시렁댔다.
- 교과 다른 글들을 ㉤짜깁기하지 말고 자기 생각을 쓰세요.

06 순우리말로 된 합성어에서 뒷말의 첫소리가 된소리로 발음될 경우 'ㅅ'을 받쳐 적으므로 ㉠은 '쇳조각'으로 고쳐야 한다. (○, ×)

07 '머리 + 말'은 [머린말]로 발음되므로 ㉡처럼 'ㅅ'을 받쳐 적는 것이 올바르다. (○, ×)

08 ㉢은 표준어가 아니므로 표준어인 '닦달하며'로 고쳐야 한다. (○, ×)

09 ㉣은 표준어가 아니므로 표준어인 '궁시렁댔다'로 고쳐야 한다. (○, ×)

10 ㉤은 '짜집기'의 잘못된 말로 표준어가 아니다. (○, ×)

·문장으로 체크하기·

11 ~ 17 다음 문맥에 올바른 어휘를 고르시오.

11 교과 날이 밝거든 영감님 자제를 데리고 우리 집으로 (오시오 | 오시요).

12 모평 일을 추진하기 전에 득실을 (꼼꼼이 | 꼼꼼히) 계산해 보고 시작하자.

13 교과 창문 틈 사이로 들어오는 차가운 새벽 공기에 몸이 (으스스 | 으시시) 떨린다.

14 학평 최 씨는 매화의 근본을 (핑게 | 핑계) 삼아 양유와 매화의 혼인을 반대하고 있다.

15 교과 나는 (여지껏 | 여태껏) 많은 사람들을 만나 보았지만 호준이처럼 성실한 사람은 못 봤어.

16 수능 매월 초하루가 되면 몸과 마음을 (깨끗이 | 깨끗히) 하고 함께 만복사에 올라 부처께 기도를 올렸다.

17 교과 (휴게실 | 휴계실)에서 동료들이랑 수다를 떨며 간식을 먹는 시간이 나에게는 가장 행복한 시간이다.

18 ~ 22 다음 밑줄 친 어휘를 올바른 표기로 고쳐 쓰시오.

18 교과 밥이 프라이팬에 눌러붙지 않게 잘 섞어 주세요. → (   )

19 교과 세계적으로 내노라하는 예술가들이 한곳에 모였다. → (   )

20 학평 햇님과 달님이 넘나든 고개 / 구름만 첩첩…… 떠돌아 간다. → (   )

21 모평 어려서 지금까지 희노애락을 너와 함께하여 / 죽거나 살거나 여읠 줄이 없었거늘 → (   )

22 교과 두통을 예사일로 생각해 약을 먹지 않았더니 두통이 더 심해져 밤에 잠을 잘 수 없었다. → (   )

▶ 정답과 해설 59쪽

올바른 표기 이해하기

01 〈보기〉의 퀴즈에 대한 정답이 아닌 것은?

보기

[우리말 퀴즈] 다음 중 올바른 표기는 무엇일까요?

㉠ 주인은 하인들만 [닥달하고, 닦달하고] 있다.
㉡ 그는 종일 방에만 [눌러붙어, 눌어붙어] 있다.
㉢ 링컨의 [구레나룻, 구렛나루]은/는 인상적이다.
㉣ 여러 글을 [짜깁기, 짜집기]하여 논문을 써냈다.
㉤ 옆자리의 사람은 밤새도록 [구시렁, 궁시렁]댔다.

① ㉠: 닦달하고　② ㉡: 눌어붙어
③ ㉢: 구레나룻　④ ㉣: 짜깁기
⑤ ㉤: 궁시렁

어문 규범 적용하기

02 〈보기〉의 규정에 해당하는 어휘의 예로 적절하지 않은 것은?

보기

• 〈표준어 규정〉 제14항: 준말이 널리 쓰이고 본말이 잘 쓰이지 않는 경우에는 준말만을 표준어로 삼음.

① 귀찮다 / 온갖　② 낌새 / 부스럼
③ 똬리 / 솔개　④ 무 / 뱀
⑤ 생쥐 / 장사치

어문 규범 적용하기

03 〈보기〉의 설명에 대한 예로 적절하지 않은 것은?

보기

〈한글 맞춤법〉 제15항 [붙임 2]와 [붙임 3]에 따르면, 종결형에 사용되는 어미 '-오'는 '요'로 소리 나는 경우가 있더라도 그 원형을 밝혀 '오'로 적고, 연결형에서 사용되는 '이요'는 '이요'로 적는다.

① 이것은 책이오.
② 이것은 책이 아니오.
③ 이리로 오시오.
④ 이것은 먹이오.
⑤ 이것은 책이오, 저것은 붓이다.

올바른 표기 이해하기

04 다음 문장에서 올바른 표기에 ○표 한 것이 적절하지 않은 것은?

① (내노라하는, (내로라하는)) 실력자만 모였다.
② 예의에 어긋나는 행동은 ((삼가라), 삼가해라).
③ 인간은 ((희노애락), 희로애락)을 느끼는 동물이다.
④ 할머니는 아침에 나가서 ((여태껏), 여지껏) 소식이 없다.
⑤ 거짓말이 들통날까 봐 ((안절부절못했다), 안절부절했다).

어문 규범 적용하기

05 〈보기〉의 규정에 해당하는 어휘의 예로 적절하지 않은 것은?

보기

• 〈한글 맞춤법〉 제8항: (a)'계, 례, 몌, 폐, 혜'의 'ㅖ'는 'ㅔ'로 소리 나는 경우가 있더라도 'ㅖ'로 적는다. (b)다만, 한자 '偈, 揭, 憩'는 본음이 [게]이므로 'ㅔ'로 적는다.

• 〈한글 맞춤법〉 제30항: 사이시옷은 다음과 같은 경우에 받치어 적는다.
(1) (c)순우리말로 된 합성어로서 앞말이 모음으로 끝난 경우, 뒷말의 첫소리가 된소리로 나는 것.
(2) (d)순우리말과 한자어로 된 합성어로서 앞말이 모음으로 끝난 경우, 뒷말의 첫소리 모음 앞에서 'ㄴㄴ' 소리가 덧나는 것. (e)뒷말의 첫소리 'ㄴ, ㅁ' 앞에서 'ㄴ' 소리가 덧나는 것.

① (a): 폐품, 핑계　② (b): 게시판, 휴게실
③ (c): 바닷가, 쇳조각　④ (d): 가욋일, 예삿일
⑤ (e): 머릿말, 햇님

올바른 표기 이해하기

06 다음 문장의 밑줄 친 어휘가 올바르지 않은 것은?

① 일이 <u>얽히고설켜서</u> 복잡해졌다.
② 새벽이 되니 몸이 <u>으스스</u> 떨린다.
③ 집에 오자마자 몸을 <u>깨끗히</u> 씻었다.
④ 휴대폰 요금제를 <u>꼼꼼히</u> 따져 보자.
⑤ 뱀이 담장 밑에서 <u>똬리</u>를 틀고 있다.

10 필수 어휘_경제

5주 완성

※ 어휘의 사전적 의미에 해당하는 예문을 찾아 번호를 쓰고 빈칸을 채워 보세요.

어휘	뜻	번호
01 **예치하다** 미리 預 | 둘 置 --	동 맡겨 두다.	( )
02 **위탁하다** 맡길 委 | 부탁할 託 --	(1) 동 남에게 사물이나 사람의 책임을 맡기다.	( )
	(2) 동 법률 행위나 사무의 처리를 다른 사람에게 맡겨 부탁하다.	( )
03 **유리** 놀 遊 | 떠날 離	명 따로 떨어짐.	( )
04 **유실** 남길 遺 | 잃을 失	명 가지고 있던 돈이나 물건 따위를 부주의로 잃어버림.	( )
05 **읍소하다** 울 泣 | 하소연할 訴 --	동 눈물을 흘리며 간절히 하소연하다.	( )

① 교과 외적의 침입으로 □□된 문화재가 많다.

② 학평 '지붕 개량화 사업'과 같은 정책들은 실질적인 서민들의 삶과 □□되어 있었다.

③ 수능 정부가 정책을 직접 수행하지 않고 민간에 □□하여 수행하게 하는 것은 직접성이 낮다.

④ 학평 반려동물 인수제는 반려동물을 키울 수 없게 된 사람이 반려동물을 정부에 □□하는 제도입니다.

⑤ 학평 '만기 1년의 연리 6%'는 돈을 12개월 동안 은행에 □□할 경우 6%의 이자가 붙는다는 의미이다.

⑥ 교과 사장이 투자자들을 찾아다니며 한 번만 믿어 달라고 □□했지만 투자자들은 냉담한 반응을 보였다.

어휘	뜻	번호
06 **이월하다** 옮길 移 | 넘을 越 --	동 옮기어 넘기다.	( )
07 **저해하다** 막을 沮 | 해로울 害 --	동 막아서 못 하도록 해치다.	( )
08 **전가하다** 구를 轉 | 떠넘길 嫁 --	동 잘못이나 책임을 다른 사람에게 넘겨씌우다.	( )
09 **점유** 차지할 占 | 있을 有	명 물건이나 영역, 지위 따위를 차지함.	( )
10 **존속하다** 있을 存 | 이을 續 --	동 어떤 대상이 그대로 있거나 어떤 현상이 계속되다.	( )

① 교과 김 회장은 모든 업무를 후임자에게 □□한 후 은퇴했다.

② 학평 잘못된 소비 습관은 사회 발전을 □□하는 경제 문맹의 원인이 된다.

③ 모평 그 사람은 자신의 문제 상황에 대한 책임을 제삼자에게 □□하고 있다.

④ 학평 작품이 발표된 때로부터 그 저작자가 살아 있는 동안과 사망한 후 일정 기간 동안 저작 재산권이 □□한다.

⑤ 모평 □□란 물건에 대한 사실상의 지배 상태를 뜻한다. 이에 비해 소유란 어떤 물건을 사용·수익·처분할 수 있는 권리를 가진 상태라고 정의된다.

어휘	뜻	번호
11 **주지하다** 두루 周 | 알 知 --	동 여러 사람이 두루 알다.	( )
12 **준거** 법도 準 | 의거할 據	명 사물의 정도나 성격 따위를 알기 위한 근거나 기준.	( )
13 **지분** 가질 持 | 나눌 分	명 공유물이나 공유 재산 따위에서, 공유자 각자가 소유하는 몫. 또는 그런 비율.	( )
14 **진귀하다** 보배 珍 | 귀할 貴 --	형 보배롭고 보기 드물게 귀하다.	( )
15 **차감하다** 어그러질 差 | 덜 減 --	동 비교하여 덜어 내다.	( )

① 교과 여러분들이 □□하다시피 우리 회사는 수출난으로 어려움을 겪고 있습니다.

② 모평 세계를 해석하고 평가하는 □□인 세계관은 곧 우리 사고와 행동의 토대가 된다.

③ 학평 일부 사람들은 평범한 사람들이 접근할 수 있는 상품 대신 더욱 □□한 물건을 찾는다.

④ 모평 주식회사는 주주들로 구성되며 주주들은 보유한 주식의 비율만큼 회사에 대한 □□을 갖는다.

⑤ 학평 기업의 재무 상태는 자산과 부채, 그리고 기업의 자산에서 모든 부채를 □□한 후의 잔여 지분인 자본을 통해 알 수 있다.

16	**체화** 몸 體 | 될 化	명 생각, 사상, 이론 따위가 몸에 배어서 자기 것이 됨.	( )
17	**추이** 옮길 推 | 옮길 移	명 일이나 형편이 시간의 경과에 따라 변하여 나감. 또는 그런 경향.	( )
18	**통틀다**	동 있는 대로 모두 한데 묶다.	( )
19	**투기** 던질 投 | 틀 機	명 기회를 틈타 큰 이익을 보려고 함. 또는 그 일.	( )
20	**파기하다** 깨뜨릴 破 | 버릴 棄 --	(1) 동 깨뜨리거나 찢어서 내버리다.	( )
		(2) 동 계약, 조약, 약속 따위를 깨뜨려 버리다.	( )

① 교과 일확천금을 노리는 □□가 극성을 부려 경제 질서가 흔들렸다.

② 수능 인간에게 □□된 무형의 지식을 공유하는 것은 쉬운 일이 아니다.

③ 학평 ○○ 기업이 계약을 □□할 경우 '병'에게 위약금을 지불해야 한다.

④ 교과 이용자의 개인 정보가 담긴 문서는 일정 시간이 지나면 반드시 □□해야 한다.

⑤ 학평 신용 협동조합, 새마을 금고, 농협과 수협의 지역 조합을 □□어 신용 협동 기구라고 한다.

⑥ 모평 시내버스 이용률 변화 □□를 활용하여 학생들의 시내버스 기피 현상이 심화되고 있음을 보여 준다.

21	**판명** 판가름할 判 | 밝을 明	명 어떤 사실을 판단하여 명백하게 밝힘.	( )
22	**팽배하다** 물소리 澎 | 물결칠 湃 --	동 어떤 기세나 사조 따위가 매우 거세게 일어나다.	( )
23	**할애하다** 나눌 割 | 사랑 愛 --	동 소중한 시간, 돈, 공간 따위를 아깝게 여기지 아니하고 선뜻 내어 주다.	( )
24	**할증** 나눌 割 | 더할 增	명 일정한 값에 얼마를 더함.	( )
25	**함양하다** 젖을 涵 | 기를 養 --	동 능력이나 품성 따위를 길러 쌓거나 갖추다.	( )

① 교과 정부는 복지 문제에 더 많은 예산을 □□하겠다고 발표했다.

② 교과 자정이 지난 시간에 택시를 이용하면 □□ 요금을 내야 한다.

③ 교과 박 씨가 사용한 돈이 위조지폐로 □□되자 경찰이 수사에 나섰다.

④ 교과 청소년들이 건전한 소비 의식을 □□할 수 있도록 경제 교육 프로그램을 운영해야 한다.

⑤ 학평 당시에는 인간의 순수한 마음이나 도덕적 가치보다는 이익을 중시하는 분위기가 □□해 있었다.

26	**해이** 풀 解 | 늦출 弛	명 긴장이나 규율 따위가 풀려 마음이 느슨함.	( )
27	**허울**	명 실속이 없는 겉모양.	( )
28	**헤프다**	형 물건이나 돈 따위를 아끼지 아니하고 함부로 쓰는 버릇이 있다.	( )
29	**혜안** 슬기로울 慧 | 눈 眼	명 사물을 꿰뚫어 보는 안목과 식견.	( )
30	**효용** 본받을 效 | 쓸 用	명 보람 있게 쓰거나 쓰임. 또는 그런 보람이나 쓸모.	( )

① 교과 앞날을 내다볼 줄 아는 □□을 가진 백 회장은 계획한 사업마다 족족 성공시켰다.

② 교과 돈을 모으려면 휴지나 치약과 같은 생활필수품을 □□게 쓰는 습관부터 고쳐야 한다.

③ 교과 금융 기관이 고객들의 돈을 횡령하는 사건은 도덕적 □□가 심각한 수준임을 보여 주는 것이다.

④ 교과 기업 경영 활동을 감시하는 제도가 있지만 제대로 작동하지 않아 □□뿐이라는 평가가 나오고 있다.

⑤ 학평 인간은 대안이 여러 개일 때 각 대안의 □□을 계산하여 자신에게 최대 이득을 주는 대안을 선택한다.

·뜻풀이로 체크하기·

01 ~ 06 다음 빈칸에 들어갈 알맞은 말을 쓰시오.

01 할증: 일정한 값에 얼마를 □□.

02 주지하다: 여러 사람이 두루 □□.

03 혜안: 사물을 꿰뚫어 보는 □□과 식견.

04 읍소하다: 눈물을 흘리며 간절히 □□□하다.

05 해이: 긴장이나 □□ 따위가 풀려 마음이 느슨함.

06 유실: 가지고 있던 돈이나 물건 따위를 □□□로 잃어버림.

07 ~ 12 다음 밑줄 친 어휘의 뜻풀이로 알맞은 것을 〈보기〉에서 찾아 기호를 쓰시오.

보기

㉠ 비교하여 덜어 내다.
㉡ 있는 대로 모두 한데 묶다.
㉢ 물건이나 영역, 지위 따위를 차지하게 되다.
㉣ 어떤 기세나 사조 따위가 매우 거세게 일어나다.
㉤ 어떤 대상이 그대로 있거나 어떤 현상이 계속되다.
㉥ 소중한 시간, 돈, 공간 따위를 아깝게 여기지 아니하고 선뜻 내어 주다.

07 모평 구성원의 가입과 탈퇴에 관계없이 <u>존속하는</u> 단체가 있다. ( )

08 수능 산업화 과정에서 공동체적 유대감이 파괴되고 개인주의가 <u>팽배했다</u>. ( )

09 교과 관각은 조선 시대에 홍문관, 예문관, 규장각을 <u>통틀어</u> 이르던 말이다. ( )

10 교과 우리 농산물 시장이 상대적으로 저렴한 수입 농산물에 <u>점유될까</u> 걱정이 된다. ( )

11 모평 저마다 <u>할애한</u> 자유의 총합이 주권을 구성하고, 주권자가 이를 위탁받아 관리한다. ( )

12 학평 기업이 자산을 활용해 발생시킨 매출액에서 매출 원가 및 기타 비용 전부를 <u>차감하면</u> 당기 순이익을 알 수 있다. ( )

·문장으로 체크하기·

13 ~ 18 다음 빈칸에 들어갈 알맞은 어휘에 ✓표 하시오.

13 수능 그는 자신의 실수에 대한 책임을 동료에게 □□했다. □전가 □할애

14 교과 우리 회사는 기존 거래처와의 계약을 □□하고 새로운 거래처와 계약을 맺었다. □이월 □파기

15 교과 강 의원의 공약 가운데 제대로 추진되고 있는 것도 있지만 □□뿐인 것도 많았다. □허울 □효용

16 교과 결정적 증거가 발견되면서 자신은 결백하다는 그의 주장이 거짓으로 □□되었다. □점유 □판명

17 모평 청소년기에 부정적인 감정을 유발하는 환경에 자주 노출되면 뇌 성장이 □□된다. □저해 □체화

18 학평 학생들의 정서를 □□하기 위해 점심시간을 늘려 책을 읽을 수 있는 시간을 충분히 확보해 주시면 좋겠습니다. □할증 □함양

19 ~ 24 다음 빈칸에 들어갈 알맞은 어휘를 〈보기〉의 글자를 조합하여 쓰시오.

보기

귀 기 리 분 예 유
이 지 진 추 치 투

19 교과 은행에 □□한 돈을 모두 찾아 집을 샀다.

20 교과 옛날에는 소금이 귀해서 보석처럼 □□한 것으로 취급되었다.

21 교과 김 회장은 자신이 보유한 회사 □□을/를 자녀에게 모두 양도했다.

22 교과 박지원은 실생활과 □□된 채 글공부만 하는 무능한 양반에 대해 비판했다.

23 모평 사시가(四時歌)는 사계절의 □□에 맞추어 시상을 전개하는 시가를 일컫는다.

24 학평 미두장에서 □□을/를 하다 패가망신한 정 주사와 당대 사람들의 삶의 질곡이 피부로 느껴졌다.

▶ 정답과 해설 59쪽

어휘의 쓰임 이해하기

01 〈보기〉의 ㈀~㈃을 사용하여 만든 문장으로 적절하지 않은 것은?

보기
- 한반도에는 전쟁 위기가 ㈀존속하고 있다.
- 지난달에 사건을 강력반으로 ㈁이월하였다.
- 그는 회사의 ㈂지분을 51%나 보유하고 있다.
- 꿈이 현실과 ㈃유리하게 되면 그 꿈은 망상이 된다.
- ㈄주지하다시피 식량난으로 일부 국가가 위기에 처해 있다.

① ㈀: 시조는 오늘날에도 생명력 있는 문학 장르로 존속하고 있다.
② ㈁: 배출권의 여유가 있는 기업은 다음 연도로 배출권을 이월할 수 있다.
③ ㈂: 대주주가 은밀히 지분을 매각했다.
④ ㈃: 장거리 여행의 경우 철도를 이용하는 것이 유리하다.
⑤ ㈄: 주지해야 할 것은 공과 사는 별개라는 점이다.

어휘의 쓰임 이해하기

02 문맥상 밑줄 친 어휘의 쓰임이 적절하지 않은 것은?

① 법정에 선 그는 부디 선처해 줄 것을 읍소하였다.
② 작품의 진위 여부를 판명하기 위해 전문가를 모셨다.
③ 일방적으로 계약을 파기하면 계약금을 돌려받지 못한다.
④ 그 회사는 허울 좋은 명분으로 사건을 무마하려 들었다.
⑤ 민간화는 지방 자치 단체가 담당하는 특정 업무의 운영권을 민간 기업에 체화하는 것이다.

속담과 한자 성어의 뜻풀이에 맞는 어휘 찾기

03 다음 속담과 한자 성어의 뜻풀이에서, ⓐ~ⓒ에 들어갈 말이 바르게 나열된 것은?

보기
- 강기퇴이(綱紀頹弛): 올바른 도리의 기강이 무너지고 (ⓐ).
- 봉의 알: 얻기 어려운 (ⓑ)하고 소중한 물건을 비유적으로 이르는 말.
- 강물도 쓰면 준다: 굉장히 많은 강물도 쓰면 준다는 뜻으로, 풍부하다고 하여 함부로 (ⓒ) 쓰지 말라는 말.

① 전가해짐 – 점유 – 저해하게
② 존속해짐 – 차감 – 이월하게
③ 파기해짐 – 할애 – 팽배하게
④ 팽배해짐 – 함양 – 해이하게
⑤ 해이해짐 – 진귀 – 헤프게

어휘의 의미와 쓰임 이해하기

04 〈보기〉의 ⓐ~ⓔ의 뜻을 지닌 어휘를 활용하여 만든 문장으로 적절하지 않은 것은?

보기
ⓐ 비교하여 덜어 내다.
ⓑ 있는 대로 모두 한데 묶다.
ⓒ 기회를 틈타 큰 이익을 보려고 함. 또는 그 일.
ⓓ 어떤 기세나 사조 따위가 매우 거세게 일어나다.
ⓔ 소중한 시간, 돈, 공간 따위를 아깝게 여기지 아니하고 선뜻 내어 주다.

① ⓐ: 신탁 이익금 중에서 신탁 보수를 차감한 잔액을 신탁 배당금으로 한다.
② ⓑ: 지금 수중에 있는 돈은 통틀어 오천 원뿐이다.
③ ⓒ: 그녀는 심한 투기로 가정 내 분란을 일으키다가 결국 폐서인이 되었다.
④ ⓓ: 1950년대 프랑스 영화는 인기 연극배우에 의존하는 제작 관행이 팽배해 있었다.
⑤ ⓔ: 우리는 이 일에 더 이상 시간을 할애할 수 없다.

적절한 어휘로 바꿔 쓰기

05 문맥상 다음 밑줄 친 어휘와 바꿔 쓰기에 적절하지 않은 것은?

① 아버지는 퇴직금을 모두 은행에 예치했다. → 맡겼다
② 심야에 택시를 타면 할증 요금을 내야 한다. → 할인
③ 그는 고을 원님 앞에 무릎을 꿇고 억울한 사정을 읍소하였다. → 하소연하였다
④ 그 회사는 앞선 기술로 동종 업계와의 경쟁에서 우위를 점유하고 있다. → 차지하고
⑤ 사람은 누구나 나름대로의 삶의 원칙을 세워 놓고 판단과 행동의 준거로 삼는다. → 표준

어휘의 쓰임 이해하기

06 문맥상 〈보기〉의 ㉠, ㉡에 들어갈 적절한 어휘가 바르게 나열된 것은?

보기
- 집단 이기심은 사회의 발전을 (㉠)하는 요인으로 작용한다.
- 보험에서 고지 의무는 다른 가입자에게 보험료가 부당하게 (㉡)되는 것을 막는 기능을 한다.

① 예치 – 위탁
② 저해 – 전가
③ 존속 – 점유
④ 투기 – 파기
⑤ 할애 – 할증

개념어_문법

★ 품사

01 품사	성질이 공통된 단어끼리 모아 갈래지어 놓은 것. 형태에 따라 불변어와 가변어로 나뉘고, 기능에 따라 체언 · 용언 · 수식언 · 관계언 · 독립언으로 나뉘며, 의미에 따라 명사 · 대명사 · 수사 · 동사 · 형용사 · 관형사 · 부사 · 조사 · 감탄사로 나뉨.	모평 단어를 공통된 성질에 따라 분류한 것을 품사라 한다. 품사 분류의 기준으로는 일반적으로 '형태, 기능, 의미'가 있다.
02 명사	사람이나 사물 등의 이름을 나타내는 단어. 사용 범위에 따라 보통 명사와 고유 명사로 나뉘고, 자립 여부에 따라 자립 명사와 의존 명사로 나뉨.	• 고양이, 우산, 학교 → 보통 명사 • 정약용, 불국사, 한강 → 고유 명사 • 모든 고유 명사, 대부분의 보통 명사 → 자립 명사 • 것, 수, 뿐 → 의존 명사
03 대명사	명사를 대신하여 가리키는 단어. 사물이나 장소를 가리키는 지시 대명사와 사람을 가리키는 인칭 대명사로 나뉨.	• 이, 그, 저, 여기, 거기, 저기 → 지시 대명사 • 나, 우리, 너, 당신, 그, 그녀 → 인칭 대명사
04 수사	수량이나 순서를 나타내는 단어. 수량을 나타내는 양수사와 순서를 나타내는 서수사로 나뉨.	• 하나, 둘, 셋, 일, 이, 삼 → 양수사 • 첫째, 둘째, 셋째, 제일, 제이, 제삼 → 서수사
05 동사	사람이나 사물의 동작이나 작용을 나타내는 단어. 움직임이 주어에만 관련되는 자동사와, 움직임이 목적어에 해당하는 대상에 미치는 타동사로 구분됨.	• 뛰다, 걷다, 웃다 → 자동사 • 보다, 잡다, 누르다 → 타동사
06 형용사	사람이나 사물의 성질이나 상태를 나타내는 단어. 성질이나 상태를 나타내는 성상 형용사와, 지시성이 있는 지시 형용사로 구분됨.	• 예쁘다, 고요하다, 향기롭다 → 성상 형용사 • 이러하다, 저러하다, 어떠하다 → 지시 형용사
07 관형사	체언 앞에 놓여서 체언을 꾸며 주는 단어. 어떤 대상을 가리키는 지시 관형사, 사물의 성질이나 상태를 꾸며 주는 성상 관형사, 수량이나 순서를 나타내는 수 관형사로 나뉨.	• 이, 그, 저, 다른, 무슨, 어느 → 지시 관형사 • 새, 헌, 옛, 순(純) → 성상 형용사 • 한, 두, 첫째, 둘째, 여러, 모든 → 수 관형사
08 부사	용언이나 다른 부사, 문장을 꾸며 주는 단어. 문장 안의 특정 성분을 수식하는 성분 부사와 문장 전체를 수식하는 문장 부사로 나뉨.	• 잘, 매우, 이리, 저리, 못, 안 → 성분 부사 • 과연, 설마, 제발, 그리고, 그러나 → 문장 부사
09 조사	다른 단어에 붙어 문법적 관계를 나타내거나 의미를 더해 주는 단어. 앞말이 문장 안에서 갖는 일정한 자격을 표시하는 격 조사, 앞말에 특별한 뜻을 더해 주는 보조사, 두 단어를 같은 자격으로 이어 주는 접속 조사로 나뉨.	• 이/가, 을/를, 의, 에, 에게, 이다 → 격 조사 • 은/는, 도, 만, 까지, 부터 → 보조사 • 와/과, 하고, (이)랑 → 접속 조사
10 감탄사	놀람, 반가움 등의 느낌이나 부름, 대답을 나타내는 단어로, 문장에서 독립적으로 쓰임.	• 아, 어머, 자, 아서라, 뭐, 예
11 용언의 활용	용언, 즉 동사와 형용사의 어간에 여러 어미가 번갈아 결합하는 현상.	• 먹다 : 먹고, 먹어, 먹으니 → 규칙 활용 • 짓다 : 짓고, 지어, 지으니 → 불규칙 활용
12 어간과 어미	어간은 용언이 활용할 때 형태가 변하지 않는 부분으로 실질적 의미를 지님. 어미는 어간 뒤에 붙어서 형태가 다양하게 변하는 부분으로 여러 가지 문법적 의미를 더해 줌.	• 놀다 / 놀고 / 놀며 → 어간 • 어머니께 선물을 받았다. → 선어말 어미 • 꽃이 예쁘다. → 어말 어미

학습한 날짜 ____ 월 ____ 일

★ 문장 성분

13 주성분	문장 구성에 필요한 필수적인 성분으로, 주어, 서술어, 목적어, 보어가 있음.	교과 하늘이 푸르다. → 주어 교과 바람이 분다. → 서술어 교과 아이가 공을 찬다. → 목적어 교과 물이 얼음이 되었다. → 보어
14 부속 성분	주로 주성분의 내용을 꾸며 주는 역할을 하는 부속적인 성분으로, 관형어와 부사어가 있음.	교과 윤지는 성실한 학생이다. → 관형어 학평 장미꽃이 정말 예쁘다. → 부사어
15 독립 성분	다른 성분과 직접적인 관련이 없는 문장 성분으로, 독립어가 있음.	교과 와, 정말 멋진 집이야. → 독립어

★ 문장의 짜임

16 홑문장	문장에서 주어와 서술어의 관계가 한 번만 나타나는 문장.	학평 우리는 어제 학교로 돌아왔다.
17 겹문장	문장에서 주어와 서술어의 관계가 두 번 이상 나타나는 문장. 안은문장과 이어진문장이 있음.	교과 겨울이 가면 봄이 온다.
18 이어진문장	문장과 문장이 연결 어미에 의해 대등하게 이어지거나 종속적으로 이어진 문장.	교과 인생은 짧고 예술은 길다. → 대등 학평 가을이 오면 곡식이 익는다. → 종속
19 안긴문장과 안은문장	다른 문장에 들어가 하나의 성분처럼 쓰이는 문장을 안긴문장이라고 하고, 안긴문장을 포함한 문장을 안은문장이라고 함. 안긴문장을 '절'이라고 하는데, 명사절, 관형절, 부사절, 서술절, 인용절로 나뉨.	교과 그가 범인임이 밝혀졌다. → 명사절 모평 아이가 읽은 책은 동화책이다. → 관형절 학평 함박눈이 소리도 없이 내린다. → 부사절 교과 코끼리는 코가 길다. → 서술절 학평 나는 그에게 빨리 오라고 외쳤다. → 인용절

★ 문법 요소

20 높임 표현	말하는 이가 듣는 이나 다른 대상을 높이거나 낮추는 정도를 언어적으로 구별하여 표현하는 방식. 주체 높임법, 객체 높임법, 상대 높임법이 있음.	교과 아버지께서 신문을 보신다. → 주체 높임 교과 나는 어머니께 선물을 드렸다. → 객체 높임 학평 내일 우리 같이 밥 먹어요. → 상대 높임
21 시간 표현	시간을 나타내기 위한 언어 표현. 발화시(화자가 말하는 시점)와 사건시(사건이 일어나는 시점)의 선후 관계에 따라 과거 시제, 현재 시제, 미래 시제로 나뉨.	교과 어제는 비가 왔다. → 과거 시제 교과 지금은 비가 온다. → 현재 시제 교과 내일은 비가 오겠다. → 미래 시제
22 피동 표현	주어가 다른 주체에 의해 어떤 동작을 당하는 것을 나타내는 표현. 피동 접미사와 '-어지다' 등에 의해 만들어짐.	학평 눈이 온 세상을 덮었다. → 능동문 학평 온 세상이 눈에 덮였다. → 피동문
23 사동 표현	주어가 남에게 동작을 하도록 시키는 것을 나타내는 표현. 사동 접미사와 '-게 하다'에 의해 만들어짐.	모평 동생이 밥을 먹는다. → 주동문 모평 누나가 동생에게 밥을 먹인다. → 사동문
24 부정 표현	부정 부사 '안, 못'과 부정 용언 '아니하다, 못하다, 말다'를 사용하여 부정의 의미를 나타내는 표현. '안, 아니하다'는 의지 부정, '못, 못하다'는 능력 부정에 해당하며, 명령형 · 청유형의 부정문에는 부정 용언 '말다'를 씀.	학평 나는 수학 공부를 안 했다. → '안' 부정문 학평 나는 수학 문제를 못 풀었다. → '못' 부정문 학평 그녀를 만나지 마라. → '말다' 부정문

·개념으로 체크하기·

01 ~ 03 **품사를 의미에 따라 9개로 분류할 때, 품사의 종류가 나머지와 다른 하나를 고르시오.**

01 ① 누구 ② 사람 ③ 백두산 ④ 어머니

02 ① 빨리 ② 그러나 ③ 어머나 ④ 찰랑찰랑

03 ① 고요하다 ② 배고프다 ③ 생각하다 ④ 향기롭다

04 ~ 08 **문장 성분에 대한 설명으로 적절하면 ○에, 적절하지 않으면 ×에 표시하시오.**

04 관형어는 문장을 구성하는 데 꼭 필요한 성분이다. (○, ×)

05 '그것은 헌 책이 아니다.'는 주어를 두 개 갖고 있는 문장이다. (○, ×)

06 '그들은 자연을 사랑한다.'는 주성분만으로 이루어진 문장이다. (○, ×)

07 '역시 나는 네가 성공할 줄 알았어.'는 독립 성분을 포함하고 있는 문장이다. (○, ×)

08 '예쁜 옷을 샀다.'의 '예쁜'과 '꽃이 아름답게 피었다.'의 '아름답게'는 모두 부속 성분이다. (○, ×)

09 ~ 13 **다음 빈칸에 들어갈 알맞은 말을 쓰시오.**

09 주어와 서술어의 관계가 한 번만 나타나는 문장을 (   )(이)라고 한다.

10 홑문장을 하나의 문장 성분으로 포함하고 있는 문장을 (   )(이)라고 한다.

11 '비가 와서 길이 젖었다.'는 (   ) 연결된 이어진문장이다.

12 '이것은 감이며 저것은 사과이다.'는 (   ) 연결된 이어진문장이다.

13 '우리는 그가 옳았음을 깨달았다.'는 목적어의 기능을 하는 (   )을/를 가진 안은문장이다.

·문장으로 체크하기·

14 ~ 16 **(가)~(다)에 대한 설명으로 알맞은 말을 고르시오.**

(가) 여보게, 이리 가까이 오게.
(나) 사과 세 개를 샀는데 나는 하나도 안 먹었다.
(다) 그곳은 아주 아름답고 완벽한 집<u>이었다</u>.

14 (가)에는 부사가 (0개 | 1개 | 2개) 사용되었다.

15 (나)에서 '세'는 (수사 | 관형사)이고, '하나'는 (명사 | 수사)이다.

16 (다)의 밑줄 친 부분의 품사는 형태를 기준으로 할 때 (가변어 | 불변어)이고, 기능을 기준으로 할 때 (관계언 | 독립언)이며, 의미를 기준으로 할 때 (동사 | 조사)이다.

17 ~ 20 **다음 안은문장에서, 밑줄 친 부분이 해당하는 절의 유형을 〈보기〉에서 찾아 쓰시오.**

보기
명사절 관형절 부사절 서술절 인용절

17 내 동생은 <u>머리가 좋다</u>. (   )

18 <u>네가 기뻐할</u> 일이 생겼다. (   )

19 나는 <u>그가 최선을 다했음</u>을 알고 있다. (   )

20 그는 <u>차가 지나가도록</u> 한쪽으로 비켜섰다. (   )

21 ~ 24 **(가)~(라)에 대한 설명으로 알맞은 말을 고르시오.**

(가) 할머니를 병원에 모시고 갔다.
(나) 내일부터 기온이 크게 떨어지겠습니다.
(다) 형이 결국 동생을 울렸다.
(라) 나는 어제 지호를 못 만났다.

21 (가)에는 (주체 | 객체) 높임법이 사용되었다.

22 (나)는 사건시가 발화시보다 (앞선다 | 나중이다).

23 (다)는 주어가 어떤 동작을 (당하는 | 시키는) 것을 나타내는 표현이다.

24 (라)는 길이상 (긴 | 짧은) 부정문에 해당하며, 의미상 (능력 | 의지) 부정에 해당한다.

▶ 정답과 해설 60쪽

품사 이해하기

01 〈보기〉의 품사 분류 기준에 따라 예문의 단어를 분류해 보았다. 기준에 따른 분류로 알맞은 것은?

보기

[품사 분류 기준]
- 형태에 따라: 가변어, 불변어
- 기능에 따라: 체언, 용언, 관계언, 수식언, 독립언
- 의미에 따라: 명사, 대명사, 수사, 동사, 형용사, 관형사, 부사, 감탄사, 조사

[예문]
- 호수가 깊다.
- 강의 깊이는 누구도 모른다.

	기준	분류 (‖는 분류의 경계를 표시함)
①	형태	깊다, 깊이 ‖ 호수, 가, 강, 의, 는, 누구, 도, 모르다
②	기능	호수, 강, 깊이 ‖ 누구 ‖ 깊다, 모르다 ‖ 가, 의 ‖ 는, 도
③	기능	호수, 강, 깊이, 누구 ‖ 깊다, 모르다 ‖ 가, 의, 는, 도
④	의미	깊다, 깊이 ‖ 모르다 ‖ 호수, 강 ‖ 누구 ‖ 가, 의, 는, 도
⑤	의미	깊다 ‖ 깊이 ‖ 모르다 ‖ 호수 ‖ 강 ‖ 누구 ‖ 가 ‖ 의 ‖ 는 ‖ 도

용언의 활용 이해하기

02 밑줄 친 부분이 〈보기〉의 사례로 가장 적절한 것은?

보기

동음이의 관계에 있는 용언들 중에는 하나는 규칙, 다른 하나는 불규칙 활용을 하여 서로 활용 형태가 달라지는 경우가 있다.

① 친구가 병이 낫다. / 동생이 형보다 인물이 낫다.
② 벽에 바른 벽지가 울다. / 시합에 진 선수가 울다.
③ 소나무가 앞쪽으로 굽다. / 형이 오븐에 빵을 굽다.
④ 친구에게 약속 시간을 이르다. / 약속 장소에 이르다.
⑤ 장작이 벽난로에서 타다. / 고향에 가는 기차를 타다.

문장 성분과 문장의 짜임 이해하기

03 〈보기〉를 이해한 내용으로 적절하지 않은 것은?

보기

ⓐ 바다가 눈이 부시게 파랗다.
ⓑ 동주는 반짝이는 별을 응시했다.

① ⓐ의 '파랗다'는 하나의 문장 성분을 반드시 필요로 한다.
② ⓐ의 '바다가'와 '눈이'는 각각 다른 서술어의 주어이다.
③ ⓑ의 '별을'은 안긴문장의 목적어이면서 안은문장의 목적어이다.
④ ⓑ의 '반짝이는'은 안긴문장의 서술어이다.
⑤ ⓐ의 '눈이 부시게'와 ⓑ의 '반짝이는'은 수식의 기능을 한다.

문법 요소 이해하기

04 피동 표현을 만드는 방법에 대한 예가 잘못된 것은?

① 피동 접미사 '-이-'를 사용: '아이가 밥을 먹었다.'를 '아이에게 밥을 먹였다.'로 바꿨다.
② 피동 접미사 '-히-'를 사용: '사냥꾼이 토끼를 잡았다.'를 '토끼가 사냥꾼에게 잡혔다.'로 바꿨다.
③ '-당하다'를 사용: '형이 내 말을 무시했다.'를 '내 말은 형에게 무시당했다.'로 바꿨다.
④ '-되다'를 사용: '인간이 생태계를 파괴했다.'를 '생태계가 인간에 의해 파괴됐다.'로 바꿨다.
⑤ '-어지다'를 사용: '박 감독이 이 영화를 만들었다.'를 '이 영화는 박 감독에 의해 만들어졌다.'로 바꿨다.

안긴문장과 안은문장 이해하기

05 〈보기〉의 ㉠에 해당하는 예가 아닌 것은?

보기

㉠하나의 문장이 관형절로 다른 문장에 안길 때, 원래 있었던 주어가 생략되는 경우가 있다.
예 • 동생이 열심히 공부한다.
• 형이 동생에게 간식을 주었다.
⇨ 형이 열심히 공부하는 동생에게 간식을 주었다.

① 나는 숙제를 하는 언니를 불렀다.
② 그는 대학생이 된 아들과 여행을 했다.
③ 그는 후배가 그녀와 결혼한 사실을 몰랐다.
④ 운전기사가 버스에 탄 승객에게 말을 걸었다.
⑤ 어머니는 이 그림을 그린 화가의 전시회에 가셨다.

★ 법

01 민법	국가 기관이 아닌, 사람들 간의 권리관계를 다루는 법률로서 재산 관계와 가족 관계로 구성되어 있다.	학평 만약 동물이 위법한 행동을 하여 다른 사람에게 손해를 끼치면 어떻게 될까? 법에서는 인간 이외의 것들은 모두 물건으로 보기 때문에 동물은 아무런 책임이 없다. 다만 손해를 입은 사람은 민법에 따라 동물의 점유자에게 배상을 받을 수 있다.
02 형법	범죄와 형벌에 관한 법률 체계로, 어떤 행위가 처벌되고 그 처벌은 어느 정도이며 어떤 종류의 것인가를 규정한다.	학평 형법을 위반한 범죄가 발생하면, 먼저 수사 기관이 수사를 한다. 수사를 개시하는 단서로는 고소, 고발, 인지가 있는데, 이 중 고소는 피해자가 하는 반면 고발은 제3자가 한다.
03 죄형 법정주의	범죄와 형벌을 미리 법률로써 규정해야 한다는 형법의 기본 원칙이다. 이에 따르면 어떠한 행위 이후에 그 행위에 대한 법이 생겨났다고 해도 소급하여 적용할 수 없고, 유사한 법을 대신 적용하여 처벌하는 것도 금지된다.	모평 형벌권의 남용으로부터 국민의 자유와 권리를 보호하려는 죄형 법정주의라는 헌법상의 요청 때문에, 형법의 조문들에서는 유추 해석이 엄격히 배제된다.
04 유류분	상속 재산 가운데, 상속을 받은 사람이 마음대로 처리하지 못하고 일정한 상속인을 위하여 법률상 반드시 남겨 두어야 할 부분이다. 상속인들이 유류분을 반환받을 수 있는 권리를 유류분권이라고 한다.	모평 유류분은 피상속인의 무상 처분 행위가 없었다고 가정할 때 상속인들이 상속받을 수 있었을 이익 중 법으로 보장된 부분이다.

★ 경제 이론

05 고전학파	스미스, 맬서스, 리카도, 밀 등으로 대표되는 경제학파이다. 시장은 가격의 신축적인 조정에 의해 항상 균형을 달성한다고 보았다. 이른바 '보이지 않는 손'에 의한 시장의 자기 조정 능력을 신뢰하는 입장이다.	학평 고전학파는 불균형이 발생할 경우 즉시 가격이 변화하여 시장이 균형을 회복하기 때문에 호황이나 불황이 나타나는 경기 변동 현상은 발생하지 않는다고 보았다.
06 케인스학파	경제학자 케인스의 사상에 기초한 경제학파이다. 경기 변동은 시장 균형으로부터의 이탈과 회복, 즉 불균형 상태와 균형 상태가 반복되는 현상이며, 총수요 변동이 유발한 불균형 상태가 가격 경직성으로 말미암아 오래 지속될 수 있다고 보았다.	학평 케인스학파는 정부가 재정 정책이나 통화 정책 등 경기 안정화 정책을 통해 경제의 총수요를 관리함으로써 경기 변동을 조절해야 한다고 주장했다.
07 메뉴 비용 이론	메뉴 비용은 기업이 가격을 변화시킬 때 발생하는 유·무형의 비용으로, 이러한 메뉴 비용이 가격 경직성을 유발하고 경기 변동을 발생시킬 수 있음을 설명하는 이론이다.	학평 메뉴 비용 이론에 따르면 기업은 제품 가격을 변화시킴으로써 얻을 수 있는 이득과 메뉴 비용을 비교하여 가격을 변화시키며, 이에 따라 제품 시장의 가격 경직성이 발생할 수 있다.
08 효율 임금 이론	효율 임금은 노동자의 생산성을 유도하는 임금으로, 임금이 높을수록 노동자의 생산성이 높아진다고 주장하는 이론이다.	학평 효율 임금 이론은 노동자의 생산성이 임금을 결정한다는 전통적인 임금 이론과 달리 임금이 높을수록 노동자의 생산성이 높아진다고 주장했다.
09 기대 효용 이론	인간을 합리적 선택을 하는 존재로 보는 전통 경제학의 관점에 따라, 불확실한 상황에서 경제 주체는 불확실한 결과에 대한 효용의 기댓값의 크기를 비교하여 판단을 내린다는 이론이다.	학평 기대 효용 이론에 따르면, 인간은 대안이 여러 개일 때 각 대안의 효용을 계산하여 자신에게 최대 이득을 주는 대안을 선택한다. 이때 '효용'이란 재화를 소비할 때 느끼는 만족감이다.
10 전망 이론	인간이 합리적 선택을 한다는 전제를 부정하면서, 실제 인간의 삶에서 나타나는 선택 행동의 특성을 심리학에 근거해 설명하는 이론이다. 이는 행동 경제학이라는 새로운 분야의 개척으로 이어졌다.	학평 전망 이론은 이득보다 손실에 대해 민감하게 반응하는 인간의 심리가 선택 행동에 미치는 영향을 설명하는 이론이다. 여기서 '전망'은 이득과 손실에 대해 사람들이 느끼는 심리 상태를 의미한다.

학습한 날짜 ___ 월 ___ 일

어휘 1408개 달성! 1400

★ 거래와 계약

용어	뜻	예문
11 **계약**	일정한 법률 효과의 발생을 목적으로 두 사람의 의사를 표시하는 법률 행위로, 매매 · 고용 · 임대차 등의 채권 관계를 성립시킨다.	수능 일반적인 다른 약속처럼 계약도 서로의 의사 표시가 합치하여 성립하지만, 이때의 의사는 일정한 법률 효과의 발생을 목적으로 한다는 점에서 차이가 있다.
12 **채권**	재산권의 하나로, 특정인이 다른 특정인에게 어떤 행위를 청구할 수 있는 권리이다. 그에 따라 이행을 해야 할 의무는 '채무'라고 한다.	수능 채권의 내용은 민법과 같은 실체법에서 규정하고 있고, 그것을 강제적으로 실현할 수 있도록 민사 소송법이나 민사 집행법 같은 절차법이 갖추어져 있다.
13 **기초 자산**	외환, 채권, 주식, 농축산물, 제조품, 가공품 따위의 팔거나 살 수 있는 대상이 되는 모든 자산을 말한다.	학평 기초 자산은 농축산물이나 원자재 같은 실물 자산뿐만 아니라 주식이나 채권 등 가격이 매겨질 수 있는 모든 대상을 의미하는데, 기초 자산의 가치 변동에 따른 파생 상품의 가격 변화는 거래 당사자에게 손익을 발생시킨다.
14 **파생 상품**	기초 자산의 가치 변동에 따라 가격이 결정되는 금융 상품이다. 이는 기초 자산의 가치 변동으로 인한 손실 위험을 최소화하기 위해 고안되었고, 대표적으로 선물이 있다.	학평 파생 상품은 기초 자산에 해당하는 거래 대상의 미래 가격이 불확실하기 때문에 미래의 특정 시점에서 발생할 수 있는 손실의 위험에 대비하기 위해 만들어졌다.
15 **현물 거래**	현물, 즉 현재 존재하는 상품의 매매를 목적으로 하는 거래이다. 계약의 성립과 동시에 상품의 인수 · 인도와 결제가 이루어진다.	학평 19세기 중반 이전까지는 선도라는 파생 상품이 이러한 계약으로서 기능하였다. 그런데 선도는 정해진 가격으로 계약과 동시에 물품을 인수 · 인도하는 현물 거래와는 형태가 달랐다.
16 **선물 거래**	기초 자산을 미리 정한 가격과 수량으로 장래의 일정 시점에 인수 · 인도할 것을 약정하는 거래로, 공인된 거래소에서 거래가 이루어진다.	학평 이를 통해 거래 안정성이 확보되어 계약 만기 전에 이루어지는 선물 거래로 차익을 얻고자 하는 사람들의 거래가 활발하게 이루어지게 되었다. 그 결과, 선물은 미래의 위험에 대비하려는 수단이자 현재의 이익 창출을 위한 투자 수단으로 활성화되었다.
17 **관세**	수입되는 재화에 부과되는 조세를 말한다. 정부는 조세 수입을 늘리거나 국내 산업을 보호하기 위해 관세를 부과하는데, 관세를 부과하면 국내 경기 및 국제 교역에 영향을 미치게 된다.	학평 과도한 관세는 국제 교역을 감소시켜 국제 무역 시장을 침체시킬 뿐만 아니라, 국제 무역 분쟁을 야기할 소지도 있다. 이러한 이유로 대다수의 경제학자들은 과도한 관세에 대한 우려를 드러내고 있다.
18 **수입 할당제**	일정 기간 특정 재화를 수입할 수 있는 양을 제한하여 할당량까지는 자유 무역 상태에서 수입하고 그 할당량이 채워지면 수입을 전면적으로 금지하는 비관세 정책이다.	학평 수입 할당제는 수입되는 재화의 양을 제한함으로써 그 재화의 국내 가격을 자연적으로 상승시켜 국내 생산자를 보호하는 기능을 한다.

★ 경제 모델

용어	뜻	예문
19 **구독 경제**	소비자가 신청하면 정기적으로 원하는 상품을 배송받거나 필요한 서비스를 이용할 수 있는 경제 모델이다. 월 사용료를 지불하고 생필품을 정기적으로 배송받거나 정액 요금을 내고 각종 서비스를 정해진 횟수만큼 이용하게 된다.	학평 신문이나 잡지 등 정기 간행물에만 적용되던 구독 모델은 최근 들어 그 적용 범위가 점차 넓어지고 있다. 이로 인해 사람들은 소유와 관리에 대한 부담은 줄이면서 필요할 때 사용할 수 있는 방식으로 소비를 할 수 있게 되었다.
20 **공유 경제**	한번 생산된 상품이나 서비스를 여럿이 공유해 사용하는 협력 소비를 통해 비용을 줄이고 소비자의 만족도를 높이는 경제 모델이다.	학평 공유 경제는 자원의 활용도를 높이고 자원의 불필요한 소비를 줄일 수 있어 친환경적이라는 평가를 받고 있다.

·지식으로 체크하기·

01 ~ 06 다음 의미에 알맞은 용어를 쓰시오.

01 기업이 가격을 변화시킬 때 발생하는 유·무형의 비용. □□□□

02 상품이나 서비스를 여럿이 공유해 사용하는 협력 소비의 경제 모델. □□□□

03 재산권의 하나로, 다른 특정인에게 어떤 행위를 청구할 수 있는 권리. □□

04 기초 자산의 가치 변동으로 인한 손실 위험을 최소화하기 위해 고안된 금융 상품. □□□□

05 기초 자산을 미리 정한 가격과 수량으로 장래의 일정 시점에 인수·인도할 것을 약정하는 거래. □□□□

06 피상속인의 무상 처분 행위가 없었다고 가정할 때 상속인들이 상속받을 수 있었을 이익 중 법으로 보장된 부분. □□□

07 ~ 13 다음 설명이 적절하면 ○에, 적절하지 않으면 ×에 표시하시오.

07 민법은 국가 기관이 아닌, 사람들 간의 권리관계를 다루는 법률이다. (○, ×)

08 정부는 조세 수입을 늘리거나 국내 산업을 보호하기 위하여 관세를 부과한다. (○, ×)

09 전망 이론에서는 인간이 자신에게 최대 이득을 주는 대안을 선택한다고 주장한다. (○, ×)

10 효율 임금 이론은 임금이 높을수록 노동자의 생산성이 낮아진다고 주장하는 이론이다. (○, ×)

11 케인스학파는 '보이지 않는 손'을 신뢰하는 입장으로, 경기 변동 현상은 발생하지 않는다고 보았다. (○, ×)

12 죄형 법정주의에 따르면, 어떠한 행위 이후에 그 행위에 대한 법이 생겨나도 소급해 적용할 수 없다. (○, ×)

13 수입 할당제는 특정 재화의 수입량을 제한함으로써 그 재화의 국내 가격을 상승시켜 국내 생산자를 보호하는 기능을 한다. (○, ×)

·지문으로 체크하기·

14 ~ 17 다음 글의 빈칸에 들어갈 알맞은 용어를 〈보기〉에서 찾아 쓰시오.

보기

공유 경제 구독 경제 기초 자산 파생 상품
관세 수입 할당제 전망 이론 기대 효용 이론

14 학평 (   )은/는 소비자의 입장에서 소유하기 이전에는 사용해 보지 못하는 상품을 사용해 볼 수 있다는 장점이 있다. 이를 이용하면 값비싼 상품을 사용하는 데 큰 비용을 들이지 않아도 되고, 상품 구매 행위에 들이는 시간과 구매 과정에 따르는 불편함 등의 문제를 해결할 수 있다.

15 학평 (   )에서는 심리가 실제 선택 행동에 영향을 미치는 현상을 '틀 효과'로 설명한다. 이에 따르면 사람들은 여러 대안 중 하나를 선택할 때, 선택 상황이 자신에게 이득을 주는지, 손실을 주는지에 따라 전자를 '긍정적 틀'로, 후자를 '부정적 틀'로 인식한다. 그 결과 사람들은 긍정적 틀에서는 확실한 이득을 주는 대안을 선택하고, 부정적 틀에서는 불확실한 손실을 주는 대안을 선택한다.

16 학평 (   )이/가 만들어지기 이전에는, 이러한 불확실성으로 인해 거래 대상을 팔려는 매도자는 가격 하락에 대한, 거래 대상을 사려는 매수자는 가격 상승에 대한 두려움이 클 수밖에 없었다. 그래서 거래 당사자들은 그들의 이해관계가 일치하는 경우 기초 자산을 계약 체결 시점에 정해 놓은 가격과 수량으로 미래의 특정 시점, 즉 계약 만기 시점에 인수·인도하기로 약속하는 계약을 통해 미래의 위험에 대비하고자 하였다.

17 학평 어떤 나라의 정부가 국내 밀가루 산업을 보호하기 위하여 수입 밀가루에 높은 (   )을/를 부과할 경우, 단기적으로는 국내 밀가루 생산자의 이익을 늘려 자국의 밀가루 산업을 보호할 수 있다. 하지만 이 때문에 국내 밀가루 가격이 상승하면 밀가루를 원료로 하는 제품들의 가격이 줄줄이 상승하게 되어, 국내 소비자들은 밀가루를 이용하여 만든 제품들의 소비를 줄이게 된다. 이러한 과정이 장기화된다면 이 나라의 경기는 결국 침체에 빠질 수도 있다.

▶ 정답과 해설 62쪽

01 ~ 02 다음 글을 읽고 물음에 답하시오.

[가] 기부와 같이 어떤 재산이 대가 없이 넘어가는 무상 처분 행위가 행해졌을 때는 무상 처분자와 무상 취득자의 의사와 무관하게 그 결과가 번복될 수 있다. 무상 처분자가 사망하면 상속이 개시되고, 그의 상속인들이 유류분을 반환받을 수 있는 권리인 유류분권을 행사할 수 있기 때문이다. 유류분은 피상속인의 무상 처분 행위가 없었다고 가정할 때 상속인들이 상속받을 수 있었을 이익 중 법으로 보장된 부분이다. 상속인은 유류분에 해당하는 이익에서 이미 상속받은 이익을 뺀 값인 유류분 부족액만 반환받을 수 있다.

[나] 구독 경제에는 세 가지 유형이 있다. 첫째, ⓐ정기 배송 모델은 월 사용료를 지불하면 생필품을 지정 주소로 정기 배송해 주는 유형이다. 둘째, ⓑ무제한 이용 모델은 정액 요금을 내고 음원과 같은 각종 서비스를 무제한 또는 정해진 횟수만큼 이용하는 유형이다. 셋째, ⓒ장기 렌털 모델은 경제적 부담이 될 수 있는 자동차 등의 상품을 월 사용료를 지불하고 이용하는 유형이다.

세부 정보 파악하기

01 (가)의 내용과 일치하지 않는 것은?

① 유류분권은 상속인이 아닌 사람에게는 인정되지 않는다.
② 유류분권이 보장되는 범위는 유류분 부족액의 일부에 한정된다.
③ 상속인은 상속 개시 전에는 무상 취득자에게 유류분권을 행사할 수 없다.
④ 피상속인이 생전에 다른 사람에게 판 재산은 유류분권의 대상이 될 수 없다.
⑤ 무상으로 취득한 재산에 대한 권리는 무상 취득자 자신의 의사에 반하여 제한될 수 있다.

구체적 사례에 적용하기

02 (나)의 ⓐ~ⓒ에 해당하는 사례로 적절하지 않은 것은?

① ⓐ: 매월 일정 금액을 내고 정수기를 사용하는 서비스
② ⓐ: 월정액을 지불하고 주 1회 집으로 식재료를 보내 주는 서비스
③ ⓑ: 월 구독료를 내고 읽고 싶은 도서를 마음껏 읽을 수 있는 스마트폰 앱
④ ⓑ: 정액 요금을 결제하고 강좌를 일정 기간 원하는 만큼 수강할 수 있는 웹사이트
⑤ ⓒ: 월 사용료를 지불하고 정해진 기간에 집에서 사용할 수 있는 의료 기기

03 ~ 04 다음 글을 읽고 물음에 답하시오.

파생 상품은 기초 자산의 가치 변동에 따라 가격이 결정되는 금융 상품이다. 파생 상품은 거래 대상의 미래 가격이 불확실하기 때문에 미래의 특정 시점에서 발생할 수 있는 손실의 위험에 대비하기 위해 만들어졌다. 거래 대상의 매도자는 가격 하락에 대한, 매수자는 가격 상승에 대한 두려움이 클 수밖에 없다. 그래서 거래 당사자들은 그들의 이해관계가 일치하는 경우 기초 자산을 계약 체결 시점에 정해 놓은 가격과 수량으로 미래의 특정 시점에 인수 · 인도하기로 약속하는 계약을 통해 미래의 위험에 대비하고자 하였다. 19세기 중반 이전까지는 선도라는 파생 상품이 이러한 계약으로서 기능하였다.

경제 활동의 규모가 커지게 된 19세기 중반부터는 ㉠선물이라는 파생 상품이 나타났다. 선물은 기초 자산을 계약 체결 시점에 정해 놓은 가격과 수량으로 계약 만기 시점에 거래한다는 점에서는 선도와 동일하다. 하지만 공인된 거래소에서 거래가 이루어진다는 점에서는 차이가 있다. 거래소는 첫째, 이해관계가 일치하는 거래 당사자들이 쉽게 만날 수 있는 장을 마련해 주었다. 둘째, 거래 당사자들 사이에서 거래의 매개적 역할을 하였다. 셋째, 거래와 관련된 다양한 제도적 장치를 마련해 주었다. 이를 통해 거래 안정성이 확보되어 계약 만기 전에 이루어지는 선물 거래로 차익을 얻고자 하는 사람들의 거래가 활발하게 이루어지게 되었다.

세부 정보 파악하기

03 이 글에서 다룬 내용이 아닌 것은?

① 파생 상품의 전망 ② 파생 상품의 종류
③ 파생 상품의 정의 ④ 파생 상품의 기능
⑤ 파생 상품의 등장 배경

핵심 정보 파악하기

04 ㉠에 대한 설명으로 적절하지 않은 것은?

① 기초 자산의 가치 변동에 따라 거래 당사자의 손익이 결정되는 금융 상품이다.
② 계약을 체결하더라도 만기 이전에 그 계약을 임의적으로 파기할 위험이 높았다.
③ 계약 체결 시점에 정해 놓은 가격과 수량으로 미래의 특정 시점에 기초 자산을 거래한다는 계약이다.
④ 거래의 안정성을 확보하기 위해서 다양한 제도적 장치를 마련해 두고 있다.
⑤ 이해관계가 일치하는 거래 당사자들의 매개적 역할을 하는 공인된 거래소에서 거래가 이루어진다.

모평

01 ⓐ~ⓔ의 문맥적 의미를 활용하여 만든 문장으로 적절하지 않은 것은?

보기

- 이와 같이 공개 시장 운영의 영향은 경제 전반에 ⓐ파급된다.
- 중앙은행이 경기 침체 국면에 들어서야 비로소 기준 금리를 인하한다면, 정책 외부 시차로 인해 경제가 스스로 침체 국면을 벗어난 다음에야 정책 효과가 ⓑ발현될 수도 있다.
- 이 경우 경기 과열과 같은 부작용이 ⓒ수반될 수 있다.
- 중앙은행은 정책 신뢰성이 손상되지 않게 ⓓ유의해야 한다.
- 물가가 일단 안정되고 나면 중앙은행으로서는 이제 경기를 ⓔ부양하는 것도 고려해볼 수 있다.

① ⓐ: 그의 노력으로 소비자 운동이 전국적으로 파급되었다.
② ⓑ: 의병 활동은 민중의 애국 애족 의식이 발현한 것이다.
③ ⓒ: 이 질병은 구토와 두통 증상을 수반하는 경우가 많다.
④ ⓓ: 기온과 습도가 높은 요즘 건강 관리에 유의해야 한다.
⑤ ⓔ: 장남인 그가 늙으신 부모와 어린 동생들을 부양하고 있다.

수능

02 문맥상 ㉠~㉤과 바꿔 쓰기에 적절하지 않은 것은?

보기

- 미적 감수성은 이성과는 달리 어떤 원리도 없는 자의적인 것이어서 '세계의 신비'를 푸는 데 거의 기여하지 못한다고 ㉠여겼기 때문이다.
- 초기의 합리론에 맞서 칸트는 미적 감수성을 '미감적 판단력'이라 부르면서, 이 또한 어떤 원리에 의거하며 결코 이성에 못지않은 위상과 가치를 지닌다는 주장을 ㉡펼친다.
- 취미 판단에는 대상에 대한 지식뿐 아니라, 실용적 유익성, 교훈적 내용 등 일체의 다른 맥락이 ㉢끼어들지 않아야 하는 것이다.
- 공통감으로 인해 취미 판단은 규정적 판단의 객관적 보편성과 구별되는 '주관적 보편성'을 ㉣지니는 것으로 설명된다.
- 오늘날에는 미적 감수성을 심오한 지혜의 하나로 보는 견해가 ㉤퍼져 있는데, 많은 학자들이 그 이론적 단초를 칸트에게서 찾는 것은 그의 이러한 논변 때문이다.

① ㉠: 간주했기　　② ㉡: 피력한다
③ ㉢: 개입하지　　④ ㉣: 소지하는
⑤ ㉤: 확산되어

수능

03 ㉠~㉤의 사전적 뜻풀이가 잘못된 것은?

보기

- 기업이 속한 사회에는 간혹 기업 결합의 역기능이 나타나기도 하는데, 시장의 경쟁을 제한하거나 소비자의 이익을 ㉠침해하는 경우가 그러하다.
- 가령, 시장 점유율이 각각 30%와 40%인 경쟁 기업들이 결합하여 70%의 점유율을 갖게 될 경우, 경쟁이 제한되어 지위를 ㉡남용하거나 부당하게 가격을 인상할 수 있는 것이다.
- 이 때문에 정부는 기업 결합의 취지와 순기능을 보호하는 한편, 시장과 소비자에게 끼칠 ㉢폐해를 가려내어 이를 차단하기 위한 법적 조치들을 강구하고 있다.
- 여기서는 해당 기업 간에 단일 지배 관계가 형성되었는지가 ㉣관건이다.
- 결합이 성립된다면 정부는 그것이 영향을 줄 시장의 범위를 ㉤획정함으로써, 그 결합이 동일 시장 내 경쟁자 간에 이루어진 수평 결합인지, 거래 단계를 달리하는 기업 간의 수직 결합인지, 이 두 결합 형태가 아니면서 특별한 관련이 없는 기업 간의 혼합 결합인지를 규명하게 된다.

① ㉠: 사라져 없어지게 함.
② ㉡: 본래의 목적이나 범위를 벗어나 함부로 행사함.
③ ㉢: 폐단으로 생기는 해.
④ ㉣: 어떤 사물이나 문제 해결의 가장 중요한 부분.
⑤ ㉤: 경계 따위를 명확히 구별하여 정함.

모평

04 ⓐ의 상황을 나타내는 말로 가장 적절한 것은?

보기

"허허, 이게 누구시오? 아마도 꿈이로다. 상사불견(相思不見)* 그린 임을 이리 쉬이 만날쏜가? 이제 죽어 한이 없네. 어찌 그리 무정한가? 박명하다, 나의 모녀. 서방님 이별 후에 ⓐ자나 누우나 임 그리워 일구월심(日久月深)* 한(恨)일러니, 이내 신세 이리 되어 매에 감겨 죽게 되니, 날 살리러 와 계시오?"

— 작자 미상, 〈열녀춘향수절가〉

* 상사불견(相思不見): 서로 그리워하면서도 만나지 못함.
* 일구월심(日久月深): 날이 오래고 달이 깊어 간다는 뜻으로, 세월이 흐를수록 더함을 이르는 말.

① 동병상련(同病相憐)　　② 오매불망(寤寐不忘)
③ 이심전심(以心傳心)　　④ 조변석개(朝變夕改)
⑤ 풍수지탄(風樹之歎)

수능

05 ㉠~㉤의 사전적 뜻풀이로 바르지 않은 것은?

보기

- 연금 제도의 목적은 나이가 많아 경제 활동을 못하게 되었을 때 일정 소득을 보장하여 경제적 안정을 ㉠도모하는 것이다.
- 공공 부조는 도덕적 해이를 ㉡야기할 수 있다.
- 무상으로 부조가 이루어지므로, 젊은 시절에는 소득을 모두 써 버리고 노년에는 공공 부조에 의존하려는 ㉢경향이 생길 수 있기 때문이다.
- 최근에는 전자의 입장에서 연금 기금을 국민 전체가 사회 발전을 위해 ㉣조성한 투자 자금으로 보고, 이를 일자리 창출에 연계된 사회 경제적 분야에 투자해야 한다는 주장이 힘을 얻고 있다.
- 이는 지금까지 연금 기금을 일종의 신탁 기금으로 규정해 온 관련 법률을 개정하여, 보험료를 낼 소득자 집단을 ㉤확충하는 데 이 막대한 돈을 직접 활용하자는 주장이기도 하다.

① ㉠: 어떤 시기나 기회가 닥쳐옴.
② ㉡: 일이나 사건 따위를 끌어 일으킴.
③ ㉢: 현상이나 사상, 행동 따위가 어떤 방향으로 기울어짐.
④ ㉣: 무엇을 만들어서 이룸.
⑤ ㉤: 늘리고 넓혀 충실하게 함.

수능

06 ⓐ~ⓔ를 사용하여 만든 문장으로 적절하지 않은 것은?

보기

- 보험 상품을 구입한 사람은 장래의 우연한 사고로 인한 경제적 손실에 ⓐ대비할 수 있다.
- 보험사는 보험 가입자 개개인이 가진 위험의 정도를 정확히 ⓑ파악하여 거기에 상응하는 보험료를 책정하기 어렵다.
- 보험사는 이를 보전하기 위해 구성원이 납부해야 할 보험료를 ⓒ인상할 수밖에 없나.
- 계약 당시에 보험사가 고지 의무 위반에 대한 사실을 알았거나 중대한 과실로 인해 알지 못한 경우에는 보험 가입자가 고지 의무를 위반했어도 보험사의 해지권은 ⓓ배제된다.
- 보험에서 고지 의무는 보험에 가입하려는 사람의 특성을 검증함으로써 다른 가입자에게 보험료가 부당하게 ⓔ전가되는 것을 막는 기능을 한다.

① ⓐ: 지난해의 이익과 손실을 대비해 올해 예산을 세웠다.
② ⓑ: 일을 시작하기 전에 상황을 파악하는 것이 중요하다.
③ ⓒ: 임금이 인상되었다는 소식에 많은 사람들이 기뻐했다.
④ ⓓ: 이번 실험이 실패할 가능성을 전혀 배제할 수는 없다.
⑤ ⓔ: 그는 자신의 실수에 대한 책임을 동료에게 전가했다.

학평

07 ⓐ와 문맥적 의미가 가장 유사한 것은?

보기

그런데 이러한 안구는 단단하지 않다. 단단하지 않은 물체가 기압에 저항해 원래의 모양을 유지하기란 쉽지 않다. 내부 기압이 외부 기압보다 낮으면 물체는 찌그러지며, 반대의 경우에는 부풀어 오를 수 있다. 빛을 수용하고 상을 맺게 하는 눈의 특성상, 약간의 모양 변화로도 빛의 방향이 ⓐ틀어져 초점이 달라지기 때문에 정확한 안구 형태를 유지하는 것은 매우 중요하다.

① 날아가던 공이 오른쪽으로 틀어졌다.
② 늦잠을 자는 바람에 계획이 틀어졌다.
③ 햇볕에 오래 두었더니 목재가 틀어졌다.
④ 마음이 틀어져서 아무 말도 하지 않았다.
⑤ 초등학교 때부터 사귀던 친구와 틀어졌다.

학평

08 〈보기〉의 빈칸에 들어갈 한자 성어로 적절한 것은?

은하 낭자는 옥중에서 수척한 심신이 일시에 긴장이 풀리는 통에 새로운 충격으로 기절하더라. 시비 춘낭이 정성껏 간호한 공으로 낭자가 소생하여 꿈에 본 천상의 사변을 생각하고 심중으로 신기하게 여기면서, 사모하는 천정배필인 유 한림과 만날 희망을 품게 되더라. 〈중략〉

한편 유 한림은 백학선을 선사한 옛날의 여자를 사방으로 염탐하였으나 종시 만나지 못한 탓으로 심화병을 얻고 증세가 날로 위독해 갔으므로, 하는 수 없이 황송한 사연으로 표를 지어서 병 치료의 휴양을 황제께 청하였더니 황제가 보시고 병세가 위중함을 아시고 근심한 끝에, 어사를 대사도로 승진시키고, 그의 부친 형주 자사를 예부 상서로 삼아서 즉시 서울로 올라오라는 분부를 내리셨으므로 위세가 더욱 융성하고, 부귀 또한 혁혁하더라. 〈중략〉

"아아, 그 여자가 저를 위하여 온갖 고생을 다 겪고, 지금은 생사를 알 수 없으니 제 마음이 어찌 편하겠습니까? 마땅히 죽기를 결심하고 남경으로 가서 그 여자를 찾아서 사무치는 원한이 없도록 하겠습니다."

– 작자 미상, 〈백학선전〉

보기

'유 한림'은 '은하 낭자'를 사모하여 (　　　　　)하고 있군.

① 결자해지(結者解之)
② 부화뇌동(附和雷同)
③ 연목구어(緣木求魚)
④ 오매불망(寤寐不忘)
⑤ 천석고황(泉石膏肓)

학평

09 ㉠~㉤의 사전적 의미로 적절하지 않은 것은?

보기

• 프랑스의 법률가 몽테스키외는 동양의 유교 사회를 근대적인 법이 부재하고 백성들에게 도덕만을 강조하는, 합리성이 ㉠결여된 사회로 판단하였다.
• 《경국대전》은 조선이 왕의 절대적인 권한을 ㉡용인하지 않고 법에 의해 안정적으로 운영되는 데 그 역할을 다했다.
• 백성들을 옥죄어 오로지 상벌로만 다스리는 것은 유교의 이상에 ㉢부합하지 않는다고 생각하고 법이 덕치라는 이상을 위한 수단으로 사용되어야 한다고 본 것이다.
• 《경국대전》에는 사형을 집행할 때에는 세 차례에 걸쳐 상황을 ㉣참작할 자료가 있는지 조사하고 충분한 논의 후 형량을 조정하여 왕이 최종적인 판결을 내려야 한다는 '삼복 제도'가 명시되어 있다.
• 더불어 세금을 거두는 기준을 명확하게 제시하여 합리적으로 세금을 ㉤징수하도록 하고, 출산을 앞둔 관노비에게 80일 간의 휴가를 주는 등 사회 복지법적인 성격을 지닌 조항도 만들었다.

① ㉠ : 마땅히 있어야 할 것이 빠져서 없거나 모자람.
② ㉡ : 너그럽게 받아들여 인정함.
③ ㉢ : 사물이나 현상이 서로 꼭 들어맞음.
④ ㉣ : 앞으로의 일을 미리 헤아림.
⑤ ㉤ : 조세, 벌금 따위를 국민에게서 거두어들임.

수능

10 ⓐ와 문맥적 의미가 가장 가까운 것은?

보기

그런데 자연의 일양성은 선험적으로 알 수 있는 것이 아니라 경험에 기대어야 알 수 있는 것이다. 즉 "귀납이 정당한 추론이다."라는 주장은 "자연은 일양적이다."라는 다른 지식을 전제로 하는데 그 지식은 다시 귀납에 의해 정당화되어야 하는 경험적 지식이므로 귀납의 정당화는 순환 논리에 ⓐ빠져 버린다는 것이다.

① 혼란에 빠진 적군은 지휘 계통이 무너졌다.
② 그의 말을 듣자 모든 사람들이 기운이 빠졌다.
③ 그는 무릎 위까지 푹푹 빠지는 눈길을 헤쳐 왔다.
④ 그의 강연에 자신의 주장이 빠져 모두 아쉬워했다.
⑤ 우리 제품은 타사 제품에 빠지지 않는 우수한 것이다.

모평

11 문맥상 ⓐ~ⓔ와 바꿔 쓰기에 적절하지 않은 것은?

보기

• 특히 모든 것을 상품의 교환 가치로 환원하려는 자본주의 사회에서, 대중 예술은 개인의 정체성마저 상품으로 ⓐ전락시키는 기제로 작용한다는 것이다.
• 가령 사과를 표현한 세잔의 작품을 아도르노의 미학으로 읽어 낸다면, 이 그림은 사회의 본질과 ⓑ유리된 '아름다운 가상'을 표현한 것에 불과할 것이다.
• 다시 말해 세잔의 작품은 눈에 보이는 특정의 사과가 아닌 예술가의 시선에 포착된 세계의 참모습, 곧 자연의 생명력과 그에 얽힌 농부의 삶 그리고 이를 ⓒ응시하는 예술가의 사유를 재현한 것이 된다.
• 특히 이는 현실 속 다양한 예술의 가치가 발견될 기회를 ⓓ박탈한다.
• 실수로 찍혀 작가의 어떠한 주관도 결여된 사진에서조차 새로운 예술 정신을 ⓔ발견하는 것이 가능하다는 베냐민의 지적처럼, 전위 예술이 아닌 예술에서도 미적 가치를 발견할 수 있다.

① ⓐ : 맞바꾸는
② ⓑ : 동떨어진
③ ⓒ : 바라보는
④ ⓓ : 빼앗는다
⑤ ⓔ : 찾아내는

학평

12 ㉠의 상황을 나타내기에 적절한 한자 성어는?

보기

[앞부분 줄거리] 장국진은 달마국의 침입으로 어려서 부모와 이별하고 죽을 고비를 넘긴다. 그 후 여학 도사의 가르침을 받고 장원 급제하여 계양(이 부인)과 혼인한다. 달마왕이 재차 명나라를 침입하자 국진이 이를 막기 위해 나섰으나 병이 들어 위기에 처한다. 이때 이 부인이 남장을 하고 전장으로 달려가 국진을 돕고 그의 병을 치료한다.

이 부인은 다시 선녀를 불러 이 물을 적진으로 돌리라고 명하니 두 선녀는 순식간에 그것을 바다로 만들어 적진으로 향하게 하니, 달마국의 백만 군사와 천원국의 이백만 군사는 삽시간에 형체조차 찾을 길 없이 바닷물에 쓸려 가더라.

이에 국진은 천원왕을 뒤쫓고, 이 부인은 달마왕을 뒤쫓아 달려가더라. 백운 도사와 오금 도사를 비롯하여 숱한 도사들은 제각기 술법을 다해 이들을 막으며, 두 왕을 멀리 화룡산으로 보호해 피하더라. 이로써 그들은 ㉠전쟁을 포기할 수밖에 달리 방법이 없더라.

– 작자 미상, 〈장국진전〉

① 각골난망(刻骨難忘)
② 방약무인(傍若無人)
③ 속수무책(束手無策)
④ 수수방관(袖手傍觀)
⑤ 연목구어(緣木求魚)

▶ 정답과 해설 62쪽

학평

13 ⓐ~ⓔ의 사전적 의미로 적절하지 않은 것은?

보기

- 품종의 개량은 이전 품종이 가진 단점을 보완하거나 장점을 더욱 ⓐ부각하는 방향으로 이루어지는데, 품종의 개량이 판매 증대로 이어지면 큰 부가 가치를 창출할 수 있다.
- 우리나라는 식물 신품종에 대한 지식 재산권을 보호하고, 육성자의 식물 품종 개량을 촉진하며, 우리나라 종자 산업의 발전을 ⓑ도모하기 위하여 '식물 신품종 보호법'을 실시하고 있다.
- 만약 육성자가 자신이 개량한 식물의 품종 보호권을 얻고 싶다면 먼저 해당 품종이 품종 보호 요건을 ⓒ충족하고 있는지를 검토하여야 한다.
- 이의 신청이 없다면, 법률에서 정한 자격을 가진 심사관이 출원 품종이 품종 보호 요건을 충족하는지 ⓓ심사하게 된다.
- 품종 보호권의 존속 기간이 ⓔ경과하거나, 품종 보호권의 존속 기간 중일지라도 품종 보호권자가 정해진 기한까지 품종 보호료를 납부하지 않은 경우에는 품종 보호권이 소멸한다.

① ⓐ: 어떤 사물을 특징지어 두드러지게 함.
② ⓑ: 어떤 일을 이루기 위하여 대책과 방법을 세움.
③ ⓒ: 일정한 분량을 채워 모자람이 없게 함.
④ ⓓ: 자세하게 조사하여 당락 따위를 결정함.
⑤ ⓔ: 어떤 곳을 거쳐 지남.

모평

14 문맥을 고려할 때, ㉠~㉤을 표현하기에 가장 적절한 것은?

보기

- ㉠오 부인은 크게 노했다. / "조가 도적놈이 감히 우리 딸에게 욕을 보이려 한다고?"
- 이제 부친께서 중죄를 받을 형편에 놓이신 마당에 자식 된 자로서 ㉡어느 겨를에 일신의 욕과 불욕을 논할 수 있겠습니까?
- 진 소저는 ㉢추호도 망설이는 기색이 없이 취히 오 낭중을 향해 혼인을 허락했다.
- 이제는 마음도 추스르고 병도 조섭하여 속히 쾌차한 후에 부모님을 살려 주신 ㉣큰 은혜를 보답하려 하네.
- 그 이튿날에도 조문화의 가인이 소저를 찾아갔더니 ㉤빈집만 황량할 뿐 다시는 인적을 찾아볼 수 없었다.

– 작자 미상, 〈창선감의록〉

① ㉠: 나중에 보자는 사람 무섭지 않다
② ㉡: 없는 자가 찬밥 더운밥을 가리랴
③ ㉢: 만사가 욕심대로라면 하늘에다 집도 짓겠다
④ ㉣: 산이 높아야 옥이 난다
⑤ ㉤: 빈대 잡으려고 초가삼간 태운다

학평

15 문맥상 ㉠~㉤과 바꿔 쓰기에 적절하지 않은 것은?

보기

- 사르트르는 '이미지 이론'을 통해 상상 세계를 제시하면서 이에 대해 반대하는 입장을 ㉠드러냈다.
- 이는 두 세계가 존재하는 것이 아니라 현실 세계를 지각에 의해 인식하기도 하고 상상에 의해 이미지로 인식하기도 한다는 것을 ㉡뜻한다.
- 사르트르는 이전까지 실재 세계에 속한 영역이자 열등한 복사물 정도로 ㉢여겨져 왔던 이미지를 실재 세계에서 완전히 독립하여 상상 세계에서 이루어지는 정신 의식으로 규정하였다.
- 대상을 비추는 조명의 색이 ㉣달라지면 실재 세계에서 지각되는 색채는 그에 따라 달라지지만, 이미지는 조명의 색이 달라지더라도 상상 세계에서 항상 같은 색채를 가지게 된다는 것이다.
- 고전적인 조각의 경우를 예로 들면 예술가는 자신이 지각한 그대로를 완벽하게 표현하려 ㉤애쓰지만 실재 세계에서 인식되는 대상은 계속 변화하기 때문에 결국 지각에 의한 재현에는 어려움이 생길 수밖에 없다.

① ㉠: 표명했다
② ㉡: 의미한다
③ ㉢: 간주되어
④ ㉣: 변화하면
⑤ ㉤: 피력하지만

학평

16 ㉠~㉤의 사전적 뜻풀이로 바르지 않은 것은?

보기

- 여기에는 대상이 주는 자극과 대상으로부터 얻는 지각의 일대일 대응 관계가 ㉠전제되어 있다.
- 메를로퐁티는 경험주의가 지각 주체에 비해 대상을 지나치게 중요시하는 ㉡오류를 범했고, 주지주의는 대상에 비해 지각 주체의 정신을 지나치게 중요시하는 오류를 범했다고 본다.
- 메를로퐁티는 인간의 '몸'에 ㉢주목한다.
- 즉, 의식의 주체로서의 '몸'이 특정한 시간과 공간에서 대상과 마주하는 상면이 '현상학적 장'이고, 이러한 '현상학적 장'에서 '몸'이 ㉣체험한 것이 곧 지각이라는 것이다.
- 메를로퐁티의 관점에 따르면, 붉은색과 녹색이 뒤섞인 대상이 회색으로 지각된 것은, '몸'의 착각이나 시간과 공간 등의 ㉤변수에 영향을 받은 현상학적 체험으로 설명할 수 있다.

① ㉠: 어떠한 사물이나 현상을 이루기 위하여 먼저 내세우는 것.
② ㉡: 그릇되어 이치에 맞지 않는 일.
③ ㉢: 경고나 훈계의 뜻으로 일깨움.
④ ㉣: 자기가 몸소 겪은 경험.
⑤ ㉤: 어떤 상황의 가변적 요인.

학평

17 ⓐ와 문맥적 의미가 가장 유사한 것은?

보기

1970년대까지는 경기 변동이 ⓐ일어나는 주원인이 민간 기업의 투자 지출 변화에 의한 총수요 측면의 충격에 있다는 견해가 우세했다. 민간 기업이 미래에 대해 갖는 기대에 따라 투자 지출이 변함으로써 경기 변동이 촉발된다는 것이다.

① 얼마 후에 꺼져 가던 불꽃이 다시 일어났다.
② 그녀는 싸움이 일어난 틈을 타서 그 자리를 떠났다.
③ 그는 친구의 말에 화가 일어났지만 곧 마음을 가라앉혔다.
④ 구성원들이 적극적으로 일어나 동아리의 위기를 해결하였다.
⑤ 체육 대회가 가까워질수록 승리에 대한 열기가 다시 일어났다.

학평

18 〈보기〉를 바탕으로 ㉠~㉤을 이해한 내용으로 적절하지 않은 것은?

보기

'동사'는 동작이나 작용을 나타내는 단어이고, '형용사'는 성질이나 상태를 나타내는 단어이다. 동사와 형용사는 활용하는 양상이 다른데, 일반적으로 동사 어간에는 현재 시제 선어말 어미 '-ㄴ-/-는-', 현재 시제의 관형사형 어미 '-는', 명령형 어미 '-아라/-어라', 청유형 어미 '-자' 등이 붙지만, 형용사 어간에는 붙지 않는다.

㉠ 지훈이가 야구공을 멀리 던졌다.
㉡ 해가 떠오르며 점차 날이 밝는다.
㉢ 그 친구는 아는 게 참 많다.
㉣ 날씨가 더우니 하복을 입어라.
㉤ *올해도 우리 모두 건강하자.

※ '*'는 비문법적인 문장임을 나타냄.

① ㉠의 '던졌다'는 대상의 동작을 나타내므로 동사이다.
② ㉡의 '밝는다'는 대상의 상태를 나타내므로 형용사이다.
③ ㉢의 '아는'은 현재 시제의 관형사형 어미 '-는'이 결합하였으므로 동사이다.
④ ㉣의 '입어라'는 명령형 어미 '-어라'가 결합하였으므로 동사이다.
⑤ ㉤의 '건강하자'의 기본형 '건강하다'는 청유형 어미 '-자'가 결합할 수 없으므로 형용사이다.

학평

19 〈보기〉의 ⓐ~ⓔ에 대한 설명으로 적절하지 않은 것은?

보기

ⓐ 예쁜 아이가 활짝 웃는다.
ⓑ 나는 어제 새 가방을 샀다.
ⓒ 지금 이곳은 동화 속 세상처럼 아름답다.
ⓓ 작년에는 날씨가 추웠으나 올해에는 따뜻하다.
ⓔ 설령 눈이 올지라도 우리는 어김없이 밖에 나간다.

① ⓐ에는 주어가 생략된 안긴문장이 있다.
② ⓑ는 주어와 서술어의 관계가 한 번 나타나는 문장이다.
③ ⓒ에는 하나의 문장 성분처럼 쓰이는 안긴문장이 있다.
④ ⓓ는 두 개의 홑문장이 대등하게 연결된 이어진문장이다.
⑤ ⓔ는 주어와 서술어의 관계가 두 번 이상 나타나는 문장이다.

학평

20 〈보기 1〉을 참고하여 〈보기 2〉의 ㉠~㉤을 이해한 내용으로 적절하지 않은 것은?

보기 1

높임 표현은 높임 대상에 따라 주어의 지시 대상을 높이는 주체 높임, 목적어나 부사어의 지시 대상을 높이는 객체 높임, 청자를 높이거나 낮추는 상대 높임으로 나뉜다. 높임 표현은 크게 문법적 수단과 어휘적 수단에 의해 실현된다. 문법적 수단은 조사나 어미를, 어휘적 수단은 특수 어휘를 사용하는 것이다.

보기 2

[대화 상황]
손님: ㉠어머니께 선물로 드릴 신발을 찾는데, ㉡편하게 신으실 수 있는 제품이 있을까요?
점원: ㉢부모님을 모시고 오시는 손님들께서 이 제품을 많이 사 가셔요. ㉣할인 중이라 가격도 저렴합니다.
손님: 좋네요. ㉤저도 어머니를 뵙고, 함께 와야겠어요.

① ㉠: 문법적 수단과 어휘적 수단을 통해 부사어가 지시하는 대상을 높이고 있다.
② ㉡: 선어말 어미 '-으시-'와 조사 '요'는 같은 대상을 높이기 위해 쓰이고 있다.
③ ㉢: 동사 '모시다'와 조사 '께서'는 서로 다른 대상을 높이기 위해 쓰이고 있다.
④ ㉣: 문법적 수단을 통해 대화의 상대방을 높이고 있다.
⑤ ㉤: 어휘적 수단을 통해 목적어가 지시하는 대상을 높이고 있다.

수록 어휘 찾아가기

필수 어휘

한자 성어

속담

관용어

다의어

동음이의어

헷갈리는 어휘

개념어

배경지식 용어

수능·내신 국어
문해력까지 한번에 잡는

[정답과 해설]

꿈을담는틀
Dream Matrix

밥 어휘

정답과 해설

1주 완성

01 필수 어휘 _고전 문학

step ① 어휘력 학습 ▶ 12~13쪽

01 ⑤ 02 ② 03 ④ 04 ③ 05 ① 06 ③ 07 ⑤
08 ① 09 ② 10 ④ 11 ③ 12 ④ 13 ① 14 ②
15 ⑤ 16 ⑤ 17 ④ 18 ② 19 ① 20 ③ 21 ⑤
22 ② 23 ④ 24 ③ 25 ① 26 ④ 27 ⑤ 28 ①
29 ③ 30 ②

step ② 어휘력 체크 ▶ 14쪽

01 기망하다 02 공고히 03 난잡하다 04 누설 05 고고하다 06 건사하다 07 간하다 08 노복 09 긴요 10 강직 11 계교 12 기꺼워 13 곡절 14 고사 15 구차 16 녹봉 17 간교 18 도탄 19 둔갑 20 괄시 21 노고 22 기박 23 기지 24 낭자

step ③ 어휘력 완성 ▶ 15쪽

01 ① 02 ④ 03 ④ 04 ④ 05 ②

01 ①의 '간교(奸巧)하다'는 '간사하고 교활하다.'라는 뜻으로, 학사가 보는 앞에서는 월의 남매를 사랑하는 체하고, 뒤에서는 그들을 해하고자 하는 강 씨의 성격을 나타내기에 적절하다.

오답 풀이
② 강직(剛直)하다: 마음이 꼿꼿하고 곧다.
③ 고고(孤高)하다: 세상일에 초연하여 홀로 고상하다.
④ 구차(苟且)하다: 말이나 행동이 떳떳하거나 버젓하지 못하다.
⑤ 난잡(亂雜)하다: 행동이 막되고 문란하다.

02 '고사(固辭)하다'의 뜻은 '제의나 권유 따위를 굳이 사양하다.'이고, '간과(看過)하다'의 뜻은 '큰 관심 없이 대강 보아 넘기다.'이므로 서로 바꿔 쓰기에 적절하지 않다.

오답 풀이
① 돌보다: 관심을 가지고 보살피다.
② 곧다: 마음이나 뜻이 흔들림 없이 바르다.
③ 무시(無視)하다: 사람을 깔보거나 업신여기다.
⑤ 묘책(妙策): 매우 교묘한 꾀.

03 뇌물과 청탁이 어지럽게 행해졌다는 의미이므로, '절대로 없다.'를 뜻하는 '만무(萬無)하다'가 아니라 '여기저기 흩어져 어지럽다.'를 뜻하는 '낭자(狼藉)하다'가 적절하다.

오답 풀이
① 녹봉(祿俸): 벼슬아치에게 일 년 또는 계절 단위로 나누어 주던 금품을 통틀어 이르는 말.
② 곡절(曲折): 순조롭지 아니하게 얽힌 이런저런 복잡한 사정이나 까닭.
③ 긴요(緊要)하다: 꼭 필요하고 중요하다.
⑤ 기박(奇薄)하다: 팔자, 운수 따위가 사납고 복이 없다.

04 (ㄱ)의 '공고(公告)하다'는 '세상에 널리 알리다.'라는 뜻이고, (ㄴ)의 '공고(鞏固)히'는 '단단하고 튼튼하게.'라는 뜻이다.

오답 풀이
① 단죄(斷罪)하다: 죄를 처단하다.
② 노고(勞苦): 힘들여 수고하고 애씀.
③ 곡절(曲折): 순조롭지 아니하게 얽힌 이런저런 복잡한 사정이나 까닭.
⑤ 간(諫)하다: 웃어른이나 임금에게 옳지 못하거나 잘못된 일을 고치도록 말하다.

05 ⓑ에는 '부처 앞에 음식물이나 재물 등을 바침.'을 뜻하는 '공양(供養)'이 들어가야 한다. '도탄(塗炭)'은 '몹시 곤궁하여 고통스러운 지경을 이르는 말'로, 주로 '도탄에 빠지다.'나 '도탄에 빠뜨리다.'와 같이 쓰인다.

오답 풀이
① 경탄(驚歎)하다: 몹시 놀라며 감탄하다.
③ 막심(莫甚)하다: 더할 나위 없이 심하다.
④ 묘연(杳然)하다: 소식이나 행방 따위를 알 길이 없다.
⑤ 만무(萬無)하다: 절대로 없다.

02 한자 성어

step ① 어휘력 학습 ▶ 16~17쪽

01 ① 02 ⑥ 03 ⑤ 04 ② 05 ④ 06 ③ 07 ②
08 ④ 09 ① 10 ③ 11 ④ 12 ② 13 ① 14 ③
15 ② 16 ③ 17 ⑥ 18 ⑤ 19 ① 20 ④

step ② 어휘력 체크 ▶ 18쪽

01 교학상장 02 허심탄회 03 좌고우면 04 백아절현 05 망양지탄 06 꼼짝하지 07 효력 08 소나무 09 부끄러워하지 10 생사 11 간담상조 12 자가당착 13 임시변통 14 우유부단 15 좌고우면 16 지란지교 17 철두철미 18 고식지계

step ③ 어휘력 완성

▶ 19쪽

01 ③ 02 ③ 03 ① 04 ⑤ 05 ①

01 〈보기〉에서 '계집 다람쥐'는 가난한 시절의 아내는 내칠 수 없고, 가난한 시절의 사귐은 잊을 수 없다고 말하고 있다. 이러한 내용과 관련된 한자 성어는 '가난하고 천할 때 사귄 사이'를 뜻하는 말인 '빈천지교(貧賤之交)'이다.

오답 풀이

① 간담상조(肝膽相照): 서로 속마음을 털어놓고 친하게 사귐.
② 동족방뇨(凍足放尿): 언 발에 오줌 누기라는 뜻으로, 잠시 동안만 효력이 있을 뿐 곧 사라짐을 이름.
④ 철두철미(徹頭徹尾): 처음부터 끝까지 철저하게.
⑤ 하석상대(下石上臺): 아랫돌 빼서 윗돌 괴고 윗돌 빼서 아랫돌 괸다는 뜻으로, 임시변통으로 이리저리 둘러맞춤을 이름.

02 조금도 망설이지 않는 진 소저의 태도와 대비되는 태도를 담고 있는 한자 성어는 '어물어물 망설이기만 하고 결단성이 없음.'을 뜻하는 '우유부단(優柔不斷)'이다.

오답 풀이

① 교언영색(巧言令色): 아첨하는 말과 알랑거리는 태도.
② 배은망덕(背恩忘德): 남에게 입은 은덕을 저버리고 배신하는 태도가 있음.
④ 천하태평(天下泰平): 어떤 일에 무관심한 상태로 걱정 없이 편안하게 있는 태도를 가벼운 놀림조로 이르는 말.
⑤ 허심탄회(虛心坦懷): 품은 생각을 터놓고 말할 만큼 아무 거리낌이 없고 솔직함.

03 '동족방뇨(凍足放尿)'는 '잠시 동안만 효력이 있을 뿐 효력이 바로 사라짐을 이르는 말'로, 이와 같은 의미의 속담은 '언 발에 오줌 누기'이다.

오답 풀이

② '요지부동(搖之不動)'은 흔들어도 꼼짝하지 아니함을 뜻하는 말이고, '엎드려 절받기'는 상대편은 마음에 없는데 자기 스스로 요구하여 대접을 받는 경우를 이르는 말이다.
③ '임시변통(臨時變通)'은 갑자기 터진 일을 우선 간단하게 둘러맞추어 처리함을 뜻하는 말이고, '단김에 소뿔 빼기'는 어떤 일이든지 하려고 생각했으면 한창 열이 올랐을 때 망설이지 말고 곧 행동으로 옮겨야 함을 이르는 말이다.
④ '자가당착(自家撞着)'은 같은 사람의 말이나 행동이 앞뒤가 서로 맞지 아니하고 모순됨을 뜻하는 말이고, '아랫돌 빼서 윗돌 괴기'는 일이 몹시 급하여 임시변통으로 이리저리 둘러맞추어 일함을 이르는 말이다.
⑤ '좌고우면(左顧右眄)'은 이쪽저쪽을 돌아본다는 뜻으로 앞뒤를 재고 망설임을 이르는 말이고, '우물 안 개구리'는 사회의 형편을 모르는 견문이 좁은 사람을 뜻하는 말이다.

04 ⓘ를 포함하고 있는 세로 칸에는 '소나무가 무성하면 잣나무가 기뻐한다는 뜻으로, 벗이 잘되는 것을 기뻐함을 이르는 말'인 '송무백열(松茂栢悅)'이, 가로 칸에는 '백아가 거문고 줄을 끊어 버렸다는 뜻으로, 자기를 알아주는 참다운 벗의 죽음을 슬퍼함을 이르는 말'인 '백아절현(伯牙絕絃)'이 들어가야 한다. 따라서 ⓘ에는 '만'이 아니라 '백'이 들어간다.

05 '박이부정(博而不精)'은 '널리 알지만 정밀하지는 못함.'을 뜻하는 말로, 〈보기〉의 이야기에서 유래한 말이다.

03 다의어

step ① 어휘력 학습

▶ 20~21쪽

01 (1) ④ (2) ③ (3) ② (4) ① 02 (1) ② (2) ① 03 (1) ① (2) ② 04 (1) ② (2) ① 05 (1) ① (2) ② 06 (1) ① (2) ② 07 (1) ② (2) ① 08 (1) ② (2) ③ (3) ① 09 (1) ③ (2) ② (3) ① 10 (1) ③ (2) ② (3) ① 11 (1) ① (2) ②

step ② 어휘력 체크

▶ 22쪽

01 구차 02 거세게 03 들떠서 04 답답 05 참여
06 ① 07 ① 08 ① 09 ② 10 ② 11 ② 12 ①
13 ② 14 ① 15 ① 16 ②

10 ① 나다: 이름이나 소문 따위가 알려지다.

11 ① 가볍다: 다루기에 힘이 들지 않고 수월하다.

12 ② 겹다: 감정이나 정서가 거세게 일어나 누를 수 없다.

13 ① 긁다: 뾰족하거나 날카롭고 넓은 끝으로 무엇에 붙은 것을 떼어 내거나 벗겨 없애다.

14 ② 나다: 이름이나 소문 따위가 알려지다.

15 ② 고즈넉하다: 말없이 다소곳하거나 잠잠하다.

16 ① 나가다: 일정한 지역이나 공간의 범위와 관련하여 그 안에서 밖으로 이동하다.

step ③ 어휘력 완성

▶ 23쪽

01 ④ 02 ④ 03 ③ 04 ② 05 ⑤

01 '큰 바위를 가볍게 들며'와 '우리 반이 옆 반을 가볍게 이겼다.'에서의 '가볍다'는 모두 '다루기에 힘이 들지 않고 수월하다.'라는 뜻으로 쓰였다.

오답 풀이

① 가다: 〈보기〉는 '지금 있는 곳에서 어떠한 목적을 가지고 다른 곳으로 옮기다.'라는 뜻이고, ①은 '(시간 따위와 함께 쓰여) 지나가거나 흐르다.'라는 뜻이다.

② 고치다: 〈보기〉는 '잘못되거나 틀린 것을 바로잡다.'라는 뜻이고, ②는 '고장이 나거나 못 쓰게 된 물건을 손질하여 제대로 되게 하다.'라는 뜻이다.

③ 고리타분하다: 〈보기〉는 '하는 짓이나 성미, 분위기 따위가 새롭지 못하고 답답하다.'라는 뜻이고, ③은 '냄새가 신선하지 못하고 역겹게 고리다.'라는 뜻이다.

⑤ 나가다: 〈보기〉는 '일정한 지역이나 공간의 범위와 관련하여 그 안에서 밖으로 이동하다.'라는 뜻이고, ⑤는 '값이나 무게 따위가 어느 정도에 이르다.'라는 뜻이다.

02 ④의 '궁글다'는 '착 달라붙어 있어야 할 물건이 들떠서 속이 비다.'라는 뜻인데, '뒹굴다'는 '(1) 누워서 이리저리 구르다. (2) 하는 일 없이 빈둥빈둥 놀다.'라는 뜻이므로 서로 바꿔 쓰기에 적절하지 않다.

오답 풀이

① 생산(生産)되다: 인간이 생활하는 데 필요한 각종 물건이 만들어지다.

② 떠나다: 어떤 일이나 사람들과 관계를 끊거나 관련이 없는 상태가 되다.

③ 가난하다: 살림살이가 넉넉하지 못하여 몸과 마음이 괴로운 상태에 있다.

⑤ 뛰다: 맥박이나 심장 따위가 벌떡벌떡 움직이다.

03 〈보기〉와 ③의 '긁다'는 모두 '뾰족하거나 날카롭고 넓은 끝으로 무엇에 붙은 것을 떼어 내거나 벗겨 없애다.'라는 뜻으로 쓰였다.

오답 풀이

①, ② '남의 감정, 기분 따위를 상하게 하거나 자극하다.'라는 뜻으로 쓰였다.

④ '손톱이나 뾰족한 기구 따위로 바닥이나 거죽을 문지르다.'라는 뜻으로 쓰였다.

⑤ '갈퀴 따위로 빗질하듯이 끌어 들이다.'라는 뜻으로 쓰였다.

04 (ㄱ)과 (ㄴ)의 '고즈넉하다'는 모두 '고요하고 아늑하다.'라는 뜻으로 쓰였다.

오답 풀이

① (ㄱ)의 '나다'는 '흥미, 짜증, 용기 따위의 감정이 일어나다.'라는 뜻이고, (ㄴ)의 '나다'는 '소리, 냄새 따위가 밖으로 드러나다.'라는 뜻이다.

③ (ㄱ)의 '가볍다'는 '비중이나 가치, 책임 따위가 낮거나 적다.'라는 뜻이고, (ㄴ)의 '가볍다'는 '무게가 일반적이거나 기준이 되는 대상의 것보다 적다.'라는 뜻이다.

④ (ㄱ)의 '내달다'는 '밖이나 앞쪽에 달다.'라는 뜻이고, (ㄴ)의 '내달으며'는 '갑자기 밖이나 앞쪽으로 힘차게 뛰어나가다.'라는 뜻을 지닌 동사 '내닫다'의 활용형이다.

⑤ (ㄱ)의 '겹다'는 '감정이나 정서가 거세게 일어나 누를 수 없다.'라는 뜻이고, (ㄴ)의 '겹다'는 '정도나 양이 지나쳐 참거나 견뎌 내기 어렵다.'라는 뜻이다.

05 ⑤의 '나가다'는 보조 동사로, '앞말이 뜻하는 행동을 계속 진행함을 나타내는 말'이다.

04 필수 어휘 _ 고전 문학

step ① 어휘력 학습

▶ 24~25쪽

01 ④ 02 ② 03 ⑤ 04 ③ 05 ① 06 (1) ② (2) ③ 07 ⑤ 08 ④ 09 ① 10 ⑥ 11 ② 12 ⑤ 13 (1) ③ (2) ① 14 ④ 15 ⑥ 16 ② 17 ⑤ 18 ① 19 ③ 20 ④ 21 (1) ④ (2) ② 22 ① 23 ⑤ 24 ⑥ 25 ③ 26 ④ 27 ① 28 ③ 29 ⑤ 30 ②

step ② 어휘력 체크

▶ 26쪽

01 언변 02 분연히 03 삼엄하다 04 성기다 05 수려하다 06 수작 07 모욕 08 의욕 09 회포 10 웃어른 11 단념 12 고상 13 희미 14 박대 15 범상 16 분분 17 수심 18 여한 19 방도 20 송구 21 사경 22 애걸 23 봉양 24 신이

step ③ 어휘력 완성

▶ 27쪽

01 ② 02 ③ 03 ① 04 ① 05 ②

01 '연신'의 뜻은 '잇따라 자꾸'이고 '가끔'의 뜻은 '시간적·공간적 간격이 얼마쯤씩 있게'이므로, 서로 바꿔 쓰기에 적절하지 않다.

오답 풀이

① 심심파적(破寂)하다: 심심함을 잊고 시간을 보내기 위하여 어떤 일을 하다.

③ 한순간(瞬間): 매우 짧은 동안.

④ 슬퍼하다: 마음에 슬픔을 느끼다.

⑤ 죄송(罪悚)스럽다: 죄스러울 정도로 황송한 데가 있다.

02 사람이 뱀이나 두꺼비가 아닌데 겨울에 굴속에 엎드려 있는 것은 자연의 정상적인 이치나 하늘의 명령을 거역하는 것이므로, 빈칸에는 '복되고 길한 일이 일어날 조짐이 있다.'를 뜻하는 단어인 '상서(祥瑞)롭다'가 들어가야 한다.

오답 풀이

① 분분(紛紛)하다: 떠들썩하고 뒤숭숭하다.
② 삼엄(森嚴)하다: 무서우리만큼 질서가 바로 서고 엄숙하다.
④ 속절없다: 단념할 수밖에 달리 어찌할 도리가 없다.
⑤ 신이(神異)하다: 신기하고 이상하다.

03 ㉠에 들어갈 말은 '어려워하거나 조심스러워하는 태도가 없이 무례하고 건방지다.'를 뜻하는 '방자(放恣)하다'이고, ㉡에 들어갈 말은 '어떤 일을 하거나 문제를 풀어 가기 위한 방법과 도리'를 뜻하는 '방도(方道)'이다.

04 ①은 문맥상 꿈에도 그리던 고향에 돌아와 풀지 못한 원한이 없다는 의미이므로, '풀지 못하고 남은 원한'을 뜻하는 '여한(餘恨)'이 적절하다.

오답 풀이

② 숭엄(崇嚴)하다: 높고 고상하며 범할 수 없을 정도로 엄숙하다.
③ 스러지다: 형체나 현상 따위가 차차 희미해지면서 없어지다.
④ 범상(凡常)하다: 중요하게 여길 만하지 아니하고 예사롭다.
⑤ 실의(失意): 뜻이나 의욕을 잃음.

05 '분연(憤然)히'는 '성을 벌컥 내며 분해하는 기색으로'라는 뜻이고, '사뿐히'는 '매우 가볍게 움직이는 모양'이라는 뜻이므로 바꿔 쓸 수 있는 단어로 적절하지 않다.

오답 풀이

① '박대(薄待)하다'는 '인정 없이 모질게 대하다.'라는 뜻이고, '구박(驅迫)하다'는 '못 견디게 괴롭히다.'라는 뜻이므로 적절하다.
③ '봉양(奉養)하다'는 '부모나 조부모와 같은 웃어른을 받들어 모시다.'라는 뜻이고, '모시다'는 '웃어른이나 존경하는 이를 가까이에서 받들다.'라는 뜻이므로 적절하다.
④ '분분(紛紛)하다'는 '떠들썩하고 뒤숭숭하다.'라는 뜻이고, '떠들썩하다'는 '여러 사람이 큰 소리로 마구 떠들어 몹시 시끄럽다.'라는 뜻이므로 적절하다.
⑤ '성기다'는 '물건의 사이가 뜨다.'라는 뜻이고, '듬성듬성하다'는 '매우 드물고 성기다.'라는 뜻이므로 적절하다.

05 한자 성어

step ① 어휘력 학습

▶ 28~29쪽

01 ① 02 ③ 03 ② 04 ⑥ 05 ⑦ 06 ⑤ 07 ①
08 ④ 09 ③ 10 ② 11 ② 12 ③ 13 ④ 14 ①
15 ⑤ 16 ⑥ 17 ④ 18 ③ 19 ② 20 ①

step ② 어휘력 체크

▶ 30쪽

01 ~ 04

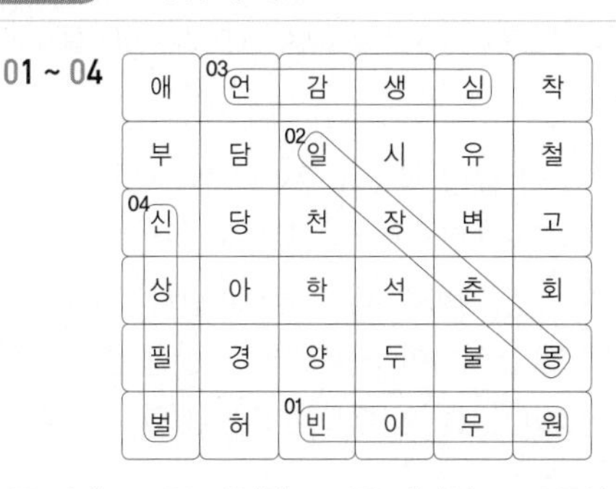

05 나비 06 가난한 07 해어진 08 상 09 경각심
10 삼순구식 11 비몽사몽 12 애이불비 13 남부여대
14 남가일몽 15 단표누항 16 전전긍긍 17 반신반의
18 동상이몽

step ③ 어휘력 완성

▶ 31쪽

01 ④ 02 ④ 03 ④ 04 ⑤ 05 ②

01 〈보기〉의 시조는 산촌에서의 소박한 삶과 한가로움을 노래한 작품이다. '삼순구식(三旬九食)'은 '삼십 일 동안 아홉 끼니밖에 먹지 못한다는 뜻으로, 몹시 가난함을 이르는 말'인데, 박주산채라도 내오라고 말하는 시적 화자가 몹시 가난하여 굶주리고 있다고 볼 수 없다.

오답 풀이

① 단사표음(簞食瓢飮): 대나무로 만든 밥그릇에 담은 밥과 표주박에 든 물이라는 뜻으로, 청빈하고 소박한 생활을 이름.
② 단표누항(簞瓢陋巷): 누항에서 먹는 한 그릇의 밥과 한 바가지의 물이라는 뜻으로, 선비의 청빈한 생활을 이름.
③ 빈이무원(貧而無怨): 가난하지만 남을 원망하지 않음.
⑤ 안빈낙도(安貧樂道): 가난한 생활을 하면서도 편안한 마음으로 도를 즐겨 지킴.

02 '애이불비(哀而不悲)'는 '슬프지만 겉으로는 슬픔을 나타내지 아니함.'을 뜻하는 말이므로 슬픔의 표출과 관련이 없다. '전전긍긍(戰戰兢兢)' 역시 '몹시 두려워서

벌벌 떨며 조심함.'을 뜻하는 말이므로 슬픔의 표출과 관련이 없다.

03 '언감생심(焉敢生心)'은 '어찌 감히 그런 마음을 품을 수 있겠냐는 뜻'으로, 감히 1등을 바랄 수 없는 〈보기〉의 상황에서 쓰이기에 적절하다.

오답 풀이
① 논공행상(論功行賞): 공적의 크고 작음 따위를 논의하여 그에 알맞은 상을 줌.
② 반신반의(半信半疑): 얼마쯤 믿으면서도 한편으로는 의심함.
③ 비몽사몽(非夢似夢): 완전히 잠이 들지도 잠에서 깨어나지도 않은 어렴풋한 상태.
⑤ 호구지책(糊口之策): 가난한 살림에서 그저 겨우 먹고살아 가는 방책.

04 〈보기〉에서 값이 없는 청풍과 주인이 없는 명월은 마음껏 즐길 수 있는 대상으로, 이를 통해 자연을 벗 삼아 사는 화자의 자연 친화적 태도가 드러난다. '공적의 크고 작음 따위를 논의하여 그에 알맞은 상을 줌.'을 뜻하는 '논공행상(論功行賞)'의 태도는 드러나 있지 않다.

오답 풀이
② 유유자적(悠悠自適): 속세를 떠나 아무 속박 없이 조용하고 편안하게 삶.
④ 안분지족(安分知足): 편안한 마음으로 제 분수를 지키며 만족할 줄을 앎.

05 〈보기〉에는 주인공인 '성진'이 꿈속에서 인간 세상의 모든 부귀영화를 누리고 깨어난 뒤에 그것의 허무함을 깨닫는 내용이 제시되어 있다. '동상이몽(同牀異夢)'은 '겉으로는 같이 행동하면서도 속으로는 각각 딴생각을 하고 있음을 이르는 말'로, 〈보기〉의 상황을 나타내기에는 적절하지 않다. 나머지는 모두 인생의 덧없음 또는 부귀영화의 덧없음과 관련된 한자 성어이다.

06 동음이의어

step ① 어휘력 학습 ▶ 32~33쪽

01 ② 02 (1) ① (2) ③ 03 ① 04 ② 05 ③ 06 (1) ② (2) ① 07 (1) ③ (2) ② 08 ① 09 ③ 10 ④ 11 ② 12 ① 13 ① 14 ③ 15 ② 16 (1) ④ (2) ③ 17 (1) ① (2) ② 18 ② 19 ① 20 (1) ④ (2) ⑤ 21 ③ 22 ⑥ 23 (1) ② (2) ①

step ② 어휘력 체크 ▶ 34쪽

01 날카롭게 02 술기운 03 분간 04 길 05 요구 06 ① 07 ② 08 ② 09 ① 10 ② 11 ② 12 ① 13 ② 14 ① 15 ① 16 ①

10 ① 갈다: 쟁기나 트랙터 따위의 농기구나 농기계로 땅을 파서 뒤집다.

11 ① 긋다: 어떤 일정한 부분을 강조하거나 나타내기 위하여 금이나 줄을 그리다.

12 ② 걸다: 벽이나 못 따위에 어떤 물체를 떨어지지 않도록 매달아 올려놓다.

13 ① 굴: 굴과의 연체동물을 통틀어 이르는 말. 갓굴, 가시굴, 토굴 따위가 있다.

14 ② 깨다: 잠, 꿈 따위에서 벗어나다. 또는 벗어나게 하다.

15 ② 놀다: 드물어서 구하기 어렵다.

16 ② 달다: 안타깝거나 조마조마하여 마음이 몹시 조급해지다.

step ③ 어휘력 완성 ▶ 35쪽

01 ④ 02 ⑤ 03 ① 04 ④ 05 ①

01 ④의 '긋다'는 '어떤 일정한 부분을 강조하거나 나타내기 위하여 금이나 줄을 그리다.'라는 뜻인데, '첨삭(添削)하다'는 '내용 일부를 덧붙이거나 삭제하여 고치다.'라는 뜻이므로 서로 바꿔 쓰기에 적절하지 않다.

오답 풀이
① 분쇄(粉碎)하다: 단단한 물체를 가루처럼 잘게 부스러뜨리다.
② 분간(分揀)하다: 사물이나 사람의 옳고 그름, 좋고 나쁨 따위와 그 정체를 구별하거나 가려서 알다.
③ 조급(躁急)하다: 참을성이 없이 몹시 급하다.
⑤ 행동(行動)하다: 몸을 움직여 동작을 하거나 어떤 일을 하다.

02 ⑤의 '굴'은 '굴과의 연체동물을 통틀어 이르는 말'이다. 나머지 '굴'은 '(1) 자연적으로 땅이나 바위가 안으로 깊숙이 패어 들어간 곳(①, ③), (2) 산이나 땅 밑을 뚫어 만든 길(④), (3) 짐승들이 만들어 놓은 구멍(②)'을 뜻하는 말로, 다의 관계에 해당한다.

03 〈보기〉와 ①의 '가리다'는 모두 '보이거나 통하지 못하도록 막다.'라는 뜻으로 쓰였다.

오답 풀이

②, ③ '여럿 가운데서 하나를 구별하여 고르다.'라는 뜻으로 쓰였다.

④ '음식을 골라서 먹다.'라는 뜻으로 쓰였다.

⑤ '곡식이나 장작 따위의 단을 차곡차곡 쌓아 올려 더미를 짓다.' 라는 뜻으로 쓰였다.

04 ㈀의 '깨다'는 '단단한 물체를 쳐서 조각이 나게 하다.'라는 뜻이고, ㈁의 '깨다'는 '일이나 상태 따위를 중간에서 어그러뜨리다.'라는 뜻이다.

오답 풀이

① 달다: 꿀이나 설탕의 맛과 같다.

② 달다: 물건을 일정한 곳에 붙이다.

③ 달다: 듣는 이가 말하는 이를 위해 앞말이 뜻하는 행동을 베풂을 나타내는 보조 동사.

⑤ 갈다: 쟁기나 트랙터 따위의 농기구나 농기계로 땅을 파서 뒤집다.

05 ①의 '내'는 '일정한 범위의 안'을 뜻하는 의존 명사이다.

07 필수 어휘 _ 고전 문학

step ① 어휘력 학습

▶ 36~37쪽

01 ⑤ 02 ① 03 ② 04 ③ 05 ④ 06 ③ 07 ⑤
08 ④ 09 ① 10 ② 11 (1) ② (2) ① 12 ⑥ 13 ⑤
14 ④ 15 ③ 16 ④ 17 ① 18 ③ 19 ⑤ 20 ②
21 ⑤ 22 ③ 23 ⑥ 24 ② 25 (1) ① (2) ④ 26 ③
27 ⑤ 28 ① 29 ④ 30 ②

step ② 어휘력 체크

▶ 38쪽

01 ~ 06

07 구슬 08 인격 09 사리 10 잘못 11 욕심
12 추천 13 정진 14 의탁 15 청아 16 절절
17 정황 18 이지러진 19 외람 20 지엄 21 자애
22 영접 23 지경 24 염치

step ③ 어휘력 완성

▶ 39쪽

01 ⑤ 02 ① 03 ③ 04 ③ 05 ①

01 '자애롭다'의 뜻은 '자애를 베푸는 사랑과 정이 깊다.'이고, '이지러지다'의 뜻은 '(1) 달 따위가 한쪽이 차지 않다. (2) 불쾌한 감정 따위로 얼굴이 일그러지다.'이므로 서로 바꿔 쓰기에 적절하지 않다.

오답 풀이

① 엄중(嚴重)하다: 몹시 엄하다.

② 마땅하다: 그렇게 하거나 되는 것이 이치로 보아 옳다.

③ 짓밟다: 남의 인격이나 권리 따위를 침해하다.

④ 질책(叱責)하다: 꾸짖어 나무라다.

02 ㉠에는 '그렇게 하거나 되는 것이 이치로 보아 옳게.'라는 뜻의 '응당(應當)'이, ㉡에는 '보기에 겉으로는 어리석어 보이나 속으로는 엉큼한 데가 있다.'라는 뜻의 '의뭉스럽다'가 들어가야 한다.

오답 풀이

② 의연(毅然)히: 의지가 굳세어서 끄떡없이.
의탁(依託)하다: 어떤 것에 몸이나 마음을 의지하여 맡기다.

③ 지당(至當)하다: 이치에 맞고 지극히 당연하다.

④ 영접(迎接)하다: 손님을 맞아서 대접하다.

⑤ 염치(廉恥): 체면을 차릴 줄 알며 부끄러움을 아는 마음.
외람(猥濫)되다: 하는 짓이 분수에 지나치다.

03 '의연(毅然)하다'의 뜻은 '의지가 굳세어서 끄떡없다.'로, 문맥상 ③에 어울리지 않는다. ③에는 '아득히 멀다.'라는 뜻을 지닌 '요원(遙遠)하다'를 사용하는 것이 적절하다.

04 <보기>의 (c)가 뜻하는 말은 '정황(情況)'이다. '지경(地境)'은 '경우'나 '형편', '정도'의 뜻을 나타내는 의존 명사이다.

05 ⓐ에는 '하는 짓이 분수에 지나치다.'라는 뜻의 '외람(猥濫)되다'가, ⓑ에는 '경우'나 '형편', '정도'의 뜻을 나타내는 의존 명사 '지경(地境)'이 들어가야 한다.

오답 풀이

② 우매(愚昧)하다: 어리석고 사리에 어둡다.
첩경(捷徑): 멀리 돌지 않고 가깝게 질러 통하는 길.

③ 영접(迎接)하다: 손님을 맞아서 대접하다.

④ 청빈(淸貧)하다: 성품이 깨끗하고 재물에 대한 욕심이 없어 가난하다.

⑤ 청아(淸雅)하다: 속된 티가 없이 맑고 아름답다.
정황(情況): 일의 사정과 상황.

08 관용어

step ① 어휘력 학습 ▶ 40~41쪽

01 ② 02 ③ 03 ① 04 ④ 05 ⑤ 06 ② 07 ⑤
08 ④ 09 ① 10 ③ 11 ① 12 ② 13 ④ 14 ⑤
15 ② 16 ① 17 ③ 18 ⑥ 19 (1) ⑤ (2) ③ 20 ⑦
21 ② 22 ① 23 ④ 24 ⑥

step ② 어휘력 체크 ▶ 42쪽

01 눈에 흙이 들어가다 02 귀에 들어가다 03 귀에 못이 박히다 04 꼬리를 잡다 05 눈에 쌍심지가 오르다 06 귓전에 맴돌다 07 눈물이 앞을 가리다 08 물정 09 욕심 10 비위 11 평가 12 기세 13 이성 14 ⓜ 15 ㉠ 16 ㉢ 17 ㉣ 18 ㉡ 19 뛰어서 20 꼬리가 길어 21 밟혀 22 눈 밖에 나서 23 눈앞이 캄캄했다 24 아파

step ③ 어휘력 완성 ▶ 43쪽

01 ⑤ 02 ① 03 ⑤ 04 ③ 05 ③

01 〈보기〉의 '귀가 아프다'는 '너무 여러 번 들어서 듣기가 싫다.'라는 뜻을 지닌 관용어인데, 이와 같은 의미로 쓰인 것은 ⑤이다.

오답 풀이
① '아프다'는 '오랫동안 어떤 일을 하여 몸의 어떤 부분에 괴로운 느낌을 받는 상태에 있다.'라는 뜻으로 쓰였다.
②, ③, ④ '아프다'는 '몸의 어느 부분이 다치거나 맞거나 자극을 받아 괴로움을 느끼다.'라는 뜻으로 쓰였다.

02 '눈물이 앞을 가리다'는 '눈물이 자꾸 나옴을 비유적으로 이르는 말'이다. 걸핏하면 잘 우는 편이라는 뜻을 지닌 관용어는 '눈물이 헤프다'이다.

03 '눈이 뒤집히다'는 '충격적인 일을 당하거나 어떤 일에 집착하여 이성을 잃다.'라는 뜻을 지닌 말이므로, 떠나는 여자 친구에게 슬퍼하는 모습을 보이고 싶지 않아 슬픔을 참고 작별 인사를 건네는 ⑤의 문맥에는 어울리지 않는다. ⑤는 '슬픔이나 고통 따위를 억지로 참으려 애를 쓰다.'라는 뜻의 '눈물을 머금다'를 사용하여, '떠나는 여자 친구에게 슬퍼하는 모습을 보이고 싶지 않아 눈물을 머금고 작별 인사를 건넸다.'라고 하는 것이 적절하다.

오답 풀이
① 눈독을 들이다: 욕심을 내어 눈여겨보다.
② 눈 밖에 나다: 신임을 잃고 미움을 받게 되다.
③ 눈썹도 까딱하지 않다: 아주 태연하다.
④ 눈앞이 캄캄하다: 어찌할 바를 몰라 아득하다.

04 '꼬리를 잡다'는 '감추고 있는 것을 알아내다.'라는 뜻을 지닌 말이므로, 이를 어떤 이의 움직임을 살피려고 몰래 뒤를 따라간다는 뜻을 나타내는 '뒤를 밟다'로 바꾸는 것은 적절하지 않다. '뒤를 밟다'와 바꾸어 쓸 수 있는 관용어는 '꼬리를 밟다'이다.

05 '귀에 들어가다'는 '누구에게 알려지다.'라는 뜻을 지닌 말로, 김 부장에게 떠도는 소문이 알려지는 상황에서 쓰이기에 적절하다. 따라서 (ㄱ)의 빈칸에 들어갈 말은 '들어갔을'이다.
'귀에 못이 박히다'는 '같은 말을 여러 번 듣다.'라는 뜻을 지닌 말로, 허 생원에게 같은 이야기를 여러 번 들은 조 선달의 상황을 나타내기에 적절하다. 따라서 (ㄴ)의 빈칸에 들어갈 말은 '박히도록'이다.
'귓전에 맴돌다'는 '들었던 말이 기억나거나 떠오르다.'라는 뜻을 지닌 말로, 아버지의 말씀이 떠오른 상황에서 쓰이기에 적절하다. 따라서 (ㄷ)의 빈칸에 들어갈 말은 '맴돌았다'이다.

09 속담

step ① 어휘력 학습 ▶ 44~45쪽

01 ① 02 ③ 03 ② 04 ④ 05 ⑥ 06 ⑤ 07 ④
08 ② 09 ③ 10 ① 11 ② 12 ⑤ 13 ④ 14 ①
15 ⑥ 16 ⑦ 17 ③ 18 ③ 19 ② 20 ①

step ② 어휘력 체크 ▶ 46쪽

01 황소걸음 02 싸움, 흥정 03 얼어 죽어도 04 주머닛돈 05 지지겠다 06 큰일 07 감기 08 죽는, 사는 09 유지 10 비난 11 ㉡ 12 ⓜ 13 ㉠ 14 ㉣ 15 ㉢ 16 쇠뿔도 단김에 빼라 17 서 발 막대 거칠 것 없는 18 개똥도 약에 쓰려면 없다 19 섶을 지고 불로 들어가려 하는 20 고래 싸움에 새우 등 터진다

step ③ 어휘력 완성

▶ 47쪽

01 ② 02 ⑤ 03 ① 04 ① 05 ④

01 〈보기〉는 대기업 간의 가격 인하 경쟁 때문에 그와 상관없는 중소기업이 피해를 보는 상황을 나타내고 있다. '고래 싸움에 새우 등 터진다'는 '강한 자들끼리 싸우는 통에 아무 상관도 없는 약한 자가 중간에 끼어 피해를 입게 됨을 이르는 말'이므로, 문맥상 빈칸에 들어갈 속담으로 적절하다.

02 '사흘 굶어 담 아니 넘을 놈 없다'는 '아무리 착한 사람이라도 몹시 궁하게 되면 못하는 짓이 없게 됨을 이르는 말'이고, '사흘 굶으면 양식 지고 오는 놈 있다'는 '사람이 아무리 어렵게 지내더라도 여간하여서는 굶어 죽지는 않음을 이르는 말'이다. 따라서 의미가 서로 유사하지 않다.

오답 풀이

① 내 손에 장을 지지겠다, 내 손톱에 뜸을 떠라: 모진 일을 담보로 하여 자기가 옳다는 것을 장담할 때 하는 말.

② 불난 집에 부채질한다, 불난 집에 키 들고 간다: 남의 재앙을 점점 더 커지도록 만들거나 성난 사람을 더욱 성나게 함을 이르는 말.

③ 소도 언덕이 있어야 비빈다, 도깨비도 수풀이 있어야 모인다: 누구나 의지할 곳이 있어야 무슨 일이든 시작하거나 이룰 수가 있음을 이르는 말.

④ 개똥도 약에 쓰려면 없다, 까마귀 똥도 약이라니까 물에 깔긴다: 평소에 흔하던 것도 막상 긴하게 쓰려고 구하면 없다는 말.

03 '쇠뿔도 단김에 빼라'는 '어떤 일이든지 하려고 생각했으면 한창 열이 올랐을 때 망설이지 말고 곧 행동으로 옮겨야 함을 이르는 말'로, ①과 같이 다급하더라도 절차를 어기지 말라고 당부하는 상황에는 어울리지 않는다.

04 '쌈짓돈이 주머닛돈'은 '그 돈이 그 돈이어서 구별할 필요가 없음을 이르는 말'이다. 따라서 많지 않은 돈을 아껴 모아 그 돈으로 해외여행을 즐기는 상황과는 어울리지 않는다.

오답 풀이

② 가난하여 살림살이가 아무것도 없는 부부의 상황은 '가난한 집안이라 세간이 아무것도 없음을 이르는 말'인 '서 발 막대 거칠 것 없다'와 어울린다.

③ 어려운 집안 살림을 일으키기 위해 노력하는 아버지의 상황은 '많은 재산이 오랫동안 유지될 수 없으며 가난한 형편 또한 오래가지 않는다는 것을 이르는 말'인 '삼대 거지 없고 삼대 부자 없다'와 어울린다.

④ 꾸준한 저축으로 목돈을 모은 삼촌의 상황은 '돈을 모으려면 저축을 잘해야 됨을 이르는 말'인 '버는 자랑 말고 쓰는 자랑 하랬다'와 어울린다.

⑤ 어려운 이웃을 돕기 위해 성금을 내놓는 어머니의 상황은 '아무리 돈이 귀중하다 하여도 사람보다 더 귀중할 수는 없음을 이르는 말'인 '사람 나고 돈 났지 돈 나고 사람 났나'와 어울린다.

05 '양반은 얼어 죽어도 겻불은 안 쬔다'는 '아무리 궁하거나 다급한 경우라도 체면을 깎는 짓은 하지 아니한다는 말'이다. 그런데 〈보기〉의 '양반과 선비'는 체면은 생각하지 않고 여색을 밝히며 서로 부네를 차지하려 하고 있으므로, 이들을 '양반은 얼어 죽어도 겻불은 안 쬔다'는 속담으로 평가한 것은 적절하다.

10 필수 어휘 _고전 문학

step ① 어휘력 학습

▶ 48~49쪽

01 ⑤ 02 ③ 03 ② 04 ④ 05 ① 06 ⑥ 07 ①
08 ④ 09 (1) ③ (2) ② 10 ⑤ 11 ③ 12 ① 13 ②
14 ④ 15 ⑤ 16 ③ 17 ④ 18 ⑤ 19 ② 20 ①
21 ① 22 ⑤ 23 ③ 24 ④ 25 ② 26 ③ 27 ④
28 ② 29 ① 30 ⑤

step ② 어휘력 체크

▶ 50쪽

01 도리 02 트집 03 고요 04 겉모양 05 세상 06 당황 07 ㉠ 08 ㉣ 09 ㉡ 10 ㉢ 11 ㉥ 12 ㉤ 13 축원 14 풍광 15 후환 16 퇴락 17 칭송 18 평정 19 추상 20 황공 21 험준 22 회한 23 탄복 24 통달

step ③ 어휘력 완성

▶ 51쪽

01 ③ 02 ② 03 ② 04 ⑤ 05 ③

01 '험준(險峻)하다'의 뜻은 '지세가 험하며 높고 가파르다.'이므로, 뇌물 때문에 일을 그릇되게 처리하는 사례가 많았다는 내용을 나타내기에 적절하지 않다. 이 경우 '수효가 매우 많다.'라는 뜻을 지닌 '허다(許多)하다'를 사용하는 것이 적절하다.

오답 풀이

① 효시(嚆矢): 어떤 사물이나 현상이 시작되어 나온 맨 처음을 비유적으로 이르는 말.

② 호젓하다: 후미져서 무서움을 느낄 만큼 고요하다.

④ 황공(惶恐)하다: 위엄이나 지위 따위에 눌리어 두렵다.
⑤ 표(表)하다: 태도나 의견 따위를 나타내다.

02 ⓐ와 ⓑ에 공통으로 들어갈 말은 '칭찬하여 일컬음.'을 뜻하는 '칭송(稱頌)'이다.

오답 풀이
① 축원(祝願): 희망하는 대로 이루어지기를 마음속으로 원함.
③ 탄복(歎服): 매우 감탄하여 마음으로 따름.
④ 통감(痛感): 마음에 사무치게 느낌.
⑤ 흠모(欽慕): 기쁜 마음으로 공경하며 사모함.

03 '추상(秋霜)같다'의 뜻은 '호령 따위가 위엄이 있고 서슬이 푸르다.'이고, '싸늘하다'의 뜻은 '사람의 성격이나 태도 따위가 약간 차가운 데가 있다.'이므로, 서로 바꿔 쓰기에 적절하지 않다.

04 〈보기〉의 ⓔ가 뜻하는 말은 '횡행(橫行)하다'이다. '황망(慌忙)하다'의 뜻은 '마음이 몹시 급하여 당황하고 허둥지둥하는 면이 있다.'이다.

05 ⓒ에는 '숨긴 일을 드러냄.'을 뜻하는 '탄로(綻露)'가 들어가야 한다. '회한(悔恨)'은 '뉘우치고 한탄함.'이라는 뜻을 지닌 말로, '회한에 잠기다.'와 같이 쓰인다.

오답 풀이
① 회포(懷抱): 마음속에 품은 생각이나 정.
② 후환(後患): 어떤 일로 말미암아 뒷날 생기는 걱정과 근심.
④ 황망(慌忙)하다: 마음이 몹시 급하여 당황하고 허둥지둥하는 면이 있다.
⑤ 하릴없이: 달리 어떻게 할 도리가 없이.

11 한자 성어

step ① 어휘력 학습

▶ 52~53쪽

01 ⑤ 02 ④ 03 ⑥ 04 ① 05 ⑦ 06 ⑧ 07 ②
08 ③ 09 ① 10 ② 11 ③ 12 ④ 13 ② 14 ①
15 ③ 16 ① 17 ② 18 ① 19 ③ 20 ②

step ② 어휘력 체크

▶ 54쪽

01 함구무언 02 초지일관 03 본말전도 04 일구이언
05 철중쟁쟁 06 불충 07 글귀 08 요점 09 어렵다
10 시리다, 온전 11 촌철살인 12 조변석개 13 언어도단
14 이실직고 15 혹세무민 16 주객전도 17 침소봉대
18 낭중지추

step ③ 어휘력 완성

▶ 55쪽

01 ⑤ 02 ③ 03 ③ 04 ① 05 ⑤ 06 ④

01 '입을 다물고 아무 말도 하지 아니함.'을 뜻하는 한자 성어는 '함구무언(緘口無言)'이다.

오답 풀이
① 감언이설(甘言利說): 귀가 솔깃하도록 남의 비위를 맞추거나 이로운 조건을 내세워 꾀는 말.
② 어불성설(語不成說): 말이 조금도 사리에 맞지 아니함.
③ 언어도단(言語道斷): 말할 길이 끊어졌다는 뜻으로, 어이가 없어서 말하려 해도 말할 수 없음을 이름.
④ 언중유골(言中有骨): 말 속에 뼈가 있다는 뜻으로, 예사로운 말 속에 단단한 속뜻이 들어 있음을 이름.

02 '중구난방(衆口難防)'은 '뭇사람의 말을 막기가 어렵다는 뜻으로, 막기 어려울 정도로 여럿이 마구 지껄임을 이르는 말'이다.

03 앞으로 볼 시험에 꼭 합격하겠다고 말하는 상황에는 '호기롭고 자신 있게 말함.'을 뜻하는 '호언장담(豪言壯談)'이 어울린다.

오답 풀이
① 자화자찬(自畫自讚): 자기가 한 일을 스스로 자랑함.
언어도단(言語道斷): 어이가 없어서 말하려 해도 말할 수 없음.
② 거두절미(去頭截尾): 어떤 일의 요점만 간단히 말함.
언행일치(言行一致): 말과 행동이 하나로 들어맞음.
④ 동문서답(東問西答): 물음과는 전혀 상관없는 엉뚱한 대답.
촌철살인(寸鐵殺人): 간단한 말로도 남을 감동하게 하거나 남의 약점을 찌를 수 있음.
⑤ 시종일관(始終一貫): 일 따위를 처음부터 끝까지 한결같이 함.
중구난방(衆口難防): 막기 어려울 정도로 여럿이 마구 지껄임.

04 '순망치한(脣亡齒寒)'은 '입술이 없으면 이가 시리다는 뜻으로, 서로 이해관계가 밀접한 사이에 어느 한쪽이 망하면 다른 한쪽도 그 영향을 받아 온전하기 어려움을 이르는 말'이다. 이는 〈보기〉의 이야기에서 유래한 말이다.

오답 풀이
② 일구이언(一口二言): 한 입으로 두말을 한다는 뜻으로, 한 가지 일에 대하여 말을 이랬다저랬다 함을 이름.
③ 조변석개(朝變夕改): 아침저녁으로 뜯어고친다는 뜻으로, 계획이나 결정 따위를 일관성이 없이 자주 고침을 이름.
④ 주객전도(主客顚倒): 주인과 손의 위치가 서로 뒤바뀐다는 뜻으로, 사물의 경중·선후·완급 따위가 서로 뒤바뀜을 이름.
⑤ 철중쟁쟁(鐵中錚錚): 여러 쇠붙이 가운데서도 유난히 맑게 쟁그랑거리는 소리가 난다는 뜻으로, 같은 무리 가운데서도 가장 뛰어남. 또는 그런 사람을 이름.

05 세상을 어지럽히고 백성을 미혹하게 하여 속인다는 의

미로 쓰이는 한자 성어는 '혹세무민(惑世誣民)'이다.

오답 풀이

① 낭중지추(囊中之錐): 주머니 속의 송곳이라는 뜻으로, 재능이 뛰어난 사람은 숨어 있어도 저절로 사람들에게 알려짐을 이름.

② 본말전도(本末顚倒): 사물이나 일의 순서나 위치 또는 이치가 거꾸로 됨.

③ 신언서판(身言書判): 예전에, 인물을 선택하는 데 표준으로 삼던 조건. 곧 신수, 말씨, 문필, 판단력의 네 가지를 이름.

④ 조변석개(朝變夕改): 계획이나 결정 따위를 일관성이 없이 자주 고침을 이름.

06 '백면서생(白面書生)'은 '한갓 글만 읽고 세상일에는 전혀 경험이 없는 사람'을 뜻하는 말로, 인재를 의미하는 한자 성어가 아니다.

오답 풀이

① 군계일학(群鷄一鶴): 닭의 무리 가운데에서 한 마리의 학이란 뜻으로, 많은 사람 가운데서 뛰어난 인물을 이름.

② 낭중지추(囊中之錐): 재능이 뛰어난 사람은 숨어 있어도 저절로 사람들에게 알려짐을 이름.

③ 동량지재(棟梁之材): 마룻대와 들보로 쓸 만한 재목이라는 뜻으로, 집안이나 나라를 떠받치는 중대한 일을 맡을 만한 인재를 이름.

⑤ 철중쟁쟁(鐵中錚錚): 같은 무리 가운데서도 가장 뛰어남. 또는 그런 사람을 이름.

12 개념어 _ 운문 문학

step ① 어휘력 학습

▶ 56~57쪽

01 ⑤ 02 ② 03 ③ 04 ① 05 ⑥ 06 ④ 07 ⑦
08 ③ 09 ⑤ 10 ① 11 ② 12 ④ 13 ① 14 ③
15 ⑦ 16 ⑤ 17 ② 18 ④ 19 ⑥ 20 ② 21 ③
22 ① 23 ⑤ 24 ④

step ② 어휘력 체크

▶ 58쪽

01 유사성 02 고대 가요 03 인격 04 과장법 05 의성법 06 은유법 07 직유법 08 대유법 09 설의법 10 영탄법 11 열거법 12 역설법 13 × 14 × 15 ○ 16 ○ 17 ○ 18 × 19 ○ 20 ○

08 '칼과 황금'은 권력과 돈을 나타내는 사물이다.

13 (가)는 고려 가요이다.

14 (가)에는 '가시리∨가시리∨잇고'와 같이 3음보 율격이, 평시조인 (나)에는 4음보 율격이 드러난다. (가)에서 '나는'은 음악적 효과를 위해 덧붙인 여음이다.

15 (가)에 사용된 '위 증즐가 대평성대(大平盛代)'는 감탄사 '위'와 악기 소리를 흉내 낸 의성어인 '증즐가'가 포함된 말로, 이별의 정한을 노래한 작품의 주제와는 직접적인 관련 없이 운율을 형성하기 위해 사용된 여음구이다.

18 고려 말부터 조선 후기까지 창작된, 운문과 산문의 중간 형태의 노래는 가사이다. (다)는 (나)와 같은 평시조보다 두 구절 이상 길어진 사설시조이다.

step ③ 어휘력 완성

▶ 59쪽

01 ④ 02 ③ 03 ④ 04 ⑤ 05 ③

01 (가)의 '어와 성은이야'에서 화자는 '어와'라는 감탄사를 사용해 임금의 은혜에 대한 감사한 마음을 나타내고 있다. 이처럼 감탄사 등을 사용하여 고조된 감정을 표현하는 것은 영탄적 어조에 해당한다.

오답 풀이

② 풍유법은 본뜻은 숨기고 비유하는 말만으로 숨겨진 뜻을 암시하는 방법으로, 속담이나 격언을 사용하는 경우가 이에 속한다.

02 (나)에서는 구름 빛깔이 '검기를' 자주 하고, 풀빛이 '푸르는 듯 누르'다고 하였다. (나)는 이처럼 색채를 나타내는 표현을 사용하여 대상을 감각적으로 드러내고 있다.

03 (나)의 〈제3수〉에서 '꽃'과 '풀'은 순간성과 가변성을 지닌 존재이고, '바위'는 불변성을 지닌 존재로 서로 대조적이다. 이러한 대조를 통해 화자는 중심 소재인 '바위'를 예찬하고 있다.

오답 풀이

① 화자의 시선은 내면이 아니라 외부의 자연물에 향해 있다.

② 언어유희는 나타나지 않으며, 긴장된 분위기는 작품의 분위기와 거리가 멀다.

③ 화자가 비교 대상으로 삼고 있는 '꽃, 풀, 바위'는 모두 인위적인 존재가 아니라 자연적인 존재이다.

⑤ 명령적 어조가 아니라 예찬적 어조가 드러난다.

04 이 작품에서 화자는 소가 없어 농사를 포기해야 할 정도로 궁핍하게 살고 있지만, 이러한 곤궁한 현실 속에서도 이상적 삶을 추구하겠다는 의지를 드러내고 있다. '명월청풍 벗이 되어 / 임자 없는 풍월강산에 절로절로 늙으리라'로 보아, 화자가 추구하는 이상적 삶은 가난하지만

편안히 즐기며 자연을 벗 삼아 유유자적하는 삶임을 알 수 있다.

오답 풀이

① 이웃에 소를 빌리러 간 화자의 경험이 드러나 있으나, 이를 통해 자신의 삶을 반성하고 있지는 않다.
② '어와 그 뉘신고'라는 물음과 '염치 없는 내옵노라'라는 화자의 대답이 드러나 있으나, 이를 통해 구체적인 시대상을 드러내고 있지는 않다.
③ 화자의 감정이 절제되기보다는 '아침이 끝나도록 슬퍼하며'와 같이 감정이 직접적으로 드러나 있다.
④ 소를 빌리러 남의 집에 찾아갔다가 누추한 집으로 돌아온 화자의 모습에서 공간의 이동은 드러나지만, 이를 통해 대상에 대한 그리움이 나타나지는 않는다. 그보다는 소를 빌리지 못한 채 돌아와서 느끼는 슬픔과 한탄이 드러나 있다.

05 ㉢은 '아까운 저 쟁기는 쟁기의 날도 좋구나.' 정도로 풀이할 수 있다. 이때 '쟁기'는 화자가 소를 빌리지 못해 농사일을 못하게 되어 쓸모없어진 물건으로, 현실의 시름을 잊고자 하는 화자의 심리가 투영된 대상은 아니다.

오답 풀이

⑤ '안빈일념(安貧一念)'은 가난하지만 근심하지 않고 편안히 즐기며 살려는 마음을 뜻한다. '풍월강산'은 화자가 자연을 벗 삼아 안빈일념의 꿈을 꾸며 살겠다는 소망을 다짐하는 공간이다.

1주 완성 실전 대비 기출 모의고사

▶ 60~64쪽

01 ⑤	02 ②	03 ①	04 ①	05 ②	06 ②	07 ②
08 ①	09 ④	10 ③	11 ②	12 ③	13 ③	14 ②
15 ④	16 ①	17 ③	18 ②	19 ⑤	20 ①	21 ③

01 ㉤의 '정진(精進)'은 '힘써 나아감.'이라는 뜻을 지닌 말이다. '여럿 가운데서 앞서 나아감.'을 뜻하는 말은 동음이의어인 '정진(挺進)'이다.

02 ㉡의 '원형(圓形)'은 '둥근 모양'의 의미로 사용되었다. 반면 ②에서의 '원형(原型)'은 '같거나 비슷한 여러 개가 만들어져 나온 본바탕'의 의미로 사용되었다. '원형(圓形)'과 '원형(原型)'은 소리는 같으나 뜻이 다른 동음이의어로, 문맥에서 그 의미를 유추해야 한다.

오답 풀이

① ㉠과 ①에서 '산물(產物)'은 '어떤 것에 의하여 생겨나는 사물이나 현상을 비유적으로 이르는 말'의 의미로 사용되었다.
③ ㉢과 ③에서 '점성(粘性)'은 '차지고 끈끈한 성질'의 의미로 사용되었다.
④ ㉣과 ④에서 '위주(爲主)'는 '으뜸으로 삼음.'의 의미로 사용되었다.
⑤ ㉤과 ⑤에서 '영감(靈感)'은 '창조적인 일의 계기가 되는 기발한 착상이나 자극'의 의미로 사용되었다.

03 ⓐ의 '끼치는'은 '영향, 해, 은혜 따위를 당하거나 입게 하는'의 의미로 사용되었다. 하지만 ①의 '맡기는'은 '어떤 일에 대한 책임을 지우고 담당하게 하는'의 의미이므로 ⓐ와 바꿔 쓰기에 적절하지 않다.

오답 풀이

②, ③, ④, ⑤ '가하는', '주는', '안기는', '겪게 하는'은 모두 '끼치는'과 바꿔 쓸 수 있다. 어휘를 해당 부분에 넣어 의미가 통하는지 따져 보면 바꿔 쓸 수 있는지의 여부를 확인할 수 있다.

04 ㉠의 '나누다'는 '여러 가지가 섞인 것을 구분하여 분류하다.'의 의미로 사용되었다. 따라서 '일정한 기준에 따라 전체를 몇 개로 갈라 나누다.'의 의미를 가진 '구분(區分)하다'와 바꿔 쓸 수 있다.

오답 풀이

② '실현(實現)하다'는 '꿈, 기대 따위를 실제로 이루다.'의 의미이므로, ㉡의 '늘리다'와 바꿔 쓰기에 적절하지 않다.
③ '촉구(促求)되다'는 '급하게 재촉되어 요구되다.'의 의미이므로, ㉢의 '일어나다'와 바꿔 쓰기에 적절하지 않다.
④ '포함(包含)되다'는 '어떤 사물이나 현상 가운데 함께 들어가거나 함께 넣어지다.'의 의미이므로, ㉣의 '이루어지다'와 바꿔 쓰기에 적절하지 않다.
⑤ '왜곡(歪曲)되다'는 '사실과 다르게 해석되거나 그릇되게 되다.'의 의미이므로, ㉤의 '치우치다'와 바꿔 쓰기에 적절하지 않다.

05 <보기>에서 사람과 짐승이 이십 년의 세월 동안 같은 주막에서 잠자고 같은 달빛을 받으며 함께 하였다고 했으므로, 이를 나타내기에 적절한 말은 '괴로움도 즐거움도 함께함.'을 뜻하는 '동고동락(同苦同樂)'이다.

오답 풀이

① 견마지로(犬馬之勞): 개나 말 정도의 하찮은 힘이라는 뜻으로, 윗사람에게 충성을 다하는 자신의 노력을 낮추어 이르는 말.
③ 동분서주(東奔西走): 동쪽으로 뛰고 서쪽으로 뛴다는 뜻으로, 사방으로 이리저리 몹시 바쁘게 돌아다님을 이르는 말.
④ 동상이몽(同牀異夢): 같은 자리에 자면서 다른 꿈을 꾼다는 뜻으로, 겉으로는 같이 행동하면서도 속으로는 각각 딴생각을 하고 있음을 이르는 말.
⑤ 호구지책(糊口之策): 가난한 살림에서 그저 겨우 먹고살아 가는 방책.

06 '반응 시간이 차이가 나는 이유'에서의 '나다'는 '어떤 작용에 따른 효과, 결과 따위의 현상이 이루어져 나타나다.'의 의미로 사용되었다. ②의 '광고 효과가 나기 시작했다'에서의 '나다' 역시 이와 유사한 의미로 사용되었다.

오답 풀이

① '신체에서 땀, 피, 눈물 따위의 액체 성분이 흐르다.'의 의미로 사용되었다.

③ '이름이나 소문 따위가 알려지다.'의 의미로 사용되었다.
④ '철이나 기간을 보내다.'의 의미로 사용되었다.
⑤ '길, 통로, 창문 따위가 생기다.'의 의미로 사용되었다.

07 '일정한 요건을 갖추면'에서의 '갖추다'는 '있어야 할 것을 가지거나 차리다.'의 의미로 사용되었다. ②의 '구비(具備)하다'도 '있어야 할 것을 빠짐없이 다 갖추다.'의 의미이므로, ㉠과 바꿔 쓰기에 가장 적절하다.

오답 풀이
① 겸비(兼備)하다: 두 가지 이상을 아울러 갖추다.
③ 대비(對備)하다: 앞으로 일어날지도 모르는 어떠한 일에 대응하기 위하여 미리 준비하다.
④ 예비(豫備)하다: 필요할 때 쓰기 위하여 미리 마련하거나 갖추어 놓다.
⑤ 정비(整備)하다: 흐트러진 체계를 정리하여 제대로 갖추다.

08 ⓐ는 장 공의 부인이 아들 장해룡을 전쟁 중에 잃고 다시 만나지 못해 죽어서도 눈을 감지 못하겠다고 말하는 장면이다. 이러한 상황은 '뼈에 사무칠 만큼 원통하고 한스러움.'을 의미하는 '각골통한(刻骨痛恨)'으로 나타낼 수 있다.

오답 풀이
② 구사일생(九死一生): 아홉 번 죽을 뻔하다 한 번 살아난다는 뜻으로, 죽을 고비를 여러 차례 넘기고 겨우 살아남을 이르는 말.
③ 사필귀정(事必歸正): 모든 일은 반드시 바른길로 돌아감.
④ 순망치한(脣亡齒寒): 입술이 없으면 이가 시리다는 뜻으로, 서로 이해관계가 밀접한 사이에 어느 한쪽이 망하면 다른 한쪽도 그 영향을 받아 온전하기 어려움을 이르는 말.
⑤ 연목구어(緣木求魚): 나무에 올라가서 물고기를 구한다는 뜻으로, 도저히 불가능한 일을 굳이 하려 함을 비유적으로 이르는 말.

09 ⓓ의 '조합(組合)하다'는 '여럿을 한데 모아 한 덩어리로 짜다.'라는 뜻을 지닌 말이다. '어떤 기준이나 실정에 맞게 정돈하다.'는 '조정(調整)하다'의 사전적 의미에 해당한다.

10 〈보기〉에서 놀부는 흥부가 부자가 된 것을 시기하여 심술을 부리는 인물로 묘사되어 있다. 따라서 '남이 잘되는 것을 기뻐해 주지는 않고 오히려 질투하고 시기하는 경우를 비유적으로 이르는 말'인 '사촌이 땅을 사면 배가 아프다'를 활용하여 평가할 수 있다.

오답 풀이
① 불난 집에 부채질한다: 남의 재앙을 점점 더 커지도록 만들거나 성난 사람을 더욱 성나게 함을 비유적으로 이르는 말.
② 소 잃고 외양간 고친다: 일이 이미 잘못된 뒤에는 손을 써도 소용이 없음을 비꼬는 말.
④ 간에 붙었다 쓸개에 붙었다 한다: 자기에게 조금이라도 이익이 되면 지조 없이 이편에 붙었다 저편에 붙었다 함을 비유적으로 이르는 말.
⑤ 오르지 못할 나무는 쳐다보지도 마라: 자기의 능력 밖의 불가능한 일에 대해서는 처음부터 욕심을 내지 않는 것이 좋다는 말.

11 '수원을 바꿨는데'에서의 '바꾸다'는 '원래의 내용이나 상태를 다르게 고치다.'라는 의미로 사용되었다. '생각을 바꿔'에서의 '바꾸다' 역시 이와 유사한 의미로 사용되었다.

오답 풀이
① '결과에 차이가 날'에서의 '나다'는 '어떤 작용에 따른 효과, 결과 따위의 현상이 이루어져 나타나다.'의 의미로 사용되었다. 이와 달리 '신문에 났다'에서의 '나다'는 '신문, 잡지 따위에 어떤 내용이 실리다.'의 의미로 사용되었다.
③ '결론을 내렸다'에서의 '내리다'는 '판단, 결정을 하거나 결말을 짓다.'의 의미로 사용되었다. 이와 달리 '건조 주의보를 내렸다'에서의 '내리다'는 '명령이나 지시 따위를 선포하거나 알려 주다.'의 의미로 사용되었다.
④ '통계적 유사성을 높이려고'에서의 '높이다'는 '값이나 비율 따위를 더 높게 하다.'의 의미로 사용되었다. 이와 달리 '목소리를 높였다'에서의 '높이다'는 '어떤 의견을 다른 의견보다 더 강하게 내다.'의 의미로 사용되었다.
⑤ '가능성을 줄일'에서의 '줄이다'는 '힘이나 세력 따위를 본디보다 약하게 하다.'의 의미로 사용되었다. 이와 달리 '이만 줄입니다'에서의 '줄이다'는 '말이나 글의 끝에서, 할 말은 많으나 그만하고 마친다는 뜻으로 하는 말'의 의미로 사용되었다.

12 '해결(解決)하다'는 '제기된 문제를 해명하거나 얽힌 일을 잘 처리하다.'의 의미이므로, ㉢은 '진리, 가치, 옳고 그름 따위를 판단하여 드러내다.'의 의미를 가진 '밝혀내기'와 바꿔 쓰기에 적절하지 않다.

오답 풀이
① '인정(認定)하다'는 '확실히 그렇다고 여기다.'의 의미이므로, ㉠은 '받아들인'과 바꿔 쓸 수 있다.
② '발생(發生)하다'는 '어떤 일이나 사물이 생겨나다.'의 의미이므로, ㉡은 '일어나지'와 바꿔 쓸 수 있다.
④ '과도(過度)하다'는 '정도에 지나치다.'의 의미이므로, ㉣은 '지나치게'와 바꿔 쓸 수 있다.
⑤ '포괄(包括)하다'는 '일정한 대상이나 현상 따위를 한데 묶어서 어떤 범위나 한계 안에 모두 들게 하다.'의 의미이므로, ㉤은 '아우를'과 바꿔 쓸 수 있다.

13 '무딘 칼을 날카롭게 갈다.'는 '갈다²-[1]'의 용례에 해당한다.

오답 풀이
① '갈다¹', '갈다²', '갈다³'은 소리는 같으나 뜻이 서로 다른 동음이의어이다.
② '갈다³'은 두 가지 이상의 뜻을 가진 다의어이다.
④ '갈다¹'은 '…을 …으로'라는 문형 정보를 통해 부사어를 요구할 수도 있다는 것을 알 수 있다.
⑤ '갈다¹', '갈다²', '갈다³'은 '가니[가니]'라는 활용 정보를 통해 '갈-'에 '-니'가 결합할 때 표기와 발음이 같다는 것을 알 수 있다.

14 〈보기〉의 최척은 전쟁으로 인해 가족과 헤어져 생사조차 모른 채 지내고 있는 인물인데, 의형제를 맺고 의지하며 지내던 여유문마저 병들어 죽자 의탁할 곳이 막막해진다. 이러한 최척의 상황은 '의지할 만한 사람이 아무도 없음.'을 의미하는 '사고무친(四顧無親)'으로 나타낼 수 있다.

오답 풀이

① 다기망양(多岐亡羊): 갈림길이 많아 잃어버린 양을 찾지 못한다는 뜻으로, 두루 섭렵하기만 하고 전공하는 바가 없어 끝내 성취하지 못함을 이르는 말.
③ 전화위복(轉禍爲福): 재앙과 근심, 걱정이 바뀌어 오히려 복이 됨.
④ 좌고우면(左顧右眄): 이쪽저쪽을 돌아본다는 뜻으로, 앞뒤를 재고 망설임을 이르는 말.
⑤ 호사다마(好事多魔): 좋은 일에는 흔히 방해되는 일이 많음. 또는 그런 일이 많이 생김.

15 '어떤 학생이 가볍게 걷다가'에서의 '가볍다'는 '노력이나 부담 따위가 적다.'의 의미로 사용되었다. '아직 병중이니 가벼운 활동부터 시작하는'에서의 '가볍다' 역시 이와 유사한 의미로 사용되었다.

오답 풀이

① '무게가 일반적이거나 기준이 되는 대상의 것보다 적다.'의 의미로 사용되었다.
② '주머니가 가볍다'는 '가지고 있는 돈이 적다.'라는 의미의 관용적 표현이다.
③ '생각이나 언어, 행동이 침착하지 못하거나 진득하지 못하다.'의 의미로 사용되었다.
⑤ '정도가 대수롭지 않고 예사롭다.'의 의미로 사용되었다.

16 ⓐ는 안락국이 아버지인 사라수 대왕에게 그동안 겪었던 온갖 어려움과 고생을 말하고 있는 장면이다. 이에 대한 사라수 대왕의 반응으로 어울리는 한자 성어는 '몹시 힘들고 어려우며 고생스러움.'을 의미하는 '간난신고(艱難辛苦)'이다.

오답 풀이

② 고진감래(苦盡甘來): 쓴 것이 다하면 단 것이 온다는 뜻으로, 고생 끝에 즐거움이 옴을 이르는 말.
③ 괄목상대(刮目相對): 눈을 비비고 상대편을 본다는 뜻으로, 남의 학식이나 재주가 놀랄 만큼 부쩍 늚을 이르는 말.
④ 방약무인(傍若無人): 곁에 사람이 없는 것처럼 아무 거리낌 없이 함부로 말하고 행동하는 태도가 있음.
⑤ 좌고우면(左顧右眄): 이쪽저쪽을 돌아본다는 뜻으로, 앞뒤를 재고 망설임을 이르는 말.

17 ⓒ의 '생각하다'는 '사물을 헤아리고 판단하다.'의 의미이므로, '미루어 생각하여 판정하다.'의 의미를 가진 '추정(推定)하다'와 바꿔 쓰기에 적절하지 않다. ⓒ은 '생각하고 헤아려 보다.'라는 의미를 가진 '고려(考慮)하다'와 바꿔 쓰는 것이 더 적절하다.

오답 풀이

① ㉠의 '들어가다'는 '사람이나 물자, 자본 따위가 필요한 곳에 넣어지다.'의 의미를 가진 '투입(投入)되다'와 바꿔 쓸 수 있다.
② ㉡의 '낳다'는 '어떤 결과를 가져오게 하다.'의 의미를 가진 '초래(招來)하다'와 바꿔 쓸 수 있다.
④ ㉣의 '주다'는 '돈이나 물품 따위를 정하여진 몫만큼 내주다.'의 의미를 가진 '지급(支給)하다'와 바꿔 쓸 수 있다.
⑤ ㉤의 '줄어들다'는 '양이나 수치가 줄다.'의 의미를 가진 '감소(減少)하다'와 바꿔 쓸 수 있다.

18 ㉡의 '규정(規定)'은 '내용이나 성격, 의미 따위를 밝혀 정함. 또는 그 정하여 놓은 것'이라는 뜻을 지닌 말이다. '규칙에 의해 일정한 한도를 정함.'을 뜻하는 말은 '규제(規制)'이다.

19 ㉤의 '체계화(體系化)'는 '일정한 원리에 따라서 낱낱의 부분이 짜임새 있게 조직되어 통일된 전체로 됨.'이라는 뜻을 지닌 말이다. '자기의 의견이나 주의를 굳게 내세움.'은 '주장(主張)'의 사전적 의미에 해당한다.

20 (가)는 눈 내린 밤에 푸른 대나무를 보고 그것을 곧고 속이 깨끗한 선비의 인품에 빗대어 예찬한 한시이고, (나)는 한밤중에 매화가 핀 것을 보고 임을 떠올리며 임에 대한 그리움과 매화에 대한 애정을 드러내고 있는 연시조이다. (가)는 '대나무', (나)는 '매화'라는 구체적 사물을 통해 지조와 절개라는 내면적 가치를 발견하고 있다.

오답 풀이

② (나)는 '취한 잠 못 깨었는가'에서 설의적 표현을 사용했지만, (가)는 설의적 표현을 사용하지 않았다.
③ (가)와 (나)에는 모두 명암의 대비가 나타나 있지 않다.
④ (가)는 '얼음같이'에서 직유법을 활용했지만 대상의 외양을 구체적으로 묘사했다고 볼 수 없으며, (나)는 직유법을 활용하지 않았다.
⑤ (가)와 (나)에는 모두 풍자적 기법이나 사회 현실에 대한 비판 의식이 나타나 있지 않다.

21 (나)의 화자가 매화를 임으로 착각하는 모습은 〈제1수〉의 '매화가 발하니 님이신가 하노라'에 나타나 있다. 하지만 화자가 〈제2수〉에서 옥골 빙혼의 자태를 가진 매화를 임으로 착각한 것은 아니다. 그리고 화자가 매화를 임으로 착각한 것을 서러워하고 있지도 않다.

2주 완성

01 필수 어휘 _ 현대 문학

step ❶ 어휘력 학습

▶ 66~67쪽

01 ②	02 ③	03 ①	04 ④	05 ⑤	06 ③	07 ⑤
08 ①	09 ④	10 ②	11 ②	12 ①	13 (1) ③	(2) ⑤
14 ⑥	15 ④	16 ④	17 ①	18 ③	19 ②	20 ⑤
21 ①	22 ③	23 ④	24 ②	25 ⑤	26 ⑤	27 ②
28 ①	29 ④	30 ③				

step ❷ 어휘력 체크

▶ 68쪽

01 변통하다 02 건실하다 03 감응하다 04 무엄하다 05 관할하다 06 뇌다 07 공교롭다 08 마뜩 09 기민 10 고무 11 격앙 12 관조 13 각박 14 반추 15 번민 16 다잡으려 17 노곤 18 남우세스러운 19 가당 20 괘념 21 반색 22 궁색 23 너끈 24 결연

step ❸ 어휘력 완성

▶ 69쪽

01 ④ 02 ① 03 ② 04 ⑤ 05 ①

01 '건실(健實)하다'는 다의어로, 〈보기〉의 (ㄹ)은 '생각, 태도 따위가 건전하고 착실하다.'라는 뜻으로 쓰였지만 ④에서는 '기업의 경영 상태가 좋고 성장 가능성이 높다.'라는 뜻으로 쓰였다.

오답 풀이

① 너끈하다: 무엇을 하는 데에 모자람이 없이 넉넉하다.
② 고무(鼓舞)되다: 힘이 나도록 격려를 받아 용기가 나다.
③ 각박(刻薄)하다: 인정이 없고 삭막하다.
⑤ 기민(機敏)하다: 눈치가 빠르고 동작이 날쌔다.

02 '궁색(窮塞)하다'의 뜻은 '아주 가난하다.'이고, '서럽다'의 뜻은 '원통하고 슬프다.'이므로 서로 바꿔 쓰기에 적절하지 않다.

오답 풀이

② 놀랍다: 감동을 일으킬 만큼 훌륭하거나 굉장하다.
③ 얼토당토않다: 전혀 합당하지 아니하다.
④ 흥분(興奮)되다: 어떤 자극을 받아 감정이 북받쳐 일어나게 되다.
⑤ 걱정하다: 안심이 되지 않아 속을 태우다.

03 '결연(決然)하다'의 뜻은 '마음가짐이나 행동에 있어 태도가 움직일 수 없을 만큼 확고하다.'이고, '감응(感應)하다'의 뜻은 '어떤 느낌을 받아 마음이 따라 움직이다.'이다. 따라서 두 어휘는 각각 ㉠, ㉡에 들어가기에 적절하다.

오답 풀이

① 관조(觀照)하다: 고요한 마음으로 사물이나 현상을 관찰하거나 비추어 보다.
다잡다: 들뜨거나 어지러운 마음을 가라앉혀 바로잡다.
③ 마뜩잖다: 마음에 들 만하지 아니하다.
너끈하다: 무엇을 하는 데에 모자람이 없이 넉넉하다.
④ 무엄(無嚴)하다: 삼가거나 어려워함이 없이 아주 무례하다.
노곤(勞困)하다: 나른하고 피로하다.
⑤ 반추(反芻)하다: 어떤 일을 되풀이하여 음미하거나 생각하다.
반색하다: 매우 반가워하다.

04 〈보기〉의 ⓔ를 뜻하는 말은 '나락(那落)'이다. ⑤의 '나락'은 '벼를 이르는 말'로 '나락(那落)'과 동음이의 관계이다.

05 빈칸에 공통으로 들어갈 말은 '생각지 않았거나 뜻하지 않았던 사실이나 사건과 우연히 마주치게 된 것이 기이하다.'를 뜻하는 '공교(工巧)롭다'이다.

오답 풀이

② 관할(管轄)하다: 일정한 권한을 가지고 통제하거나 지배하다.
③ 무엄(無嚴)하다: 삼가거나 어려워함이 없이 아주 무례하다.
④ 번민(煩悶)하다: 마음이 번거롭고 답답하여 괴로워하다.
⑤ 변통(變通)하다: 돈이나 물건 따위를 융통하다.

02 한자 성어

step ❶ 어휘력 학습

▶ 70~71쪽

01 ③	02 ②	03 ①	04 ②	05 ③	06 ①	07 ④
08 ②	09 ①	10 ③	11 ③	12 ④	13 ②	14 ①
15 ⑥	16 ⑤	17 ④	18 ①	19 ②	20 ③	

step ❷ 어휘력 체크

▶ 72쪽

01 ~ 04

두	거	02 우	이	독	경
미	04 분	서	갱	유	무
01 환	언	도	철	세	03 심
여	골	봉	신	조	기
말	중	탈	시	망	일
직	대	한	태	절	전

05 객지 06 어리석음 07 호랑이 08 콩, 보리 09 안부 10 이란격석 11 격세지감 12 가렴주구 13 반포지효 14 견마지로 15 상전벽해 16 풍수지탄 17 진충보국 18 수주대토

step ③ 어휘력 완성 ▶ 73쪽

01 ③ 02 ⑤ 03 ① 04 ④ 05 ① 06 ①

01 (ㄱ)의 이야기에서 유래한 한자 성어는 '그루터기를 지켜 토끼를 기다린다는 뜻으로, 한 가지 일에만 얽매여 발전을 모르는 어리석은 사람을 이르는 말'인 '수주대토(守株待兎)'이다. 그리고 (ㄴ)의 이야기에서 유래한 한자 성어는 '까마귀 새끼가 자라서 늙은 어미에게 먹이를 물어다 주는 효(孝)라는 뜻으로, 자식이 자란 후에 어버이의 은혜를 갚는 효성을 이르는 말'인 '반포지효(反哺之孝)'이다.

02 '이란격석(以卵擊石)'은 '달걀로 돌을 친다는 뜻으로, 아주 약한 것으로 강한 것에 대항하려는 어리석음을 이름.'을 뜻하는 말이고, '환골탈태(換骨奪胎)'는 '사람이 보다 나은 방향으로 변하여 전혀 딴사람처럼 됨.'을 뜻하는 말이다. 따라서 그 내포적 의미가 비슷하지 않다.

오답 풀이

① '가렴주구(苛斂誅求)'와 '가정맹어호(苛政猛於虎)'는 가혹한 정치라는 내포적 의미가 비슷하다.
② '각주구검(刻舟求劍)'과 '수주대토(守株待兎)'는 어리석음이라는 내포적 의미가 비슷하다.
③ '격세지감(隔世之感)'과 '상전벽해(桑田碧海)'는 변화라는 내포적 의미가 비슷하다.
④ '사군이충(事君以忠)'과 '진충보국(盡忠報國)'은 충성이라는 내포적 의미가 비슷하다.

03 '혼정신성(昏定晨省)'은 '밤에는 부모의 잠자리를 보아 드리고 이른 아침에는 부모의 밤새 안부를 묻는다는 뜻으로, 부모를 잘 섬기고 효성을 다함을 이르는 말'이다. 따라서 실패를 만회할 방도를 찾자는 내용의 문장에는 어울리지 않는다.

오답 풀이

② 풍수지탄(風樹之歎): 효도를 다하지 못한 채 어버이를 여읜 자식의 슬픔을 이름.
③ 견마지로(犬馬之勞): 개나 말 정도의 하찮은 힘이라는 뜻으로, 윗사람에게 충성을 다하는 자신의 노력을 낮추어 이름.
④ 환골탈태(換骨奪胎): 사람이 보다 나은 방향으로 변하여 전혀 딴사람처럼 됨.
⑤ 진충보국(盡忠報國): 충성을 다하여서 나라의 은혜를 갚음.

04 '우부우부(愚夫愚婦)'는 '어리석은 남자와 어리석은 여자를 아울러 이르는 말'이고, '어리석은 자가 농사일을 한다'는 '농사일은 괴롭고 고된 일이라 우직한 사람이라야 견뎌 낼 수 있다는 말'이다. 따라서 그 내포적 의미가 유사하지 않다.

05 '각주구검(刻舟求劍)'은 '융통성 없이 현실에 맞지 않는 낡은 생각을 고집하는 어리석음을 이르는 말'로, 〈보기〉의 이야기에서 유래하였다.

06 〈보기〉는 지배 계층의 가혹한 수탈 행위를 풍자하고 있는 작품으로, 빈칸에 적절한 말은 '세금을 가혹하게 거두어들이고, 무리하게 재물을 빼앗음.'을 뜻하는 '가렴주구(苛斂誅求)'이다.

오답 풀이

② 분서갱유(焚書坑儒): 중국 진나라의 시황제가 학자들의 정치적 비판을 막기 위하여 의약, 복서(점), 농업에 관한 것을 제외한 민간의 모든 서적을 불태우고 수많은 유생을 구덩이에 묻어 죽인 일.
③ 사군이충(事君以忠): 신라 화랑의 세속 오계 가운데 하나로, 충성으로써 임금을 섬긴다는 말.
④ 심기일전(心機一轉): 어떤 동기가 있어 이제까지 가졌던 마음가짐을 버리고 완전히 달라짐.
⑤ 풍수지탄(風樹之歎): 효도를 다하지 못한 채 어버이를 여읜 자식의 슬픔을 이름.

03 속담

step ① 어휘력 학습 ▶ 74~75쪽

01 ④ 02 ⑤ 03 ② 04 ① 05 ⑥ 06 ③ 07 ② 08 ③ 09 ① 10 ④ 11 ② 12 ① 13 ③ 14 ② 15 ④ 16 ③ 17 ⑤ 18 ① 19 ② 20 ①

step ② 어휘력 체크 ▶ 76쪽

01 대추나무 02 낙숫물 03 도낏자루 04 쉬 더운 05 저승 06 나섬 07 소홀해짐 08 부분, 전체 09 임시변통 10 남, 자기 11 ㉢ 12 ㉡ 13 ㉠ 14 ㉣ 15 ㉤ 16 흐르는 물은 썩지 않는다 17 송충이가 갈잎을 먹으면 죽는다 18 열흘 붉은 꽃이 없다 19 굴러온 돌이 박힌 돌 뺀다 20 모난 돌이 정 맞는다

step ③ 어휘력 완성

▶ 77쪽

01 ④　02 ④　03 ⑤　04 ④　05 ⑤　06 ②

01 〈보기〉는 기술 확보를 위해 지속적으로 투자하는 우리 회사와 임시변통으로 둘러맞추어 일을 처리하는 다른 기업은 다르다는 의미이므로, 문맥상 빈칸에 들어가기에 가장 적절한 속담은 '일이 몹시 급하여 임시변통으로 이리저리 둘러맞추어 일함을 이르는 말'인 '아랫돌 빼서 윗돌 괴고 윗돌 빼서 아랫돌 괴기'이다.

오답 풀이

① 쉬 더운 방이 쉬 식는다: 힘이나 노력을 적게 들이고 빨리 해 버린 일은 그만큼 결과가 오래가지 못함을 이르는 말.
② 굴러온 돌이 박힌 돌 뺀다: 외부에서 들어온 지 얼마 안 되는 사람이 오래전부터 있던 사람을 내쫓거나 해치려 함을 이르는 말.
③ 신선놀음에 도낏자루 썩는 줄 모른다: 아주 재미있는 일에 정신이 팔려서 시간 가는 줄 모르는 경우를 이르는 말.
⑤ 무당이 제 굿 못하고 소경이 저 죽을 날 모른다: 남의 일은 잘 처리하여도 자기 일은 자기가 처리하기 어렵다는 말.

02 '언 발에 오줌 누기'는 '언 발을 녹이려고 오줌을 누어 봤자 효력이 별로 없다는 뜻으로, 임시변통은 될지 모르나 그 효력이 오래가지 못할 뿐만 아니라 결국에는 사태가 더 나빠짐을 이르는 말'이다. 나쁜 일을 오래 지속하여 들키게 되는 상황과는 관련이 없다.

03 '신선놀음에 도낏자루 썩는 줄 모른다'는 '아주 재미있는 일에 정신이 팔려서 시간 가는 줄 모르는 경우를 이르는 말'로, 백발노인이 바둑 두는 것을 구경하느라 시간 가는 줄 몰랐던 나무꾼의 상황을 나타내기에 적절하다.

04 〈보기〉에는 한때 극진한 부귀영화를 누리던 이 승상 부부가 잇따라 병을 얻어 죽음에 이른 상황이 제시되어 있다. 따라서 '부귀영화란 일시적인 것이어서 그 한때가 지나면 그만임을 이르는 말'인 '열흘 붉은 꽃이 없다'를 활용하여 말한 ④의 반응이 가장 적절하다.

05 '감나무 밑에 누워서 홍시 떨어지기를 바란다'는 '아무런 노력도 아니 하면서 좋은 결과가 이루어지기만 바람을 이르는 말'이므로, 기업이 품질 개선이나 원가 절감 등의 노력 없이 환율 상승이라는 외적 요인에만 의존하여 이익이 나기를 바라는 〈보기〉의 상황을 나타내기에 적절하다.

오답 풀이

① 궁하면 통한다: 매우 궁박한 처지에 이르게 되면 도리어 펴 나갈 길이 생긴다는 말.
② 모난 돌이 정 맞는다: (1) 두각을 나타내는 사람이 남에게 미움을 받게 된다는 말. (2) 강직한 사람은 남의 공박을 받는다는 말.
③ 낙숫물이 댓돌을 뚫는다: 작은 힘이라도 꾸준히 계속하면 큰일을 이룰 수 있음을 이르는 말.
④ 숭어가 뛰니까 망둥이도 뛴다: (1) 남이 한다고 하니까 분별없이 덩달아 나섬을 이르는 말. (2) 제 분수나 처지는 생각하지 않고 잘난 사람을 덮어놓고 따름을 이르는 말.

06 '모난 돌이 정 맞는다'는 '(1) 두각을 나타내는 사람이 남에게 미움을 받게 된다는 말, (2) 강직한 사람은 남의 공박을 받는다는 말'이므로, 〈보기〉의 내용을 포괄하여 나타낸 속담으로 적절하다.

04 필수 어휘 _ 현대 문학

step ① 어휘력 학습

▶ 78~79쪽

01 ⑤　02 ①　03 ②　04 ③　05 ④　06 ④　07 ①
08 ⑤　09 ③　10 ②　11 (1) ① (2) ②　12 ③　13 ⑤
14 ④　15 ⑥　16 ④　17 ②　18 ①　19 ③　20 ⑤
21 ③　22 ①　23 ④　24 ②　25 ⑤　26 ⑥　27 ⑤
28 (1) ② (2) ③　29 ①　30 ④

step ② 어휘력 체크

▶ 80쪽

01 세간　02 야멸차다　03 샐쭉거리다　04 에두르다　05 숙연하다　06 석연하다　07 통달　08 비난　09 쓸쓸　10 불품　11 형식　12 꼬투리　13 규탄　14 분투　15 실토　16 심취　17 본연　18 빌미　19 빙자　20 살뜰　21 여념　22 상기　23 생경　24 사려

step ③ 어휘력 완성

▶ 81쪽

01 ②　02 ④　03 ③　04 ①　05 ⑤　06 ⑤

01 ⒝의 '샐쭉거리다'는 '마음에 차지 아니하여서 약간 고까워하는 태도가 자꾸 나타나다.'라는 뜻이다. '태도가 차고 야무지다.'를 뜻하는 말은 '야멸차다'이다.

02 '소작농(小作農)'의 뜻은 '일정한 소작료를 지급하며 다른 사람의 농지를 빌려 짓는 농사. 또는 그런 농민'이므로, 이와 반의 관계인 것은 '자기 땅에 자기가 직접 짓는

농사. 또는 그런 농민이나 농가'라는 뜻을 지닌 '자작농(自作農)'이다.

오답 풀이

① 부농(富農): 농토와 농사의 규모가 크고 수입이 많은 농가나 농민.
② 빈농(貧農): 가난한 농가나 농민.
③ 영세농(零細農): 농사짓는 경지가 적어 생계를 겨우 유지하는 농민. 또는 매우 적은 규모의 농업.
⑤ 화전농(火田農): 화전(주로 산간 지대에서 풀과 나무를 불살라 버리고 그 자리를 파 일구어 농사를 짓는 밭)을 일구어 짓는 농사. 또는 그 농사를 짓는 사람.

03 ③은 문맥상 용의자가 자초지종을 털어놓도록 형사가 용의자에게 잘못을 추궁했다는 의미이므로, '거짓 없이 사실대로 다 말하다.'를 뜻하는 '실토(實吐)하다'가 적절하다.

오답 풀이

① 스산하다: 몹시 어수선하고 쓸쓸하다.
② 안온(安穩)하다: 조용하고 편안하다.
④ 여념(餘念): 어떤 일에 대하여 생각하고 있는 것 이외의 다른 생각.
⑤ 살뜰하다: 일이나 살림을 매우 정성스럽고 규모 있게 하여 빈틈이 없다.

04 ㉠에는 '본디 생긴 그대로의 타고난 상태'를 뜻하는 '본연(本然)'이 들어가야 하고, ㉡에는 '고요하고 엄숙하다.'를 뜻하는 '숙연(肅然)하다'의 '숙연'이 들어가야 하고, ㉢에는 '말막음을 위하여 핑계로 내세우다.'를 뜻하는 '빙자(憑藉)하다'의 '빙자'가 들어가야 한다.

오답 풀이

② 사려(思慮): 여러 가지 일에 대하여 깊게 생각함. 또는 그런 생각.
생경(生硬)하다: (1) 글의 표현이 세련되지 못하고 어설프다. (2) 익숙하지 않아 어색하다.
실토(實吐)하다: 거짓 없이 사실대로 다 말하다.
③ 세간: 집안 살림에 쓰는 온갖 물건.
스산하다: 몹시 어수선하고 쓸쓸하다.
심취(心醉)하다: 어떤 일이나 사람에 깊이 빠져 마음을 빼앗기다.
④ 언질(言質): 나중에 꼬투리나 증거가 될 말. 또는 앞으로 어찌할 것이라는 말.
석연(釋然)하다: 의혹이나 꺼림칙한 마음이 없이 환하다.
빌미: 재앙이나 탈 따위가 생기는 원인.
⑤ 여간(如干): 그 상태가 보통으로 보아 넘길 만한 것임을 나타내는 말.
안온(安穩)하다: 조용하고 편안하다.
여념(餘念): 어떤 일에 대하여 생각하고 있는 것 이외의 다른 생각.

05 '빈축(嚬蹙)'의 뜻은 '남을 비난하거나 미워함.'이고, '빌미'의 뜻은 '재앙이나 탈 따위가 생기는 원인'이므로 서로 바꿔 쓰기에 적절하지 않다.

오답 풀이

① 알뜰하다: 일이나 살림을 정성스럽고 규모 있게 하여 빈틈이 없다.
② 분전(奮戰): 있는 힘을 다하여 싸움.
③ 붉어지다: 빛깔이 점점 붉게 되어 가다.
④ 명확(明確)하다: 명백하고 확실하다.

06 '안온(安穩)하다'의 뜻은 '조용하고 편안하다.'이므로 대수롭지 않은 일에도 크게 걱정하고 근심하는 성질을 나타내기에 적절하지 않다. 이 경우 '마음이 여리고 약하다.'라는 뜻을 지닌 '심약(心弱)하다'를 사용하는 것이 적절하다.

오답 풀이

① 북새통: 많은 사람이 야단스럽게 부산을 떨며 법석이는 상황.
② 여간(如干): 그 상태가 보통으로 보아 넘길 만한 것임을 나타내는 말.
③ 식겁(食怯)하다: 뜻밖에 놀라 겁을 먹다.
④ 소작(小作)하다: 농토를 갖지 못한 농민이 일정한 소작료를 지급하며 다른 사람의 농지를 빌려 농사를 짓다.

05 헷갈리는 어휘 _고유어

step ① 어휘력 학습 ▶ 82~83쪽

01 ① 02 ② 03 ② 04 ① 05 ② 06 ① 07 (1) ② (2) ① 08 ③ 09 (1) ② (2) ③ 10 ① 11 ② 12 ① 13 (1) ④ (2) ③ 14 ② 15 ① 16 ① 17 ② 18 ② 19 ① 20 ② 21 ①

step ② 어휘력 체크 ▶ 84쪽

01 팽팽 02 짐작 03 구별 04 노래 05 미리 06 날짜, 지목 07 늘이다 08 뒤쳐지다 09 곪다 10 달리다 11 댕기다 12 꽂다 13 걷잡을 14 딸린 15 곯고 16 가르고 17 당기는 18 × 19 × 20 ○ 21 ○ 22 ×

step ③ 어휘력 완성 ▶ 85쪽

01 ① 02 ① 03 ⑤ 04 ⑤ 05 ③

01 '땅기다'의 뜻은 '몹시 단단하고 팽팽하게 되다.'이므로, '과녁을 겨누자마자 방아쇠를 땅겼다.'로 고치는 것은 의미에 맞지 않는다. ㉠과 같이 힘을 주어 방아쇠를 자

기 쪽으로 가까이 오게 하는 상황에서는 '물건 따위를 힘을 주어 자기 쪽이나 일정한 방향으로 가까이 오게 하다.'라는 뜻의 '당기다'를 사용하는 것이 적절하다.

02 ①에서는 '똥오줌을 눌 곳에 누다.'를 뜻하는 '가리다'를 사용하여 '아기가 어려 대소변을 아직 못 가린다.'라고 해야 한다.

오답 풀이
②, ④ 가르다: 쪼개거나 나누어 따로따로 되게 하다.
③ 가르다: 양쪽으로 열어젖히다.
⑤ 가리다: 잘잘못이나 좋은 것과 나쁜 것 따위를 따져서 분간하다.

03 ⑤는 문맥상 어림잡아도 일주일은 걸릴 일이라는 의미이므로, '한 방향으로 치우쳐 흘러가는 형세 따위를 붙들어 잡다.'를 뜻하는 '걷잡다'가 아니라 '겉으로 보고 대강 짐작하여 헤아리다.'를 뜻하는 '겉잡다'를 사용해야 한다.

오답 풀이
① 딸리다: 어떤 것에 매이거나 붙어 있다.
② 달리다: 재물이나 기술, 힘 따위가 모자라다.
③ 꼽다: (1) 수나 날짜를 세려고 손가락을 하나씩 헤아리다. (2) 골라서 지목하다.
④ 늘리다: (1) 물체의 넓이, 부피 따위를 본디보다 커지게 하다. (2) 수나 분량 따위를 본디보다 많아지게 하거나 무게를 더 나가게 하다.

04 '뒤쳐지다'는 '물건이 뒤집혀서 젖혀지다.'라는 뜻이므로 '성적까지 뒤쳐지자'라는 표현은 적절하지 않다. '어떤 수준이나 대열에 들지 못하고 뒤로 처지거나 남게 되다.'라는 뜻의 '뒤처지다'를 사용하여 '성적까지 뒤처지자'라고 해야 한다.

05 〈보기〉의 (c)의 뜻을 지닌 어휘는 '곯다'로, '곯아서 물컹거리는 사과'라고 해야 적절하다.

06 관용어

step ① 어휘력 학습

▶ 86~87쪽

01 ① 02 ④ 03 ⑤ 04 ⑧ 05 ② 06 ⑦ 07 ⑥
08 ③ 09 ③ 10 ④ 11 ② 12 ① 13 ② 14 ③
15 ⑥ 16 ① 17 ⑤ 18 ④ 19 ② 20 ① 21 ⑥
22 ⑤ 23 ④ 24 ③

step ② 어휘력 체크

▶ 88쪽

01 발바닥에 불이 나다 02 손이 맵다 03 발목을 잡히다
04 가슴이 타다 05 발이 떨어지지 않다 06 가슴을 저미다 07 궁리 08 어른 09 인색 10 영향 11 긴상
12 청산 13 ㉠ 14 ㉣ 15 ㉥ 16 ㉢ 17 ㉤ 18 ㉡
19 손을 거쳐 20 발이 묶여서 21 손사래를 치며 22 머리를 굴렸다 23 손바닥 뒤집듯 24 가슴이 뜨끔했지만

step ③ 어휘력 완성

▶ 89쪽

01 ⑤ 02 ④ 03 ② 04 ① 05 ①

01 '가슴이 뜨끔하다'의 뜻은 '자극을 받아 마음이 깜짝 놀라거나 양심의 가책을 받다.'이다. '감정이 격해지다.'라는 뜻을 지닌 관용어는 '가슴에 불붙다'이다.

02 뜻풀이를 참고할 때, ㉠에는 '머리에 쥐가 나다'를 사용하여 '그는 내년에 복학할 생각만 하면 머리에 쥐가 났다.'라고 하는 것이 적절하다. ㉡에는 '손톱도 안 들어가다'를 사용하여 '손톱도 안 들어갈 듯한 태도로 부탁을 거절하는 친구'라고 하는 것이 적절하다.

오답 풀이
① 머리를 긁다: 수줍거나 무안해서 어쩔 줄 모를 때 그 어색함을 무마하려고 머리를 긁적이다.
손을 씻다: 부정적인 일이나 찜찜한 일에 대하여 관계를 청산하다.
② 머리를 굴리다: 머리를 써서 해결 방안을 생각해 내다.
손을 맞잡다: 서로 뜻을 같이 하여 긴밀하게 협력하다.
③ 머리를 쥐어짜다: 몹시 애를 써서 궁리하다.
손사래를 치다: 거절이나 부인을 하며 손을 펴서 마구 휘젓다.
⑤ 머리칼이 곤두서다: 무섭거나 놀라서 날카롭게 신경이 긴장되다.
손을 뻗다: 의도적으로 남에게 어떤 영향을 미치게 하다.

03 '가슴을 저미다'는 '생각이나 느낌이 매우 심각하고 간절하여 가슴을 칼로 베는 듯한 아픔을 느끼게 하다.'라는 뜻을 지닌 말로, 마음을 터놓고 이야기하는 돈독한 사이를 나타내는 ②의 문맥에 어울리지 않는다. ②는 '속마음을 숨김없이 다 말하다.'라는 뜻의 '간담을 열어 놓다'를 사용하여, '그와 나는 간담을 열어 놓고 이야기하는 돈독한 사이이다.'라고 하는 것이 적절하다.

04 관용어 '손을 뻗다'는 '의도적으로 남에게 어떤 영향을 미치게 하다.'라는 뜻이지만, ①에서 '손을 뻗어'는 '손을 길게 내밀었다.'라는 의미이다. 즉 ①의 '손을 뻗다'에서 '뻗다'는 '어떤 것에 미치게 길게 내밀다.'라는 사전적 의미로 쓰였으므로, ①의 '손을 뻗다'는 관용어로 볼 수 없다.

05 '발이 묶이다'는 '몸을 움직일 수 없거나 활동할 수 없는 형편이 되다.'라는 뜻을 지닌 말이므로, 이를 '이리저리 왔다 갔다 하며 일이나 나아가는 방향을 종잡지 못하다.'라는 뜻을 지닌 '우왕좌왕하다'로 바꾸는 것은 적절하지 않다.

07 필수 어휘 _ 현대 문학

step ① 어휘력 학습

▶ 90~91쪽

01 ② 02 ⑤ 03 ① 04 ③ 05 ④ 06 ③ 07 (1) ⑥ (2) ② 08 ① 09 ⑤ 10 ④ 11 ② 12 ⑤ 13 ④ 14 ① 15 ③ 16 ⑤ 17 ③ 18 ② 19 ④ 20 ① 21 ① 22 ⑤ 23 ② 24 ③ 25 ④ 26 ④ 27 ① 28 ③ 29 ② 30 ⑤

step ② 어휘력 체크

▶ 92쪽

01 ~ 06

매	03 여	안	상	04 일	주
편	명	시	을	침	강
02 전	횡	06 작	훈	걸	게
서	물	고	01 열	없	다
05 우	롱	하	다	빈	를
달	권	다	휘	전	둔

07 오래 08 집착 09 설득 10 답답 11 거처 12 빽빽 13 을씨년스러운 14 옹색 15 영달 16 자자하다 17 완고 18 장구 19 은둔 20 연루 21 진저리 22 착잡 23 자중 24 작위적

step ③ 어휘력 완성

▶ 93쪽

01 ⑤ 02 ④ 03 ③ 04 ② 05 ②

01 ⑤의 '을씨년스럽다'의 뜻은 <보기>의 (e)가 아니라 '보기에 날씨나 분위기 따위가 몹시 스산하고 쓸쓸한 데가 있다.'이다. 보기의 (e)의 뜻을 가진 말은 '천연덕스럽다'로, ⑤의 문맥에 어울리게 '을씨년스럽게'를 '천연덕스럽게'로 바꿔야 한다.

02 ④의 '완고(頑固)하다'는 '융통성이 없이 올곧고 고집이 세다.'라는 뜻이고 '유구(悠久)하다'는 '아득하게 오래다.'라는 뜻이므로, 서로 바꿔 쓰기에 적절하지 않다.

오답 풀이

① 부끄럽다: (1) 일을 잘 못하거나 양심에 거리끼어 볼 낯이 없거나 매우 떳떳하지 못하다. (2) 스스러움을 느끼어 매우 수줍다.
② 연관(聯關)되다: 사물이나 현상이 일정한 관계가 맺어지다.
③ 집착(執着)하다: 어떤 것에 늘 마음이 쏠려 잊지 못하고 매달리다.
⑤ 가난하다: 살림살이가 넉넉하지 못하여 몸과 마음이 괴로운 상태에 있다.

03 '착잡(錯雜)하다'의 뜻은 '갈피를 잡을 수 없이 뒤섞여 어수선하다.'이므로, 이와 유의 관계인 것은 '일이나 감정 따위가 갈피를 잡기 어려울 만큼 여러 가지가 얽혀 있다.'라는 뜻을 지닌 '복잡(複雜)하다'이다.

오답 풀이

① 고요하다: 모습이나 마음 따위가 조용하고 평화롭다.
② 막막(寞寞)하다: 의지할 데 없이 외롭고 답답하다.
④ 자자(藉藉)하다: 여러 사람의 입에 오르내려 떠들썩하다.
⑤ 침울(沈鬱)하다: 걱정이나 근심에 잠겨서 마음이 우울하다.

04 ②의 (ㄴ)에 쓰인 '여명(黎明)'은 '희미하게 날이 밝아 오는 빛. 또는 그런 무렵'이라는 뜻으로, (ㄴ)의 문맥에 어울리지 않는다. (ㄴ)에는 '권세를 혼자 쥐고 제 마음대로 함.'이라는 뜻을 지닌 '전횡(專橫)'을 사용하는 것이 적절하다.

오답 풀이

① 즐비(櫛比)하다: 빗살처럼 줄지어 빽빽하게 늘어서 있다.
종용(慫慂)하다: 잘 설득하고 달래어 권하다.
③ 유랑(流浪)하다: 일정한 거처가 없이 떠돌아다니다.
우롱(愚弄)하다: 사람을 어리석게 보고 함부로 대하거나 웃음거리로 만들다.
④ 작고(作故)하다: (높이는 뜻으로) 사람이 죽다. 고인이 되었다는 뜻에서 나온 말이다.
은둔(隱遁): 세상일을 피하여 숨음.
⑤ 자중(自重)하다: 말이나 행동, 몸가짐 따위를 신중하게 하다.
진저리: 몹시 싫증이 나거나 귀찮아 떨쳐지는 몸짓.

05 ②에서 '그'는 욕설을 퍼붓고 폭력을 휘두르는 모질고 포악한 성질을 가진 인물이므로 ②의 '영악하다'는 ⓑ'영악(獰惡)하다'에 해당한다. 따라서 ②는 ⓐ를 사용하여 만든 문장으로 볼 수 없다.

08 한자 성어

step ① 어휘력 학습

▶ 94~95쪽

01 ② 02 ① 03 ④ 04 ③ 05 ② 06 ③ 07 ④
08 ① 09 ② 10 ① 11 ② 12 ⑤ 13 ④ 14 ③
15 ① 16 ⑤ 17 ① 18 ② 19 ③ 20 ④

step ② 어휘력 체크

▶ 96쪽

01 자중지란 02 우왕좌왕 03 산자수명 04 이전투구 05 위편삼절 06 혈족 07 현실성 08 과장 09 왕성, 부진 10 저고리, 치마 11 수불석권 12 진퇴양난 13 무주공산 14 연하일휘 15 속수무책 16 오리무중 17 시시비비 18 독서삼매

step ③ 어휘력 완성

▶ 97쪽

01 ⑤ 02 ⑤ 03 ④ 04 ① 05 ②

01 '진퇴양난(進退兩難)'은 '이러지도 저러지도 못하는 어려운 처지'를 뜻하는 말로, '다툼'과 거리가 멀다.

오답 풀이
① 견토지쟁(犬免之爭): 개와 토끼의 다툼이라는 뜻으로, 두 사람의 싸움에 제삼자가 이익을 봄을 이름.
② 시시비비(是是非非): 여러 가지의 잘잘못. 또는 옳고 그름을 따지며 다툼.
③ 이전투구(泥田鬪狗): 진흙탕에서 싸우는 개라는 뜻으로, 자기의 이익을 위하여 비열하게 다툼을 이름.
④ 자중지란(自中之亂): 같은 편끼리 하는 싸움.

02 '말 뒤에 말이 있다'는 '말에는 겉으로 드러나지 아니한 속뜻이 있다는 말'이다. 하지만 '자중지란(自中之亂)'은 '같은 편끼리 하는 싸움'을 뜻하므로, 서로 의미가 부합하지 않는다.

03 〈보기〉의 화자는 권력과 부귀가 없어도 누구나 자연을 마음껏 누릴 수 있음을 말하면서 자연 경치를 즐기는 기쁨과 만족감을 드러내고 있다. '오리무중(五里霧中)'은 '무슨 일에 대하여 방향이나 갈피를 잡을 수 없음을 이르는 말'로, 화자가 즐기는 자연의 경치를 나타내기에 적절하지 않다.

오답 풀이
① 강호연파(江湖煙波): 강이나 호수 위에 안개처럼 보얗게 이는 기운이나 그 수면의 잔물결. 또는 대자연의 풍경.
② 산자수명(山紫水明): 산은 자줏빛이고 물은 맑다는 뜻으로, 경치가 아름다움을 이름.
③ 연하일휘(煙霞日輝): 안개와 노을과 빛나는 햇살이라는 뜻으로, 아름다운 자연 경치를 이름.
⑤ 청풍명월(淸風明月): 맑은 바람과 밝은 달.

04 '끊임없이 노력함, 학문에 전념함.'을 의미하는 한자 성어로는 독서를 열심히 하는 태도를 나타내는 '독서삼매(讀書三昧)', '위편삼절(韋編三絕)', '수불석권(手不釋卷)' 등이 적절하다.

오답 풀이
② 탁상공론(卓上空論): 현실성이 없는 허황한 이론이나 논의.
③ 시시비비(是是非非): 여러 가지의 잘잘못. 또는 옳고 그름을 따지며 다툼.
④ 한우충동(汗牛充棟): 짐으로 실으면 소가 땀을 흘리고, 쌓으면 들보에까지 찬다는 뜻으로, 가지고 있는 책이 매우 많음을 이름.
⑤ 호의현상(縞衣玄裳): 흰 저고리와 검은 치마라는 뜻으로, 두루미의 깨끗하고 아름다운 모습을 이름.

05 〈보기〉의 ㉠에는 '임자 없는 빈산. 또는 인가도 인기척도 전혀 없는 쓸쓸한 곳'을 뜻하는 '무주공산(無主空山)'이 어울리고, ㉡에는 '여러 가지의 잘잘못. 또는 옳고 그름을 따지며 다툼.'을 뜻하는 '시시비비(是是非非)'가 어울린다.

09 속담

step ① 어휘력 학습

▶ 98~99쪽

01 ⑥ 02 ② 03 ④ 04 ① 05 ⑤ 06 ③ 07 ①
08 ④ 09 ③ 10 ② 11 ② 12 ① 13 ④ 14 ③
15 ⑤ 16 ① 17 ③ 18 ② 19 ④ 20 ⑥

step ② 어휘력 체크

▶ 100쪽

01 시장 02 비뚤어져도 03 물 탄 듯 04 세 치 혀 05 하룻볕 06 성과 07 쉬운 08 낮은, 불평 09 만족, 곤란 10 헤매는 11 ㉡ 12 ㉢ 13 ㉤ 14 ㉣ 15 ㉠ 16 앞길이 구만리 같은데 17 십 년이면 강산도 변한다 18 개천에서 용 난다 19 한 귀로 듣고 한 귀로 흘리는 20 우선 먹기는 곶감이 달다

step ③ **어휘력 완성** ▶ 101쪽

01 ④ 02 ③ 03 ④ 04 ② 05 ③

01 '한 귀로 듣고 한 귀로 흘린다'는 '남의 말을 귀담아듣지 아니한다는 말'이므로 〈보기〉의 빈칸에 들어가기에 가장 적절하다.

오답 풀이

① 앞길이 구만리 같다: 아직 나이가 젊어서 앞으로 어떤 큰일이라도 해낼 수 있는 세월이 충분히 있다는 말.
② 세 치 혀가 사람 잡는다: 말을 함부로 하여서는 안 됨을 이르는 말.
③ 고기도 저 놀던 물이 좋다: 평소에 낯익은 제 고향이나 익숙한 환경이 좋다는 말.
⑤ 염불에는 맘이 없고 잿밥에만 맘이 있다: 맡은 일에는 정성을 들이지 아니하면서 잇속에만 마음을 두는 경우를 이르는 말.

02 '말은 해야 맛이고 고기는 씹어야 맛이다'는 '마땅히 할 말은 해야 한다는 말'이므로, 말을 해도 아무 소용이 없는 상황에 쓰기에는 적절하지 않다.

03 '내 배 부르면 종의 밥 짓지 말라 한다'는 '자기만 만족하면 남의 곤란함을 모르고 돌보아 주지 아니함을 이르는 말'이고, '내 배 부르니 평안 감사가 조카 같다'는 '자기 배가 불러 세상에 부러울 것이 없음을 이르는 말'이다. 따라서 서로 의미가 유사하지 않다.

오답 풀이

① 기갈이 감식: 배가 고프면 반찬이 없어도 밥이 맛있음을 이르는 말.
② 관 속에 들어가도 막말은 말라: 어떤 경우에라도 말을 함부로 해서는 안 된다는 말.
③ 오뉴월 병아리 하룻볕 쬐기가 무섭다: 음력 오뉴월에는 하룻볕이라도 쬐면 동식물이 부쩍부쩍 자라게 된다는 뜻으로, 짧은 동안에 자라는 정도가 아주 뚜렷함을 이르는 말.
⑤ 식은 죽도 불어 가며 먹어라: 아무리 쉬운 일이라도 한 번 더 확인한 다음에 하는 것이 안전함을 이르는 말.

04 '개천에서 용 난다'는 '미천한 집안이나 변변하지 못한 부모에게서 훌륭한 인물이 나는 경우를 이르는 말'이다. 따라서 '지위가 높고 훌륭한 벼슬. 또는 그런 위치에 있는 사람'을 뜻하는 '고관대작(高官大爵)'과는 의미상 관련이 없다.

오답 풀이

① 물에 물 탄 듯 술에 술 탄 듯: 주견이나 주책이 없이 말이나 행동이 분명하지 않음을 이르는 말.
③ 한 귀로 듣고 한 귀로 흘린다: 남의 말을 귀담아듣지 아니한다는 말.
④ 앞길이 구만리 같다: 아직 나이가 젊어서 앞으로 어떤 큰일이라도 해낼 수 있는 세월이 충분히 있다는 말.
⑤ 업은 아이 삼 년 찾는다: 무엇을 몸에 지니거나 가까이 두고도 까맣게 잊어버리고 엉뚱한 데에 가서 오래도록 찾아 헤매는 경우를 이르는 말.

05 〈보기〉는 형편이 어려울 때 빚을 내서 쓰면 당장의 살림에는 도움이 되지만, 언젠가는 이를 갚아야 하기 때문에 결국 살림이 쪼들릴 수 있으니 신중해야 함을 말하고 있다. 문맥상 빈칸에는 나중을 생각지 않고 당장의 필요를 충족시키기 위해 빚을 내서 쓰는 상황과 관련된 속담이 들어가야 한다. '우선 먹기는 곶감이 달다'는 '앞일은 생각해 보지도 아니하고 당장 좋은 것만 취하는 경우를 이르는 말'이므로, 〈보기〉의 빈칸에 들어갈 속담으로 가장 적절하다.

10 필수 어휘 _ 현대 문학

step ① **어휘력 학습** ▶ 102~103쪽

01 ⑤ 02 (1) ② (2) ⑥ 03 ③ 04 ① 05 ④ 06 ①
07 ③ 08 ⑤ 09 ② 10 ④ 11 ⑤ 12 ④ 13 ②
14 ① 15 ③ 16 ⑤ 17 ② 18 ③ 19 ④ 20 ①
21 ⑥ 22 ② 23 ⑤ 24 (1) ① (2) ③ 25 ④ 26 ②
27 ⑤ 28 ① 29 ③ 30 ④

step ② **어휘력 체크** ▶ 104쪽

01 대접 02 유치 03 몰입 04 모자람 05 불평 06 이익 07 ㉥ 08 ㉣ 09 ㉡ 10 ㉤ 11 ㉠ 12 ㉢ 13 풍조 14 편승 15 호도 16 포용 17 호사 18 해쓱 19 토로 20 포부 21 탕진 22 허물 23 흉측 24 청탁

step ③ **어휘력 완성** ▶ 105쪽

01 ④ 02 ① 03 ③ 04 ① 05 ②

01 〈보기〉의 ⓓ를 뜻하는 말은 '탕진(蕩盡)하다'이다. '토로(吐露)하다'는 '마음에 있는 것을 죄다 드러내어서 말하다.'라는 뜻을 지닌 말이므로 문맥상 ④에 어울리지 않는다.

02 ①의 문맥상 '추스르다'의 뜻은 '몸을 가누어 움직이다.'이고, '가다듬다'의 뜻은 '(1) 정신, 생각, 마음 따위를 바로 차리거나 다잡다. (2) 태도나 매무새 따위를 바르게 하다.'이므로 서로 바꿔 쓰기에 적절하지 않다.

오답 풀이
② 믿음직하다: 매우 믿을 만하다.
③ 몰입(沒入)하다: 깊이 파고들거나 빠지다.
④ 졸렬(拙劣)하다: 옹졸하고 천하여 서투르다.
⑤ 항복(降伏)하다: 적이나 상대편의 힘에 눌리어 굴복하다.

03 '호사(豪奢)하다'는 '호화롭게 사치하다.'를 뜻하는 말로 문맥상 ③에 어울리지 않는다. ③은 세상 살아가는 일에 공허함을 느끼는 상황을 나타내므로 '채워지지 아니한 허전한 느낌이 있다.'를 뜻하는 '헛헛하다'를 사용하는 것이 어울린다.

04 (ㄱ)의 '켕기다'는 '마음속으로 겁이 나고 탈이 날까 불안해하다.'라는 뜻이고, (ㄴ)의 '켕기다'는 '단단하고 팽팽하게 되다.'라는 뜻이다.

오답 풀이
② 피력(披瀝)하다: 생각하는 것을 털어놓고 말하다.
③ 파문(波紋): 어떤 일이 다른 데에 미치는 영향.
④ 포부(抱負): 마음속에 지니고 있는, 미래에 대한 계획이나 희망.
⑤ 투박하다: 생김새가 볼품없이 둔하고 튼튼하기만 하다.

05 ⓒ에는 '서로 매우 친하여, 체면을 돌보거나 조심할 필요가 없다.'는 뜻을 지닌 '허물없다'가 들어가야 한다. '해쓱하다'는 '얼굴에 핏기나 생기가 없어 파리하다.'는 뜻을 지닌 말이다.

오답 풀이
① 흉측(凶測)하다: 몹시 흉악하다.
③ 탐탁하다: 모양이나 태도, 또는 어떤 일 따위가 마음에 들어 만족하다.
④ 축(縮)내다: 일정한 수나 양에서 모자람이 생기게 하다.
⑤ 푸념: 마음속에 품은 불평을 늘어놓음. 또는 그런 말.

11 한자 성어

step ① 어휘력 학습

▶ 106~107쪽

01 ④ 02 ① 03 ③ 04 ② 05 ① 06 ⑤ 07 ②
08 ④ 09 ⑥ 10 ③ 11 ③ 12 ② 13 ① 14 ③
15 ② 16 ① 17 ② 18 ③ 19 ① 20 ④

step ② 어휘력 체크

▶ 108쪽

01 ~ 04

독	(02)오	불	관	언	자
위	상	(04)칠	종	칠	금
시	전	공	(03)복	(01)불	퇴
중	대	지	왕	문	연
충	부	주	무	곡	의
동	산	비	유	직	수

05 놀고먹음 06 어리석은, 현명한 07 웃음 08 계획 09 경솔 10 전전반측 11 자문자답 12 양두구육 13 거안사위 14 허장성세 15 동문서답 16 당랑거철 17 유명무실 18 유비무환

step ③ 어휘력 완성

▶ 109쪽

01 ⑤ 02 ④ 03 ① 04 ④ 05 ③ 06 ⑤

01 〈보기〉의 김 첨지는 집 안의 고요한 침묵에서 아내가 죽었을지도 모른다는 불길함을 느끼고, 그 불길함을 떨치기 위해 일부러 고함을 치고 있다. 이러한 태도와 관련된 한자 성어는 '실속은 없으면서 큰소리치거나 허세를 부림.'을 뜻하는 '허장성세(虛張聲勢)'이다.

오답 풀이
① 경거망동(輕擧妄動): 경솔하여 생각 없이 망령되게 행동함. 또는 그런 행동.
② 불문곡직(不問曲直): 옳고 그름을 따지지 아니함.
③ 유비무환(有備無患): 미리 준비가 되어 있으면 걱정할 것이 없음.
④ 포복절도(抱腹絶倒): 배를 그러안고 넘어질 정도로 몹시 웃음.

02 '칠종칠금(七縱七擒)'은 '마음대로 잡았다 놓아주었다 함을 이르는 말'로, 〈보기〉의 이야기에서 유래하였다.

03 '거안사위(居安思危)'는 '평안할 때에도 위험이 닥칠 것을 생각하며 잊지 말고 미리 대비해야 함.'을 뜻하는 말로, 〈보기〉의 내용과 잘 어울린다.

04 '도둑의 집에도 되는 있다'는 '못된 짓을 하는 사람에게도 경위와 종작이 있음을 이르는 말'로, '못난 사람이 종작없이 덤벙임. 또는 너무 급하여 허둥지둥 함부로 날뜀.'을 뜻하는 '천방지축(天方地軸)'과 의미가 부합하지 않는다.

오답 풀이
① 빈 수레가 요란하다: 실속 없는 사람이 겉으로 더 떠들어 댐을 이르는 말.

② 이름이 좋아 불로초라: 이름만 좋고 실속은 없음을 이르는 말.
③ 빛 좋은 개살구: 겉만 그럴듯하고 실속이 없는 경우를 이르는 말.
⑤ 머리 없는 놈 댕기 치레한다: 본바탕에 어울리지 않게 지나치게 겉만 꾸밈을 이르는 말.

05 '당랑거철(螳螂拒轍)'은 '제 역량을 생각하지 않고, 강한 상대나 되지 않을 일에 덤벼드는 무모한 행동거지를 이르는 말'로, 〈보기〉의 고사에서 유래하였다.

06 〈보기〉에는 밝은 달 아래 하얀 배꽃이 피어 있는 봄밤의 아름다운 정경이 드러난다. 화자는 '자규(두견새)'의 울음소리를 통해 봄밤의 애상감을 느끼며 잠 못 들어 하고 있으므로, 이러한 상황과 어울리는 한자 성어는 '누워서 몸을 이리저리 뒤척이며 잠을 이루지 못함.'을 뜻하는 '전전반측(輾轉反側)'이다.

오답 풀이
① 무위도식(無爲徒食): 하는 일 없이 놀고먹음.
② 복지부동(伏地不動): 주어진 일이나 업무를 처리하는 데 몸을 사림을 이름.
③ 수수방관(袖手傍觀): 간섭하거나 거들지 아니하고 그대로 버려둠을 이름.
④ 오불관언(吾不關焉): 나는 그 일에 상관하지 아니함.

12 개념어_산문 문학

step ① 어휘력 학습 ▶ 110~111쪽

01 ④ 02 ⑤ 03 ⑧ 04 ③ 05 ① 06 ⑥ 07 ⑦
08 ② 09 ① 10 ④ 11 ③ 12 ② 13 ④ 14 ①
15 ② 16 ③ 17 ⑤ 18 ② 19 ① 20 ③ 21 ④
22 ① 23 ③ 24 ②

step ② 어휘력 체크 ▶ 112쪽

01 ㉣ 02 ㉢ 03 ㉤ 04 ㉡ 05 ㉠ 06 표현론
07 독백 08 사실, 의견 09 개입 10 ① 11 ○ 12 ×
13 ○ 14 ○ 15 × 16 ○

10 〈보기〉는 작품 속에 반영된 현실 상황에 주목한 감상이므로 반영론적 관점에 해당한다.

11 (가)에는 풍모가 맑고 재주가 뛰어난 이생이라는 재자가인형 인물이 등장하고, 죽은 최 여인과의 사랑이라는 전기적 요소가 드러난다.

12 (가)는 시간의 흐름에 따른 순행적 구성을 취하고 있다.

13 (나)는 무대 상연을 전제하여 쓰인 연극의 대본이다.

15 (다)는 수필로, 글쓴이의 여정과 감상이 드러나는 것은 기행문이다.

16 (다)에는 권태로움을 벗어나고자 두기 시작한 장기에서조차 권태를 느끼는 글쓴이의 감정이 드러나 있다.

step ③ 어휘력 완성 ▶ 113쪽

01 ② 02 ④ 03 ① 04 ⑤

01 '다만 너희를 불쌍히 여겨 용서하여 돌려보내니'라는 임경업의 말을 통해 인물의 심리가 구체적으로 드러나고 있다.

오답 풀이
① 비현실적 요소는 드러나지 않는다.
③ 꿈과 현실이 교차되지 않으며 현실만 드러난다.
④ 초월적 존재와의 대화는 드러나지 않는다. '안에는 훌륭한 ~ 하늘이 나를 망하게 하려 하심이라.'라는 임금의 말은 하늘에 대한 원망을 담아 혼자 한 말이다.
⑤ 제시된 부분의 공간적 배경은 모두 조선이다. '돌아가 너희 땅을 지키고', '남한산성' 등에서 확인할 수 있다.

02 (가)에는 청나라의 침략으로 왕이 궁궐을 떠나 '남한산성'으로 쫓겨 온 상황이 드러나 있다. 이곳에서 왕은 '외로이 성을 지키면서 눈물만 비 오듯 흘릴 뿐'이었고, 도원수인 김자점은 '달리 방법도 없이 성문 밖에 진을 치고 방어만' 하다가 군사들이 무수히 죽게 되었으며, '군량미도 바닥나서' 길게 농성을 할 수도 없는 처지가 된다. 따라서 이 글의 '남한산성'은 지배층의 무능력함이 드러나는 공간으로 볼 수 있다.

03 (나)는 영화 상영을 목적으로 쓴 시나리오이다. 시나리오의 기본 단위는 '장면'인데, 'S#(Scene Number)'은 장면의 극 중 순서, 시간의 흐름, 장소의 이동 등을 나타내는 표시이다.

오답 풀이
ⓓ는 인물, ⓑ, ⓒ, ⓔ는 지시문으로, 희곡을 포함한 극 갈래에서 공통적으로 나타나는 요소이다.

04 (다)는 국가의 상황을 물속의 세계에 빗대고, 군주를 '용'에, 여러 신하를 '큰 물고기'에, 백성을 '작은 물고기'에

빗대어 현실 세계를 비판하고 있다. 글쓴이는 나라의 근본은 '작은 물고기'인 백성이므로 백성들을 수탈하는 '큰 물고기', 즉 관리들을 잘 다스리는 것이 군주로서 해야 할 가장 중요한 일임을 강조하고 있다.

2주 완성 실전 대비 기출 모의고사

▶ 114~118쪽

01 ③	02 ③	03 ②	04 ①	05 ①	06 ⑤	07 ④
08 ①	09 ①	10 ④	11 ⑤	12 ⑤	13 ②	14 ①
15 ②	16 ③	17 ⑤	18 ①	19 ⑤	20 ②	

01 ⓒ의 '규정(規定)'은 '내용이나 성격, 의미 따위를 밝혀 정함.'이라는 뜻을 지닌 말이다. '바로잡아 고침.'은 '수정(修正)'의 사전적 의미에 해당한다.

02 ⓔ의 '밝히다'는 '진리, 가치, 옳고 그름 따위를 판단하여 드러내 알리다.'라는 뜻이고, '피력(披瀝)하다'는 '생각하는 것을 털어놓고 말하다.'라는 뜻이므로 서로 바꿔 쓸 수 있다.

오답 풀이
① 다르다: 비교가 되는 두 대상이 서로 같지 아니하다.
상등(相等)하다: 등급이나 정도 따위가 서로 비슷하거나 같다.
② 나뉘다: 하나가 둘 이상으로 갈리다.
분포(分布)되다: 일정한 범위에 흩어져 펴져 있다.
④ 따르다: 어떤 경우, 사실이나 기준 따위에 의거하다.
승계(承繼)하다: (1) 선임자의 뒤를 이어받다. (2) 다른 사람의 권리나 의무를 이어받다.
⑤ 어긋나다: 기대에 맞지 않거나 일정한 기준에서 벗어나다.
소급(遡及)되다: 어떤 영향이 과거에까지 거슬러 올라가서 미치게 되다.

03 ②에서 (ㄱ)의 '넘다'는 '일정한 시간, 시기, 범위 따위에서 벗어나 지나다.'라는 뜻이고 (ㄴ)의 '넘다'는 '높은 부분의 위를 지나가다.'라는 뜻으로, 서로 다의 관계이다. 나머지는 모두 동음이의 관계이다.

오답 풀이
① (ㄱ): 이미 있는 사물을 다른 것으로 바꾸다.
(ㄴ): 날카롭게 날을 세우거나 표면을 매끄럽게 하기 위하여 다른 물건에 대고 문지르다.
③ (ㄱ): 물건을 일정한 곳에 걸거나 매어 놓다.
(ㄴ): 타지 않는 단단한 물체가 열로 몹시 뜨거워지다.
④ (ㄱ): 방이나 집 따위에 있거나 거처를 정해 머무르게 되다.
(ㄴ): 손에 가지다.
⑤ (ㄱ): 다량의 액체에 소량의 액체나 가루 따위를 넣어 섞다.
(ㄴ): 몫으로 주는 돈이나 물건 따위를 받다.

04 〈김원전〉은 괴상한 모습으로 태어난 김원이 10년 만에 허물을 벗고 지하 세계의 아귀를 퇴치하여 공주를 구한다는 내용의 영웅 전기 소설이다. ㉠은 김원이 10년 동안의 고생을 끝내고 허물을 벗자 승상 부부가 기뻐하는 부분이다. 이러한 상황에 가장 어울리는 한자 성어는 '쓴 것이 다하면 단 것이 온다는 뜻으로, 고생 끝에 즐거움이 옴을 이르는 말'인 '고진감래(苦盡甘來)'이다.

오답 풀이
② 괄목상대(刮目相對): 눈을 비비고 상대편을 본다는 뜻으로, 남의 학식이나 재주가 놀랄 만큼 부쩍 늚을 이르는 말.
③ 권불십년(權不十年): 권세는 십 년을 가지 못한다는 뜻으로, 아무리 높은 권세라도 오래가지 못함을 이르는 말.
④ 동상이몽(同床異夢): 같은 자리에 자면서 다른 꿈을 꾼다는 뜻으로, 겉으로는 같이 행동하면서도 속으로는 각각 딴생각을 하고 있음을 이르는 말.
⑤ 오리무중(五里霧中): 오 리나 되는 짙은 안개 속에 있다는 뜻으로, 무슨 일에 대하여 방향이나 갈피를 잡을 수 없음을 이르는 말.

05 ⓐ의 '측량(測量)하다'는 '기기를 써서 물건의 높이, 깊이, 넓이, 방향 따위를 재다.'의 의미이다. 따라서 '수량을 세다.' 또는 '짐작하여 가늠하거나 미루어 생각하다.'의 의미를 가진 '헤아리다'와 바꿔 쓰기에 적절하지 않다.

오답 풀이
② ⓑ의 '구성(構成)되다'는 '몇 가지 부분이나 요소들이 모여 일정한 전체가 짜여 이루어지다.'라는 의미이므로, '이루어지다'와 바꿔 쓸 수 있다.
③ ⓒ의 '부여(附與)하다'는 '사람에게 권리 · 명예 · 임무 따위를 지니도록 해 주거나, 사물이나 일에 가치 · 의의 따위를 붙여 주다.'라는 의미이므로, '붙이다'와 바꿔 쓸 수 있다.
④ ⓓ의 '대항(對抗)하다'는 '굽히거나 지지 않으려고 맞서서 버티거나 항거하다.'라는 의미이므로, '맞서다'와 바꿔 쓸 수 있다.
⑤ ⓔ의 '충만(充滿)하다'는 '한껏 차서 가득하다.'라는 의미이므로, '가득 차다'와 바꿔 쓸 수 있다.

06 〈보기〉의 '최면을 걸고'에서 '걸다'는 ㉠의 뜻으로 쓰였고, '미래를 걸고'에서 '걸다'는 ㉡의 뜻으로 쓰였다. '시비를 걸고'에서 '걸다'는 지나기는 사람에게 시비를 붙이는 행동을 함을 의미하므로, 이에 적절한 뜻풀이는 '다른 사람을 향해 먼저 어떤 행동을 하다.'이다.

07 ㉠의 '매기다'는 '일정한 기준에 따라 사물의 값이나 등수 따위를 정하다.'의 의미로, '그 나라는 수입품에 높은 관세를 매겼다.'와 같이 사용한다. ④의 '책정(策定)하다'는 '계획이나 방책을 세워 결정하다.'의 의미로, '차기 예산을 금년도 수준으로 책정하였다.'와 같이 사용한다. 따라서 ㉠은 ④와 바꾸어 쓰는 것이 가장 적절하다.

오답 풀이
① 감정(鑑定)하다: 사물의 특성이나 참과 거짓, 좋고 나쁨을 분별

하여 판정하다.
② 배정(配定)하다: 몫을 나누어 정하다.
③ 시정(是正)하다: 잘못된 것을 바로잡다.
⑤ 제정(制定)하다: 제도나 법률 따위를 만들어서 정하다.

08 ⓐ의 '이의(異議)'는 '다른 의견이나 논의'라는 뜻을 지닌 말이다. '어떤 대상에 대하여 가지는 생각'은 '의견(意見)'의 사전적 의미에 해당한다.

09 ㉠은 배를 모두 잡아맨 상태에서 바람까지 불어 불을 끌 수가 없는 막막한 상황을 나타내고 있다. 이런 상황에 어울리는 말은 '이러지도 저러지도 못하는 어려운 처지'라는 뜻의 '진퇴양난(進退兩難)'이다.

오답 풀이
② 자가당착(自家撞着): 같은 사람의 말이나 행동이 앞뒤가 서로 맞지 아니하고 모순됨.
③ 이심전심(以心傳心): 마음과 마음으로 서로 뜻이 통함.
④ 다다익선(多多益善): 많으면 많을수록 더욱 좋음.
⑤ 기사회생(起死回生): 거의 죽을 뻔하다가 도로 살아남.

10 ⓓ의 '사로잡히다'는 '생각이나 마음이 온통 한곳으로 쏠리게 되다.'라는 뜻이고, '매수(買收)되다'는 '(1) 물건이 사들여지다. (2) 금품이나 그 밖의 수단 따위에 넘어가 그 편이 되다.'라는 뜻이므로 서로 바꿔 쓰기에 적절하지 않다.

오답 풀이
① 맞다: 어떤 행동, 의견, 상황 따위가 다른 것과 서로 어긋나지 아니하고 같거나 어울리다.
합당(合當)하다: 어떤 기준, 조건, 용도, 도리 따위에 꼭 알맞다.
② 기대다: 남의 힘에 의지하다.
의거(依據)하다: (1) 어떤 사실이나 원리 따위에 근거하다. (2) 어떤 힘을 빌려 의지하다.
③ 가리키다: 어떤 대상을 특별히 집어서 두드러지게 나타내다.
지칭(指稱)하다: 어떤 대상을 가리켜 이르다.
⑤ 살피다: 자세히 따지거나 헤아려 보다.
성찰(省察)하다: 자기의 마음을 반성하고 살피다.

11 '서다'의 중심 의미는 '사람이나 동물이 발을 땅에 대고 다리를 쭉 뻗으며 몸을 곧게 하다.'이고, '앉다'의 중심 의미는 '사람이나 동물이 윗몸을 바로 한 상태에서 엉덩이에 몸무게를 실어 다른 물건이나 바닥에 몸을 올려놓다.'이다. ⑤의 '서다'와 '앉다'는 각각 중심적 의미로 쓰였으며 서로 반의 관계가 성립한다.

오답 풀이
① 서다: 계획, 결심, 자신감 따위가 마음속에 이루어지다.
앉다: 어떤 직위나 자리를 차지하다.
② 서다: 사람이나 동물이 발을 땅에 대고 다리를 쭉 뻗으며 몸을 곧게 하다.
앉다: 새나 곤충 또는 비행기 따위가 일정한 곳에 내려 자기 몸을 다른 물건 위에 놓다.
③ 서다: 무딘 것이 날카롭게 되다.
앉다: 공기 중에 있던 먼지와 같은 미세한 것이 다른 물건 위에 내려 쌓이다.
④ 서다: 부피를 가진 어떤 물체가 땅 위에 수직의 상태로 있게 되다.
앉다: 사람이나 동물이 윗몸을 바로 한 상태에서 엉덩이에 몸무게를 실어 다른 물건이나 바닥에 몸을 올려놓다.

12 ㉤의 '유지(維持)하다'는 '어떤 상태나 상황을 그대로 보존하거나 변함없이 계속하여 지탱하다.'라는 뜻이고, '세우다'는 '질서나 체계, 규율 따위를 올바르게 하거나 짜다.'라는 뜻이므로 서로 바꿔 쓰기에 적절하지 않다.

오답 풀이
① 기여(寄與)하다: 도움이 되도록 이바지하다.
이바지하다: 도움이 되게 하다.
② 인하(引下)하다: 가격 따위를 낮추다.
내리다: 값이나 수치, 온도, 성적 따위가 이전보다 떨어지거나 낮아지다. 또는 그렇게 하다.
③ 증진(增進)하다: 기운이나 세력 따위를 점점 더 늘려 가고 나아가게 하다.
늘리다: 수나 분량 따위를 본디보다 많아지게 하거나 무게를 더 나가게 하다.
④ 퇴출(退出)되다: 물러나서 나가게 되다.
밀려나다: 어떤 자리에서 몰리거나 쫓겨나다.

13 '낙숫물이 댓돌을 뚫는다'는 '작은 힘이라도 꾸준히 계속하면 큰일을 이룰 수 있음을 비유적으로 이르는 말'이므로, ②에는 속담을 통해 얻은 삶의 가치가 드러난다. 또한 '작은 것이 결국 큰 것인 셈이지.'에서 '작은 것'이 '큰 것'이라는 모순된 표현을 통해 진리를 드러내고 있으므로 역설적 의미를 살려 표현했다고 볼 수 있다.

오답 풀이
① 가난한 집 제사 돌아오듯 한다: 살아가기도 어려운 가난한 집에 제삿날이 자꾸 돌아와서 그것을 치르느라 매우 어려움을 겪는다는 뜻으로, 힘든 일이 자주 닥쳐옴을 이르는 말.
③ 까마귀 날자 배 떨어진다: 아무 관계없이 한 일이 공교롭게도 때가 같아 어떤 관계가 있는 것처럼 의심을 받게 됨을 이르는 말.
④ 공든 탑이 무너지랴: 힘을 다하고 정성을 다하여 한 일은 그 결과가 반드시 헛되지 아니함을 이르는 말.
⑤ 모난 돌이 정 맞는다: 두각을 나타내는 사람이 남에게 미움을 받게 된다는 말.

14 ⓐ의 '경도(傾倒)'는 '온 마음을 기울여 사모하거나 열중함.'이라는 뜻을 지닌 말이다. '잘못 보거나 잘못 생각함.'은 '오인(誤認)'의 사전적 의미에 해당한다.

15 ㉠은 잉태한 지 일곱 달이나 되는 상황에서 전장으로 떠나는 장애황에게, 이대봉이 무사히 돌아와 다시 만나기를 바란다고 간곡히 당부하는 장면이다. 이런 상황에 어

울리는 말은 '거듭하여 간곡히 하는 당부'라는 뜻의 '신신당부(申申當付)'이다.

오답 풀이

① 경거망동(輕擧妄動): 경솔하여 생각 없이 망령되게 행동함. 또는 그런 행동.

③ 애걸복걸(哀乞伏乞): 소원 따위를 들어 달라고 애처롭게 사정하며 간절히 빎.

④ 이실직고(以實直告): 사실 그대로 고함.

⑤ 횡설수설(橫說竪說): 조리가 없이 말을 이러쿵저러쿵 지껄임.

16 ㉢의 '이루어지다'는 '몇 가지 부분이나 요소가 모여 일정한 성질이나 모양을 가진 존재가 되다.'라는 뜻으로 쓰였는데, '형성(形成)되다'의 뜻은 '어떤 형상이 이루어지다.'이므로 서로 바꿔 쓰기에 적절하지 않다. ㉢과 바꿔 쓰기에 적절한 말은 '몇 가지 부분이나 요소들이 모여 일정한 전체가 짜여 이루어지다.'라는 뜻을 지닌 '구성(構成)되다'이다.

오답 풀이

① 결여(缺如)되다: 마땅히 있어야 할 것이 빠져서 없거나 모자라다.

② 간주(看做)하다: 상태, 모양, 성질 따위가 그와 같다고 보거나 그렇다고 여기다.

④ 출현(出現)하다: 나타나거나 또는 나타나서 보이다.

⑤ 변화(變化)하다: 사물의 성질, 모양, 상태 따위가 바뀌어 달라지다.

17 '혀를 내두르다'의 뜻은 '몹시 놀라거나 어이없어서 말을 못 하다.'이고 '안쓰러워하다'의 뜻은 '(1) 손아랫사람이나 약자에게 도움을 받거나 폐를 끼쳤을 때 마음에 미안하고 딱하게 여기다. (2) 손아랫사람이나 약자의 딱한 형편을 마음에 언짢고 가엾게 여기다.'로, 서로 뜻이 다르다.

18 ㉠은 유 소저가 자신의 정절을 의심받고는 결백을 알리기 위해 혈서를 쓰니 눈물이 변하여 피가 되었다는 내용이다. 이처럼 억울한 상황에 처한 유 소저의 심리를 나타낸 말로는 '뼈에 사무칠 만큼 원통하고 한스러움.'을 의미하는 '각골통한(刻骨痛恨)'이 가장 적절하다.

오답 풀이

② 동병상련(同病相憐): 같은 병을 앓는 사람끼리 서로 가엾게 여긴다는 뜻으로, 어려운 처지에 있는 사람끼리 서로 가엾게 여김을 이르는 말.

③ 수구초심(首丘初心): 여우가 죽을 때에 머리를 자기가 살던 굴 쪽으로 둔다는 뜻으로, 고향을 그리워하는 마음을 이르는 말.

④ 풍수지탄(風樹之歎): 효도를 다하지 못한 채 어버이를 여읜 자식의 슬픔을 이르는 말.

⑤ 일희일비(一喜一悲): 한편으로는 기뻐하고 한편으로는 슬퍼함. 또는 기쁨과 슬픔이 번갈아 일어남.

19 '가슴을 졸이며 근심을 하고 이리저리 뒤척이며 잠 못 이룬들 무슨 소용이 있겠는가?'에서 서술자의 주관적 논평을 통해 영영을 그리워하며 잠 못 이루는 김생의 심리를 드러내고 있다.

오답 풀이

① 기이하고 비현실적인 이야기가 나오는 전기적 요소는 나타나 있지 않다.

② '끊어진 거문고', '깨어진 거울' 등에서 비유적 표현을 활용하고 있지만, 이를 통해 인물 간의 갈등을 심화하고 있지는 않다.

③ 인물의 외양을 묘사한 부분은 찾을 수 없으며 인물의 영웅적 면모도 드러나 있지 않다.

④ 이 글은 시간의 순서에 따른 순행적 구성으로 사건이 전개되고 있다.

20 〈보기〉에 제시되어 있듯이, 이 글에서 김생과 영영의 사랑을 가로막는 장애물로 작용하는 것은 궁녀라는 영영의 신분이다. 회산군 부인의 투기가 김생과 영영의 사랑을 가로막는 장애물이라는 것은 적절하지 않다.

오답 풀이

① 궁녀인 영영이 문밖으로 나가지 못하는 모습에서, 조선 시대 궁녀들의 폐쇄적인 생활상을 확인할 수 있다.

③ 김생이 영영을 만날 수 있도록 돕는 모습에서, 노파가 김생의 조력자임을 확인할 수 있다.

④ 영영을 만나기 위해 계획을 세우는 모습에서, 김생이 영영을 만나기 위해 노력하고 있음을 확인할 수 있다.

⑤ 김생과 영영이 사랑을 이루고 평생을 함께하는 모습에서, 영영과 김생이 사랑을 성취하여 행복한 결말을 맞이했음을 확인할 수 있다.

3주 완성

01 필수 어휘 _인문

step ① 어휘력 학습

▶ 120~121쪽

01 ③ 02 ④ 03 ② 04 ⑤ 05 ① 06 ④ 07 ⑤
08 ① 09 ② 10 ③ 11 ① 12 ④ 13 ③ 14 ⑤
15 ② 16 ④ 17 ③ 18 ⑤ 19 ② 20 ① 21 ③
22 ② 23 ① 24 ④ 25 ⑤ 26 ④ 27 ① 28 ⑤
29 ② 30 ③

step ② 어휘력 체크

▶ 122쪽

01 난독 02 달변 03 귀결하다 04 답지하다 05 귀감 06 강건하다 07 골자 08 걸출 09 남루 10 개탄 11 강변 12 단초 13 개간 14 견지 15 기저 16 고취 17 단언 18 궁구 19 관장 20 논평 21 기강 22 도취 23 관록 24 단행

step ③ 어휘력 완성

▶ 123쪽

01 ② 02 ① 03 ② 04 ③ 05 ③ 06 ⑤

01 '한군데로 몰려들거나 몰려오다.'라는 뜻을 지닌 '답지(遝至)하다'는 '수재민 돕기 행사에 성금이 답지하다.'와 같이 쓰이므로, 문맥상 ②에 어울리지 않는다. ②에는 '이야기를 주고받으며 논의하다.'라는 뜻을 지닌 '담론(談論)하다'를 사용하는 것이 적절하다.

02 '강건(剛健)하다'의 뜻은 '의지나 기상이 굳세고 건전하다.'이고, '강변(強辯)하다'의 뜻은 '이치에 닿지 아니한 것을 끝까지 굽히지 않고 주장하거나 변명하다.'이므로 서로 바꿔 쓰기에 적절하지 않다.

오답 풀이

② 연구(研究)하다: 어떤 일이나 사물에 대하여서 깊이 있게 조사하고 생각하여 진리를 따져 보다.
③ 본(本)보기: 옳거나 훌륭하여 배우고 따를 만한 대상.
④ 밑바탕: 기본이 되는 바탕.
⑤ 탄식(歎息)하다: 한탄하여 한숨을 쉬다.

03 '단행(斷行)'의 뜻은 '결단하여 실행함.'이므로, 문제 해결의 실마리를 찾았다는 상황을 나타내기에 적절하지 않다. 이 경우 '일이나 사건을 풀어 나갈 수 있는 첫머리'라는 뜻을 지닌 '단초(端初)'를 사용하는 것이 적절하다.

04 (ㄱ)의 '개간(改刊)하다'는 '책 따위의 원판을 고치어 간행하다.'라는 뜻이고, (ㄴ)의 '개간(開墾)하다'는 '거친 땅이나 버려 둔 땅을 일구어 논밭이나 쓸모 있는 땅으로 만들다.'라는 뜻이다.

오답 풀이

① 궤멸(潰滅)하다: 무너지거나 흩어져 없어지다. 또는 그렇게 만들다.
② 극구(極口): 온갖 말을 다하여.
④ 깜냥: 스스로 일을 헤아림. 또는 헤아릴 수 있는 능력.
⑤ 관록(貫祿): 어떤 일에 대한 상당한 경력으로 생긴 위엄이나 권위.

05 ㉠에는 '한 가지 일에 온 정신을 쏟아 딴생각이 없다.'라는 뜻을 지닌 '골똘하다'가, ㉡에는 '옷 따위가 낡아 해지고 차림새가 너저분하다.'라는 뜻을 지닌 '남루(襤褸)하다'가 들어가야 한다.

오답 풀이

① 강건(剛健)하다: 의지나 기상이 굳세고 건전하다.
걸출(傑出)하다: 남보다 훨씬 뛰어나다.
② 개탄(慨歎)하다: 분하거나 못마땅하게 여겨 한탄하다.
④ 단언(斷言)하다: 주저하지 아니하고 딱 잘라 말하다.
⑤ 답지(遝至)하다: 한군데로 몰려들거나 몰려오다.
되잖다: 올바르지 않거나 이치에 닿지 않다.

06 '걸출(傑出)하다'의 뜻은 '남보다 훨씬 뛰어나다.'이므로 문맥적 의미가 가장 가까운 것은 '출중(出衆)하다'이다. 이는 '여러 사람 가운데서 특별히 두드러지다.'라는 뜻을 지닌 말이다.

오답 풀이

① 건재(健在)하다: 힘이나 능력이 줄어들지 않고 여전히 그대로 있다.
② 고상(高尚)하다: 품위나 몸가짐의 수준이 높고 훌륭하다.
③ 착실(着實)하다: 사람이 허튼 데가 없이 찬찬하며 실하다.
④ 찬란(燦爛)하다: 빛깔이나 모양 따위가 매우 화려하고 아름답다.

02 다의어

step ① 어휘력 학습

▶ 124~125쪽

01 (1) ② (2) ① 02 (1) ④ (2) ③ (3) ② (4) ① 03 (1) ③ (2) ② (3) ① 04 (1) ② (2) ③ (3) ① 05 (1) ① (2) ③ (3) ② 06 (1) ② (2) ① 07 (1) ① (2) ② 08 (1) ③ (2) ④ (3) ② (4) ① 09 (1) ② (2) ① 10 (1) ① (2) ② 11 (1) ③ (2) ① (3) ② 12 (1) ③ (2) ② (3) ④ (4) ①

step 2 어휘력 체크

▶ 126쪽

01 어려움 02 간편 03 허전 04 대상 05 관련성
06 ① 07 ① 08 ① 09 ① 10 ② 11 ① 12 ②
13 ② 14 ② 15 ① 16 ②

10 ① 두르다: 바로 가지 아니하고 멀리 돌다.

11 ② 냉랭하다: 태도가 정답지 않고 매우 차다.

12 ① 대다: 서로 견주어 비교하다.

13 ① 담백하다: 음식이 느끼하지 않고 산뜻하다.

14 ① 다듬다: 필요 없는 부분을 떼고 깎아 쓸모 있게 만들다.

15 ② 놓다: 걱정이나 근심, 긴장 따위를 잊거나 풀어 없애다.

16 ① 다루다: 어떤 물건이나 일거리 따위를 어떤 성격을 가진 대상 혹은 어떤 방법으로 취급하다.

step 3 어휘력 완성

▶ 127쪽

01 ④ 02 ② 03 ① 04 ② 05 ②

01 (d)의 '두르다'는 '둘레를 돌다.'라는 뜻이다.

02 ②의 '뒤'는 '향하고 있는 방향과 반대되는 쪽이나 곳'이라는 뜻으로 쓰였고, '끄트머리'는 '끝이 되는 부분'이라는 뜻이므로 서로 바꿔 쓰기에 적절하지 않다.

오답 풀이
① 나중: 얼마의 시간이 지난 뒤.
③ 마지막: 시간상이나 순서상의 맨 끝.
④ 배후(背後): 어떤 일의 드러나지 않은 이면.
⑤ 뒤끝: 좋지 않은 감정이 있은 다음에도 여전히 남아 있는 감정.

03 ①의 예문에 사용된 '넘기다'는 '종이, 책장 따위를 젖히다.'라는 뜻이므로, 사전적 의미와 예문이 적절하게 연결되지 않았다. '지나쳐 보내다.'라는 뜻의 '넘기다'는 '그녀의 말을 가볍게 넘겼다.'와 같이 쓰인다.

04 (ㄱ)의 '담백(淡白)하다'는 '음식이 느끼하지 않고 산뜻하다.'라는 뜻이고, (ㄴ)의 '담백(淡白)하다'는 '욕심이 없고 마음이 깨끗하다.'라는 뜻이다.

오답 풀이
① 다루다: 어떤 물건을 사고파는 일을 하다.
③ 냉랭(冷冷)하다: 태도가 정답지 않고 매우 차다.
④ 놓다: 치료를 위하여 주사나 침을 찌르다.
⑤ 다듬다: 필요 없는 부분을 떼고 깎아 쓸모 있게 만들다.

05 ②의 '대다'는 '서로 견주어 비교하다.'라는 뜻으로 쓰였다.

03 동음이의어

step 1 어휘력 학습

▶ 128~129쪽

01 (1) ② (2) ① 02 ③ 03 (1) ② (2) ① 04 ③ 05 (1) ③ (2) ① 06 ② 07 (1) ② (2) ③ 08 ① 09 ① 10 ②
11 ③ 12 ③ 13 ② 14 ① 15 (1) ③ (2) ① 16 (1) ② (2) ④ 17 (1) ③ (2) ④ 18 ② 19 (1) ① (2) ⑤ 20 ③
21 (1) ④ (2) ① 22 ②

step 2 어휘력 체크

▶ 130쪽

01 액체 02 책임 03 수준 04 실행 05 부정 06 ①
07 ① 08 ① 09 ② 10 ② 11 ① 12 ② 13 ②
14 ① 15 ① 16 ①

10 ① 맡다: 코로 냄새를 느끼다.

11 ② 다지다: 고기, 채소 양념감 따위를 여러 번 칼질하여 잘게 만들다.

12 ① 따르다: 다른 사람이나 동물의 뒤에서, 그가 가는 대로 같이 가다.

13 ① 말다: 밥이나 국수 따위를 물이나 국물에 넣어서 풀다.

14 ② 바르다: 물이나 풀, 약, 화장품 따위를 물체의 표면에 문질러 묻히다.

15 ② 밭다: 숨이 가쁘고 급하다.

16 ② 미치다: 어떤 일에 지나칠 정도로 열중하다.

step 3 어휘력 완성

▶ 131쪽

01 ② 02 ② 03 ② 04 ④ 05 ④

01 ②의 '떼다'는 '걸음을 옮기어 놓다.'라는 뜻이다.

02 <보기>와 ②의 '밭다'는 모두 '길이가 매우 짧다.'라는 뜻으로 쓰였다.

오답 풀이
① '숨이 가쁘고 급하다.'라는 뜻으로 쓰였다.
③ '지나치게 아껴 인색하다.'라는 뜻으로 쓰였다.
④ '몸에 살이 빠져서 여위다.'라는 뜻으로 쓰였다.
⑤ '건더기와 액체가 섞인 것을 체나 거르기 장치에 따라서 액체만 을 따로 받아 내다.'라는 뜻으로 쓰였다.

03 ②의 '그 화가 너에게 미치지 않기를 바라는가.'에서 '미치다'는 '영향이나 작용 따위가 대상에 가하여지다. 또는 그것을 가하다.'라는 뜻으로 쓰였다.

04 〈보기〉와 ④의 '다지다'는 모두 '고기, 채소 양념감 따위를 여러 번 칼질하여 잘게 만들다.'라는 뜻으로 쓰였다.

오답 풀이
① '누르거나 밟거나 쳐서 단단하게 하다.'라는 뜻으로 쓰였다.
② '기초나 터전 따위를 굳고 튼튼하게 하다.'라는 뜻으로 쓰였다.
③ '마음이나 뜻을 굳게 가다듬다.'라는 뜻으로 쓰였다.
⑤ '뒷말이 없도록 단단히 강조하거나 확인하다.'라는 뜻으로 쓰였다.

05 ④의 '못'은 '동사가 나타내는 동작을 할 수 없다거나 상태가 이루어지지 않았다는 부정의 뜻을 나타내는 말'로, 〈보기〉의 '못[4]'에 해당한다.

04 필수 어휘 _인문

step ① 어휘력 학습 ▶ 132~133쪽

01 ② 02 ① 03 ④ 04 ③ 05 ⑤ 06 ② 07 ③
08 ④ 09 ⑤ 10 ① 11 ② 12 ④ 13 ③ 14 ⑤
15 ① 16 ② 17 ⑤ 18 ① 19 ③ 20 ④ 21 ③
22 ④ 23 ⑤ 24 ① 25 ② 26 ⑤ 27 ③ 28 ④
29 ① 30 ②

step ② 어휘력 체크 ▶ 134쪽

01 상충 02 미혹 03 섭렵하다 04 승격 05 비근하다 06 발군 07 발족하다 08 마음 09 판단 10 사실 11 사소 12 명성 13 실수 14 심문 15 섭리 16 아집 17 배격 18 설파 19 범접 20 비통 21 세뇌 22 망라 23 숙고 24 신랄

step ③ 어휘력 완성 ▶ 135쪽

01 ② 02 ③ 03 ① 04 ③ 05 ① 06 ④

01 '상충(相衝)'의 뜻은 '맞지 아니하고 서로 어긋남.'이고, '비견(比肩)하다'의 뜻은 '서로 비슷한 위치에서 견주다. 또는 견주어지다.'이며, '섭렵(涉獵)'의 뜻은 '많은 책을 널리 읽거나 여기저기 찾아다니며 경험함을 이르는 말'이다. 따라서 세 어휘는 각각 ㉠, ㉡, ㉢에 들어가기에 적절하다.

오답 풀이
① 배격(排擊): 어떤 사상, 의견, 물건 따위를 물리침.
설파(說破)하다: 어떤 내용을 듣는 사람이 납득하도록 분명하게 드러내어 말하다.
경험(經驗): 자신이 실제로 해 보거나 겪어 봄. 또는 거기서 얻은 지식이나 기능.
③ 숙고(熟考): 곰곰 잘 생각함. 또는 그런 생각.
가늠하다: 목표나 기준에 맞고 안 맞음을 헤아려 보다.
예단(豫斷): 미리 판단함. 또는 그 판단.
④ 승격(昇格): 지위나 등급 따위가 오름. 또는 지위나 등급 따위를 올림.
겨루다: 서로 버티어 승부를 다투다.
신망(信望): 믿고 기대함. 또는 그런 믿음과 덕망.
⑤ 와전(訛傳): 사실과 다르게 전함.
가리다: 여럿 가운데서 하나를 구별하여 고르다.
세뇌(洗腦): 사람이 본디 가지고 있던 의식을 다른 방향으로 바꾸게 하거나, 특정한 사상 · 주의를 따르도록 뇌리에 주입하는 일.

02 '무량(無量)하다'의 뜻은 '정도를 헤아릴 수 없을 만큼 많다.'이고, '물색없다'의 뜻은 '말이나 행동이 형편이나 조리에 맞는 데가 없다.'이므로 서로 바꿔 쓰기에 적절하지 않다.

오답 풀이
① 마음자리: 마음의 본바탕.
② 공훈(功勳): 나라나 회사를 위하여 두드러지게 세운 공로.
④ 포함(包含)하다: 어떤 사물이나 현상 가운데 함께 들어가게 하거나 함께 넣다.
⑤ 문초(問招)하다: 죄나 잘못을 따져 묻거나 심문하다.

03 '비근(卑近)하다'는 '흔히 주위에서 보고 들을 수 있을 만큼 알기 쉽고 실생활에 가깝다.'라는 뜻을 지닌 말로, 이와 유의 관계인 것은 '흔하다'이다. '흔하다'는 '보통보다 더 자주 있거나 일어나서 쉽게 접할 수 있다.'라는 뜻을 지닌 말이다.

오답 풀이
② 부합(符合)하다: 사물이나 현상이 서로 꼭 들어맞다.
③ 비슷하다: 두 개의 대상이 크기, 모양, 상태, 성질 따위가 똑같지는 아니하지만 전체적 또는 부분적으로 일치하는 점이 많은 상태에 있다.
④ 유별(有別)나다: 보통의 것과 아주 다르다.
⑤ 흔쾌(欣快)하다: 기쁘고 유쾌하다.

04 '섭리(攝理)'는 '자연계를 지배하고 있는 원리와 법칙'을

뜻하는 말로, 문맥상 ③에 어울리지 않는다. 논리적인 이해가 불가능한 신념의 위험성을 지적하는 상황에서는 '자기중심의 좁은 생각에 집착하여 다른 사람의 의견이나 입장을 고려하지 아니하고 자기만을 내세우는 것'을 뜻하는 '아집(我執)'을 사용하는 것이 적절하다.

05 ⓐ에는 '사물의 분석이나 비평 따위가 매우 날카롭고 예리하다.'라는 뜻을 지닌 '신랄(辛辣)하다'가 들어가야 한다. ⓑ에는 '몹시 슬퍼서 마음이 아프다.'를 뜻하는 '비통(悲痛)하다'가 들어가야 한다.

06 〈보기〉의 '설파(說破)하다'는 '어떤 내용을 듣는 사람이 납득하도록 분명하게 드러내어 말하다.'라는 뜻이다. '명성이나 권위 따위를 널리 떨치게 하다.'라는 뜻을 지닌 말은 '선양(宣揚)하다'이다.

05 한자 성어

step ① 어휘력 학습

▶ 136~137쪽

01 ② 02 ③ 03 ④ 04 ① 05 ④ 06 ③ 07 ②
08 ① 09 ② 10 ① 11 ⑤ 12 ④ 13 ① 14 ③
15 ② 16 ① 17 ③ 18 ② 19 ⑤ 20 ④

step ② 어휘력 체크

▶ 138쪽

01 함분축원 02 구상유취 03 부창부수 04 인자무적
05 강구연월 06 편안한 07 반박 08 부부, 아름다운
09 하늘, 원한 10 사람, 짐승 11 청출어람 12 천인공노
13 설왕설래 14 태평성대 15 후생가외 16 조강지처
17 분기탱천 18 백년해로

step ③ 어휘력 완성

▶ 139쪽

01 ① 02 ⑤ 03 ③ 04 ② 05 ④ 06 ⑤

01 〈보기〉에서 낭자와 선군이 천생연분이며 부부가 될 인연임을 알 수 있다. 낭자는 선군이 다른 가문에 구혼하면 그러한 인연이 닿지 못할 것이라고 생각하고 있으므로, 빈칸에 들어갈 적절한 말은 '남녀가 부부가 되어 평생을 같이 지낼 것을 굳게 다짐하는 아름다운 언약'을 뜻하는 '백년가약(百年佳約)'이다.

오답 풀이

② 부창부수(夫唱婦隨): 남편이 주장하고 아내가 이에 잘 따름. 또는 부부 사이의 그런 도리.
③ 조강지처(糟糠之妻): 몹시 가난하고 천할 때에 고생을 함께 겪어 온 아내를 이르는 말.
④ 함분축원(含憤蓄怨): 분한 마음을 품고 원한을 쌓음.
⑤ 후생가외(後生可畏): 후진들이 선배들보다 젊고 기력이 좋아, 학문을 닦음에 따라 큰 인물이 될 수 있으므로 가히 두렵다는 말.

02 〈보기〉의 내용과 관련된 한자 성어는 젊은 후학들을 두려워할 만하다는 의미의 '후생가외(後生可畏)'이다.

오답 풀이

① 불공대천(不共戴天): 이 세상에서 같이 살 수 없을 만큼 큰 원한을 가짐을 이름.
② 설왕설래(說往說來): 서로 변론을 주고받으며 옥신각신함. 또는 말이 오고 감.
③ 인자무적(仁者無敵): 어진 사람은 남에게 덕을 베풂으로써 모두의 사랑을 받기에 세상에 적이 없음.
④ 천인공노(天人共怒): 누구나 분노할 만큼 증오스럽거나 도저히 용납할 수 없음을 이름.

03 〈보기〉의 화자는 풍년의 즐거움과 태평성대를 예찬하고 있다. '분기탱천(憤氣撑天)'은 '분한 마음이 하늘을 찌를 듯 격렬하게 북받쳐 오름.'을 뜻하므로 〈보기〉의 상황과 주제 의식에 어울리지 않는다.

오답 풀이

① 강구연월(康衢煙月): 태평한 세상의 평화로운 풍경.
② 고복격양(鼓腹擊壤): 태평한 세월을 즐김.
④ 태평성대(太平聖代): 어진 임금이 잘 다스리어 태평한 세상이나 시대.
⑤ 태평연월(太平煙月): 근심이나 걱정이 없는 편안한 세월.

04 '인자무적(仁者無敵)'은 '어진 사람은 남에게 덕을 베풂으로써 모두의 사랑을 받기에 세상에 적이 없음.'을 뜻하는 말이므로, 파렴치한 인간을 나타낼 때 쓰기에는 적절하지 않다. ②에 쓰이기에 적절한 말은 '사람의 얼굴을 하고 있으나 마음은 짐승과 같다는 뜻으로, 마음이나 행동이 몹시 흉악함을 이르는 말'인 '인면수심(人面獸心)'이다.

05 '청출어람(靑出於藍)'은 '쪽에서 뽑아낸 푸른 물감이 쪽보다 더 푸르다는 뜻으로, 제자나 후배가 스승이나 선배보다 나음.'을 의미한다.

06 〈보기〉에서 '계집 다람쥐'는 혼인하여 어려움을 함께했던 자신을 내치려는 것에 대해 반발하고 있으므로, 빈칸에 들어갈 적절한 말은 '몹시 가난하고 천할 때에 고생을 함께 겪어 온 아내'를 뜻하는 '조강지처(糟糠之妻)'이다.

06 관용어

step ① 어휘력 학습

▶ 140~141쪽

01 ⑥ 02 ⑨ 03 ⑤ 04 ① 05 ⑦ 06 ③ 07 ②
08 ④ 09 ⑧ 10 ③ 11 ② 12 ① 13 ⑤ 14 ②
15 ③ 16 ① 17 ④ 18 ① 19 ⑤ 20 ④ 21 ③
22 ② 23 ② 24 ①

step ② 어휘력 체크

▶ 142쪽

01 입에 풀칠하다 02 입이 천 근 같다 03 입방아를 찧다 04 입에 발리다 05 몸에 익다 06 목구멍까지 차오르다 07 엉덩이가 근질근질하다 08 직위 09 시간 10 속마음 11 정열 12 시치미 13 의지 14 ㉣ 15 ㉠ 16 ㉢ 17 ㉡ 18 ㉤ 19 입에 거미줄 치겠어 20 몸이 달았다 21 입이 벌어질 22 간담이 서늘하여 23 입술을 깨물었다 24 목구멍에 풀칠하려면

step ③ 어휘력 완성

▶ 143쪽

01 ⑤ 02 ④ 03 ③ 04 ⑤ 05 ④ 06 ⑤

01 '매우 놀라거나 좋아하다.'라는 뜻풀이를 참고할 때, ㉠에는 '벌어졌다'를 넣어 '그의 입이 딱 벌어졌다.'라고 하는 것이 적절하다. '남의 비위를 맞추기 위해 아부하다.'라는 뜻풀이를 참고할 때, ㉡에는 '발린'을 넣어 '입에 발린 그의 칭찬'이라고 하는 것이 적절하다.

02 ④의 '입술을 깨물었다'는 관용어가 아니다. 여기에서 '깨물다'는 '아랫니와 윗니가 맞닿을 정도로 세게 물다.'라는 뜻으로 쓰인 동사이다.

03 '목구멍에 풀칠하다'는 '굶지 않고 겨우 살아가다.'라는 뜻을 지닌 말이므로, 이를 '넉넉하게 생활하고'로 바꾸는 것은 적절하지 않다.

04 '엉덩이가 근질근질하다'는 '한군데 가만히 앉아 있지 못하고 자꾸 일어나 움직이고 싶어 하다.'라는 뜻을 지닌 말이므로, 동생이 이웃집에 놀러 가면 집에 돌아올 줄 모른다는 ⑤의 문맥에는 어울리지 않는다. ⑤에는 '한번 자리를 잡고 앉으면 좀처럼 일어나지 아니하다.'라는 뜻의 '엉덩이가 무겁다'를 사용하는 것이 적절하다.

05 '입이 천 근 같다'는 '매우 입이 무겁다.'라는 뜻의 관용어이다. '말이 분명하고 실속이 있다.'를 의미하는 관용어는 '입이 여물다'이다.

06 '목구멍까지 차오르다'는 '분노, 욕망, 충동 따위가 참을 수 없는 지경이 되다.'라는 뜻을 지닌 말로, 터져 나오는 불만을 겨우 참았다는 상황에서 쓰기에 적절하다. 따라서 ㉠의 빈칸에 들어갈 말은 '차오르는'이다.
'목이 떨어지다'는 '어떤 직위를 그만두게 되다.'라는 뜻을 지닌 말로, 과실로 인해 일자리를 잃을 위기에 처했다는 상황에서 쓰기에 적절하다. 따라서 ㉡의 빈칸에 들어갈 말은 '떨어지게'이다.
'엉덩이가 무겁다'는 '한번 자리를 잡고 앉으면 좀처럼 일어나지 아니하다.'라는 뜻을 지닌 말로, 끈기 있게 공부하는 학생을 설명하는 상황에서 쓰기에 적절하다. 따라서 ㉢의 빈칸에 들어갈 말은 '무거워'이다.

07 필수 어휘 _인문

step ① 어휘력 학습

▶ 144~145쪽

01 (1) ② (2) ① 02 ④ 03 ⑥ 04 ⑤ 05 ③ 06 ②
07 ③ 08 ① 09 ④ 10 ⑤ 11 ② 12 ⑤ 13 ①
14 ④ 15 ③ 16 ③ 17 ⑤ 18 ④ 19 ① 20 ②
21 ⑤ 22 ② 23 ① 24 ④ 25 ③ 26 ④ 27 (1) ① (2) ⑤ 28 ③ 29 ⑥ 30 ②

step ② 어휘력 체크

▶ 146쪽

01 ~ 06

07 폐해 08 가치 09 가능성 10 불법 11 명백 12 칭찬 13 점철 14 탐닉 15 종식 16 주재 17 징후 18 통용 19 전수 20 초래 21 타성 22 판별 23 탈피 24 토대

step ③ 어휘력 완성

▶ 147쪽

01 ③ 02 ② 03 ⑤ 04 ② 05 ⑤ 06 ④

01 〈보기〉의 ㉢에는 '여러 사람의 입에 오르내려 떠들썩하다.'를 뜻하는 '자자(藉藉)하다'가 들어가야 한다. '자명(自明)하다'는 '설명하거나 증명하지 아니하여도 저절로 알 만큼 명백하다.'를 의미한다.

02 '환원(還元)되다'는 '본디의 상태로 다시 돌아가다.'를 뜻하는 말로, 문맥상 ②에 어울리지 않는다. ②는 '범위, 규모, 세력 따위가 늘어나서 넓어지다.'를 뜻하는 '확장(擴張)되다'를 사용해 '국가를 가족이 확장된 형태로 본다.'라고 하는 것이 적절하다.

오답 풀이
① 풍토(風土): 어떤 지역의 기후와 토지의 상태.
③ 편린(片鱗): 한 조각의 비늘이라는 뜻으로, 사물의 극히 작은 한 부분을 이르는 말.
④ 회자(膾炙)되다: 칭찬을 받으며 사람의 입에 자주 오르내리게 되다. 회와 구운 고기라는 뜻에서 나온 말이다.
⑤ 판별(判別)하다: 옳고 그름이나 좋고 나쁨을 판단하여 구별하다.

03 '감추다'는 '남이 보거나 찾아내지 못하도록 가리거나 숨기다.'라는 뜻이고, '숨기다'는 '어떤 사실이나 행동을 남이 모르게 감추다.'라는 뜻이며, '덮다'는 '어떤 사실이나 내용 따위를 따져 드러내지 않고 그대로 두거나 숨기다.'라는 뜻이다. '폭로(暴露)하다'는 '알려지지 않았거나 감춰져 있던 사실을 드러내다.'를 의미하므로, '감추다, 숨기다, 덮다'와 반의 관계이다.

오답 풀이
① 엄폐(掩蔽)하다: 가리어 숨기다.
② 은닉(隱匿)하다: 남의 물건이나 범죄인을 감추다.
③ 이월(移越)하다: 옮기어 넘기다.
④ 진술(陳述)하다: 일이나 상황에 대하여 자세하게 이야기하다.

04 '초래(招來)하다'는 '일의 결과로서 어떤 현상을 생겨나게 하다.'라는 뜻이고, '시작(始作)하다'는 '어떤 일이나 행동의 처음 단계를 이루거나 그렇게 하게 하다.'라는 뜻이므로 서로 바꿔 쓰기에 적절하지 않다. '초래(招來)하다'와 바꿔 쓸 수 있는 어휘는 '일으키다'이다.

오답 풀이
① 조짐(兆朕): 좋거나 나쁜 일이 생길 기미가 보이는 현상.
③ 장래(將來): 앞으로의 가능성이나 전망.
④ 기초(基礎): 사물이나 일 따위의 기본이 되는 것.
⑤ 명심(銘心)하다: 잊지 않도록 마음에 깊이 새겨 두다.

05 ㉠에 들어갈 말은 '남이 모르는 가운데.'라는 뜻의 '은연중(隱然中)'이고, ㉡에 들어갈 말은 '중심이 한쪽으로 치우침.'이라는 뜻의 '편중(偏重)'이다.

오답 풀이
① 타성(惰性): 오래되어 굳어진 좋지 않은 버릇. 또는 오랫동안 변화나 새로움을 꾀하지 않아 나태하게 굳어진 습성.
　종식(終熄): 한때 매우 성하던 현상이나 일이 끝나거나 없어짐.
② 환원(還元): 본디의 상태로 다시 돌아감. 또는 그렇게 되게 함.
③ 점철(點綴): 관련이 있는 상황이나 사실 따위가 서로 이어짐. 또는 그것들을 서로 이음.
④ 편달(鞭撻): 스승이나 어른이 타이르고 격려함을 비유적으로 이르는 말.

06 '폄하(貶下)하다'는 '가치를 깎아내리다.'라는 뜻으로, 경쟁사 제품의 가치를 깎아내리는 상황을 나타내기에 적절하다. '폐습(弊習)'은 '폐해가 많은 풍습'이라는 뜻으로, 낡은 풍습을 없애고 발달된 문명을 받아들인다는 의미를 나타내기에 적절하다.

오답 풀이
① 주재(主宰)하다: 어떤 일을 중심이 되어 맡아 처리하다.
　진수(眞髓): 사물이나 현상의 가장 중요하고 본질적인 부분.
② 탈피(脫皮)하다: 일정한 상태나 처지에서 완전히 벗어나다.
③ 통독(通讀)하다: 처음부터 끝까지 훑어 읽다.
⑤ 횡령(橫領)하다: 공금이나 남의 재물을 불법으로 차지하여 가지다.
　토대(土臺): 어떤 사물이나 사업의 밑바탕이 되는 기초와 밑천을 비유적으로 이르는 말.

08 한자 성어

step ① 어휘력 학습

▶ 148~149쪽

01 ② 02 ③ 03 ① 04 ④ 05 ① 06 ③ 07 ②
08 ① 09 ③ 10 ② 11 ① 12 ③ 13 ④ 14 ②
15 ⑤ 16 ④ 17 ① 18 ② 19 ③ 20 ⑤

step ② 어휘력 체크

▶ 150쪽

01 ~ 04

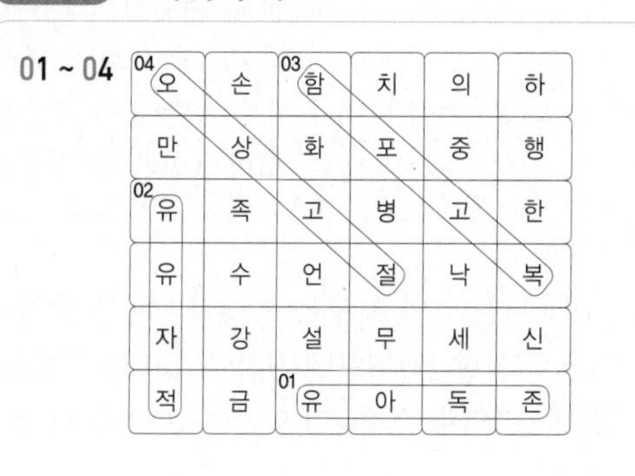

05 조리 06 복 07 대나무 08 화로, 부채 09 돌, 효과
10 오만불손 11 어불성설 12 후안무치 13 안빈낙도
14 살신성인 15 안분지족 16 독야청청 17 중언부언
18 화중지병

step ③ 어휘력 완성 ▶ 151쪽

01 ④ 02 ③ 03 ② 04 ① 05 ⑤ 06 ①

01 '보고 못 먹는 것은 그림의 떡'은 '아무 실속이 없음.'을 이르는 속담으로, 그림의 떡을 뜻하는 한자 성어인 '화중지병(畫中之餠)'과 관련된다.

02 〈보기〉의 화자는 가난하지만 편안한 마음으로 지내는 것을 싫어하지 말고 벗이 없다고 한탄하지 말라고 하면서, 수분 안졸(守分安拙) 즉 자기 분수에 만족하며 편안히 살다가 죽는 것이 옳다는 낙관적인 삶의 태도를 드러내고 있다. 이러한 화자의 태도는 '안분지족(安分知足)'으로 나타낼 수 있다.

오답 풀이
① 살신성인(殺身成仁): 자기의 몸을 희생하여 인(仁)을 이룸.
② 세한고절(歲寒孤節): 추운 계절에도 혼자 푸르른 대나무를 일컫는 말.
④ 함포고복(含哺鼓腹): 잔뜩 먹고 배를 두드린다는 뜻으로, 먹을 것이 풍족하여 즐겁게 지냄을 이름.
⑤ 후안무치(厚顔無恥): 뻔뻔스러워 부끄러움이 없음.

03 되는대로 지껄이는 상황에는 '오래 살고 복을 누리며 건강하고 평안함.'을 뜻하는 '수복강녕(壽福康寧)'이 아니라, '조리가 없이 말을 이러쿵저러쿵 지껄임.'을 뜻하는 '횡설수설(橫說竪說)'을 써야 한다.

04 '금의야행(錦衣夜行)'은 '비단옷을 입고 밤길을 다닌다는 뜻으로, 자랑삼아 하지 않으면 생색이 나지 않음. 또는 아무 보람이 없는 일을 함.'을 뜻하는 말이므로, '편안한 삶'과 거리가 먼 한자 성어이다.

05 〈보기〉의 ⓐ는 화자가 예찬하는 대상으로, 한겨울 추위에 굴하지 않는 높은 절개를 지니고 있다. 그런데 '유유자적(悠悠自適)'은 '속세를 떠나 아무 속박 없이 조용하고 편안하게 삶.'을 뜻하는 말로, 의미상 굳은 절개와 관련이 없다.

06 '기는 놈 위에 나는 놈이 있다'는 '아무리 재주가 뛰어나다 하더라도 그보다 더 뛰어난 사람이 있다는 뜻으로, 스스로 뽐내는 사람을 경계하여 이르는 말'이다. 따라서 '뻔뻔스러워 부끄러움이 없음.'을 뜻하는 '후안무치(厚顔無恥)'가 아니라, '세상에서 자기 혼자 잘났다고 뽐내는 태도'를 뜻하는 '유아독존(唯我獨尊)'을 활용하여 설명하는 것이 더 적절하다.

09 헷갈리는 어휘 _ 고유어

step ① 어휘력 학습 ▶ 152~153쪽

01 ② 02 ① 03 ② 04 (1) ③ (2) ① 05 ② 06 ①
07 (1) ④ (2) ② 08 (1) ① (2) ③ 09 ① 10 ② 11 ②
12 ① 13 ① 14 ② 15 ① 16 ② 17 ② 18 ①
19 ③ 20 (1) ② (2) ① 21 ① 22 ②

step ② 어휘력 체크 ▶ 154쪽

01 온전 02 우위 03 의지 04 발효 05 이득, 역할
06 투명 07 오로지 08 한참 09 벌리다 10 박히다
11 부수다 12 어르다 13 박여 14 한창 15 젖혀
16 벌여 17 을렀다 18 × 19 ○ 20 × 21 ×
22 ○

step ③ 어휘력 완성 ▶ 155쪽

01 ② 02 ④ 03 ③ 04 ② 05 ⑤ 06 ④

01 ②는 '일을 계획하여 시작하거나 펼쳐 놓다.'라는 뜻의 '벌이다'를 사용하여 '동네잔치를 벌이다.'라고 해야 한다. 따라서 '동네잔치를 벌이다.'는 ㉠이 아닌 ㉡에 들어갈 용례이다.

02 '김치나 젓갈 따위의 음식물을 발효시켜 맛이 들게 하다.'라는 뜻을 지닌 말은 '삭히다'이고, '기침이나 가래 따위를 잠잠하게 하거나 가라앉히다.'라는 뜻을 지닌 말은 '삭이다'이다. 따라서 '삭힌 젓갈', '기침을 삭이는 데 좋다.'라고 해야 한다.

오답 풀이
① 어르다: 몸을 움직여 주거나 또는 무엇을 보여 주거나 들려주어서, 어린아이를 달래거나 기쁘게 하여 주다.
으르다: 상대편이 겁을 먹도록 무서운 말이나 행동으로 위협하다.
② 젖히다: 뒤로 기울게 하다.

제치다: 일을 미루다.
③ 짚다: 바닥이나 벽, 지팡이 따위에 몸을 의지하다.
집다: 손가락이나 발가락으로 물건을 잡아서 들다. 또는 기구로 물건을 마주 잡아서 들다.
⑤ 비치다: 빛이 나서 환하게 되다.
비추다: 빛을 내는 대상이 다른 대상에 빛을 보내어 밝게 하다.

03 ③은 문맥상 '바닥이나 벽, 지팡이 따위에 몸을 의지하다.'라는 뜻의 '짚다'가 알맞다.

오답 풀이
① 한창: 어떤 일이 가장 활기 있고 왕성하게 일어나는 때. 또는 그런 모양.
② 부시다: 그릇 따위를 씻어 깨끗하게 하다.
④ 오롯이: 모자람이 없이 온전하게.
⑤ 박히다: 두들겨 치이거나 틀려서 꽂히다.

04 ②는 '단단한 물체를 여러 조각이 나게 두드려 깨뜨리다.'라는 뜻의 '부수다'를 사용하여 '자동차 문을 부순 범인'이라고 해야 한다.

05 〈보기〉의 '어르다'는 '몸을 움직여 주거나 또는 무엇을 보여 주거나 들려주어서, 어린아이를 달래거나 기쁘게 하여 주다.'라는 뜻으로, ㈐은 적절한 문장이다.

06 〈보기〉의 ⓓ의 뜻을 지닌 어휘는 '한목'으로, '외상값을 한목에 갚았다.'라고 해야 적절하다.

10 필수 어휘 _ 예술

step ① 어휘력 학습 ▶ 156~157쪽

01 (1) ① (2) ③ 02 ④ 03 ⑥ 04 ② 05 ⑤ 06 ⑤
07 ④ 08 ① 09 ③ 10 ② 11 ① 12 ④ 13 ②
14 ⑤ 15 ③ 16 ① 17 ④ 18 ⑤ 19 ② 20 ③
21 ② 22 ④ 23 ③ 24 ⑤ 25 ① 26 ① 27 ③
28 (1) ② (2) ⑥ 29 ④ 30 ⑤

step ② 어휘력 체크 ▶ 158쪽

01 장엄 02 순수 03 경지 04 경치 05 맞서다 06 가능성 07 ㉠ 08 ㉤ 09 ㉢ 10 ㉥ 11 ㉣ 12 ㉡
13 소담 14 회고 15 곰삭아 16 조예 17 유려 18 가미
19 치장 20 번잡 21 가관 22 조악 23 풍파 24 고양

step ③ 어휘력 완성 ▶ 159쪽

01 ① 02 ⑤ 03 ② 04 ① 05 ①

01 '고양(高揚)'은 '정신이나 기분 따위를 북돋워서 높임.'을 뜻하는 말로, 문맥상 ①에 어울리지 않는다. 어떤 분야에 지식과 경험이 많은 사람에 대해 설명할 때에는 '학문이나 예술, 기술 따위의 분야에 대한 지식이나 경험이 깊은 경지에 이른 정도'를 뜻하는 '조예(造詣)'를 사용하여 '조예가 깊은 성군이었다.'라고 하는 것이 적절하다.

오답 풀이
② 문하생(門下生): 어떤 스승의 아래에서 배우는 제자.
③ 가미(加味)하다: 본래의 것에 다른 요소를 보태어 넣다.
④ 숭고(崇高)하다: 뜻이 높고 고상하다.
⑤ 백미(白眉): 흰 눈썹이라는 뜻으로, 여럿 가운데에서 가장 뛰어난 사람이나 훌륭한 물건을 비유적으로 이르는 말.

02 ⑤의 '무료(無聊)하다'는 '흥미 있는 일이 없어 심심하고 지루하다.'라는 뜻이고, '열없다'는 '좀 겸연쩍고 부끄럽다.'라는 뜻이므로 서로 바꿔 쓰기에 적절하지 않다.

오답 풀이
① 희미(稀微)하다: 분명하지 못하고 어렴풋하다.
② 어수선하다: 사물이 얽히고 뒤섞여 가지런하지 아니하고 마구 헝클어져 있다.
③ 꼴불견(-不見): 하는 짓이나 겉모습이 차마 볼 수 없을 정도로 우습고 거슬림.
④ 말하다: 생각이나 느낌 따위를 말로 나타내다.

03 〈보기〉의 ㈏을 뜻하는 말은 '풍파(風波)'이다. ②에서는 이를 활용하여 '자식들 문제로 풍파가 끊이지 않는다.'라고 하는 것이 적절하다.

04 〈보기〉의 '소담하다'는 '생김새가 탐스럽다.'라는 뜻으로, 이는 문맥상 ①에 어울리지 않는다. ①에는 '작고 대수롭지 아니하다.'라는 뜻을 지닌 '소소(小小)하다'를 사용하는 것이 어울린다.

05 ㉠에는 '겁이 없고 배짱이 두둑하다.'라는 뜻의 '담대(膽大)하다'가, ㉡에는 '더 어찌할 나위가 없을 만큼 가차 없이. 또는 달리 어찌할 방법이나 가능성이 없이.'라는 뜻의 '여지(餘地)없이'가 들어가야 한다.

11 다의어

step ① 어휘력 학습 ▶ 160~161쪽

01 (1) ③ (2) ① (3) ④ (4) ② 02 (1) ③ (2) ② (3) ① 03 (1) ② (2) ① 04 (1) ② (2) ① 05 (1) ① (2) ③ (3) ② 06 (1) ② (2) ③ (3) ① 07 (1) ② (2) ① 08 (1) ① (2) ③ (3) ② 09 (1) ③ (2) ② (3) ① 10 (1) ③ (2) ② (3) ⑤ (4) ① (5) ④ 11 (1) ① (2) ② 12 (1) ② (2) ①

step ② 어휘력 체크 ▶ 162쪽

01 시험 02 감당 03 꽂히게 04 번듯하게 05 세력 06 ② 07 ① 08 ① 09 ① 10 ② 11 ① 12 ② 13 ① 14 ② 15 ① 16 ②

10 ① 붇다 : 물에 젖어서 부피가 커지다.

11 ② 붙다 : 맞닿아 떨어지지 아니하다.

12 ① 벅차다 : 숨이 견디기 힘들 만큼 가쁘다.

13 ② 비롯하다 : 여럿 가운데서 앞의 것을 첫째로 삼아 그것을 중심으로 다른 것도 포함하다.

14 ① 박다 : 머리 따위를 부딪치다.

15 ② 밋밋하다 : 경사나 굴곡이 심하지 않고 평평하고 비스듬하다.

16 ① 떨어뜨리다 : 값이나 금액을 낮추다.

step ③ 어휘력 완성 ▶ 163쪽

01 ② 02 ② 03 ④ 04 ④ 05 ⑤

01 ②의 '무르익다'는 '과일이나 곡식 따위가 충분히 익다.'라는 뜻인데, '만발(滿發)하다'는 '꽃이 활짝 다 피다.'라는 뜻이므로 서로 바꿔 쓰기에 적절하지 않다.

오답 풀이
① 꿰매다: 옷 따위의 해지거나 뚫어진 데를 바늘로 깁거나 얽어매다.
③ 합격(合格)하다: 시험, 검사, 심사 따위에서 일정한 조건을 갖추어 어떠한 자격이나 지위 따위를 얻다.
④ 더해지다: '더 보태어 늘리거나 많게 하다.'라는 뜻을 가진 '더하다'의 피동사.
⑤ 낮추다: 높낮이로 잴 수 있는 수치나 정도를 기준이 되는 대상이나 보통 정도에 미치지 못하는 상태가 되게 하다. '낮다'의 사동사.

02 ②의 '매운 겨울바람'에서 '맵다'는 '날씨가 몹시 춥다.'라는 뜻으로 쓰였다.

03 ㉠의 '떨어뜨리다'와 ④의 '떨어뜨리다'는 '위에 있던 것을 아래로 내려가게 하다.'라는 뜻으로 쓰였다.

오답 풀이
① '고개를 아래로 숙이다.'라는 뜻으로 쓰였다.
② '입찰이나 시험 따위에 붙지 않게 하다.'라는 뜻으로 쓰였다.
③ '값이나 금액을 낮추다.'라는 뜻으로 쓰였다.
⑤ '가지고 있던 물건을 빠뜨려 흘리다.'라는 뜻으로 쓰였다.

04 ㈀의 '밋밋하다'는 '생긴 모양 따위가 두드러진 특징이 없이 평범하다.'라는 뜻이고, ㈁의 '밋밋하다'는 '경사나 굴곡이 심하지 않고 평평하고 비스듬하다.'라는 뜻이다.

오답 풀이
① 박다: 두들겨 치거나 틀어서 꽂히게 하다.
② 붇다: 살이 찌다.
③ 붙다: 좇아서 따르다.
⑤ 몰락(沒落)하다: 재물이나 세력 따위가 쇠하여 보잘것없어지다.

05 〈보기〉와 ⑤의 '비롯하다'는 '여럿 가운데서 앞의 것을 첫째로 삼아 그것을 중심으로 다른 것도 포함하다.'라는 뜻으로 쓰였다.

오답 풀이
① 〈보기〉의 '붙다'는 '맞닿아 떨어지지 아니하다.'라는 뜻으로, ①의 '붙다'는 '시설이 딸려 있다.'라는 뜻으로 쓰였다.
② 〈보기〉의 '붇다'는 '물에 젖어서 부피가 커지다.'라는 뜻으로, ②의 '붇다'는 '분량이나 수효가 많아지다.'라는 뜻으로 쓰였다.
③ 〈보기〉의 '벅차다'는 '숨이 견디기 힘들 만큼 가쁘다.'라는 뜻으로, ③의 '벅차다'는 '감당하기가 어렵다.'라는 뜻으로 쓰였다.
④ 〈보기〉의 '박다'는 '머리 따위를 부딪치다.'라는 뜻으로, ④의 '박다'는 '머리나 얼굴 따위를 깊이 숙이거나 눌러서 대다.'라는 뜻으로 쓰였다.

12 배경지식 용어 _ 인문·예술

step ② 어휘력 체크 ▶ 166쪽

01 공거제 02 미니멀리즘 03 니체 04 미래주의 05 롤스 06 모의 이론 07 이황 08 ○ 09 ○ 10 × 11 ○ 12 × 13 × 14 ○ 15 표현주의 16 이이 17 노직 18 이론 – 이론

step ③ 어휘력 완성

▶ 167쪽

01 ③ 02 ① 03 ② 04 ④

01 〈보기 1〉에서 '두 체계 이론'에서는 사람이 '거울 체계'와 '심리화 체계'를 모두 가지고 있다고 본다고 하였다. 또한 사람이 타인의 행위를 관찰할 경우, 먼저 거울 체계가 작동하고 이후 심리화 체계가 작동한다고 하였다. 따라서 〈보기 2〉에서 OO 씨가 주말마다 복지 시설을 방문하는 동료를 볼 때는, 거울 체계가 작동된 후 심리화 체계가 작동되었을 것이다.

02 헤라클레이토스는 존재의 생성과 변화를 긍정했으며, 니체는 영원히 변하지 않는 존재는 없다고 보았다. 따라서 헤라클레이토스와 니체는 '존재'가 변화한다고 생각했음을 알 수 있다.

03 이황은 '이'와 '기'가 하나일 수는 없으며, 이 둘은 철저히 구분되어야 한다고 보았다. 따라서 '이'와 '기'는 철저히 구분된다는 것이 이황의 견해로 가장 적절하다.

04 〈보기〉에 미래주의 회화의 발전 과정에 대한 내용은 언급되어 있지 않다.

오답 풀이

① 발라, 보치오니, 상텔리아, 루솔로 등이 미래주의에 참여했다고 하였다.

② 미래주의는 산업화에 뒤처진 이탈리아에서 산업화의 특성인 속도와 운동에 주목하고 이를 예술적으로 표현하기 위해 등장했다고 하였다.

③ 미래주의 화가들은 분할주의 기법을 사용했다고 하였다.

⑤ 미래주의 회화는 움직이는 대상의 속도와 운동이라는 미적 가치에 주목하여 새로운 미의식을 제시했다고 하였다.

3주 완성 실전 대비 기출 모의고사

▶ 168~172쪽

01 ④	02 ④	03 ②	04 ①	05 ①	06 ①	07 ⑤
08 ⑤	09 ①	10 ②	11 ②	12 ④	13 ②	14 ②
15 ③	16 ②	17 ①	18 ④	19 ⑤	20 ④	21 ②

01 '부단(不斷)하다'는 '꾸준하게 잇대어 끊임이 없다.'라는 뜻을 지닌 말이다. '아주 가깝게 맞닿아 있다. 또는 그런 관계에 있다.'는 '밀접(密接)하다'의 사전적 의미에 해당한다.

02 ㉣의 '방지(防止)하다'는 '어떤 일이나 현상이 일어나지 못하게 막다.'의 의미이다. 따라서 '계속되던 일이나 움직임이 멈추거나 끝나다.'의 의미를 지닌 '그치다'가 아닌, '어떤 일이나 행동을 못하게 하다.'의 의미를 지닌 '막다'와 바꿔 쓰는 것이 적절하다.

오답 풀이

① ㉠의 '활용(活用)되다'는 '충분히 잘 이용되다.'의 의미이므로 '쓰이다'와 바꿔 쓸 수 있다.

② ㉡의 '견고(堅固)하다'는 '굳고 단단하다.'의 의미이므로 '튼튼하다'와 바꿔 쓸 수 있다.

③ ㉢의 '돌출(突出)되다'는 '쑥 내밀거나 불거지다.'의 의미이므로 '튀어나오다'와 바꿔 쓸 수 있다.

⑤ ㉤의 '선사(膳賜)하다'는 '존경, 친근, 애정의 뜻을 나타내기 위하여 남에게 선물을 주다.'의 의미이므로 '주다'와 바꿔 쓸 수 있다.

03 '운동 원리를 다루는'에서의 '다루다'와 '주제로 다루었다'에서의 '다루다'는 모두 '어떤 것을 소재나 대상으로 삼다.'의 의미로 사용되었다.

오답 풀이

① '유체라고 부른다'에서의 '부르다'는 '무엇이라고 가리켜 말하거나 이름을 붙이다.'의 의미로 사용되었고, '값을 비싸게 불렀다'에서의 '부르다'는 '값이나 액수 따위를 얼마라고 말하다.'의 의미로 사용되었다.

③ '유체를 이루는'에서의 '이루다'는 '몇 가지 부분이나 요소들을 모아 일정한 성질이나 모양을 가진 존재가 되게 하다.'의 의미로 사용되었고, '소원을 이루었다'에서의 '이루다'는 '뜻한 대로 되게 하다.'의 의미로 사용되었다.

④ '점성 때문에 나타나는 현상'에서의 '나타나다'는 '어떤 새로운 현상이나 사물이 발생하거나 생겨나다.'의 의미로 사용되었고, '목격자가 우리 앞에 나타났다'에서의 '나타나다'는 '보이지 아니하던 어떤 대상의 모습이 드러나다.'의 의미로 사용되었다.

⑤ '변형이 일어나는'에서의 '일어나다'는 '자연이나 인간 따위에게 어떤 현상이 발생하다.'의 의미로 사용되었고, '자리에서 일어났다'에서의 '일어나다'는 '누웠다가 앉거나 앉았다가 서다.'의 의미로 사용되었다.

04 〈보기〉에서 미인이 문을 닫고 안으로 들어가자 소유는 어쩔 수 없이 여관으로 돌아오게 되는데, 이 상황에 어울리는 한자 성어는 '손을 묶은 것처럼 어찌할 도리가 없어 꼼짝 못 함.'을 뜻하는 '속수무책(束手無策)'이다.

오답 풀이

② 수수방관(袖手傍觀): 팔짱을 끼고 보고만 있다는 뜻으로, 간섭하거나 거들지 아니하고 그대로 버려둠을 이르는 말.

③ 아연실색(啞然失色): 뜻밖의 일에 얼굴빛이 변할 정도로 놀람.

④ 안하무인(眼下無人): 눈 아래에 사람이 없다는 뜻으로, 방자하고 교만하여 다른 사람을 업신여김을 이르는 말.

⑤ 혼비백산(魂飛魄散): 혼백이 어지러이 흩어진다는 뜻으로, 몹시 놀라 넋을 잃음을 이르는 말.

05 ⓐ의 '나누다'는 문맥상 기준에 따라 종류를 가르는 것을 의미하므로, '종류에 따라서 가르다.'라는 의미인 '분류(分類)하다'와 바꾸어 쓸 수 있다.

오답 풀이
② 변별(辨別)하다: 사물의 옳고 그름이나 좋고 나쁨을 가리다.
③ 배분(配分)하다: 몫몫이 별러 나누다.
④ 판별(判別)하다: 옳고 그름이나 좋고 나쁨을 판단하여 구별하다.
⑤ 해석(解釋)하다: 문장이나 사물 따위로 표현된 내용을 이해하고 설명하다.

06 ⓐ의 '흡착(吸着)하다'는 '어떤 물질이 달라붙다.'라는 뜻이므로, '속으로 배어들다.'라는 뜻을 지닌 '스며들다'와 바꿔 쓰기에 적절하지 않다.

오답 풀이
② 포집(捕執)하다: 여러 가지 방법으로 일정한 물질 속에 있는 미량 성분을 분리하여 잡아 모으다.
③ 세정(洗淨)하다: 씻어서 깨끗이 하다.
④ 하부(下部): 아래쪽 부분.
⑤ 배출(排出)하다: 안에서 밖으로 밀어 내보내다.

07 ㉠은 국순이 나랏일을 돌보지 않는 임금에게 간언을 해야 함에도 불구하고 입을 굳게 다문 채 아무 말도 하지 않는 상황이다. 이러한 상황은 '입을 다물고 아무 말도 하지 아니함.'을 의미하는 '함구무언(緘口無言)'으로 나타낼 수 있다.

오답 풀이
① 어불성설(語不成說): 말이 조금도 사리에 맞지 아니함.
② 이실직고(以實直告): 사실 그대로 고함.
③ 중구난방(衆口難防): 뭇사람의 말을 막기가 어렵다는 뜻으로, 막기 어려울 정도로 여럿이 마구 지껄임을 이르는 말.
④ 중언부언(重言復言): 이미 한 말을 자꾸 되풀이함. 또는 그런 말.

08 제시된 '마음가짐이 바르다.'는 '바르다2 [1]'이 아니라 '바르다2 [2]'의 용례에 해당한다.

오답 풀이
① '바르다1'과 '바르다2'는 소리는 같으나 뜻이 서로 다른 동음이의어이다.
② '바르다1'과 '바르다2'는 모두 두 가지 이상의 뜻을 가지고 있는 다의어이다.
③ '바르다1'은 '【…을 …에】【…을 …으로】'라는 문형 정보를 통해 주어 이외에 목적어와 부사어가 필요하다는 것을 알 수 있다. 하지만 '바르다2'는 주어만 필요로 한다.
④ '바르다1'의 품사는 동사이고, '바르다2'의 품사는 형용사이다.

09 '채권의 가격이 떨어진다'에서의 '떨어지다'는 '값, 기온, 수준, 형세 따위가 낮아지거나 내려가다.'의 의미로 사용되었다. '기온이 영하로 떨어졌다'에서의 '떨어지다' 역시 이와 유사한 의미로 사용되었다.

오답 풀이
② '이익이 남다.'의 의미로 사용되었다.
③ '입맛이 없어지다.'의 의미로 사용되었다.
④ '옷이나 신발이 해어져서 못 쓰게 되다.'의 의미로 사용되었다.
⑤ '명령이나 허락 따위가 내려지다.'의 의미로 사용되었다.

10 '미명(美名)'은 '그럴듯하게 내세운 명목이나 명칭'이라는 뜻을 지닌 말이다. '어떤 사실을 자세히 따져서 바로 밝힘.'은 '규명(糾明)'의 사전적 의미에 해당한다.

11 '아퀴나스에 따르면'에서의 '따르다'는 '어떤 경우, 사실이나 기준 따위에 의거하다.'의 의미로 사용되었고, '법에 따라 일을 처리했다'에서의 '따르다'도 이와 같은 의미로 사용되었다. '도덕 법칙을 따르려는 의무로서의 사랑'에서의 '따르다'는 '관례, 유행이나 명령, 의견 따위를 그대로 실행하다.'의 의미로 사용되었고, '의회의 결정을 따르겠다'에서의 '따르다'도 이와 같은 의미로 사용되었다.

오답 풀이
① ⓐ는 '다른 사람이나 동물의 뒤에서, 그가 가는 대로 같이 가다.', ⓑ는 '앞선 것을 좇아 같은 수준에 이르다.'의 의미로 사용되었다.
③ ⓐ는 '어떤 일이 다른 일과 더불어 일어나다.', ⓑ는 '좋아하거나 존경하여 가까이 좇다.'의 의미로 사용되었다.
④ ⓐ는 '앞선 것을 좇아 같은 수준에 이르다.', ⓑ는 '관례, 유행이나 명령, 의견 따위를 그대로 실행하다.'의 의미로 사용되었다.
⑤ ⓐ는 '어떤 경우, 사실이나 기준 따위에 의거하다', ⓑ는 '일정한 선 따위를 그대로 밟아 움직이다.'의 의미로 사용되었다.

12 '국한(局限)'은 '범위를 일정한 부분에 한정함.'이라는 뜻을 지닌 말이다. '알맞게 이용하거나 어떤 상황에 맞추어 씀.'은 '적용(適用)'의 사전적 의미에 해당한다.

13 ㉠은 시백이 여러 날 동안 박 씨에게 다가가지 못하고 마음을 태우다 병이 난 상황이다. 따라서 독자는 시백에 대해 '몹시 마음을 쓰며 애를 태움.'을 의미하는 '노심초사(勞心焦思)'했을 것이라고 짐작할 수 있다.

오답 풀이
① 군자삼락(君子三樂): 군자의 세 가지 즐거움을 이르는 말.
③ 이심전심(以心傳心): 마음과 마음으로 서로 뜻이 통함.
④ 견강부회(牽強附會): 이치에 맞지 않는 말을 억지로 끌어 붙여 자기에게 유리하게 함.
⑤ 풍수지탄(風樹之歎): 효도를 다하지 못한 채 어버이를 여읜 자식의 슬픔을 이르는 말.

14 ㉡의 '나타내다'는 '겉으로 드러내다.'의 의미로 사용되었다. 따라서 '표를 하여 외부에 드러내 보이다.'의 의미를 가진 '표시(標示)하다'와 바꿔 쓸 수 있다.

오답 풀이
① '제조(製造)되다'는 '공장에서 큰 규모로 물건이 만들어지다.'의 의미이므로, ㉠의 '만들어지다'와 바꿔 쓰기에 적절하지 않다. ㉠은 '사물이 생겨나다.'의 의미를 가진 '생성(生成)되다'와 바꾸어 쓰는 것이 더 적절하다.

③ '발생(發生)되다'는 '어떤 일이나 사물이 생겨나게 되다.'의 의미이므로, ⓒ의 '이루어지다'와 바꿔 쓰기에 적절하지 않다. ⓒ은 '몇 가지 부분이나 요소들이 모여 일정한 전체가 짜여 이루어지다.'의 의미를 가진 '구성(構成)되다'와 바꾸어 쓰는 것이 더 적절하다.
④ '인정(認定)하다'는 '확실히 그렇다고 여기다.'의 의미이므로, ㉣의 '알아내다'와 바꿔 쓰기에 적절하지 않다.
⑤ '비교(比較)하다'는 '둘 이상의 사물을 견주어 서로 간의 유사점, 차이점, 일반 법칙 따위를 고찰하다.'의 의미이므로, ㉤의 '맞추다'와 바꿔 쓰기에 적절하지 않다.

15 ⓒ의 '경감(輕減)되다'는 '부담이나 고통 따위가 줄어서 가볍게 되다.'라는 의미이다. 그런데 ③에서 '손익(損益)'은 '손해와 이익을 아울러 이르는 말'이므로, ③은 '직원들의 노력에도 회사의 손해와 이익이 줄어서 가볍게 될 뿐이다.'와 같은 내용이 된다. 즉, '손익'은 '경감되다'와 의미상 호응하지 않는 말이다. ③은 '직원들의 노력으로 회사의 손해가 경감되었다.'와 같이 써야 자연스러운 표현이 된다.

오답 풀이
① 열람(閱覽): 책이나 문서 따위를 죽 훑어보거나 조사하면서 봄.
② 충당(充當): 모자라는 것을 채워 메움.
④ 개선(改善): 잘못된 것이나 부족한 것, 나쁜 것 따위를 고쳐 더 좋게 만듦.
⑤ 저해(沮害): 막아서 못 하도록 해침.

16 '집정(執政)'은 '정권을 잡음.'이라는 뜻을 지닌 말이다. '군주가 직접 통치할 수 없을 때에 군주를 대신하여 나라를 다스림.'은 '섭정(攝政)'의 사전적 의미에 해당한다.

17 ⓐ는 삼대의 죽음을 보고는 적진이 크게 놀라 허둥지둥 도망가는 상황을 나타낸 것이다. 이를 가장 잘 나타낸 한자 성어는 '혼백이 어지러이 흩어진다는 뜻으로, 몹시 놀라 넋을 잃음을 이르는 말'인 '혼비백산(魂飛魄散)'이다.

오답 풀이
② 경거망동(輕擧妄動): 경솔하여 생각 없이 망령되게 행동함.
③ 동분서주(東奔西走): 동쪽으로 뛰고 서쪽으로 뛴다는 뜻으로, 사방으로 이리저리 몹시 바쁘게 돌아다님을 이르는 말.
④ 분기탱천(憤氣撐天): 분한 마음이 하늘을 찌를 듯 격렬하게 북받쳐 오름.
⑤ 적반하장(賊反荷杖): 도둑이 도리어 매를 든다는 뜻으로, 잘못한 사람이 아무 잘못도 없는 사람을 나무람을 이르는 말.

18 ㉣의 '드러나다'는 '가려 있거나 보이지 않던 것이 보이게 되다.'의 의미이므로, '나타나거나 또는 나타나서 보이다.'의 의미를 가진 '출현(出現)하다'와 바꿔 쓰기에 적절하지 않다. ㉣은 '속에 있거나 숨은 것이 밖으로 나타나다.'의 의미를 가진 '발현(發現)할'과 바꿔 쓰는 것이 더 적절하다.

오답 풀이
① ㉠은 '무엇에 홀려 정신이 차려지지 못하다.'의 의미를 가진 '미혹(迷惑)된'과 바꿔 쓸 수 있다.
② ㉡은 '어떠한 것을 받아들이다.'의 의미를 가진 '수용(受容)하고'와 바꿔 쓸 수 있다.
③ ㉢은 '일정한 상태나 처지에서 완전히 벗어나다.'의 의미를 가진 '탈피(脫皮)하여'와 바꿔 쓸 수 있다.
⑤ ㉤은 '어떠한 한계나 표준을 뛰어넘다.'의 의미를 가진 '초월(超越)하여'와 바꿔 쓸 수 있다.

19 '산출(算出)'은 '계산하여 냄.'이라는 뜻을 지닌 말이다. '어떤 일에 필요한 돈이나 물자 따위를 내놓음.'은 '출력(出力)'의 사전적 의미에 해당한다.

20 '축적(蓄積)되다'는 '지식, 경험, 자금 따위가 모여서 쌓이다.'의 의미이므로, ⓓ는 '나타나고'가 아니라 '쌓이고'와 바꿔 쓰는 것이 적절하다.

오답 풀이
① '증가(增加)하다'는 '양이나 수치가 늘다.'의 의미이므로, ⓐ는 '늘어난다는'과 바꿔 쓸 수 있다.
② '초래(招來)하다'는 '일의 결과로서 어떤 현상을 생겨나게 하다.'의 의미이므로, ⓑ는 '일으킨'과 바꿔 쓸 수 있다.
③ '단축(短縮)되다'는 '시간이나 거리 따위가 짧게 줄어들다.'의 의미이므로, ⓒ는 '짧아짐에'와 바꿔 쓸 수 있다.
⑤ '집착(執着)하다'는 '어떤 것에 늘 마음이 쏠려 잊지 못하고 매달리다.'의 의미이므로, ⓔ는 '얽매이는'과 바꿔 쓸 수 있다.

21 '주인'은 아들의 과거 급제를 위해 돈으로 사람을 매수하는 등 부당한 방법을 동원하고 있다. 이를 비판할 수 있는 속담으로는 '수단이나 방법은 어찌 되었든 간에 목적만 이루면 된다는 말'인 '모로 가도 서울만 가면 된다'가 적절하다.

오답 풀이
① 사공이 많으면 배가 산으로 간다: 주관하는 사람 없이 여러 사람이 자기주장만 내세우면 일이 제대로 되기 어려움을 이르는 말.
③ 뒷간에 갈 적 마음 다르고 올 적 마음 다르다: 자기 일이 아주 급한 때는 통사정하며 매달리다가 그 일을 무사히 다 마치고 나면 모른 체하고 지낸다는 말.
④ 떡 줄 사람은 꿈도 안 꾸는데 김칫국부터 마신다: 해 줄 사람은 생각지도 않는데 미리부터 다 된 일로 알고 행동한다는 말.
⑤ 얌전한 고양이 부뚜막에 먼저 올라간다: 겉으로는 얌전하고 아무것도 못 할 것처럼 보이는 사람이 딴짓을 하거나 자기 실속을 다 차리는 경우를 이르는 말.

4주 완성

01 필수 어휘 _과학

step ① 어휘력 학습

▶ 174~175쪽

01 ① 02 ③ 03 ② 04 ⑤ 05 ④ 06 ① 07 ③
08 ② 09 (1) ④ (2) ⑥ 10 ⑤ 11 ① 12 ⑤ 13 ②
14 ③ 15 ④ 16 ⑤ 17 (1) ① (2) ② 18 ③ 19 ⑥
20 ④ 21 ④ 22 ① 23 ⑤ 24 ② 25 ③ 26 ②
27 ④ 28 ③ 29 ⑤ 30 ①

step ② 어휘력 체크

▶ 176쪽

01 기아 02 난상 03 아성 04 소강 05 맹아 06 발로 07 군집 08 긴밀 09 숙주 10 간명 11 간헐적 12 상피 13 구명 14 밀접 15 뇌리 16 갈구 17 엄두 18 변이 19 범람 20 난입 21 감별 22 발발 23 소진 24 구축

step ③ 어휘력 완성

▶ 177쪽

01 ④ 02 ③ 03 ② 04 ③ 05 ⑤

01 '소강(小康)하다'의 뜻은 '소란이나 분란, 혼란 따위가 그치고 조금 잠잠하다.'이므로, 종료 시간이 임박해 선수들이 남은 힘을 모두 쓴 상황을 나타내기에 적절하지 않다. 이 경우 '점점 줄어들어 다 없어지다. 또는 다 써서 없애다.'라는 뜻을 지닌 '소진(消盡)하다'를 사용하는 것이 적절하다.

오답 풀이
① 가시다: 어떤 상태가 없어지거나 달라지다.
② 뇌리(腦裏): 사람의 의식이나 기억, 생각 따위가 들어 있는 영역.
③ 긴밀(緊密)하다: 서로의 관계가 매우 가까워 빈틈이 없다.
⑤ 고질(痼疾): 오랫동안 앓고 있어 고치기 어려운 병.

02 〈보기〉의 '하천이 범람하여'에서의 '범람(汎濫)하다'는 '큰물이 흘러넘치다.'라는 뜻으로 쓰였다. 이와 문맥적 의미가 가장 가까운 것은 '액체가 가득 차서 흘러내리다.'라는 뜻을 지닌 '넘쳐흐르다'이다.

오답 풀이
① 넘나들다: (1) 경계, 기준 따위를 넘어갔다 넘어왔다 하다. (2) 어떤 특정 장소 혹은 이곳저곳을 왔다 갔다 하다.
② 넘실거리다: (1) 물결 따위가 자꾸 부드럽게 굽이쳐 움직이다. (2) 액체가 그득 차서 자꾸 넘칠 듯 말 듯 하다. (3) 어떤 기운이 넘쳐 날 듯이 그득 어리다.
④ 스며들다: 속으로 배어들다.
⑤ 흘러나오다: (1) 물, 빛 따위가 새거나 빠져서 밖으로 나오다. (2) 말소리나 음악 소리 따위가 밖으로 퍼져 나오다.

03 '밀접(密接)하다'의 뜻은 '아주 가깝게 맞닿아 있다. 또는 그런 관계에 있다.'이고, '가깝다'의 뜻은 '성질이나 특성이 기준이 되는 것과 비슷하다.'이므로 서로 바꿔 쓰기에 적절하지 않다. '밀접하다'는 '서로의 관계가 매우 가까워 빈틈이 없다.'라는 뜻을 가진 '긴밀(緊密)하다'와 바꿔 쓸 수 있다.

오답 풀이
① 끓이다: 액체를 몹시 뜨겁게 해 소리를 내면서 거품이 솟아오르게 하다. '끓다'의 사동사.
③ 간단명료(簡單明瞭)하다: 간단하고 분명하다.
④ 터지다: 싸움이나 사건 따위가 갑자기 벌어지거나 일어나다.
⑤ 갈망(渴望)하다: 간절히 바라다.

04 〈보기〉의 ⓒ에 들어갈 말과 '기생 생물에게 영양을 공급하는 생물'을 의미하는 것은 '숙주(宿主)'이다. '맹아(萌芽)'는 '(1) 풀이나 나무에 새로 돋아 나오는 싹. (2) 사물의 시초가 되는 것'을 의미한다.

05 '비등(沸騰)하다'는 '(1) 액체가 끓어오르다. (액체가 어느 온도 이상으로 가열되어, 그 증기압이 주위의 압력보다 커져서 액체의 표면뿐만 아니라 내부에서도 기화하는 현상을 이른다.) (2) 물이 끓듯 떠들썩하게 일어나다.'라는 뜻을 지닌 말이다. 〈보기〉의 ㈀에서는 (2)의 뜻으로 쓰였고, ⑤에서는 (1)의 뜻으로 쓰였다.

오답 풀이
① 엄두: 감히 무엇을 하려는 마음을 먹음. 또는 그 마음.
② 난입(闌入)하다: 허가 없이 함부로 뛰어들다.
③ 감별(鑑別)하다: 보고 식별하다.
④ 손색((遜色)없다: 다른 것과 견주어 못한 점이 없다.

02 한자 성어

step ① 어휘력 학습

▶ 178~179쪽

01 ① 02 ③ 03 ④ 04 ② 05 ① 06 ② 07 ④
08 ③ 09 ② 10 ① 11 ② 12 ③ 13 ① 14 ⑤
15 ① 16 ③ 17 ② 18 ④ 19 ⑥ 20 ⑦

step ② 어휘력 체크

▶ 180쪽

01 왕후장상 02 단순호치 03 삼수갑산 04 사모관대
05 창해일속 06 우주 07 요절 08 낮은 09 창사, 험한
10 거울, 물 11 측은지심 12 근묵자흑 13 맹모삼천
14 불가사의 15 화용월태 16 남귤북지 17 각계각층
18 만단정회

step ③ 어휘력 완성

▶ 181쪽

01 ⑤ 02 ③ 03 ⑤ 04 ③ 05 ② 06 ⑤

01 〈보기〉의 밑줄 친 부분은 보잘것없이 매우 작다는 의미이므로, 이는 '넓고 큰 바닷속의 좁쌀 한 알이라는 뜻으로, 아주 많거나 넓은 것 가운데 있는 매우 하찮고 작은 것을 이르는 말'인 '창해일속(滄海一粟)'으로 나타낼 수 있다.

오답 풀이
① 구절양장(九折羊腸): 아홉 번 꼬부라진 양의 창자라는 뜻으로, 꼬불꼬불하며 험한 산길을 이름.
② 삼라만상(森羅萬象): 우주에 있는 온갖 사물과 현상.
③ 삼수갑산(三水甲山): 우리나라에서 가장 험한 산골이라 이르던 함경남도 삼수와 갑산 지방.
④ 유만부동(類萬不同): (1) 비슷한 것이 많으나 서로 같지는 아니함. (2) 정도에 넘침. 또는 분수에 맞지 아니함.

02 '미관말직(微官末職)'은 '지위가 아주 낮은 벼슬. 또는 그런 위치에 있는 사람'을 뜻하는 말이므로, 재산을 많이 모아 호화로운 생활을 하는 상황을 나타내기에는 적절하지 않다. 이러한 상황에는 '제왕·제후·장수·재상을 아울러 이르는 말'인 '왕후장상(王侯將相)'을 사용할 수 있다.

오답 풀이
① 근묵자흑(近墨者黑): 나쁜 사람과 가까이 지내면 나쁜 버릇에 물들기 쉬움을 이름.
② 구절양장(九折羊腸): 꼬불꼬불하며 험한 산길을 이름.
④ 사모관대(紗帽冠帶): 예전에 벼슬아치들이 쓴 모자인 '사모'와 관복인 '관대'를 아울러 이르는 말.
⑤ 명경지수(明鏡止水): 잡념과 가식과 헛된 욕심 없이 맑고 깨끗한 마음을 이름.

03 〈보기〉의 ㉠은 '제왕·제후·장수·재상을 아울러 이르는 말'인 '왕후장상(王侯將相)'과 의미가 통한다.

오답 풀이
① 각계각층(各界各層): 사회 각 분야의 여러 계층.
② 단순호치(丹脣皓齒): 붉은 입술과 하얀 치아라는 뜻으로, 아름다운 여자를 이름.
③ 맹모삼천(孟母三遷): 맹자의 어머니가 아들을 가르치기 위해 세 번이나 이사를 하였음을 이르는 말.
④ 삼라만상(森羅萬象): 우주에 있는 온갖 사물과 현상.

04 '명경지수(明鏡止水)'는 '맑은 거울과 고요한 물이라는 뜻으로, 잡념과 가식과 헛된 욕심 없이 맑고 깨끗한 마음을 이르는 말'이므로, '여인의 아름다움'이라는 의미와는 거리가 멀다.

오답 풀이
① 경국지색(傾國之色): 임금이 혹하여 나라가 기울어져도 모를 정도로 뛰어나게 아름다운 미인을 이름.
② 단순호치(丹脣皓齒): 붉은 입술과 하얀 치아라는 뜻으로, 아름다운 여자를 이름.
④ 절세가인(絕世佳人): 세상에 견줄 만한 사람이 없을 정도로 뛰어나게 아름다운 여인.
⑤ 화용월태(花容月態): 아름다운 여인의 얼굴과 맵시를 이름.

05 '남귤북지(南橘北枳)'는 '강남의 귤을 강북에 심으면 탱자가 된다는 뜻으로, 사람은 사는 곳의 환경에 따라 착하게도 되고 악하게도 됨을 이르는 말'로, 〈보기〉의 이야기에서 유래하였다.

오답 풀이
① 근묵자흑(近墨者黑): 나쁜 사람과 가까이 지내면 나쁜 버릇에 물들기 쉬움을 이름.
③ 불가사의(不可思議): 사람의 생각으로는 미루어 헤아릴 수 없이 이상하고 야릇함.
④ 삼수갑산(三水甲山): 우리나라에서 가장 험한 산골이라 이르던 함경남도 삼수와 갑산 지방.
⑤ 홍동백서(紅東白西): 제사상을 차릴 때에 붉은 과실은 동쪽에 흰 과실은 서쪽에 놓는 일.

06 〈보기〉의 밑줄 친 부분은 개의 참혹한 죽음에 마음이 아프다는 내용이므로, 이는 '인간의 본성에서 우러나오는, 남의 불행을 불쌍히 여기는 마음'을 뜻하는 '측은지심(惻隱之心)'으로 나타낼 수 있다.

03 헷갈리는 어휘_한자어

step ① 어휘력 학습

▶ 182~183쪽

01 ② 02 ① 03 ① 04 ② 05 ② 06 ① 07 ②
08 ① 09 ② 10 ① 11 ② 12 ① 13 ② 14 ①
15 ② 16 ③ 17 ① 18 ② 19 ① 20 ② 21 ①
22 ② 23 ①

step ❷ 어휘력 체크

▶ 184쪽

01 모욕 02 곤경 03 통신 04 수량 05 연극 06 갈피 07 재정 08 재고 09 유래 10 자초 11 결재 12 경신 13 유례 14 갱신 15 개량 16 자처 17 상영 18 × 19 × 20 ○ 21 ○ 22 ×

step ❸ 어휘력 완성

▶ 185쪽

01 ④ 02 ② 03 ③ 04 ④ 05 ③

01 '자초(自招)'는 '어떤 결과를 자기가 생기게 함. 또는 제 스스로 끌어들임.'을 뜻하고, '자처(自處)'는 '자기를 어떤 사람으로 여겨 그렇게 처신함.'을 뜻한다. 따라서 '그는 팀에서 악역을 자처하다가 결국 팀에서 방출되는 결과를 자초하고 말았다.'라고 해야 적절하다.

오답 풀이

① '제고(提高)'는 '수준이나 정도 따위를 끌어올림.'을 뜻하고, '재고(再考)'는 '어떤 일이나 문제 따위에 대하여 다시 생각함.'을 뜻한다.
② '계량(計量)'은 '수량을 헤아리거나 부피, 무게 따위를 잼.'을 뜻하고, '개량(改良)'은 '나쁜 점을 보완하여 더 좋게 고침.'을 뜻한다.
③ '두절(杜絕)'은 '교통이나 통신 따위가 막히거나 끊어짐.'을 뜻하고, '단절(斷絕)'은 '유대나 연관 관계를 끊음. 또는 흐름이 연속되지 아니함.'을 뜻한다.
⑤ '경신(更新)'은 '기록경기 따위에서 종전의 기록을 깸. 또는 어떤 분야의 종전 최고치나 최저치를 깸.'을 뜻하고, '갱신(更新)'은 '법률관계의 존속 기간이 끝났을 때 그 기간을 연장하는 일'을 뜻한다.

02 '결재(決裁)'는 '결정할 권한이 있는 상관이 부하가 제출한 안건을 검토하여 허가하거나 승인함.'을 뜻하고, '결제(決濟)'는 '증권 또는 대금을 주고받아 매매 당사자 사이의 거래 관계를 끝맺는 일'을 뜻한다. 따라서 ②는 문맥상 '그는 사장님께 결재를 받으러 갔다.'라고 하는 것이 적절하다.

오답 풀이

① 계량(計量): 수량을 헤아리거나 부피, 무게 따위를 잼.
③ 자초(自招): 어떤 결과를 자기가 생기게 함. 또는 제 스스로 끌어들임.
④ 두절(杜絕): 교통이나 통신 따위가 막히거나 끊어짐.
⑤ 유례(類例): 같거나 비슷한 예. 또는 이전부터 있었던 사례.

03 '자초(自招)'는 '어떤 결과를 자기가 생기게 함. 또는 제 스스로 끌어들임.'을 뜻하므로, ㉢에는 '자기를 어떤 사람으로 여겨 그렇게 처신함.'을 뜻하는 '자처(自處)'가 들어가야 한다.

오답 풀이

① '제정(制定)'은 '제도나 법률 따위를 만들어서 정함.'을 뜻하므로 ㉠에 알맞다.
② '재정(財政)'은 '개인, 가계, 기업 따위의 경제 상태'를 뜻하므로 ㉡에 알맞다.
④ '혼돈(混沌)'은 '마구 뒤섞여 있어 갈피를 잡을 수 없음. 또는 그런 상태'를 뜻하므로 ㉣에 알맞다.
⑤ '혼동(混同)'은 '구별하지 못하고 뒤섞어서 생각함.'을 뜻하므로 ㉤에 알맞다.

04 〈보기〉의 ⓓ가 뜻하는 말은 '계량(計量)'이며, 문맥상 '이번 재난으로 인한 피해액은 계량이 불가능하다.'라고 하는 것이 적절하다.

05 '단절(斷絕)'은 '유대나 연관 관계를 끊음.'을 뜻하고, '두절(杜絕)'은 '교통이나 통신 따위가 막히거나 끊어짐.'을 뜻한다. 따라서 교통이나 통신이 끊어진 상황은 '두절(杜絕)'로, 유대와 연관 관계가 끊어진 상황은 '단절(斷絕)'로 표현하는 것이 적절하다.

04 필수 어휘 _과학

step ❶ 어휘력 학습

▶ 186~187쪽

01 ① ④ 02 ① 03 ③ 04 (1) ⑥ (2) ② 05 ⑤ 06 ⑥
07 (1) ③ (2) ④ 08 ⑤ 09 ② 10 ① 11 ① 12 ④
13 ② 14 ③ 15 ⑤ 16 ⑥ 17 (1) ① (2) ② 18 ④
19 ③ 20 ⑤ 21 ② 22 ⑤ 23 ③ 24 ① 25 ④
26 ④ 27 ③ 28 ① 29 ⑤ 30 ②

step ❷ 어휘력 체크

▶ 188쪽

01 포식하다 02 총칭 03 침하하다 04 잉태하다 05 쾌척하다 06 쾌재 07 마음 08 이름 09 사실 10 촘촘 11 중심 12 특징 13 바깥층 14 용해 15 촉진 16 탐지 17 증산 18 창궐 19 육박 20 확증 21 퇴보 22 천착 23 창안 24 투여

step ❸ 어휘력 완성

▶ 189쪽

01 ① 02 ② 03 ⑤ 04 ① 05 ②

01 '회진(回診)'의 뜻은 '의사가 환자의 병실로 돌아다니며 진찰함.'이므로, 결과물이 만족스러워 흐뭇하게 웃는 상황을 나타내기에 적절하지 않다. 이 경우 '마음에 흐뭇하게 들어맞음. 또는 그런 상태의 마음'을 의미하는 '회심(會心)'를 사용하는 것이 적절하다.

오답 풀이
② 호명(呼名)하다: 이름을 부르다.
③ 잉태(孕胎)하다: (1) 아이나 새끼를 배다. (2) 어떤 사실이나 현상을 내부에서 생기고 자라나게 하다.
④ 육박(肉薄)하다: 바싹 가까이 다가붙다.
⑤ 중추(中樞): 사물의 중심이 되는 중요한 부분.

02 '창안(創案)하다'의 뜻은 '어떤 방안, 물건 따위를 처음으로 생각하여 내다.'이고, '탐지(探知)하다'의 뜻은 '드러나지 않은 사실이나 물건 따위를 더듬어 찾아 알아내다.'이므로 서로 바꿔 쓰기에 적절하지 않다.

오답 풀이
① 퍼지다: 어떤 물질이나 현상 따위가 넓은 범위에 미치다.
③ 메마르다: 땅이 물기가 없고 기름지지 아니하다.
④ 눈여겨보다: 주의 깊게 잘 살펴보다.
⑤ 알맞다: 일정한 기준, 조건, 정도 따위에 넘치거나 모자라지 아니한 데가 있다.

03 '용해(溶解)'의 뜻은 '녹거나 녹이는 일'이고, '촉진(促進)'의 뜻은 '다그쳐 빨리 나아가게 함.'이다. 따라서 두 어휘는 각각 ㉠과 ㉡에 들어가기에 적절하다.

오답 풀이
① 침하(沈下): (1) 가라앉아 내림. (2) 건물이나 자연물이 내려앉거나 꺼져 내려감.
쾌재(快哉): 일 따위가 마음먹은 대로 잘되어 만족스럽게 여김. 또는 그럴 때 나는 소리.
② 폐부(肺腑): 마음의 깊은 속.
쾌척(快擲): 금품을 마땅히 쓸 자리에 시원스럽게 내놓음.
③ 피질(皮質): 장기에서 속과 바깥의 것이 구조적으로 구별될 때의 바깥층.
퇴보(退步): 정도나 수준이 이제까지의 상태보다 뒤떨어지거나 못하게 됨.
④ 형질(形質): 동식물의 모양, 크기, 성질 따위의 고유한 특징.
육박(肉薄): 바싹 가까이 다가붙음.

04 <보기>에 제시된 '잇따라 자꾸'는 '연신'에 해당하는 뜻으로, ①은 문맥상 '사실과 꼭 같이'라는 뜻을 가진 '여실(如實)히'가 아닌 '연신'을 사용하는 것이 적절하다.

05 '탐지(探知)'의 뜻은 '드러나지 않은 사실이나 물건 따위를 더듬어 찾아 알아냄.'으로, '정도나 수준이 이제까지의 상태보다 뒤떨어지거나 못하게 됨.'은 '퇴보(退步)'의 뜻이다.

05 한자 성어

step ① 어휘력 학습

▶ 190~191쪽

01 ② 02 ① 03 ③ 04 ④ 05 ① 06 ④ 07 ⑤
08 ⑥ 09 ③ 10 ② 11 ① 12 ③ 13 ② 14 ④
15 ② 16 ① 17 ③ 18 ④ 19 ② 20 ①

step ② 어휘력 체크

▶ 192쪽

01 ~ 04

결	적	04 암	중	모	색
지	02 만	고	풍	상	삼
03 양	불	시	두	계	01 기
오	수	견	심	망	사
권	육	겸	우	도	회
신	숙	대	장	가	생

05 이익, 의리 06 시장 07 맨손, 맨주먹 08 이슬, 객지 09 해결 10 오매불망 11 도탄지고 12 대의멸친 13 권모술수 14 패가망신 15 두문불출 16 수구초심 17 견위치명 18 오월동주

step ③ 어휘력 완성

▶ 193쪽

01 ⑤ 02 ② 03 ③ 04 ⑤ 05 ② 06 ⑤

01 '오월동주(吳越同舟)'는 '서로 적의를 품은 사람들이 한자리에 있게 된 경우나 서로 협력하여야 하는 상황을 이르는 말'로, 이는 <보기>의 이야기에서 유래한 한자 성어이다.

02 '패가망신(敗家亡身)'은 '집안의 재산을 다 써 없애고 몸을 망침.'을 뜻하는 말로, 이국땅에서 일정한 거처가 없이 떠돌아다니며 지내는 상황을 나타내기에는 적절하지 않다. 이 상황에서는 '바람을 먹고 이슬에 잠잔다는 뜻으로, 객지에서 많은 고생을 겪음을 이르는 말'인 '풍찬노숙(風餐露宿)'을 사용할 수 있다.

오답 풀이
① 대의멸친(大義滅親): 큰 도리를 지키기 위하여 부모나 형제도 돌아보지 않음.
③ 견리사의(見利思義): 눈앞의 이익을 보면 의리를 먼저 생각함.
④ 수구초심(首丘初心): 여우가 죽을 때에 머리를 자기가 살던 굴

쪽으로 둔다는 뜻으로, 고향을 그리워하는 마음을 이름.
⑤ 선우후락(先憂後樂): 세상의 근심할 일은 남보다 먼저 근심하고 즐거워할 일은 남보다 나중에 즐거워한다는 뜻으로, 지사(志士)나 어진 사람의 마음씨를 이름.

03 〈보기〉에는 부패한 관리들의 가혹한 수탈에 시달리는 농민들의 모습이 드러나 있다. 이처럼 가혹한 정치로 말미암아 백성이 큰 고통을 겪는 상황은 '진구렁에 빠지고 숯불에 타는 듯한 극심한 고통'을 뜻하는 '도탄지고(塗炭之苦)'로 나타낼 수 있다.

04 〈보기〉의 밑줄 친 부분에는 사랑하는 임을 잊지 못하고 그리워하는 상황이 드러나 있는데, 이러한 상황은 '자나 깨나 잊지 못함.'을 뜻하는 '오매불망(寤寐不忘)'으로 나타낼 수 있다.

05 〈보기〉의 ⓐ는 이생이 친척과 손님의 길흉사에도 집 밖을 출입하지 않는 상황이므로, 이러한 상황은 '집에만 있고 바깥출입을 아니함.'을 뜻하는 '두문불출(杜門不出)'로 나타낼 수 있다.

06 '권모술수(權謀術數)'는 '목적 달성을 위하여 수단과 방법을 가리지 않는 온갖 모략이나 술책'을 뜻하는 말이다. 〈보기〉에서 뇌천풍은 강남홍의 검법에 놀라 다시는 싸울 생각을 하지 못하고 그 자리에서 급히 말을 돌려 달아난 것이므로, 강남홍을 유인하기 위해 권모술수를 썼다고 볼 수 없다.

오답 풀이
① 기사회생(起死回生): 거의 죽을 뻔하다가 도로 살아남.
② 삼십육계(三十六計): 형편이 불리할 때는 달아나는 것이 상책이란 말.
③ 혼비백산(魂飛魄散): 혼백이 어지러이 흩어진다는 뜻으로, 몹시 놀라 넋을 잃음을 이름.
④ 이란투석(以卵投石): 달걀로 돌을 친다는 뜻으로, 아주 약한 것으로 강한 것에 대항하려는 어리석음을 이름.

06 속담

step ① 어휘력 학습

▶ 194~195쪽

01 ④	02 ①	03 ②	04 ③	05 ①	06 ②	07 ②
08 ①	09 ④	10 ③	11 ②	12 ⑤	13 ④	14 ⑦
15 ⑥	16 ③	17 ①	18 ③	19 ②	20 ①	

step ② 어휘력 체크

▶ 196쪽

01 우는 아이 02 서울 가서 03 내 고뿔 04 방앗간 05 남태령 06 제짝 07 걱정거리 08 정리 09 분란 10 제주도, 서울 11 ㉡ 12 ㉤ 13 ㉢ 14 ㉠ 15 ㉣ 16 십 년 묵은 체증이 내린 17 울며 겨자 먹기 18 귀신이 곡할 노릇 19 설마가 사람 죽인다 20 모로 가도 서울만 가면 된다

step ③ 어휘력 완성

▶ 197쪽

01 ② 02 ② 03 ③ 04 ① 05 ⑤ 06 ①

01 〈보기〉의 '마지못하여 항서를 써 보내니'에서 알 수 있듯이, 왜왕은 내키지 않는 일을 억지로 하고 있다. 따라서 ⓐ를 나타내기에 적절한 속담은 '맵다고 울면서도 겨자를 먹는다는 뜻으로, 싫은 일을 억지로 마지못하여 함을 이르는 말'인 '울며 겨자 먹기'이다.

오답 풀이
① 귀신이 곡할 노릇: 신기하고 기묘하여 그 속내를 알 수 없음을 이르는 말.
③ 소경 문고리 잡은 격: 그럴 능력이 없는 사람이 어쩌다가 요행수로 어떤 일을 이룬 경우를 이르는 말.
④ 십 년 묵은 체증이 내리다: 어떤 일로 인하여 더할 나위 없이 속이 후련하여진 경우를 이르는 말.
⑤ 짚신도 제짝이 있다: 보잘것없는 사람도 제짝이 있다는 말.

02 '울려는 아이 뺨 치기'는 '아이가 울려고 할 때 잘 달래지는 않고 뺨을 치면 울음은 크게 터진다는 뜻으로, 일이 좀 틀어져 가려고 할 때 오히려 더 충동하여 더욱 큰 분란을 일으키게 됨을 이르는 말'이다. 자기가 나서서 요구해야 얻을 수 있음을 이르는 말은 '우는 아이 젖 준다'이다.

03 '설마가 사람 죽인다'는 '요행을 바라지 말고 있을 수 있는 모든 것을 미리 예방해 놓아야 한다는 말'이고, '촌철살인(寸鐵殺人)'은 '간단한 말로도 남을 감동하게 하거나 남의 약점을 찌를 수 있음을 이르는 말'이므로 서로 의미가 유사하지 않다.

오답 풀이
① 궁여지책(窮餘之策): 궁한 나머지 생각다 못하여 짜낸 계책.
② 읍아수유(泣兒授乳): 우는 아이에게 젖을 준다는 뜻으로, 무엇이든 자기가 요구해야 얻을 수 있다는 말.
④ 여발통치(如拔痛齒): 앓던 이가 빠진 것 같다는 뜻으로, 괴로운 일에서 벗어나 시원함을 이르는 말.
⑤ 기마욕솔노(騎馬欲率奴): 말 타면 경마 잡히고 싶다는 뜻으로, 사람의 욕심이란 끝이 없음을 이르는 말.

04 '떼어 놓은 당상'은 '떼어 놓은 당상이 변하거나 다른 데로 갈 리 없다는 데서, 일이 확실하여 조금도 틀림이 없음을 이르는 말'이고, '고 떼어 주머니에 넣다'는 '잘못을 저질러 매우 무안을 당한 경우를 이르는 말'이므로 서로 의미가 유사하지 않다. '떼어 놓은 당상'과 의미가 유사한 속담에는 '떼어 둔 당상 좀 먹으랴'가 있다.

오답 풀이

② 어설픈 약국이 사람 죽인다: 능력이 없어서 제구실을 못하면서 함부로 하다가 큰일을 저지르게 됨을 이르는 말.

③ 남의 생손은 제 살의 티눈만도 못하다: 남의 괴로움이 아무리 크다고 해도 자기의 작은 괴로움보다는 마음이 쓰이지 아니함을 이르는 말.

④ 서울이 낭이라니까 과천부터 긴다: 서울 인심이 야박하여 낭떠러지와 같다는 말만 듣고 미리부터 겁을 먹는다는 뜻으로, 비굴하게 행동하는 짓을 이르는 말.

⑤ 모로 가나 기어가나 서울 남대문만 가면 그만이다: 수단이나 방법은 어찌 되었든 간에 목적만 이루면 된다는 말.

05 <보기>는 교육, 정치, 경제 등 모든 분야의 인프라가 집중되어 있는 서울에 사람들이 모여드는 서울 집중 현상에 대해 설명하고 있다. 따라서 ㉠에는 '망아지는 말의 고장인 제주도에서 길러야 하고, 사람은 어릴 때부터 서울로 보내어 공부를 하게 하여야 잘될 수 있다는 말'인 '말은 나면 제주도로 보내고 사람은 나면 서울로 보내라'가 들어가야 한다.

06 <보기>에는 자신들의 팀보다 우수한 실력을 가진 팀이 없다며 우승을 당연하게 여기는 상황이 제시되어 있다. 이러한 상황을 표현하기에 적절한 속담은 '떼어 놓은 당상이 변하거나 다른 데로 갈 리 없다는 데서, 일이 확실하여 조금도 틀림이 없음을 이르는 말'인 '떼어 놓은 당상'이다.

07 필수 어휘 _ 기술

step ① 어휘력 학습

▶ 198~199쪽

01 ④ 02 ② 03 ① 04 ③ 05 ⑤ 06 ② 07 ③
08 ⑤ 09 ① 10 ④ 11 ⑤ 12 (1) ① (2) ④ 13 ③
14 ② 15 ⑥ 16 ④ 17 ⑤ 18 ① 19 ③ 20 ②
21 ③ 22 ② 23 ⑤ 24 ① 25 ④ 26 ⑥ 27 ③
28 ② 29 (1) ① (2) ⑤ 30 ④

step ② 어휘력 체크

▶ 200쪽

01 ~ 06

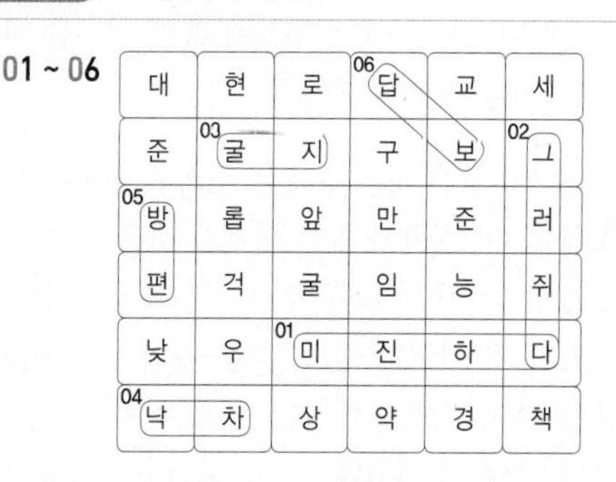

대	현	로	06 답	교	세
준	03 굴	지	구	보	02 고
05 방	롭	앞	만	준	려
편	격	굴	임	능	쥐
낮	우	01 미	진	하	다
04 낙	차	상	약	경	책

07 번화 08 허술함 09 발전 10 바꾸다 11 쓸데없는 12 선택 13 근접 14 부각 15 도래 16 만연 17 모색 18 고안 19 부합 20 대두 21 건재 22 농후 23 미약 24 강구

step ③ 어휘력 완성

▶ 201쪽

01 ③ 02 ① 03 ① 04 ④ 05 ③

01 '근접(近接)하다'의 뜻은 '가까이 접근하다.'이고, '닥쳐오다'의 뜻은 '어떤 일이나 대상 따위가 가까이 다다라 오다.'이므로 서로 바꿔 쓰기에 적절하지 않다.

오답 풀이

① 퍼지다: 어떤 물질이나 현상 따위가 넓은 범위에 미치다.

② 수단(手段): 어떤 목적을 이루기 위한 방법. 또는 그 도구.

④ 바로: 시간적인 간격을 두지 아니하고 곧.

⑤ 개발(開發)하다: 새로운 물건을 만들거나 새로운 생각을 내어놓다.

02 '기우(杞憂)'는 '앞일에 대해 쓸데없는 걱정을 함. 또는 그 걱정'을 뜻하는 말이다. 더위가 누그러들 기미가 보이지 않는 상황에서는 '기운이나 힘 따위가 성해서 좀처럼 누그러들지 않음. 또는 그 기운이나 힘'을 뜻하는 '기승(氣勝)'을 사용하여 '불볕더위가 연일 기승을 부린다.'라고 하는 것이 적절하다.

오답 풀이

② 번창(繁昌)하다: 번화하게 창성하다.

③ 봉착(逢着)하다: 어떤 처지나 상태에 부닥치다.

④ 모색(摸索)하다: 일이나 사건 따위를 해결할 수 있는 방법이나 실마리를 더듬어 찾다.

⑤ 동력(動力): 어떤 일을 발전시키고 밀고 나가는 힘.

03 ㉠에는 '좋은 대책과 방법을 궁리하여 찾아내거나 좋은 대책을 세움.'을 뜻하는 '강구(講究)'가, ㉡에는 '미미하고 약하다.'를 뜻하는 '미약(微弱)하다'가, ㉢에는 '마음속으로 이리저리 따져 깊이 생각함. 또는 그런 생각'을 뜻하는 '궁리(窮理)'가 들어가야 한다.

04 〈보기〉의 ⓓ에 들어갈 말은 '미진(未盡)하다'로, 이는 '아직 다하지 못하다.'를 뜻한다. '무엇에 홀려 정신을 차리지 못하다.'는 '미혹(迷惑)하다'의 뜻이다.

05 '낙차(落差)'는 '(1) 높은 곳에서 낮은 곳으로 떨어지는 물의 높낮이 차이. (2) 물체가 높은 곳에서 낮은 곳으로 떨어질 때의 높낮이 차이. (3) 두 가지 일 사이의 시간 차이. (4) 두 가지 것 사이의 정도, 수준 따위의 차이'라는 뜻을 가진 말이다. 〈보기〉에서는 (2)의 뜻으로 쓰였고, ③에서는 (4)의 뜻으로 쓰였다.

오답 풀이

① 경미(輕微)하다: 가볍고 아주 적어서 대수롭지 아니하다.
② 건재(健在)하다: 힘이나 능력이 줄어들지 않고 여전히 그대로 있다.
④ 부합(符合)하다: 부신(符信)이 꼭 들어맞듯 사물이나 현상이 서로 꼭 들어맞다.
⑤ 부각(浮刻)하다: 어떤 사물을 특징지어 두드러지게 하다.

08 관용어

step ① 어휘력 학습

▶ 202~203쪽

01 ④ 02 ① 03 (1) ③ (2) ⑤ 04 ② 05 ⑤ 06 ③
07 ① 08 ④ 09 ② 10 ③ 11 ① 12 ② 13 ①
14 ③ 15 ④ 16 ② 17 ⑥ 18 ⑤ 19 ④ 20 ②
21 ① 22 ③ 23 ① 24 ②

step ② 어휘력 체크

▶ 204쪽

01 숨을 거두다 02 뼈를 깎다 03 숨통을 끊어 놓다 04 속이 풀리다 05 허리가 휘다 06 산통을 깨다 07 오금을 박다 08 마음 09 엉큼 10 팔다리 11 상쾌 12 부담 13 원한 14 ㉡ 15 ㉤ 16 ㉠ 17 ㉣ 18 ㉢ 19 뒤집힐 것 20 허리를 굽히는 21 허리띠를 졸라맸다 22 속을 태웠다 23 오금이 저렸다 24 뼈가 빠지게

step ③ 어휘력 완성

▶ 205쪽

01 ① 02 ② 03 ② 04 ③ 05 ② 06 ③

01 '숨 쉴 새 없다'는 '좀 쉴 만한 시간적 여유도 없이 몹시 바쁘다.'라는 뜻을 가진 말이므로, '몹시 답답함을 느꼈다'로 바꾸어 표현하는 것은 적절하지 않다.

02 ②의 '허리를 굽히다'는 '남에게 굴복하다.'라는 뜻의 관용어로 쓰이지 않았다. 여기에서 '굽히다'는 '한쪽으로 휘게 하다.'라는 뜻의 동사로 쓰였다.

03 '숨을 거두다'는 '죽다를 완곡하게 이르는 말'로, 오랜 투병 끝에 결국 그가 죽음을 맞이한 상황을 나타내기에 적절하다. 따라서 ㉠의 빈칸에 들어갈 말은 '거뒀다'이다.
'숨이 막히다'는 '어떤 상황이 심한 긴장감이나 압박감을 주다.'라는 뜻을 지닌 말로, 합격자 발표를 앞두고 긴장감이 흐르는 장내의 분위기를 나타내기에 적절하다. 따라서 ㉡의 빈칸에 들어갈 말은 '막히는'이다.
'숨통을 끊어 놓다'는 '죽이다를 속되게 이르는 말'로, 협박을 받는 상황을 나타내기에 적절하다. 따라서 ㉢의 빈칸에 들어갈 말은 '끊어'이다.

04 ③의 '속이 시원하다'는 '좋은 일이 생기거나 나쁜 일이 없어져서 마음이 상쾌하다.'라는 뜻의 관용어로 쓰이지 않았다. 여기에서 '시원하다'는 '음식이 차고 산뜻하거나, 뜨거우면서 속을 후련하게 하는 점이 있다.'라는 뜻의 형용사로 쓰였다.

05 '찬물을 끼얹다'는 '잘되어 가고 있는 일에 뛰어들어 분위기를 흐리거나 공연히 트집을 잡아 헤살을 놓다.'라는 뜻을 지닌 말이므로, 어수선한 분위기를 바로잡는 상황에서 쓰이기에 적절하지 않다.

오답 풀이

① '뼈를 깎다'는 '몹시 견디기 어려울 정도로 고통스럽다.'라는 뜻을 지닌 관용어이다.
③ '뼈를 묻다'는 '단체나 조직에 평생토록 헌신하다.'라는 뜻을 지닌 관용어이다.
④ '오금이 저리다'는 '공포감 따위에 맥이 풀리고 마음이 졸아들다.'라는 뜻을 지닌 관용어이다.
⑤ '오금이 얼어붙다'는 '팔다리가 잘 움직이지 아니하다.'라는 뜻을 지닌 관용어이다.

06 뜻풀이를 참고할 때, ⓐ에는 '속을 끓이다'를 사용하여 '그는 자식들 문제로 속을 끓이다 결국 병을 얻게 되었다.'라고 하는 것이 적절하다. ⓑ에는 '오금을 박다'를 사용하여 '심사 위원장은 참가자들에게 학력과 경력을 부풀리는 일은 죄질이 나쁜 범죄 행위라고 오금을 박았다.'라고 하는 것이 적절하다.

09 다의어

step ① 어휘력 학습 ▶ 206~207쪽

01 (1) ③ (2) ② (3) ① 02 (1) ② (2) ① 03 (1) ① (2) ② 04 (1) ③ (2) ② (3) ① 05 (1) ③ (2) ② (3) ① 06 (1) ① (2) ③ (3) ② 07 (1) ② (2) ① 08 (1) ① (2) ② 09 (1) ② (2) ① (3) ③ 10 (1) ② (2) ③ (3) ① 11 (1) ② (2) ① (3) ③ (4) ④ 12 (1) ① (2) ②

step ② 어휘력 체크 ▶ 208쪽

01 생기 02 기운 03 시치미 04 얇다 05 소소하다 06 ① 07 ① 08 ① 09 ① 10 ② 11 ② 12 ① 13 ① 14 ② 15 ① 16 ②

10 ① 여리다: 빛깔이나 소리 따위가 약간 흐리거나 약하다.

11 ① 썩다: 물건이나 사람 또는 사람의 재능 따위가 쓰여야 할 곳에 제대로 쓰이지 못하고 내버려진 상태에 있다.

12 ② 삭다: 긴장이나 화가 풀려 마음이 가라앉다.

13 ② 스미다: 바람 따위의 기체가 흘러들다.

14 ① 싣다: 물체나 사람을 옮기기 위해 탈것, 수레, 비행기, 짐승의 등 따위에 올리다.

15 ② 어렵다: 상대가 되는 사람이 거리감이 있어 행동하기가 조심스럽고 거북하다.

16 ① 엷다: 지나치게 드러냄이 없이 있는 듯 없는 듯 가만하다.

step ③ 어휘력 완성 ▶ 209쪽

01 ③ 02 ① 03 ⑤ 04 ④ 05 ② 06 ⑤

01 '그는 노년을 양로원에서 어렵게 지냈다.'에서 '어렵다'는 '겪게 되는 곤란이나 시련이 많다.'라는 뜻으로 쓰였다. 〈보기〉의 (c)의 뜻으로는 '협상이 어렵지 않게 타결되었다.'와 같이 사용되어야 한다.

02 ①의 '얄팍하다'는 '생각이 깊이가 없고 속이 빤히 들여다보이다.'라는 뜻으로 쓰였다. '두께가 조금 얇다.'의 뜻을 지닌 '얄팍하다'는 '얄팍한 책을 옆구리에 끼고 강의실에 들어갔다.'와 같이 사용되어야 한다.

03 ㈀의 '스미다'는 '바람 따위의 기체가 흘러들다.'라는 뜻으로 쓰였고, ㈁의 '스미다'는 '마음, 정 따위가 담겨 있다.'라는 뜻으로 쓰였다.

오답 풀이
① 썩다: 균의 작용으로 악취가 생기거나 상하게 되다.
② 어렵다: 하기가 까다로워 힘에 겹다.
③ 얄팍하다: 두께가 조금 얇다.
④ 여리다: 단단하거나 질기지 않아 부드럽거나 약하다.

04 〈보기〉와 ④의 '엷다'는 모두 '두께가 적다.'라는 뜻으로 사용되었다.

오답 풀이
① '밀도가 빽빽하지 아니하다.'라는 뜻으로 쓰였다.
② '말이나 행동 따위가 깊지 아니하고 가볍다.'라는 뜻으로 쓰였다.
③ '지나치게 드러냄이 없이 있는 듯 없는 듯 가만하다.'라는 뜻으로 쓰였다.
⑤ '빛깔이 진하지 아니하다.'라는 뜻으로 쓰였다.

05 ②의 '여리다'는 '빛깔이나 소리 따위가 약간 흐리거나 약하다.'라는 뜻이고, '연(軟)하다'는 '재질이 무르고 부드럽다.'라는 뜻이므로 서로 바꿔 쓰기에 적절하지 않다.

오답 풀이
① 담기다: 어떤 내용이나 사상이 그림, 글, 말, 표정 따위 속에 포함되거나 반영되다.
③ 곯다: 은근히 해를 입어 골병이 들다.
④ 안일(安逸)하다: 무엇을 쉽고 편안하게 생각하여 관심을 적게 두는 태도가 있다.
⑤ 가라앉다: 흥분이나 아픔, 괴로움 따위가 수그러들거나 사라지다.

06 ⓔ의 '고두밥이 잘 삭아서'에서 '삭다'는 '김치나 젓갈 따위의 음식물이 발효되어 맛이 들다.'라는 뜻으로 쓰였다.

10 필수 어휘_기술

step ① 어휘력 학습 ▶ 210~211쪽

01 ② 02 ⑤ 03 ③ 04 ④ 05 ① 06 ② 07 ③ 08 ④ 09 ⑤ 10 ① 11 ⑤ 12 ③ 13 ② 14 (1) ⑥ (2) ① 15 ④ 16 ③ 17 ⑤ 18 ① 19 ② 20 ④ 21 ③ 22 ④ 23 ② 24 ① 25 ⑤ 26 ④ 27 ⑥ 28 ⑤ 29 (1) ① (2) ③ 30 ②

step ② 어휘력 체크

▶ 212쪽

01 죽을힘 02 질서 03 번창 04 건강 05 견고 06 유도 07 ㉣ 08 ㉢ 09 ㉠ 10 ㉡ 11 ㉤ 12 ㉥ 13 용이 14 투과 15 수렴 16 요긴 17 염두 18 자부 19 속단 20 착수 21 폐해 22 중재 23 평판 24 추세

step ③ 어휘력 완성

▶ 213쪽

01 ① 02 ④ 03 ③ 04 ② 05 ⑤ 06 ⑤

01 〈보기〉의 ㈀에 들어가는 '정제(精製)'의 뜻은 '물질에 섞인 불순물을 없애 그 물질을 더 순수하게 함.'이다.

02 '중첩(重疊)'은 '거듭 겹치거나 포개어짐.'을 뜻하는 단어로, 문맥상 ④에 어울리지 않는다. ④에는 '사물의 중심이 되는 중요한 부분'을 뜻하는 '중추(中樞)'를 사용하는 것이 적절하다.

오답 풀이
① 전용(專用): 남과 공동으로 쓰지 아니하고 혼자서만 쓰거나 특정한 목적으로 씀.
② 필사적(必死的): 죽을힘을 다하는 것.
③ 산란(散亂): 파동이나 입자선이 물체와 충돌하여 여러 방향으로 흩어지는 현상.
⑤ 혼탁(混濁)하다: 정치, 도덕 따위 사회적 현상이 어지럽고 깨끗하지 못하다.

03 빈칸에 알맞은 말은 '추세(趨勢)'이다. '추세'의 (1)의 뜻으로는 '올해 들어 수출은 계속 증가 추세를 보이고 있다.'와 같이 사용된다.

오답 풀이
① 추인(追認): 지나간 사실을 소급하여 추후에 인정함.
② 추종(追從): 남의 뒤를 따라서 좇음.
④ 출타(出他): 집에 있지 아니하고 다른 곳에 나감.
⑤ 침하(沈下): 가라앉아 내림.

04 ㉠에는 '신중을 기하지 아니하고 서둘러 판단함.'이라는 뜻의 '속단(速斷)'이, ㉡에는 '꼭 필요하고 중요하다.'라는 뜻의 '요긴(要緊)하다'가 들어가야 한다.

05 '말리다'의 뜻은 '다른 사람이 하고자 하는 어떤 행동을 못 하게 방해하다.'이고, '중재(仲裁)하다'의 뜻은 '분쟁에 끼어들어 쌍방을 화해시키다.'이므로 서로 바꿔 쓰기에 적절하지 않다.

오답 풀이
① 정정(亭亭)하다: 늙은 몸이 굳세고 건강하다.
② 투척(投擲)하다: 물건 따위를 던지다.
③ 정연(整然)하다: 가지런하고 질서가 있다.
④ 수렴(收斂)하다: 의견이나 사상 따위가 여럿으로 나뉘어 있는 것을 하나로 모아 정리하다.

06 ⓐ에는 '상반되는 것이 서로 영향을 주어 효과가 없어지는 일'을 뜻하는 '상쇄(相殺)'가, ⓑ에는 '어렵지 아니하고 매우 쉽다.'를 뜻하는 '용이(容易)하다'가 들어가야 한다.

11 한자 성어

step ① 어휘력 학습

▶ 214~215쪽

01 ⑤ 02 ① 03 ② 04 ④ 05 ③ 06 ③ 07 ④ 08 ② 09 ⑤ 10 ① 11 ① 12 ③ 13 ② 14 ④ 15 ③ 16 ④ 17 ② 18 ① 19 ② 20 ①

step ② 어휘력 체크

▶ 216쪽

01 유일무이 02 자강불식 03 아비규환 04 구우일모 05 삼고초려 06 모르는 07 노력 08 존재성 09 도끼, 바늘 10 실수, 잘못되는 11 수원수구 12 다다익선 13 갈이천정 14 중과부적 15 분골쇄신 16 읍참마속 17 조족지혈 18 망양보뢰

step ③ 어휘력 완성

▶ 217쪽

01 ⑤ 02 ② 03 ② 04 ③ 05 ③ 06 ①

01 〈보기〉의 밑줄 친 부분은 남을 원망하거나 탓할 것이 없다는 의미이므로, '누구를 원망하고 누구를 탓하겠냐는 뜻으로, 남을 원망하거나 탓할 것이 없음을 이르는 말'인 '수원수구(誰怨誰咎)'와 의미가 통한다.

오답 풀이
① 갈이천정(渴而穿井): 목이 말라야 비로소 샘을 판다는 뜻으로, 미리 준비하지 않고 있다가 일이 닥친 뒤에 서두르는 것을 이르는 말.
② 망양보뢰(亡羊補牢): 양을 잃고 우리를 고친다는 뜻으로, 이미 어떤 일을 실패한 뒤에 뉘우쳐도 아무 소용이 없음을 이르는 말.
③ 분골쇄신(粉骨碎身): 뼈를 가루로 만들고 몸을 부순다는 뜻으로, 정성으로 노력함을 이르는 말.

④ 색즉시공(色卽是空): 현실의 물질적 존재는 모두 인연에 따라 만들어진 것으로서 불변하는 고유의 존재성이 없음을 이르는 말.

02 '백팔번뇌(百八煩惱)'는 불교에서 사람의 마음속에 있는 엄청난 번뇌를 이르는 말이다. 부처의 가르침에 어긋나는 사악한 생각을 버리고 올바른 도리를 따른다는 의미를 담고 있는 말은 '파사현정(破邪顯正)'이다.

03 '마부위침(磨斧爲針)'은 '도끼를 갈아서 바늘을 만든다는 뜻으로, 아무리 어려운 일이라도 끊임없이 노력하면 반드시 이룰 수 있음을 이르는 말'로, 〈보기〉의 이야기에서 유래하였다.

04 '아비규환(阿鼻叫喚)'은 '여러 사람이 비참한 지경에 빠져 울부짖는 참상을 이르는 말'이다. 수많은 적과 맞서기에 어렵다는 의미를 나타내려면 '적은 수효로 많은 수효를 대적하지 못함.'을 뜻하는 '중과부적(衆寡不敵)'을 사용해야 한다.

오답 풀이

① 다다익선(多多益善): 많으면 많을수록 더욱 좋음.
② 구우일모(九牛一毛): 아홉 마리의 소 가운데 박힌 하나의 털이란 뜻으로, 매우 많은 것 가운데 극히 적은 수를 이름.
④ 조족지혈(鳥足之血): 새 발의 피라는 뜻으로, 매우 적은 분량을 이름.
⑤ 유일무이(唯一無二): 오직 하나뿐이고 둘도 없음.

05 '읍참마속(泣斬馬謖)'은 '큰 목적을 위하여 자기가 아끼는 사람을 버림을 이르는 말'이다. 이는 《삼국지》의 〈마속전〉에 나오는 말로, 〈보기〉의 이야기에서 유래하였다.

06 '무불통지(無不通知)'는 '무슨 일이든지 환히 통하여 모르는 것이 없음.'을 뜻하는 말이다. '숙맥이 상팔자'라는 속담은 '콩인지 보리인지를 구별하지 못하는 사람이 팔자가 좋다는 뜻으로, 모르는 것이 마음 편함을 이르는 말'이므로, '무불통지(無不通知)'와 의미가 부합하지 않는다.

12 배경지식 용어 _과학·기술

step ② 어휘력 체크

▶ 220쪽

01 임계점 02 수직 하중 03 증산 작용 04 호흡 05 공명 현상 06 열적 평형 07 ○ 08 × 09 × 10 ○ 11 ○ 12 ○ 13 × 14 수평 하중 15 상변화 16 증산 작용 17 섭식, 포만

step ③ 어휘력 완성

▶ 221쪽

01 ③ 02 ② 03 ① 04 ④

01 오렉신은 위의 운동에 관련되는 신경 세포에 작용하는 물질로, 전두 연합 영역의 신경 세포로부터 신호를 받은 섭식 중추에서 분비된다.

오답 풀이

① 식욕은 인간이 살아가는 데 필요한 영양분을 얻기 위해 반드시 필요하다고 하였으므로 적절한 내용이다.
② 식욕은 뇌의 시상 하부에 있는 식욕 중추의 영향을 받는다고 하였으므로 적절한 내용이다.
④ 사람들이 음식을 더 이상 못 먹겠다고 생각하는 이유 중 하나가 특정한 맛에 질렸기 때문일 수도 있다고 하였으므로 적절한 내용이다.
⑤ 전두 연합 영역은 정신적이고 지적인 활동을 담당하는 곳이지만 식욕에도 영향을 미친다고 하였으므로 적절한 내용이다.

02 뿌리압이란 뿌리에서 물이 흡수될 때 밀고 들어오는 압력으로, 물을 위로 밀어 올리는 힘이라고 하였다. 따라서 뿌리압은 중력의 반대 방향으로 작용한다는 것을 알 수 있다.

오답 풀이

① 기공의 크기는 식물의 종류에 따라 다르다고 하였으므로 적절한 내용이다.
③ 식물이 광합성을 할 때 물이 그 원료가 된다고 하였으므로 적절한 내용이다.
④ 뿌리에서 흡수된 물은 줄기를 거쳐 잎까지 올라가는데, 이때 물 분자들이 사슬처럼 연결되어 있다고 하였으므로 적절한 내용이다.
⑤ 식물은 물관 안의 모세관 현상 때문에 물이 위로 이동하는데, 모세관 현상은 물 분자와 모세관 벽이 결합하려는 힘이 물 분자끼리 결합하려는 힘보다 더 크기 때문에 일어난다고 하였으므로 적절한 내용이다.

03 ㉮에서는 증산 작용으로 식물체의 수분이 외부로 빠져나갈 때, 물이 주위의 열을 흡수하여 증발하면서 온도를 낮추는 현상이 일어난다고 설명하고 있다. 피부에 알코올 솜을 문지르면 알코올이 기화하여 날아가면서 피부의 열을 흡수하는 흡열 반응이 일어나므로, ㉮와 같은 현상이 일어나는 예로 적절한 것은 ①이다.

오답 풀이

② 액체가 고체가 되면서 열을 외부로 내보내는 발열 반응으로 볼 수 있다.
③ 오래된 음식물이 산소와 반응하여 썩으면서 열이 발생하므로 발열 반응으로 볼 수 있다.
④ 얼음집 내부에 물을 뿌리면 액체가 고체로 되면서 열이 발생하므로 발열 반응으로 볼 수 있다.
⑤ 폭죽에 들어 있는 화약이 터져 산화되면서 높은 열이 발생하므로 발열 반응으로 볼 수 있다.

04 물속에서 부유하는 미세한 콜로이드 입자들은 수산화 이온과의 결합 등으로 인해 음(−) 전하를 띠고 있기 때문에 서로를 밀어내는 전기적 반발력의 영향을 받는다고 하였다. 따라서 ㉡은 입자가 띠고 있는 음(−) 전하의 성질로 인해 작용하는 힘이라고 할 수 있다.

오답 풀이

① 입자 간의 거리가 일정 거리 이하로 좁혀지면 서로를 끌어당기는 ㉠의 영향을 받는다고 하였으므로, ㉠이 입자가 서로를 밀어내는 힘이라는 설명은 적절하지 않다.
② ㉠의 영향을 받은 입자들은 응집하게 된다고 하였으므로, ㉠이 입자가 균일하게 분산할 수 있게 해 주는 힘이라는 설명은 적절하지 않다.
③ 같은 전하를 띠고 있는 입자들이 서로를 밀어내는 ㉡의 영향을 받는다고 하였으므로, ㉡이 입자 간의 거리가 멀어지면 발생하는 힘이라는 설명은 적절하지 않다.
⑤ ㉠은 입자 간의 거리가 일정 거리 이하로 좁혀지면 서로를 끌어당기는 것이므로, 입자가 이온과 결합할 때 형성되는 힘이라고 할 수 없다.

4주 완성 실전 대비 기출 모의고사

▶ 222~226쪽

01 ②	02 ①	03 ②	04 ⑤	05 ①	06 ②	07 ②
08 ①	09 ④	10 ⑤	11 ①	12 ②	13 ③	14 ④
15 ④	16 ④	17 ①	18 ⑤	19 ③	20 ④	21 ④

01 ⓑ의 '빠지다'는 '차례를 거르거나 일정하게 들어 있어야 할 곳에 들어 있지 아니하다.'라는 의미로 사용되었다. 따라서 '기입되어야 할 것이 기록에서 빠지다.'의 의미를 가진 '누락(漏落)되다'와 바꿔 쓸 수 있다.

오답 풀이

① ⓐ의 '나타내다'는 '어떤 형상을 이루다.'의 의미를 가진 '형성(形成)하다'와 바꿔 쓰기에 적절하지 않다.
③ ⓒ의 '생기다'는 '어떤 시기나 기회가 닥쳐오다.'의 의미를 가진 '도래(到來)하다'와 바꿔 쓰기에 적절하지 않다.
④ ⓓ의 '지나다'는 '장애물에 빛이 비치거나 액체가 스미면서 통과하다.'의 의미를 가진 '투과(透過)하다'와 바꿔 쓰기에 적절하지 않다.
⑤ ⓔ의 '멀다'는 '지내는 사이가 두텁지 아니하고 거리가 있어서 서먹서먹하다.'의 의미를 가진 '소원(疏遠)하다'와 바꿔 쓰기에 적절하지 않다.

02 ⓐ의 '입증(立證)'은 '어떤 증거 따위를 내세워 증명함.'이라는 뜻을 지닌 말이다. '옳고 그름을 이유를 들어 밝힘.'은 '논증(論證)'의 사전적 의미에 해당한다.

03 '치우치다'는 '균형을 잃고 한쪽으로 쏠리다.'의 의미로, ㉡에서는 음원이 한쪽으로 쏠리는 것을 뜻한다. 이와 달리 '치중(置重)하다'는 '어떠한 것에 특히 중점을 두다.'의 의미이므로 '치우치다'와 바꿔 쓰기에 적절하지 않다.

오답 풀이

① ㉠의 '듣다'는 '의견, 보고, 방송 따위를 듣다.'의 의미를 가진 '청취(聽取)하다'와 바꿔 쓸 수 있다.
③ ㉢의 '알아내다'는 '어떤 대상의 내용이나 본질을 확실하게 이해하여 알다.'의 의미를 가진 '파악(把握)하다'와 바꿔 쓸 수 있다.
④ ㉣의 '일어나다'는 '어떤 일이나 사물이 생겨나다.'의 의미를 가진 '발생(發生)하다'와 바꿔 쓸 수 있다.
⑤ ㉤의 '작아지다'는 '양이나 수치가 줄다. 또는 양이나 수치를 줄이다.'의 의미를 가진 '감소(減少)하다'와 바꿔 쓸 수 있다.

04 <보기>에서 심 봉사는 날이 저물 때까지 돌아오지 않는 심청을 기다리며 걱정하고 있으므로, 이러한 심리를 나타내기에 적절한 것은 '학의 목처럼 목을 길게 빼고 간절히 기다림.'이라는 뜻을 지닌 '학수고대(鶴首苦待)'이다.

오답 풀이

① 결초보은(結草報恩): 죽은 뒤에라도 은혜를 잊지 않고 갚음을 이르는 말.
② 동병상련(同病相憐): 같은 병을 앓는 사람끼리 서로 가엾게 여긴다는 뜻으로, 어려운 처지에 있는 사람끼리 서로 가엾게 여김을 이르는 말.
③ 수구초심(首丘初心): 여우가 죽을 때에 머리를 자기가 살던 굴 쪽으로 둔다는 뜻으로, 고향을 그리워하는 마음을 이르는 말.
④ 적반하장(賊反荷杖): 도둑이 도리어 매를 든다는 뜻으로, 잘못한 사람이 아무 잘못도 없는 사람을 나무람을 이르는 말.

05 ㉠의 '산출(算出)'은 '계산하여 냄.'이라는 뜻을 지닌 말이다. '끄집어내거나 솎아 냄.'은 '적출(摘出)'의 사전적 의미에 해당한다.

06 '단절(斷絕)하다'는 '유대나 연관 관계를 끊다.'라는 의미이므로, 범죄를 못 하게 막는다는 의미로 쓰인 ⓑ와 바꿔 쓰기에 적절하지 않다. ⓑ는 '막아서 못 하게 하다.'라는 의미의 '저지(沮止)하다' 정도로 바꿔 쓰는 것이 적절하다.

오답 풀이

① ⓐ의 '누리다'는 '누리어 가지다.'의 의미를 가진 '향유(享有)하다'와 바꿔 쓸 수 있다.
③ ⓒ의 '무디다'는 '감정이나 감각이 무디다.'의 의미를 가진 '둔감(鈍感)하다'와 바꿔 쓸 수 있다.
④ ⓓ의 '크나크다'는 '더할 수 없이 크다.'의 의미를 가진 '지대(至大)하다'와 바꿔 쓸 수 있다.
⑤ ⓔ의 '세우다'는 '국가나 정부, 제도, 계획 따위를 이룩하여 세우다.'의 의미를 가진 '수립(樹立)하다'와 바꿔 쓸 수 있다.

07 ⓐ와 ②의 '어렵다'는 모두 '가능성이 거의 없다.'라는 뜻으로 쓰였다.

오답 풀이

① '가난하여 살아가기가 고생스럽다.'의 의미로 사용되었다.
③ '말이나 글이 이해하기에 까다롭다.'의 의미로 사용되었다.
④ '가난하여 살아가기가 고생스럽다.'의 의미로 사용되었다.
⑤ '상대가 되는 사람이 거리감이 있어 행동하기가 조심스럽고 거북하다.'의 의미로 사용되었다.

08 ⓐ의 '세우다'는 '계획, 목표 따위를 만들어 정하다.'의 의미로 사용되었다. 이는 '국가나 정부, 제도, 계획 따위를 이룩하여 세우다.'의 의미를 지닌 '수립(樹立)하다'와 바꾸어 쓰는 것이 가장 적절하다.

오답 풀이

② 정립(定立)하다: 정하여 세우다.
③ 설립(設立)하다: 기관이나 조직체 따위를 만들어 일으키다.
④ 제정(制定)하다: 제도나 법률 따위를 만들어서 정하다.
⑤ 지정(指定)하다: 가리키어 확실하게 정하다.

09 〈보기〉에서 '변화불측한 물에 조각배 하나를 띄워 가없는 만경을 헤매다가, 바람 미치고 물결 놀라 돛대는 기울고 노까지 부러지면' 이는 '지극히 험한 데서 위태로움을 무릅쓰는 일'이라고 하였으며, 이러한 위태로움에 처하면 ㉠과 같은 상태가 될 것이라고 하였다. 그런데 '분골쇄신(粉骨碎身)'은 '뼈를 가루로 만들고 몸을 부순다는 뜻으로, 정성으로 노력함을 이르는 말'이므로 ㉠과 어울리지 않는다.

오답 풀이

① 누란지위(累卵之危): 층층이 쌓아 놓은 알의 위태로움이라는 뜻으로, 몹시 아슬아슬한 위기를 이르는 말.
② 명재경각(命在頃刻): 거의 죽게 되어 곧 숨이 끊어질 지경에 이름.
③ 백척간두(百尺竿頭): 백 자나 되는 높은 장대 위에 올라섰다는 뜻으로, 몹시 어렵고 위태로운 지경을 이르는 말.
⑤ 풍전등화(風前燈火): 바람 앞의 등불이라는 뜻으로, 사물이 매우 위태로운 처지에 놓여 있음을 이르는 말.

10 '포섭(包攝)'은 '상대편을 자기편으로 감싸 끌어들임.'이라는 뜻을 지닌 말이다. '어떤 대상을 너그럽게 감싸 주거나 받아들임.'은 '포용(包容)'의 사전적 의미에 해당한다.

11 ㉠과 ①의 '짙다'는 모두 '드러나는 기미, 경향, 느낌 따위가 보통 정도보다 뚜렷하다.'라는 뜻으로 쓰였다.

오답 풀이

② '액체 속에 어떤 물질이 많이 들어 있어 진하다.'라는 뜻으로 쓰였다.
③ '안개나 연기 따위가 자욱하다.'라는 뜻으로 쓰였다.
④ '일정한 공간에 냄새가 가득 차 보통 정도보다 강하다.'라는 뜻으로 쓰였다.
⑤ '그림자나 어둠 같은 것이 아주 뚜렷하거나 빛깔에 아주 검은색이 있다.'라는 뜻으로 쓰였다.

12 '계몽(啓蒙)하다'는 '지식수준이 낮거나 인습에 젖은 사람을 가르쳐서 깨우치다.'라는 뜻이므로, ⓑ와 바꿔 쓰기에 적절하지 않다. ⓑ는 '조상의 전통이나 문화유산, 업적 따위를 물려받아 이어 나가다.'의 의미를 가진 '계승(繼承)하다'와 바꿔 쓸 수 있다.

오답 풀이

① ⓐ는 '어떤 사실이나 원리 따위에 근거하다.'라는 뜻의 '의거(依據)하다'와 바꿔 쓸 수 있다.
③ ⓒ는 '어렵지 아니하고 매우 쉽다.'라는 뜻의 '용이(容易)하다'와 바꿔 쓸 수 있다.
④ ⓓ는 '뒤섞이어 있다.'라는 뜻의 '혼재(混在)되다'와 바꿔 쓸 수 있다.
⑤ ⓔ는 '다르게 바꾸어 새롭게 고치다.'라는 뜻의 '변경(變更)하다'와 바꿔 쓸 수 있다.

13 '제사보다 젯밥에 정신이 있다'는 '맡은 일에는 정성을 들이지 아니하면서 잇속에만 마음을 두는 경우를 이르는 말'이다. 따라서 이는 자기 행동의 동기를 외부에서 주어진 보상 탓으로 돌리는 '과잉 정당화 효과'와 관련이 있다고 볼 수 있다.

오답 풀이

① 소문난 잔치에 먹을 것 없다: 떠들썩한 소문이나 큰 기대에 비하여 실속이 없거나 소문이 실제와 일치하지 아니하는 경우를 이르는 말.
② 가랑비에 옷 젖는 줄 모른다: 아무리 사소한 것이라도 그것이 거듭되면 무시하지 못할 정도로 크게 됨을 이르는 말.
④ 집에서 새는 바가지는 들에 가도 샌다: 본바탕이 좋지 아니한 사람은 어디를 가나 그 본색을 드러내고야 만다는 말.
⑤ 미꾸라지 한 마리가 온 웅덩이를 흐려 놓는다: 한 사람의 좋지 않은 행동이 그 집단 전체나 여러 사람에게 나쁜 영향을 미침을 이르는 말.

14 ㉣의 '어긋나다'는 '기대에 맞지 아니하거나 일정한 기준에서 벗어나다.'의 의미로 사용되었다. '상식에 어긋나는'에서의 '어긋나다' 역시 이와 유사한 의미로 사용되었다.

오답 풀이

① ㉠의 '부르다'는 '무엇이라고 가리켜 말하거나 이름을 붙이다.'의 의미로 사용되었다. 그러나 '웃음은 또 다른 웃음을 부르는'에서의 '부르다'는 '어떤 행동이나 말이 관련된 다른 일이나 상황을 초래하다.'의 의미로 사용되었다.
② ㉡의 '다루다'는 '어떤 것을 소재나 대상으로 삼다.'의 의미로 사용되었다. 그러나 '기계를 다루고'에서의 '다루다'는 '기계나 기구 따위를 사용하다.'의 의미로 사용되었다.
③ ㉢의 '흐르다'는 '액체 따위가 낮은 곳으로 내려가거나 넘쳐서 떨어지다.'의 의미로 사용되었다. 그러나 '이야기가 엉뚱한 방향으로 흐르고'에서의 '흐르다'는 '어떤 한 방향으로 치우쳐 쏠리다.'의 의미로 사용되었다.
⑤ ㉤의 '생기다'는 '어떤 일이 일어나다.'의 의미로 사용되었다. 그러나 '비가 오게 생겼다'에서의 '생기다'는 '일의 상태가 부정적

인 어떤 지경에 이르게 되다.'의 의미로 사용되었다.

15 ⓓ의 '이루다'는 '몇 가지 부분이나 요소들을 모아 일정한 성질이나 모양을 가진 존재가 되게 하다.'의 의미로 사용되었다. '결합(結合)하다'는 '둘 이상의 사물이나 사람이 서로 관계를 맺어 하나가 되다.'의 의미이므로, ⓓ의 '이루다'와 바꿔 쓰기에 적절하지 않다.

오답 풀이

① '대면(對面)하다'는 '서로 얼굴을 마주 보고 대하다.'의 의미이므로, ⓐ의 '만나다'와 바꿔 쓰기에 적절하다.
② '간주(看做)되다'는 '상태, 모양, 성질 따위가 그와 같다고 여겨지다.'의 의미이므로, ⓑ의 '여겨지다'와 바꿔 쓰기에 적절하다.
③ '대두(擡頭)하다'는 '어떤 세력이나 현상이 새롭게 나타나다.'의 의미이므로, ⓒ의 '나타나다'와 바꿔 쓰기에 적절하다.
⑤ '전개(展開)하다'는 '내용을 진전시켜 펴 나가다.'의 의미이므로, ⓔ의 '펼치다'와 바꿔 쓰기에 적절하다.

16 ⓐ의 '밝히다'는 '진리, 가치, 옳고 그름 따위를 판단하여 드러내 알리다.'의 의미로 사용되었다. '사태의 진상을 밝히기 위해'에서의 '밝히다' 역시 이와 유사한 의미로 사용되었다.

오답 풀이

① '드러나게 좋아하다.'의 의미로 사용되었다.
② '드러나지 않거나 알려지지 않은 사실, 내용, 생각 따위를 드러내 알리다.'의 의미로 사용되었다.
③ '빛을 내는 물건에 불을 켜다.'의 의미로 사용되었다.
⑤ '자지 않고 지내다.'의 의미로 사용되었다.

17 ㉠은 부자가 양반들에게 오랜 세월 천대와 멸시를 받으며 모욕감을 느꼈던 바를 토로하고 있는 상황이다. 이러한 상황에 어울리는 말은 '분한 마음을 품고 원한을 쌓음.'을 의미하는 '함분축원(含憤蓄怨)'이다.

오답 풀이

② 안분지족(安分知足): 편안한 마음으로 제 분수를 지키며 만족할 줄을 앎.
③ 교언영색(巧言令色): 아첨하는 말과 알랑거리는 태도.
④ 수구초심(首丘初心): 고향을 그리워하는 마음을 이르는 말.
⑤ 만시지탄(晩時之歎): 시기에 늦어 기회를 놓쳤음을 안타까워하는 탄식.

18 〈보기〉에 제시된 문장은, '세잔은 사물의 외관이 아니라 그 본질이나 실재에 다가감으로써 어떤 그림이 사실성을 지니게 된다고 생각하였다.'와 같이 해석할 수 있다. 즉, ㉠의 '얻다'는 '구하거나 찾아서 가지다.'의 의미로 사용되었다. 따라서 '얻어 내거나 얻어 가지다.'의 의미를 가진 '획득(獲得)하다'와 바꿔 쓸 수 있다.

오답 풀이

① 습득(習得)하다: 학문이나 기술 따위를 배워서 자기 것으로 하다.
② 체득(體得)하다: 몸소 체험하여 알다.
③ 취득(取得)하다: 자기 것으로 만들어 가지다.
④ 터득(攄得)하다: 깊이 생각하여 이치를 깨달아 알아내다.

19 '동인(動因)'은 '어떤 사태를 일으키거나 변화시키는 데 작용하는 직접적인 원인'이라는 뜻을 지닌 말이다. '연관성이 먼, 간접적인 원인'은 '원인(遠因)'의 사전적 의미에 해당한다.

20 ⓓ의 '나누어지다'는 '하나가 둘 이상으로 갈라지다.'의 의미로 사용되었다. 따라서 '나뉘어 쪼개지다.'의 의미를 가진 '분할(分割)되다'와 바꿔 쓸 수 있다.

오답 풀이

① ⓐ의 '만들어지다'는 '새로운 상태가 이루어지다.'의 의미로 사용되었으므로, '원료에 인공이 가하여져 정교한 제품이 만들어지다.'의 의미를 가진 '제조(製造)되다'와 바꿔 쓰기에 적절하지 않다. ⓐ는 '어떤 형상이 이루어지다.'의 의미를 가진 '형성(形成)되다'와 바꿔 쓰는 것이 더 적절하다.
② ⓑ의 '가리키다'는 '어떤 대상을 특별히 집어서 두드러지게 나타내다.'의 의미로 사용되었으므로, '꼭 집어서 가리키거나 허물 따위를 드러내어 폭로하다.'의 의미를 가진 '지적(指摘)하다'와 바꿔 쓰기에 적절하지 않다. ⓑ는 '어떤 대상을 가리켜 이르다.'의 의미를 가진 '지칭(指稱)하다'와 바꿔 쓰는 것이 더 적절하다.
③ ⓒ의 '사라지다'는 '현상이나 물체의 자취 따위가 없어지다.'의 의미로 사용되었으므로, '점점 줄어들어 다 없어지다.'의 의미를 가진 '소진(消盡)되다'와 바꿔 쓰기에 적절하지 않다. ⓒ는 '사라져 없어지게 되다.'의 의미를 가진 '소멸(消滅)되다'와 바꿔 쓰는 것이 더 적절하다.
⑤ ⓔ의 '서다'는 '어떤 위치나 처지에 있게 되거나 놓이다.'의 의미로 사용되었으므로, '일어나서 서다.'의 의미를 가진 '기립(起立)하다'와 바꿔 쓰기에 적절하지 않다. ⓔ는 '일정한 곳에 자리를 차지하다.'의 의미를 가진 '위치(位置)하다'와 바꿔 쓰는 것이 더 적절하다.

21 〈보기〉에서 놀부는 제비 발목을 일부러 부러뜨린 뒤 치료를 해 주고 있다. '병 주고 약 준다'는 '남을 해치고 나서 약을 주며 그를 구원하는 체한다는 뜻으로, 교활하고 음흉한 자의 행동을 이르는 말'이므로, 이와 같은 놀부의 행동을 나타내기에 적절하다.

오답 풀이

① 지렁이도 밟으면 꿈틀한다: 아무리 눌려 지내는 미천한 사람이나, 순하고 좋은 사람이라도 너무 업신여기면 가만있지 아니한다는 말.
② 방귀 뀐 놈이 성낸다: 자기가 방귀를 뀌고 오히려 남보고 성낸다는 뜻으로, 잘못을 저지른 쪽에서 오히려 남에게 성냄을 비꼬는 말.
③ 고래 싸움에 새우 등 터진다: 강한 자들끼리 싸우는 통에 아무 상관도 없는 약한 자가 중간에 끼어 피해를 입게 됨을 이르는 말.
⑤ 말 한마디에 천 냥 빚도 갚는다: 말만 잘하면 어려운 일이나 불가능해 보이는 일도 해결할 수 있다는 말.

5주 완성

01 필수 어휘 _ 사회

step ① 어휘력 학습 ▶ 228~229쪽

01 ③ 02 ① 03 ⑤ 04 ④ 05 ② 06 ③ 07 ④
08 ② 09 ⑤ 10 ① 11 ② 12 ① 13 ④ 14 ⑤
15 ③ 16 ① 17 ⑤ 18 ② 19 ③ 20 ④ 21 ⑤
22 ③ 23 ② 24 ① 25 ④ 26 ④ 27 ② 28 ③
29 ⑤ 30 ①

step ② 어휘력 체크 ▶ 230쪽

01 면탈하다 02 득세하다 03 소지하다 04 굴종하다 05 경원시하다 06 대질하다 07 기미 08 공표 09 대소사 10 과징금 11 고역 12 불미 13 난립 14 개재 15 반향 16 개진 17 방면 18 소실 19 낙인 20 담론 21 곡해 22 상치 23 결격 24 면박

step ③ 어휘력 완성 ▶ 231쪽

01 ⑤ 02 ③ 03 ③ 04 ④ 05 ①

01 '소지(所持)하다'의 뜻은 '물건을 지니고 있다.'이므로, 문맥상 ⑤에 어울리지 않는다. 세금 체납에 따른 처벌을 피하고자 한다는 의미를 나타내기 위해서는 '죄를 벗다.'라는 뜻을 지닌 '면탈(免脫)하다'를 사용하여 '처분을 면탈할 목적으로 가족의 차명 계좌를 이용해 재산을 숨겼다.'라고 하는 것이 적절하다.

오답 풀이
① 궐기(蹶起)하다: 어떤 목적을 이루기 위하여 마음을 돋우고 기운을 내서 힘차게 일어나다.
② 낙인(烙印): 다시 씻기 어려운 불명예스럽고 욕된 판정이나 평판을 이르는 말.
③ 공치사(功致辭): 남을 위하여 수고한 것을 생색내며 스스로 자랑함.
④ 개진(開陳)하다: 주장이나 사실 따위를 밝히기 위하여 의견이나 내용을 드러내어 말하거나 글로 쓰다.

02 '불미(不美)스럽다'의 뜻은 '아름답지 못하고 추잡한 데가 있다.'이고, '불온(不穩)하다'의 뜻은 '(1) 온당하지 아니하다. (2) 사상이나 태도 따위가 통치 권력이나 체제에 순응하지 않고 맞서는 성질이 있다.'이므로 서로 바꿔 쓰기에 적절하지 않다. '불미스럽다'와 바꿔 쓰기에 적절한 단어는 '말이나 행동 따위가 지저분하고 잡스럽다.'라는 뜻을 가진 '추잡(醜雜)하다'이다.

오답 풀이
① 판치다: 자기 마음대로 세력을 부리다.
② 타박: 허물이나 결함을 나무라거나 핀잔함.
④ 놓아주다: 억압받던 상태에 있던 것을 자유로운 상태가 되도록 풀어 주다.
⑤ 방치(放置)하다: 돌보거나 간섭하지 않고 그대로 두다.

03 〈보기〉의 ㉢에 들어갈 말은 '게재(揭載)'이다. '개재(介在)'의 뜻은 '어떤 것들 사이에 끼여 있음.'이다.

04 '반향(反響)'은 '(1) 어떤 사건이나 발표 따위가 세상에 영향을 미치어 일어나는 반응. (2) 소리가 어떤 장애물에 부딪쳐서 반사하여 다시 들리는 현상'이라는 뜻을 지닌 말이다. 〈보기〉에서는 (1)의 뜻으로 쓰였고, ④에서는 (2)의 뜻으로 쓰였다.

오답 풀이
① 소지(所持)하다: 물건을 지니고 있다.
② 낙점(落點): 여러 후보가 있을 때 그중에 마땅한 대상을 고름.
③ 대소사(大小事): 크고 작은 일을 통틀어 이르는 말.
⑤ 소급(遡及)하다: 과거에까지 거슬러 올라가서 미치게 하다.

05 〈보기〉의 ㉠을 뜻하는 말은 '개재(介在)'이고, ①의 '상치(相馳)'의 뜻은 '일이나 뜻이 서로 어긋남.'이다.

02 관용어

step ① 어휘력 학습 ▶ 232~233쪽

01 ② 02 ① 03 ③ 04 ④ 05 ⑤ 06 ① 07 ②
08 ③ 09 ② 10 ③ 11 ① 12 (1) ④ (2) ⑤ 13 ①
14 ③ 15 ② 16 ① 17 ③ 18 ② 19 ① 20 ⑥
21 ④ 22 ⑤ 23 ③ 24 ②

step ② 어휘력 체크 ▶ 234쪽

01 꿈을 깨다 02 맥이 풀리다 03 등골이 빠지다 04 마음에 없다 05 변죽을 울리다 06 마각을 드러내다 07 억장이 무너지다 08 긴장 09 돈 10 공격 11 권세 12 조치 13 희망 14 ㉤ 15 ㉡ 16 ㉢ 17 ㉠ 18 ㉣ 19 마음에 차지 20 된서리를 맞았다 21 멍석을 깔아 22 모골이 송연하다 23 바람을 일으켰다 24 쐐기를 박았다

step ③ 어휘력 완성 ▶ 235쪽

01 ② 02 ③ 03 ⑤ 04 ④ 05 ① 06 ④

01 ②의 '바람을 일으키다'는 '사회적으로 많은 사람에게 영향을 미치다.'라는 뜻의 관용어로 쓰이지 않았다. 여기에서 동사 '일으키다'는 '물리적이거나 자연적인 현상을 만들어 내다.'라는 뜻으로 쓰였다.

02 뜻풀이를 참고할 때, ㉠에는 '된서리를 맞다'를 사용하여 '몇 년째 고성장을 이어 가던 IT 산업이 경기 불황으로 된서리를 맞았다.'라고 하는 것이 적절하다. ㉡에는 '꿈인지 생시인지'를 사용하여 '하도 얼떨결에 당한 일이라서 꿈인지 생시인지 분간하기도 어려웠다.'라고 하는 것이 적절하다.

03 〈보기〉에는 선한 모습을 연기하던 주인공이 극의 후반부로 가면서 점차 흉악한 본모습을 드러내는 연기를 하는 상황이 제시되어 있다. 이러한 맥락에서 사용하기 적절한 관용어는 '숨기고 있던 일이나 정체를 드러냄을 이르는 말'인 '마각을 드러내다'이다.

오답 풀이

① 멍석을 깔다: 하고 싶은 대로 할 기회를 주거나 마련하다.
② 쐐기를 박다: 뒤탈이 없도록 미리 단단히 다짐을 두다.
③ 포문을 열다: 상대편을 공격하는 발언을 시작하다.
④ 변죽을 울리다: 바로 집어 말을 하지 않고 둘러서 말을 하다.

04 '멍석을 깔다'는 '하고 싶은 대로 할 기회를 주거나 마련하다.'라는 뜻을 지닌 말이므로, 세 골을 넣으며 승리를 확정 짓는 상황을 표현하기에 적절하지 않다. 이에 어울리는 관용어는 '뒤탈이 없도록 미리 단단히 다짐을 두다.'라는 뜻의 '쐐기를 박다'이다.

오답 풀이

① 마음에 없다: 무엇을 하거나 가지고 싶은 생각이 없다.
② 딴 주머니를 차다: 돈을 빼서 따로 보관하다.
③ 마음이 통하다: 서로 생각이 같아 이해가 잘되다.
⑤ 포문을 열다: 상대편을 공격하는 발언을 시작하다.

05 '꿈을 깨다'는 '희망을 낮추거나 버리다.'라는 뜻을 지닌 말로, 유명인과 만나는 것에 대한 희망을 버리라는 의미를 나타내기에 적절하다.
'꿈도 못 꾸다'는 '전혀 생각도 하지 못하다.'라는 뜻을 지닌 말로, 고소 공포증으로 비행기를 타는 것은 생각하지도 못한다는 의미를 나타내기에 적절하다.
'꿈도 야무지다'는 '희망이 너무 커 실현 가능성이 없음을 비꼬아 이르는 말'로, 부족한 실력으로 우승을 바라는 사람을 비꼬는 의미를 나타내기에 적절하다.

06 '변죽을 울리다'는 '바로 집어 말을 하지 않고 둘러서 말을 하다.'라는 뜻을 지닌 말이므로, 이를 '터무니없는 헛소리를 하다'로 바꾸는 것은 적절하지 않다.

03 다의어

step ① 어휘력 학습 ▶ 236~237쪽

01 (1) ③ (2) ① (3) ② (4) ④ 02 (1) ③ (2) ② (3) ① 03 (1) ② (2) ① (3) ④ (4) ③ 04 (1) ③ (2) ① (3) ② 05 (1) ③ (2) ② (3) ① 06 (1) ② (2) ① 07 (1) ③ (2) ① (3) ④ (4) ② 08 (1) ① (2) ③ (3) ② 09 (1) ④ (2) ② (3) ① (4) ③ 10 (1) ② (2) ① 11 (1) ① (2) ② 12 (1) ② (2) ①

step ② 어휘력 체크 ▶ 238쪽

01 너그럽다 02 사로잡다 03 벌어지다 04 도리 05 해결 06 ② 07 ① 08 ① 09 ① 10 ② 11 ① 12 ① 13 ① 14 ① 15 ② 16 ①

10 ① 틀다: 방향이 꼬이게 돌리다.

11 ② 저미다: 칼로 도려내듯이 쓰리고 아프게 하다.

12 ② 판가름: 사실의 옳고 그름이나 어떤 대상의 나음과 못함, 가능성 따위를 판단하여 가름.

13 ② 틀어지다: 마음이 언짢아 토라지다.

14 ② 짓다: 이어져 온 일이나 말의 결말이나 결정을 내다.

15 ① 털다: 남이 가진 재물을 몽땅 빼앗거나 그것이 보관된 장소를 모조리 뒤지어 훔치다.

16 ② 잡다: 기세를 누그러뜨리다.

step ③ 어휘력 완성 ▶ 239쪽

01 ② 02 ③ 03 ③ 04 ① 05 ② 06 ③

01 ②의 '잡다'는 '붙들어 손에 넣다.'라는 뜻으로 쓰였다.

02 〈보기〉와 ③의 '털다'는 '달려 있는 것, 붙어 있는 것 따위가 떨어지게 흔들거나 치거나 하다.'라는 뜻으로 쓰였다.

오답 풀이

① '자기가 가지고 있는 것을 남김없이 내다.'라는 뜻으로 쓰였다.

② '남이 가진 재물을 몽땅 빼앗거나 그것이 보관된 장소를 모조리 뒤지어 훔치다.'라는 뜻으로 쓰였다.

④, ⑤ '일, 감정, 병 따위를 완전히 극복하거나 말끔히 정리하다.'라는 뜻으로 쓰였다.

03 ③의 '참다'는 '웃음, 울음, 아픔 따위를 억누르고 견디다.'라는 뜻이다. ⓒ의 뜻을 가진 '참다'는 '며칠만 더 참아 달라고 부탁했다.'와 같이 쓰인다.

04 ㈀의 '차리다'는 '마땅히 해야 할 도리, 법식 따위를 갖추다.'라는 뜻이고, ㈁의 '차리다'는 '자기의 이익을 따져 챙기다.'라는 뜻이다.

오답 풀이

② 틀다: 방향이 꼬이게 돌리다.

③ 짓다: 어떤 표정이나 태도 따위를 얼굴이나 몸에 나타내다.

④ 후(厚)하다: 마음 씀씀이나 태도가 너그럽다.

⑤ 틀어지다: 본래의 방향에서 벗어나 다른 쪽으로 나가다.

05 ②의 '틀다'는 '잘되어 가던 일을 꼬이게 하다.'라는 뜻이고, '비꼬다'는 '⑴ 끈 따위를 비비 틀어서 꼬다. ⑵ 몸을 바르게 가지지 못하고 비비 틀다. ⑶ 남의 마음에 거슬릴 정도로 빈정거리다.'라는 뜻이므로 서로 바꿔 쓰기에 적절하지 않다.

오답 풀이

① 어그러지다: 계획이나 예상 따위가 빗나가거나 달라져 이루어지지 아니하다.

③ 준비(準備)하다: 미리 마련하여 갖추다.

④ 결판(決判): 옳고 그름이나 이기고 짐에 대한 최후 판정을 내림. 또는 그 일.

⑤ 잡다: 붙들어 손에 넣다.

06 ⓒ의 '잡다'는 '붙들어 손에 넣다.'라는 뜻으로 쓰였다.

04 필수 어휘 _사회

step ① 어휘력 학습 ▶ 240~241쪽

01 ③ 02 ① 03 ⑤ 04 ② 05 ④ 06 ⑤ 07 ②
08 ④ 09 ③ 10 ① 11 ④ 12 ② 13 ③ 14 ①
15 ⑤ 16 ⑤ 17 ③ 18 ② 19 ④ 20 ① 21 ②
22 ① 23 ④ 24 ⑤ 25 ③ 26 ② 27 ① 28 ⑤
29 ③ 30 ④

step ② 어휘력 체크 ▶ 242쪽

01 형국 02 위촉하다 03 염세 04 표방하다 05 송치하다 06 일소하다 07 일익 08 효과 09 헐뜯다 10 폐단 11 존속 12 정책, 정책 13 미루다 14 현안 15 축출 16 표명 17 존치 18 척결 19 참작 20 쇄도 21 합치 22 체류 23 실추 24 저촉

step ③ 어휘력 완성 ▶ 243쪽

01 ③ 02 ⑤ 03 ⑤ 04 ⑤ 05 ③

01 <보기>의 '실효(實效)'는 '실제로 나타나는 효과'라는 뜻이고, ③의 '실효(失效)'는 동음이의어로 '효력을 잃음.'이라는 뜻이다.

02 '존치(存置)되다'는 '제도나 설비 따위가 없어지지 아니하고 그대로 두어지다.'라는 뜻으로, 문맥상 ⑤에 어울리지 않는다. 저작권자의 허락 없이 책을 복제하면 법을 위반하는 것이라는 내용을 설명할 때는 '법률이나 규칙 따위에 위반되거나 어긋나다.'라는 뜻을 지닌 '저촉(抵觸)되다'를 사용하는 것이 적절하다.

오답 풀이

① 적폐(積弊): 오랫동안 쌓이고 쌓인 폐단.

② 형국(形局): 어떤 일이 벌어진 형편이나 국면.

③ 시책(施策): 어떤 정책을 시행함. 또는 그 정책.

④ 쇄도(殺到)하다: 전화, 주문 따위가 한꺼번에 세차게 몰려들다.

03 '표방(標榜)하다'의 뜻은 '어떤 명목을 붙여 주의나 주장 또는 처지를 앞에 내세우다.'이고 '포착(捕捉)하다'의 뜻은 '⑴ 꼭 붙잡다. ⑵ 요점이나 요령을 얻다.'이므로 서로 바꿔 쓰기에 적절하지 않다.

오답 풀이

① 없애다: 어떤 일이나 현상, 증상 따위를 사라지게 하다.

② 몰아내다: 몰아서 밖으로 쫓거나 나가게 하다.

③ 머무르다: 도중에 멈추거나 일시적으로 어떤 곳에 묵다.

④ 병폐(病弊): 병통과 폐단을 아울러 이르는 말.

04 ⓔ에 들어가는 '척결(剔抉)'은 '나쁜 부분이나 요소들을 깨끗이 없애 버림.'을 뜻한다.

05 ㉰에는 '이리저리 비추어 보아서 알맞게 고려함.'을 뜻하는 '참작(參酌)'이 들어가야 한다. '표명(表明)'은 '의사나 태도를 분명하게 드러냄.'이라는 뜻을 지닌 말이다.

05 속담

step ① 어휘력 학습 ▶ 244~245쪽

01 ⑤ 02 ③ 03 ② 04 ④ 05 ① 06 ③ 07 ⑤ 08 ④ 09 ① 10 ② 11 ⑤ 12 ③ 13 ② 14 ① 15 ⑥ 16 ④ 17 ① 18 ④ 19 ③ 20 ②

step ② 어휘력 체크 ▶ 246쪽

01 흔드는 격 02 겨 묻은 개 03 범 없는 골 04 코침 주기 05 못 먹는 감 06 허물 07 부담 08 결함 09 불행 10 보람, 명예 11 ㉡ 12 ㉢ 13 ㉤ 14 ㉣ 15 ㉠ 16 빈대 잡으려고 초가삼간 태우는 17 하룻강아지 범 무서운 줄 모른다 18 다 된 죽에 코 풀기 19 가랑잎이 솔잎더러 바스락거린다고 한다 20 제 꾀에 제가 넘어간다

step ③ 어휘력 완성 ▶ 247쪽

01 ③ 02 ② 03 ① 04 ① 05 ② 06 ②

01 〈보기〉의 ㉠에서 소생은 돌아가라는 경고를 듣지 않고 자신에게 덤비는 조영을 '어린 강아지 맹호를 모르는도다'라며 꾸짖고 있다. 이를 나타내기에 적절한 속담은 '철없이 함부로 덤비는 경우를 이르는 말'인 '하룻강아지 범 무서운 줄 모른다'이다.

02 '똥 싸고 매화타령 한다'는 '제 허물을 부끄러워할 줄 모르고 비위 좋게 날뛴다는 말'이다. 이는 불가능한 일을 하려고 애쓰는 상황에서 쓰기에 적절하지 않다.

03 〈보기〉의 ⓐ에서는 거문고를 제대로 연주할 줄 모르는 사람이 제 실력은 생각하지 않고 도리어 오동 복판을 나무라며 악기 탓을 한다고 말하고 있다. 이를 나타내기에 적절한 속담은 '자기 결함은 생각지 아니하고 애꿎은 사람이나 조건만 탓하는 경우를 이르는 말'인 '봉사 개천 나무란다'이다.

04 '혹 떼러 갔다 혹 붙여 온다'는 '자기의 부담을 덜려고 하다가 다른 일까지도 맡게 된 경우를 이르는 말'이고, '남의 발에 버선 신긴다'는 '기껏 한 일이 결국 남 좋은 일이 됨을 이르는 말'이다. 따라서 그 의미가 유사하지 않다.

05 '자가당착(自家撞着)'은 '같은 사람의 말이나 행동이 앞뒤가 서로 맞지 아니하고 모순됨.'을 뜻하는 말이고, '제 꾀에 제가 넘어간다'는 '꾀를 내어 남을 속이려다 도리어 자기가 그 꾀에 속아 넘어감.'을 뜻하는 말이다. 따라서 그 의미가 유사하지 않다.

오답 풀이

① 숙호충비(宿虎衝鼻): 자는 호랑이의 코를 찌른다는 뜻으로, 가만히 있는 사람을 공연히 건드려서 화를 입거나 일을 불리하게 만듦을 이르는 말.
③ 권상요목(勸上搖木): 나무에 오르게 하고 흔든다는 뜻으로, 남을 부추겨 놓고 낭패를 보도록 방해함을 이르는 말.
④ 교각살우(矯角殺牛): 소의 뿔을 바로잡으려다가 소를 죽인다는 뜻으로, 잘못된 점을 고치려다가 그 방법이나 정도가 지나쳐 오히려 일을 그르침을 이르는 말.
⑤ 적반하장(賊反荷杖): 도둑이 도리어 매를 든다는 뜻으로, 잘못한 사람이 아무 잘못도 없는 사람을 나무람을 이르는 말.

06 '다 된 죽에 코 풀기'는 '(1) 거의 다 된 일을 망쳐 버리는 주책없는 행동을 이르는 말. (2) 남의 다 된 일을 악랄한 방법으로 방해하는 것을 이르는 말'이다. 〈보기〉의 '구체적인 행동이 담겨 있는 표현'은 '코 풀기'가 만족시키고, '주책없는 행동을 두고 하는 표현'과 '어떤 일을 망쳐 버리는 어리석은 행위'는 속담에 담긴 뜻이 만족시키고 있다.

06 동음이의어

step ① 어휘력 학습 ▶ 248~249쪽

01 (1) ② (2) ① 02 ③ 03 ④ 04 (1) ① (2) ④ 05 (1) ③ (2) ② 06 (1) ④ (2) ③ 07 ① 08 ② 09 (1) ⑥ (2) ③ 10 ② 11 ⑤ 12 (1) ④ (2) ① 13 (1) ① (2) ④ 14 ② 15 ③ 16 (1) ⑥ (2) ② 17 (1) ① (2) ⑤ 18 ③ 19 ④ 20 ③ 21 ① 22 ② 23 (1) ② (2) ① 24 ③

step ② 어휘력 체크 ▶ 250쪽

01 버릇 02 기운 03 차림 04 상처 05 현악기 06 ② 07 ② 08 ② 09 ① 10 ② 11 ② 12 ① 13 ① 14 ② 15 ② 16 ①

10 ① 패다: 도끼로 장작 따위를 쪼개다.

11 ① 차다: 물건을 몸의 한 부분에 달아매거나 끼워서 지니다.

12 ② 켜다 : 전기 제품 따위를 작동하게 만들다.

13 ② 빠지다 : 차례를 거르거나 일정하게 들어 있어야 할 곳에 들어 있지 아니하다.

14 ① 어리다 : 나이가 적다. 10대 전반을 넘지 않은 나이를 이른다.

15 ① 차다 : 몸에 닿은 물체나 대기의 온도가 낮다.

16 ② 빼다 : 두렵거나 싫어서 하지 아니하려고 하다.

step ③ 어휘력 완성

▶ 251쪽

01 ⑤ 02 ④ 03 ② 04 ③ 05 ② 06 ①

01 '헐다'의 뜻은 '물건이 오래되거나 많이 써서 낡아지다.'이고, '파손(破損)되다'의 뜻은 '깨어져 못 쓰게 되다.'이므로 서로 바꿔 쓰기에 적절하지 않다.

오답 풀이

① 처(處)하다: 어떤 형편이나 처지에 놓이다.
② 착용(着用)하다: 의복, 모자, 신발, 액세서리 따위를 입거나, 쓰거나, 신거나 차거나 하다.
③ 비우다: 일정한 공간에 사람, 사물 따위를 들어 있지 아니하게 하다.
④ 제외(除外)하다: 따로 떼어 내어 한데 헤아리지 아니하다.

02 ④의 '빼다'는 '피하여 달아나다.'라는 뜻으로 쓰였다. '두렵거나 싫어서 하지 아니하려고 하다.'라는 뜻의 '빼다'는 '자꾸 빼지 말고 한번 먹어 봐.'와 같이 쓰인다.

03 〈보기〉에서 (b)의 '찬 음식을 먹어서'에 쓰인 '차다'는 '몸에 닿은 물체나 대기의 온도가 낮다.'라는 뜻이고, ②의 '기쁨에 찬 얼굴로'에 쓰인 '차다'는 '감정이나 기운 따위가 가득하게 되다.'라는 뜻이다.

04 (ㄱ)의 '빠지다'와 (ㄴ)의 '빠지다'는 모두 '차례를 거르거나 일정하게 들어 있어야 할 곳에 들어 있지 아니하다.'라는 뜻으로 사용되었다.

오답 풀이

① (ㄱ) 빠지다: 속에 있는 액체나 기체 또는 냄새 따위가 밖으로 새어 나가거나 흘러 나가다.
(ㄴ) 빠지다: 때, 빛깔 따위가 씻기거나 없어지다.
② (ㄱ) 빠지다: 때, 빛깔 따위가 씻기거나 없어지다.
(ㄴ) 빠지다: 속에 있는 액체나 기체 또는 냄새 따위가 밖으로 새어 나가거나 흘러 나가다.
④ (ㄱ) 빠지다: 곤란한 처지에 놓이다.
(ㄴ) 빠지다: 그럴듯한 말이나 꾐에 속아 넘어가다.
⑤ (ㄱ) 빠지다: 물이나 구덩이 따위 속으로 떨어져 잠기거나 잠겨 들어가다.
(ㄴ) 빠지다: 무엇에 정신이 아주 쏠리어 헤어나지 못하다.

05 ②는 '누울 때, 베개 따위를 머리 아래에 받치다.'라는 뜻의 '베다'를 사용해야 한다.

06 ①의 '켜 놓은 호롱불'에서 '켜다'는 '등잔이나 양초 따위에 불을 붙이거나 성냥이나 라이터 따위에 불을 일으키다.'라는 뜻이다.

07 필수 어휘 _ 경제

step ① 어휘력 학습

▶ 252~253쪽

01 ② 02 ④ 03 ① 04 ⑤ 05 ③ 06 ③ 07 ⑤
08 ① 09 ④ 10 ② 11 ② 12 (1) ⑤ (2) ④ 13 ⑥
14 ① 15 ③ 16 ② 17 ④ 18 ⑤ 19 ③ 20 ①
21 ① 22 ② 23 ③ 24 ⑤ 25 ④ 26 ② 27 ④
28 ③ 29 ① 30 ⑤

step ② 어휘력 체크

▶ 254쪽

01 ~ 06

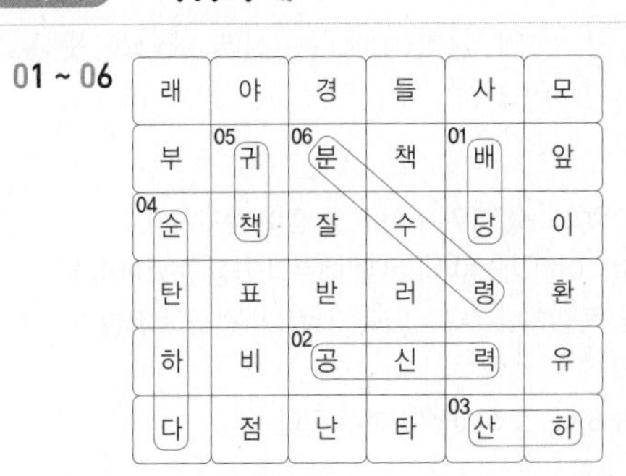

07 재신 08 간접적 09 지출 10 특색 11 옹색
12 보증, 확보 13 미미 14 관건 15 난색 16 도모
17 관철 18 민첩 19 야기 20 알선 21 번화 22 극렬 23 격감 24 면피

step ③ 어휘력 완성

▶ 255쪽

01 ③ 02 ② 03 ① 04 ③ 05 ① 06 ④

01 (ㄷ)에 들어갈 말은 '본래의 특색을 드러내지 못하고 보잘것없다.'를 뜻하는 '무색(無色)하다'이다.

02 '방만(放漫)하다'의 뜻은 '맺고 끊는 데가 없이 제멋대로 풀어져 있다.'이고, '무례(無禮)하다'의 뜻은 '태도나 말에 예의가 없다.'이므로 서로 바꿔 쓰기에 적절하지 않다.

오답 풀이

① 옹색(壅塞)하다: 형편이 넉넉하지 못하여 생활에 필요한 것이 없거나 부족하다.
③ 파산(破産)하다: 재산을 모두 잃고 망하다.
④ 일으키다: 어떤 사태나 일을 벌이거나 터뜨리다.
⑤ 꾀하다: 어떤 일을 이루려고 뜻을 두거나 힘을 쓰다.

03 ㉠에는 '필요한 것이 없거나 모자라서 딱하고 옹색하다.'라는 뜻을 가진 '군색(窘塞)하다'의 '군색'이 들어가야 하고, ㉡에는 '어떤 일을 이루기 위하여 대책과 방법을 세우다.'라는 뜻을 가진 '도모(圖謀)하다'의 '도모'가 들어가야 한다.

04 〈보기〉의 (c)가 뜻하는 말은 '시사(示唆)하다'이다. '수반(隨伴)하다'의 뜻은 '(1) 붙좇아서 따르다. (2) 어떤 일과 더불어 생기다. 또는 그렇게 되게 하다.'이다.

05 '알선(斡旋)하다' 뜻은 '남의 일이 잘되도록 주선하다.'를 뜻하는 말로, 문맥상 ①에 어울리지 않는다. 농업이 우리 모두의 생존을 책임지고 보증한다고 표현할 때는 '맡아서 보증하다.'라는 뜻을 가진 '담보(擔保)하다'를 사용하는 것이 적절하다.

06 〈보기〉의 '산하(傘下)'는 '어떤 조직체나 세력의 관할 아래'를 뜻하고, ④의 '산하(山河)'는 '산과 내라는 뜻으로, 자연을 이르는 말'이다.

오답 풀이

① 순탄(順坦)하다: 삶 따위가 아무 탈 없이 순조롭다.
② 관건(關鍵): 어떤 사물이나 문제 해결의 가장 중요한 부분.
③ 쏠쏠하다: 품질이나 수준, 정도 따위가 웬만하여 괜찮거나 기대 이상이다.
⑤ 미미(微微)하다: 보잘것없이 아주 작다.

08 한자 성어

step ① 어휘력 학습 ▶ 256~257쪽

01 ② 02 ③ 03 ⑤ 04 ⑥ 05 ④ 06 ① 07 ②
08 ③ 09 ① 10 ④ 11 ② 12 ① 13 ③ 14 ④
15 ② 16 ① 17 ④ 18 ② 19 ③ 20 ①

step ② 어휘력 체크 ▶ 258쪽

01 ~ 04

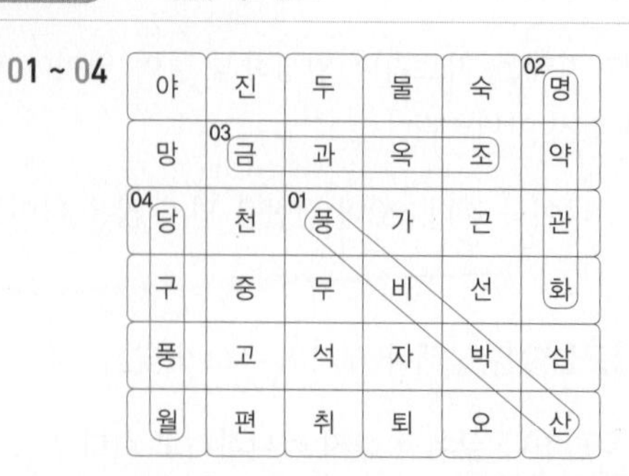

05 약속 06 차이 07 주머니 08 채찍질, 장려 09 순서
10 일진일퇴 11 유야무야 12 오비삼척 13 경천근민
14 권선징악 15 장유유서 16 일망무제 17 동가홍상
18 전광석화

step ③ 어휘력 완성 ▶ 259쪽

01 ⑤ 02 ② 03 ② 04 ⑤ 05 ① 06 ②

01 ㉠에는 홍건적의 침략으로 인해 부부나 친척 간에 서로를 돌보지 못하고 뿔뿔이 흩어져 자기 목숨이라도 부지하기를 꾀해야 하는 참혹하고 비극적인 상황이 드러나 있다. 이러한 상황과 관련된 것은 '사방으로 날아 흩어짐.'을 뜻하는 '풍비박산(風飛雹散)'이다.

02 '팽두이숙(烹頭耳熟)'은 '한 가지 일이 잘되면 다른 일도 저절로 이루어짐을 이르는 말'이고, '무쇠도 갈면 바늘 된다'는 '꾸준히 노력하면 어떤 어려운 일이라도 이룰 수 있다는 말'이다. 따라서 그 의미가 서로 부합하지 않는다.

오답 풀이

① 내 코가 석 자: 내 사정이 급하고 어려워서 남을 돌볼 여유가 없음을 이르는 말.
③ 천 리 길도 한 걸음부터: 무슨 일이나 그 일의 시작이 중요하다는 말.
④ 서당 개 삼 년에 풍월을 한다: 어떤 분야에 대하여 지식과 경험이 전혀 없는 사람이라도 그 부문에 오래 있으면 얼마간의 지식과 경험을 갖게 된다는 것을 이르는 말.
⑤ 장부의 한 말이 천금같이 무겁다: 한번 한 약속은 꼭 지키라고 이르는 말.

03 주머니 속의 물건을 잡듯이 손쉽게 해낼 수 있다는 의미를 나타내는 말로는 '주머니 속에서 물건을 꺼내듯이 아주 손쉽게 얻을 수 있음을 이르는 말'인 '낭중취물(囊中取物)'이 적절하다.

04 관중들이 경기장을 꽉 채운 상황이므로, '하늘과 땅 사이와 같이 엄청난 차이'를 뜻하는 '천양지차(天壤之差)'는

어울리지 않는다. 이러한 상황에서는 '송곳 하나 세울 만한 땅이란 뜻으로, 매우 좁아 조금의 여유도 없음.'을 뜻하는 '입추지지(立錐之地)'를 사용해야 한다.

05 〈보기〉의 ㈀에서는 마음을 옳게 먹고 의롭지 않은 일을 삼가면 장래에 좋은 일이 생길 것이라고 말하고 있다. 이는 '착한 일을 권장하고 악한 일을 징계함.'을 뜻하는 '권선징악(勸善懲惡)'의 주제 의식을 드러내고 있다.

06 '같은 값이면 다홍치마'와 의미가 통하는 한자 성어는 '같은 값이면 다홍치마라는 뜻으로, 같은 값이면 좋은 물건을 가짐을 이르는 말'인 '동가홍상(同價紅裳)'이다.

09 헷갈리는 어휘 _ 잘못 쓰기 쉬운 말

step ① 어휘력 학습

▶ 260~261쪽

01 구레나룻 02 구시렁댔다 03 닦달하고 04 똬리 05 안절부절못했다 06 여태껏 07 짜깁기 08 내로라하는 09 눌어붙어 10 삼가라 11 오시오 12 얽히고설킨 13 으스스 14 핑계 15 휴게실 16 쇳조각 17 예삿일 18 머리말 19 해님 20 깨끗이 21 꼼꼼히 22 희로애락

step ② 어휘력 체크

▶ 262쪽

01 안절부절못하다 02 구레나룻 03 삼가라 04 똬리 05 얽히고설키다 06 ○ 07 × 08 ○ 09 × 10 × 11 오시오 12 꼼꼼히 13 으스스 14 핑계 15 여태껏 16 깨끗이 17 휴게실 18 눌어붙지 19 내로라하는 20 해님 21 희로애락 22 예삿일

step ③ 어휘력 완성

▶ 263쪽

01 ⑤ 02 ② 03 ⑤ 04 ③ 05 ⑤ 06 ③

01 '궁시렁대다'는 표준어가 아니므로, ㈂은 '구시렁대다'의 '구시렁'이 올바른 표기이다.

02 '낌새'와 '부스럼'은 표준어 규정 제15항에 해당하는 어휘로, '준말이 쓰이고 있더라도, 본말이 널리 쓰이고 있으면 본말을 표준어로 삼는다.'라는 규정에 따라 본말로 적는다.

03 〈보기〉에서 설명하고 있듯이 연결형에서 사용되는 '이요'는 '이요'로 적는다. 따라서 '이것은 책이요, 저것은 붓이다.'가 올바른 표기이다.

04 '희로애락(喜怒哀樂)'의 '怒'는 '로'로 발음하는 것이 널리 자리 잡았으므로 소리 나는 대로 '희로애락'이라고 표기하는 것이 적절하다.

오답 풀이
① '내로라하다'의 '로'를 '노'로 발음하는 것은 잘못이므로, '내로라하다'가 올바른 표기이다.
② 기본형이 '삼가다'이므로 어간 '삼가-'에 어미 '-라'를 붙여 '삼가라'라고 표기해야 한다.
④ '여태껏 / 이제껏 / 입때껏'이 복수 표준어이고, '여지껏'은 비표준어이다.
⑤ 압도적으로 널리 쓰이는 '안절부절못하다'를 표준어로 삼으므로, '안절부절못했다'가 올바른 표기이다.

05 '머리+말'은 [머리말]로 발음되는 합성어이고 '해님'은 접미사 '-님'이 붙은 파생어로, 둘 다 사이시옷을 적는 경우가 아니다. ㈒에 해당하는 예로는 '제삿날, 훗날, 툇마루' 등이 있다.

06 부사의 끝음절이 분명히 '이'로만 나는 것은 '-이'로 적기 때문에 '깨끗이'가 올바른 표기이다.

오답 풀이
① '얽히고'의 어간을 밝혀 '얽히고설키다'로 적는다.
② '차거나 싫은 것이 몸에 닿았을 때 크게 소름이 돋는 모양'을 뜻할 때는 '으스스'로 적는다.
④ 부사의 끝음절이 '이'나 '히'로 나는 것은 '-히'로 적기 때문에 '꼼꼼히'가 올바른 표기이다.
⑤ 준말 '똬리'가 표준어이므로 '똬리'로 적는다.

10 필수 어휘 _ 경제

step ① 어휘력 학습

▶ 264~265쪽

01 ⑤ 02 (1) ④ (2) ③ 03 ② 04 ① 05 ⑥ 06 ① 07 ② 08 ③ 09 ⑤ 10 ④ 11 ① 12 ② 13 ④ 14 ③ 15 ⑤ 16 ② 17 ⑥ 18 ⑤ 19 ① 20 (1) ④ (2) ③ 21 ③ 22 ⑤ 23 ① 24 ② 25 ④ 26 ③ 27 ④ 28 ② 29 ① 30 ⑤

step ② 어휘력 체크 ▶ 266쪽

01 더함 02 알다 03 안목 04 하소연 05 규율 06 부주의 07 ⓜ 08 ⓔ 09 ⓛ 10 ⓒ 11 ⓑ 12 ⓞ 13 전가 14 파기 15 허울 16 판명 17 저해 18 함양 19 예치 20 진귀 21 지분 22 유리 23 추이 24 투기

step ③ 어휘력 완성 ▶ 267쪽

01 ④ 02 ⑤ 03 ⑤ 04 ③ 05 ② 06 ②

01 〈보기〉의 '유리(遊離)하다'는 '따로 떨어지다.'라는 뜻이고, ④의 '유리(有利)하다'는 '이익이 있다.'라는 뜻이다.

오답 풀이

① 존속(存續)하다: 어떤 대상이 그대로 있거나 어떤 현상이 계속되다.
② 이월(移越)하다: 옮기어 넘기다.
③ 지분(持分): 공유물이나 공유 재산 따위에서, 공유자 각자가 소유하는 몫. 또는 그런 비율.
⑤ 주지(周知)하다: 여러 사람이 두루 알다.

02 '체화(體化)하다'는 '(1) 물체로 변화하다. 또는 물체로 변화하게 하다. (2) 생각, 사상, 이론 따위가 몸에 배어서 자기 것이 되다. 또는 그렇게 만들다.'라는 뜻으로, 문맥상 ⑤에 어울리지 않는다. 특정 업무의 운영권을 민간 기업에 맡기는 상황에서는 '법률 행위나 사무의 처리를 다른 사람에게 맡겨 부탁하다.'라는 뜻을 가진 '위탁(委託)하다'를 사용하는 것이 적절하다.

03 ⓐ에는 '긴장이나 규율 따위가 풀려 마음이 느슨하다.'라는 뜻의 '해이(解弛)하다'가, ⓑ에는 '보배롭고 보기 드물게 귀하다.'라는 뜻의 '진귀(珍貴)하다'가, ⓒ에는 '물건이나 돈 따위를 아끼지 아니하고 함부로 쓰는 버릇이 있다.'라는 뜻의 '헤프다'가 들어가야 한다.

04 〈보기〉의 (c)를 뜻하는 말은 '투기(投機)'이다. ③에 쓰인 '투기(妬忌)'는 동음이의어로, '부부 사이나 사랑하는 이성(異性) 사이에서 상대되는 이성이 다른 이성을 좋아할 경우에 지나치게 시기함.'이라는 뜻을 가지고 있다.

05 '할증(割增)'은 '일정한 값에 얼마를 더함.'이라는 뜻이고, '할인(割引)'은 '일정한 값에서 얼마를 뺌.'이라는 뜻이므로 서로 바꿔 쓰기에 적절하지 않다.

오답 풀이

① 맡기다: 어떤 물건을 보관하게 하다. '맡다'의 사동사.
③ 하소연하다: 억울한 일이나 잘못된 일, 딱한 사정 따위를 말하다.
④ 차지하다: 사물이나 공간, 지위 따위를 자기 몫으로 가지다.
⑤ 표준(標準): 사물의 정도나 성격 따위를 알기 위한 근거나 기준.

06 ㉠에는 '막아서 못 하도록 해침.'이라는 뜻의 '저해(沮害)'가, ㉡에는 '잘못이나 책임을 다른 사람에게 넘겨씌움.'이라는 뜻의 '전가(轉嫁)'가 들어가야 한다.

11 개념어 _ 문법

step ② 어휘력 체크 ▶ 270쪽

01 ① 02 ③ 03 ③ 04 × 05 × 06 ○ 07 × 08 ○ 09 홑문장 10 안은문장 11 종속적으로 12 대등하게 13 명사절 14 2개 15 관형사, 수사 16 가변어, 관계언, 조사 17 서술절 18 관형절 19 명사절 20 부사절 21 객체 22 나중이다 23 시키는 24 짧은, 능력

01 '누구'는 대명사이고 나머지는 모두 명사이다.

02 '어머나'는 감탄사이고 나머지는 모두 부사이다.

03 '생각하다'는 동사이고 나머지는 모두 형용사이다.

04 문장 구성에 꼭 필요한 필수적인 성분은 주성분으로 주어, 목적어, 보어, 서술어가 이에 해당한다.

05 제시된 문장은 '주어(그것은) + 관형어(헌) + 보어(책이) + 서술어(아니다)'로 이루어져 있다.

06 제시된 문장은 '주어(그들은) + 목적어(자연을) + 서술어(사랑한다)'의 주성분만으로 이루어져 있다.

07 제시된 문장은 '부사어(역시) + 주어(나는) + 관형절[주어(네가) + 서술어(성공할)] + 목적어(줄) + 서술어(알았어)'로 이루어져 있다. 따라서 독립어는 쓰이지 않았다.

08 '예쁜'은 관형어이고 '아름답게'는 부사어이므로 모두 부속 성분에 해당한다.

14 (가)의 '이리'와 '가까이'는 부사이다.

15 '사과 세 개'에서 '세'는 의존 명사 '개'를 꾸며 주는 관형사이고, '하나도 안 먹었다'에서 '하나'는 수량을 나타내는 수사이다. '하나'는 수사이므로 조사 '도'와 결합하여 사용되고 있다.

16 관계언인 조사는 문장에서 쓰일 때 형태가 변하지 않는 불변어이나, 서술격 조사 '이다'는 예외적으로 형태가 변하는 가변어이다.

18 '네가 기뻐하다.'라는 문장은 뒤에 오는 명사 '일'을 꾸며 주는 관형절로 사용되었다.

19 '그가 최선을 다했다.'라는 문장은 명사형 어미 '-음'과 결합하여 문장에서 목적어 역할을 하고 있으므로, 명사절로 사용되었음을 알 수 있다.

21 '모시다'라는 특수 어휘를 사용하여 목적어인 '할머니'를 높이고 있으므로 객체 높임법이 사용되었다.

22 '내일'과 '-겠-'을 통해 미래 상황을 나타내고 있다. 미래 시제는 사건시가 발화시보다 나중인 것이다.

23 '울리다'는 '울다'에 사동 접미사 '-리-'가 결합된 것으로, 형이 동생에게 우는 행위를 하게 하였음을 나타낸다.

24 부정 부사 '못'을 사용하였으므로 능력 부족을 나타내는 짧은 부정문이다.

step ③ 어휘력 완성

▶ 271쪽

01 ③ 02 ③ 03 ③ 04 ① 05 ③

01 〈보기〉의 품사 분류 기준에 따라 각 예문의 단어를 분류하면 다음과 같다.

• 호수가 깊다.
 - 형태에 따라: 불변어(호수, 가), 가변어(깊다)
 - 기능에 따라: 체언(호수), 관계언(가), 용언(깊다)
 - 의미에 따라: 명사(호수), 조사(가), 형용사(깊다)

• 강의 깊이는 누구도 모른다.
 - 형태에 따라: 불변어(강, 의, 깊이, 는, 누구, 도), 가변어(모르다)
 - 기능에 따라: 체언(강, 깊이, 누구), 관계언(의, 는, 도), 용언(모르다)
 - 의미에 따라: 명사(강, 깊이), 대명사(누구), 조사(의, 는, 도), 동사(모르다)

이를 바탕으로 할 때, ③은 예문의 단어를 '기능'에 따라 '체언 ‖ 용언 ‖ 관계언'으로 적절하게 분류했음을 알 수 있다.

02 '소나무가 앞쪽으로 굽다.'에서 '굽다(한쪽으로 휘다.)'는 '굽고, 굽지, 굽어' 등과 같이 활용할 때 어간과 어미의 형태가 변하지 않으므로 규칙 활용에 해당한다. 반면에 '형이 오븐에 빵을 굽다.'에서 '굽다(불에 익히다.)'는 '굽고, 굽지, 구워' 등과 같이 활용하는데, '-어'가 결합할 때 'ㅂ'이 모음 어미 앞에서 '오/우'로 바뀌는 'ㅂ' 불규칙이 일어나 '구워'처럼 어간의 형태가 바뀐다.

오답 풀이
① 제시된 '낫다'는 모두 'ㅅ' 불규칙 활용을 한다.
② 제시된 '울다'는 모두 규칙 활용을 한다.
④ 앞의 '이르다'는 '르' 불규칙 활용을 하고, 뒤의 '이르다'는 '러' 불규칙 활용을 한다.
⑤ 제시된 '타다'는 모두 규칙 활용을 한다.

03 ⓑ는 관형절을 안은 문장으로, 안은문장은 '동주는 별을 응시했다.'이고 안긴문장은 '별이 반짝이다.'이다. 따라서 '별을'은 안은문장의 목적어이고, 안긴문장에는 목적어가 사용되지 않았다.

오답 풀이
① '파랗다'는 주어만을 필수로 요구하는 한 자리 서술어이다.
② ⓐ의 문장 성분은 '바다가(주어) + 눈이 부시게(부사절) + 파랗다(서술어)'로 분석되는데, 부사절은 다시 '눈이(주어) + 부시다(서술어)'로 분석된다. 즉 '바다가'는 서술어 '파랗다'의 주어이고, '눈이'는 서술어 '부시다'의 주어이다.
④ ⓑ의 '반짝이는'은 '별이 반짝이다.'라는 문장이 관형절로 안긴 것이다. 즉 안긴문장의 주어는 '별이'이고 서술어는 '반짝이다'이다.
⑤ ⓐ에서 '눈이 부시게'는 서술어 '파랗다'를 꾸미는 부사절이고, ⓑ에서 '반짝이는'은 명사 '별'을 꾸미는 관형절이다.

04 '아이가 밥을 먹었다.'는 주어가 스스로 먹는 행동을 하였음을 나타내는 주동문으로, 이때 '먹다'는 주동사이다. '아이에게 밥을 먹였다.'는 생략된 주어가 아이로 하여금 먹는 행동을 하게 하였음을 나타내는 사동문으로, 이때 '먹이다'는 사동 접미사 '-이-'가 결합하여 만들어진 사동사이다. 따라서 제시된 내용은 피동 접미사 '-이-'를 사용하여 만든 피동 표현의 예에 해당하지 않는다.

05 ③의 '후배가 그녀와 결혼했다.'라는 문장은 '그는 사실을 몰랐다.'라는 문장에 관형절로 안긴 것인데, 이때 안긴문장의 원래 주어인 '후배가'가 생략되지 않았으므로 ㉠의 예에 해당하지 않는다.

오답 풀이
① '언니가 숙제를 한다.'가 관형절로 안기면서 주어 '언니가'가 생략되었다.
② '아들이 대학생이 되었다.'가 관형절로 안기면서 주어 '아들이'가 생략되었다.
④ '승객이 버스에 탔다.'가 관형절로 안기면서 주어 '승객이'가 생략되었다.
⑤ '화가가 이 그림을 그렸다.'가 관형절로 안기면서 주어 '화가가'가 생략되었다.

12 배경지식 용어 _ 사회 · 경제

step ② 어휘력 체크

▶ 274쪽

01 메뉴 비용 02 공유 경제 03 채권 04 파생 상품
05 선물 거래 06 유류분 07 ○ 08 ○ 09 × 10 ×
11 × 12 ○ 13 ○ 14 구독 경제 15 전망 이론
16 파생 상품 17 관세

step ③ 어휘력 완성

▶ 275쪽

01 ② 02 ① 03 ① 04 ②

01 유류분 부족액은 유류분에 해당하는 이익에서 이미 상속받은 이익을 뺀 값이므로 유류분 부족액은 전부 유류분권의 보장 범위에 있다. 유류분권의 보장 범위가 유류분 부족액의 일부에 한정된다는 것은 적절하지 않다.

오답 풀이
① 유류분권은 상속인들이 유류분을 반환받을 수 있는 권리이므로, 상속인이 아닌 사람에게는 인정되지 않는다.
③ 무상 처분자가 사망하면 상속이 개시되고 그의 상속인들이 유류분권을 행사하는 것이므로, 상속인은 상속 개시 전에는 무상 취득자에게 유류분권을 행사할 수 없다.
④ 유류분권의 대상은 무상 처분된 재산이지 다른 사람에게 판 재산이 아니다.
⑤ 유류분권이 행사되면 무상으로 취득한 재산에 대한 권리가 무상 취득자 자신의 의사에 반하여 제한될 수 있다.

02 매월 일정 금액을 내고 정수기를 사용하는 서비스는 '장기 렌털 모델'에 해당한다.

03 제시된 지문에서 파생 상품의 전망은 다루지 않았다.

오답 풀이
② '선도'와 '선물'과 같은 파생 상품의 종류가 있음을 알 수 있다.
③ 파생 상품은 '기초 자산의 가치 변동에 따라 가격이 결정되는 금융 상품'이라고 하였다.
④ 파생 생품은 미래의 위험에 대비하는 기능이 있음을 알 수 있다.
⑤ 파생 상품은 미래에 발생할 수 있는 손실의 위험에 대한 두려움 때문에 등장했음을 알 수 있다.

04 '선물'은 공인된 거래소에서 거래가 이루어져 거래의 안정성이 확보되었다고 하였으므로, 계약을 임의적으로 파기할 위험이 높다는 것은 적절하지 않다.

오답 풀이
① '선물'은 기초 자산의 가치 변동에 따라 가격이 결정되는 파생 상품이라고 하였다.
③ '선물'은 기초 자산을 계약 체결 시점에 정해 놓은 가격과 수량으로 계약 만기 시점에 거래한다고 하였다.
④ '선물'이 거래되는 거래소에서는 다양한 제도적 장치를 마련하여 거래의 안정성을 확보했다고 하였다.
⑤ '선물'은 공인된 거래소에서 거래되는데, 거래소는 거래 당사자들 사이에서 매개적 역할을 한다고 하였다.

5주 완성 실전 대비 기출 모의고사

▶ 276~280쪽

01 ⑤ 02 ④ 03 ① 04 ② 05 ① 06 ① 07 ①
08 ④ 09 ④ 10 ① 11 ① 12 ③ 13 ⑤ 14 ②
15 ⑤ 16 ③ 17 ② 18 ② 19 ③ 20 ②

01 ⓔ의 '부양(浮揚)'은 '가라앉은 것을 떠오르게 함.'이라는 의미이다. 하지만 ⑤의 '부양(扶養)'은 '생활 능력이 없는 사람의 생활을 돌봄.'이라는 의미이다. 따라서 ⓔ와 ⑤에서 '부양'은 서로 다른 의미로 사용된 것이다.

오답 풀이
① ⓐ와 ①의 '파급(波及)'은 모두 '어떤 일의 여파나 영향이 차차 다른 데로 미침.'이라는 의미로 사용되었다.
② ⓑ와 ②의 '발현(發現)'은 모두 '속에 있거나 숨은 것이 밖으로 나타나거나 그렇게 나타나게 함.'이라는 의미로 사용되었다.
③ ⓒ와 ③의 '수반(隨伴)'은 모두 '어떤 일과 더불어 생김.'이라는 의미로 사용되었다.
④ ⓓ와 ④의 '유의(留意)'는 모두 '마음에 새겨 두어 조심하며 관심을 가짐.'이라는 의미로 사용되었다.

02 ㉣의 '지니다'는 '바탕으로 갖추고 있다.'의 의미로 사용되었는데, 이런 의미로 쓰일 때는 추상적인 대상을 목적어로 취하게 된다. 하지만 '소지(所持)하다'는 '물건을 지니고 있다.'의 의미로, 구체적인 대상을 목적어로 취할 때 사용된다. 따라서 ㉣의 '지니다'는 '소지하다'와 바꿔 쓰기에 적절하지 않다.

오답 풀이
① ㉠의 '여기다'는 '상태, 모양, 성질 따위가 그와 같다고 보거나 그렇다고 여기다.'의 의미를 지닌 '간주(看做)하다'와 바꿔 쓸 수 있다.
② ㉡의 '펼치다'는 '생각하는 것을 털어놓고 말하다.'의 의미를 지닌 '피력(披瀝)하다'와 바꿔 쓸 수 있다.
③ ㉢의 '끼어들다'는 '자신과 직접적인 관계가 없는 일에 끼어들다.'의 의미를 지닌 '개입(介入)하다'와 바꿔 쓸 수 있다.
⑤ ㉤의 '퍼지다'는 '흩어져 널리 퍼지게 되다.'의 의미를 지닌 '확산(擴散)되다'와 바꿔 쓸 수 있다.

03 ㉠의 '침해(侵害)'는 '침범하여 해를 끼침.'이라는 뜻을

지닌 말이다. '사라져 없어지게 함.'은 '소멸(消滅)'의 사전적 의미에 해당한다.

04 ⓐ에서 춘향은 이몽룡과 헤어진 후 자나 누우나 임을 그리워했다고 토로하고 있다. 이러한 춘향의 그리움은 '자나 깨나 잊지 못함.'을 의미하는 '오매불망(寤寐不忘)'으로 나타내는 것이 가장 적절하다.

오답 풀이

① 동병상련(同病相憐): 같은 병을 앓는 사람끼리 서로 가엾게 여긴다는 뜻으로, 어려운 처지에 있는 사람끼리 서로 가엾게 여김을 이르는 말.
③ 이심전심(以心傳心): 마음과 마음으로 서로 뜻이 통함.
④ 조변석개(朝變夕改): 아침저녁으로 뜯어고친다는 뜻으로, 계획이나 결정 따위를 일관성이 없이 자주 고침을 이르는 말.
⑤ 풍수지탄(風樹之歎): 효도를 다하지 못한 채 어버이를 여읜 자식의 슬픔을 이르는 말.

05 ㉠의 '도모(圖謀)'는 '어떤 일을 이루기 위하여 대책과 방법을 세움.'이라는 뜻을 지닌 말이다. '어떤 시기나 기회가 닥쳐옴.'은 '도래(到來)'의 사전적 의미에 해당한다.

06 ⓐ의 '대비(對備)'는 '앞으로 일어날지도 모르는 어떠한 일에 대응하기 위하여 미리 준비함.'을 뜻하고, ①의 '대비(對比)'는 '두 가지의 차이를 밝히기 위하여 서로 맞대어 비교함. 또는 그런 비교'를 뜻한다.

오답 풀이

② ⓑ와 ②의 '파악(把握)'은 모두 '어떤 대상의 내용이나 본질을 확실하게 이해하여 앎.'이라는 의미로 사용되었다.
③ ⓒ와 ③의 '인상(引上)'은 모두 '물건값, 봉급, 요금 따위를 올림.'이라는 의미로 사용되었다.
④ ⓓ와 ④의 '배제(排除)'는 모두 '받아들이지 아니하고 물리쳐 제외함.'이라는 의미로 사용되었다.
⑤ ⓔ와 ⑤의 '전가(轉嫁)'는 모두 '잘못이나 책임을 다른 사람에게 넘겨씌움.'이라는 의미로 사용되었다.

07 ⓐ와 ①의 '틀어지다'는 모두 '본래의 방향에서 벗어나 다른 쪽으로 나가다.'라는 의미로 사용되었다.

오답 풀이

② '꾀하는 일이 어그러지다.'라는 의미로 사용되었다.
③ '어떤 물체가 반듯하고 곧바르지 아니하고 옆으로 굽거나 꼬이다.'라는 의미로 사용되었다.
④ '마음이 언짢아 토라지다.'라는 의미로 사용되었다.
⑤ '사귀는 사이가 서로 벌어지다.'라는 의미로 사용되었다.

08 <백학선전>은 주인공 유백로가 어린 시절 우연히 만난 조은하와 가연을 맺고 가보로 내려오는 백학선(백학 모양의 그림이 그려진 부채)을 주지만, 사랑의 방해자로 인해 고난을 겪다가 다시 사랑의 결실을 맺게 되는 애정 소설이다. 제시된 장면은 유 한림이 은하 낭자를 사모하는 마음으로 병을 얻어 힘들어하는 부분이다. 이 상황에 가장 잘 어울리는 한자 성어는 '자나 깨나 잊지 못함.'을 의미하는 '오매불망(寤寐不忘)'이다.

오답 풀이

① 결자해지(結者解之): 맺은 사람이 풀어야 한다는 뜻으로, 자기가 저지른 일은 자기가 해결하여야 함을 이르는 말.
② 부화뇌동(附和雷同): 줏대 없이 남의 의견에 따라 움직임.
③ 연목구어(緣木求魚): 나무에 올라가서 물고기를 구한다는 뜻으로, 도저히 불가능한 일을 굳이 하려 함을 이르는 말.
⑤ 천석고황(泉石膏肓): 자연의 아름다운 경치를 몹시 사랑하고 즐기는 성질이나 버릇.

09 ㉣의 '참작(參酌)'은 '이리저리 비추어 보아서 알맞게 고려함.'이라는 뜻을 지닌 말이다.

10 ⓐ와 ①의 '빠지다'는 모두 '곤란한 처지에 놓이다.'라는 뜻으로 쓰였다.

오답 풀이

② '정신이나 기운이 줄거나 없어지다.'라는 뜻으로 쓰였다.
③ '물이나 구덩이 따위 속으로 떨어져 잠기거나 잠겨 들어가다.'라는 뜻으로 쓰였다.
④ '차례를 거르거나 일정하게 들어 있어야 할 곳에 들어 있지 아니하다.'라는 뜻으로 쓰였다.
⑤ '남이나 다른 것에 비해 뒤떨어지거나 모자라다.'라는 뜻으로 쓰였다.

11 ⓐ의 '전락(轉落)시키다'는 '나쁜 상태나 타락한 상태에 빠지게 하다.'라는 의미이다. 따라서 ⓐ를 '더 보태거나 빼지 아니하고 어떤 것을 주고 다른 것을 받다.'라는 의미의 '맞바꾸다'로 바꾸는 것은 적절하지 않다.

12 ㉠은 이 부인의 영웅적 활약으로 인하여 명나라를 침략한 무리가 전쟁을 포기할 수밖에 없게 된 상황이다. 이러한 상황을 나타내기에 가장 적절한 한자 성어는 '손을 묶은 것처럼 어찌할 도리가 없어 꼼짝 못 함.'을 의미하는 '속수무책(束手無策)'이다.

오답 풀이

① 각골난망(刻骨難忘): 남에게 입은 은혜가 뼈에 새길 만큼 커서 잊히지 아니함.
② 방약무인(傍若無人): 곁에 사람이 없는 것처럼 아무 거리낌 없이 함부로 말하고 행동하는 태도가 있음.
④ 수수방관(袖手傍觀): 팔짱을 끼고 보고만 있다는 뜻으로, 간섭하거나 거들지 아니하고 그대로 버려둠을 이르는 말.
⑤ 연목구어(緣木求魚): 나무에 올라가서 물고기를 구한다는 뜻으로, 도저히 불가능한 일을 굳이 하려 함을 이르는 말.

13 ⓔ의 '경과(經過)'는 '시간이 지나감.'이라는 뜻을 지닌 말이다. '어떤 곳을 거쳐 지남.'은 '경유(經由)'의 사전적 의미에 해당한다.

14 〈보기〉의 ㉡에서는 부친이 중죄를 받을 형편이기 때문에, 자식인 자신은 욕됨과 욕되지 않음을 논할 수 없다고 말하고 있다. 속담 '없는 자가 찬밥 더운밥을 가리랴'는 '한창 궁하여 빌어먹는 판에 찬밥 더운밥을 가릴 수 없다는 뜻으로, 자기가 아쉽거나 급히 필요한 일에는 좋고 나쁨을 가릴 겨를이 없음을 이르는 말'이므로, ㉡의 상황을 나타내기에 적절하다.

오답 풀이

① ㉠은 오 부인이 크게 노한 상황인데, '나중에 보자는 사람 무섭지 않다'는 '당장에 화풀이를 하지 못하고 나중에 두고 보자는 사람은 두려워할 것이 없다는 말'이므로 적절하지 않다.
③ ㉢은 진 소저가 망설이지 않고 혼인을 허락하는 상황인데, '만사가 욕심대로라면 하늘에다 집도 짓겠다'는 '무슨 일이나 욕심대로만 되지는 아니한다는 말'이므로 어울리지 않는다.
④ ㉣은 자신이 받은 은혜를 보답하겠다는 뜻을 나타낸 것인데, '산이 높아야 옥이 난다'는 '규모가 크고 훌륭하여야 거기에서 생기는 보람도 크다는 말'이므로 적절하지 않다.
⑤ ㉤은 인적을 찾아볼 수 없이 황량한 풍경을 나타낸 것인데, '빈대 잡으려고 초가삼간 태운다'는 '손해를 크게 볼 것을 생각지 아니하고 자기에게 마땅치 아니한 것을 없애려고 그저 덤비기만 하는 경우를 이르는 말'이므로 어울리지 않는다.

15 ㉤의 '애쓰다'는 '마음과 힘을 다하여 무엇을 이루려고 힘쓰다.'의 의미이므로, '생각하는 것을 털어놓고 말하다.'의 의미를 가진 '피력(披瀝)하다'와 바꿔 쓰기에 적절하지 않다. ㉤은 '목적을 이루기 위하여 몸과 마음을 다하여 애를 쓰다.'의 의미를 가진 '노력(努力)하다'와 바꿔 쓰는 것이 더 적절하다.

오답 풀이

① ㉠의 '드러내다'는 '의사나 태도를 분명하게 드러내다.'의 의미를 지닌 '표명(表明)하다'와 바꿔 쓸 수 있다.
② ㉡의 '뜻하다'는 '행위나 현상이 무엇을 뜻하다.'의 의미를 지닌 '의미(意味)하다'와 바꿔 쓸 수 있다.
③ ㉢의 '여겨지다'는 '상태, 모양, 성질 따위가 그와 같다고 여겨지다.'의 의미를 지닌 '간주(看做)되다'와 바꿔 쓸 수 있다.
④ ㉣의 '달라지다'는 '사물의 성질, 모양, 상태 따위가 바뀌어 달라지다.'의 의미를 지닌 '변화(變化)하다'와 바꿔 쓸 수 있다.

16 ㉢의 '주목(注目)'은 '관심을 가지고 주의 깊게 살핌.'이라는 뜻을 지닌 말이다. '경고나 훈계의 뜻으로 일깨움.'은 '주의(注意)'의 사전적 의미에 해당한다.

17 ⓐ의 '일어나다'는 '어떤 일이 생기다.'의 의미로 사용되었다. '싸움이 일어난'에서의 '일어나다' 역시 이와 유사한 의미로 사용되었다.

오답 풀이

① '약하거나 희미하던 것이 성하여지다.'의 의미로 사용되었다.
③ '어떤 마음이 생기다.'의 의미로 사용되었다.
④ '몸과 마음을 모아 나서다.'의 의미로 사용되었다.
⑤ '약하거나 희미하던 것이 성하여지다.'의 의미로 사용되었다.

18 '밝다'는 동사와 형용사로 모두 쓸 수 있다. '불빛 따위가 환하다.'의 의미로 쓰여 상태를 나타낼 때는 형용사이고, '밤이 지나고 환해지며 새날이 오다.'의 의미로 쓰여 작용을 나타낼 때는 동사이다. ㉡의 '밝는다'는 형용사가 아니라 동사로 쓰인 것이다. 이는 현재 시제 선어말 어미 '-는-'이 결합한 것을 통해서도 알 수 있다.

19 ⓒ에서 주어는 '이곳은'이고 서술어는 '아름답다'이므로, ⓒ는 주어와 서술어의 관계가 한 번만 나타나는 홑문장이다. 다른 문장 속에서 하나의 문장 성분처럼 쓰이는 문장은 안긴문장인데, 안긴문장이 있는 문장은 주어와 서술어의 관계가 두 번 이상 나타나는 겹문장이다.

오답 풀이

① ⓐ에는 주어 '아이가'가 생략된 안긴문장인 '예쁜'이 있으며, '예쁜'은 체언인 '아이'를 꾸며 주는 관형절이다.
② ⓑ는 주어 '나는'과 서술어 '샀다'가 한 번 나타나는 홑문장이다.
④ ⓓ는 주어 '날씨가'와 서술어 '추웠으나'로 이루어진 홑문장과 생략된 주어 '날씨가'와 서술어 '따뜻하다'로 이루어진 홑문장이 대등적 연결 어미 '-으나'로 대등하게 연결된 이어진문장이다.
⑤ ⓔ는 주어 '눈이'와 서술어 '올지라도'로 이루어진 홑문장과 주어 '우리는'과 서술어 '나간다'로 이루어진 홑문장이 종속적 연결 어미 '-ㄹ지라도'로 종속적으로 연결된 이어진문장이다.

20 ㉡에서 선어말 어미 '-으시-'는 생략된 주어의 지시 대상인 '어머니'를, 조사 '요'는 상대인 '점원'을 높이기 위해 쓰였다. 따라서 이는 같은 대상을 높이기 위해 쓰인 것이 아니다.

오답 풀이

① ㉠에서는 문법적 수단인 조사 '께'와 어휘적 수단인 동사 '드리다'를 통해 부사어의 지시 대상인 '어머니'를 높이고 있다.
③ ㉢에서 동사 '모시다'는 목적어의 지시 대상인 '부모님'을, 조사 '께서'는 주어의 지시 대상인 '손님들'을 높이기 위해 쓰였다.
④ ㉣에서는 문법적 수단인 종결 어미 '-ㅂ니다'를 통해 대화의 상대방인 '손님'을 높이고 있다.
⑤ ㉤에서는 어휘적 수단인 동사 '뵙다'를 통해 목적어의 지시 대상인 '어머니'를 높이고 있다.

밥 어휘 심화

3단계 학습 시스템을 통한 방대한 어휘의 효율적 학습

✦ 수능·내신 국어 대비에 꼭 필요한 모든 어휘 총망라!

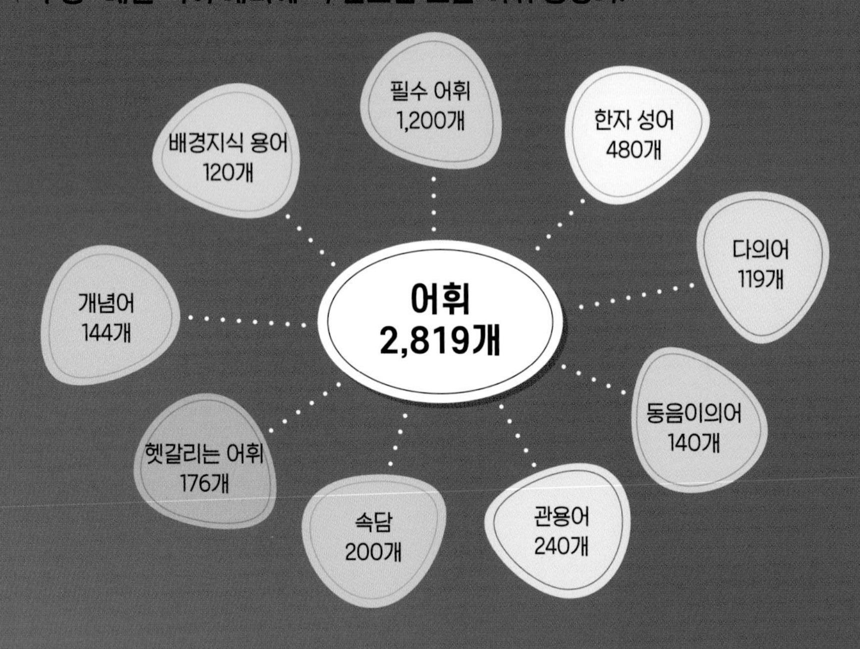

✦ 기출에서 뽑은 다양한 예문으로 어휘력과 문해력을 한번에!

수능 | 모의평가 | 학력평가 | 교과서 | 학교 중간·기말 고사

✦ '뜻풀이 익히기 → 점검, 적용 → 실전 완성'의 효율적 3단계 학습 시스템!

step 1. 어휘력 학습		step 2. 어휘력 체크		step 3. 어휘력 완성
1:1 예문을 통해 뜻풀이 익히기	➡	확인 문제를 통해 어휘력 넓히기	➡	실전 문제를 풀며 어휘력 완성하기

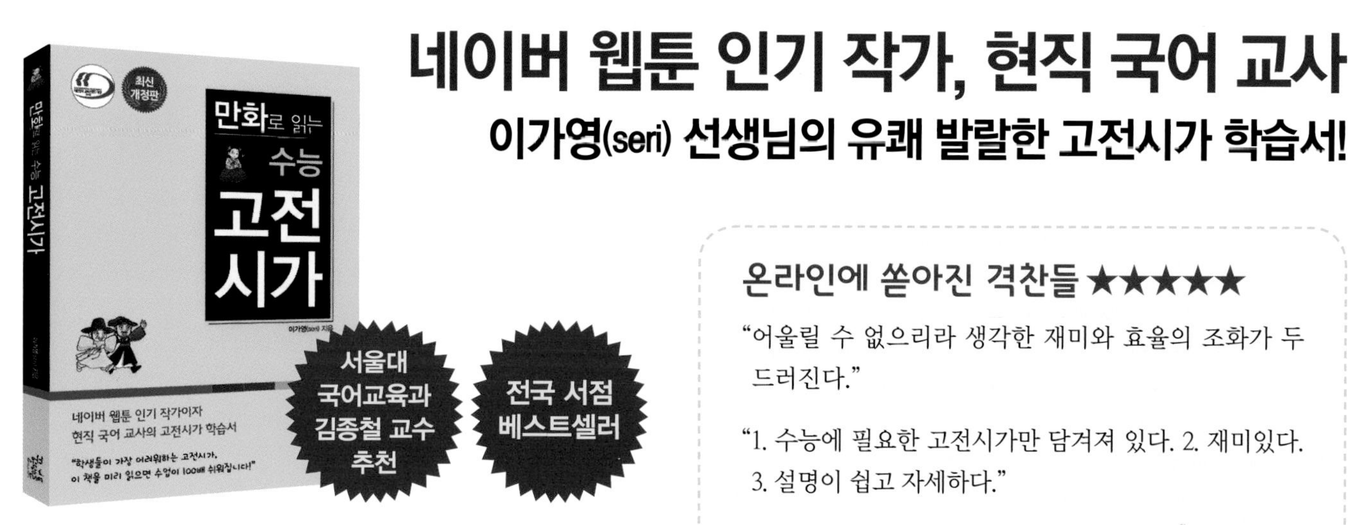

네이버 웹툰 인기 작가, 현직 국어 교사
이가영(seri) 선생님의 유쾌 발랄한 고전시가 학습서!

만화로 읽는 수능 고전시가

이가영(seri) 지음 | 278쪽 | 18,800원

온라인에 쏟아진 격찬들 ★★★★★

"어울릴 수 없으리라 생각한 재미와 효율의 조화가 두드러진다."

"1. 수능에 필요한 고전시가만 담겨져 있다. 2. 재미있다. 3. 설명이 쉽고 자세하다."

"미리 읽는 중학생부터 국어라면 도통 이해를 잘 못하는 고등학생들에게 정말로 유용한 멋진 책이다."

서울대 합격생의 비법을 훔치다!

서울대 합격생 공부법 / 노트 정리법 / 방학 공부법 / 독서법 / 내신 공부법

전국 중 · 고등학생이 묻고 서울대학교 합격생이 답하다 서울대생들이 들려주는 중 · 고생 공부법의 모든 것!

융합형 인재를 위한 교양서

이 정도는 알아야 하는 최소한의 인문학

과학 / 국제 이슈 / 날씨 / 경제 법칙

세상을 보는 눈을 키워 주는 가장 쉬운 교양서를 만나다!

★ 한국출판문화산업진흥원 이달의읽을만한책
★ 한국출판문화산업진흥원 청소년권장도서
★ 한국출판문화산업진흥원 우수출판콘텐츠 지원사업선정작

서울시 영등포구 당산로 50길 3 꿈을담는빌딩 6층 | 전화 1544-6533 | 홈페이지 dreamybook.co.kr

꿈틀 국어 교재 목록

고등 국어 기초 실력 완성

고고 시리즈

고등 국어 공부, 내신과 수능 대비에 필요한 모든 내용을 알차게 정리한 교재

기본
문학
독서
문법

밥 먹듯이 매일매일 국어 공부

밥 시리즈

기출 공부를 통해 수능 필살기를 익힐 수 있도록 돕는 친절한 학습 시스템

처음 시작하는 문학 | 처음 시작하는 비문학 독서
문학 | 비문학 독서
언어와 매체 | 화법과 작문
어휘

문학 영역 갈래별 명품 교재

명강 시리즈

수능에 출제될 만한 주요 작품과 실전 문제가 갈래별로 수록된 문학 영역 심화 학습 교재

현대시
고전시가
현대소설
고전산문

국어 기본 실력 다지기

국어 개념 완성

국어 공부에 꼭 필요한 개념을 예시 작품을 통해 완성할 수 있는 교재

문이과 통합 수능 실전 대비

국어는 꿈틀 시리즈

문이과 통합 수능 경향을 반영하여 수능 실전에 대비할 수 있도록 구성한 교재

문학
비문학 독서
단기 언어와 매체

내신·수능 대비

고등 국어 통합편

고1 국어 교과서 핵심 내용을 한 권으로 총정리하는 교재

일목요연한 필수 작품 정리

모든 것 시리즈

새 문학 교과서와 EBS 교재 수록 작품, 그 밖에 수능에 나올 만한 작품들을 총망라한 교재

현대시의 모든 것 | 고전시가의 모든 것
현대산문의 모든 것 | 고전산문의 모든 것
문법·어휘의 모든 것

문학 작품 집중 학습

문학 비책

필수&빈출 문학 작품 194편을 한 권으로 총정리하는 교재

고전시가 비책

고전시가 최다 작품의 필수 지문을 총정리한 고전시가 프리미엄 교재